emmel Mühl

Denkmalpflege in Regensburg

Herausgegeben von der Stadt Regensburg
Untere Denkmalschutzbehörde

Band 15

Beiträge
zur Denkmalpflege
in Regensburg
für die Jahre 2015 und 2016

Verlag Friedrich Pustet

Einband vorne: Regensburg, Dachlandschaft. Foto: S. Effenhauser, BSR, 2018
Einband hinten: Goldene-Bären-Straße 7 vor der Sanierung. Foto: P. Ferstl, BSR, 2013
Abbildung im Vorsatz: Hans Georg Bahre, Mühlen am Unteren Wöhrd, vor 1633 (HMSR)

Den Fotografen sowie den Museen, Sammlungen, Archiven und Firmen,
die Bildmaterial zur Verfügung gestellt haben, sei herzlich gedankt.
Besonderer Dank für die engagierte Unterstützung bei Bildrecherchen gebührt den Herren
Peter Ferstl und Stefan Effenhauser (beide BSR) sowie Michael Preischl (HMSR).

Gedrückt mit freundlicher Unterstützung der Stadt Regensburg

Bibliografische Information der Deutschen Nationalbibliothek
Die Deutsche Nationalbibliothek verzeichnet diese Publikation in der Deutschen Nationalbibliografie;
detaillierte bibliografische Angaben sind im Internet über http://dnb.dnb.de abrufbar.

DENKMALPFLEGE IN REGENSBURG

Herausgegeben von der Stadt Regensburg,
Amt für Archiv und Denkmalpflege,
Abt. Untere Denkmalschutzbehörde
Band 15

www.verlag-pustet.de
Redaktion und Lektorat: Jasmin Beer M. A.
Satz: Vollnhals Fotosatz, Neustadt a. d. Donau
Einbandgestaltung: Heike Jörss, Regensburg
Druck und Bindung: Friedrich Pustet, Regensburg

Printed in Germany 2018

ISBN 978-3-7917-2808-7

Inhalt

Vorwort . . . 5

Klemens Unger
Zehn Jahre Welterbe – Erinnerungen und Erkenntnisse . . . 7

Michael Hümmer und Steve Zäuner
Das Dörnberg-Areal . . . 10
900 weitere Gräber auf dem „Großen Gräberfeld" in Regensburg

Lutz-Michael Dallmeier
St. Maria Magdalena
Spuren der verschwundenen Klosterkirche der Regensburger Klarissen . . . 15

Johannes Sebrich
Neue Spuren vom Klarissenkloster: Ein Grundstein mit Zeitkapsel des 17. Jahrhunderts . . . 32

Michael Schmidt
Die Alte Kapelle und St. Kassian in Regensburg – Mythos und kollektive Erinnerung
oder: Wie aus der Kapelle St. Maria sub gradu eine Memoria des hl. Rupert wurde . . . 46

Eugen Trapp
Der Regensburger Fischmarkt und sein Brunnen
Vom Bedeutungsverlust eines historischen Stadtraums . . . 108

Michael Schmidt
Das Salettl von Regensburg-Kumpfmühl und sein illusionistischer Gartensaal: Geschichte und Sanierung eines barocken Gartenhauses . . . 138

Peter Morsbach
Untersuchungen zu einer Geschichte der Regensburger Mühlen
Erster Teil: Die historischen Voraussetzungen. Das Mühlenquartier am Unteren Wöhrd . . . 155

Michael Schmidt
Regensburg trifft Berliner Avantgarde – Zur Sanierung eines Wohnblocks aus dem Jahr 1929 in der Prüfeninger Straße . . . 225

Sophie Schlosser
Schein oder Sein?
Zur Sanierungspraxis der 60er und 70er Jahre des 20. Jahrhunderts . . . 230

Eugen Trapp
Das bewohnte Dach
oder: Nach oben wird die Luft dünn . . . 243

Rosa Micus
Graffiti am Altar
Zur Rückseite des Altars der evangelisch-lutherischen St.-Oswald-Kirche in Regensburg . . . 274

Maximilian Fritsch
D.-Martin-Luther-Straße 13, Lit. H 25
Ein Bauwerk und seine Geschichte . . . 279

Maximilian Fritsch
Denkmäler scheibchenweise?
Die Denkmaleigenschaft von Gebäudeteilen an Beispielen der Regensburger Nachkriegsarchitektur . . . 291

Werner Chrobak
Aus der Arbeit des Stadtheimatpflegers 2015–2016 . . . 297

DENKMÄLER IN WORT UND BILD

Bäckergasse 15. Sanierung eines alten Steinweger Hauses *(Eugen Trapp)* . . . 304

Donaulände. Neue archäologische Befunde an der alten Stadtmauer *(Silvia Codreanu-Windauer und Uta Kirpal)* . . . 307

Goldene-Bären-Straße 7.
Sanierungsmotto „minimal invasiv“
(Eugen Trapp) 311

Trothengasse 3. Eine spätkaiserzeitliche Grabgruppe vor den Mauern von Castra Regina
(Silvia Codreanu-Windauer) 320

Prüfeninger Schloßstraße 73 b. Klosterkirche St. Georg
(Silvia Codreanu-Windauer) 324

Verzeichnis der Autoren 327

Abkürzungen und Siglen 328

Vorwort

Die Beiträge dieses Bandes reflektieren auf unterschiedliche Weise denkmalpflegerische Aufgaben und Fragestellungen der Jahre 2015 und 2016. Manche Texte informieren über konkrete, im Berichtzeitraum abgeschlossene bau- und bodendenkmalpflegerische Maßnahmen, andere greifen übergeordnete Themen auf, die in den letzten Jahren im Kreis der Regensburger Denkmalpflege besonders virulent gewesen sind. Zwei Beiträge schließlich, jener zur Alten Kapelle von Michael Schmidt und jener zur Sanierungspraxis der Sechziger- und Siebzigerjahre von Sophie Schlosser, gehen auf Vorträge zurück, die 2015 beim Regensburger Herbstsymposion für Kunst, Geschichte und Denkmalpflege gehalten wurden. Sie ergänzen damit den 2016 im Dr. Peter Morsbach Verlag erschienenen Tagungsband.

In der Gesamtschau machen die hier veröffentlichten Texte eines deutlich: Den für Denkmalschutz und Denkmalpflege in Regensburg Verantwortlichen geht es nicht nur um die gesetzes- und vorschriftenkonforme Abwicklung von Baumaßnahmen und Bodeneingriffen. Sie wollen denkmalfachliche Bewertungen und fachliche Entscheidungen transparent und damit nachvollziehbar machen. Denn ihr gemeinsames Anliegen ist es, den verantwortungsvollen Umgang mit dem gebauten Erbe unserer Vorfahren nicht als amtlich verordnete Pflichtübung, sondern als Dienst an unseren Nachkommen, gleichsam als kulturellen Umweltschutz, besser im allgemeinen Bewusstsein zu verankern.

Somit ist es ein zweifacher Wert, der diesen Band und die gesamte Reihe *Denkmalpflege in Regensburg* auszeichnet: Zum einen die für ein breites Publikum aufbereitete Dokumentation denkmalpflegerischer Maßnahmen und Recherchen, zum andern die Sensibilisierung der Öffentlichkeit für Denkmale und deren gesellschaftliche Relevanz als Zeugnisse, an denen geschichtliche Entwicklungen und ästhetische Ideale der Vergangenheit erlebbar und für den kollektiven Wissensschatz verfügbar gemacht werden.

Die Autorinnen und Autoren haben ihre Beiträge honorarfrei und in ihrer Freizeit verfasst. Für dieses Engagement gebührt ihnen besonderer Dank – umso mehr als die ohnehin kleine städtische Denkmalschutzbehörde 2016/17 mit personellen Engpässen zu kämpfen hatte. Klaus Heilmeier, der die Abteilungsleitung gut 15 Jahre lange innehatte, wurde mit Ablauf des Oktobers 2016 in den Ruhestand versetzt. Infolge seines beruflichen Werdegangs, der ihn nach dem Architekturstudium ab 1979 über das Stadtplanungsamt, das Amt für Städtebauförderung und Wohnungswesen und das Bauordnungsamt zur Denkmalpflege geführt hatte, war er es gewohnt, die Lösung denkmalpflegerischer Fragestellungen gleichsam interdisziplinär anzugehen. Hierin lag eine seiner großen Stärken. Für sein umsichtiges berufliches Wirken, das seinen gedruckten Niederschlag auch in gewichtigen Beiträgen zu dieser Schriftenreihe gefunden hat, gebührt ihm aufrichtiger Dank.

Den täglichen Einsatz aller, die sich hauptberuflich, im Ehrenamt oder auch nur im freien bürgerlichen Engagement unserer Denkmäler annehmen, kann ermessen, wer die in diesem Band veröffentlichten Beiträge unvoreingenommen studiert. Streckenweise mag die Lektüre anstrengend sein, aber sie lohnt, denn sie führt uns in die Vergangenheit unserer Stadt, unserer Lebenswelt und erschließt uns neue Facetten unserer Kultur. Daher wünsche ich diesem Buch viele Leser.

Ihre
Gertrud Maltz-Schwarzfischer
Bürgermeisterin

Klemens Unger

Zehn Jahre Welterbe – Erinnerungen und Erkenntnisse

Im Berichtszeitraum dieses Bandes, am 13. Juli 2016, jährte sich zum zehnten Mal die Aufnahme des Ensembles „Altstadt Regensburg mit Stadtamhof" in die Welterbeliste der UNESCO. Dieses kleine Jubiläum gibt mir die willkommene Gelegenheit für eine persönliche Rückschau, eine erste Bilanz und einige kritische Anmerkungen.

Langer Weg mit Hürden

Seit dem 13. Juli 2006 ist es amtlich: Das Welterbekomitee der UNESCO hat auf seiner 30. Jahrestagung in der litauischen Hauptstadt Wilna beschlossen, das gesamte mittelalterliche Stadtgebiet Regensburgs in die Liste des Weltkulturerbes aufzunehmen. Der Weg zu diesem Ziel war lang und alles andere als geradlinig gewesen. Dass er dennoch vor allem in der heißen Endphase konsequent beschritten werden konnte, war nicht zuletzt der Duplizität von Ereignissen zu verdanken. Da nämlich die Stadt Regensburg 2004 als bayerische Vertreterin ins bundesweite Rennen um die Bewerbung zur „Kulturhauptstadt Europas 2010" ging, richteten sich die Aufmerksamkeit der Medien und die Diskussionen der interessierten Öffentlichkeit ganz auf die damit verbundenen Aktivitäten. Dagegen konnten sich die Mitarbeiter des Amtes für Archiv und Denkmalpflege, dem die Welterbe-Kandidatur oblag, zielgerichtet mit der Antragsbearbeitung beschäftigen. Insofern kann ich all den Querelen um die bekanntlich gescheiterte Kulturhauptstadt-Bewerbung rückblickend auch etwas Positives abgewinnen.

Aber der Reihe nach: Die Überzeugung, dass die Regensburger Altstadt als einzige nicht kriegszerstörte mittelalterliche Großstadt Deutschlands in die Welterbe-Liste eingetragen werden sollte, reifte bei den verantwortlichen Denkmalpflegern schon in den späten 1980er Jahren. Zu dem Wissen um den Wert des seit 1945 singulären Gebäudebestands gesellte sich damals der allmählich sichtbare Erfolg konsequenter Stadtsanierung. Dieser wiederum basierte auf entsprechenden nationalen, staatlichen und kommunalen Rechtsgrundlagen (Städtebauförderungsgesetz, Bayerisches Denkmalschutzgesetz, Altstadtschutzsatzung), aber auch auf einer in Denkmalfragen seit den 1960er Jahren engagierten Bürgerschaft.

Die Regensburger Stadtspitze versuchte 1989, die offizielle Welterbe-Kandidatur bei der Bayerischen Staatsregierung auf den Weg zu bringen. Durch die Wiedervereinigung und einen Beschluss der Kultusministerkonferenz der Länder, im Sinne des „Aufbaus Ost" nur Welterbe-Kandidaten aus den neuen Bundesländern zu favorisieren, hatte Regensburg keine Chance.
Unmittelbar nach meinem Amtsantritt im Sommer 1999 erklärte ich das Ziel, den Welterbe-Status für Regensburg möglichst bald zu erreichen. Staatsminister Hans Zehetmair legte ich die Welterbe-Qualitäten unserer Altstadt ans Herz und konnte ihn überzeugen, bei der Kultusministerkonferenz der Länder auch wieder Anträge aus den alten Bundesländern zuzulassen. Der Minister bekannte sich daraufhin öffentlich zur Unterstützung der Regensburger Bewerbung.

2001 waren dann endlich die personellen Voraussetzungen geschaffen, um beim Amt für Archiv und Denkmalpflege das Bewerbungsverfahren seitens der Stadt Regensburg in Angriff nehmen zu können. Unter der Ägide von Dr. Heinrich Wanderwitz, Leiter des Amtes für Archiv und Denkmalpflege, und Denkmalpfleger Dr. Eugen Trapp, auf dessen Schultern die Hauptlast dieser Sonderaufgabe ruhte, musste schnell erkannt werden, dass es kein leichtes sein würde, die Regensburger Bewerbung in der nationalen Rangliste der Welterbe-Kandidaturen möglichst schnell nach vorn zu bringen. Die Weichen hierfür konnten freilich nur indirekt in Regensburg gestellt werden, und zwar durch einen Antrag, der die Qualitäten und Alleinstellungsmerkmale der Regensburger Altstadt überzeugend und unanfechtbar herausstellte. Die entscheidenden Direktiven hierfür kamen von Dr. Birgitta Ringbeck, der Welterbe-Beauftragten der Kultusministerkonferenz.

Auf deutscher Ebene hatten wir vorübergehend mit der Stadt Heidelberg eine direkte Konkurrentin. Auch international waren die Rahmenbedingungen nicht die besten, da die

UNESCO in jenen Jahren bemüht war, europäischen Kandidaten aus Proporzgründen die Eintragung in die Welterbe-Liste zu erschweren. Auf dieser stand damals schon eine Reihe mittelalterlicher Stadtensembles, so dass sich Regensburg auch in einer Art direkter Städtekonkurrenz durchsetzen musste.

Vor diesem Hintergrund erschien es umso wichtiger, bei der räumlichen Festlegung des Regensburger Welterbes keine Experimente einzugehen und sich auf jenes Areal zu verständigen, das die bayerische Landesdenkmalpflege schon 1973 unter dem sperrigen Namen „Altstadt Regensburg mit Stadtamhof" als erstes Großensemble in die bayerische Denkmalliste eingetragen hatte. Damit wollten wir gegenüber der UNESCO signalisieren, dass für die Kernzone des künftigen Welterbes bereits ein einheitlicher denkmalrechtlicher Schutzstatus mit einer entsprechenden Vollzugspraxis gegeben war.

Dabei gab es durchaus namhafte Denkmalpfleger und ICOMOS-Experten, die ein „Welterbe Regensburg" nur in Verbindung mit der Walhalla und der Denkmallandschaft König Ludwigs I. sehen wollten. Andere wiederum hätten das Bewerbungsareal gern auf die Kernaltstadt reduziert, da sie den Baubestand Stadtamhofs, der Wöhrde sowie der Ostner- und der Westnerwacht für nicht genügend aussagekräftig hielten.

Rückblickend bin ich froh, dass sich Dr. Eugen Trapp, der den Bewerbungstext verfasste, von all diesen kritischen Stimmen nicht verunsichern ließ, sondern im Gegenteil überzeugend darzulegen vermochte, dass die auf den ersten Blick wenig spektakulären Randzonen als integrale Bestandteile des mittelalterlichen Stadtganzen dennoch von hoher Aussagekraft sind.

Etwa ein Jahr nach Abgabe unseres Antrags – offiziell handelte es sich jetzt um den Antrag der Bundesrepublik Deutschland – kam im September 2005 ein von der UNESCO beauftragter ICOMOS-Gutachter nach Regensburg, um sich mehrere Tage lang ein Bild von der Lage vor Ort zu machen. Stadtrundgänge wurden unternommen, Sanierungsbaustellen besucht, Plan- und Aktenmaterial gesichtet. Auch die Frage nach dem Umgriff des Bewerbungsgebietes kam aufs Tapet.

Das Urteil des Gutachters fiel, wie wir später erfahren haben, sehr positiv aus. Umso größer war die Irritation, als im Frühjahr 2006, wenige Monate vor der entscheidenden Sitzung des Welterbekomitees plötzlich ein Gegengutachten auftauchte, das kein gutes Haar an der Regensburger Denkmalpflege ließ. Obwohl dieses Papier ebenfalls mit dem ICOMOS-Stempel versehen war und der UNESCO vorlag, hatte der Verfasser offenbar etwas zu dick aufgetragen. Jedenfalls hatte sein gehässiges Urteil keinen Einfluss auf die offizielle, am 13. Juli 2006 in Wilna ausgesprochene ICOMOS-Empfehlung, das Denkmalensemble „Altstadt Regensburg mit Stadtamhof" in der beantragten Form in die Welterbe-Liste einzutragen. Das Welterbekomitee hat sich diesem Votum einstimmig angeschlossen.

Normalität Welterbe

Zehn Jahre nach der Entscheidung in Wilna haben wir uns an den Welterbe-Status und dessen internationale Strahlkraft gewöhnt. Regensburg ist lebendiger, bunter, attraktiver geworden. Dennoch bleiben wir gottlob von jenen Massen an Besuchern verschont, die seit Jahren Venedig und andere Zentren des weltweiten Städtetourismus überschwemmen.

In der Stadtgesellschaft herrscht breiter Konsens darüber, dass wir gemeinsam für die Bewahrung und Weitergabe unseres gebauten Erbes verantwortlich sind. Das bedeutet, dass materielle und visuelle Veränderungen des Erbes auf breiter Ebene diskutiert und abgewogen werden. Um die richtige Balance zwischen Bewahrung und Weiterentwicklung zu finden, haben wir im Dialog mit der Bürgerschaft und in inhaltlicher Abstimmung mit der Regierung der Oberpfalz und dem Bayerischen Landesamt für Denkmalpflege einen Managementplan für den planerischen Umgang mit unserem Welterbe erarbeiten lassen.

Zur Normalität gehört es inzwischen auch, dass städtebauliche und architektonische Planungen, die für die substanzielle und visuelle Integrität unseres Welterbes relevant werden können, einem eigenen Welterbe-Steuerungskomitee vorgelegt werden. Auf diese Weise sollen Konflikte mit der UNESCO ausgeschlossen werden.

Normalität birgt jedoch die Gefahr der Routine. Gerade der verantwortungsvolle Umgang mit den baulichen Zeugnissen unserer Geschichte fordert aber die Analyse des Einzelfalls und den Mut zur Einzelfallentscheidung. Anders gesagt: Manches, was rechtlich zulässig sein mag, ist nicht wirklich denkmalverträglich. Manches, was in scheinbar vergleichbaren Fällen bereits genehmigt wurde, muss deswegen in der Wiederholung nicht automatisch genauso genehmigungsfähig sein.

Denkmäler sind eine nicht erneuerbare Ressource. Eingriffe in ihre Substanz sind, auch wenn wir ihnen wie zur Beruhigung unseres Gewissens gern Reversibilität bescheinigen, in aller Regel nicht wieder gut zu machen. Ich teile die Sorge der städtischen Denkmalpfleger, dass bestimmte Qualitäten unseres Denkmalbestandes infolge des kontinuierlichen Veränderungsdrucks schon in naher Zukunft nicht mehr ungestört erlebbar sein werden. Das Spektrum dieser schleichenden, bau- und denkmalrechtlich legalisierten Verluste reicht von all den im Sinne von Brandschutz, Umweltstandards und Barrierefreiheit durchgeführten Maßnahmen, deren gemeinsames Ziel die Herstellung idealer Nutzungsbedingungen ist, bis zur scheinbar unaufhaltsam fortschreitenden Umwandlung historischer Speicher und Trockenböden mit der Begründung, dringend benötigten Wohnraum zu schaffen.

Angesichts der Normalität, die fatalerweise auch dem Verbrauch von Welterbe-Substanz innewohnt, ist es umso wichtiger, die Frage der Denkmal- bzw. Welterbe-Verträglichkeit nach objektiven denkmalfachlichen Kriterien zu entscheiden. Nicht das rechtlich Mögliche, sondern das fachlich Richtige, nicht das gerade noch Akzeptable, sondern das der Erhaltung eines Denkmals Zuträgliche muss unser Ziel sein.

Michael Hümmer und Steve Zäuner

Das Dörnberg-Areal

900 weitere Gräber auf dem „Großen Gräberfeld" in Regensburg

Bereits im Jahresband „Das archäologische Jahr in Bayern 2015" wurde über die Ausgrabung im „Großen Gräberfeld" von Regensburg berichtet, bei der über 600 Gräber dokumentiert wurden.[1] Nach Abschluss der Arbeiten Ende 2016 im eigentlichen Friedhofsareal kann nun die tatsächliche Gesamtanzahl auf knapp 1500 Gräber hochkorrigiert werden.
Waren bis Ende 2015 noch weite Teile des Areals überdeckt, konnte jetzt das komplette östliche Drittel der Baufläche geöffnet werden, so dass sich der Friedhof in seiner Gesamtheit erfassen ließ.[2] Auch die Ausdehnungen nach Westen hin ist nun eindeutig durch eine letzte Nord-Süd-verlaufende Grabreihe rund 230 Meter von der Römerstraße Via Augustana entfernt, erfasst worden. Insgesamt wurde damit ein Friedhofsareal von ca. 17 500 Quadratmetern untersucht (Abb. 1).
Aufgrund der 1999 südlich der Bahnlinie freigelegten Bestattungen – 95 Brand- aber auch 40 Körpergräber – war davon auszugehen, dass sich das spätantike Körpergräberfeld in seiner gesamten Breite nach Süden fortsetzte.[3] Dies konnte jedoch nicht bestätigt werden, da die südlichsten Gräber in der aktuellen Grabungsfläche trotz ungestörter Bodenverhältnisse etwa 30 Meter vor der Bahnlinie endeten. Die nördliche Grenze ist klar durch die Margaretenstraße belegt, denn nördlich davon liegen die ersten zivilen Gebäude und der Tempel an der Augustenstraße. Die nordöstliche Grenze ist ebenfalls durch Grabungen der letzten Jahre gesichert.

Abb. 1: Regensburg. Übersichtsplan des Großen Gräberfeldes (hellgrün) mit den alt gegrabenen Bereichen (dunkelgrün) und einem neu entdeckten hallstattzeitlichen Herrenhof (blau). Rot die modern untersuchten Grabungsflächen mit Eintragung der römischen Gebäude (braun) und der römischen Kiesgrube (gelb). Plan: R. Röhrl, BLfD

Auch 2016 wurden größtenteils Nordwest-Südost orientierte Körpergräber in Holzsärgen mit Eisennägeln und den üblichen Beigaben, wie Schmuck, Glas- und Keramikgefäßen freigelegt. Klarer zeichnete sich inzwischen die merowingerzeitliche Belegung des Friedhofs ab, auch wenn die antike Beraubung von 80 bis 90 Prozent im Moment keine genauere Aussagekraft zur Qualität und Quantität der einstigen Ausstattung zulässt. Neben einer konzentrierten Anordnung der Gräber im Sohl- und Böschungsbereich einer aufgegebenen römischen Kiesabbaugrube, fanden sich davon separiert immer wieder vereinzelte frühmittelalterliche Bestattungen im Bereich des seit römischen Zeiten belegten Friedhofsareals. Mehrere dieser Gräber wiesen ungewöhnliche Beigaben auf, so dass es sich hier wohl um herausragende Persönlichkeiten handelte, die sich durch ihre abseitige Lage von der gewöhnlichen Bevölkerung absetzen wollten.

Horizontale Stratigraphie

Von besonderem Interesse ist die horizontalstratigraphische Entwicklung des Friedhofareals während der 500 Jahre währenden Belegungsdauer, die nun in Grundzügen fassbar ist. Die Entwicklung des Friedhofs scheint sich zum aktuellen Stand der Bearbeitung am wahrscheinlichsten folgendermaßen abgespielt zu haben:
Vermutlich zeitgleich mit der Errichtung von Legionslager und Zivilsiedlung wurde ab 179 n. Chr. beidseitig der Via Augustana ein Friedhofsareal abgesteckt. Zumindest für den

Abb. 2: Ausschnitt der archäologischen Grabungen im Großen Gräberfeld 2016. Foto: Fa. KANT

hier beschriebenen Bereich ist von einer planmäßig durchdachten und großflächig dimensionierten Anlage auszugehen. Dies belegen 31 kastenförmige Grubenbefunde, die in mehreren parallelen und rechtwinklig zur Via Augustana verlaufenden Reihen in immer gleichem Abstand angeordnet liegen. Mit einer parallel zur Straße verlaufenden Reihe aus vier Einzelgruben konnte möglicherweise die westliche Grenze, die immerhin 150 Meter davon entfernt lag, erfasst werden. Diese Gruben könnten als vorbereitete Standorte für Brandgräber interpretiert werden. Auffällig ist, dass nur sehr wenige und nahe der Straße gelegene Gruben überhaupt Reste von Bestattungen aufwiesen, während die übrigen leer blieben. Entweder lagen sie zu abseits und man bevorzugte näher zur Straße gelegene Grablegen oder man hatte von vorne herein ein zu großes Areal für den Friedhof abgesteckt, welches unbenutzt blieb.

Zu einem späteren Zeitpunkt wurde der westliche Teil dieses planmäßig angelegten Friedhofareals aufgegeben, denn eine ca. 2700 Quadratmeter große Grube für Kiesabbau stört die Brandgräber-Reihen. Ob der Kiesbedarf im Zusammenhang mit Wiederaufbaumaßnahmen nach größeren Zerstörungen im Kastell und in den Canabae um 230/40 n. Chr. steht, bleibt vorerst offen.

Auch drei von insgesamt fünf ergrabenen Steingebäuden reihen sich auffällig entlang der westlichen Böschung der Grube und sind daher als Wirtschafts- oder Lagergebäude im Zusammenhang des gewerblichen Kiesabbaus zu interpretieren. Eines der Gebäude besaß einen 4 x 5,5 Meter großen Steinkeller, der noch etwa zwei Meter tief erhalten und innen verputzt war.

Im fortgeschrittenen 3. Jahrhundert dürfte der Kiesabbau jedoch wieder eingestellt worden sein. Die Gebäude zerfielen bzw. fielen einem Brand zum Opfer, vielleicht im Zuge der Juthungeneinfälle 275/76 n. Chr. als auch Bereiche des Legionslagers zerstört wurden.

Im beginnenden 4. Jahrhundert griff das spätantike Körpergräberfeld auf das Areal westlich der Kiesgrube über. Das Bestattungsareal setzte im Osten direkt an der Böschungskante der Kiesgrube an und reichte gut 100 Meter nach Westen. Ungewöhnlich ist der Umstand, dass auch der oben genannte Keller von mehreren Grabgruben geschnitten wurde. So ist davon auszugehen, dass sich zumindest dieses Gebäude oberirdisch nicht mehr abzeichnete und das Areal wohl eingeebnet war.

Die Kontinuität der Friedhofsnutzung über das 4. Jahrhundert hinaus ist durch Fundmaterial gesichert, allerdings kann

Abb. 3: Befund 1645, Planum 5, Spätantike Sarkophagbestattung, West-Ost orientiert. Foto: Fa. KANT

Abb. 4: Befund 816, Schädel mit Hiebverletzung. Foto: Fa. KANT

wegen der zunehmenden Beigabenlosigkeit noch kein klares Bild gezeichnet werden, wo die Belegungsschwerpunkte im 5. Jahrhundert lagen. Zur Klärung dieser Frage wurden an mehreren Individuen C14-Proben entnommen. Im 6. und 7. Jahrhundert verlagerte man den Friedhof zurück nach Osten in Richtung Stadt, in die bislang unbelegte Senke der einstigen Kiesgrube hinein. Einzelne, und teilweise besonders gut ausgestattete Gräber finden sich zudem lose verteilt östlich und westlich davon im Bereich des älteren römischen Brand- und Körpergräberfelds.

Im Zuge der Ausgrabung wurden alle Skelette anthropologisch untersucht. Vorweg ist zu sagen, dass sich der Fragmentierungsgrad der Knochen von vollständig erhalten bis zu stark kleinstückig zerbrochen darstellt. Neben der mechanischen Zerstörung zeigt sich auch eine breite Palette erosionsbedingter Beeinträchtigungen, die von nahezu unbeschädigter Knochenoberfläche bis hin zu nur mehr Leichenschatten reicht. Ein hoher Prozentsatz der Beschädigungen ist als rezent, sprich seit der intensiven Nutzung als Bahngelände ab den 1870er Jahren anzusehen. Aber auch die antiken Mehrfachbelegungen, Nachbestattungen und Beraubungen vieler Gräber wirkten sich in nicht unerheblichem Maße negativ auf den anthropologischen und archäologischen Befund aus.

Ein weiterer Sarkophag

Aus der Menge der 2016 geborgenen Gräber seien einige besondere vorgestellt: 40 Meter südöstlich des bereits 2015 geborgenen Sarkophags fand man einen zweiten Steinsarkophag mit in situ liegender Bestattung (Abb. 3). Der ca. 2,2 x 0,7 x 0,6 Meter große Trog war unregelmäßig behauen und der Deckel besaß einen Dreiecksgiebel mit Eckakroteren. Bei dem Toten handelte es sich um einen ca. 1,8 Meter großen Mann mit sehr robusten Knochen, aber auffällig schwach ausgeprägter Muskulatur. Die Knochenerhaltung ist trotz Lage im Sarkophag spröde, angegriffen und rezent fragmentiert, was sicherlich auf die moderne Störung durch einen Leitungsschacht zurückzuführen ist, die den Sargdeckel und die oberen Teile des Trogs fast vollständig zerstörte. Das rechte Schlüsselbein des Individuums ist erkennbar kräftiger als das linke. Zusammen mit der vorgefundenen starken Arthrose im rechten Ellenbogengelenk dürfte dies mit einer Rechtshändigkeit des Verstorbenen in Verbindung zu bringen sein. Besonders im Bereich der Brust- und Lendenwirbelsäule zeigen sich leichte Abnutzungserscheinungen. Dazu kommt eine leichte Arthrose in den Fußgelenken. Eine als DISH (Diffuse idiopathic skeletal hyperostosis) bezeichnete, männerspezifische Erkrankung, zeugt von einer guten Ernährung und findet sich häufig bei höhergestellten

Persönlichkeiten. Zusammen mit einer als Reiterfacette bezeichneten Erscheinung an den Köpfen der Oberschenkelknochen, hervorgerufen durch eine häufig gespreizte Beinhaltung beispielsweise beim Reiten, spricht vieles für eine gehobene Stellung des Toten innerhalb der Bevölkerung.

Tod durch Schwerthieb: Grab 816

Ein seltenes Beispiel für zwischenmenschliche Gewalt konnte am Knochenmaterial eines etwa 21+ (–2) Jahre alten „Römers" von mittlerer Robustizität und kräftiger Muskulatur nachgewiesen werden. Sein allgemeiner Zustand, Anzeichen überstandener Krankheiten sowie von Mangelernährung während seiner Kindheit lassen auf einen Angehörigen einer weniger privilegierten Schicht schließen. Sein Schädel weist drei schwere Verletzungen auf, die ihm durch eine andere Person zugefügt wurden (Abb. 4). Die Verletzungsmuster sprechen eindeutig für einen Überfall von hinten links. Die Lage der scharfen und stumpfen Gewalteinwirkungen deutet an, dass der gesamte Angriff nur wenige Sekunden dauerte. Das Opfer hatte keine Zeit und Chance zur Gegenwehr. Bewusstlosigkeit und Tod traten schnell ein. Da die Hiebe und Schläge von oben ausgeführt wurden, war der Angreifer vermutlich beritten und offenkundig erfahren im Umgang mit einem Schwert. Leider waren die Unterarmknochen des Opfers nicht erhalten, die Hinweise auf mögliche Abwehrversuche hätten geben können. Aufgrund der Art und Schwere der Verletzungen ist von einem vorsätzlichen Tötungsdelikt und keinem Unfall auszugehen.

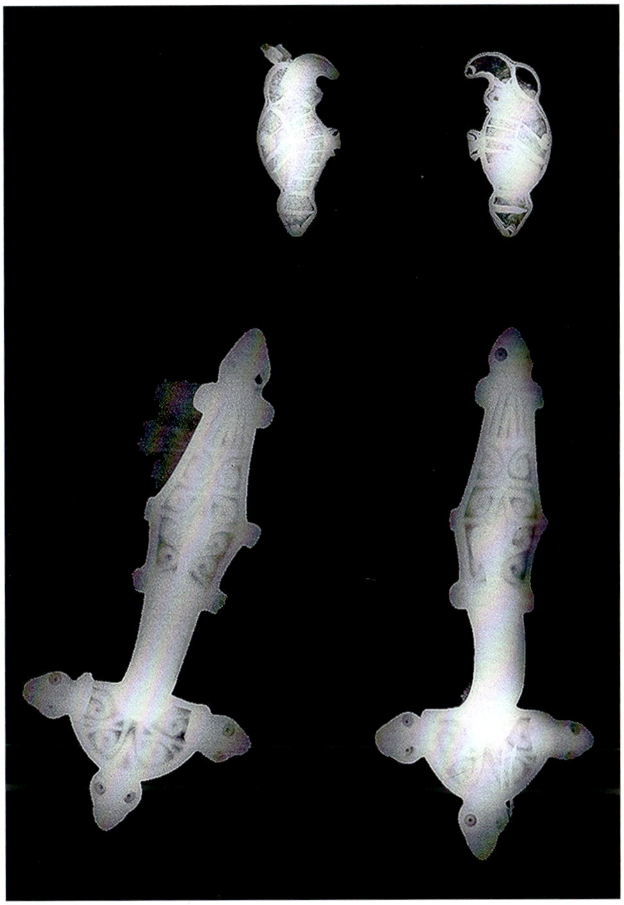

Abb. 5: Befund 445, Röntgenaufnahmen der Vogelfibel und ostgotischen Bügelfibel während der Restaurierungsarbeiten (Zusammenstellung). Foto: BLfD München, Restaurierungswerkstatt

Fehlende Hände: Mädchenbestattung Grab 445

Deutlich tiefer im Kies als die umliegenden Gräber eingegraben und daher vermutlich unberaubt, blieb eine Mädchenbestattung, die um 500 n. Chr. datiert. Die zwischen 12 und 15 Jahre alte Tote trug die Vier-Fibeltracht, bestehend aus zwei goldenen Vogelfibeln mit Almandineinlagen und zwei kerbschnittverzierten Bügelfibeln mit rhombischem Fuß (Abb. 5), nebst einer Perlenkette. Am ehemaligen Leibgürtel mit ovaler Eisenschnalle befanden sich Reste eines Messers und des Gürtelgehänges, einem Bronzering, der an einem Riemen mit Silberblechbeschlägen hing. Dabei lagen ein Kamm mit Etui und eine Nadelbüchse aus Bein mit Kreisaugenverzierung. Da im Bereich vieler Funde dunkel verfärbtes Sediment mit organischen Resten erhalten war, wurden sie im Block geborgen. Besonders spannend erscheint der Befund aus anthropologischer Sicht. Im teils sehr gut erhaltenem Knochenmaterial fehlten die distalen Bereiche der Unterarme, ebenso wie die beiden Hände des Mädchens. Sowohl die Lage der Arme im Grab und die archäologische in-situ-Lage sprechen gegen eine spätere Entnahme der Handknochen, vielmehr verweisen die Bruchkanten an den Unterarmknochen auf einen Zeitpunkt als der Knochen noch „frisch" war. Die starke Erosion genau an diesen Stellen verhindert vorerst eine genauere Analyse. Dennoch lässt sich neben einer möglichen angeborenen Behinderung eine scharfe Gewalteinwirkung als ursächlich für die Verletzung nicht mit Sicherheit ausschließen.

Reich, aber unbewaffnet: Grab 1032

Zu den außergewöhnlichsten Gräbern gehört die ins fortgeschrittene 6. Jahrhundert zu datierende Bestattung eines

Abb. 6: Befund 1032, Planum 2, Detailaufnahme des Perlrandbeckens, der beiden Schnallen der Wadenwickelgarnitur und der beiden Glasgefäße. Foto: Fa. KANT

40- bis 60-jährigen Mannes, der rund 50 Meter westlich der zeitgleichen Gräberareale lag. Der Tote litt unter alterstypisch zu erwartenden Arthrosen. Das Knochenmaterial weist auf ein auffälliges massives Trauma am distalen linken Unterschenkel und einen verbogenen Oberschenkelhals, ein sogenanntes coxa vara, hin. Während des Freilegens fanden sich im Bereich des Oberkörpers und der Oberarme viele filigrane Goldfäden einer Gewandborte, so dass der gesamte Oberkörper für weitere Untersuchungen als Block entnommen wurde. Ungewöhnlich bei dieser Ausstattung ist jedoch das Fehlen jeglicher Waffen. Zwei bronzene Schnallen an den Unterschenkeln belegen hingegen, dass der Tote Wadenbinden trug. Im Fußbereich wurden ihm neben einer Speisebeigabe auch zwei wertvolle grüne halbrunde Glasbecher und ein gut erhaltenes bronzenes Perlrandbecken mit ins Grab gelegt (Abb. 6). Auffällig ist, dass sich nur vier Meter westlich davon eine Frauenbestattung mit einem weiteren, ähnlich vollständigen Perlrandbecken befand. Diese war bis auf den Inhalt eines ehemaligen Täschchens, bestehend aus Resten von Glasperlen, einer Nadel und einem Fingerring aus Bronze und die als Altfunde anzusprechende römische Münze sowie eine urnenfeldzeitliche Pfeilspitze, stark beraubt. Allerdings besaß sie einen aufwändigen Grabbau, der sich durch vier Eckpfosten abzeichnete.

Die hier vorgestellten Ergebnisse bieten nur einen kleinen Ausschnitt aus dem umfangreichen Befundspektrum, das über 500 Jahre Friedhofsnutzung widerspiegelt. Im Zusammenhang mit den bereits untersuchten Arealen des „Großen Gräberfelds" ist es der umfassendste archäologische und anthropologische Fundkomplex zur Erforschung der Kontinuität von der Spätantike bis ins frühe Mittelalter in Bayern.

1 Michael HÜMMER, AJB 2015, Stuttgart 2016, 88–90.

2 Projektleitung: Dr. Christian Behrer, Regensburg, örtliche Grabungsleitung: Michael Hümmer, Karin Igl, Fa. Kant, Anthropologie: Steve Zäuner, Fa. Anthropol, Eva Kropf, Fa. Kant

3 Siegmar VON SCHNURBEIN, Das römische Gräberfeld von Regensburg. Materialh. Bayer. Vorgesch. A 31 (1977). – Lutz-Michael DALLMEIER / Gerhard MEIXNER / Martin SCHAICH, AJB 1999, Stuttgart 2000, 61–64. – Friedrich LORÉ, ebd. 2011, Stuttgart 2012, 92–95.

Lutz-Michael Dallmeier

St. Maria Magdalena

Spuren der verschwundenen Klosterkirche der Regensburger Klarissen

„Die Fundamente der Kirche … dürften in dem zumeist ungepflasterten heutigen Moltkeplatz leicht zu ergraben sein."[1]

Wer kennt noch die alte Ortsbezeichnung *Klarenanger*? Bereits 1934 in D.-Martin-Luther-Straße umbenannt, ist dieser Name den Regensburgern spätestens seit 1982 mit der Schließung der dortigen Klarenangerschule nicht mehr vor Augen. Mit ihr verschwand der letzte örtliche Hinweis auf das Klarissenkloster, das fast 600 Jahre an der Stelle bestanden hatte, die jetzt der Dachauplatz und das Parkhaus einnehmen. Als freie Fläche besteht dieser Platz seit 1812. Am 23. April 1809 war das Kloster nach verheerendem Brand bei der Beschießung der Stadt durch französische Truppen völlig zerstört worden, und es folgte in den nächsten drei Jahren der Abbruch der meisten Gebäude und der Klosterkirche. Die von den Ruinen befreite Fläche diente zunächst als *Exerzierplatz*, denn im profanierten Minoritenkloster auf der östlichen Seite des Platzes war nun das Militär statio-

Abb. 1: Dachauplatz mit den neu gepflanzten Bäumen, die Anlass für die archäologischen Untersuchungen bildeten. Blick nach Nordwesten. Foto: P. Ferstl, BSR

Abb. 2: Moltkeplatz, heute Dachauplatz im Jahr 1940. Blick vom Turm der Minoritenkirche nach Südwesten. In Bildmitte die noch erhaltenen Gebäude Lit. G 11 des ehemaligen Klarissenklosters (vgl. auch Abb. 5, unten), dahinter der lang gestreckte Bau der Klarenangerschule. Foto: C. Lang, BSR

niert.[2] Ab etwa 1910 setzte sich der Name *Kasernplatz*[3] durch, ab 1932 Moltkeplatz[4] (Abb. 2) und seit 1945 Dachauplatz (Abb. 1 und 3).

Es fällt schwer, sich auf dem heutigen Platz, der geprägt ist durch emsigen Fußgänger-, Bus- und Autoverkehr, gedanklich ins mittelalterliche Stadtbild zurückzuversetzen. Vielmehr wähnt man sich angesichts vierspuriger Fahrbahn, aufwendiger Bushaltestellen und Ampelanlagen, Großparkhaus und Neuem Rathaus eher in der Peripherie als mitten in der Regensburger Altstadt. Dennoch trifft letzteres zu, seit die Stadt um 1300 bis zum Ostentor neu ummauert wurde.

Für diese Zeit ist die Bezeichnung „Kornbühl"[5] überliefert. Sie betrifft das Areal unmittelbar vor dem damaligen östlichen Stadttor, dem Schwarzen Burgtor, das an die Stelle der römischen porta pricipalis dextra (Abb. 4, Nr. 2; vgl. auch Abb. 1 im Beitrag von Johannes Sebrich in diesem Band) getreten war. Schon 1873 hatte man im Zusammenhang mit dem Fund der berühmten Gründungsinschrift des Legionslagers für das Jahr 179 n. Chr. die Fundamente eines Turmes dieses römischen Lagertores lokalisiert.[6] Aus dessen Lage unter dem ehemaligen Hotel Karmeliten (Abb. 1 zeigt in Bildmitte den Nachfolgebau von 2014) lässt sich die ungefähre Situation des südlichen, wohl noch weitgehend ungestört erhaltenen Torturmfundaments erschließen, nämlich unterhalb der Fahrbahn des nördlichen Dachauplatzes (Abb. 4, Nr. 2 und Abb. 10). Es bedarf lediglich eines Blickes auf die unter dem benachbarten Parkhaus erhaltene und frei zugängliche Legionslagermauer, um ihren weiteren Verlauf zu erschließen, der genau durch den Fußgängerbereich des Dachauplatzes führt.

Unser Wissen über die mittelalterliche Besiedelung des Platzes wird mit der Römerzeit durch ein historisches Dokument verbunden: Im Jahr 1329 erteilt die Stadt Regensburg den Nonnen des Klosters St. Klara die Erlaubnis zur Überbauung der „alten Burgmauer", die hier ja identisch mit der östlichen römischen Lagermauer ist.[7]

Nahezu 600 Jahre Klarissenkloster

Auf dem Areal vor dem östlichen Stadttor siedeln sich in den 1220er Jahren zwei Bettelorden an, zunächst die Franziskaner („Minoriten", ab 1226 belegt), deren Kirche und Teile des Klosters St. Salvator heute noch in musealer Nutzung bestehen (Abb. 4, Nr. 3). Wohl schon 1228, sicher aber 1233 folgte ein Magdalenenkloster als Büßerinnenkonvent[8] zur Rettung verwahrloster Frauen in der Tradition des Kanonikus Rudolf.[9] Dieser hatte erst kurz zuvor in Worms ein erstes solches Kloster gegründet, das zunächst der Aufnahme ehemaliger Prostituierter, bald aber auch unbescholtener Frauen galt, die sich auch Büßerinnen oder Reuerinnen nannten. Sehr rasch folgte die Gründung weiterer Häuser im deutschsprachigen Raum, wonach die größte Ausdehnung im 13. Jahrhundert etwa 70 Klöster umfasste.

Die *Schwestern der Hl. Maria Magdalena von der Buße*, kurz Magdalenerinnen, standen von Anfang an unter der geistlichen Betreuung durch die benachbarten Minoriten. Im Jahr 1286[10] übernimmt der Konvent die Ordensregel der erst 1253 verstorbenen hl. Klara.[11] Die in Klausur lebenden Regensburger Klarissen bleiben *„über Jahrhunderte still und unbekümmert um die Außenverhältnisse"*,[12] was sicherlich auf das Wohlwollen der Stadt zurückzuführen ist, bis zur Zerstörung des Klosters 1809 an diesem Ort. Nach vorübergehender Aufnahme in Heilig Kreuz ab 1811 übersiedelt der Konvent in das ehemalige Kapuzinerkloster St. Matthias in der Ostengasse und bleibt dort bis zu seiner Auflösung im Jahr 1974.

In der Anfangszeit ist mit einer Unterbringung der Klostergemeinschaft in einem einfachen Gebäude an der Stadtmauer zu rechnen, aus dem sich die komplexere spätere Klosteranlage entwickeln sollte (Abb. 4, Nr. 2). Durchaus typisch für die Ansiedlung eines Bettelordens ist die Lage am Stadtrand, wobei offenbar die Stadtmauer selbst keine entscheidende Rolle spielt.[13] Vielmehr dürfte freier Baugrund einerseits und die Möglichkeit des seelsorgerischen Kon-

Abb. 3: Dachauplatz im Jahr 1980. Blick vom Turm der Minoritenkirche nach Westen. Der helle Streifen markiert die Lage der ehemaligen Kirche St. Maria Magdalena, deren Apsis weit über die Hälfte der heutigen Fahrbahn reichte. Foto: D. Komma, BLfD, Bearbeitung L.-M. Dallmeier

takts zu den Randschichten andererseits für viele Orden ausschlaggebend zur Platzwahl gewesen sein.

Die Baugeschichte der Klosterkirche St. Maria Magdalena anhand der Überlieferungen

Es darf als sehr wahrscheinlich gelten, dass das Regensburger Klarissenkloster erst im Jahr 1252 eine eigene Kirche errichten konnte. Wilhelm Schratz[14] und später insbesondere Karl Busch,[15] die sich ausführlich mit dem Kloster St. Klara und auch seiner Baugeschichte auseinandersetzten, machen die Entstehung eines ersten Kirchenbaus an den finanziellen Möglichkeiten des Konvents fest. Diese bestanden nach beider Meinung erst durch Adelheid von Thermannskirchen (von 1300 bis 1312 Äbtissin), die *„als Dirne jene Reichtümer sammelte, die sie bei ihrem Klostereintritt anfangs 1252 dem Konvent schenkte“*.[16] Busch folgert aus der Urkunde über die entsprechenden Schenkungen, die noch keine Kirche erwähnt, sowie aus zwei weiteren Kaufbriefen vom Ende 1252, die nun auf den Altar der Magdalenenkirche niedergelegt sind, die Errichtung der Klosterkirche ab Anfang besagten Jahres.[17] Sofort nach der Schenkung müsse mit dem Bau begonnen worden sein, und bereits im Herbst desselben Jahres 1252 müsse die Kirche fertiggestellt gewesen sein, wie die überlieferte Nutzung des Altars nahelegt. Aus der überaus kurzen Spanne der Bauzeit schließt Busch, dass es sich bei der ersten Klosterkirche nur um eine sehr einfache Anlage handeln konnte.[18] Er beschreibt sie – leider ohne nähere Begründung seiner Annahmen – als schlichten, flachgedeckten Saalraum, in Bruchsteintechnik errichtet, mit kleinem Chor, der einen Magdalenenaltar barg. Die Kirche wurde damals, wie Busch wohl allein aus der städtebaulichen Situation und den klösterlichen Bedürfnissen schließt, an das bestehende Klostergebäude angefügt. Nach dem Kirchenbau 1252 müsse angesichts des personell angewachsenen Konvents im Übrigen auch eine Erweiterung der Klostergebäude erfolgt sein.[19] Den Beleg hierfür liefert Busch selbst, indem er auf beträchtlichen weiteren Grunderwerb in den 1260er Jahren durch das mittlerweile vermögende Kloster verweist, wozu auch ein Areal auf dem Kornbühl selbst gehörte.[20]

Schratz hingegen äußerte sich zur Gestalt der ersten Klosterkirche vor 1329 gar nicht, verwies lediglich auf *„vielfache Umbauten“* in späterer Zeit. Er scheint demnach keinen

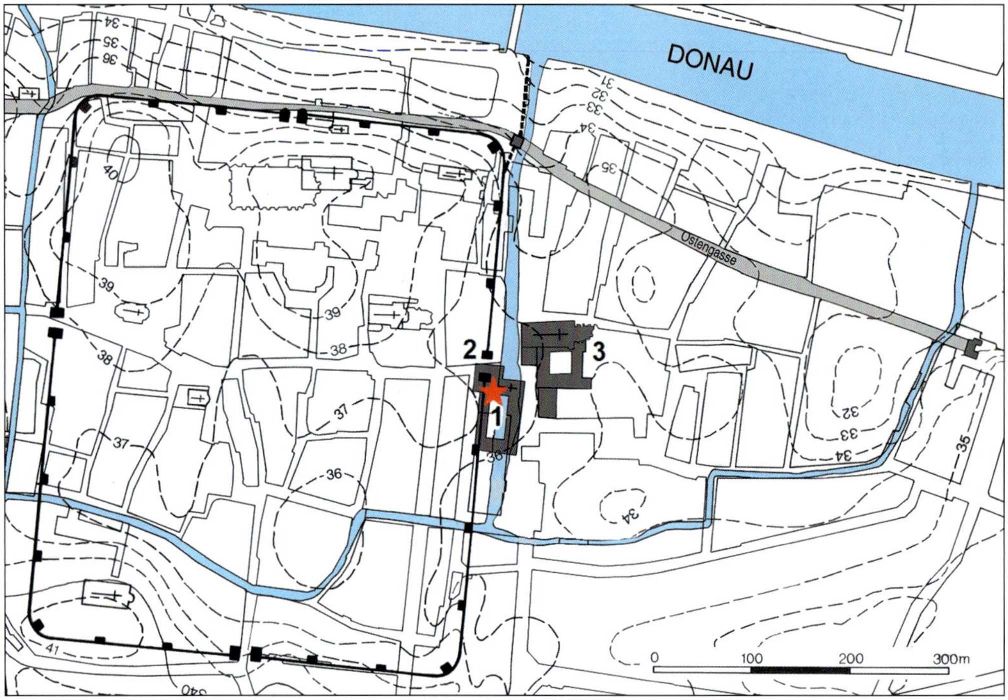

Abb. 4: Regensburger Stadtkern mit römischer Legionslagermauer und mittelalterlichem Lauf des Vitusbachs. 1: Ehemaliges Klarissenkloster St. Maria Magdalena, ab 1229; der Stern bezeichnet die Untersuchungen von 2015; 2: Römische Porta Principalis Dextra, später Schwarzes Burgtor; 3: Minoritenkloster St. Salvator, ab 1226. Plan: L.-M. Dallmeier auf Plangrundlage R. Röhrl, BLfD

Quellen begegnet zu sein, die auf Details insbesondere der ersten Kirchenphase schließen ließen. Die Anhaltspunkte zum Aussehen dieses Sakralbaus – und eigentlich auch zu seiner bis dahin nicht geklärten Lage – waren also durch die Forschungen Buschs bis auf weiteres ausgeschöpft.

Die zweite historisch fassbare Bauphase der Kirche datiert, wie oben beschrieben (vgl. auch Anm. 7) auf das Jahr 1329, wobei genau genommen lediglich von der Erlaubnis die Rede ist, die Stadt- bzw. Römermauer zu überbauen. Die Kirche wird hierbei nicht explizit genannt, daher könnte theoretisch auch nur die Erweiterung von Klostergebäuden gemeint sein. Eine klare Sprache bezüglich einer Kirchenerweiterung spricht jedoch der archäologische Befund von 2015 (siehe unten).

Die wahrscheinliche Ursache für die damaligen Baumaßnahmen nennt einzig Derma Engel: „*Vermutlich 1327 war es, daß das Kloster vollständig niederbrannte. Durch die Gunst eines Wohltäters, des Patriziers Heinrich aus dem Geschlechte der Memminger, wurde es schon im folgenden Jahre auf den römischen Grundmauern neu aufgebaut. Dieser Heinrich Memminger wird als eigentlicher Gründer der Klostergebäude angesehen. Noch heute hält der Convent für ihn ein Totenoffizium*“.[21]

Interessant bzw. diskussionswürdig erscheint die Erwägung Karl Buschs, der ganze Bau könne nach 1329 neu aufgeführt worden sein.[22] Jedenfalls bestand erst jetzt die bauliche Möglichkeit zur Gestaltung eines Nonnenchors in der Westhälfte der Kirche, wie es bei den Bettelordenskirchen eigentlich üblich ist.[23] Unter Berücksichtigung der Nachricht, dass 1329 auch der Stadtgraben überbaut werden durfte, muss man auch von einer Kirchenerweiterung nach Osten hin, also nach beiden Seiten ausgehen.

Als Hinweis auf eine weitere, dritte Bauphase ist die Nachricht zu sehen, dass im Jahr 1406 ein neuerbauter Chor und zwei Altäre beiderseits des Triumphbogens geweiht werden. Zu dieser Gelegenheit wird auch der Gottesacker geweiht, also der im Freien liegende Friedhof, der das offenbar vollbesetzte Coemeterium (das schon 1338 anlässlich der Bestattung der Äbtissin Elisabeth II. genannt wird[24]) erweiterte.[25] Jedenfalls dürfte zu diesem Zeitpunkt die Kirche

ihren letzten Entwicklungsstand hinsichtlich des Bauvolumens erreicht haben.
Als wichtige Station der Erweiterung des Klosterkomplexes im frühen 15. Jahrhundert soll hier der Anbau der Kapelle zum Nackten Herrgott[26] 1411 – da zur Baugeschichte der Klosterkirche nur indirekt relevant – nur kurze Erwähnung finden. 1738 wurde die Kapelle neu errichtet.

Bis zur vierten Bauphase, der Barockisierung der Kirche St. Maria Magdalena sind keine besonderen baulichen Änderungen bekannt. Den Zustand bis dahin, zur Mitte des 17. Jahrhunderts, zeigt der Vogelschauplan von Hans Georg Bahre (Abb. 5), der im Übrigen die erste verlässliche Abbildung der Kirche überhaupt zu sein scheint. Hier ist das noch einzelne Türmchen vor der östlichen Apsis zu beachten.
Busch, nach dessen Meinung der Mauerkern bei der barocken Umgestaltung sicher nicht angegriffen wurde,[27] nennt eine zweijährige Erneuerung der Klosterkirche ab dem Jahr 1730 unter der Äbtissin Maria Poliena. Von besonderem Interesse ist für unsere bauarchäologischen Betrachtungen die Neuanlage einer *„schönen"* Gruft unter der Kirche. Busch vermutete *„ein einfaches, breites Tonnengewölbe, das auf einer Treppe vom Coemeterium aus zugänglich war"*.[28]
Das letzte nach der Barockisierung bis zur Zerstörung 1809 bestehende Erscheinungsbild der Kirche zeigen zwei zeitgenössische Abbildungen (Abb. 6 und 7). Auffällig ist hier der zweite Turm über dem Westgiebel der Kirche, der wohl von der Maßnahme ab 1730 stammt. Die Beschreibung der barocken Kirche von Busch[29] stützt sich auf ebendiese Grafiken, wobei er für die angeblich *„einfache Ausmalung aus der Renovierungszeit 1732–34 als Schmuck des flachgedeckten Saalraumes"* keine Quellen nennt. Bezüglich des Äußeren schildert er das Eingangsportal ungefähr in der Mitte der nördlichen Längswand. Auf das leere Wandfeld über der Tür folgen *„ost- wie westwärts zwei Rundbogenfenster mit lichter Rokokoverglasung"*, was mit Blick auf Abb. 6–7 zu korrigieren wäre. Danach war die Nordfassade in sieben oder acht Felder unterteilt und besaß insgesamt fünf oder sechs Fenster.
An das Langhaus schloss ein halbrunder eingezogener Chor an, während die Westseite vom Nonnenchor bestimmt war. Busch vermutet ihn etwa ein halbes Geschoss höher als die Laienkirche. Die beiden als Dachreiter über dem Westgiebel und nahe dem östlichen Ende des Dachfirst ausgebildeten Türmchen werden als kunstvoll gestaltet, jeweils mit Glocke und angeblich mit Uhr (Westtürmchen) ausgestattet, beschrieben. Auffällig ist auch ein niedriger Sakristeiraum mit

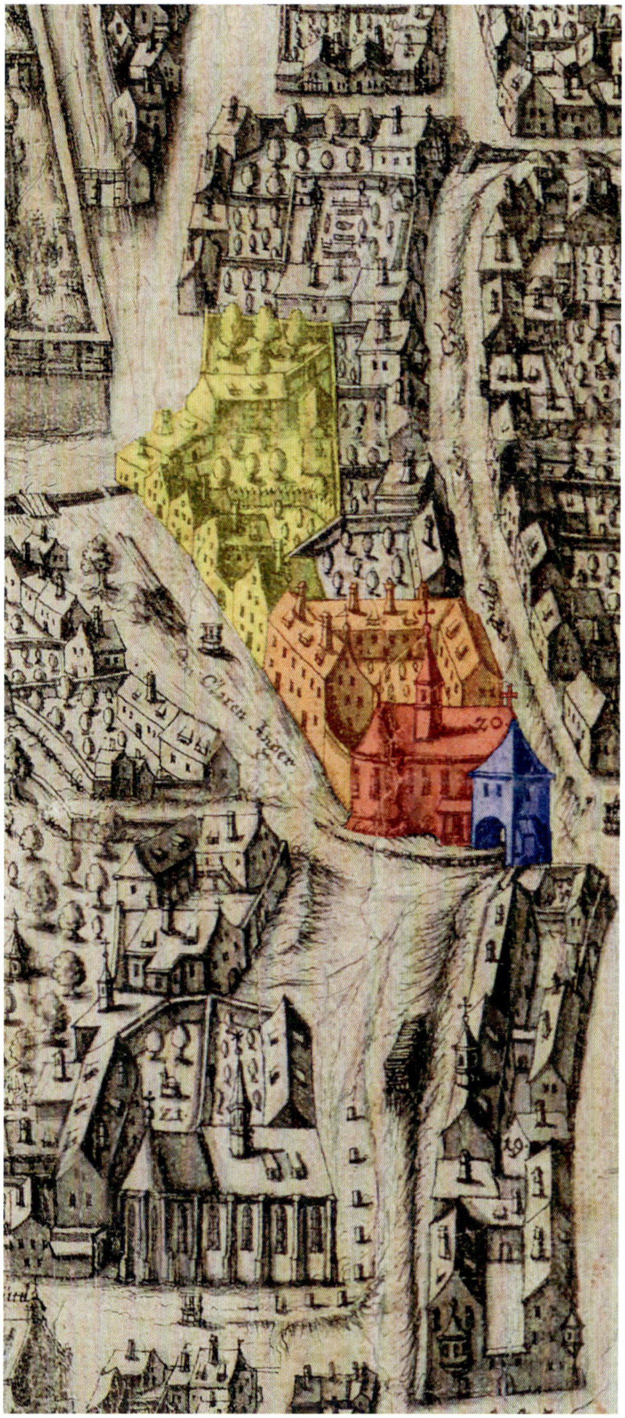

Abb. 5: Hans Georg Bahre, „Exactissima Imperialis Liberae Civitatis Ratisbonae Delineatio Anno 1645" (Federzeichnung 1645, Ausschnitt). Farblich markiert das Schwarze Burgtor (blau), die Klosterkirche (rot) und der Kernbau (orange) sowie die Wirtschaftsgebäude (gelb) des Klosters St. Klara. Links unten das Minoritenkloster mit Kirche. HMSR, Bearbeitung J. Sebrich

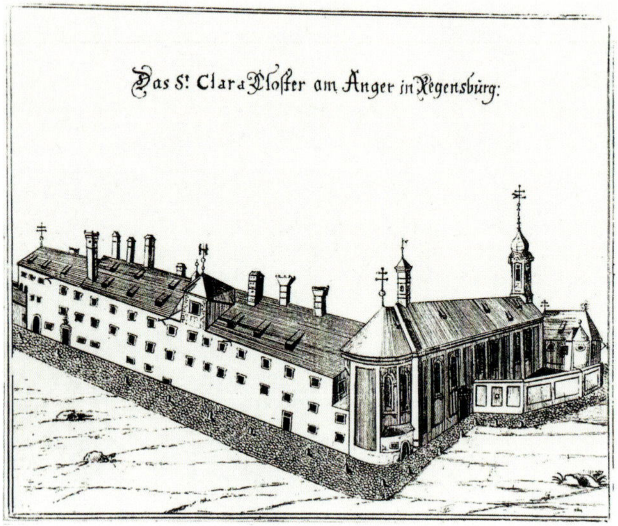

Abb. 6: Ansicht des Klosters St. Klara mit Kirche St. Maria Magdalena vor der Zerstörung 1809. Blick nach Südwesten. Lavierte Federzeichnung. HMSR

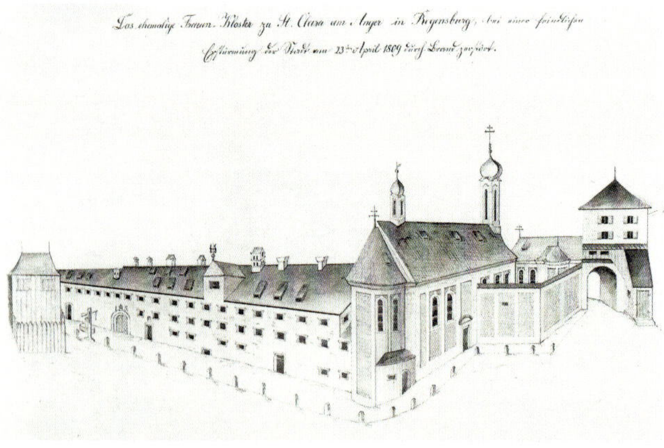

Abb. 7: Kloster St. Klara, Kapelle „Zum Nackten Herrgott" und Schwarzes Burgtor. Lithographie 1820. HV

Abb. 8: Uraufnahmeblatt für den ersten Stadtkataster Regensburg aus dem Jahr 1811, Blatt NO 42/43.17. Kolorierte Handzeichnung (Ausschnitt, in Bildmitte über dem Knick der Stadtbefestigung das Kloster St. Klara mit Klosterkirche St. Maria Magdalena; oben rechts das Minoritenkloster). Zur heutigen Lage der Gebäude vgl. den nachfolgenden Beitrag von J. Sebrich. Bayerisches Landesvermessungsamt München

eigenem Eingang, der sich außen in den nördlichen Zwickel von Chor und Langhaus schmiegt. Im Inneren werden fünf Altäre genannt: Der Hochaltar ist der hl. Maria Magdalena geweiht, den Chorbogen flankieren der Liebfrauenaltar und der Fronleichnamsaltar. An der Nordwand befindet sich ein Nikolai-, an der Südwand ein Allerheiligenaltar.

Was die Maße der Klosterkirche betrifft, so gibt uns zunächst der Grundriss auf der Uraufnahme des Stadtkatasters von 1811 Auskunft (Abb. 8), der die Klosteranlage – zu diesem Zeitpunkt allerdings Brandruine – noch abbildet. Im Vergleich zur erhaltenen Minoritenkirche ist hier auf einen Grundriss von etwa 44 x 12 Meter zu schließen. Etwas widersprüchlich hierzu scheinen die Angaben aus einem zeitgenössischen Protokoll, wonach die Kirche *„193 Schuh lang 42 Schuh breit"* gewesen sei,[30] was den heutigen Maßen von 56,4 x 12,3 Metern entspräche.[31] Die tatsächliche Breite des Kirchenschiffs betrug allerdings außen ca. 10,3 bis 11,7 Meter, innen um jeweils 2 x 1 Meter (= Mauerstärke) weniger, wie letztlich durch unsere archäologischen Untersuchungen sowie folgenden Plan festgestellt werden konnte:[32]

Der Architekt Emanuel von Herigoyen erstellte 1810 den Grundriss für einen (unrealisierten) Neubau einer Infanteriekaserne,[33] der den alten Kirchengrundriss aufnimmt und auch die ehemalige Apsis einträgt (Abb. 9). Hieraus ergeben sich ebenfalls die Maße von etwa 44 x 12 Meter für die Kirche. Ganz besonders aufschlussreich erscheint dieser Grundriss bei genauer Betrachtung der Nordfassade: Sie verläuft nicht in einer geraden Linie, sondern besitzt einen leichten aber deutlichen Knick, der sich genau an der Stelle der querenden römischen Legionslagermauer befindet (Abb. 9, linker Pfeil). Es erscheint naheliegend, dass diese Abweichung von der Geraden mit dem überlieferten Umbau im Jahr 1329 in Zusammenhang stehen muss. Von besagter Stelle aus verbreitert sich das Kirchenschiff nach Osten hin um letztlich 1,4 Meter, wobei die Kirchenwände deutlich aus der Parallele laufen. Hier, also unmittelbar östlich an die Legionslagermauer angebaut, muss sich der älteste Kern der Kirche befinden.

Schon Busch sah in der Kirche „*eine genau parallele Anlage zur Hl. Kreuzkirche: Der Laieneingang war inmitten der Nordwand des breitrechteckigen Betsaales; östlich folgte ein kurzer Altarraum, westlich der ziemlich tiefe Nonnenchor über einem Coemeterium*“.[34] Auch die Proportionen (ca. 48 x 12 Meter Außenmaß) dieser ebenso mehrfach umgestalteten und wohl ursprünglich mit flacher Holzdecke versehenen Klosterkirche,[35] dessen Ansiedlung ebenfalls auf die Zeit der 1230er Jahre zurückgeht, sind der Kirche St. Maria Magdalena sehr ähnlich – wohl gemerkt bezogen auf den jeweiligen Endzustand des späten Mittelalters.
Überhaupt entspricht die langgestreckte, schmalrechteckige Bauform einem oftmals begegnenden, beiderseits der Alpen bekannten Bautyp einer weiblichen Bettelordenskirche,[36] der bezüglich seiner Längenerstreckung naturgemäß durch den Nonnenchor bestimmt ist. Im Fall der Magdalenenkirche ist aber zu berücksichtigen, dass dieser Grundriss das Produkt mehrerer Bauphasen von der Mitte des 13. bis zum Anfang des 15. Jahrhunderts darstellt.

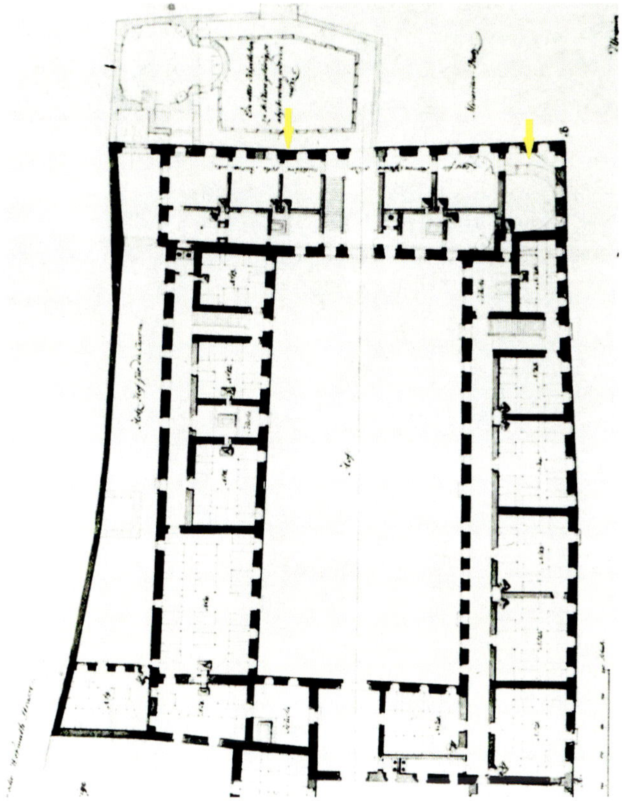

Abb. 9: Umbauplan des ehemaligen Klarissenklosters zur Kaserne, Emanuel von Herigoyen, 1810 (Ausschnitt, zur besseren Verständlichkeit genordet). Oben der Kirchengrundriss mit deutlichem Knickpunkt in der Nordwand (linker Pfeil) und Eintragung der ehemaligen Apsis (rechter Pfeil). Ganz oben die ehemalige Kapelle zum Nackten Herrgott mit Friedhof. HStAM

Was blieb von der Klarissenkirche?

Nur wenige Objekte der ehemaligen Ausstattung[37] konnten nach der Zerstörung gerettet bzw. in das neue Kloster mitgenommen werden: Neben einer Reliquie des heiligen Blutes waren dies eine barocke Steinfigur und ein Ölgemälde der heiligen Klara sowie eine gotische Marienstatue. Die aus dem Brandschutt von 1809 geborgene Steinfigur des „Nackten Herrgott“ aus der gleichnamigen Kapelle nordwestlich der Kirche (siehe oben) befindet sich seit 1974 im St.-Klara-Kloster in Dingolfing.[38] Eine steinerne Konsole für ein (verlorenes) Votivbild mit Inschrift,[39] welche die Stiftung durch den Dombaumeister Wolfgang Roritzer im Jahr 1501 belegt, grub man angeblich 1873 auf dem heutigen Dachauplatz aus.[40] Ob eine Skulptur des Christus Salvator des späten 14. Jahrhunderts, die bei archäologischen Untersuchungen in nur 100 Metern Entfernung auf dem Areal des Neuen Rathauses (D.-Martin-Luther-Str. 3) zutage kam, ursprünglich von der Kirche St. Maria Magdalena oder aber aus der nahen Minoritenkirche stammen mag, ist nicht mehr zu klären.[41] Die Frage mag für unsere Belange dahingestellt bleiben, zumal diese Stücke ohnehin keinen Hinweis auf die Gestalt der ehemaligen Kirche geben könnten.

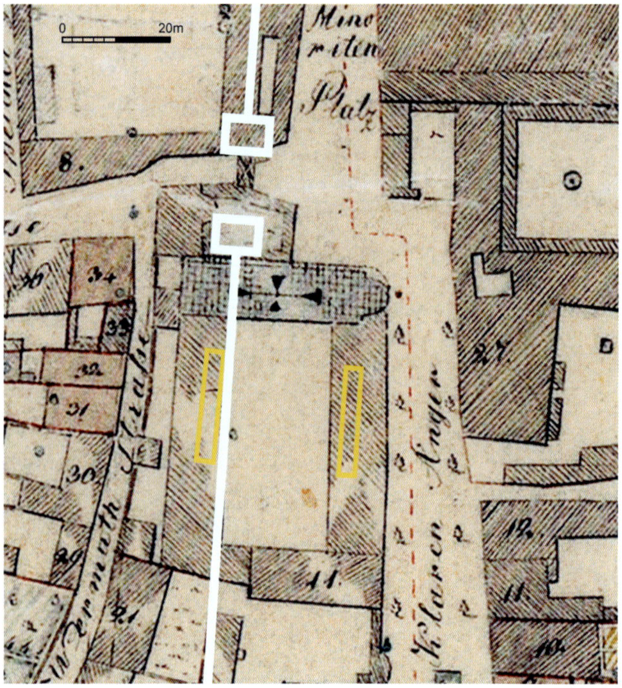

Abb. 10: Verlauf der römischen Legionslagermauer mit erschlossenen Turmgrundrissen des Osttores (weiß) unter dem ehemaligen Baubestand des Klosters St. Klara (wie Abb. 8). Lage des Osttores mit wohl rechteckigen Türmen nach Osterhaus (Anm. 44). Auffällig ist die Lage des Schwarzen Burgtores exakt über der Nordhälfte des Römertors. Gelb gekennzeichnet die Lage der beiden Löschwasserzisternen von 1938, deren östliche (hier rechte) vor der heutigen Nordostecke des Parkhauses liegt. Plan: L.-M. Dallmeier auf Plangrundlage wie Abb. 8.

Abb. 11: Bau einer Löschwasserzisterne auf dem damaligen Moltkeplatz, jetzt Dachauplatz. Blick vom Neuen Rathaus nach Nordwesten. Die Baugrube liegt südlich der ehemaligen Klosterkirche im Bereich des Ostflügels des Konvents (vgl. auch Abb. 8). Foto: StAR

Was sonst von Kloster und Kirche übrig blieb, ruht als Bodendenkmal unter dem heutigen Dachauplatz: Fundamente und Reste der Mauern, Estriche und Grablegen, überdeckt vom Abbruchschutt. Und nicht zu vergessen: die römische Legionslagermauer, wie eingangs bereits geschildert.

Archäologische Untersuchungen 2015

Mehr als 80 Jahre nach der Empfehlung von Karl Busch, den Spaten anzusetzen,[42] ergab sich tatsächlich – wenngleich unter dem Gebot einer Rettungsgrabung – die Gelegenheit zur Forschung: Aufgrund des unbefriedigenden Erscheinungsbilds des Platzes entschloss sich die Stadtverwaltung, ihn durch eine Neubepflanzung mit mehreren Bäumen aufzuwerten (Abb. 1). Der erhobene Zeigefinger der Denkmalpfleger ließ allerdings nicht auf sich warten, denn die zehn geplanten Pflanzgruben bedeuteten den Eingriff in ein Bodendenkmal. Somit bestand wenig Aussicht, dass die Baumpflanzungen in schematischer Weise angelegt werden könnten. Sie hatten vielmehr Rücksicht zu nehmen auf die eben beschriebene unterirdische Denkmalsubstanz.

Historische Pläne (Abb. 8) zeigten, dass die geplanten Pflanzgruben genau auf den Bereich der ehemaligen Klosterkirche treffen mussten. Gebot der Stunde waren also fachgerechte archäologische Sondagen, die den Erhaltungszustand und die genaue Lage der historischen Substanz im Boden erkunden sollten. Vor allem war unbekannt, in welcher Tiefe die Reste der Kirche und der römischen Lagermauer zu Tage kommen würden. Immerhin war zu hoffen, dass moderne Eingriffe wie etwa der Leitungsbau keine allzu starken Störungen hinterlassen hatten, so wie es leider unmittelbar südlich davon inmitten der ehemaligen Konventbauten beim Bau zweier großer Löschwasserzisternen 1938 der Fall war (Abb. 10 und 11).

Die archäologischen Untersuchungen[43] erfolgten im Frühsommer 2015 in Form von mehreren kleinen Sondage-

Abb. 12: Sondageflächen am Dachauplatz 2015. Als Hintergrund der Baubestand des Klarissenklosters vor 1809 (rot, gemäß Stadtplan von 1811) und der römischen Legionslagermauer mit südlichem Torturm (blau, hier mit hypothetischer runder Apsis). 1: Barocker Gruftboden; 2: Römische Lagermauer; 3: Fundament der Klosterkirche; 4: Pfeilerbasis der Klosterkirche; 5: Befund Südwand, März 2016; 6: Befund Apsis, März 2016; 7: Nördliche Kirchenmauer der zweiten Bauphase von 1329. Plan: E. Nachreiner, Fa. ARCTEAM

Abb. 13: Fundament der Außenmauer der Klosterkirche St. Maria Magdalena (links), stumpf an die Quader der römischen Legionslagermauer angesetzt (Pfeil). Darauf ein kleiner Rest Mauerwerk der Kirchenerweiterung, die ab 1329 die Römermauer überbaute. Knapp dahinter Störung durch einen modernen Abwasserschacht. Blick nach Westen. Foto: Fa. ARCTEAM

schächten, um einerseits unbedenkliche Standorte für die Pflanzgruben zu ermitteln, zum anderen um eine optimale Aussagekraft der Befunde zu erzielen.

Schon mit der ersten Sondage wurde die literarische Überlieferung eindrucksvoll bestätigt (Abb. 12, Nr. 2–3). Bereits in 30 Zentimetern Tiefe zeigte sich das Bruchsteinfundament und die einen Meter starke aufgehende Nordwand der Klosterkirche St. Maria Magdalena. Ihre erste Phase (um 1252–1329) stieß an die römische Lagermauer (= Stadtmauer bis um 1300), von der hier noch zwei Lagen von Großquadern der Außenschale erhalten waren (Abb. 13–15).[44] Leider erwies sich dieser Bereich durch einen modernen Abwasserschacht als erheblich gestört, doch es war immerhin noch ein klein wenig Mauersubstanz verblieben, um anhand unterschiedlicher Mörtel und einer deutlichen Baufuge die genannte Kirchenerweiterung zu belegen, welche 1329 über die Römermauer hinweg ging. Westlich der Störung konnte die Fortsetzung dieser Mauer wieder stückweise aufgedeckt werden (Abb. 12, Nr. 7). Sie besteht, ebenso wie das kleine verbliebene Stück westlich der Baufuge, aus ockerfarbenem Kalkmörtel mit relativ groben Zuschlägen.

Von der Nordwand der ersten Kirchenphase (Abb. 12, Nr. 3 und Abb. 16) konnte ein Abschnitt von immerhin neun Metern Länge freigelegt werden. Ihr Mörtel unterscheidet sich in seiner hellgrau-weißlichen Farbe und relativ feinen Zuschlägen deutlich von der genannten, angesetzten Phase. Noch gut erhalten waren die Reste von zwei Verputzungsphasen. Der jüngere Putz korrespondiert mit der Kirchenerweiterung von 1329, der ältere zieht gegen den ersten, unteren Estrich (siehe unten).

Über die Klosterkirche, zu deren Baugeschichte und Aussehen bis auf ihr letztes barockzeitliches Erscheinungsbild (Abb. 5–7) ja nur wenig bekannt war, erlaubten die Sondagen noch weitere Neuerkenntnisse: Insbesondere die Estrichreste zweier übereinander liegender Kirchenböden weisen auf verschiedene Bauphasen hin. Bereits zur ersten Kirche um 1252, weil auf dem unteren Estrich stehend, muss ein noch 90 Zentimeter hoch erhaltener oktogonaler Kalksteinpfeiler (Abb. 12, Nr. 4) gehören. Er besteht aus einer achteckigen Trommel, zusammengesetzt aus acht Werksteinen (Abb. 17). Darunter sitzt eine rechteckige, 95 x 80 Zentime-

Abb. 14: Quader der römischen Legionslagermauer, wie Abb. 13, jedoch von deren Innenseite gesehen, Blick nach Südosten. Der Pfeil markiert die Baufuge zur Kirchenmauer, die Ziffern benennen die Befundnummern (vgl. Abb. 15). Foto: Fa. ARCTEAM

Abb. 16: Freigelegter Abschnitt der Nordmauer der Kirche St. Maria Magdalena mit deutlichen (hellen) Spuren von Verputzung und Farbfassung (vgl. Abb. 12, Nr. 3). Im Vordergrund der obere Kirchenestrich. Blick nach Nordwesten. Foto: Fa. ARCTEAM

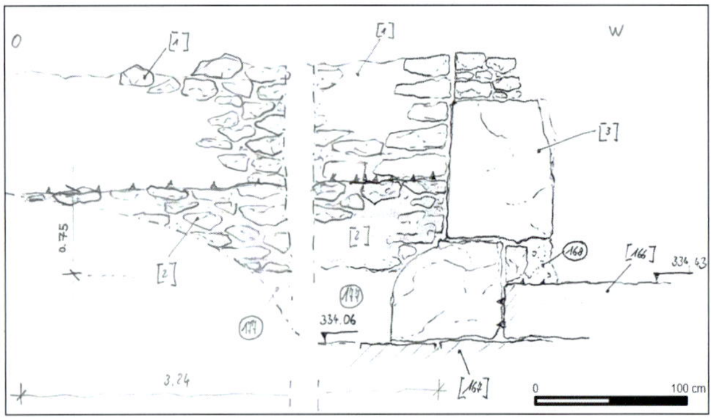

Abb. 15: Befundzeichnung der römischen Quader im Südprofil (vgl. Abb. 13 und 14). Handzeichnung: Fa. ARCTEAM

Abb. 17: Pfeilerbasis (vgl. Abb. 12, Nr. 4) während der Freilegung. Im Profil der Sondage gut erkennbar die etwa 30 Zentimeter starke moderne Schotterschicht (hell) unter dem Pflaster, darunter der Abbruchschutt der Kirche. Blick nach Osten. Foto: Fa. ARCTEAM

ter große Basis aus vier Werksteinen mit abgefasten Ecken. Als Abschluss folgt eine Plinthe, an welche der untere Estrich, also der früheste Kirchenboden anläuft (Abb. 18 und 19). Deutliche Spuren von Kalkschlemme geben Auskunft über das letzte Erscheinungsbild vor der Zerstörung.

Diese Pfeilerbasis steht fast genau in der mittleren Längsachse des Innenraums und lässt auf eine Reihe von vier oder fünf weiteren derartigen Pfeilern schließen. Daraus resultiert eine zweischiffige Anlage.

Da die Sondage nahe dem Pfeiler weiter in die Tiefe fortgeführt werden konnte und somit ein Profil entstand, konnte sichergestellt werden, dass keine noch frühere Bauphase darunter liegt. Die Datierung des Pfeilers um 1252 als Teil der ersten Bauphase erscheint daher stimmig. Allerdings finden sich datierte Vergleichsbeispiele an *Sakralbauten* – auch überregional – recht spärlich. Immerhin kann die Regensburger Kirche St. Ulrich, deren Bau um 1230 erfolgte, vielleicht erst ab 1261 fertiggestellt wurde,[45] an der Ostempore mit Achteckpfeilern aufwarten, deren abgefaste Basen unserem Fund stilistisch am nächsten kommen (Abb. 20). Die nahe gelegene und, wie oben erwähnt, mit dem Klarissenkloster in enger Beziehung stehende Minoritenkirche entstand etwas früher (um 1230–50) und weist – freilich bei anderer Grundform und anderen Proportionen – ebenso das

Abb. 18. Freigelegte Pfeilerbasis (vgl. Abb. 12, Nr. 4) auf der ältesten Estrichschicht. Blick nach Norden. Foto: Fa. ARCTEAM

Abb. 19: Freigelegte Pfeilerbasis (vgl. Abb. 12, Nr. 4) auf der ältesten Estrichschicht mit östlich angesetztem Mauerrest. Der gelbe Pfeil deutet auf Verputzungsreste. Blick nach Nordwesten. Foto: Fa. ARCTEAM

Oktogon als Säulenbasis auf.[46] Große Ähnlichkeiten im Aufbau der Basen finden sich auch am Hauptportal der abgegangenen Obermünsterkirche, die in frühgotische Zeit um 1300 datiert wird.[47] Mit oktogonalen Pfeilern ist im Übrigen auch die früheste gotische Hallenkirche Österreichs aus der zweiten Hälfte des 13. Jahrhunderts, die ehemalige Dominikanerinnenkirche Imbach,[48] ausgestattet (Abb. 29 und 30). Insbesondere als Beispiel für eine zweischiffige Hallenkirche mit Kreuzrippenwölbung und der Magdalenenkirche sehr ähnlichem Grundriss von ca. 40 x 10,7 Metern zeigt sie eine Deckenlösung durch Gewölbe. Denkbar wäre eine Überdeckung etwa durch Kreuzrippengewölbe daher auch bei unserer frühgotischen Magdalenenkirche. Eigentlich entspräche diese aufwendige und damals hochmoderne Architektur nicht dem vielfach üblichen Grundgedanken der Bettelorden von baulicher Schlichtheit und Zurückhaltung. Angesichts des genannten österreichischen Gegenbeispiels und auch einigen anderen dürfen diese Prinzipien allerdings nicht als überall gängige Muster vorausgesetzt werden.[49]

Die archäologische Untersuchung erbrachte im Übrigen keine entsprechenden Fundstücke einer Gewölbekonstruktion, wie sie eigentlich – etwa in Form von Fragmenten von

Abb. 20: Ehemalige Dompfarrkirche St. Ulrich. Die Fotografie von 1929 zeigt die damalige Nutzung als Museum. Blick auf die Ostempore mit Achteckpfeilern (Pfeile). HMSR

Abb. 21: Sondage im Bereich der Krypta, Blick nach Osten (vgl. Abb. 12, Nr. 1). Rechts noch Schuttfüllung nach 1809. Im Vordergrund Kalkplattenboden mit Teilen von eingelassenen Grabplatten. Links oben die nördliche Wange (helle Mauer) des Zugangs zur Krypta. Foto: Fa. ARCTEAM

Abb. 22: Barocke Grabplatte im Boden der Krypta, wohl eines Stifters, mit Doppeladler im Wappen, 17./18. Jahrhundert. Foto: Fa. ARCTEAM

Steinrippen oder ähnlichem – zu erwarten gewesen wären. Dieser Umstand mag einerseits in den relativ kleinen Sondageflächen begründet sein; zum anderen könnten bereits beim Abbruch 1811/12 verwertbare Architekturteile selektiert und daher nicht in den Boden gelangt sein.
Unterstützende Beispiele zum Zeitansatz unserer Pfeilerbasis scheinen sich im Regensburger *Profanbau* als identische Entsprechungen ebenso wenig zu finden. Immerhin begegnet der achteckige Pfeiler als bestimmendes Bauelement in der zweiten Hälfte des 13. Jahrhunderts im Dollingersaal[50] oder in der Eingangshalle des Zanthauses.[51]

Ein ebenso interessanter wie rätselhafter Befund kam unmittelbar neben besagtem Steinpfeiler zutage (Abb. 19): Es handelt sich um zwei aneinander gesetzte Bruchsteinmauern, die sich hinsichtlich verschiedener Steinformate zwar deutlich voneinander unterscheiden, aber als gemeinsamer Verband von etwa 70 Zentimetern Breite gegen besagte Pfeilerbasis gemauert sind. Sie waren bei der Aufdeckung noch auf ca. 40 Zentimeter Höhe und in der Länge nur knapp 60 Zentimeter erhalten, da sich östlich eine tiefgreifende Störung anschloss. Bemerkenswert sind Reste von etwa 1,5 Zentimeter starker Verputzung an der Südseite, was auf die Sichtseite dieser Mauer schließen lässt. Somit kommt eine Deutung etwa als Teil eines nachträglich eingebrachten Spannfundamentes oder eines Altarunterbaus nicht in Frage. Auf jeden Fall wurde die Wand auf den ältesten Estrich der Kirche gesetzt und muss daher im Zusammenhang mit späteren Umbauten stehen. In Frage käme hierbei etwa die Umbauphase von 1329 mit deutlicher Erweiterung der Kirche oder diejenige von 1406, als von einem neu erbauten Chor und zwei neuen Altären die Rede ist (siehe oben).
Hierzu ist eine Betrachtung der beiden aufgefundenen Kirchenböden hilfreich: Der obere, also jüngere Estrich, welcher in den Sondagen an mehreren Stellen nachzuweisen war und – wie auch der ältere – erhebliche Niveauunterschiede durch Senkungen aufweist, liegt im Mittel etwa 45 Zentimeter über dem alten Kirchenboden. Dies bedeutet, dass die Pfeilerbasen durch den zweiten Boden nun fast gänzlich verdeckt wurden (vgl. Niveauangabe in Abb. 19). Auffällig erscheinen unter diesem Gesichtspunkt die umlaufenden Spuren auf der Oberseite der Pfeilerbasis, die vom ehemals anlaufenden Estrich stammen könnten.
Somit besteht große Wahrscheinlichkeit, dass besagtes verputztes Mauerstück durch den zweiten Estrich überdeckt wurde. In diesem Fall muss es also in den bestehenden *ersten* Kirchenbau eingesetzt worden sein und verlor mit der

Abb. 23: Grabplatte des 16./17. Jahrhunderts mit Engelskopf im Boden der Krypta. Foto: Fa. ARCTEAM

Erhöhung des Bodens (1329 oder 1406?) schon wieder seine Funktion. Daher muss wohl die Ansprache als Sockel für einen Kanzelaufgang ausscheiden.[52] Nachdem für die Altäre jeweils andere Standorte überliefert sind (siehe oben), käme als Deutung am ehesten eine Art von Podest in Frage, das vielleicht eine Heiligenfigur trug.[53]

Da die Südwand der Kirche ebenfalls lokalisiert werden konnte[54] (Abb. 12, Nr. 5), ist von etwa 11,50 Meter äußerer Breite und zunächst nur maximal 20 Meter Länge der ersten Klosterkirche aus der Zeit um 1252 auszugehen. Die Schätzung ihrer ersten Länge richtet sich nach dem ungefähren Abstand zum Stadtgraben. Denn es ist zu berücksichtigen, dass bis um 1300 die Stadtmauer (= Legionslagermauer), an welche die Kirche ja angebaut war, noch in Funktion als Stadtbefestigung stand. Erst mit deren Verlegung nach Osten hin war keine Rücksicht auf den vorgelagerten Graben mit dem Lauf des Vitusbachs[55] mehr nötig (vgl. Abb. 4), sodass die Stadt den Klarissen bald darauf 1329 (siehe oben) das neue Areal zur Klostererweiterung zur Verfügung stellen konnte.

Ihre endgültige, nun mehr als doppelte Länge von etwa 44 Metern dürfte die Kirche 1329 bereits erreicht haben.[56] Der nun auffällig schmalrechteckige Grundriss findet, wie schon erwähnt, eine Entsprechung in der 1244 geweihten Klosterkirche des Dominikanerinnenklosters Heilig Kreuz im Westen der Regensburger Altstadt, die vor ihrer Barockisierung allerdings als einschiffiges Langhaus wohl mit Flachdecke ausgebildet war. Auch St. Maria Magdalena erfuhr ab 1730 tiefgreifende, angeblich zwei Jahre andauernde Umgestaltungen mit Neu- oder Umbau einer Krypta. Entsprechende Befunde kamen 2015 an der Stelle unter dem ehemals wohl um ein Halbgeschoss erhöhten Nonnenchor zu Tage (Abb. 12, Nr. 1). In einem kleinen Ausschnitt traf man genau auf den Abgangsbereich und den Boden der Krypta (Abb. 21), der sich nur knapp einen Meter unter dem sonstigen Laufniveau der Kirche befand. Neben unverzierten quadratischen Kalksteinplatten zeigten sich Teile je einer barocken und renaissancezeitlichen Grabplatte (Abb. 22 und 23), wobei letztere auf einen schon längeren Bestand der Krypta schließen lässt.

Abb. 24: Bestattung südöstlich des Steinpfeilers (vgl. Abb. 12, Nr. 4) in ostwestlicher Orientierung. Foto: Fa. ARCTEAM

Dass auch an anderer Stelle der Klosterkirche bestattet wurde, zeigen mehrere aufgefundene Grabgruben nahe des genannten Pfeilers, also etwa in der Mitte des südlichen Kirchenschiffes (Abb. 12, Nr. 4 rechts). Sie durchschlagen bereits den unteren, also ersten Kirchenboden, stammen daher aus einer späteren Phase. Eine Grablege wurde exem-

Abb. 25: Leitungsbauarbeiten in der Fahrbahn am Dachauplatz, März 2016 mit Fundpunkt der Kirchenapsis (Pfeil; vgl. Abb. 26). Blick nach Norden. Foto: L.-M. Dallmeier

Abb. 26: Schräg verlaufendes Mauerstück der ehemaligen Apsis der Kirche St. Maria Magdalena mit dem gelblichen Kalkmörtel der Bauphase von 1329 (vgl. Abb. 12, Nr. 6 und Abb. 25). Oben ist Osten. Foto: L.-M. Dallmeier

Abb. 27: Verfüllen des östlichen Sondagegrabens (vgl. Abb. 12, Nr. 3–4) etwa in der Mitte der ehemaligen Klosterkirche. Blick nach Osten. Foto: Fa. ARCTEAM

Abb. 28: Pflanzen der neuen Bäume („japanischer Fadenbaum“) am Dachauplatz im Juli 2015 unter Rücksichtnahme auf die Bodendenkmäler. Blick nach Südosten. Foto: Fa. ARCTEAM

Abb. 29: Ehemalige Dominikanerinnenkirche Imbach/Niederösterreich, Blick nach Nordwesten. Foto: L.-M. Dallmeier

plarisch bis zum Skelett geöffnet (Abb. 24). Ein Datierungsanhalt fand sich hierbei nicht.

Im Boden geborgen

Es ist besonders zu betonen, dass nicht nur das genannte Grab, sondern überhaupt alle anderen freigelegten Befunde im Boden belassen und sorgfältig überdeckt wurden. Die neuen Bäume, die ja den eigentlichen Anlass für die archäologischen Untersuchungen darstellen (Abb. 27 und 28), wurden selbstredend unter strenger Rücksichtnahme *neben* die nun detailliert bekannte Denkmalsubstanz gepflanzt. Somit bleiben die (gar nicht so geringen) Überreste des seit über 200 Jahren verschwundenen Frauenklosters und seiner Kirche St. Maria Magdalena weiter im Boden bewahrt.

Gerade weil sich heute dichter Autoverkehr über den Resten von Langhaus und Chor bewegt und täglich hunderte von Bussen über den Gräbern der Klosterschwestern ihre Haltestelle ansteuern, ist das Bewusstsein um die historische Substanz umso wichtiger, die unter dem Asphalt liegt (vgl. auch Abb. 1 des Beitrags von Johannes Sebrich in diesem Band). Es ist unsere denkmalpflegerische Aufgabe, in dieser Zone weiterhin besonders achtsam zu bleiben, denn jede Wasser- oder Stromleitung, jeder Kanalanschluss oder Sinkkasten, überhaupt jeder Leitungsgraben könnte hier in geringer Tiefe viel Wertvolles zerstören und im Laufe der Zeit einen allmählichen Verlust der unterirdischen Zeugnisse der Klosterkirche bewirken.

Abb. 30: Ehemalige Dominikanerinnenkirche Imbach/Niederösterreich, Innenansicht nach Westen. Sehr ähnlich darf man sich die ehemalige Kirche St. Maria Magdalena vorstellen. Foto: L.-M. Dallmeier

1 Karl Busch, Regensburger Kirchenbaukunst 1160–1280, VHVO 80, 1932, 157.

2 Wolfgang Schmidt, Eine Stadt und ihr Militär. Regensburg als bayerische Garnisonsstadt im 19. und frühen 20. Jahrhundert. Studien und Quellen zur Geschichte Regensburgs 7 (Regensburg 1993), 73ff.

3 Adressbuch der Kreishauptstadt Regensburg 1910, 101.

4 Einwohnerbuch der Kreishauptstadt Regensburg 1934/35, 119. Zuvor trug der Alte Kornmarkt den Namen „Moltkeplatz“.

5 Joseph Rudolf Schuegraf, Topographische Beschreibung der Osten-Vorstadt Regensburgs, VHVO 21, 1862, 89 nennt im Zusammenhang mit dem Klarissenkloster *„in dessen Nähe der Kornbühl (collis frugum), wo früher die Schranne gehalten wurde“*. Spätestens im 15. Jahr-

hundert scheint dann auch der Getreidespeicher des Klosters bzw. dessen östlich gegenüber liegenden Ökonomiegebäude den Ortsnamen „am kornpühel“ lebendig zu halten: Vgl. hierzu auch Christian FORNECK, Die Regensburger Einwohnerschaft im 15. Jahrhundert, Regensburger Studien 3 (Regensburg 2000), 69, 149f., 264f. – Dass an dieser Stelle bereits zur Römerzeit eine leichte Geländeerhebung (*Bühl* = altertümlich *Hügel*) bestand, zeigt die Tatsache, dass die Legionslagermauer bzw. deren Sockel von der Südseite des Klosters bis zur Kirche auf etwa 130 Meter Länge um immerhin 1,66 Meter ansteigt. Von dort weiter bis zur Nordost-Ecke am St.-Georgen-Platz bleibt sie dann auf dem gleichen Niveau. Heute besitzt dieser Geländeabschnitt mittlerweile ein Gefälle von etwa drei Metern auf ca. 200 Metern Länge, was diversen Auffüllungen in nachrömischer Zeit insbesondere im Abschnitt Dachauplatz – Schwanenplatz geschuldet ist.

6 Karlheinz DIETZ / Thomas FISCHER, Die Römer in Regensburg (Regensburg 1996), 84–90. – Zu neuesten Untersuchungen auf diesem Areal: Friedrich LORÉ, Archäologie vor dem Osttor des römischen Legionslagers, DR 14 (Regensburg 2015), 26–34. Zur Gründungsinschrift jüngst: Karlheinz DIETZ, Die Bauinschrift vom Osttor des römischen Legionslagers: Vom römischen Staatsdokument zur Spolie ... von der Spolie zum Symbol der frühen Regensburger Geschichte, in: Spolien – steinerne Zitate der Geschichte, Beiträge des 30. Regensburger Herbstsymposions für Kunst, Geschichte und Denkmalpflege vom 20. bis 22. November 2015 (Regensburg 2016), 78–86. Zur Lagermauer Thomas AUMÜLLER, Die Höhenentwicklung der Befestigung des Legionslagers Regensburg von 179 n. Chr., in: Römische Wehrbauten. Befund und Rekonstruktion, Schriftenreihe des Bayerischen Landesamts für Denkmalpflege Nr. 7 (München 2013), 108–111.

7 Carl Theodor GEMEINER, Regensburgische Chronik Bd. 1 (Regensburg 1800), 118 – Hugo von WALDERDORFF, Regensburg in seiner Vergangenheit und Gegenwart (Regensburg 1896), 541: *„Verschreibung der Äbtissin Elspet und des Convents Maria Magdalena* (S. Clara) *d. 1329 an S. Urbanstag“.* – Ferdinand JANNER, Geschichte der Bischöfe von Regensburg 2 (Regensburg u. a. 1884), 376.

8 Ausführlich zur Gründung des Regensburger Klosters und dessen Geschichte: Wilhelm SCHRATZ, Das St. Maria Magdalena-Kloster am Claren-Anger in Regensburg, VHVO 40, 1886, 215–232, bes. 217. – Ebenso DERS., Das St. Maria Magdalena-Kloster am Claren-Anger in Regensburg (Oberpfalz), in: Kalender für katholische Christen (Sulzbach/Opf. 1888), 65–73.

9 André SIMON, L'ordre des Pénitentes des S. Marie-Madeleine en Allemagne au XIIIe siècle (Fribourg 1918). – Zur Entstehung des Ordens auch SCHRATZ (wie Anm. 8), 215–218.

10 Derma ENGEL, Die Klarissen in Regensburg, in: Bavaria Franciscana Antiqua 2 (München 1955), 44–77.

11 Johannes-Baptist FREYER, Klara von Assisi. Ein Leben nach dem Evangelium (Werl 1997).

12 SCHRATZ 1886 (wie Anm. 8), 226f.

13 Zur (letztendlich negierten) Frage einer bewussten städtischen Förderung der Ansiedlung von Bettelorden an den Stadtmauern anhand Schweizer Verhältnisse vgl. Hans-Jörg GILOMEN, Stadtmauern und Bettelorden, in: Stadt- und Landmauern 1 = Veröffentlichungen des Instituts für Denkmalpflege der ETH Zürich Bd. 15.1 (Zürich 1995), 45–62.

14 SCHRATZ 1886 (wie Anm. 8) – DERS. 1888 (wie Anm. 8), 65–73, bes. 69.

15 Busch (wie Anm. 1). – DERS., Kapellen- und Klosterbauten „beim nackten Herrgott“ in Regensburg, VHVO 84, 1934, 142–159.

16 BUSCH 1934 (wie Anm. 15), 148.

17 BUSCH (wie Anm. 1), 156 mit Anm. 527 und 528; vgl. bes. Manuskript C. Thomas RIED, Kurze Geschichte des Frauenklosters der hl. Magdalena des Clarissinnenordens zu Regensburg. Aus Urkunden verfaßt 1810, 75.

18 BUSCH 1934 (wie Anm. 15), 148f. – Untermauert wird die Annahme einer bis 1252 fehlenden Kirche durch die Tatsache, dass die ersten vier Äbtissinnen anderswo, und zwar in der benachbarten Minoritenkirche bzw. im Kreuzgang des Minoritenklosters bestattet wurden, nämlich die Äbtissinnen Hedwig († 1300), Adelheid († 1313), Elisabeth I († 1320) und Klara I. († 1327). Erst die Beisetzung der Äbtissin Elisabeth II († 1338) *„im Coemeterium von St. Clara“* beweist die nunmehrige Existenz eines Friedhofs im Klosterbereich der Klarissen, der offensichtlich mit der Kirchenerweiterung von 1329 angelegt wurde (vgl. auch Anm. 24). Zur Reihenfolge der Äbtissinnen vgl. SCHRATZ (wie Anm. 8), 29ff. – Bemerkenswert erscheint allerdings die Tatsache, dass auch noch in späterer Zeit einzelne Bestattungen von Nonnen des Klarissenklosters im Minoritenkloster vorgenommen wurden. Vom dortigen Großen Kreuzgang stammt die Grabplatte der Agnes vom Hof, Äbtissin von St. Klara (1452–1455). In der benachbarten Onophriuskapelle befindet sich die Grabtafel für die Schwestern Helene und Anna Geerin († 1419 bzw. 1424), Nonnen von St. Klara. Vgl. Walburga KNORR / Gerhard ZIPP, Die Inschriften der Stadt Regensburg I. Minoritenkirche. Die Deutschen Inschriften Bd. 40 (Wiesbaden 1995), 58, Nr. 97 und 49, Nr. 84 – Zu den Äbtissinengräbern 1300–1327 auch: Anneliese HILZ, Die Minderbrüder von St. Salvator in Regensburg 1226–1810. Beiträge zur Geschichte des Bistums Regensburg 25 (Regensburg 1991), 138f.

19 Zum Zeitpunkt des Übertritts zum Klarissenorden im Jahr 1286 wird die Anzahl von 40 Nonnen genannt. Vgl. BUSCH 1934 (wie Anm. 15), 148. – Dazu SCHRATZ 1886 (wie Anm. 8), 225: *„Die Zahl der Conventualinen wechselte; doch hielt sie sich meist zwischen 30 und 40“.*

20 Auch SCHRATZ 1886 (wie Anm. 8) 221 verweist für spätere Zeit des 14. und 15. Jahrhunderts auf *„ganz bedeutenden Besitz“*, der sich auf übernommenen Güter der Nonnen und v. a. auf mannigfaltige Schenkungen bezieht, vielfach Grundbesitz außerhalb der Stadt. *„In der Stadt selbst erscheinen mehrere Klosterhäuser, das Richter- und Huglhaus am Sterzenbach, der Wollhof am Kornbühl“.* Letzterer wurde – offenbar zwecks Erweiterung des Klosters – 1301 zusammen mit zwei benachbarten Hofstätten erworben. Hierzu ausführlich auch FORNECK (wie Anm. 5), 149f.

21 ENGEL (wie Anm. 10), 47 nennt als Quellen nur summarisch diverse Chroniken von Priorinnen ab dem 17. Jahrhundert sowie „Urkunden aus dem Klosterarchiv“.

22 BUSCH (wie Anm. 1), 157.

23 Carola JÄGGI, Frauenklöster im Spätmittelalter. Die Kirchen der Klarissen und Dominikanerinnen im 13. und 14. Jahrhundert. Studien zur internationalen Architektur- und Kunstgeschichte 34 (Petersberg 2006), 23ff., 185ff.

24 So SCHRATZ 1886 (wie Anm. 8), 222. Das Coemeterium, also der Begräbnisraum, befand sich nach seiner Aussage im Anschluss an den Kreuzgang. BUSCH 1934 (wie Anm. 15), 151 ist der Meinung, dass dieser Raum unter dem Nonnenchor gelegen sein muss. Dies bestätigten die aktuellen Ausgrabungen (siehe unten). – Nach ENGEL (wie Anm. 10), 46 erhielten die Nonnen 1327 einen eigenen Friedhof. Zuvor und teils auch noch später wurden die Verstorbenen im Kreuzgang des Minoritenklosters beigesetzt.

25 RIED (wie Anm. 17), 38.

26 BUSCH 1934 (wie Anm. 15), 153.

27 BUSCH (wie Anm. 1), 157 – Gegensätzliches lässt jedoch ein Zitat der Äbtissin Poliena vermuten: *„Im Jahr 1732, den 18. April, haben wir mit Gott und dem Vertrauen auf den Beystand angefangen unser baufällig Kirch niederzureißen“.* Vgl. ENGEL (wie Anm. 10), 62.

28 BUSCH 1934 (wie Anm. 15), 157f.

29 Ebd., 143 ff.

30 Protocoll welches über die Abschätzung der Brandstätte zu St. Clara abgehalten worden ist. Regensburg am 24sten October 1811 in Gegenwart des Landbauinspektors Popp, des Maurermeisters Ziegler und des Zimmerer Meisters Weiß. Staatsarchiv Amberg, Bauinspektion Regensburg, MI, 30, 148 „Brand Kloster St. Klara (1811–1829)".

31 Umrechnung auf Grundlage des bairischen Schuh = 29,2 Zentimeter. Vgl. Bauer (wie Anm. 38), 521f. – Die übergroße Länge bei sonst mit dem Plan korrekt übereinstimmender Breite könnte durch versehentliche Messung bis zur westlichen Außenmauer des Klosters statt bis zur westlichen Kirchenmauer zustande gekommen sein (vgl. Abb. 8).

32 Diese realen Maße ergeben im Übrigen in zeitgenössischer Maßeinheit keine glatten Werte, weder als Stadtschuh (31,2 Zentimeter) noch als bairischer Schuh / Fuß (29,2 Zentimeter). Auch die Stärke der aufgehenden Kirchenmauer von meist um die 100 Zentimeter folgt keinem glatten Wert im historischen Schuhmaß.

33 Hermann Reidel, Emanuel Joseph von Herigoyen. Kgl. bayer. Oberbaukommissar 1746–1817 (München 1982), 73, Abb. 177, 178.

34 Busch (wie Anm. 1), 156f.

35 Helmut-Eberhard Paulus, Baualtersplan zur Stadtsanierung Regensburg VI (München 1983), 32ff.

36 Jäggi (wie Anm. 23), 160ff. zu einzelnen Bautypen – Bis auf eine kurze Anmerkung (163, Anm. 11) schweigt sie sich über die Kirche der Regensburger Klarissen aus.

37 Zur sonstigen bekannten Ausstattung der Kirche vgl. Felix Mader, Die Kunstdenkmäler von Bayern XXII Stadt Regensburg, III Profanierte Sakralbauten und Profangebäude (München 1933), 60, 62.

38 Karl Bauer, Regensburg. Kunst-, Kultur- und Alltagsgeschichte (Regensburg ^{6}2014), 40, 398. – Das Klarissen-Kloster zu Regensburg. 1228–1811–1961 (Regensburg 1961), 11. – Mader (wie Anm. 47), 178ff.

39 Genannt schon bei Schratz 1886 (wie Anm. 8), 222.

40 Hugo von Walderdorff, Regensburg in seiner Vergangenheit und Gegenwart (Regensburg 1896), 248. – Peter Morsbach, Die Erbauer des Doms. Die Geschichte der Regensburger Dommeisterfamilie Roriczer-Engel (Regensburg 2009), 151f. mit Abb. 98 nennt als Fundjahr 1870/71 und hält die Zugehörigkeit zum Klarissenkloster für wahrscheinlich. Die genauen Fundumstände der heute in der Minoritenkirche ausgestellten Konsole sind nicht mehr zu klären, wobei sich das Jahr 1873 mit der Errichtung des unmittelbar benachbarten Hotels Karmeliten und den dortigen spektakulären Funden (vgl. Anm. 6) als Ursache aufdrängt.

41 Lutz-Michael Dallmeier, Von Klöstern und Krautbauern. Archäologische Untersuchung vor den Toren des hochmittelalterlichen Regensburg, in: DR 11 (Regensburg 2009), 32–40, bes. 34f. – Ludmila Kvapilová, Christus Salvator. Ein Skulpturenfund vom Gelände des Bürger- und Verwaltungszentrums, in: DR 13 (Regensburg 2014), 92–99.

42 Vgl. sein Zitat oben in der Präambel.

43 Die örtliche Grabungsleitung und Grabungsdokumentation erfolgte durch die Firma ARCTEAM GmbH Regensburg, Kathrin Bissinger und Erika Nachreiner. Ihnen ist für überaus sorgfältige und kompetente Befunderhebung zu danken.

44 Der angetroffene römische Befund besteht aus einem fragmentierten Großquader aus Kalkstein (Abb. 14 und 15, Nr. 3), südlich daneben angefügt ein kleiner Rest eines weiteren Quaders. Darunter ein Werkstein mit abgerundeter Kante nach Osten hin, der oben eine kleine Kante als Beginn des Auflagers für Quader Bef.-Nr. 3 ausbildet. In der gleichen Ebene liegt die fragmentierte Steinplatte Bef.-Nr. 166. Beides liegt auf einer Schicht aus lagig nebeneinandergesetzten, kleineren Kalksteinquadern, deren weitere Ausdehnung wegen der engen Grabungsgrenzen nicht verfolgt werden konnte. Alle Werkstücke liegen noch im Originalverband und sind mit einem überaus harten, hellgrau-weißlichen Mörtel mit vereinzelt groben Zuschlägen verbunden. – Der abgerundete, etwa 60 Zentimeter hohe Quader unter Bef.-Nr. 3 ist aufgrund vielfacher Vergleichsstücke an der Regensburger Legionslagermauer als Sockelstein anzusprechen, dessen Oberkante hier auf einer Höhe von 334,70 Meter ü. NN liegt (vgl. auch oben Anm. 5) Dieser Wert korrespondiert mit dem an dieser Stelle leicht erhöhten römischen Laufniveau, das sich beispielsweise bei nahe gelegenen Grabungen im Anwesen Drei-Kronen-Gasse 3 (334,45 Meter ü. NN) verifizieren ließ: Udo Osterhaus, Baubeobachtungen an der Via principalis im Legionslager von Regensburg. Bayer. Vorgeschichtsbl. 39, 1974, 160–180, bes. 164ff. – Insgesamt ist auffällig, dass der römische Befund wegen der ausgreifenden Lage kleinerer Quader Bef.-Nr. 167 von der sonst bekannten Konstruktion der Lagermauer abweicht. Es könnte sich um den Anschlussbereich zum südlichen Turm der Porta Principalis Dextra, dem östlichen Lagertor, handeln, dessen Reste in unmittelbarer Nähe noch im Boden erhalten sein dürften (vgl. Abb. 10).

45 Christof Hangkofer, St. Ulrich in Regensburg – Architektur im Umbruch einer Stadt (Lindenberg 1998), 90ff.

46 Mader (wie Anm. 37), 2ff.

47 Felix Mader, Die Kunstdenkmäler von Bayern XXII Stadt Regensburg, II Die Kirchen der Stadt (München 1933), 247ff., bes. 252 mit Taf. XXIII.

48 Jäggi (wie Anm. 23), 103ff.

49 Jäggi (wie Anm. 23), 15 mit Anm. 8, 162 insbesondere zu architektonisch herausragenden Bauten von Bettelorden, die entweder durch direkte Einflüsse visitierender Männerklöster oder aber aufgrund der Patronage adeliger Stifter entstanden.

50 Zuletzt hierzu Richard Strobel, Gotische Rippengewölbe in Regensburger Wohnhäusern – ein ungehobener Schatz eines Altstadt-Welterbes, in: DR 13 (Regensburg 2014), 28–91, bes. Abb. 5 a–c.

51 Ebd. Abb. 23 a.

52 Dass die Kirche überhaupt eine Kanzel besaß, macht eine entsprechende Nennung aus späterer Zeit (1733) immerhin plausibel. Vgl. Engel (wie Anm. 10), 62.

53 Vergleichbare Situationen ebenfalls in der ehemaligen Dominikanerinnenkirche Imbach/Österreich, freilich aus jüngerer Zeit bzw. als umgenutzter Dienst am Kirchenpfeiler. Vgl. Jäggi (wie Anm. 23), 105f. mit Abb. 125.

54 Nach Abschluss der Sondagen von 2015 war an einer zweiten Stelle die Lokalisierung der südlichen Kirchenmauer (Abb. 12, Nr. 5) möglich, als im März 2016 bei der Revision eines Abwasserschachts vor der heutigen Bushaltestelle eine archäologische Baubeobachtung durch die Fa. ARCTEAM erfolgte. Der gelbliche Mörtel der Mauer entsprach der Bauphase von 1329 (wie Abb. 12, Nr. 6 und 7).

55 Es erscheint naheliegend, dass mit Verlegung der Stadtbefestigung um 1300 auch der Verlauf des Vitusbachs geändert und damit – als neue Ableitung gegen Osten – der Stärzenbach überhaupt erst geschaffen wurde. Vgl. Lutz-Michael Dallmeier, Auf den Spuren des Stärzenbaches, in: DR 10 (Regensburg 2006), 72–84, bes. 80f.

56 Im Rahmen von späteren Leitungsbauarbeiten im Straßenbereich vor dem Historischen Museum war im März 2016 eine archäologische Begleitung durch die Fa. ADILO möglich (Abb. 12, Nr. 6). Hierbei wurde die ehemalige Apsis angeschnitten (Abb. 25 und 26).

Johannes Sebrich

Neue Spuren vom Klarissenkloster: Ein Grundstein mit Zeitkapsel des 17. Jahrhunderts

Dass auch rezent bebaute Bereiche des Regensburger Altstadtensembles noch Zeugnisse längst vergangener Zeiten beinhalten, zeigt das Beispiel des verlorenen Grundsteins des Klosters St. Klara am ehemaligen Klarenanger (heute D.-Martin-Luther-Straße). Aufgedeckt wurde dieser erst kurz vor der Redaktionsphase des vorliegenden Bandes. Aufgrund des engen Bezugs zum vorangehenden Beitrag von Lutz-Michael Dallmeier über die Klosterkirche der Klarissen wird der Fund ausnahmsweise bereits in diesem Band der Regensburger Denkmalpflege vorgestellt.

Im Zuge der Planung des städtischen Gartenamtes, den bestehenden Brunnen am Dachauplatz mitsamt seines Technikschachtes neu zu errichten, wurden die dem Abriss des alten Brunnens nachfolgenden Bodeneingriffe von den Denkmalschutzbehörden nur unter der Auflage einer archäologischen Begleitung genehmigt. Dafür wurde die Ausgrabungsfirma ARCTEAM mit Sabine Watzlawik und Constanze Theurer beauftragt. Diese archäologische Maßnahme war notwendig, da trotz der weitreichenden modernen Störung durch den bestehenden Brunnen sowie mehrerer Kanal- und Leitungsgräben noch Teile der römischen Legionslagermauer und Überreste des 1809 zerstörten Klosters St. Klara zu vermuten waren (siehe Abb. 1[1]).

Ein überraschender Fund

So kam es, dass im Juli 2017 der eingesetzte Bagger in der Baugrube des Technikschachtes unterhalb der bis zu zwei Meter starken Schuttschicht des 20. Jahrhunderts, die stellenweise humose Einlagerungen wohl aus der Auffüllung des mittelalterlichen Stadtgrabens aufwies, in einer Tiefe von 2,20 Metern einen verlagerten Kalksteinquader der Lagermauer zu Tage förderte (Abb. 2). Weder innerhalb der modernen noch in der darunterliegenden, älteren, humoseren Verfüllung, die den Stein umgab, fanden sich erkennbare Befunde, die ihn in einen ursprünglichen Kontext hätten setzen können. Auch unter genauester Beobachtung blieb das weitere Abtiefen – abgesehen eines am unteren Ende der Baugrube entdeckten Kanals aus Ziegelmauerwerk der späten Neuzeit – ohne weitere Funde oder Befunde. Es hatte den Anschein, dass der Quader das letzte Zeugnis der Lagermauer an dieser Stelle zu sein scheint, auch wenn er in den letzten zwei Jahrhunderten durch Erdbaumaßnahmen mehrmals verlagert wurde. Dafür sprechen auch die zahlreichen Beschädigungen an den ehemals geraden Seiten und Kanten. Umso erstaunlicher ist es, dass sich ausgerechnet der einzige Fund dieser Maßnahme bei genauerer Betrachtung als kleine Sensation offenbaren sollte.

Es handelt sich um einen ca. 50 x 60 x 73 Zentimeter großen behauenen Römerquader, der – typisch für die Quader der Regensburger Legionslagermauer – an der Unterkante der Seitenfläche ein sogenanntes Zugloch zum Ausrichten bzw. Versetzen des Steines beim Bau der Mauer aufweist (Abb. 5). Dieses Zugloch besteht aus einem von der Kante des Steins ausgehenden 6 Zentimeter tiefen Kanal mit einer Breite von 5 bis 6 Zentimetern an der Oberkante und von 3 bis 3,5 Zentimetern an der Unterkante, der nach 18 Zentimeter rechtwinklig in eine 3 x 3 Zentimeter breite und 3 Zentimeter tiefe Verlängerung nach innen abknickt. Mit Hilfe eines Stabs, dessen L-förmiges Ende in den dafür vorgesehenen Kanal geschoben wurde, konnte der Stein nach dem Aufsetzen auf die darunterliegenden Quader an einer Kante nochmals angehoben und seine Lage leichter korrigiert werden.[2]

Normalerweise befindet sich auf nahezu allen Römerquadern in der Mitte der gegenüberliegenden Quaderseite das sogenannte Wolfsloch – eine ca. 10 bis 14 Zentimeter lange und 2,5 bis 3,5 Zentimeter breite, mittige Vertiefung, die normalerweise 6 bis 8 Zentimeter tief in den Stein reicht. In dieses, im Querschnitt trapezförmige Loch wurde ein Transporthaken verkeilt, mit dem der Quader mit Hilfe eines Flaschenzugs oder eines anderen Hebewerkzeugs an seine vorgesehene Stelle gehoben werden konnte.[3] Dieses Wolfsloch fehlt jedoch bei unserem Quader. Stattdessen weist er auf einer seiner Seitenflächen eine Überraschung auf: Als der Bagger den geborgenen Stein absetzte, wurde eine kleine rechteckige ca. 20 x 20 Zentimeter breite und ca. 3 Zentime-

Abb. 1: Der Grundriss des Klarissenklosters von 1809 im heutigen Stadtbild. Stern: Fundort des Grundsteins; weiß-gestrichelte Linie: Verlauf der römischen Legionslager- bzw. mittelalterlichen Stadtmauer bis 1329; Klostergebäude: 1 St. Maria Magdalena, 2 Ost- und Westflügel des Konvents, 3 Kapelle „zum nackten Herrgott", 4 Friedhof, 5 Getreidekasten, 6 Bräuhaus, 7 Wirtschaftsgebäude, 8 Wohnhäuser, 9 Garten, 10 Schwarzes Burgtor. Orthophoto Stadt Regensburg, Bearbeitung J. Sebrich.

Abb. 2: Fundlage des Steinquaders in der Baugrube für den Technikschacht des neuen Brunnens. Foto: S. Watzlawik/C. Theurer, ARCTEAM

Abb. 3: Einbringen des Technikschachtes des neuen Brunnens. Foto: S. Watzlawik/C. Theurer, ARCTEAM

ter starke Solnhofener Kalkplatte sichtbar, die in einer Vertiefung eingelassen war und mit der Oberfläche des Quaders plan abschloss. Nach der Entfernung der bereits beschädigten Platte, verrieten rötlich, sandige Spuren an deren Rändern sowie an den Rändern der Einfassung, dass die Platte mit feinsandigem Mörtel fixiert worden war, dem in ungewöhnlicher Weise zusätzlich Ziegelmehl beigemischt war (Abb. 4). Um diese rechteckige Vertiefung fanden sich nach der Säuberung des Quaders drei unsymmetrisch angeordnete, beschädigte, eingekerbte lateinische Kreuze, mit jeweils doppeltem Querbalken und an den Enden nach außen verbreiternden Armen (Abb. 5 und 6). Die Einkerbungen waren teilweise mit Mörtel gefüllt. Dieser Mörtel fand sich auf allen sechs Seiten des Steines, was bedeutet, dass er nach seiner Umarbeitung komplett in ein Bauwerk eingemauert worden war. Im Inneren der Vertiefung befand sich ein exakt in die ca. 15 x 15 x 11 Zentimeter große Aussparung passendes Kästchen aus Blei, das mit einem ebenfalls bleiernen Deckel verschlossen war. Dünne, lineare, sich auf der Ober- und Unterseite kreuzende Spuren lassen auf eine vergangene Verschnürung aus organischem Material schließen.

Eine Zeitkapsel aus dem späten 17. Jahrhundert

Bei einer ersten Sichtung vor Ort konnten im Inneren der Schatulle zahlreiche christliche Devotionalien sowie stark zerfallene organische Reste festgestellt werden (Abb. 7). Aufgrund des mehrmaligen Wendens des Steines in den vergangenen zwei Jahrhunderten war der Zustand der Gegenstände recht kritisch, weshalb das Kästchen samt Inhalt sofort in die Restaurierungswerkstätte des Bayerischen Landesamts für Denkmalpflege im Runtingerhaus verbracht wurde. Nach der notwendigen Erstversorgung durch Anna Weinzierl und Michael Rademacher konnte eine erste Bilanz der Fundstücke gezogen werden (Abb. 8). Der Inhalt besteht aus einem Glasflakon, zahlreichen christlichen Amuletten aus Bronze und organischem Material, Heiligenfigürchen aus Pfeifenton, sechs Münzen der 1670er Jahre, verrotteten Lederresten sowie Fragmenten eines Pergaments.

Mehrheitlich handelt es sich bei den Objekten um sogenannte Devotionalien, also um Erinnerungsstücke an Pilgerreisen, die auch heute noch in vielen katholischen Gebieten als apotropäische (unheilabwehrende) Gegenstände gelten. Durch sie konnte der Segen des Heiligen- oder Gnadenbildes eines Pilger- oder Wallfahrtsorts in das eigene Zuhause transferiert werden. Vom 16. bis zum 20. Jahrhundert sind sie meistens in Häusern aber auch in Gräbern zu finden und sollen die individuelle Frömmigkeit bezeugen.[4] Die zum Teil auffallende Einheitlichkeit in ihrer Größe, spricht für in Serie hergestellte Devotionalien, die sicherlich am Wallfahrtsort selbst gekauft wurden. Es lassen sich verschiedene Größengruppen differenzieren: Die größten Objekte weisen regelhaft eine Höhe von ca. 8 Zentimetern, die mittleren ca. 4 Zentimeter und die kleineren ca. 2 bis 3,5 Zentimeter auf. Die hohe Anzahl an Objekten (siehe hierzu

Abb. 4: Grundstein nach der Herausnahme der beschädigten Kalkplatte. Foto: S. Watzlawik/C. Theurer, ARCTEAM

Abb. 5: Gereinigter Grundstein mit den drei teilweise noch gut erkennbaren, eingemeißelten lateinischen Kreuzen mit jeweils doppeltem Querbalken (Patriarchenkreuz). Foto: P. Ferstl, BSR

den vorläufigen Katalog am Ende dieses Beitrags) ließen eine vollständige Restaurierung der Objekte nicht zu, weshalb entschieden wurde, zur Erstveröffentlichung nur ein paar wenige Funde in den Restaurierungswerkstätten des Historischen Museums Regensburg von Monika Adolf restaurieren zu lassen.[5] Besonders hervorzuheben ist ein recht qualitätvolles doppelarmiges Kreuzamulett aus Messing, ein sogenanntes Caravaca-Kreuz,[6] welches sowohl dem hl. Franziskus als auch dem hl. Sebastian geweiht ist (Abb. 10). Die exakt gleich hohe Madonnenfigur aus hellem Pfeifenton (Abb. 11) stammt dagegen sicher aus einer Massenproduktion, da die Formnähte auf beiden Seiten deutlich hervorstehen. Ebenfalls gepresst, aber aus einem noch unbekannten Material, ist die Gnadenmedaille mit einer weiblichen Heiligen auf der einen und dem Lamm Gottes auf der anderen Seite (Abb. 12). Ob der Glasflakon (Abb. 9) ursprünglich Weihwasser aus einer Wallfahrtskirche oder eine andere Flüssigkeit beinhaltete ist nicht mehr zu beantworten. Stark vergangene Lederreste mit Nahtspuren lassen erkennen, dass einige Objekte in einem Lederbeutel beigegeben wurden.

Sowohl die Devotionalien als auch die sorgfältige Deponierung der Schatulle in dem Römerquader sprechen dafür, dass es sich nicht etwa um einen versteckten Schatzfund handelt, sondern dass die Grabungen den Grundstein eines längst abgegangenen Gebäudes zu Tage befördert hatten. Zeitlich und räumlich kann diese nur den Nonnen des Ordens von St. Klara, den sogenannten Klarissen zugeschrieben werden, die an dieser Stelle ursprünglich als Magdalenerinnen spätestens ab 1233 ein Kloster gründeten.[7]

Die Grundsteinlegung am 21. September 1679

Die Setzung eines Grundsteins wird noch heute als feierlicher Akt des Baubeginns für ein wichtiges (öffentliches) Gebäude gefeiert. In der Volkskunde nimmt der gründende bzw. erste Stein eines besonderen öffentlichen Gebäudes in einer Vertiefung oder in einem Kästchen aus Metall Münzen, Inschriften, Urkunden und geweihte Sachen auf. Mit einem Spruch führt der Bauherr drei Hammerschläge auf den Grundstein aus.[8] Letztere werden im Fall des Steines vom Dachauplatz wohl durch die drei eingeschlagenen Doppelkreuze symbolisiert. Vermutlich wurde während dieser Zeremonie auch das Bleikästchen befüllt, verschnürt, in die Vertiefung des Steines gelegt und durch einen extra hierfür angerührten, auffälligen roten Mörtel mit der Kalkplatte verschlossen, bevor man den bearbeiteten Quader in dem neuen Bauwerk vermauert hat.

Dass eine solche Grundsteinlegung im 17. und 18. Jahrhundert gewissen Regeln zu folgen hatte, zeigt ein etwa zeitgenössischer und recht ähnlicher Grundstein aus dem Jesuitenkolleg in Dillingen a. d. Donau. Der 1736 gesetzte Kalkwürfel enthielt eine Bleischatulle, die ebenfalls einst mit einem Band verschnürt gewesen war und mit Devotionalien wie die Nachbildung eines Gnadenbildes, einer Benedictusplakette, ein Caravaca-Kreuz und ein bedrucktes Stofftuch (evtl. einer

Abb. 6: Detail des Grundsteins mit einem teilweise mit Mörtel gefülltem Patriarchenkreuz mit sich an den Enden verbreiternden Armen. Foto: P. Ferstl, BSR

Abb. 7: Bleischatulle mit Inhalt kurz nach der Öffnung. Foto: M. Rademacher, BLfD

nicht mehr vorhandenen Reliquie) befüllt war. Auf dem Deckel und dem Boden der Schatulle sind zudem die Namen der Herren, die der Grundsteinlegung beiwohnten sowie der Tag und Ort der feierlichen Handlung eingraviert.[9] Wie das Bleikästchen vom Dachauplatz enthielt auch der Grundstein der Traunsteiner Klosterkirche, der am 1687 gesetzt wurde, sechs Münzen des 17. Jahrhunderts sowie eine zerbrochene Glasflasche. Diese Objekte lagen in einer rechteckigen Vertiefung, welche mit einer Zinnplatte verschlossen war, auf der rückseitig neben der Jahreszahl und dem Bauprojekt die Namen hoher Würdenträgern dieser Zeit und mehrere Kapuzinerobere genannt sind.[10]

Aufgrund dieser Vergleichsfunde erwartete man auch im Falle des Grundsteins der Regensburger Klarissen ein solches Schriftstück. Tatsächlich wurden die Restauratoren des Bayerischen Landesamts für Denkmalpflege nach der Entfernung aller Objekte aus dem Kästchen auch hier endlich fündig. Es stellte sich heraus, dass auf dessen Boden eine ca. 13 x 13 Zentimeter große Bleiplatte eingepasst war, die auf der Unterseite eine Beschriftung aus weißer Bleifarbe aufweist (Abb. 14). Es handelt sich hierbei um die Auflistung der im Klarissenkloster lebenden Nonnen, die der Grundsteinlegung am 21. September 1679 beigewohnt hatten (in Klammern gesetzt wurden die rekonstruierbaren Buchstaben, die Fragezeichen stehen für vergangene oder nicht lesbare Lettern):

[Frau] *Anna Catharina Voglin*
Mutter, und Abtiſsin
Frau Catharina Cacilia Zwieklin
Priorin
Regina Khornbergerin
Ursula Franciſsca Au[?????]
Roſina Victoria [??????]
Maria Clara Maj[???]
Kun[igu]*nda Multzerin.*
Anna Margaretha [P???]*rin.*
Maria Constanti[a] [????]*s* [?????]
Maria Ludovica Pr[??]*in.*
Maria Ioſe[ph]*a* [????]*tnerin.*
Maria Ancilla Schwaigerin.
Maria Eustachia Lebin.
Maria Phillipina Lebin.
Maria Angela Wi[?]*gerin*
Maria Anna Hardtnerin
Maria Magdalena Voglriederin
Maria Delphina Liechtlin.
Maria Antonia Arnolding.
Schwesteren.

Maria Elisabetha Baaderin
Maria Martha Widtmanin
Maria Ursula Christin.
Maria Agatha Verſtin
Maria Apollonia Heiſs[???]
Maria Hortula[na] *İän*[??in]
Maria Gertrudis İän[??]*in*

16•79
Den 2İ tag Septembris.[11]

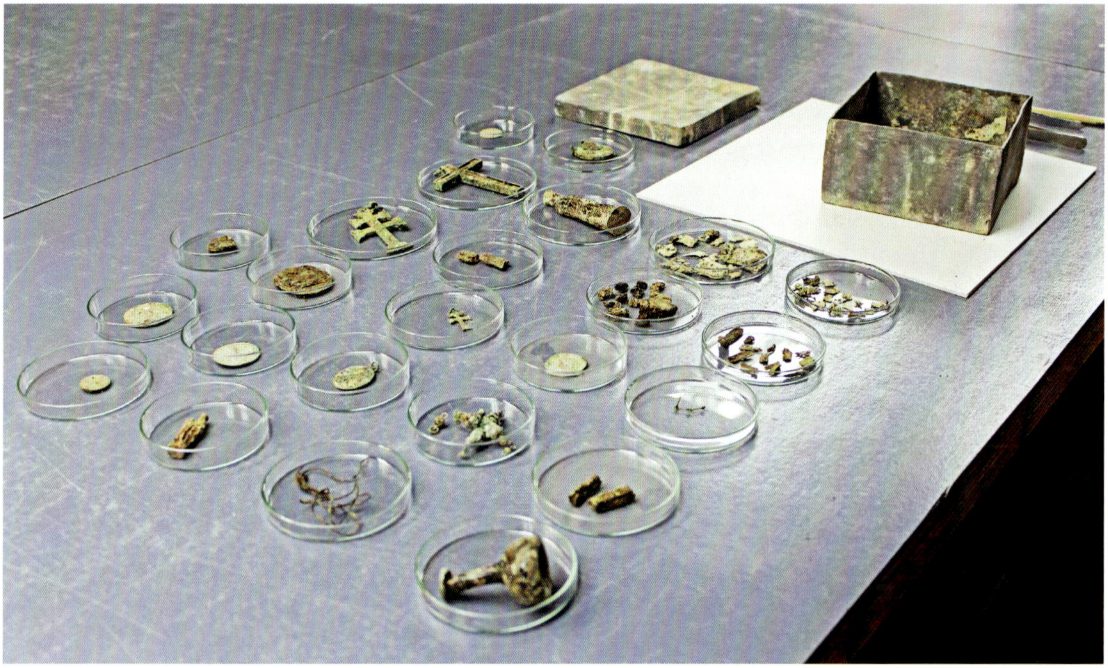

Abb. 8: Separierter Inhalt der Bleischatulle im Rahmen der Erstversorgung der Funde. Foto: M. Rademacher, BLfD

Eine bisher unbekannte Baumaßnahme

Probleme bereitet die Antwort auf die Frage, für welchen Neubau die Klarissen einen so aufwendigen Grundstein legten, denn heute ist von dem Kloster St. Klara obertägig so gut wie nichts mehr erhalten. Lediglich die im *document* Legionslagermauer noch zu sehenden mittelalterlichen Mauern, die direkt auf die römische Lagermauer gesetzt wurden, zeugen vom einstigen Klarissenkloster. Der Stein wurde zwar wenige Meter südlich der im Fundament noch erhaltenen Klosterkirche St. Maria Magdalena[12] und ziemlich genau zwischen den beiden Konventflügeln gefunden (Abb. 1), allerdings lassen die weitreichenden Störungen durch die oben erwähnten Kanal- und Versorgungsleitungen eine Zuordnung zu einem bestimmten Bau nicht zu. Nicht auszuschließen ist, dass der Stein bereits während der Einlassung der großen Löschwassertanks inmitten beider ehemaliger Konventgebäude im Jahr 1938 (Abb. 10 im Aufsatz von Lutz-Michael Dallmeier in diesem Band) sowie durch den Abriss des Klosterbrauhauses und Parkhausneubaus am Dachauplatz 1972 verworfen worden war.

Bis vor kurzem waren auch aus historischer Sicht für das 17. Jahrhundert keine detaillierten Baumaßnahmen bekannt. Erst ab 1730 ist die zweijährige Erneuerung der Klosterkirche in den Chroniken detailreich beschrieben, welche seit kurzem auch archäologisch gefasst werden konnte.[13] In der 1953 erschienenen Chronik einer anonymen Schwester des Klarissenordens in Regensburg, die sich sowohl auf Primärquellen des Klosterarchives als auch auf ältere Chroniken bezieht,[14] wird von der damaligen Äbtissin Maria Coleta Stadlerin (Amtszeit von 1632–1957) berichtet, die den traurigen Zustand des „ruinierten“ Klosters beklagt. Schuld daran seien die dramatischen Folgen der Kämpfe um Regensburg[15] (sogenannter Schwedenkrieg 1632–1634). Allerdings sind auf dem Plan von Hans Georg Bahre, der den Zustand Regensburgs nach dem Dreißigjährigen Krieg darstellen soll, keine großen Zerstörungen des Klarissenklosters erkennbar (siehe hierzu Abb. 5 im Aufsatz von Dallmeier in diesem Band). Mehr noch, für die abwechselnd erzwungenen Einquartierungen zunächst der Kaiserlichen bzw. Kurbayerischen Truppen und dann die der Schweden und letztendlich wieder der Erstgenannten,[16] wurden Unterkünfte für mehrere Tausend Soldaten dringend benötigt, so dass eine mutwillige Zerstörung von Gebäuden innerhalb der Stadt nach den jeweiligen Eroberungen als unwahrscheinlich gilt. Das Bürgertum als auch die Geistlichkeit wurden nicht nur gezwungen ständig Soldaten unterzubringen, sondern diese auch zu versorgen und zusätzlich hohe Kontributionszahlun-

Abb. 9: Glasflakon bzw. Weihwasserfläschchen. Foto: P. Ferstl, BSR

Abb. 10: Doppelarmiges Kreuz bzw. sogenanntes Caravaca-Kreuz aus Messing. Foto: P. Ferstl, BSR

gen an die jeweilige Besatzung zu leisten. Sowohl das Bürgertum als auch die Geistlichkeit wurden nicht nur von beiden Kriegsfraktionen regelrecht ausgepresst und zu Zwangsarbeit verpflichtet, sondern waren regelhaft Plünderungen und Willkür durch die Soldaten ausgesetzt.[17] Dies veranlasste 1633 die Bewohner der Klöster St. Franziskus (Minoriten) und St. Klara ein Bittgesuch an die bayrische Besatzungskommandantur zu verfassen, in dem sie von ihrer Verarmung und von „*Arrestirung, trohungen, und ander mehr feindseeligkait*" durch die „*kayserlichen und churbayrischen arméen*" sowie der „*immerwehrenden guarnison*" berichten und darum bitten, die aufgezwungenen Einquartierungen doch aufheben zu lassen.[18] Nach der Eroberung der Stadt durch schwedische Truppen, mussten die Klarissen zudem ihre Klausur verlassen und bei den Nonnen im Kloster hl. Kreuz unterkommen.[19] Der finanzielle Schaden, den die Besatzungen während dieser Kriegsjahre dem Kloster St. Klara zufügten, wird in einer zeitgenössischen Urkunde auf 18 345 Gulden geschätzt.[20] Angesichts eines Jahreseinkommens von 3 300 Gulden[21] mussten sich die Nonnen nahe dem Bankrott befunden haben. Der oben erwähnte beklagenswerte Zustand der Klostergebäude nach dem Schwedenkrieg dürfte damit mit einer über viele Jahre hinweg fehlender Instandhaltung zusammenhängen. Spätestens 1957 wurde allerdings damit begonnen, das marode Kloster zu sanieren bzw. einige Gebäude zu ersetzen. Dies bezeugt die Nachricht über den tragischen Unfall der Äbtissin Maria Coleta, die am 14. Juni 1957 in einem neuen Gebäude ein Stockwerk tief unter den Chor (?) stürzte, und wenig später verstarb.[22] Da es sich bei dem „neuen Gebäude" wohl nicht um die Kirche, Kapelle oder den Konvent gehandelt haben kann – diese hätte man in dieser Meldung aufgrund ihrer Prominenz sicherlich bei ihrem Namen genannt – wird hier am ehesten ein Wirtschaftsgebäude gemeint sein.[23] Eine konkretere Bautätigkeit ist unter der Nachfolgerin der Maria Coleta, Äbtissin Anna Katharina Voglin (Amtszeit 1657–1683[24]) zu verzeichnen, unter deren Ägide auch der aufgefundene Grundstein niedergelegt wurde:

„*Unter ihrer Regierung wurde der Hof zu Schambach an das Kloster gebracht; auch ein kostspieliger Bau geführt, dessen Auslagen sich auf 7.532 f* [Gulden] *16 kr* [Kreuzer] *beliefen, indem die zweiy noch übrigen Seiten des Klosters, die v. dem Bauunternehmen der Fr. Salome* [Salome Loherin, Amtszeit 1590–1606[25]] *u. Maria Coleta noch nicht erreicht worden waren, bis zur Kirch von Grund auf neu erbaut worden in den drey Jahren 1681, 82 u. 83. Wenn die*

Abb. 11: Madonnenfigur aus Pfeifenton. Foto: P. Ferstl, BSR

Abb. 12: Medaillon aus unbekanntem Material. Die Vorderseite zeigt eine weibliche Heilige mit Kelch und einem darauf sitzenden Vogel (?). Foto: P. Ferstl, BSR

damalige Zeit betrachtet, und den dortigen Geldwerth, so würde heutiges [sic] *Tages die ungefähre Summe vielleicht 20.000 fl* [Gulden] *betragen! Ein so großes Werk brachte sie in so kurzer Zeit zu Stande.*"[26]

Aufgrund dieser Beschreibung handelt es sich bei dem aufwendigen Bauwerk mit großer Wahrscheinlichkeit um die Neuerrichtung und/oder Erweiterung der beiden bis 1809 bestandenen Konventflügel, welche zwischen dem – wohl unter der Äbtissin Maria Coleta nach dem Dreißigjährigen Krieg sanierten bzw. erneuerten – Wirtschaftsbereich – und der Kirche St. Maria Magdalena liegen (Abb. 1). Anders als auf der Uraufnahme von 1811 schlossen die Konventbauten auf dem Plan von Hans Georg Bahre, der den Zustand um 1644 darstellt, noch nicht direkt an die Kirche an (siehe Abb. 5 und 8 im Aufsatz von Dallmeier in diesem Band). Dieser Lückenschluss bzw. die Erweiterung der Konventflügel bis zur Kirche muss daher in der nachfolgenden Zeit bis zum Kirchenumbau in den 1730er Jahren durchgeführt worden sein. Mit großer Wahrscheinlichkeit wurde der aufwendige Grundstein für ebendiesen Teil des Klosters gesetzt. Demzufolge wurde der Stein, wie oben für möglich erachtet, gar nicht so weit verlagert, da er im Bereich des Innenhofs zwischen den Konventflügeln südlich der Kirche aufgefunden wurde. Vermutlich stammt der als Grundstein umfunktionierte Römerquader sogar aus dem älteren Konventgebäude selbst. Besonders interessant ist die Beobachtung, dass die Ostmauer des westlichen Flügels nahezu in der gleichen Flucht verläuft wie die der östlichen römischen Legionslagermauer bzw. die spätere früh- und hochmittelalterliche Stadtmauer (Abb. 1). Dies legt den Schluss nahe, dass letztere nach der städtischen Erlaubnis ihrer Überbauung im Jahr 1329[27] schon immer als Ostwand des westlichen Konventflügels fungierte sowie als Westwand der südlich gelegenen Wirtschaftsgebäude. Zugleich diente die ehemalige Stadtmauer als Klostermauer und Abgrenzung zu den direkt östlich angrenzenden Nachbarn (Abb. 8 im Aufsatz von Dallmeier in diesem Band[28]). Die Integrierung der massiven Quadermauer in die Klostergebäude war ungleich einfacher, als ihre aufwendige Niederreißung – wie sie etwa bei der Westerweiterung der Klosterkirche[29] sowie bei der Anlage des Friedhofs nötig gewesen war. Die spätmittelalterlichen Veränderungen der aufgehenden Stadtmauer durch das Einbringen von Fenstern und Türen, welche heute noch im document Legionslagermauer unter dem Parkhaus am Dachau-

Abb. 13: Fragment des Pergaments, das ursprünglich mit den Namen des Provinzials sowie den Namen aller Minoriten und Klarissen versehen war. Foto: M. Rademacher, BLfD

Abb. 14: Das Bleikästchen bei der Herausnahme der auf dem Boden liegenden Bleitafel. Foto: M. Rademacher, BLfD

platz zu sehen sind, bezeugen ebenfalls eine Weiternutzung der vorhandenen Bausubstanz.[30] In welchem Flügel des Konvents der Grundstein letztendlich verbaut worden war, lässt sich aufgrund seiner mehrmaligen Verlagerung allerdings nicht mehr genau bestimmen.

Die Bautätigkeit im Jahr 1679 in den klostereigenen Schriftquellen

Für den Umstand, dass der historisch bezeugte Baubeginn von 1681 auf 1679 vorzuverlegen ist, sprechen nicht nur die Zeitkapsel, sondern auch Aufzeichnungen aus dem Archiv des Klarissenklosters selbst.[31] Aufgrund des äußerst umfangreichen Schriftmaterials und der relativ knappen Vorbereitungszeit hinsichtlich der baldigen Drucklegung dieses Bandes, konnte nur eine kleine Auswahl getroffen und beim Bischöflichen Zentralarchiv Regensburg ausgehoben werden.[32] Als äußerst vielversprechend galt das Buch über die Einnahme- und Ausgaberechnungen des Klosters für 1674 bis 1681 aus welchem Lorenz Baibl, Leiter des Amtes für Archiv- und Denkmalpflege, entsprechende Textstellen transkribieren konnte. So erfahren wir in einer Eintragung im Oktober 1679 zur Grundsteinlegung:

„*Alß man den 20. Sebtember den grund außgeweicht, und den Ersten stein gelegt, ist an allerley Münz darein gethan worden, alß 1/2 guldtner, 1 Fünffzehner, 1 Sechser, 1 groschen, 1 halbbazen, 1 k*[reuzer], *1 Zwayer und 1 d*[enarius = Pfennig] *macht zusamben 57 k*[reuzer] *3 d*[enarii].“[33]

Die im Vergleich zur Bleitafel hier um einen Tag frühere Datumsangabe lässt sich unter Umständen darauf zurückführen, dass das Bleikästchen bereits einen Tag zuvor befüllt worden war bzw. die Zeremonie für den nächsten Tag vorbereitet werden musste.

Ein erster Abgleich dieser Münzliste mit den tatsächlich in der Schatulle vorhandenen Münzen ergab, dass der halbe Gulden, der Fünfzehner, der Sechser und der Groschen vorhanden sind. Die restlichen zwei im Kästchen aufgefundenen Münzen sind aneinander korrodiert und aufgrund der Anhaftung organischen Materials vor der notwendigen Restaurierung nicht bestimmbar. Dennoch fehlen entgegen der Angaben im Rechnungsbuch zwei Kleinmünzen.

Auch zum Kauf der Bleischatulle selbst und seiner Befüllung mit geweihten Devotionalien wurde folgendes festgehalten:

„*Dem Züngiesser für ein Pleyenes Vläschl, darein die geweichte Sachen unnd anders in den grund gelegt worden bezahlt 44 k*[reuzer].“[34]

Besonders interessant ist der Vermerk zum Kauf des Pergaments, bei dem es sich mit Sicherheit um das vergangene Schriftstück aus dem Grundstein handelt:

„*Für ein Priament heitl darauf Ihro hoch*[würdigen] *h*[errn] *P*[ater] *Provincials, auch des Wolehr*[baren] *h*[errn] *P*[ater) *Secretari, unnd aller deren namben, so derzeut sich in beeden Clöstern bey S*[anct] *Salvator und St. Clara befundten, geschriben, unnd in den Stein gelegt worden bezalt 9 k*[reuzer].“[35]

Abb. 15: Restauratorin Anna Weinzierl (BLfD) und Stadtarchäologe Lutz-Michael Dallmeier bei der Erstversorgung der Inschriftentafel. Foto: J. Sebrich

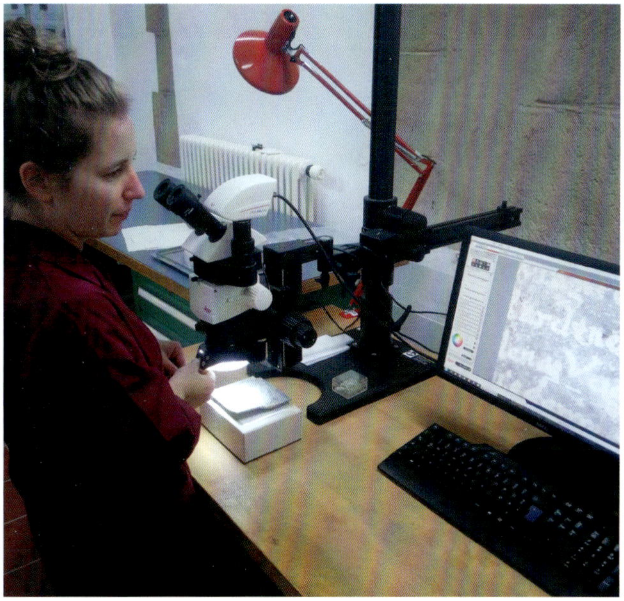

Abb. 16: Untersuchung der Inschrift mit Hilfe eines digitalen Binokulars in den Werkstätten des BLfD. Foto: J. Sebrich

Diese Formalität, dass neben den Klarissen als Bauherrinnen auch die Mönche des gegenüberliegenden Klosters St. Salvator in dem Grundstein verewigt werden mussten, unterstreicht die enge Verbindung beider Klöster bzw. die vertragliche Regelung des Abhängigkeitsverhältnisses der Klarissen zu den Franziskanermönchen, welche seit jeher deren geistliche Leitung unter Inanspruchnahme einer Besoldung übernahmen.[36] Gerade ein Jahr vor der Grundsteinlegung wurde dieser Besoldungsvertrag zum wiederholten Male erneuert.[37] Die Frage, weshalb sich die Namen der Klarissen nochmals exklusiv auf der Bleitafel finden, bleibt offen.

Dass Ende des Jahres 1679 nicht nur der Grundstein gelegt wurde, sondern die Baustelle bereits in vollem Gange war, ist aus mehreren Passagen herauszulesen. So werden für September einige Posten aufgeführt, in denen der Arbeitslohn von Handwerkern sowie der Schifftransport von Steinmaterial bezahlt werden (in Auswahl):

„Den 2. September 5 Maueren yüdem 5 tag 3 Virtl bezalt macht 9 R[eichsthaler] *35 k*[reuzer].“[38]

„2 handlangern 5 ½ tag bezalt macht 2 R[eichsthaler]. *12 k*[reuzer].“[39]

„Dem Wilhelbm unnd Caspner(?) alß sye in dem Steinbruch gewesen Zöhrung geben 30 k[reuzer].“[40]

„Abermallen Probsten für ein Schifarth Stein Fuerlohn zallt 5 R[eichsthaler] *30 k*[reuzer].“[41]

Auch über den Baumeister dieser Maßnahme, einen gewissen Bruder Eugenius, und den Steinmetz ist aus dem Rechnungsbuch etwas zu erfahren:

„Dan alß ihro Hochwürden Herr P[ater] *Provincial den Herrn Paumeister brued*[er] *Eugenii herab, wegen deß grundts und andern nachzusehn deme von Pregenz herab, und widerumb hinauf Zöhrung geben 30 R*[eichsthaler].“[42]

„Dem Caspare alß er den h[errn] *Paumeister, wie selbige widerumb nacher Pregezt gereist, von hier biß nacher Geußenfelt gefiehrt, auf die erste tagreiß für außgelegte Zohrung bezalt 1 R*[eichsthaler] *42 k*[reuzer].“[43]

„Den 26. October alß der herr Paumeister, widerumb einen Steinmezen herab geschikeht nambens Hannß Heinrich, yberig (?), deme für 8 tag Zährung bezalt, den tag 24 k[reuzer] *macht 3 R*[eichsthaler] *12 k*[reuzer].“[44]

„Für 2 hölzene Schlögl zue der Steinmez Arbeith bezalt 13 k[reuzer].“[45]

Bei dem Bruder Eugenius scheint es sich um einen recht prominenten Baumeister gehandelt zu haben, da der Provinzial den Auftrag in das ferne Bregenz vergeben hatte. Offenbar konnten sich die Klarissen diesen Luxus auch leisten, da sie jedes Mal die recht hohen Reisekosten des Baumeisters sowie die Anstellung eines Bregenzer (?) Steinmetzen und dessen Ausrüstung bezahlten. Bauhisto-

Abb. 17: Inschriftentafel aus dem Grundstein mit Namen der Regensburger Klarissen. Foto: M. Rademacher, BLfD

risch interessant ist die Nennung der Herkunft des Baumaterials:

„*Dem Patter Rott von Khäpfelwerckh für 3 tauch*(?) *stein bezallt yede dauch*(?) *od*[er] *sovill auf ein Schif khom geladen werde y*[e?] *5 R*[eichsthaler] *30 k*[reuzer] *thuet 16 R*[eichsthaler] *30 k*[reuzer].“[46]

„*Den 28. diß dem Zieglmeister bey St. Emeran für 50 schaf Kalch Messerlohn geben 50 k*[reuzer].“[47]

Bestellt wurden die Steine also beim Steinbruch in dem donauaufwärts gelegenen Kapfelberg, woher beispielsweise auch die Kalksteine für den Bau der Legionslagermauer, der Steinernen Brücke sowie des Domes stammen. Den für den Mörtel benötigten Kalk orderten die Klarissen dagegen beim nahegelegenen Kloster St. Emmeram.

Der Grundstein von St. Klara – ein bemerkenswerter Fund des neuzeitlichen Regensburg

Der Fund des Grundsteins von St. Klara ist in Regensburg sicherlich als archäologische Sensation zu werten, da dieser, mit Ausnahme der sekundär genutzten Legionslagermauer bzw. Stadtmauer sowie der kürzlich untersuchten Kirche St. Maria Magdalena den bisher letzten sicheren Baubefund des ansonsten nahezu vollständig abgegangenen Klosters St. Klara darstellt. Hervorzuheben ist gleich-

zeitig seine hohe Qualität, die nach erster Recherche im Vergleich zu anderen in Bayern geborgenen Grundsteinen seinesgleichen sucht. Dass dieser für die Lokal- und Regionalgeschichte bedeutsame Fund auch geborgen werden konnte, ist vor allem dem vehementen Einsatz der Bodendenkmalpflege zu verdanken, die jegliche Bodeneingriffe auf Flächen auf denen sich Bodendenkmäler befinden oder vermuten lassen, prüft und gegebenenfalls ausschließlich unter der Auflage einer archäologischen Untersuchung genehmigt. Dass dies auch für Flächen zu gelten hat, die durch Baumaßnahmen der letzten Jahrhunderte bereits wiederholt „rezent" gestört wurden, zeigt ebendieses Beispiel des Grundsteins von St. Klara.
Ohne solche baubegleitenden archäologischen Untersuchungen wären die im heutigen Stadtbild längst untergegangenen – aber teilweise noch vorhandenen – Orte wie das Klarissenkloster unwiederbringlich verloren und würden damit wohl für immer aus unserem kollektiven Gedächtnis verschwinden. Das Anliegen der Bodendenkmalpflege ist daher neben seiner Hauptaufgabe, der Bewahrung unseres archäologischen Kulturerbes vor Zerstörungen, auch den Blick der Öffentlichkeit auf die unterirdischen Denkmäler zu lenken und diese zu vermitteln. Ein umfassendes Bild der Grundsteinlegung von 1679 ließe sich allerdings erst nach einer vollständigen Restaurierung der Fundstücke und der dadurch erst ermöglichten archäologischen und kunsthistorischen Analyse erstellen. Letztere wird zudem auch klären, auf welcher Wallfahrt die eigentlich in Klausur lebenden Nonnen jene niedergelegten Devotionalien erworben haben. Eine intensive Recherche im reichen Archiv der Klarissen erbringt mit Sicherheit eine detailreiche Abrundung des Bildes eines Frauenkloster, das sich nach den schweren Folgen des Dreißigjährigen Krieges bis zu seinem Umzug ins Kapuzinerkloster an der Ostengasse nach 1809 und endgültigem Wegzug aus Regensburg im Jahr 1974[48] wieder zu einem der wichtigsten Klöster in Regensburg entwickeln sollte.

Vorläufiger Katalog

Restauriert:

1. Bleikästchen mit Bleideckel, auf allen Seiten haben sich Abdrücke einer vergangenen, sich an Ober- und Unterseite überkreuzenden Verschnürung aus organischem Material erhalten.
   a) Kästchen aus ca. 0,2 bis 0,3 Zentimeter starkem Bleiblech, Kästchenmaße 13,5 x 13,3 x 7,2 Zentimeter; auf dem inneren Boden ein unregelmäßig eingeritztes Quadrat mit ca. 10 Zentimeter Seitenlänge (Abb. 7 und 14).
   b) Deckel aus ca. 0,2 bis 0,3 Zentimeter starkem Bleiblech, Deckelmaße 14,3 x 14,0 x 1,8 Zentimeter; auf der Oberseite ein aus einer eingeritzten Doppellinie bestehendes Quadrat von ca. 13 Zentimetern Durchmesser, in den Ecken jeweils ein gleicharmiges Andreaskreuz
2. Quadratische Platte aus ca. 0,2 bis 0,3 Zentimeter starkem Bleiblech, Durchmesser ca. 13 Zentimeter. Die Platte war auf einer Seite handschriftlich beschrieben und lag mit der Schrift nach unten in dem Kästchen. Aufgrund von Temperaturschwankungen hat sie sich ins Kästcheninnere gewölbt. Es hat den Anschein, dass die Platte an einer Stelle mit einer Art Verklebung (Durchmesser Klebestelle ca. 1,5 x 2,0 Zentimeter) am Kästchenboden fixiert gewesen war (Abb. 14 und 17).
3. Caravaca-Kreuz, Messing, lateinisches Kreuz mit doppeltem Querbalken; die Enden der nach außen verbreiternden Arme weisen nach außen gekehrte Doppelvoluten auf, das obere Ende zusätzlich eine Aufhängeöse; auf einer Seite die Prägung „S FRANCISCVS" auf dem Längsbalken sowie „IESVS" auf dem obersten Querbalken; auf der anderen Seite die Prägung „S SEBASTIANVS" auf dem Längsbalken sowie „MARIA" auf dem obersten Querbalken. Höhe ca. 8 Zentimeter (Abb. 10).
4. Statuette, Maria mit Kind, heller Pfeifenton, mit seitlicher Formnaht. Höhe ca. 8 Zentimeter (Abb. 11).
5. Glasflakon mit langem Hals und halbkugeligem Körper, farbloses, transluzides Glas, innen mit dunkler Verkrustung. Höhe ca. 5 Zentimeter (Abb. 9).

Unrestauriert:

6. Ovales Medaillon aus unbekanntem, wohl organischem Material gepresst, Oberfläche stark angegriffen; Vorderseite: Weibliche Heilige (Maria?), in beiden Händen einen Kelch haltend, darauf sitzend ein Vogel (Pelikan?), eingefasst durch unlesbare lateinische Buchstaben. Rückseite: Agnus Dei, eingefasst durch zum Teil noch lesbare lateinische Buchstaben („AGN. DEI"). Höhe ca. 4,5 Zentimeter (Abb. 12).
7. Lateinisches Holzkreuz mit Einfassung aus Kupferlegierung und Aufhängeöse. Höhe ca. 8 Zentimeter.
8. Kreuzförmiger Perlenanhänger, unterschiedlich große Perlen aus grünem, blauem, gelbem und bernsteinfarbenem, transluzidem Glas auf feinem Silberdraht mit Ösengelenk-Enden gefädelt; die großen Perlen sind blü-

tenkelchartig in Silberblech gefasst. Durchmesser ca. 4,5 Zentimeter.
9. Sechs Silbermünzen der Jahre 1671–76, darunter Prägungen von Kaiser Leopold I.
10. Miniaturplastik, Maria mit Kind, hellbeiger Pfeifenton, teilweise mit Resten roter Bemalung sowie mit seitlicher Formnaht. Höhe ca. 3,8 Zentimeter.
11. Zwei Fragmente einer Miniaturplastik, wohl Maria mit Kind, roter Pfeifenton, mit seitlicher Formnaht. Höhe noch 3,6 Zentimeter.
12. Ovales Medaillon mit Aufhängeöse, Messing, Vorderseite zeigt das Profil des hl. Franciscus eingefasst von lateinischen Buchstaben („[...]FRANCISCVS[...]"), auf beiden Seiten haften organische Reste an, weshalb die Schrift nur teilweise zu entziffern ist. Höhe ca. 3,5 Zentimeter.
13. Ovales Medaillon mit Aufhängeöse, Messing, auf der Rückseite vom Medaillon Katalognummer 12 ankorrodiert, aufgrund der anhaftenden organischen Reste sind die lateinischen Buchstaben nicht zu entziffern. Höhe ca. 2 Zentimeter.
14. Ovales Medaillon mit Aufhängeöse, Messing, aufgrund der anhaftenden organischen Reste sind die lateinischen Buchstaben nicht zu entziffern. Höhe ca. 3 Zentimeter.
15. Ovales Medaillon, unbekanntes, wohl organisches Material (wie Katalognummer 4), stark verformt, aufgrund der anhaftenden organischen Reste ist auf beiden Seiten keine Abbildung zu erkennen.
16. Caravaca-Kreuz, Messing, lateinisches Kreuz mit doppeltem Querbalken und an den Enden nach außen verbreiternden Armen, oberes Ende mit Aufhängeöse. Höhe ca. 3 Zentimeter.
17. Fragmente einer vierkantigen Holzleiste, evtl. eines Holzkreuzes. Stärke ca. 0,6 Zentimeter, Höhe zusammen noch 3,8 Zentimeter.
18. Stabkette, Kupferlegierung, drei miteinander verbundene Stabkettenglieder aus feinem Draht (Stärke < 0,1 Zentimeter) mit je zwei gegenständigen Ösen-Enden (eine Öse des letzten Glieds ist abgebrochen). Länge der Glieder je ca. einen Zentimeter, Länge gesamt noch ca. 2,5 Zentimeter.
19. Zwirn aus zwei zusammengedrehten Einfachgarnen, an einem Ende verknotet. Vermutlich handelt es sich um eine Gebetsschnur oder die Aufhängeschnur einer der Medaillen.
20. Reste eines handgeschriebenen Pergaments, lediglich auf einem sehr kleinen Fragment sind noch folgende Buchstaben zu erkennen: „[...]perfec[...]" (Abb. 13).
21. Lederreste, teilweise lässt sich erkennen, dass die Lederstücke zusammengenäht waren. Vermutlich handelt es sich um einen Lederbeutel in dem sich Objekte befanden.
22. Weitere organische Reste, nicht näher bestimmbar.

1 Siehe auch Abb. 4 und 12 im Beitrag von Lutz-Michael DALLMEIER in diesem Band.

2 Thomas AUMÜLLER, Die Porta Praetoria und die Befestigung des Legionslagers Regensburg. Band I Text (Dissertation Technische Universität München 2002) <http://nbn-resolving.de/urn/resolver.pl?urn:nbn: de:bvb:91-diss2002122019021> [zuletzt aufgerufen am 20.10.2017], 194–195.

3 AUMÜLLER Band I (wie Anm. 2), 190–191; Thomas AUMÜLLER, Die Porta Praetoria und die Befestigung des Legionslagers Regensburg. Band II Abbildungen (Dissertation Technische Universität München 2002) <https://mediatum.ub.tum.de/attfile/601014/incoming/2016-Sep/383461.pdf> [zuletzt aufgerufen am 20.10.2017] Abb. C43.

4 Christian HESSE, Devotionalien, in: Hans-Rudolf SENNHAUSER, Ausgrabungen in Stadtkirche und Dreikönigskapelle Baden 1967/1968. Kirchen und Siedlungsgeschichte von der Frühzeit bis ins späte Mittelalter Teil 1B Vorlage der Funde (Zürich 2008) 206–227 (hier: 206). – Grundlegend zu Devotionalien sowie der Bestimmung ihrer jeweiligen Herkunftsorte siehe auch Stefan FASSBINDER, Wallfahrt, Andacht und Magie. Religiöse Anhänger und Medaillen. Beiträge zur Geschichte Südwestdeutschlands aus archäologischer Sicht. Zeitschrift für Archäologie des Mittelalters Beiheft 18 (Bonn 2003).

5 Großer Dank gebührt Monika Adolf von den Restaurierungswerkstätten des Historischen Museums Regensburg für die kurzfristige Übernahme der hervorragenden Restaurierungsarbeiten.

6 Amulett-Anhängekreuze, welche das Heiligtum von Caravaca de la Cruz (Región de Murcia, Spanien) nachbilden (Wörterbuch der deutschen Volkskunde[3] [Stuttgart 1974], 122).

7 DALLMEIER (wie Anm. 1).

8 Wörterbuch der deutschen Volkskunde[3] (Stuttgart 1974), 308.

9 Rainer CHRISTLEIN, Der Grundstein des Jesuitenkollegs Dillingen a. d. Donau vom 21. Juni 1736. Das archäologische Jahr in Bayern 1980 (1981), 186–187.

10 Franz HASELBECK, Der Grundstein der Traunsteiner Klosterkirche und sein „zinen Plätl". Landkreis Traunstein, Oberbayern. Das archäologische Jahr in Bayern 1990 (1991), 181–182.

11 İ = 1.

12 DALLMEIER (wie Anm. 1).

13 DALLMEIER (wie Anm. 1).

14 Eine SCHWESTER DES KLARISSENKLOSTERS in Regensburg, Geschichte des Klarissenklosters in Regensburg. Franziskanische Studien. Vierteljahrschrift 35 (1953), 346, Anm. 1.

15 SCHWESTER DES KLARISSENKLOSTERS (wie Anm. 14), 360f.

16 Eine detailreiche Beschreibung der Vorgänge in diesen Jahren findet sich bei Christian Gottlieb GUMPELZHAIMER, Regensburg's Geschichte, Sagen und Merkwürdigkeiten von den ältesten bis auf die neuesten Zeiten, in einem Abriß aus den besten Chroniken, Geschichtsbüchern und Urkundensammlungen. Dritte Abtheilung. Vom Jahre 1618 bis 1790 (Regensburg 1838), 1164–1242.

17 Vgl. GUMPELZHAIMER (wie Anm. 16), 1164–1242.

18 Wilhelm SCHRATZ, Das St. Maria Magdalena-Kloster am Claren-Anger in Regensburg. Verhandlungen des Historischen Vereins für Oberpfalz

und Regensburg 40, 1886, 227. – Ob die Bitte erhört wurde, ist nicht bekannt, dürfte aber als äußerst unwahrscheinlich gelten. – Bei SCHRATZ und BUSCH (wie Anm. 19) und der SCHWESTER DES KLARISSENKLOSTERS (wie Anm. 14) wird die Besatzung durch die kaiserlichen und kurbayerischen Truppen von 1632–1633 nicht erwähnt. Als Besatzung ab 1632 werden fälschlicherweise stets nur die schwedischen Truppen genannt und die Terrorisierung der Stadt folglich alleine diesen zugeschrieben.

19 SCHWESTER DES KLARISSENKLOSTERS (wie Anm. 14); Karl BUSCH, Kapellen- und Klosterbauten „beim nackten Herrgott" in Regensburg. Verhandlungen des Historischen Vereins für Oberpfalz und Regensburg 84, 1934, 142–159; GUMPELZHAIMER (wie Anm. 16), 1214.

20 SCHWESTER DES KLARISSENKLOSTERS (wie Anm. 14), 361.

21 BUSCH (wie Anm. 19), 157. – BUSCH zufolge steht der Regensburger Klarissenorden mit einem Jahreseinkommen von dieser Höhe für einen Bettelorden erstaunlich reich da.

22 SCHWESTER DES KLARISSENKLOSTERS (wie Anm. 14), 361; Johann Baptist DIRSCHEDL, Klosterchronik von St. Klara, zusammengetragen aus den Quellen 1843 (vorliegend als Fotokopie des Originalmanuskripts im Bischöflichen Zentralarchiv Regensburg KL Nr. 525), 514.

23 Dass sie der SCHWESTER DES KLARISSENKLOSTERS (wie Anm. 14) zufolge in einem neuen Gebäude unter einen Chor gefallen sei, erscheint nicht schlüssig. Vielmehr dürfte Sie nach ihrem Tod im Chor der Kirche St. Maria Magdalena bestattet worden sein.

24 SCHRATZ (wie Anm. 18), 231.

25 SCHRATZ (wie Anm. 18), 231.

26 DIRSCHEDL (wie Anm. 22), 542 (freundliche Transkription von Dr. Eugen Trapp).

27 Carl Theodor GEMEINER, Regensburgische Chronik Bd. 1 (Regensburg 1800), 118; Hugo VON WALDERDORFF, Regensburg in seiner Vergangenheit und Gegenwart (Regensburg 1896), 541; siehe hierzu auch Lutz-Michael DALLMEIER in diesem Band.

28 Es handelt sich, dem Regensburger Adressbuch von 1808 zufolge, um folgende direkte Nachbarn: Literanummern (G, Pauluserwacht) 17 Kochin, Anna Maria, Krauterswittwe, 18 Zum Domkapitel gehörig (Dichtlhaus), 19 Zu St. Emmeram gehöriger Garten, 20 Kollegiatstift zur alten Kapelle gehörig (Rosenbuschhaus), 21 Kollegiatstift zur alten Kapelle gehörig (Tretthaus).

29 Vgl. DALLMEIER (wie Anm. 1).

30 Bei den heute unter dem Parkhaus am Dachauplatz zu sehenden relativ breiten Ausbrüchen in der Quadermauer handelte es sich mit großer Wahrscheinlichkeit zunächst um Zugänge und Fenster der westlichen Klostergebäude, die dann später im 17./18. Jahrhundert wieder zugemauert wurden. Vermutlich haben die nunmehr unterirdisch liegenden Mauern für den späteren Bau als Kellerwände gedient und mussten hierfür geschlossen werden. Eine andere Erklärung für diese Öffnungen lässt sich nur schwer finden. Schließlich hat die östliche Legionslagermauer im frühen und hohen Mittelalter als Stadtbefestigung fungiert, in welcher Türen und Fenster ihrem fortifikatorischen Zweck undienlich gewesen wären.

31 Angesichts der Brandkatastrophe von 1809, der den Untergang des Klosters besiegelte, war die Hoffnung auf Antworten für den fraglichen Bau im Klosterarchiv, verschwindend gering. Allerdings scheint der Archivraum vom Feuer verschont geblieben zu sein, denn nahezu alle Unterlagen wie Stift-, Protokoll, Kasten- und Rechnungsbücher sowie Urkunden und andere Akten des Klosters ab dem 16. Jahrhundert und vereinzelt sogar aus dem 13. bis 15. Jahrhundert sind – mit Ausnahme mehrerer Jahre während des Dreißigjährigen Krieges und kurz vor der napoleonischen Zerstörung – im Bischöflichen Zentralarchiv Regensburg vorhanden.

32 Für die freundliche Unterstützung und Bereitstellung der Unterlagen bedanken wir uns bei Dr. Stephan Acht vom Bischöflichen Zentralarchiv Regensburg.

33 Einnahme- und Ausgaberechnungen des Klosters St. Klara für 1674–1681, BZAR, Amtsbücher KL Nr. 273 (Oktober 1679). Transkription: Lorenz Baibl.

34 Siehe Anm. 33 – Als interessantes Detail erscheint hierbei die wohl umgangssprachliche Bezeichnung des Bleikästchens als „Pleyenes Vläschl".

35 Siehe Anm. 33.

36 SCHWESTER DES KLARISSENKLOSTERS (wie Anm. 14), 347 – Im Jahr 1582 bestand diese Besoldung an die Person des Guardians als Beichtvater und eines anderen Priesters in Form von *„[...] täglich [...] 4 Köpfl bayrischen Weines, die Kost für 4 Personen und wöchentlich ein Laib Brod, dann soll ihnen aus 4 Schaffel Gersten ein Bräu Bier gesotten und 10 Maß Holz nebst 52 Gulden verabreicht werden"* (SCHWESTER DES KLARISSENKLOSTERS [wie Anm. 14], 357). – Diese Besoldung war allerdings des Öfteren ein Streitpunkt zwischen den Klarissen und den Minoriten so dass nach mehreren solchen Direktverträgen ein päpstlicher Nuntius 1592 die definitive Regelung der Verhältnisse beider Klöster zueinander festlegen musste. Nach Ablauf der Vertragslaufzeit von zehn Jahren weigerten sich die Klarissen allerdings wieder den Minoriten weiterhin Bezüge in dieser Höhe zu gewähren. Sie waren nur noch bereit jährlich 200 Gulden 2 Schaff Korn und 2 Schaff Gerste zu geben, womit die Minoriten wiederum nicht einverstanden waren (SCHWESTER DES KLARISSENKLOSTERS [wie Anm. 14], 358–359; vgl. SCHRATZ [wie Anm. 18], 220).

37 SCHRATZ (wie Anm. 18), 220.

38 Einnahme- und Ausgaberechnungen des Klosters St. Klara für 1674–1681, BZAR, Amtsbücher KL Nr. 273 (September 1679). Transkription: Lorenz Baibl.

39 Siehe Anm. 38.

40 Siehe Anm. 38 – Angesichts der geringen Entlohnung scheinen der „Wilhelbm" und der „Caspner" nicht im Steinbruch gearbeitet zu haben, sondern werden dorthin gereist sein um den Auftrag zu vergeben und das Steinmaterial zu inspizieren. Offenbar handelt es sich bei den beiden um mehr oder weniger fest in Dienst stehende Burschen, welche die in Klausur lebenden Nonnen nach außen vertreten haben. So erfahren wir weiter unten, dass der „Caspner" oder „Caspare" auch Chauffierdienste übernahm.

41 Siehe Anm. 38.

42 Siehe Anm. 38.

43 Siehe Anm. 33 – *„Geußenfelt"* ist mit dem heutigen Geisenfeld gleichzusetzen.

44 Siehe Anm. 33.

45 Einnahme- und Ausgaberechnungen des Klosters St. Klara für 1674–1681, BZAR, Amtsbücher KL Nr. 273 (November 1679). Transkription: Lorenz Baibl.

46 Siehe Anm. 33.

47 Siehe Anm. 33.

48 Karl BAUER, Regensburg. Aus Kunst-, Kultur- und Alltagsgeschichte[4] (Regensburg 1988), 34.

Michael Schmidt

Die Alte Kapelle und St. Kassian in Regensburg – Mythos und kollektive Erinnerung

oder: Wie aus der Kapelle St. Maria sub gradu eine Memoria des hl. Rupert wurde*

I. Proömium – Die Alte Kapelle und ihr Platz in der Geschichte

Die Stiftskirche Unserer Lieben Frau zur Alten Kapelle galt über Jahrhunderte nicht nur als der älteste christliche Sakralbau von Regensburg, sondern sie steht nach dem im Jahr 1392 erstmals quellenmäßig fassbaren Selbstverständnis des Kollegiatstifts am *„anvankch (...) aller gotz häuser in Bayrn"* (Abb. 1).[1] Keimzelle und namensgebend für die Stiftskirche war die *„chlain Altenchappelle zu Altenchappelle"*.[2] Das Prädikat „alt" wurde bereits in der zweiten Hälfte des 10. Jahrhunderts eingeführt, erstmals belegt in einer Urkunde Ottos II. von 967, und mit dem Kapellenbau verbunden. Zunächst rein komparatistisch verwendet, um so eine Unterscheidung zur neuen Hofkapelle Arnulfs von Kärnten bei St. Emmeram herzustellen, wurde spätestens im hohen Mittelalter das Epitheton „alt" zum Ehrentitel und festen Namensbestandteil der Kirche der Ludwigspfalz. Es galt nunmehr als Ausweis der Anciennität und wurde im Laufe der Jahrhunderte sukzessive historisch aufgeladen, so dass das Kollegiatstift schließlich eine historische Vorrangstellung in Anspruch nehmen konnte. Nach den Worten des Regensburger Bischofs Johann I. von Moosburg (reg. 1384–1409) im Jahr 1392 war die Marienkapelle der Alten Kapelle *„nach der seligsten Jungfrau Maria benannt und die erste aller Kirchen Norikums und Bayerns"* (*„Veterem capellulam in ecclesia Veteris*

Abb. 1: Stiftskirche der Alten Kapelle, Blick vom Alten Kornmarkt. Foto: M. Schmidt, BLfD

Capelle Ratisponensis, que ipsius beate Virginis Marie est insignita vocabulo queque Norice seu Bavarie telluris prima omnium ecclesiarum et exordium existit.").[3]

Gründer der Marienkapelle war einer lange gepflegten Überlieferung zufolge Herzog Theodo (alleine bzw. zusammen mit dem Missionar Rupert), urkundlich verbürgt hingegen ist als Stifter und Erbauer der karolingische König Ludwig der Deutsche (ab 826 Unterkönig von „*Baioariae*", König des Ostfrankenreiches 843–876), der gemäß Urkunde vom 18. Mai 875, die „*capella nostra ad reganesburc quam in honore sanctae dei genetricis semperque uirginis mariae construximus*", sie mit einem aus zwölf Kanonikern und einem Abt bestehenden Pfalzstift bestückte und zur Hofkapelle seiner Pfalz am Alten Kornmarkt bestimmte.[4] Somit bildet das Jahr 875 den *terminus ante quem* für den Bau der Marienkapelle, der nach allgemeiner Auffassung um 850 angesetzt wird. Nach örtlicher Tradition stand die Karolingerpfalz in direkter Nachfolge der agilolfingischen Residenz. Kaiser Heinrich II. erneuerte schließlich im Jahr 1002 Kirche und Pfalzstift – was ihn zum zweiten Gründer machte – und erhob die Stiftskirche zur „*mater ecclesia*", ehe er das Kollegiatstift 1009 dem neu gegründeten Bistum Bamberg zum Geschenk machte.[5] Über die Gründe hierfür kann nur gerätselt werden: Vielleicht sollte die Alte Kapelle helfen, die materielle Ausstattung des Bistums zu gewährleisten, aber auch eine historische Rückbindung herzustellen, nachdem das Bistum Bamberg selbst keine große kirchliche Vergangenheit vorweisen konnte. Das Kollegiatstift hatte als strukturelle Einpflanzung bis zur Säkularisation eine Sonderstellung innerhalb des Bistums Regensburg inne, über die aber auch die Möglichkeit der politischen Einflussnahme in der alten bayerischen Hauptstadt Regensburg bestand.

Dem landespolitischen Anspruch gemäß beging man in dem „*kayserlichen*" Kollegiatstift im späten Mittelalter neben dem hl. Rupert, dem Apostel Bayerns und Noricums, auch das Gedächtnis wichtiger anderer lokaler und regionaler Heiliger, darunter Dionysius, Emmeram, Coloman, Castulus, Erhard, Wolfgang, Godehard und Virgil.[6] Mit den Protagonisten Bischof Rupert, Herzog Theodo, Karl dem Großen, der zwischendurch ebenfalls als Stifter der Alten Kapelle und Hunnenbezwinger gefeiert wurde, und Kaiser Heinrich II. hatte die Alte Kapelle Anteil an allen prägenden Epochen der frühbayerischen Kirchengeschichte. Im 16. Jahrhundert erweiterte man die Bedeutungsebenen, indem man die Marienkapelle der Stiftskirche mit einem vormaligen römischen Tempel und dem späteren Taufort des Agilolfingerherzogs Theodo gleichsetzte.

Abb. 2: Stiftskirche der Alten Kapelle, westliches Deckenbild des Langhauses „Taufe des Bayernherzogs Theodo durch den hl. Rupert", Thomas Christian Scheffler 1752. Foto: P. Ferstl, BSR, 2018

Vom späten 17. Jahrhundert bis 1880 firmierte der östlich der nördlichen Portalvorhalle gelegene, heute als Vitus- oder Rupertuskapelle bezeichnete Raum als Marienkapelle, seither wieder der westliche Raum. Seit der Barockzeit trägt sie offiziell den Namen Maria-Vermähl-Kapelle (Desponsationskapelle), bis ins 19. Jahrhundert hinein war daneben die Bezeichnung „*Heidenkapelle*" populär, im 20. Jahrhundert zeitweise die Bezeichnung „*Pfalzkapelle*".[7] Ulrich Onsorg, Kanoniker an der Alten Kapelle, begründete 1485 die Tradition der Marienkapelle als vermeintliche Baureliquie, die von Heinrich II. in seinen Neubau der Stiftskirche integriert worden sei: „*Hic in Ratispona veterem capellam ampliavit in venerabile collegium Canonicorum. In hac Ecclesia permansit cappellula sub gradu quae ampliata in latitudine non plus habebat quam longitudinem altaris, quod permansit immobile. Haec cappellula fuit prima Ecclesia in Bavaria unde & nomen vetus cappella accepit.*"[8] Die Sakralität der Marienkapelle an der Alten Kapelle wurde über das Alter des Altars und dessen *stabilitas loci* definiert, der angeblich durch den hl. Rupert geweiht worden war, wie Matthäus Merian 1644 mitteilt: „*der alte Altar, den S. Rupertus geweyhet, seye vnbeweglich geblieben, so noch heutiges Tags gezeyget*

Abb. 3: Stiftskirche Alte Kapelle, Nebenszenen am unteren Bildrand des westlichen Deckenbildes „Der hl. Rupert stürzt die Götterbilder“ (links) und „Die Weihe des Heidentempels zu einer Marien-Kapelle“ (rechts). Foto: P. Ferstl, BSR, 2018

wird“; noch Johann Carl Paricius berichtet davon (in ähnlichem Wortlaut) im Jahr 1753: „*Der alte Altar, welchen S. Rupertus vor dem geweyhet, ist unverruckt geblieben, und wird noch heut zu Tage gezeiget*.“[9] – Der hl. Rupert ist fester Bestandteil der mythologischen Urmaterie, der Ursuppe Bayerns: Das Wirken des Heiligen markierte über Jahrhunderte den Beginn der christlichen Zeitrechnung in Bayern, den „*Eintritt Baierns in die Geschichte*“[10] und den Beginn der materiellen christlichen Überlieferung. Umgekehrt sah man in der Barockzeit vor dem Missionar Rupert „*keine Spuren des christlichen Glaubens in Baiern*“ (Franz Sebastian Meidinger, 1787).[11]

Seit Anbeginn war die Alte Kapelle ein Ort der Erwartungen und der Projektion, wo Geschichtlichkeit und Legende, Kult und Fiktionalität zu einem untrennbaren Ganzen verschmolzen. Das Geschichtsbild war kein starres Gebilde, sondern Anpassungen und Wandlungen unterworfen, die immer auch Ausfluss zeitgeschichtlicher Implikationen sind, mit der Folge, dass es zu unterschiedlichen Zeiten verschiedene Geschichtsbilder gab. Das Zeitgeschehen prägte das jeweilige Geschichtsbild und den Mythos Alte Kapelle mit. Über die Jahrhunderte reicherten sich die verschiedenen Geschichtsbilder der Alten Kapelle zu einem „*reichen Legendenschatz*“ (Peter Schmid) an, der immun gegen wissenschaftliche Erkenntnisse war.[12] Gleichsam ins Bild gesetzt wurde die Gründungsnarrative bei der Neugestaltung der Stiftskirche in der Mitte des 18. Jahrhunderts, als man sich nach einer Phase der wirtschaftlich-politischen Stagnation und des Niedergangs wieder der früheren Bedeutung bewusst geworden war. Im westlichen Deckenbild des Langhauses, das die Taufe des Bayernherzogs Theodo durch Rupert zum Thema hat, stellte Thomas Christian Scheffler 1752 in Nebenszenen dar, wie der Missionar das vormalige apollinische Kultbild vom Sockel stößt, um dann auf den Fundamenten des heidnischen Tempels die Marienkapelle an der Alten Kapelle zu errichten (Abb. 2 und 3).

Innerhalb der Geschichtsbilder kam sowohl den verbauten Spolien als auch den aus ihrem baulichen Kontext gelösten „*Antiquitäten*“ (Raselius) als materielle Zeugnisse der Vergangenheit besondere Bedeutung zu. Sie fungierten als visualisierte Bedeutungsträger und unterstützten als Gewährszeichen die kultische und historische Imagination. Die Verdinglichung von Vergangenheit manifestierte sich etwa in Form der Baureliquie wie bei der Marienkapelle und dem Glockenturm der Stiftskirche oder dem Chor der Stiftspfarrkirche St. Kassian. Zum Inbegriff für *Antiquitäten* avancierten aber die romanischen Nischenfiguren des Nordportals, die nicht mit einem biblischen Geschehen, sondern mit einem

Abb. 4 a, b: Stiftskirche Alte Kapelle, Beichtgruppe, Glasplattennegative, um 1920. Foto: BLfD, Bildarchiv

konkreten historischen Ereignis assoziiert wurden: Im Jahr 1751 neu arrangiert, wurden sie zunächst als Taufe Theodos durch Rupert gedeutet und galten seit dem 19. Jahrhundert und bis weit ins 20. Jahrhundert hinein als Beichtszene (Abb. 4).

Zum ikonologischen Programm der Alten Kapelle wurde von Karl-Heinz Betz 1978 eine grundlegende Studie vorgelegt, die der historischen Standortbestimmung der Kirchenumgestaltung nach der Mitte des 18. Jahrhunderts galt.[13] Das Thema war stark auf die historischen Bedingungen fokussiert. An dieser Stelle soll daher der Versuch unternommen werden, das Thema weiter zu fassen und im Sinne der Mythosforschung nach dem Sitz der Alten Kapelle im kollektiven Gedächtnis der Stadt Regensburg zu fragen. Die *sakralisierte* Geschichte – es liegt mir fern hier von Verklärung zu sprechen – erscheint dabei als das tragende innere Gefüge des Kollegiatstiftes durch alle Jahrhunderte.

Älter noch als die Alte Kapelle war in den Augen der Chronisten die St. Kassianskirche, deren Entstehung gegen Mitte des 7. Jahrhunderts, vielleicht über einem Friedhof, angenommen worden war.[14] Über die Stiftskirche hatte St. Kassian Anteil an der Geschichtlichkeit der Alten Kapelle, und – was selten beachtet wird – auch umgekehrt. Es sind wechselseitige historische Kausalitäten. Man war sich über Jahrhunderte einig, dass die Geschichte des Ortes beider Kirchen zumindest indirekt bis in römische Zeit zurückreichte.[15] Wann sich die Verehrung des hl. Kassian (Cassian) aus Imola, wohl über die Zwischenstation Säben (bayerischer Stützpunkt in Südtirol und Ort friedlicher Koexistenz zwischen Bajuwaren und Romanen[16]) in Regensburg etablierte, ist nicht bekannt. Plädierte die frühere Forschung noch für den Zeitraum vom 5. bis zum Beginn des 8. Jahrhunderts,[17] kristallisierte sich zuletzt mit einer hohen Wahrscheinlichkeit die zweite Hälfte des 8. Jahrhunderts heraus.[18] Tatsächlich drängen sich Parallelen zum Erwerb und der Überführung der Gebeine des hl. Corbinian durch Arbeo (mit herzoglicher Erlaubnis) aus Mais bei Meran nach Freising sowie des hl. Valentin aus Trient über Freising nach Passau durch Herzog Tassilo III. in der zweiten Hälfte des 8. Jahrhunderts auf.[19] Vielleicht war sie eine Art kultische Reverenz an die Romanen in Regensburg.

Als andere, bisher nicht erwogene Phase käme die karolingische Epoche in Betracht, als Ravenna aufgrund des hohen Symbolgehalts auch nördlich der Alpen in besonderem Ansehen stand. Bekanntlich pflegte insbesondere Karl der Große gute Kontakte zur ravennatischen Metropolitankirche, zu der das Suffraganbistum Imola gehörte. Es kann als sicher gelten, dass eine Überführung der bereits seit frühesten Zeiten stark nachgefragten Reliquien des Heiligen nicht ohne Zustimmung der Erzbischöfe von Ravenna erfolgt sein konnte, die sich als Hüter der Reliquien verstanden und Reliquienübertragung koordinierten – zählte der hl. Kassian doch zu den dort besonders verehrten Heiligen, wie seine bildliche Präsenz bereits in der ersten Hälfte des 6. Jahrhunderts in der Erzbischöflichen Kapelle sowie seine Teilnahme an der imaginären Prozession der Märtyrer in Sant'Apollinare Nuovo in Ravenna zeigt (Abb. 5).[20] Dass Reliquientranslationen aus Italien besonders in der Zeit Ludwigs des Deutschen verbreitet war, belegen diesbezügliche und mit Unterstützung des Königs durchgeführte Romreisen der Bischöfe von Freising und Salzburg in den Jahren 834 und 851.[21]

Die Verehrung des hl. Kassian in Regensburg begründet schließlich über Jahrhunderte eine enge Verbindung zwischen Regensburg und dem Alpenraum. Die enge Verbundenheit mit der Säben-Brixener Kirche wird gerade in der zweiten Hälfte des 10. Jahrhunderts deutlich, als Kaiser Otto I. Bischof Rihpert (= Rupert!) von Brixen die Marienkapelle der Alten Kapelle zum persönlichen Geschenk auf Lebenszeit machte. Otto II. erneuerte im Jahr 967 die Schenkung der als ganz verfallen *(„dilapsa est atque distructa“)* beschriebenen *„antiquam cappellam quam olim antecessor noster“*.[22]

Der historische Vorrang der Kassianskirche gegenüber der Alten Kapelle bestand durch die urkundlich überlieferte Verschonung beim Stadtbrand im Jahr 891 nicht nur in ideeller Hinsicht, sondern realiter. In den Augen frühneuzeitlicher Historiographen war die Kassianskirche als vorkarolingischer Bau älter noch als die Stiftskirche selbst und Beleg für einen nahtlosen Übergang von Antike auf Mittelalter.[23] Das Gründungspostulat und kirchliche Selbstverständnis sind in der Inschrift am Chorbogen von St. Kassian klar zum Ausdruck gebracht: *„TEMPLUM S. CASSIAN OLIM IDOLORUM“*. Doch vor voreiligen Schlüssen sei gewarnt: Durch das Fehlen einer *zusammenhängenden* archäologischen Untersuchung im Sinne einer Gesamtschau bleibt die tatsächliche Genese der Alten Kapelle (gilt insbesondere für die Frage des Ludwigs- und Heinrichsbaus) und von St. Kassian (zumindest bezogen auf die Frage zwischen Spätantike und dem durch Grabungen erschlossenen karolingischen Bau) unverändert diffus.[24] Alle Überlegungen enden derzeit letztlich in der Spekulation – dies gilt auch für diese Studie. Die Lösung dieses historischen Rätsels, eines der größten Desiderate in der bayerischen Frühgeschichtsforschung, bleibt eine Aufgabe und kann nur über archäologische Untersuchungen erfolgen.

Das barocke Geschichtsbild der Alten Kapelle und von St. Kassian begründete bis weit ins 19. Jahrhundert hinein einen kollektiven Bilderschatz und eine Regensburg spezifische Rupert-Ikonographie. Das Altarblatt am Rupertusaltar des Regensburger Doms (Max Joseph Hailer, München) von 1839 mit der Taufe Herzog Theodos, seines Sohnes Theodobert und des Hofes markiert gewissermaßen den Endpunkt dieser Entwicklung (Abb. 6).[25] Die reumütige Haltung Herzog Theodos, der in einem schlichten Gewand und mit niedergelegten Insignien das Taufsakrament erwartet, zeigt unverkennbare Parallelen zur Darstellung des Pönitenten der sogenannten Beichtgruppe der Alten Kapelle. Das Altarbild stellt mit diesem motivischen Zitat nicht nur eine Klammer zwischen dem Regensburger Dom und den Geschehnissen der Alten Kapelle her, sondern präsentiert sich darüber hinaus als Programmbild der legendären Christianisierung Altbayerns und ist damit ein Manifest des Bündnisses von kirchlicher und weltlicher Macht, das seit den Anfängen des Herzogtums Bayern bis weit ins 19. Jahrhundert hinein Bestand hatte. Die Bezugnahme auf die Darstellung des Bußfertigen von der Alten Kapelle unterstreicht die Authentizität, Autorität und Zeugniskraft, die man noch bis zur Mitte des 19. Jahrhunderts der für agilolfingisch gehaltenen Skulpturengruppe vom Nordportal der Stiftskirche am Alten Kornmarkt entgegenbrachte.

Die Alte Kapelle reklamierte als Taufort für sich zeitweise eine ähnliche Stellung wie die Kathedrale und St. Remigius in Reims für das Königreich Frankreich oder die Kapelle São Miguel do Castelo in Guimarães als angeblicher Ort der Taufe des ersten portugiesischen Königs Alfons Henriques (Alfons I.) 1105/06 für das Königreich Portugal: Fürst Felix Lichnowsky, der 1842 Portugal bereiste, wurde in der gotischen Kathedrale von Guimarães der Taufstein gezeigt: *„Am Eingang der Kathedrale von Guimarães steht der Taufstein, über den Afonso Henriques, erster König von Portugal, zu Ende des 11. Jahrhunderts gehalten ward, und der nach Erbauung dieser Kirche durch Johann I. [Baubeginn 1425 – Anm. des Verf.] von dem alten Kirchlein hierher gebracht ward.“*[26] (Nachdem in Guimarães nicht nur der erste König von Portugal geboren und getauft wurde, sondern Alfons Henriques nach einem Erfolg über die Mauren 1139 hier auch das Königreich Portugal ausrief, wurde der Ruf *„Aqui nasceu Portugal“*, also „Hier wurde Portugal geboren“, zum werbewirksamen und allgegenwärtigen Ehrentitel der nordportugiesischen Stadt.)

Nicht minder bedeutend ist Jelling für das Königreich Dänemark: Mit den beiden mächtigen Runensteinen zwischen den beiden königlichen Grabhügeln wurde dort der Taufe des dä-

Abb. 5: Ravenna, Sant' Apollinare Nuovo, Hl. Kassian. Foto: M. Schmidt, Privatarchiv

Abb. 6: Regensburg, Domkirche St. Peter, Rupertusaltar, Altarblatt von Max Joseph Hailer „Taufe Herzog Theodos, seines Sohnes Theodobert und des Hofes", 1839. Foto: A. Hubel, Regensburg

nischen Königs Harald Gormsson („*Blauzahn*") um 965 ein Denkmal gesetzt (Abb. 7). Nach einer ersten Rezeptionsphase dieses Geschehens im Hochmittelalter (Saxo Grammaticus, um 1200) entfaltete Jelling als sogenannter „*Taufschein Dänemarks*" oder „*Taufstein Dänemarks*" seit der späten Renaissancezeit – wiederum eine Parallele zur Alten Kapelle in Regensburg – und vor allem unter König Christian IV. (reg. 1588–1648) besondere Aufmerksamkeit und historisch-kulturelle Wirkmächtigkeit.[27] In Reims, Regensburg, Guimarães und Jelling erscheint die Herrschertaufe jeweils als Abschluss der Staatsbildung und die jeweiligen baptistalen Orte wurden zu christ-nationalen Initial- und Geburtsorten apostrophiert.

Beinahe jedes europäische Land nimmt für sich solche kultische Geburtsstätten in Anspruch, die wie die vorgenannten Beispiele primär durch die Herrschertaufe definiert sind oder aber Ergebnis einer Kult- und Kulturrevolution sind, wie etwa die von Adam von Bremen aus der Ferne für Alt-Uppsala beschriebene Zerstörung des Tempels der nordischen Göttertrias Thor, Wodan und Frikko („*nobilissimum illa gens templum habet, quod Ubsola dicitur. (...) In choc templo, quod totum ex auro paratum est*") als Geburtsstunde des christlichen Schwedens.[28] Solche Vorgänge wie in Uppsala reklamierten über viele Jahrhunderte – ganz in der Tradition von Heinrich Heine, der allgemein formuliert hatte: „*Der Taufzettel ist das Entréebillet zur europäischen Kultur*" – die Teilhabe an der abendländischen Kultur.[29]

Die Bedeutung der Alten Kapelle in Regensburg beruht auch darin, dass die angebliche Pfalzkapelle des agilolfingischen Herrscherhauses als vormaliger paganer Kultort *und* Ort der Herrschertaufe Herzog Theodos *und* erste christliche Kirche Bayerns gleich dreifach ausgezeichnet war und so mehrere Manifestationsstränge der Christianisierung vereinte.

Abb. 7: Jelling, Großer und Kleiner Runenstein mit südlichem Grabhügel, um 965. Foto: M. Schmidt, Privatarchiv

II. Das Römische im Narrativ: Vom Ringen eines christlichen Sakralbaus um antike Wurzeln

Die in den 1960er Jahren durchgeführten Grabungen in der Niedermünsterkirche führten zu einer Revision des Forschungsstandes zur Agilolfingerpfalz. Danach war Letztere nicht wie bisher angenommen am Alten Kornmarkt situiert, sondern befand sich wohl im unmittelbaren Umfeld der späteren Niedermünsterkirche. Die Karolingerpfalz am Alten Kornmarkt ist demzufolge erst Ergebnis eines Neubeginns unter König Ludwig dem Deutschen um 850.[30] Erst die *damnatio memoria* (Verfluchung des Andenkens) Tassilos III. unter den Karolingern und der anschließende radikale Bruch mit der agilolfingischen Vergangenheit machten den Weg frei für die Verlegung der Pfalz auf den Alten Kornmarkt: *„Nichts sollte mehr an die verstoßenen Herzöge erinnern! In dieser Gesinnung ersetzten die Karolinger auch deren Herrschaftszentrum durch eine großzügigere, prächtigere und zeitgemäßere Anlage, die bauliches Symbol der neuen königlichen Stadtherren werden sollte.“*[31] Während die Niedermünsterkirche in ein Kollegiatstift umgewandelt wurde, kam es mit dem Bau der karolingischen Pfalz unter König Ludwig dem Deutschen, der sogenannten Ludwigspfalz, zur Verlegung des Pfalzortes an den Alten Kornmarkt. Die Regensburger Pfalz löste als Reichsresidenz in Bayern wohl Altötting ab, das zur karolingischen Königspfalz herabgestuft wurde – eine folgenreiche Entscheidung und der Beginn eines die Jahrhunderte durchwirkenden Dualismus zwischen Regensburg und Altötting, der auch im Rahmen dieser Untersuchung immer wieder aufscheinen wird.[32] Die besondere Bedeutung Regensburgs definierte sich als Herrschaftszentrum in der Aufbauphase der vierziger und fünfziger Jahre, während sich danach der Herrschaftsschwerpunkt nach Frankfurt verschob. Beiden Tochterpfalzen von Aachen kam Residenzcharakter zu. Die Regensburger Pfalz entwickelte als *„caput Bavariae“* in dieser Frühphase König Ludwigs des Deutschen eine *„Sogwirkung“* (Thomas Zotz) für andere Pfalzen des Ostfränkischen Reichs.[33] Die Hofkapelle war für die Herrschaftspraxis, im Sinne einer administrativen Organisation des Reiches und einer kirchlichen Durchdringung, von eminenter Bedeutung. Das *„pfalzengeschichtliche Zäsurjahr“* (Zotz) bildete dann die Weihe der Frankfurter Salvatorkirche am 1. September 852. Dieses Jahr ist damit auch der mutmaßliche *terminus ante quem* für Regensburg.

Besonderen Wert legte man im Sinne der sogenannten *Renovatio Imperii*, des karolingischen Erneuerungsprogramms, auf die Einbindung in den Traditionsstrom und die Kontinuität zur römischen Antike. Der Alte Kornmarkt war durch das Vorhandensein von Kulturschichten historisch legitimiert: *„Bereits für die römische Epoche sind hier Repräsentationsbauten ergraben worden, aus denen einige Bauforscher*

Rückschlüsse auf die Lage des hier vermuteten ‚praetoriums‘ abgeleitet haben. Sofern diese Verbindungen zutreffen, besteht an diesem Ort sogar eine Kontinuität der Herrschaftsarchitektur seit römischer Zeit.“[34]
Es scheint gut möglich, dass Rupert im unmittelbaren Umfeld der Pfalz Quartier bezog. Wie lange die Erinnerung an den hl. Rupert im Areal zwischen der späteren Domkirche und der Alten Kapelle nachwirkte, ist auch durch Schriftquellen belegt: So schenkte nach einer 998 in Rom ausgestellten Urkunde Kaiser Otto III. seinem Getreuen Tagini (Tagino) eine zwischen der Pfalzkapelle und dem Hof des hl. Rupert gelegene Hofstatt („*curtile inter nostram capellam et nostra edificia ac cortem sancti Rŏdperti Radasbone situm*“) – der Vorläufer des späteren Salzburger Hofes. Interessant dabei, dass die romanische zweigeschossige Hauskapelle in der Salzburger Bischofsresidenz dem hl. Rupert geweiht war und somit wohl nicht unwesentlich zur Verortung des Erbes des frühchristlichen Missionars im unmittelbaren Umfeld der Alten Kapelle beitrug oder sogar die Rupert-Verehrung der Alten Kapelle mit beförderte.[35] (Allerdings wurde dieser Wirkzusammenhang wissenschaftlich noch nicht eingehender untersucht.) Ja, es scheint, als sei der Salzburger Hof ein wichtiger Ort der Rupertinischen Memoria in der Stadt Regensburg gewesen. Im 17. Jahrhundert wurde die Hauskapelle einer Renovierung unterzogen und außenseitig mit einem Bildnis des hl. Rupert geschmückt.
Die Gegend des Alten Kornmarktes war mit ihren damals noch erhaltenen spätantiken Bauten für eine Weiternutzung geradezu prädestiniert. Dass sich im Bereich des Alten Kornmarktes zu Beginn des Frühmittelalters wichtige Bauten oder zumindest Baureste aus römischer Zeit befunden haben, ist unstrittig. Die jüngere archäologische Forschung deutet mehrheitlich die archäologischen Einzelfunde von mächtigen Mauerstrukturen und Resten von mindestens vier hypokaustierten Räumen und wasserdicht ausgekleideter Bodenkanäle im Bereich zwischen Speichergasse und Salzburger Gasse als Teil einer Badeanlage, wohl der Lagertherme.[36] Diesem Kontext zuzuordnen sind auch die unmittelbar nördlich der Stiftskirche 1901 aufgefundenen Mauerstrukturen eines apsidialen spätantiken Gebäudes. Dass ein Teil der Anlage zumindest nahe an die spätere Stiftskirche der Alten Kapelle heranreichte, belegt der 1957 aufgedeckte, unmittelbar entlang der Westwand der Kirche verlaufende Bodenkanal (Abb. 8). Der seinerzeit gemachte Befund blieb in der Wissenschaft bisher unbekannt und wurde daher auch nicht in die Diskussion um die Ideengeschichte der Alten Kapelle eingespeist.[37] Tatsächlich bot eine solche Badeanlage vortreffliche Voraussetzungen für die Adaption zu anderen Kult- und Herrschaftszwecken.

Zurück zum Verhältnis der Regensburger zur Aachener Pfalz: Dem Zitatcharakter der Pfalz von Aachen kam für die Herrschaftslegimitation besondere Bedeutung zu. „*Ludovicus rex Baioariae*“ übertrug den Lateran der Aachener Pfalz – nach Ludwig Falkenstein handelte es sich nach dem Vorbild des *secretariums* und *vestiariums* der römisch-lateranischen Palastkirche hierbei um den Aufbewahrungsort des ungemünzten Schatzes, der liturgischen Utensilien und der Paramente – zumindest begrifflich auf die beiden wichtigsten neuen Pfalzen des Ostfränkischen Reiches. Die Patrozinien der jeweiligen „*nova oratoria*“ (Notker von St. Gallen) bekräftigen dies, zunächst Regensburg mit der Marienkapelle, ab 852 dann zunehmend Frankfurt mit dem Salvator-Patrozinium.[38] Eine bauliche Übereinstimmung zwischen Aachen und Regensburg scheint in diesem Zusammenhang von Interesse: Denn nicht zuletzt befand sich auch in Aachen eine unmittelbar an den engeren Pfalzbereich anschließende, noch in die Zeit des römischen Aquae Granni zurückgehende Thermenanlage. Die am Alten Kornmarkt in Regensburg vorhandenen römischen Bauten wurden jedoch nicht nur einfach pragmatisch weitergenutzt, sondern die römische Leitschicht wurde beim Bau des Glockenturms der Alten Kapelle unter Ludwig dem Deutschen bewusst inszeniert und nachgestellt. Wie Notker von St. Gallen († 912) überlieferte, ließ König Ludwig der Deutsche die Pfalzkapelle nicht nur materiell, sondern auch zeichenhaft deutbar, aus den Steinen des römischen Regensburg errichten: „*Neue Bethäuser ließ er in Frankfurt und Regensburg mit wunderbarer Kunst errichten. Und weil wegen der Größe des Baus die andern Steine nicht ausreichten, ließ er die Stadtmauer abtragen.*“[39] Die zeichenhafte Verwendung der Römersteine half Regensburg nicht zuletzt im Wettbewerb um historische Legitimation und Tradition mit Salzburg gleichzuziehen, dessen Dom auf römischen Resten errichtet worden war und mit seinem Kontinuitätspostulat inhaltlich vorgelegt hatte. Später wurde diese Methode auf den sogenannten Römerturm übertragen, so dass auch dieser bis ins 19. Jahrhundert als originär römisch gelten konnte (Merian: „*ein dicker, starcker, vnd von altem Römischen Gemäwer, vnden herumb, noch ziemblich gesunder Thurn*“; Niedermayer: „*in seinen untern Theilen des älteste Bauwerk der Stadt*“).[40]
Konsequent wurden in Regensburg die strukturellen Elemente der agilolfingischen Erstpfalz auf den späteren Pfalzort am Alten Kornmarkt übertragen. Die so entstandene

Abb. 8: Grabungsfotos von der Westmauer der Alten Kapelle mit im Fundamentbereich befindlichen römischen Mauersteinen (Fotos oben links und rechts) sowie dem Rest eines gemauerten Bogens mit darunter befindlichem Estrich als Teil eines ehemaligen Kanals (Foto unten), Aufnahmedatum: 10.7.1957. Repro: Ortsakte BLfD, „Regensburg, Stiftskirche Unserer Lieben Frau zur Alten Kapelle, 1947–1957“

Ludwigspfalz als Synthese der Agilofingerpfalz und der Aachener Pfalz war eine architektonisch-städtebauliche Machtdemonstration: Hier wie in Aachen waren die locker gruppierten Bauten nach dem Vorbild repräsentativer antiker Exedren- oder Hallen-Architektur mit Galerie- und Säulengängen miteinander verbunden.[41] Die Marienkapelle war zentraler Bestandteil dieses Konzepts und gehörte wie auch die Kapellen in Altötting und Frankfurt zur Grundausstattung einer karolingischen Pfalz.

Seit dem 16. Jahrhundert bemühte sich die humanistische Geschichtswissenschaft neuerlich um eine Darlegung der Historizität des Orts der Alten Kapelle, nunmehr im antiquarischen Gewand, und belebte damit die Theorie vom römischen Ursprung des Bauwerks wieder. Die Alte Kapelle und nachfolgend auch die Stiftspfarrkirche St. Kassian wurden bis zeitweise in die Gegenwart hinein zum Inbegriff eines überschriebenen römerzeitlichen Gründungsbaus und der kulturellen Wandlung. Das hohe Alter der Stiftskirche machten zahlreiche römerzeitliche Grabsteine, die an der Stiftskirche als Spolien eingelassen waren, augenfällig, die auch das Interesse der Humanisten weckten. Mariangelus Accursius überliefert 1541 ein lateinisches Gedicht zur römerzeitlichen Geschichte von Regensburg, das neben einem eingelassenen Inschriftstein an der Kapelle angebracht war.[42] Aventinus zieht nicht zuletzt aus diesen Inschriften weitreichende Schlüsse: Sie erinnerten den zeitgenössischen Betrachter daran, dass der Ort der Stiftskirche bereits in römischer Zeit von einer sakralen Aura umgeben war. Die Marienverehrung im Mittelalter erscheint damit als eine logische Fortsetzung der bereits in paganer Zeit am vermeintlichen Juno-Tempel gebundenen Heilswirksamkeit.[43] Auch die im Umfeld der Kirche vom 17. bis zum späten 19. Jahrhundert bei Grabungen immer wieder aufgedeckten Gebäudereste und Münzfunde wertete man als archäologischen Beleg für kultische Kontinuität.[44]

Die Verankerung der Marienkapelle in der römischen Antike ist ein Lehrstück über die Entstehung und Etablierung eines Mythos und verdient nähere Betrachtung: Am Anfang steht neben diesem beschriebenen Wurzelgeflecht im Dunstkreis von Aventinus der Historiker Wiguleus Hund (1514–1588), der 1582 in *Metropolis Salisburgensis* – wissenschaftlich korrekt – auf die räumliche Nähe zum Prätorium oder zur Principia (*„juxta Principium praetoria“*) hinwies, ohne den Ort mit dem Wohngebäude des Kommandanten bzw. zentralen Stabsgebäude des Legionslagers unmittelbar gleichzusetzen.[45] Dennoch war einer Gleichsetzung, die zur *DNA* der Stiftskirche und des Kollegiatstifts wurde, damit der Boden bereitet. Nirgends wurde dieses kulturelle und kultische Selbstverständnis der Alten Kapelle so offensiv formuliert, wie bei den antiken Säulen in der Marienkapelle, deren Interpretation auf ein Manuskript des 16. Jahrhunderts zurückgeht.[46] Wie Raselius berichtet, wurden in der Maria Vermähl-Kapelle zwei antike Rotmarmorsäulen als *Antiquaria* gezeigt: *„Dort sieht man zwei steinerne Säulen aus rotem Marmor, auf denen einst die heidnischen Götzenbilder standen, welche die Mutter Gottes vertrieb und sich an ihre Stelle gesetzt hat.“*[47] Der Überlieferung nach trugen diese Säulen einstmals, ganz im Sinne eines Säulenmals als renaissancezeitliche Chiffre für heidnische, idolatrische Kultvorstellungen, Götterstatuen von Venus und Merkur.

Am wahrscheinlichsten ist, dass die antiken Säulen, nach späteren Berichten vermutlich nur *„Säulchen“*, das Altarretabel flankierten. Oberhalb des Altars der Marienkapelle der Alten Kapelle in Regensburg, nach Ulrich Onsorg war der Altar Ausweis der *stabilitas loci*, befand sich zur Erklärung der Spoliierung und als historischer Rückverweis eine Inschrift: *„Prima christianorum ecclesia a S. Ruperto dicata a. C. DXIIII.“*[48] Ihre Einfügung in den Altarkontext macht sie zu Beweisstücken für die Genese der Marienkapelle der Alten Kapelle und zum Zeichen für die Überwindung paganer Kultformen durch den christlichen Kultus.

Vor allem in der Malerei der Spätgotik und der Renaissance galt die Kultsäule (wie ehedem im Alten Testament der Kultpfahl der Aschera und der Baalskult) als Chiffre für das Jüdische, das Römische und als kultische Metapher für alles Heidnische (Abb. 9).[49] Die Überwindung der heidnischen Götter versinnbildlicht den Triumph des Christentums. Exemplarisch zeigt dies Piero della Francescas „Geißelung Christi“, um 1460. Marterort ist hier nicht eine gewöhnliche Geißelsäule, sondern eine heidnische Idolsäule mit bekrönender Götterfigur (Abb. 10). Durch sein Leiden, Sterben und seine Auferstehung wird Christus die alte pagane Weltordnung ablösen und überwinden.

Der Sturz der heidnischen Säulenidole wird zu einer Kernaufgabe frühchristlicher Missionare, die im Wirken des ephesischen Johannes eine entsprechende Projektionsfigur fanden (Abb. 11).[50] Der Kampf des Johannes in Ephesos war gegen die auf einer Säule stehende Artemis gerichtet (als Parallelisierung zum Kult der Meeresgöttin Aschera des Alten Testaments). In der *Legenda Aurea* des Jacobus de Voragine weitete man diese enge Deutung und ließ Johannes gegen sämtliche heidnischen Gottheiten und ihre Tempel vorgehen. In der Episode des Apostels mit Aristodemus um den wahren Gott erscheint die Zerstörung der paganen Kultorte als Got-

Abb. 9: Erhart Altdorfer, Flügelretabel der Bruderschaft der Schneidergesellen, Predigt der Maria Magdalena wider das Götzentum, 1519, (Lübeck, St. Annen-Museum). Foto: © St. Annen-Museum/Fotoarchiv der Hansestadt Lübeck

Abb. 10: Piero della Francesca, Geißelung Christi (Ausschnitt), um 1460, (Galleria Nazionale della Marche Urbino). Foto: M. Schmidt, Privatarchiv

tesurteil, wie dies etwa auch um 1310 in den Chorfresken von Sant'Agostino in Rimini illustriert wird (Abb. 12): *„(… ..) ich [Johannes – Anm. des Verf.] aber will Christum bitten, daß er den Tempel der Diana zerstöre, und so er es tut, so sollt ihr an ihn glauben. (….) und Johannes betete zu Gott, daß er seine Gewalt erzeige: da fiel der Tempel, und ward das Bild ihres Abgotts gar zerbrochen.*"[51] Das wirkmächtige Bild der Zerstörung des Artemis-Heiligtums in Ephesos, in dessen Folge der giotteske Freskant in Rimini mit der Kultsäule der Artemis auch gleich die übrigen ephesischen Göttersäulen stürzen lässt, konnte man in der Tradition nicht zuletzt auf den kindlichen Christus selbst zurückführen, der gemäß der Sotinen-Episode im apokryphen *Pseudo-Matthäus*, Kapitel 22–24, auf seiner Flucht nach Ägypten den gesamten ägyptischen Götterhimmel zum Einsturz gebracht hatte (vgl. Wandgemälde an der Kreuzgang-Westwand des Karmeliterklosters Frankfurt, 1515–1521).[52] Die Renaissance und im noch stärkeren Maße die Gegenreformation bedienten sich der althergebrachten Bilder von der Ablösung der Idole durch christliche Bilder und ihrer frühchristlichen Exponenten.[53]

Als Prägefigur schlechthin galt (und gilt) Kaiser Konstantin. An ihm vollzog sich der Umbruch vom Heiden- zum Christentum, indem er die Zerstörung der alten Tempel einleitete und an ihrer Stelle erste christliche Kirchen erbaute. Ausgehend von diesen Leitbildern wird, angefangen bei Eusebius von Kaisareias Schilderung der Kult- und Bauvernachlässigung Kaiser Konstantins, die Zerstörung von Tempeln und Säulenidolen zum Topos der Christianisierung, bildhaft propagiert im barocken Wandgemälde Carlo Marattas „Die Zerstörung der Götzenbilder durch Kaiser Konstantin" (um

Abb. 11: Patmos, Der hl. Johannes predigt vor der Artemissäule in Ephesos, nachbyzantinisches Fresko in der Vorhalle der Klosterkirche Agios Ioannis. Foto: M. Schmidt, Privatarchiv

Abb. 12: Rimini, Sant'Agostino, Die Zerstörung des Artemistempels von Ephesos als Gottesurteil, Riminesischer Trecentomaler, sogenannter „Maestro di Sant'Agostino" (Giovanni da Rimini?), um 1310. Foto: M. Schmidt, Privatarchiv

1650) im Lateranbaptisterium.[54] Oftmals gemeinsam ist derartigen Erzählungen eine Nähe zur marianischen Ideologie, die auch in der Alten Kapelle eine wichtige Rolle gespielt haben dürfte: So behauptete die *Legenda Aurea*, Santa Maria Antiqua in Rom sei auf den Resten eines Romulustempels errichtet worden, wobei auch dort der Kultgegenstand ein Säulenmal gewesen sei: *„Es schreibet Papst Innocentius der Dritte, daß in dem römischen Reich zwölf Jahre Friede war; da bauten die Römer einen schönen Tempel des Friedens und setzten darein die Säule Romuli, und fragten den Apollo, wie lange der Friede sollte währen. Da ward ihnen geantwortet ‚So lange, bis eine Jungfrau ein Kind gebiert' (...) . Aber in der Nacht, da Christus geboren ward, fiel der Tempel; und steht jetzt an seiner Statt die Kirche Sancta Maria Nova."*[55]

Das Kollegiatstift konnte in diese Bildtradition die Ereignisse um die Wallfahrt zur Schönen Maria im Jahr 1519 einbringen. Der dortige Kult war mit der Bildsäule untrennbar verbunden, auf der die Figur gezeigt wurde. Auf dem späteren Neupfarrplatz vollzog sich eine kultische Konversion, die zahlreiche Parallelen in der zeitgenössischen Sakralmalerei hat. Geradezu als Idealbild zu bezeichnen ist die Mitteltafel des Triptychon „Anbetung der Hirten" um 1527 aus der Kunsthalle Bremen, wohl ein Antwerpener Gemeinschaftswerk von Pieter Coecke van Aelst und Jan van Dornicke (Abb. 13): Durch die Geburt Christi im Stall zu Bethlehem wird der Untergang der paganen Kulte eingeleitet, die ehedem prächtige Architekturkulisse ist im Untergang und Verfall begriffen und Maria tritt als neue Eva an die Stelle der fragmentierten weiblichen Säulengottheit.[56] Die Geburt Jesu lässt die Götter stürzen und

Abb. 13: Peter Coecke van Aelst / Jan van Dornicke, Anbetung der Hirten, um 1527, Kunsthalle Bremen, Inv. Nr. 1015–1970/2. Foto: © Kunsthalle Bremen, Lars Lohrisch, ARTOTHEK

setzt an die Stelle der Säulenidole das christliche Siegeszeichen. Vermutlich war es gerade diese Parallelität der Deutungsmatrix, die *„das abgöttische Steinbild der Schönen Maria“* (Raselius) auf dem späteren Neupfarrplatz in der Reformationszeit umgekehrt dann auch zu einem Ort der konfessionellen Auseinandersetzung machte (Martin Luther 1523: *„[…] das der teuffel, nach dem die Juden vertrieben sind, sich selbs an yhre statt gesetzt vnd durch den hochgelobten namen Maria falsche zeychen thutt vnd euch sampt vielen andern betrugt“*), die Wallfahrt zur Schönen Maria als *„zeychen des teuffels“* (Luther) brandmarkte und ihr den Vorwurf der *Abgötterei* einbrachte.[57]

Dieses Erinnerungsbild der Alten Kapelle mit ihren präsakralen Wurzeln in römischer Zeit schien in Stein gemeißelt und bildete den memorierten genetischen Fingerabdruck der Alten Kapelle, strittig schien lediglich, ob sich der Bau auf einen Junotempel oder auf das *Sacellum/Aedes principiorum* (Fahnenheiligtum in der *Principia* und Ort der Götter der römischen Staatsreligion sowie des Kaiserkults) zurückführen lasse.[58] Joseph Schmid bestätigte noch im Jahr 1922 die Abfolge: Junotempel – Marienkapelle – Hofkapelle der Agilolfingerpfalz, wobei die Adaption des heidnischen Tempels zur Marienkapelle in seinen Augen gleich unmittelbar nach der Mailänder Vereinbarung zwischen Konstantin und Licinius im Jahr 313 erfolgt sein musste.[59] Im Zuge der nachkriegszeitlichen Wiederherstellungsarbeiten wurde diese Abstammungsgeschichte der Alten Kapelle dann nochmals in verschiedenen Zeitungsartikeln bekräftigt und konnte sich so im kollektiven Gedächtnis Regensburgs verankern. Mit den postulierten römischen Wurzeln standen die Marienkapelle der Alten Kapelle und die Stiftspfarrkirche St. Kassian *cum grano salis* über Jahrhunderte für die in Regensburg gepflegte Theorie der heidnisch-christlichen Kultkontinuität. Und noch heute wird bisweilen das Bild der Kontinuität der Stiftskirche bis in römische Zeit beschworen, und den Römern eine aktive Rolle bei der Errichtung

Römer wirken an glanzvoller Marienstätte mit

Steine aus römischer Lagermauer für Stiftskirche „Unserer Lieben Frau zur Alten Kapelle“ verwendet

„Maria mit dem Jesuskind“ – Verbindung zu Regensburg

Imposantes Gotteshaus im Barock- oder Rokoko-Stil

Abb. 14: Artikel aus der Donau-Post vom Samstag, 17.10.2015

Abb. 15: Emborio auf der Insel Santorin (Thera), Kapelle Ágios Nikólaos Marmarites, ehemaliger Tempel der Thea Basileia oder Heroon (3. Jh. v. Chr.). Foto: M. Schmidt, Privatarchiv

der Alten Kapelle zugewiesen, etwa wenn es in einer Zeitungsüberschrift im Jahr 2015 heißt: *„Römer wirken an glanzvoller Marienstätte mit. Steine aus römischer Lagermauer für Stiftskirche ‚Unserer Lieben Frau zur Alten Kapelle‘ verwendet“* (Abb. 14).[60]

Die Adaption paganer Kultstätten zum Zwecke des christlichen Kultus verdiente hier eine nähere Betrachtung und ist zwischen dem Bereich südlich und nördlich der Alpen durchaus differenziert zu betrachten: Während das Christentum vor allem im mediterranen und zentralalpinen Raum vielfach pagane Kultstätten für ihre eigenen christlichen Zwecke adaptierte (Abb. 15), sind nördlich der Alpen nur wenige Orte bekannt geworden, bei denen archäologisch belegbar – und somit nicht bloßer literarischer Topos oder historisches Postulat – durch Kultkonversion ein heidnischer Tempel in eine christliche Kirche umgewandelt wurde. Als wissenschaftlich gesichertes Beispiel für Rätien gilt der aus einem paganen Kultraum im Laufe des 4. Jahrhunderts hervorgegangene christliche Versammlungsraum im Haus „Hinter dem Schwalbeneck 5–9“ in Augsburg, für Ufernoricum die Kirche von Lauriacum-Lorch bei Enns.[61]

Denn anders als der seit jeher gepflegte bauliche Pragmatismus zur Weiternutzung eines antiken Profangebäudes war die Adaption eines paganen Heiligtums zu Zwecken des christlichen Kultus an strenge Vorgaben geknüpft, die Papst Gregor der Große in einem Brief an den angelsächsischen Missionarsabt Mellitus im Jahr 601 definierte: *„Wenn Euch also der allmächtige Gott zu dem sehr ehrwürdigen Mann und unserem Bruder, dem Bischof Augustin geführt haben sollte, sagt ihm, was ich in der Sache der Engländer lange überlegt und bedacht habe; nämlich, daß die Heiligtümer der Götzen bei diesem Volk keineswegs zerstört werden müssen, daß aber die Götzenbilder, die sich darin befinden, zerstört werden sollen, daß Wasser geweiht und in diesen Heiligtümern versprengt, daß Altäre gebaut, Reliquien niedergelegt werden. Denn wenn diese Heiligtümer gut gebaut sind, müssen sie notwendigerweise vom Dämonenkult in die Verehrung des wahren Gottes verwandelt werden, damit dieses Volk, wenn es sieht, daß diese seine Heiligtümer nicht zerstört werden, den Irrglauben aus dem Herzen verbannt und, den wahren Gott erkennend und bewundernd, mit mehr Zutrauen an den Orten zusammenkommt, an dies es gewöhnt ist.“*[62] Als unmittelbarer Ausfluss dieses neuen Nutzungsansatzes erscheint das Pantheon, das 608 Kaiser Phokas Papst Bonifatius IV. schenkte, der es im darauffolgenden Jahr zur Kirche weihte.

Dass dieser Brief Gregors ausgerechnet bei Beda Venerabilis (672/673–735), mehr als einhundert Jahre nach dem Wirken des großen Papstes, überliefert ist, kommt nicht von ungefähr, gehörte der angelsächsische Benediktiner und Geschichtsschreiber Beda doch (wie etwa auch der Freisinger Bischof Arbeo) zu einer Reihe von Theologen, die um 700 eine erste *Renovatio*, eine affirmative Wiederbelebung der Tradition aus dem Geist der Antike, begründeten. Sie definierte eine neue Herrschaftsbegründung und Kontinuitätslehre; sprichwörtlich wurde der Beda zugeschriebene Satz: *„Solange das Kolosseum steht, steht auch Rom; wenn das Kolosseum fällt, fällt auch Rom. Wenn Rom fällt, fällt auch die Welt.“*[63]

Nachdem, der *Vita Constantini* zufolge, die Taufe Konstantins im kaiserlichen Palast stattfand, wurde das Lateran-Baptisterium S. Giovanni in Fonte zum Inbegriff eines gewandelten Antikbaus: In den mittelalterlichen Pilgerberichten wird die bauliche mit einer inneren Konversion Konstantins verknüpft.[64] Der Legende der Heilung vom Aussatz zufolge wird Konstantin nach Umkehrung, Buße und Beichte vor Papst Silvester, nicht nur von der Aussatz-Krankheit geheilt, sondern konvertiert zum Christentum und macht anschließend den *„pallast des keysers Constantini"* der Kirche zum Geschenk.[65] Konstantin selbst vollzieht seine konfessionelle Konversion in der baulichen Transformation nach, so dass aus einem heidnischen Bauwerk (tatsächlich wohl das ehemalige Nymphäum der *Domus Faustae* bzw. die Thermen des kaiserlichen *palatium Lateranense*, in dem wohl schon unter Konstantin ein Palastraum als Rundbau zum Zwecke der Taufe abgetrennt wurde) ein christliches Gebäude wurde, inhaltlich aus dem *„heidnischen Wasser heiliges Wasser"*.[66] Das Lateran-Baptisterium wurde so zum Symbol der Buße und Umkehr sowie zur Taufe und zum Neubeginn in Christus.

Das Lateran-Baptisterium entfaltete eine Wirkungsgeschichte, nicht nur als Inkunabel und Prototyp der Taufkapellen, sondern auch in ideengeschichtlicher Hinsicht als erster Konversionsbau, wie bereits in den mittelalterlichen Pilgerberichten der Romreisenden betont wurde: *„Vnd darumb so ist die kirchen genant ein anfanck, ein haubt, ein muter, ein maisterin vnd ein tempel der parmhertzigkait aller kirchen"*.[67] Das bekannteste Beispiel einer ähnlich motivierten Umnutzung in der Donau-Region ist zweifellos Bad Gögging, Landkreis Kelheim, wo ein römisches Badhaus im 7. Jahrhundert in ein christliches Heiligtum umgewandelt wurde.[68] Inwieweit sich bei der Alten Kapelle durch die räumliche Nähe zur Lagertherme eine entsprechende Konnotation ergibt, bliebe durch archäologische Untersuchungen zu verifizieren. Die Indizien jedenfalls weisen in diese Richtung.

III. Mythos Rupert und Herzogstaufe – Anmerkungen zu den Dark Ages

Es gibt kein festes Datengerüst zu den Regensburger Missionaren Erhard, Emmeram und Rupert allenfalls eine relative Chronologie.[69] Am besten scheint die Lage noch beim hl. Rupert. Doch die Wirklichkeit ist vielschichtiger: Die Wissenschaft konnte daher noch kein einheitliches Bild seines Lebens und Wirkens zeichnen. Zentrale Fragestellungen nach seiner Herkunft, Ankunft in Bayern und Wirkungszeit sind in der Diskussion. Als historische Person erscheint Rupert nach den wissenschaftlichen Erkenntnissen der letzten zwei Jahrzehnte zumindest in weiten Teilen mehr eine fiktive denn eine historisch reale Gestalt. Tatsächlich gibt es keine zeitgenössischen Quellen über das Leben des Missionars. Ältester Bericht ist die erhaltene Rupertvita (basierend auf einer nicht näher zu datierenden Urvita), verfasst entweder unter Federführung von Bischof Virgil zur Weihe des Virgildoms in Salzburg 774 oder nach jüngerer Auffassung erst nach dem Tod Virgils um 793.[70] Bei der *Gesta Hrodberti* handelt es sich jedoch um keinen Tatsachenbericht, sondern um ein literarisches und historisches Konstrukt.[71] Sie ist Produkt ihrer Entstehungszeit, beinhaltet somit intentionale Geschichtlichkeit und unterliegt der historisch-politischen Indoktrination, keinesfalls ist sie ein Spiegelbild historischer Realität. In ihr wird seine Lebensgeschichte ausschließlich aus Salzburger Perspektive und eben in der Rückschau erzählt, sie unterliegt damit in gleich doppelter Hinsicht politischen Implikationen. Denn Ziel sämtlicher Rupert-Viten war die Dokumentation der kirchlichen Vorrangberechtigung Salzburgs gegenüber Regensburg. Nach der neueren Forschung erscheinen selbst die Abstammungsgeschichte des Heiligen und sein Herkunftsort Worms vor dem Hintergrund der Bedeutung der Rheinstadt in karolingischer Zeit politisch motiviert, Produkt literarischer Fiktion und Retroprojektionen späterer Verhältnisse.[72]

Nach gängiger Auffassung gelangte der Wormser Bischof Rupert kurz vor dem Jahr 700 entweder auf Einladung des agilolfingischen Herzogs Theodo (695/696–717/716) oder auf Geheiß des merowingischen Königs nach Regensburg. Die Hintergründe des Aufenthalts bleiben im Dunkeln. Die lange vermutete und in der Barockzeit so bildhaft gewordene Vertreibung Ruperts aufgrund des Streits mit dem Frankenkönig Pippin II. aus Worms und die politische Asylnahme in Bayern kommen im Licht der neueren Forschungen und der sich daraus neu zu berechnenden Ankunftszeit Ruperts in Bayern wohl nicht mehr in Betracht, sehr wohl aber eine Delegationsreise auf Geheiß des merowingischen Königs oder schlicht eine Einladung des agilolfingischen Herzogs Theodo (695/696–717/716). Nach der *Gesta Hrodberti* startete Rupert sein Missionswerk im zweiten Jahr der Herrschaft von König *Hiltiperhti* (Childebert III., 694–711), also im Jahr 696.[73] Alsbald nahm Rupert seine Tätigkeit am Hofe Theodos auf: *„Ihn begann der Mann des Herrn bald zur Annahme eines christlichen Lebenswandels zu ermuntern und im katholischen Glauben (fide catholica) zu unterweisen, ihn selbst aber und viele andere adelige Männer dieses Vol-*

kes bekehrte er zum wahren Glauben an Christus und bestärkte sie daher in der heiligen Religion."[74]
Die Betonung des „wahren" christkatholischen Glaubens in der *Gesta Hrodberti* irritiert, denn seit Herzog Garibald um die Mitte des 6. Jahrhunderts hatten die Agilolfinger den katholischen Glauben als Art Staatsreligion eingeführt und arianische Tendenzen des langobardischen Herrscherzweiges längst überwunden. Dabei stellt die Textstelle nicht in Abrede, dass der hl. Rupert bereits in ein seit spätrömischer Zeit zumindest teilchristianisiertes Land kam, und achtet somit (anders als die spätere Geschichtsschreibung) die historische Realität, indem sie überhaupt nicht die Absicht hat, Rupert in den Rang eines Erstmissionars zu erheben, sondern ganz im Gegenteil, ihn in einen Traditionsstrom einbindet. Allerdings schreibt die Rupertvita dem Heiligen die Aufgabe zu, einen Neuanfang zu organisieren und den christlichen Kultus „*wiederherzustellen*". Eine derartige Betrachtung implizierte in den Augen der Chronisten einen oszillierenden Verlauf der bayerischen Christianisierung – nach einer Phase der Blüte in der Spätantike sei die Ausbreitung des Christentums stagniert oder gar rückläufig gewesen –, und ist zumindest ein Stück weit auch Ergebnis einer Außensicht der Chronisten und Reflex der andernorts vielfach zyklisch verlaufenden Christianisierung (zum Beispiel in Dänemark, wo sie erst nach zwei Jahrhunderten erfolgreich war). Einen analogen hagiographischen Befund liefern die Gallusviten (Urvita um 680, Fassungen der Reichenauer Mönche Wetti, zwischen 816–824, und Walahfrid Strabo, um 833/834): Auch bei diesen Lebensbeschreibungen wird das Phänomen der Rückwendung zum Heidentum beschrieben. So seien die hll. Columban von Luxeuil und Gallus bei ihren Missionstätigkeiten in Tuggen am Zürichsee und in Bregenz am Bodensee Anfang des 7. Jahrhunderts auf die Relikte einer vom christlichen Glauben wieder abgefallenen ehemaligen Gemeinde gestoßen; sie purifizierten die Orte, indem sie die Götzenbilder ins Wasser warfen, und stellten den christlichen Kult wieder her.

Die für die Menschen des späten Mittelalters aktuellste Missionierungserfahrung, begleitet von Erfolgen und Rückschlägen, stellt die Christianisierung von Litauen dar, wo es gleich zweier Anläufe bedurfte, ehe das Christentum nach dem Intermezzo unter König Mindaugas I. 1251/1253 (dessen kurzzeitiger, taktisch bedingter Übertritt zum Christentum von Papst Innozenz IV. mit der Königswürde belohnt worden war, 1263 folgte dann die Entsagung Mindaugas' vom Christentum) schließlich unter Großfürst Jogaila nach 1386 eingeführt worden war, wenngleich in der Landbevölkerung heidnische Kultpraktiken teilweise bis ins 16. Jahrhundert überdauerten. Die „*Taufe Litauens*" (Rabikauskas), als des letzten christianisierten Volkes Europas, war gerade im späten und frühen 15. Jahrhundert als krönender, von der römischen Kurie propagierter und auf dem Konzil von Konstanz eigens erörterter Abschluss der Ostmissionierung (Wendenkreuzzug 1147, baltische Missionszüge, Missionierung der Prußen/Pruzzen) im öffentlichen Bewusstsein Mitteleuropas präsent: „*Es gibt in nördlichen Regionen einen gewissen Volksstamm Zemaiten, die, zum heidnischen Irrtum der Ahnen verführt, obwohl sie jene Stimme (der Künder des Evangeliums) vernommen hatten, an ihr nicht auf Dauer festhielten, sich vom Schöpfer abwendend die Schöpfung verehrten und in Götzenanbetung verharrten, um in unserer Zeit durch die Zulassung Gottes seines Barmherzigkeit zu erfahren.*"[75]
Von nicht zu unterschätzender Bedeutung und Grundlage für teleologische Geschichtskonzepte, wie sie an der Alten Kapelle in Regensburg vertreten wurden, war die diesbezügliche Behauptung Papst Urbans VI. im Jahr 1388, wonach die Kathedrale von Vilnius auf den Resten eines ersten christlichen Gotteshauses und dann dem heidnischen Kult wieder anheimgefallenen Tempels für den altlitauischen Donnergott Perkūnas errichtet worden sei (der archäologische Fundkontext lässt diese Deutung zu). Derartige Positionsnahmen hielten die Theorie der Kulturtransformation und der Kultrevolution im Mittelalter und der Frühen Neuzeit wach oder befeuerten sie. Eine unmittelbare zeitliche Nähe zur Proklamation der Alten Kapelle als dem ältesten Kirchenbau Bayerns und Norikums unter Bischof Johann I. von Regensburg, einem Parteigänger Papst Urbans VI., im Jahr 1392 ist daher kaum zufällig. Darüber hinaus scheint diese Vorstellung vom zyklischen Verlauf der Christianisierung durch das unterstellte Einwirken von Kaiser Julian „*Apostata*" mitgeprägt, der die Ausbreitung des Christentums kurzzeitig stagnieren ließ. Auch Albrecht Ernst Graf von Wartenberg überträgt im Jahr 1674 diese Vorstellung auf Regensburg, indem er die Anfänge der Christianisierung unter dem legendarischen Paulinus als Apostel der ersten Stunde (angeblich ein Bischof aus Ravenna!) in der Christenverfolgung und der Zerstörung der ersten Gotteshäuser jäh enden sah, ehe im Jahr 616 der hl. Rupert den Neubeginn einleitete und mit der Marienkapelle an der Alten Kapelle, nach einer ersten Phase unter dem Missionar Emmeram, nunmehr die erste christliche Kirche in Regensburg von Bestand aufführte.[76] Tatsächlich ist durch die archäologische Forschung ein langer Übergangsprozess belegt, der durch ein Nebeneinander von Heidnischem und Christlichem, etwa im Bestattungsritus, geprägt war. Vertie-

fende Kenntnisse zu diesen kulturellen und kultischen Prozessen sind durch die Grabungen am großen Regensburger Gräberfeld an der Kumpfmühler Brücke (sogenanntes Dörnberg-Areal) zu erwarten.[77] Die Vorstellung von einem zyklischen Verlauf der Christianisierung hat das Geschichtsbild maßgeblich bestimmt. Nicht zuletzt ließen sich die Historiographen des 16. bis 18. Jahrhunderts auch durch den in der Rupertvita genannten Missionsauftrag zu einer Frühdatierung verleiten und rückten Ruperts Wirken mit dem Auftaktjahr 540 bis auf nur wenige Jahrzehnte an die Mission des hl. Severin heran.[78]

Vielleicht steht die religiöse Unterweisung (*„fide catholica“*) des Herzogshofes Theodos aber auch ganz konkret in Zusammenhang mit dem Tod des hl. Emmeram, dessen Todesjahr nach wie vor umstritten ist (Mitte oder zweite Hälfte 7. Jahrhundert), wobei zuletzt gewichtige Argumente für eine Datierung um 715 vorgebracht wurden.[79] In diese Richtung weist auch die von Karl Forstner vor zwei Jahrzehnten ermittelte neue Ankunftszeit des hl. Rupert in Salzburg, die nach dem Tod Pippins II. am 16. Dezember 714 erfolgt sein muss (*terminus post quem*).[80] Abweichend von der Mehrheit der Forschung wagten sich, basierend auf diesen Forschungen, Heinz Dopsch und in seiner Nachfolge Stephan Freund an ein neues Datengerüst, indem sie Ruperts *„drei“* Regensburger Jahre nicht auf die Jahre 696–699 datieren (sogenannte Frühdatierung), sondern ausgehend von einer Ankunft in Salzburg 715 auf die Jahre 712–715 (sogenannte Spätdatierung).[81] Der Rupert-Aufenthalt erschiene im Licht dieser neuen Forschungen als direkte Vorstufe von Theodos Romreise im Jahr 716. Interessant ist in diesem Zusammenhang auch eine Regensburger Überlieferung, wonach die Taufe von Herzog Theodo durch Rupert erst im Jahr 717 erfolgt sei.[82]

Trotz Problemen im Detail gibt es gewichtige Gründe, den Papstbesuch Theodos mit dem Wirken Ruperts in Verbindung zu bringen. Der entsprechende Jahreseintrag im *Liber pontificalis*, der ein *„Gelübde“ („voto“)* als Hauptgrund für die herzogliche Romfahrt nennt und eine Interpretation im Kontext von persönlichen Verfehlungen zumindest nahelegt, unterstützt diesen Deutungsansatz: *„Theodo quippe dux gentis Baioariorum cum alios gentis suae ad apostoli beati Petri limina orationis voto primus de gente eadem occurrit.“* bzw. *„Eo itaque tempore Theodo dux gentis Baioariorum ad apostoli beati Petri limina primus de gente eadem occurrit orationis voto.“*[83]*(„Zu dieser Zeit kam Theodo, der Herzog des Baiernvolkes, als erster aus diesem Stamm zu den Schwellen des Apostels Petrus, gemäß dem Gelübde zu beten.“)* Die Romfahrt hatte neben der Kirchenorganisation damit unzweifelhaft auch eine persönliche Komponente, die Einladung eines charismatischen *Heiligen Mannes*, als der Rupert zweifelsohne ausgewiesen war, in diesen Krisenzeiten nach Bayern erschiene dann als ein diplomatischer Schachzug Theodos zur Beruhigung der Situation am Hofe.[84] Und auch die vielfältigen Hinweise, die das Wirken des hl. Rupert mit dem hl. Emmeram bis hin zur jeweils gleichen Aufenthaltsdauer von drei Jahren in Regensburg parallelisieren, ließen sich so chronologisch sinnhaft erklären.[85] Schwer wiegt die Tradition in St. Emmeram, die die Klostergründung unmittelbar auf den Mord an Emmeram zurückführt: *„Theodo I. welcher zu Abbüssung der großen Sünd, so sein Sohn Lambertus durch die Marter des heiligen Emmerami begangen, hat den Anfang dieser Clösterlichen Versammlung durch Einsetzung deren Mönchen gemacht, welche bey den Grab des Grossen, und Glorreichen Marters S. Emmerami GOTT loben mußten.“*[86] Im Sinne der damaligen Herrscherpraxis nicht auszuschließen ist dabei, dass der hl. Rupert als *vir Dei* Herzog Theodo dabei auch eine Zweittaufe spendete, die den Taufakt gemäß der Tauf-Salbung von Chlodwig in die Nähe des heilbringenden Segens rückte.[87]

Das Grundkonzept der Rupert-Mission nach der Schilderung in der *Gesta Hrodberti* mutet wie eine Nachreise auf den Spuren des hl. Severin an.[88] Der skizzierte Wirkungsraum entsprach den ehemaligen römischen Provinzen Raetia Secunda und Noricum Ripense und erscheint als politisches Bekenntnis des römischen Erbes.[89] Seine Reise startete in Regensburg, das er angeblich nach nur drei Jahren wieder verließ, führte über Enns-Lorch, das römische Lauriacum, von dort Richtung Pannonien und schließlich ins Salzburger Land. Nachdem Rupert das kirchliche Leben auch in Seekirchen am Wallersee geordnet hatte, habe ihm Herzog Theodo Salzburg als Wirkungsstätte zugewiesen, das als Zentrum der Romanen galt (im Süden des Salzburggaus herrschte sogar noch ein gänzlich romanisch geprägtes Gebiet, eine *Romania*, vor).[90] In Salzburg (Iuvavum) fand der hl. Rupert bauliche Strukturen als Ergebnis einer urbanen Vergangenheit vor (*Gesta Hrodberti*: *„wo zur Zeit der Römer schöne Wohnhäuser errichtet worden waren“*), die nun aber *„alle zusammengestürzt und von Wäldern bedeckt waren“*.[91] Rupert habe den Ort rekultiviert: *„Darauf begann der Mann des Herrn, diese Plätze wiederherzustellen“ („Tunc vir Domini coepit renovare loca“)*, wobei er sich ganz offensichtlich in struktureller und organisatorischer Hinsicht durchaus der romanischen Kultur verpflichtet wusste und sich der durch den hl. Severin begründeten Kirchenstruktur des späten 5. Jahrhunderts bediente.

Johannes Fried erkennt in Rupert daher den Wiederbegründer des *„römischen Salzburgs“*.[92] Ein besonderes Anliegen war es ihm nach der *Gesta Hrodberti*, und in Übereinstimmung mit anderen Hagiographien (zum Beispiel den bereits erwähnten *Vitae Galli)*, die *„Gegend von heidnischen und synkretistischen Elementen zu reinigen (ad exstirpanda et purificanda loca)“*.[93] In den späteren Quellen (und danach auch fester Bestandteil der Rupert-Ikonographie) wurde daraus die Zerstörung der heidnischen Tempel und Götzenbilder, auf und aus deren Resten der hl. Rupert anschließend christliche Kirchen errichtete. Der Heilige wurde so zu einer Symbolfigur des kultischen und kirchlichen Triumphs des Christentums über das Heidentum und zu einem der Apostel von Bayern und Noricum. Das *Mausoleum* proklamierte: *„Und gleichwie St. Ruprecht sich bemühet die Abgötterey aus denen unglaubigen Hertzen zu vertreiben, also beschäfftigte er sich auch die Kirchen von denen Götzen zu reinigen, und dem wahren Gott zu weyhen.“*[94]

Ruperts Fürsorge gegenüber den Romanen stieß zweifelsohne auch bei Herzog Theodo auf Zustimmung, der nach dem Zeugnis der *Notitia Arnonis* auch die Güter der Romanen, der Provinzialen, in Oberösterreich tradierte.[95] Überhaupt scheint es, als habe das Römische wie auch das Romanische um 700 – eine Parallele zu Beda Venerabilis und der Gregor I.-Rezeption – ein Revival erfahren. Die literarische Abhängigkeit Arbeos von Beda Venerabilis ist hier ebenso zu berücksichtigen wie der historische Grundansatz des *„Nostalgikers“* (Joachim Jahn) Arbeo von Freising.[96] Die Romanen erscheinen nach den jüngeren Untersuchungen geradezu ein Grundgeflecht des bairischen Regnum und Träger der herzoglichen Administration gebildet zu haben.[97] Ihnen kam bei der Übernahme und Organisation des christlichen Glaubens eine ganz entscheidende Rolle zu.

Rupert füllte als Missionar diese historische Gelenkfunktion im Sinne der Kontinuität aus. In Zusammenhang mit der kircheninstitutionellen Neuformierung des 8. Jahrhunderts unter den Erzbischöfen Virgil und Arn wurde gerade die Kontinuität zum Römischen als Ausweis auch einer episkopalen Vorrangberechtigung gegenüber Regensburg eigens betont.[98] Und wenn beim Bau des Virgil-Doms (geweiht 774) spätantike Mauerzüge wieder- und weiterverwendet wurden, war dies nicht nur Ausdruck pragmatischen Bauens sondern auch Zeichen einer Symbolpolitik.[99] (Salzburg, das in der frühen Kaiserzeit durch das Stadtprivileg als *„Municipium Claudium Iuvavum“* ausgezeichnet war, hatte mit seiner römisch-frühchristlichen Vergangenheit und der darauf basierenden kirchlichen Kontinuität im Ringen um den Metropolitansitz einen rechtlichen und politischen Standortvorteil gegenüber der Donaustadt.)[100]

Interessanterweise bleibt eine Taufe Theodos in der *Gesta Hrodberti* völlig unerwähnt – was den Umkehrschluss zulässt, dass entweder dessen Taufe insofern vergleichsweise unbedeutend war, da an keinen Konfessionswechsel geknüpft, oder dass die Taufe durch den hl. Rupert überhaupt nicht stattfand. Tatsächlich legt die Rupertvita den Schwerpunkt in der Ankunftsepisode, und damit die eigentliche Besuchsbestimmung, nicht auf die Taufe selbst sondern ganz vage auf die Unterweisung im rechten Glauben. Betont werden die Glaubensunterweisung und die Rückkehr zu einer christlich-moralischen Lebensweise. Die Passage in der Rupertvita lässt daher aufhorchen und kann meines Erachtens sehr wohl im Zusammenhang mit den Geschehnissen um den Martertod Emmerams gesehen werden. In diesem Zusammenhang scheint es aufschlussreich, dass auch noch die Inschrift am Bilderzyklus im Rupertusoratorium des Salzburger Doms von 1623/1628 nicht von einer Taufe des Herzogs, sondern von einer „Entsühnung“ durch Rupert spricht: *„S. Rupertus Theadonem [sic] Bavariae ducem lustrat“*.[101]

Erst die um 800 ebenfalls in Salzburg verfassten *Breves Notitiae* berichten erstmals von der Taufe des Bayernherzogs durch den hl. Rupert. Der Ort der Taufe wird nicht unmittelbar genannt, aus dem Textzusammenhang ergibt sich aber eine Verortung in Salzburg (während Regensburg in den *Breves Notitiae* gänzlich unerwähnt bleibt). Bei dem in den *Breves Notitiae* postulierten Vorgang handelte es sich um weit mehr als eine gewöhnliche Taufe, sondern es ging um die Herrschertaufe wie bei Konstantin dem Großen durch Papst Silvester I. und Chlodwig durch den hl. Remigius und um die Sakralisierung des Gründungsmythos.[102] Ob es die Herrschertaufe Theodos wirklich gab, nachdem die Agilolfinger bereits lange vor ihm Christen waren, ist in Frage zu stellen, für die Rezeption des Geschehens aber unerheblich. Als Folie ist die Salbungs-Taufe Chlodwigs von Interesse, die Gregor von Tours als ein *„fiktives Gebilde“* (Johannes Fried) ein halbes Jahrhundert nach den Vorgängen von Reims in panegyrische Bilder fasste und an die Konstantinslegende andockte.[103] Gregor stilisierte die mit einer Königssalbung verschmolzene Reimser Taufe in den *Decem Libri Historiarum* II, 31, zu einer präfigurativen Himmelsschau und machte sie zum großen Finale eines Konversionsprozesses, indem man nunmehr endgültig *„den Götzen den Rücken“* drehte und dem fränkischen Königtum ein sakrales Fundament gab. Gregor ließ Chlodwig auf Knien, wie vor ihm bereits Kaiser Konstantin, um Vergebung seiner Sünden bitten, auf die

Treue der Kirche schwören und als *„novus Constantinus"* ins Taufbad steigen: *„Also bekannte der König den allmächtigen Gott als den dreieinigen, und ließ sich taufen im Namen des Vaters, des Sohnes und des heiligen Geistes und wurde gesalbt mit dem heiligen Öl unter dem Zeichen des Kreuzes Christi. Von seinem Heer aber wurden mehr als dreitausend getauft."*[104] Auf diese wirkmächtigen Leitbilder von Konstantin und Chlodwig beriefen sich in der Folge die Könige Pippin und Karl der Große. Beide ließen sich neben ihrer Ersttaufe durch die jeweiligen Päpste Stephan II. (Pippin 754 in Saint-Denis) und Hadrian I. (Karl der Große 774 im Lateranpalast) in einem symbolischen Akt nach dem Vorbild Konstantins ein zweites Mal taufen.[105]

Auch Tassilo III. griff auf dieses Modell der Herrschaftssicherung zurück. Folgerichtig arrangierte Tassilo für seinen ältesten Sohn, der den Programmnamen Theodo trug, die Taufe durch Papst Hadrian I. im Jahr 772 in Rom.[106] Und er hatte zunächst Erfolg damit, indem dieser Bund den Agilolfingern eine kurzzeitige Privilegierung gegenüber den Karolingern verschaffte.[107] Karl regierte unverzüglich und schmiedete seinerseits eine lebenslange Allianz mit dem Papst, die er mit der Taufe seines Sohnes Karlmann Ostern 781 in Rom durch Papst Hadrian I., verbunden mit der Salbung seiner Kinder Pippin und Ludwig zu Königen von Aquitanien und Italien, einleitete.[108]

Bei der Frage, warum das Taufgeschehen um 800 in die Lebensbeschreibung des hl. Rupert eingefügt wurde, dürfen die Zeitumstände nicht außer Acht bleiben: Die Heidentaufe war eine, wenn nicht die Hauptaufgabe eines Missionars, und so wird auch der hl. Rupert im Antiphonar von St. Peter in Salzburg, um 1160/65, als Spender der Heidentaufe dargestellt (Abb. 16). Als besonders erfolgreicher Missionar erscheint der hl. Bonifatius.[109] Es wurde von der Wissenschaft plausibel herausgearbeitet, dass die Einfügung der Taufe Theodos eine Antwort auf das Auftreten des hl. Bonifatius war.[110] Ganz offensichtlich wollte man Bonifatius nicht das Feld der Mission überlassen, sondern wies nunmehr umgekehrt darauf hin, dass Bayern und Noricum bereits vor Bonifatius missioniert waren. Vor allem stellt diese textliche Redaktion eine unmittelbare Reaktion auf die Absetzung Herzog Tassilos III. auf der Reichsversammlung von Ingelheim 788 und dem damit verbundenen Ende des eigenständigen bayerischen Stammesherzogtums dar: Durch den (nach den fränkischen Reichsannalen) erhobenen Vorwurf der Treulosigkeit und der Fahnenflucht waren Tassilo III. und mit ihm das Geschlecht der Agilolfinger in der offiziellen Geschichtsschreibung moralisch diskreditiert.[111] Gegen den Versuch der Verdrängung des agilolfingischen Erbes gab es, ausgehend von den Klöstern, Widerstand. Die Taufe Theodos als *imitatio Constantini* erweist sich als Teil dieser Gegenstrategie, einer umfangreichen Kampagne zur Gedächtnisrettung des agilolfingischen Erbes, der auch eine dezidiert anti-karolingische Stoßrichtung innewohnt.[112]

Der karolingischen Geschichtsschreibung gelang damit keine nachhaltige *damnatio memoriae.* Insbesondere einzelne Klöster blieben das gesamte Mittelalter hindurch Rückzugsorte der Erinnerung.[113] Joachim Jahn formuliert die Folgen dieser Politik: *„Rückblickend hat man in Salzburg Rupert für den Gründer des Salzburger Bistums gehalten und damit die grundlegende Reform des Bonifatius aus der Salzburger Kirchengeschichte vollständig eliminiert."* Und weiter: *„Mit einer solchen ‚Rekonstruktion' der Vergangenheit hatte man nicht nur Bonifatius umgangen, sondern auch eine ehrwürdige, bis zu Rupert zurückreichende Tradition des Bistums begründet und aus dieser vermeintlich historischen Tradition konnte man eine besondere Legitimation beziehen."*[114] – Diese Aussage ist ohne weiteres auf Regensburg übertragbar. Die „Erfindung" der Taufe Theodos durch Rupert in den *Breves Notitiae* ist somit eine ideologische Rückprojektion: Sie sollte die Vita Theodos in eine Herrscherreihe mit Konstantin, Chlodwig und Karl dem Großen sowie der Kirchen- und Rompolitik Theodos rücken.[115]

In der *Schrift über die Bekehrung der Baiern und der Karantanen (Conversio Bagoariorum et Carantanorum,* um 870 in Salzburg verfasst) wird die Notiz der *Breves Notitiae* weiter ausgedeutet und der Taufort erstmals nach Regensburg verlegt: *„Als dies der erwähnte Herzog erfuhr, freute er sich sehr, ging ihm mit den Seinen entgegen und nahm den heiligen Mann und Lehrer des Evangeliums mit aller Ehre und Würde in der Stadt Regensburg auf. Ihn begann der Mann des Herrn zur Aufnahme eines christlichen Lebens zu ermuntern und im katholischen Glauben zu unterweisen. Nicht viel später bekehrt er ihn und viele andere Männer des Volkes – Adelige und Nichtadelige – zum wahren Glauben an Christus, gebar sie wieder in der heiligen Taufe und bestärkte sie in der heiligen Religion."*[116] Diese Textstelle begründete den Ruf Regensburgs als Zentrum für die Slawenmission, an dessen Beginn die Taufe von 14 böhmischen Adeligen im Jahr 845 steht.[117] Der lokalen Überlieferung zufolge fand die Böhmentaufe ganz selbstverständlich in St. Emmeram oder der Alten Kapelle statt. Sogar in Zusammenhang mit der Christianisierung Polens, die bereits in der *Chronik* des Gallus Anonymus Anfang des 12. Jahrhunderts als *„Erleuchtung"* eines ganz *„in der Dunkelheit des Unglaubens"* befindlichen Landes panegyrisch überhöht wurde und in der manche Historiker bis heute das bedeutendste Ereignis in der Geschichte Polens sehen, wird als möglicher Taufort des polnischen Piastenfürsten Mieszkos I. im Jahr 966 neben polnischen Orten wie Gnesen, Posen und Ostrów Lednicki auch Regensburg diskutiert.[118]

An diesem Punkt stellt sich die Frage, inwieweit Regensburgs Stellung als baptistales Zentrum der Christianisierung bereits durch die früheste Historiographie vorbereitet worden sein könnte: Denn bereits in der Emmerams-Vita des Arbeo von Freising wird die naturräumliche Ausstattung der Stadt Regensburg mit Brunnen eigens erwähnt. Neben der Wehr- und Rechtsfunktion der Stadt sieht Arbeo im Brunnenreichtum eine besondere Standortgunst von Regensburg. Diese Grundversorgung mit Taufwasser wurde in den nachfolgenden Jahrhunderten zur Projektionsfläche für den Mythos vom überregionalen Taufort. Der in der Erhardigasse befindliche gemauerte Brunnen, bez. 1581, soll nach seinem Biographen Paulus (vor 1100) vom hl. Erhard gegraben worden sein und wurde seit der Frühen Neuzeit dann erneut mit dem Wirken des Missionsbischofs Erhard in Verbindung gebracht.[119]

Die Lokalisierung des Ortes der Taufe Theodos ist eine vergleichsweise junge und akademische Diskussion. Noch für die Regensburger Chronisten des 14. und 15. Jahrhunderts, unter anderem Andreas von Regensburg, spielte sie keine Rolle.[120] Entweder war der frühmittelalterliche Taufort in Regensburg damals noch so selbstverständlich und daher allgemein geläufig – der Argumentation Konrads von Megenberg zufolge scheint alleinig St. Johann als Baptisterium der Kathedralkirche in Betracht gekommen zu sein – oder aber der Ort war für das damalige Verständnis unerheblich.[121]

Der Taufort Marienkapelle an der Alten Kapelle kristallisierte sich erst seit Aventinus heraus. Ihm galt nun erstmals (vielleicht aufgrund einer älteren Überlieferung) die *Capella sub gradu* neben der Heiligen Kapelle von Altötting als einer der beiden Tauforte, in denen der Wanderbischof Rupert dem agilolfingischen Brüderpaar Theodo (Dieth) und Otto die Taufe spendete.[122] In der *Historia Otingae/Chronik von Alten Oting* schreibt er dazu (lateinisch 1518, deutsch 1519): *„Wie und von wem die capell zu Oting erpauen ist. Zue den obgemelten dreuen brüedern, des grossen Dieten sünen, ist sant Ruprecht, von königlichem geschlecht aus Frankreich, itzt teutsche nation, geborn, komen, hat si und die Bairn zue christlichem glauben bekert und Dieten III. zu Regenspurg, Otten seinen bruder zue Oting getauft. Die selben zwen*

Abb. 16: Der hl. Rupert tauft die Heiden und Begräbnis des hl. Rupert, Antiphonar von St. Peter in Salzburg, um 1160/65. (Wien ÖNB, Cod. Ser. Nov. 2700, Pag. 570)

brüeder haben zwo klain capellen in eil lassen erpauen, Diet die alten capellen zue Regenspurg und Ott die capellen zue Oting, und sein baid von bischoff Ruebrechten geweicht worden."[123]

Aventins Aussage steht im Kontext seiner Bemühungen um eine Definition des modernen Bayerns.[124] Der Vater der bayerischen Geschichtsschreibung war im Zusammenhang mit der Primogeniturordnung, der Staatswerdung und Einheit Bayerns im 16. Jahrhundert bestrebt, anstelle einer nur auf dem Mythos fußenden eine antiquarisch begründete Geschichtlichkeit zu setzen, unverkennbar daher auch der nationale Zungenschlag gegenüber Frankreich (*„itzt teutsche nation"*). Die Alte Kapelle wusste die Impulse sogleich geschickt zu nutzen und in den Mythos der Alten Kapelle einzubauen: Als Ort der Taufe Theodos sollte die Alte Kapelle zum Geburtsort des christlichen Bayerns werden. Tatsächlich strebte das Kollegiatstift dem Höhepunkt seiner Macht zu, als es im darauffolgenden Jahr zur Mitbegründerin der neu entstandenen Wallfahrt zur Schönen Maria auf dem Neupfarrplatz wurde.

Im weiteren Verlauf des 16. Jahrhunderts verfestigte sich die Gleichsetzung des Taufortes der Marienkapelle mit der Pfalzkapelle des agilolfingischen Herzogshauses in der Donaustadt. Die Marienkapelle, und mit ihr die Stiftskirche Unserer Lieben Frau zur Alten Kapelle, avancierten zu Erinnerungsorten der Christianisierung. Andreas Raselius berichtet in seinem Stadtführer im Jahr 1599: *„Dieses Stift hat seinen Namen von dem vergitterten kleinen Kirchlein oder der kleinen Kapelle, die noch heutezutage der großen Kirche einverleibt ist, in Richtung des Kornmarktes steht und wohin man unterhalb der Stiege bei St. Michael geht. Diese Kapelle soll die erste Kirche der hiesigen Christen gewesen sein. Wie die Inschrift dort bezeugt, soll sie St. Rupert im Jahr 554 geweiht haben, der auch Hertzog Dieth samt seinen Brüdern und viele Stadtbewohner darin tauft und zum christlichen Glauben bekehrt haben soll.“*[125]

IV. Mythos Karolinger: Ein Nebenzweig der Überlieferung

Der Mythos der Alten Kapelle wurde an die *große* Geschichte angebunden. Nirgends wird dies so deutlich wie bei dem postulierten Anteil Karls des Großen an der Geschichtlichkeit der Alten Kapelle. Ihre Ursprünge lassen sich ins 14. Jahrhundert datieren und weisen den Domherrn Konrad von Megenberg als Urheber aus. Megenberg hatte im Jahr 1373 als ältesten Teil der Stiftskirche die Marienkapelle ausgemacht und mit Karl dem Großen in Verbindung gebracht.[126] Und auch in Altötting wurde der Bau der Gnadenkapelle im Hochmittelalter kurzzeitig ebenfalls mit Karl dem Großen statt Ludwig dem Deutschen assoziiert.[127] Das Kollegiatstift griff diesen Ansatz auf und wob die angebliche Gründung der Kapelle durch Karl den Großen in den Mythos der Alten Kapelle ein. Durchaus im Sinne einer gängigen Praxis: So sah man auch im Stift Corvey neben Ludwig dem Frommen, in dessen Regierungszeit die Klostergründung im Jahr 815/816 fällt, schon sehr bald auch Kaiser Karl als Mitgründer des Klosters an. In der Barockzeit wurde daraus sogar eine aktive Rolle, so dass man Kaiser Karl und Ludwig den Frommen schließlich als Stifterduo der Abtei Corvey darstellt.[128] Auch das Kloster St. Emmeram versuchte diese doppelte Absicherung, indem man im „Mausoleum“ eine agilolfingische Gründung unter Herzog Theodo, *„des uhralten Agilolfingischen Geschlechts“*, und eine anschließende Förderung durch Karl den Großen, *„dem grossen, und heiligen Keyser, auch König in Bayrn (von deme höchstgedachtes Churhauß Bayrn herstammen)“*, propagierte.[129] Im Mönchschor des Klosters St. Emmeram werden in überlebensgroßen plastischen Figuren die beiden Schutzherren des Klosters, die Kaiser Karl der Große und Heinrich II., einander gegenübergestellt und inschriftlich gewürdigt: *„S. CAROLUS MAGNUS PROTECTOR MONASTERII S. EM“.*

Megenbergs Annahme einer karlischen Gründung, möglicherweise basierend auf einer älteren lokalen Überlieferung, beinhaltet jedoch mehr als die bloße summarische Zuweisung an den nominellen Gründungsvater und die führende Persönlichkeit der Karolinger, sondern liegt in der *Sondersituation Tassilo* begründet. Denn nach dem Abfall Herzog Tassilos III. vom christlichen Glauben habe Kaiser Karl der Große die Marienkapelle der Alten Kapelle persönlich rekonziliert, also die geschändete Kapelle neu geweiht, so dass sie als Teil des karlischen Missionierungswerks nach der Schlacht gegen die heidnischen Hunnen vor Regensburg erscheint (*Schottenlegende*). Dieser Überlieferungsstrang wurde von Aventinus übernommen und noch in einem Bittgesuch des Stiftskapitels der Alten Kapelle um Verleihung eines Ablasses 1687 postuliert: Die Stiftskirche sei auf Befehl Karls des Großen durch den hl. Rupert aus einem Götzentempel nach erfolgter Purifikation in eine Kirche umgewandelt und nach katholischem Ritus geweiht worden.[130]

Dem häretischen Tassilo III. wurde so die Lichtgestalt Karl der Große gegenübergestellt. Allein der erste und in der mittelalterlichen Lesart christlichste Kaiser wurde für würdig erachtet, das Christentum nach einer Phase des häretischen Abfalls neu in Regensburg installiert zu haben. Sowohl in der Alten Kapelle als auch in anderen Klöstern sicherte man das frühmittelalterliche Erbe ab, indem man Gründungen aus der Zeit Tassilos ausdrücklich durch Karl bestätigen und so in einer Art Personalunion aufgehen ließ.[131] Auch das Kloster Niederaltaich stellte sich beispielsweise nach der Mitte des 9. Jahrhunderts folgerichtig unter den gemeinsamen Schutz von Tassilo *und* Karl, und am Brückentorportal von Stift Kremsmünster (1667) flankieren Karl der Große und Heinrich II. gemeinsam den Gründer Tassilo III.[132] Die Alte Kapelle bediente sich der Wirkmacht und Sakralität des karolingischen Herrschergeschlechts, das bereits der Chronist und Bischof Otto von Freising in der zweiten Hälfte des 12. Jahrhunderts rühmte: *„Damit beginnt die Herrschaft der Karolinger, durch die sogar das Reich von Konstantinopel in Schatten gestellt werden sollte.“*[133]

Das Kollegiatstift wusste die Zuschreibung an Kaiser Karl dankbar anzunehmen, das sich neben dem Kloster Weih-St.-Peter nunmehr als zweite Stätte der Karlsverehrung in Regensburg rühmen konnte und so Anteil an der Geschichtsfiktion *Schottenlegende* erlangte, die den Ruf Regensburgs als *Heilige Stadt* seit dem 13. Jahrhundert mitbegründet hatte.[134] Karl der Große war in der Alten Kapelle in Liturgie und Ikonologie fortan präsent: Den Sieg Karls des Großen in der Awarenschlacht feierte man ab 1454 bis in die Zeit der Reformation hinein alljährlich mit dem sogenannten Siegamt am Karlstag nun sowohl in Weih-St.-Peter als auch in der Alten Kapelle.[135] Erst mit der politischen Rehabilitierung der Agilolfinger schwand der Anteil Karls des Großen allmählich. Bei der Neuausstattung der Kirche gegen Mitte des 18. Jahrhunderts kehrte man gänzlich zum hl. Rupert als Gründungsvater der Marienkapelle und zu Kaiser Heinrich II. als Fundator des Kollegiatstifts zurück; der Absicherung durch Karl den Großen bedurfte man nun nicht mehr. Karl wurde aus der Geschichte der Alten Kapelle allmählich hinausgedrängt. Seine Erinnerung wurde zunächst an die Kassianskirche weitergereicht, ehe sie schließlich mit der Renovierung 1906/1909 auch dort verschwand.[136]

V. Perspektivwechsel: Die Marienkapelle als historischer Fußabdruck Kaiser Heinrichs II.

Die frühneuzeitlichen Chronisten, stellvertretend sei hier Andreas Raselius zitiert, waren sich hinsichtlich der ursprünglichen Lage des Vorgängerbaus der Marienkapelle einig: Danach war der kleine Kapellenbau zu Ehren Mariens ursprünglich freistehend und wurde erst unter Heinrich II. baulich integriert und vergrößert: *„Diese Kapelle hat später Kaiser Heinrich II. in die große Kirche, die von Anfang an mit Blei gedeckt war, eingefangen und erweitert.“*[137] Zu verifizieren ist diese baugeschichtliche Annahme bisher nicht, denn ungeachtet aller baugeschichtlichen Einzelbeobachtungen an Stiftskirche und Marienkapelle kann aufgrund einer fehlenden Gesamtuntersuchung bisher kein schlüssiges Gesamtbild der baulichen Entwicklung erstellt werden.[138] Eine gewisse Wahrscheinlichkeit besitzt die Annahme, wonach die Marienkapelle ursprünglich zweigeschossig ausgebildet war und Anteil am Westwerk hatte. In der Mitte des 12. Jahrhunderts (1152, 1176) erfuhr das Westwerk nach einem Brand, von dem unter anderem Andreas von Regensburg berichtet, Veränderungen und wurde teilweise neu errichtet.[139] In dem im 17. Jahrhundert aus unbekanntem Grund rückgebauten Obergeschoss befand sich nach allgemeiner Annahme die Erasmuskapelle, vielleicht als Rest einer ehemaligen Torkapelle *super porticum*.[140]

Nachdem die Maria-Vermähl-Kapelle am 20. Oktober 1944 durch einen Bombentreffer vollständig zerstört und die Rupertuskapelle (alias Vituskapelle) zumindest schwer beschädigt wurde, beide Kapellen sind in weiten Teilen somit Ergebnis des Wiederaufbaus, ist die Befundlage zusätzlich erschwert. Funde sind daher nur noch im Untergrund zu erwarten (Walter Boll: *„Alter Bestand sind dort im wesentlichen nur die Mauerteile, die unterhalb des Straßenniveaus liegen.“*)[141] Auch bei restauratorischen Nachuntersuchungen im Zuge der letzten Sanierungsmaßnahme konnten keine neuen Erkenntnisse gewonnen werden, so dass es bis auf Weiteres bei der baugeschichtlichen Einordnung der beiden Kapellen von Karl Zahn und Wilfried Leonhardt bleibt: Danach lassen sich die beiden Kapellen nicht in die Zeit *vor* dem Bau Heinrichs II. zurückdatieren, was die Aussagen der Chronisten bestätigt, oder neutral formuliert, die Kapellen sind lediglich ein *„jüngerer Anbau an das Seitenschiff der Stiftskirche“* (Haas / Schnieringer).[142] Archivalisch erwähnt wird die Vituskapelle als Begräbnisort für Gumprecht an der Haid erstmals 1325,[143] was nicht zuletzt auch deswegen interessant ist, da über den Familiennamen *„an der Haid“* der Weg zur späteren Adaption als *Heidenkapelle* bereitet war. Nachdem die Marienkapelle bereits 967 als baufällig beschrieben worden war, könnte ein erster Neubau – *„a fundamentis“* – tatsächlich aufgrund allgemeiner Bauschäden oder aufgrund von Beschädigungen, die die Kirche möglicherweise beim Stadtbrand von 891 erlitten hatte, notwendig geworden sein.[144] Ein nach der Kriegsbeschädigung von 1944 aufgenommenes Foto zeigt geschichtetes Mauerwerk, wie es für Regensburger Bauten vom frühen 11. Jahrhundert (vgl. Westchor von St. Emmeram) bis zum 14. Jahrhundert charakteristisch ist. Eine genauere Einschätzung ist über die historische Aufnahme und ohne Befundabgleich nicht möglich (Abb. 17). Der Altar der Maria-Vermähl-Kapelle, dessen Weihe zusammen mit dem Altar der Vituskapelle über Jahrhunderte durch den hl. Rupert reklamiert worden war, wird seit den nachkriegszeitlichen Untersuchungen ins 14./15. Jahrhundert datiert. Die seinerzeitigen Beobachtungen und die daraus gezogenen Schlüsse der Hauptkonservatoren am Bayerischen Landesamt für Denkmalpflege, Dr. Hörmann und Dr. Dambeck, sollen an dieser Stelle nicht unerwähnt bleiben: *„Auffallend sind allerdings drei Dinge: 1. Es fehlt die Altarstufe. 2. Es fehlt das sog. sepulcrum, d.h. der kleine Schacht der von vorne in der [sic!] Stipes führt und der Aufbewahrung der Reliquien dient. 3. Der Altarkörper ist unge-*

Abb. 17: Nördliche Seitenkapelle und Hauptportal der Alten Kapelle nach dem Luftangriff vom 20.10.1944. Repro: Preis + Preis, Parsberg/ Regensburg

wöhnlich hoch. Alle drei Umstände weisen darauf hin, dass der Altar kaum konsekriert war und dass demnach nicht regelmässig auf ihm zelebriert wurde. Für die Zelebration musste ein Stufenpodium herangebracht und ein altare viaticum oder a.portile aufgesetzt werden. Es liegt der Gedanke nahe, dass er zur Zeit eines Interdikts errichtet wurde. Diese Vermutung wird unterstützt von der Tatsache, dass er durch die beiden Fensteröffnungen (nach Herausnahme der Verglasung) von dem angrenzenden freien Platz aus sichtbar war."[145]

Die Bauleistung Heinrichs II. ist über die Urkunde vom 20. November 1002 archivalisch belegt. Darin heißt es, dass Heinrich zusammen mit seiner Frau Kunigunde die im Königshof zu Regensburg gelegene Kapelle, die man vor Zeiten Alte Kapelle nannte, zu Ehren der hl. Gottesgebärerin Maria von Grund auf als Mutterkirche errichtete und mit königlichen Privilegien ausstattete: „*Proinde notum sit (...) qualiter una cum dilecta coniuge nostra Cunigunda videlicet regina intus in urbe Radesponensi in curte videlicet regia quandam capellam, quam olim Veterem vocabant, in honore sanctae die genetricis Mariae a fundamentis in matrem aecclesiam [sic!] ereximus, dataque ei per praeceptum regali libertate (...).*"[146] Als Propst bestellte Heinrich II. seinen Vertrauten Tagino aus Regensburg.[147] Die vorgesehene Rolle der Stiftskirche als „*Mutterkirche*" sowie die Patroziniumswahl sind nicht ohne römische Bezüge denkbar und ein unumstößlicher Beleg für die Aufgaben und die Sonderstellung, die Heinrich II. im Jahr 1002 der Alten Kapelle zudachte. Heinrich II. konnte dabei auf Vorleistungen Ottos II. und Ottos III. zurückgreifen, die offensichtlich bereits eine Neuordnung des Areals versucht hatten, um so den Pfalzkomplex nach dem zweiten Aufstand Herzog Heinrichs II. (Zänker) 976 aufzuteilen. Nach der Urkunde Ottos III. schließlich schenkte dieser 998 Tagino die zwischen Pfalzkapelle und dem Hof des hl. Rupert gelegene Hofstatt („*curtile inter nostram capellam et nostra edificia ac cortem sancti Rŏdperti Radasbone situm*")![148]

Communis Opinio ist die Ableitung der Patroziniumswahl der Regensburger Marienkapelle von Santa Maria Maggiore in Rom durch Heinrich II.[149] Dieser Hinweis, der über die Abhängigkeit des Gnadenbildes der Muttergottes mit Kind der Alten Kapelle vom Gnadenbild aus Santa Maria Maggiore weiter verdichtet werden kann, ist sicherlich zutreffend.[150] Zu fragen ist aber, ob hier nicht eine kultische Überlagerung aus der Zeit Heinrichs II. vorliegt, der einen älteren Befund aus der Zeit Ludwigs des Deutschen überdeckt: Denn die Marienkapelle, und damit der bauliche und inhaltliche Nukleus der Stiftskirche, war bereits seit Ludwig dem Deutschen der Gottesgebärerin Maria geweiht („*in honore sanctae dei genetricis Mariae*") und wies damit das gleiche Patrozinium auf wie das Sacellum Papst Johannes VII. (705–707) an Alt St. Peter in Rom. Dieses Oratorium, situiert an der Ostwand (das heißt Rückwand) des nördlichen Seitenschiffes und zugleich Mausoleum Johannes VII., war als „*Haus der heiligen Gottesgebärerin Mariae*" (*Dei Genetrix*) einer der ältesten Marienorte in Rom.[151] Mit der Patroziniumswahl stellte Ludwig der Deutsche nach meinem Dafürhalten um 850 einen *ersten* Rombezug her, möglicherweise direkt oder via Aachen (Friedl: „*Regensburg war keine Roma secunda, sondern ein Aquisgranum secundum*")[152], den Heinrich II. bei der Neugründung des Pfalzstifts aufgriff und über die nunmehrige Anbindung an Santa Maria Maggiore neu akzentuierte. Dass Ludwig die Rom-Idee verinnerlicht hatte, sie als Teil seiner Herrschaftskonsolidierung verstand und beim Regensburger Pfalzbau – wie bereits zwei Generationen vor ihm Karl der Große in der Aachener Mutterpfalz – zur Anwendung brachte, ist durch die Spoliierung der Bauten mit römisch-antiken Werksteinen belegt, die eben nicht nur praktischen Erwägungen zuzuschreiben ist, sondern Symbolpolitik war.

Und es gibt weitere Indizien, die das Gesagte unterstreichen: Im Hochmittelalter trug die Marienkapelle der Alten Kapelle die Bezeichnung „*Capella sub gradu*" („Kapelle unter der Stiege"). Woher dieser Name stammt, ist bis heute nicht geklärt. Die Forschung begnügt sich mit einer Ableitung des Namens von der Treppe, die zur Michaels-Kapelle im Bereich des ehemaligen Westwerks und zur Erasmus-Kapelle im Obergeschoss führte, andererseits könnte man freilich umgekehrt auch an einen tiefergelegten Raum denken, zu dem man einige Stufen hinabzusteigen hatte, wie dies etwa bei römischen Tauforten üblich war. Ein gewisses Unbehagen gegenüber einer solchen topographischen und volksetymologischen Erklärung konstatierten lediglich Ferdinand Janner[153] und Romuald Bauerreiss. Letzterer brachte die Namenswahl *„Gred"* mit einem atriumsartigen Bogengang (Arkade) in Verbindung.[154] Bedauerlicherweise wurden dessen Ansätze wissenschaftlich nicht rezipiert.

Tatsächlich gehört die Regensburger Kapelle zu den sogenannten Mariagredenkapellen. Bekanntester mittelalterlicher Namensträger nördlich der Alpen war die Liebfrauenkirche I am Dom von Mainz. Sie wurde 997 bis 1009 durch Erzbischof Willigis zusammen mit dem Mainzer Dom errichtet und war über ein Atrium mit der Domkirche verbunden. Obwohl der Bau in den späteren Jahrhunderten mehrmals erneuert und 1803 schließlich abgebrochen wurde, liegen durch archäologische Grabungen hinreichende Kenntnisse vor, um den Grundgedanken der Anlage bestimmen zu können: Die Gesamtanlage des Mainzer Doms war einschließlich Atrium und Marienkapelle als Abbild der Sakraltopographie der römischen Peterskirche konzipiert und sollte die Vorrangstellung des Metropolitansitzes im Imperium Romanum untermauern. Die wissenschaftliche Vermutung geht sogar dahin, dass Heinrich II. plante, das Aachener Münster durch den Mainzer Dom als Krönungskirche abzulösen und die Rheinstadt anstelle von Aachen zu einem zweiten Rom zu machen.[155] In seiner baulichen Anlage und der Abfolge von Vorkirche, Atrium und (gewestetem) Kirchenbau entspricht der Willigisdom exakt dem römischen Vorbild. Bis ins hohe Mittelalter hinein behielt der Nachfolgebau der marianischen Vorkirche seine zentrale Bedeutung beim Empfangszeremoniell im Mainzer Dom bei und war somit nicht nur Architektur- sondern auch Kultkopie von St. Peter in Rom. Denn dort hatte die über der namensgebenden Treppenanlage errichtete Kapelle *„S. Maria ad gradus"*, aufgrund ihrer turmartigen Erscheinung auch *„S. Maria in Turri"* genannt, wichtige Aufgaben beim Empfangs- und dem kaiserlichen Krönungszeremoniell inne: Hier legte der Kaiser vor seiner Krönung den Treueid ab und wurde festlich eingekleidet, wie es nicht zuletzt bei der Kaiserkrönung Friedrich I. 1152 durch Papst Hadrian IV. im *Liber pontificalis* überliefert ist.[156] Sollten die Bezüge nach Rom und Mainz nur zufällig sein oder steckt hinter der Kapelle *S. Maria sub gradu* an der Alten Kapelle nicht mehr? Bei näherer Betrachtung erscheint die Regensburger Stiftskirche als eine bauliche und kultische Abbreviatur von Mainz, was einmal mehr die Frage nach der zugedachten Rolle (vielleicht auch nur kurzzeitig) von Regensburg als zweitem Rom aufwirft.

Bereits die Lage der Mariagredenkapelle an der Alten Kapelle weist mit dem Oratorium Papst Johannes VII. an St. Peter in Rom Parallelen auf. Es ist denkbar, dass in *St. Maria in gradu* an der Alten Kapelle die Idee der Stationskirche, deren Bedeutung nach dem Vorbild von St. Peter womöglich mit dem Empfangszeremoniell korrespondierte und Funktionen eines *secretariums/vestiariums* band, mit der Vorstellung eines marianischen Oratoriums nach dem Vorbild Papst Johannes' VII. verschmolz. Denn die Regensburger Kapelle *sub gradu* ist seit dem 14. Jahrhundert als Ort der Marienverehrung bezeugt. In zwei Urkunden des Jahres 1392 ist ein Marienbild *„zu dem Altar in der chlain Altenchappelle zu Altenchappelle, da unser fraw ynn rast under der styeg, da man hinauf get hintz sand Erasem [sic], und dy ein anvankch ist aller gotz häuser in Bayrn"* erwähnt.[157] Sicher nachgewiesen ist die Identifizierung des Marienbildes als vermeintliche Schenkung Kaiser Heinrichs II. im Zusammenhang mit der Heiltumsschau im Jahr 1496: *„Ymago b[ea]t[a]e virginis depicta: Das gepildnus vnser lieben frawen wirdet ewer lieb darvmb vnder dem heyltum gezeigt: Nachdem der heylig keyser heinrich das von Rome mit Im here in diese Stat pracht vnd in grosser wirde geert hat, ist gutlich zü gelauben das es der pildnus sey die der heilig Ewangelist Lucas gemalt."*[158] Tatsächlich stammte das hier beschriebene Tafelbild allerdings nicht aus dem Früh- sondern erst aus dem Hochmittelalter, vermutlich aus dem 13. Jahrhundert.[159] Nicht ausgeschlossen werden kann freilich, dass es sich hierbei um eine süddeutsche Wiederholung handelt, das ein älteres Bildnis ersetzte, das Heinrich II. vielleicht tatsächlich von seiner Krönungsreise 1014 mitgebracht hatte.[160] Entsprechende Kopien von römischen Marienbildnissen gelangten auch in späteren Jahrhunderten über die Romzüge der Kaiser nach Deutschland, am bekanntesten die Kopie der Madonna Ara Coeli unter Karl IV. (heute Prag, Veitsdom).[161] Im Bereich des Möglichen ist es daher, dass das Gnadenbild des frühen 13. Jahrhunderts in der Alten Kapelle tatsächlich eine sekundäre Kopie nach der Schenkung Heinrichs II. an das Kollegiatstift ist. Wie dem auch sei: Das Bildwerk erfuhr eine dreifache Sakralisierung: Es hatte eine papströmische Provenienz, war als sogenannte Lukasmadonna kultisch besonders ausgewiesen und der Alten Kapelle durch den Kaiserheiligen

Heinrich zum Geschenk gemacht worden. Es steht zu vermuten, dass der Erinnerungsort Mariagredenkapelle an der Alten Kapelle durch die Heiligsprechung Heinrichs II. durch Papst Eugen III. 1146 wesentliche Impulse erhalten hatte.[162] Die Alte Kapelle wurde neben den Madonnenbildern in der Folgezeit mit diversen Schaustücken Heinrichs II., darunter vor allem die sogenannten Heinrichsgewänder und der Kristallbecher, ausgestattet und so zu einem Ort der Marien- *und* der Heinrichsverehrung, wobei sich die beiden Ebenen überlagerten und gegenseitig bedingten.[163]

VI. Wider die Bedeutungskrise: Anpassung und Wandel des Geschichtsbildes im 17. und 18. Jahrhundert

Ab dem 16. Jahrhundert erfuhr das Kollegiatstift einen allmählichen Bedeutungsverlust. Der Dom und die drei Reichsstifte bestimmten in zunehmend stärkerem Maße das Bild des katholischen Regensburg. Die Erhebung der Abtei St. Emmeram 1731 in den Reichsfürstenstand bescherte der mit der Alten Kapelle seit jeher politisch und historisch konkurrierenden Benediktinerabtei die lang ersehnte Reichsunmittelbarkeit und stellte sie auf eine Stufe mit den beiden seit 1002 reichsunmittelbaren Damenstiften von Obermünster und Niedermünster. Das altehrwürdige Kollegiatstift hingegen, das sich kraft Gründung Heinrichs II. und seiner königlichen Privilegierung schon lange im Rang der Reichsunmittelbarkeit wähnte, verharrte im Status quo, ihm blieb die nominelle Bekräftigung der Reichsunmittelbarkeit verwehrt. Schließlich wurde sogar die Prädikatsnote *„kayserlich“* des Kollegiatstifts immer weniger gehört, in den Jahren 1757 und 1758 von der bischöflichen Administration gar streitig gemacht.[164] Im Wettstreit der Stifte um den historischen Vorrang, wie er für das späte 17. Jahrhundert beispielhaft von Bernhard Lübbers in einer Gegenüberstellung von Nieder- und Obermünster herausgearbeitet wurde, hatte man das Nachsehen.[165] Prachtvolle Renovierungen im Sinne einer *Renovatio Ecclesiae* der Reichsstifte signalisierten einen Aufbruch in eine neue Zeit aus dem Geist der Historie. Die Alte Kapelle wurde 1722 hingegen als *„altväterisch“* beschrieben; man hatte den Zug der Zeit verpasst.[166]

Auch im Ringen um den Vorrang als ältester Marienwallfahrtsort Bayerns war man gegenüber Altötting, mit dem man historisch so viele Gemeinsamkeiten besaß (unter anderem jeweils agilolfingisch/karolingische Gründung, Pfalzorte unter Ludwig dem Deutschen, beides wichtige Tauforte, Wirkstätten des hl. Rupert, Wiederbegründung der beiden karolingischen Pfalzstifte durch Heinrich II., an beiden Orten Lukasmadonnen als Gnadenbilder) ins Hintertreffen geraten.[167] In Altötting wurde die aventinische Deutung der Anfänge der Wallfahrt durch den Agilolfingerherzog Otto bereits um 1525/30 in einer eigenen Bildtafel des Mirakelzyklus im Umgang der Heiligen Kapelle visualisiert und so zu einem Element der dortigen Wallfahrtspropaganda (Abb. 18).[168]

In ihrer Funktion als Zentralbau und als vermeintlicher Abkömmling eines heidnischen Tempels postulierte die Heilige Kapelle (in Anlehnung an das römische Pantheon mit seinem kosmopolitischen Götterhimmel) sogar eine universelle Dimension. Matthäus Merian berichtet über Altötting: *„Ob in dieser Oettingischen Capellen vorhero die Götzenbilder oder Planeten verehret worden, wie deß gemeinen Volcks-Meynung ist, läßt man an seinen Orth gestellt seyn: allein für glaublich zu halten, daß eben damals der H. Rupertus, das annoch vorhandene vralte von Holz geschnittene Frawen Bild, so allda noch in höchsten Ehren gehalten wird, auffgestellet habe.“*[169] Michael Wening stimmte 1721 in diese Formulierung ein, dass die Heilige Kapelle von Altötting *„der siben Planeten Heydnischer Tempel gewesen“*.[170] Nach dem Erlöschen der Wallfahrt zur Schönen Maria 1542 hatte Altötting den Rang der führenden Marienwallfahrt in Bayern inne. (Sie wurde insbesondere zur Zeit von Herzog Wilhelm V. und Kurfürst Maximilian I. stark protegiert und zum neuen Maßstab für die *Pietas Bavarica* der Wittelsbacher: In der *Trophaea Bavarica*, der Fest- und Programmschrift zur Weihe von St. Michael in München am 6. Juli 1597, wurde die Ahnenlinie der Agilolfinger vorgestellt, an deren Beginn im Jahr 532 der legendäre Herzog Otto I. gesetzt wurde, *„der erste Herrscher Bayerns und Begründer Altöttings“*.)[171] Im 17. Jahrhundert hatte die Alte Kapelle gegen Altötting den Kampf um Vorherrschaft und Deutungshoheit verloren: Zu mächtig war Altötting unter Protektion der Wittelsbacher geworden. Auch die Kultfigur des hl. Rupert war von anderer Seite längst attributiv vereinnahmt worden. Sein Salzfass verwies nach Salzburg, die Marienstatue nach Altötting; Regensburg hingegen hatte keinen Anteil an der Ikonographie des Heiligen, die Regensburger Taufe hatte zu dieser Zeit attributiv noch keine Manifestation gefunden.

Die Alte Kapelle hatte aber auch innerhalb von Regensburg ihre Sonderstellung eingebüßt, insbesondere ihre historische Vorrangberechtigung als älteste Kirche der Donaustadt wurde in Zweifel gezogen. Zu den innerstädtischen Konkurrenten im Ringen um den ekklesialen historischen Primat zählten die St. Georgskirche an St. Emmeram (in der Tradition der südliche Nebenchor der Klosterkirche), in der man einen von Rupert errichteten eigenständigen Sakralbau erkennen wollte, sowie, je nach Betrachterstandpunkt, zeitweilig die Erhardkrypta, Weih-St.-Peter als Gründung Karls des Großen, Niedermünster, die Maria Läng-Kapelle und die Benediktuskapelle am Königshof als vermutete erste Hofkapelle der Agilolfinger.[172]

Auch als Taufort Theodos war die Alte Kapelle in Regensburg nicht mehr unumstritten, nachdem Abt Coelestin Vogl von St. Emmeram im *Mausoleum* für den sogenannten Römerturm am Alten Kornmarkt als Taufort plädiert hatte (womit er freilich einen Funktionszusammenhang des Taufortes mit der Pfalz dem Grunde nach indirekt sogar bekräftigte[173]): *„Nachdem Rupert den Herzog hinlänglich unterrichtet, weihte er ihn durch die heilige Taufe zum Christen, welche große Ceremonie in dem großen Thurm auf dem heutigen Kornmarkt, nächst der jetzigen Mauth, vormaligen Herzogs-Pallast geschehen, worin dieses wichtige Ereignis noch in einem Stein zu lesen seyn soll. (…) Der erwähnte Turm, welcher durch einen Schwibbogen mit der herzoglichen Burg zusammenhängt, vertrat eine Zeitlang die Hof-Capelle.*“[174] Ganz offensichtlich würdigte man dieses Geschehen mit einer Inschrifttafel am Römerturm, die noch bei Georg Resch erwähnt wird.[175] Freilich verlor der baptistale Alternativort bereits sehr rasch wieder seinen Platz an die wirkmächtige Alte Kapelle und konnte keinen Platz im kollektiven Bewusstsein erringen; dabei wäre die Situation des Römerturms, gerade auch im Abgleich mit anderen Tauforten, archäologisch betrachtenswert.[176]

Aventinus definierte in seiner *Bairischen Chronik* zwei Wirkungsstätten des hl. Rupert in der Stadt Regenburg.[177] Galt die Alte Kapelle als Adaption eines älteren innerstädtischen römischen Gebäudes, betrachtete man die St. Georgskirche an St. Emmeram als einen Rupertinischen Neubau auf spätantiken Fundamenten und für die Landbevölkerung bestimmt.[178] Auch die Weihe dieser Kirche fußte im barocken Verständnis auf dem vom Thron gestoßenen Götzenbild, wie dies Otto Gebhard 1731–1733 mit der zerbrochenen Panzerstatue eines römischen Kaisers auf den Altartstufen in seinem Deckenbild „Die Weihe der Georgskirche durch den hl. Rupert“ im südlichen Seitenschiff von St. Emmeram bildhaft zum Ausdruck brachte (Abb. 19). Wenn die überlieferten Baudaten stimmen, legte das Benediktinerkloster St. Emmeram bei der Erinnerungspflege des hl. Rupert vor und brachte sich vor allem als Rupertinische Wirkungsstätte nachdrücklich ins Gespräch. In zwei Ausstattungsphasen wurde St. Rupert, ur-

Abb. 18: Altötting, Öl auf Nadelholz „Die Gründung und Erbauung der Heiligen Kapelle im Jahr 572“, Tafel XII des Mirakelbilderzyklus an der Heiligen Kapelle Altötting, um 1525/30, Aufnahme 1925. Foto: BLfD, Bildarchiv

sprünglich Personalpfarrei des Klosters, zum barocken Memorialbau der Benediktinerabtei ausgebaut: *„Weilen (wie bekannt) der heilige Rupertus Theodonem III. den Heydnischen Hertzog und mit ihme gantz Bayern zu dem wahren Glauben gebracht, haben unsere Chatholische Vor-Elteren zur ewigen Gedächnuß dieser erlangten Gnad, und zu schuldigster Gegendanckbarkeit gegenwärtige Stadt-Pfarr-Kirchen ihrem heiligen Apostl zu Ehren aufgericht […].*“[179] 1690 wurde der Hochaltar mit dem Altarblatt der Taufe Theodos durch Rupert von der Hand Johannes Heiß aufgerichtet, um 1765 folgten der Einzug eines neuen Gewölbes und die Schaffung der Wand- und Deckenbilder durch Otto Gebhard, bei denen das Wirken von Emmeram und Rupert im Sinne des Anlegens des Weinbergs (Emmeram) und seiner gedeihlichen Pflege (Rupert) miteinander verschränkt und aufeinander bezogen werden. Für die Alte Kapelle musste diese benediktinische Memorisierung des Heiligen als innerstädtische und innerkirchliche Konkurrenz erscheinen, zumal der Klosterabtei gelang, den Taufstein als Attribut des hl. Rupert im öffentlichen Bewusstsein zu platzieren: Am Altarantependium der Rupertkirche erscheint neben dem Salzburger Attribut des

Abb. 19: Ehemalige Benediktinerklosterkirche St. Emmeram, Seitenkapellenfresko, Johann und Otto Gebhard, „Die Weihe der St. Georgskirche durch den hl. Rupert, 1731–1733. Foto: P. Ferstl, BSR, 2018

Salzfasses (Beischrift „*INVENIT*") und den Altöttinger Attributen der Heiligen Kapelle und der Schwarzen Madonna (Beischrift „*FUNDAVIT*") nun der Taufstein als Symbol – neudeutsch *Icon* – von Ruperts Regensburger Jahren (Beischrift „*BAPTIZAVIT*"; Abb. 20). Bemerkenswert dabei allerdings, dass man bei der Wiedergabe nicht auf den bestehenden spätgotischen Taufstein der Pfarrkirche St. Rupert zurückgriff (Taufstein heute im Chor von St. Emmeram aufgestellt), sondern dafür eine Form mit gebuckelter Kuppa wählte, wie sie seit der Mitte des 16. Jahrhunderts in Mode gekommen war.

Die frühneuzeitliche Bedeutungskrise, die die Alte Kapelle durchlitt, verlangte nach einer Antwort: In dieser Situation beschwor man erstmalig Ende des 17. Jahrhunderts und dann im gesteigerten Maße kurz vor der Mitte des 18. Jahrhunderts die große historische Vergangenheit des Stifts.

Das Reformprogramm gründete auf vier Säulen:

Säule 1: Bis ins 16. Jahrhundert hinein spielte der hl. Rupert innerhalb des Geschichtsbildes der Alten Kapelle nur eine höchst untergeordnete Rolle. Nun aber wurde sein Wirken „entdeckt" und pastoral fruchtbar gemacht. Der Missionsbischof rückte fortan in den Mittelpunkt, er sollte verehrt, sein Wirken veranschaulicht werden. Die Alte Kapelle sollte zum Zentrum der Herrschertaufe von Herzog Theodo werden.

So kurz der Regensburg-Aufenthalt des hl. Rupert auch war, so erfuhr sein Wirken in Regensburg in den nachfolgenden Jahrhunderten, vor allem unter dem Eindruck barocker Fabulierkunst und der Verliebtheit des 19. Jahrhunderts in narrative Historie, viele Ausschmückungen. Mit einer missionarischen Nebenrolle und als bloßes chronologisches Vorspiel für Ruperts Salzburg-Aufenthalt wollte man sich auf Regensburger Seite nicht zufrieden geben. Daher übertrug man ganz selbstverständlich Ruperts Salzburger Wirken auf seine Regensburger Jahre. Neben der Anverwandlung des einstigen Heidentempels in die Marienkapelle am Alten Kornmarkt und der Georgskirche am Kloster St. Emmeram wurden ihm der Bau der Georgskirche auf dem Frauenberg ob Weltenburg (auf den Resten eines römischen Minervatempels) und der Burgkapelle von Donaustauf zugeschrieben.[180] Von Regensburg aus habe er sein Missionswerk über Straubing bis an die östliche Grenze Noricums begonnen, wobei die besondere Rolle der Agilolfinger stets betont wurde: „*Auch die Verwandten des Herzogs zu Alt-Ötting und Tyrol riefen ihn zu sich und bekannten sich zu seiner Lehre*", wie noch das 19. Jahrhundert mutmaßte.[181]

Seitens des Kollegiatstifts beschränkte man sich nicht auf eine historische Vorreiterrolle innerhalb Altbayerns, sondern dehnte den Wirkungsraum auf Noricum aus. Dabei konnte man sich auf die Tradition des Kollegiatstifts aus dem Jahr 1392 berufen, als die Marienkapelle der Alten Kapelle nach den Wirren des ersten süddeutschen Städtekriegs (1387–1389) gleich mehrfach formelhaft als „*nach der seligsten Jungfrau Maria benannt und die erste aller Kirchen ‚Norikums und Bayerns'*" und als „*anvankch ist aller gotz häuser in Bayrn*" betitelt worden war.[182] Die Formulierung von „*Noricum und Bayern*" proklamiert einen geografischen Raum, der über die nunmehr engeren territorialen Grenzen Bayerns hinausgeht, dem legendarischen Wirkungsraum der Mission des hl. Rupert entsprach und mit den alten Landesgrenzen, „*die vor Alters Bayern zu einem grossen König-*

Abb. 20: Regensburg, Antependium des Hochaltares in der Rupertuskapelle an St. Emmeram, um 1690. Foto: P. Ferstl, BSR, 2018

reich“ machten, korrespondierte.[183] Diese räumliche Grenze kann auch als eine Kampfansage des Kollegiatstifts an Salzburg und Altötting verstanden werden, die beide jenseits der Inngrenze in Noricum lagen.[184]

Ziel war die Rückgewinnung der Deutungshoheit gegenüber Altötting und so hielt man auf einer Inschrifttafel in der Alten Kapelle sicherlich mit Genugtuung fest, dass Martin Eisengrein, Propst an der Heiligen Kapelle Altötting, den historischen Vorrang der Alten Kapelle vor Altötting einräumte.[185]

Säule 2: Der Missionar Rupert erschien als idealer Vertreter im Kampf gegen Idolatrie und Häresie. Die Alte Kapelle setzte sich an die Spitze im Bemühen um die Verteidigung des wahren christkatholischen Glaubens gegen alle Formen des Heidentums und der Reformation; man suchte nach einer Antwort auf den Verlust der Wallfahrtskirche zur Schönen Maria an die Protestanten. Rupert selbst schrieb man in der Barockzeit eine antiarianische Haltung zu, was ihn zum Exponenten des rechtmäßigen, katholischen Glaubens machte und zum Kämpfer gegen die Häresie.[186] Der hl. Kassian ergänzte als Zeuge der Christenverfolgung diese Deutungsschicht.

Das Jahr 1747 wurde dabei entscheidend: Die Inszenierung der Wiederauffindung der Schönen Maria wurde tatsächlich als Art christusgleiche (Wieder-)Auferstehung gefeiert, wie im mittleren Deckenbild des südlichen Seitenschiffes der Kassianskirche dargestellt (Gottfried Bernhard Göz, 1758). Abweichend von der sonstigen Deutung der Zeit, bei der das Gnadenbild über zwei Jahrhunderte in verschiedenen Regensburger Kirchen „überwinterte“, positionierte man sich im Deckenbild selbstbewusst: Die zwei Jahrhunderte im Untergrund erscheinen als eine bewusste historische Entscheidung des Kollegiatstifts zur Sicherung des katholischen Erbes gegen den reformatorischen Bildersturm.[187] Nur weil man die Figur im Reformationsjahr 1542 im Keller versteckte, hat das Gnadenbild wie in einer Grabhöhle die Wirren der Reformation in Regensburg überlebt. Sie sei *1542 hinabgestiegen („ABSCONDITA MDXLII“), 1747* wieder gehoben und *unter Jubel wieder aufgestellt* worden *(„OVITER EXPOSITA MDCCXLVII“)* (Abb. 21). Die Inschrifttexte spielen auf Passagen des Apostolischen Glaubensbekenntnisses (dort: *„Hinabgestiegen zu den Toten“*) an, der chthonisch-kryptische Ort der „Überwinterung“ evoziert Bezüge zum Grab Christi, aber auch zur Topographie des Ortes, wo im Zuge von Baumaß-

Abb. 21: St. Kassian, mittleres Deckengemälde des südlichen Seitenschiffs, Gottfried Bernhard Göz, 1758. Foto: P. Ferstl, BSR, 2018

nahmen in der Vergangenheit immer wieder Reste mittelalterlicher Keller des ehemaligen Judenviertels angeschnitten worden waren, die zeitgenössisch mitunter als Katakomben gedeutet werden.[188] Dass mit diesem zwei Jahrhunderte währenden Katakombendasein der Schönen Maria auch Parallelen zu den angeblich römerzeitlichen Katakomben der Maria-Läng-Kapelle bemüht wurden, war sicherlich ein wichtiger Nebenaspekt im Kampf um den Primat unter den marianischen Wallfahrtsstätten von Regensburg.

Mit der wiederentdeckten Schönen Maria Hans Leinbergers verfügte das Kollegiatstift über ein eigenständiges Kultbild, das die beiden Lukasmadonnen in der Alten Kapelle – eine gemalte ikonenhafte Version und ein geschnitztes frühgotisches Bildwerk – ergänzte. Mit ihren in Summe drei Gnadenbildern wähnte sich das Kollegiatstift vor Altötting ausgezeichnet.

Säule 3: Die Alte Kapelle beanspruchte den Rang einer Glaubensfestung: Die 1751 errichtete – und bei späteren Betrachtern wegen ihrer städtebaulichen Wirkung mitunter negativ konnotierte – Umfassungsmauer betonte die Immunität des Stiftes, in die in guter Tradition der Alten Kapelle römische Spolien integriert wurden.[189] Die bauliche Überlieferung und das Alter der Kirchen sind Teil des Heilsplans, ihr Gang durch die Geschichte ist vorbestimmt. Die Verschonung von St. Kassian beim großen Stadtbrand im späten 9. Jahrhundert war vor diesem Hintergrund kein zufälliges Ereignis, sondern Bestimmung.

Die Alte Kapelle beanspruchte für sich eine besondere Rombindung und Papstreue. Auch diesbezüglich war der hl. Rupert als Leitbild ausersehen, da die frühneuzeitliche Ikonographie seine Wortbedeutung als petrusgleich ansah und von *„auf Fels gegründet“* ableitete.[190]

Säule 4: Die große „Geschichte“ des Kollegiatstifts sollte wieder einen höheren Stellenwert erhalten und anhand von Realien veranschaulicht werden, ganz im Sinne der von Weihbischof Albert Ernst Graf von Wartenberg, dem Begründer der Maria-Läng-Kapelle, initiierten protoarchäologischen Untersuchungen und vor dem Hintergrund der gegenreformatorischen Kirchengeschichtsschreibung eines Caesar Baronius oder der Konzeption des vatikanischen Museo Ecclesiastico unter Papst Clemens XI. (1700–1721). Man sah sich im Kontext der Rupert-Memoria von St. Emmeram auch zu einer Neugestaltung seiner ureigenen Tradition aufgerufen.

Abb. 22: Rupertuskapelle der Alten Kapelle, Blick nach Westen. Foto: M. Schmidt, BLfD

Anstelle einer diffusen Geschichtlichkeit sollte eine *konkrete* Geschichte treten. Neu ist die angestrebte Verknüpfung mit historischen Persönlichkeiten und dem bayerischen Gründungsmythos: Das Kollegiatstift strebte danach, Anteil an der bayerischen Frühgeschichte zu erhalten und dies anhand von Beweisstücken zu präsentieren. Die Agilolfinger galten dabei nicht länger als kirchenpolitisch und historisch belastet. Ihr Beitrag wurde gerade auch in der Christianisierung gesehen. Dabei sollte die Bindung an das bayerische Herrscherhaus wieder herausgearbeitet werden. Man setzte auf die bayerische Karte (und nicht mehr länger auf das Reich). Das Bayerische wurde neu betont – auch eine Reaktion auf die nicht gewährte Reichsfreiheit, versinnbildlicht in den zahlreichen bayerischen Wappen auf den Wand- und Deckengemälden der Alten Kapelle. Heinrich II. erscheint dort mehr als bayerischer Herzog denn als Kaiser, was freilich wegen der in der Barockzeit positiv gewürdigten Doppelnatur Heinrichs II. kein Problem darstellte.

VII. Die Rupertuskapelle als Schatzkammer

Den Auftakt der Präsentation des Historischen im 17. Jahrhundert markiert die Umgestaltung der Rupertuskapelle (Vituskapelle), den Abschluss bildete im Jahr 1751 die Errichtung des Nordportals. Beide Bauteile sind – trotz der unterschiedlichen Entstehung – unmittelbar aufeinander bezogen. Im Zeitraum von 1688/94 bis 1880 identifizierte das Kollegiatstift die Rupertuskapelle mit der *capella sub gradu*, während man in der Zeit davor (Ulrich Onsorg, Andreas Raselius) und danach die historische Marienkapelle wieder im jenseitigen Kapellenraum annahm, der heute den Namen Maria-Vermähl-Kapelle trägt. Die Kapelle hatte man im Spätmittelalter für diesen Schauzweck mit vergitterten Fenstern beidseits des spätmittelalterlichen Altares ausgestattet, die sich bis heute erhalten haben.

1694 wurde der Schauraum in die Rupertuskapelle verlegt und mit der Funktion der Taufkapelle kombiniert sowie mit Stuck und einem Zyklus von Wand- und Deckengemälden des hl. Rupert, gestiftet von Kanonikus Jakob Baumgartner (Gedenkstein in der Nordwand der Maria-Vermähl-Kapelle), reich ausgeschmückt und mit einem prächtigen schmiedeeisernen Gitter abgeschlossen (Abb. 22 und 23). Mit seiner gewählten Lage nahe des Eingangs, seiner gegenüber dem Straßenniveau abgesenkten Lage sowie dem Abschlussgitter erfüllte die Rupertuskapelle die wesentlichen Anforderungen an Taufkapellen im Sinne der Gegenreformation, wie sie etwa in den mailändischen Verordnungen zum Bau und zur Ausstattung von Kirchen der Zeit Carlo Borromeos festge-

Abb. 23: Schmuckgitter der Rupertuskapelle, Glasplattennegativ, um 1920. Foto: BLfD, Bildarchiv

legt worden waren.[191] Im darauffolgenden Jahr folgte die Ausgestaltung der Maria-Vermähl-Kapelle.[192] Die beiden Kapellen lagen der 1693 neu eingerichteten Gnadenkapelle jenseits des Mittelschiffs spiegelbildlich gegenüber. Mitte des 18. Jahrhunderts wurden die beiden nördlichen Seitenkapellen über das Kirchenschiff hinweg durch das Deckenbild der Taufe Theodos von Thomas Christian Scheffler auch inhaltlich miteinander verbunden.

Die Rupertuskapelle musste den Eindruck eines Kirchenmuseums erwecken: Den Mittelpunkt der Kapelle und der Schaustücke bildeten der Taufstein Herzog Theodos sowie ein besonders verehrtes geschnitztes Gnadenbild.[193] Für den Taufstein wurde im Sinne einer *interpretatio christiana* angenommen, dass er aus einem *„ehemaligen Götzenaltar"* gefertigt worden sei.[194] Über die Provenienz des Taufsteins ist nichts bekannt; nicht auszuschließen ist, dass er ursprünglich in der Stiftspfarrkirche St. Kassian situiert war und erst im Zuge der Aufwertung der Alten Kapelle zum Taufort in der Frühen Neuzeit hierher übertragen wurde, und dort zunächst im Mittelschiff platziert war; daneben wird aber auch ein Erwerb aus einer anderen Regensburger Kirche (vielleicht im 17. Jahrhundert) diskutiert. Mit dieser Frage verzahnt ist die Diskussion um die Ausstattung der Alten Kapelle mit pfarrlichen Privilegien, wie sie Matthäus Merian in den Raum stellt: *„In der andern, oder der alten Pfarr, so auff der andern Seiten am Thumb Kirchhoff stehet, pfleget man die Ehe einzugehen, Kinder zu tauffen, auch Predigt, vnd andere Pfarrwerck, zuverrichten."*[195] Tatsächlich aber scheint ungeklärt, inwieweit die Stiftskirche zur Alten Kapelle überhaupt jemals, oder vielleicht auch nur zeitweilig, das Taufrecht besaß.[196]

Die Decke der Rupertuskapelle wurde mit einem Zyklus kleinformatiger stuckgerahmter Einzelbilder in Secco-Technik geschmückt, die das Wirken des hl. Rupert in Stadt und Bistum Regensburg feierten: *„Wie St. Rupert die erste Pfarr St. Cassian weihet"*, *„Wie St. Rupert die königliche Schloßkapelle in Thumbstauf weiht"*, *„Wie St. Rupert die Vornehmsten und Bürger der Stadt tauft"*, *„Wie St. Rupert die alte Kapelle zu Regensburg weiht"*, *„Wie St. Rupert die königliche Hofkapelle weiht"*, *„Wie St. Rupert den Herzog Theodo tauft und seinen Sohn Theobert tauft"*.[197] Ein Nachhall der Gemälde hat sich möglicherweise in zeitgenössischen Kupferstichen erhalten (Abb. 24 und 25).[198] Idee, Bildprogramm und wohl auch die künstlerische Gestaltung der Decke scheinen an Salzburg orientiert, wo bereits 1623/1628 durch Arsenio Mascagni mit dem Rupertusoratorium des Doms eine Sakralstätte und ein Gedächtnisort geschaffen worden waren, die das Leben des Missionars Rupert aus Sicht des Bistums Salzburg würdigten; ähnlich der Zyklus in der Cappella di San Ruperto an der Pfarrkirche Villa Lagarina, ebenfalls von der Hand Mascagnis.[199] Die Marienkapelle an der Alten Kapelle erscheint nunmehr als eine zum Sakralmuseum verdichtete Taufkapelle und Rupertinische Memoria, in der vor allem der Taufstein und die frühgotische Madonna als Memorialreliquien des hl. Rupert präsentiert werden. Die Inszenierung des Taufortes verweist auf Rom, wo das Lateran-Baptisterium unter Papst Urban VIII. (reg. 1623–1644) in geradezu beispielhafter Weise musealisiert worden war.[200] In seiner frühchristlich-didaktischen Konnotation ergeben sich darüber hinaus Bezüge zur Maria-Läng-Kapelle in Regensburg: Mit der dortigen Geschichtspräsentation hatte Weihbischof Albert Ernst Graf von Wartenberg 1675 neue mediale Wege beschritten,[201] die das Kollegiatstift nunmehr im Ringen um den historischen Primat seinerseits nutzte, um sich vor der Maria-Läng-Kapelle als älteste Kirche der Stadt auszuzeichnen.

Abb. 24: Kupferstich „Der hl. Rupert zerstört die heidnischen Götzenbilder“, um 1700 (Kunstsammlungen der Diözese Regensburg/Bischöfliches Zentralarchiv, Sammlung Michael Hartig), aus: Eder / Kronbichler (wie Anm. 35), 334.

Abb. 25: Kupferstich „Der hl. Rupert tauft Herzog Theodo“, um 1700 (Kunstsammlungen der Diözese Regensburg/Bischöfliches Zentralarchiv, Sammlung Michael Hartig), aus: Eder / Kronbichler (wie Anm. 35), 335.

Über die Ausgestaltung der Maria-Vermähl-Kapelle, die im Jahr 1944 durch einen Bombentreffer vollständig zerstört wurde, war bisher wenig bekannt. Hinweise auf das einstige Programm ergeben sich aber aus einer Würdigung, die der Kunstmaler Guntram Lautenbacher 1937 im Zuge der Renovierungsarbeiten vorgenommen hat.[202] Danach befanden sich an den Wänden offenbar in Secco-Technik Darstellungen der „Vermählung Mariens“ (Altarwand) und der „Tod des hl. Josef“ (Rückwand), an der Decke (gemäß der Rupertuskapelle wiederum in prächtigen Stuckrahmen) ein Zyklus aus dem Marienleben mit Szenen der „Verkündigung“, „Geburt Christi“, „Anbetung der Könige“ und „Flucht nach Ägypten“. Den besonderen Malstil, der Elemente der Malerei des frühen 17. Jahrhunderts in der Art Adam Elsheimers mit deutschrömischen Elementen der hochbarocken Malerei verbindet, bringt Lautenbacher mit den Tirolern Kaspar Waldmann und Johann Paul Schor in Verbindung.

Das Hauptportal der Stiftskirche am Alten Kornmarkt ergänzte die Botschaft der Rupertuskapelle. Dieses wurde, da es aus der Flucht des Kirchenbaus in den Alten Kornmarkt einspringt, im Jahr 1751 sehr zum Ärger der Stadt errichtet.[203] Es bildet mit seinem frontalen Charakter, seiner

Abb. 26: Portalwand der Alten Kapelle am Alten Kornmarkt. Foto: P. Ferstl, BSR

Pilastergliederung, seiner hohen geschwungenen Attika und vor allem seinem skulpturalen Besatz eine barocke *„Portalwand"* (Dominicus Mettenleiter). Formal leitet es sich von den Ehrenpforten der in Regensburg so vertrauten ephemeren Festarchitektur ab.[204] Das Portal ist mit mittelalterlichen Steinskulpturen, den beiden in Nischen eingefügten romanischen Figuren der sogenannten Beichtszene sowie den beiden bekrönenden romanischen Löwen und der frühgotischen Madonna geschmückt (Abb. 26). Komplettiert wurde die Darstellung mit der Supraporteninschrift: *„Prima Ratisbonae Capella Vero Numini Sacra, D. Ruperti Consecratione, Theodonis III. Bav. Ducis Theoberti filii, Procerumque Baptismo Ab Anno DCXVI Jam Celebris; Deiparae Virg. Imagine. D. Lucae Manu. Et D. Henrici Imp. Dono Facta Celebrior. Ren. MDCCLII"*.[205] („Die erste der wahren Gottheit geweihte Kapelle Regensburg war durch die Weihe durch Rupert und die Taufe des bayerischen Herzogs Theodo III., Theoberts Sohn, mit seinem Hofstaat im Jahre 616 schon berühmt; durch das Bild der Jungfrau, der Gottesgebärerin, von der Hand des Lukas stammend und Geschenk Kaiser Heinrichs, wurde sie noch berühmter.")[206] Erst diese lateinische Supraporteninschrift, die im Zuge des vereinfachenden nachkriegszeitlichen Wiederaufbaus nicht wieder aufgelegt und durch ein barockisierendes Marienmonogramm ersetzt worden war, erklärt die Intention des Portals, indem es mit der kumulativen Nennung der Bedeutungsebenen: ältester Kirchenbau von Regensburg, Weihe durch den hl. Rupert, Ort der Taufe Bayernherzog Theodos und mit der von Kaiser Heinrich II. übereigneten Lukasmadonna ausgestattet, Portal und Marienkapelle miteinander verband. Die Inschrift, die in bisher unbekannten Aufnahmen überliefert ist, ist damit ein eindrucksvolles Zeugnis des Selbstverständnisses des Kollegiatstifts und seiner Geschichtsprojektion (Abb. 27).

In seiner Gestaltung offenbart das Portal pasticcioartige Züge, die die Zeichenhaftigkeit über den gestalterischen Wert stellen. Vermutlich spiegelt sich hierin die unmittelbare Handschrift des Kollegiatstifts bei der Portalkonzeption wider. Nicht auszuschließen ist, dass die Portalwand 1751 zunächst ganz ohne skulpturalen Besatz errichtet werden sollte. In diese Richtung weist auch das Hauptfresko in der Vierung der Stiftskirche: Das Kaiserpaar Heinrich und Kunigunde präsentiert das Modell des Kirchenbaus, detailliert dargestellt ist dort das Nordportal, aber (noch) ohne figürlichen Schmuck und mit leeren seitlichen Nischen (Abb. 28).[207] Es scheint daher möglich, dass der Wunsch nach Skulpturen erst nach Abschluss der Entwurfsplanung aufkam und die Figuren *a posteriori* in das Nordportal integriert wurden, was den fehlenden organischen Charakter der Anlage erklären würde.

Der Figurenbesatz wird immer wieder auf das Vorgängerportal zurückgeführt. Allerdings lässt sich diese Vermutung nicht verifizieren, denn weder eine Federzeichnung von 1572 mit der Ansicht des Alten Kornmarktes noch eine Federzeichnung von 1651, worauf der Portalvorbau gänzlich fehlt, sowie ein Kupferstich von Friedrich Bernhard Werner (*„Prospect des Kornmarckts in Regenspurg"*, 1715) geben belastbare Hinweise auf die Gestaltung des Portals vor seiner Umgestaltung im 18. Jahrhundert, geschweige denn auf ein früheres Figurenprogramm (Abb. 29–31).[208]

Abb. 27: Portalwand der Alten Kapelle am Alten Kornmarkt, Glasplattennegativ, um 1920. Foto: BLfD, Bildarchiv

Abb. 28: Stiftskirche der Alten Kapelle, Kaiserpaar mit dem Stiftermodell, Ausschnitt des Vierungsgemäldes, Thomas Christian Scheffler 1752. Foto: P. Ferstl, BSR, 2018

Abb. 29: Ansicht des Alten Kornmarktes nach Westen, lavierte Federzeichnung, 1572 (Bayerisches Hauptstaatsarchiv München, Plansammlung 11269)

Eine Randnotiz ist wert, dass sich der im Portal ostentativ vorgetragenen historischen Bedeutung des Kollegiatstifts, die auf den Platz des Alten Kornmarktes ausstrahlte und diesen historisch vereinnahmte, auch das benachbarte Karmelitenkloster nicht entziehen konnte, und mit ihren ebenfalls 1751 am Fassadengiebel der Klosterkirche St. Joseph aufgestellten Figuren des Kaiserpaares Heinrich und Kunigunde in diesen Fanfarenstoß mit einstimmte.[209] Innerhalb der römischen Fassade der Klosterkirche sind die beiden Figuren in ikonographischer wie stilistischer Hinsicht Fremdkörper, aber das Bekenntnis zur Tradition des ehemaligen Pfalzortes war offenbar auch den Karmeliten ein Anliegen (Abb. 32).

Abb. 30: Ansicht der Stiftskirche zur Alten Kapelle von Norden vor der Barockisierung, lavierte Federzeichnung 1651 (HMSR, HV 141)

1864 zeigten sich die Gemälde in einem wenig ansehnlichen Zustand (Mettenleiter: *„mehr oder weniger verwischt“*), so dass man zunächst eine Restaurierung der Vituskapelle unter Einschluss der Deckenbilder erwog.[210] Als sich im Stiftskapitel allerdings die Stimmen mehrten, die nach einer Korrektur der für fehlerhaft gehaltenen Identifizierung der Marienkapelle mit der Vituskapelle verlangten, entschloss man sich 1878–1880 unter maßgeblicher Beteiligung des Regensburger Domvikars und Kunstsachverständigen Georg Dengler zu einem radikalen Schnitt, gab die Rupertuskapelle als Memoria auf und verlegte die Marienkapelle in den Raum westlich des Zugangs. Im Gegenzug wurde die Vituskapelle als vormalige Rupertuskapelle regotisiert, wobei auch die Deckenbilder schließlich entfernt wurden.[211] Der Ort des Taufgeschehens wurde in diesem Zuge (einmal mehr) umgewidmet: Seither gilt wieder die westliche Kapelle als Marienkapelle und damit als Ort der Taufe des Bayernherzogs, die als Maria-Vermähl-Kapelle neu ausgestattet wurde, unter anderem mit einem (inzwischen wieder entfernten, zumindest übertünchten) Wandgemälde der Taufe des Bayernherzogs Rupert über dem Altar und einem hölzernen Altarrelief der Stadtamhofer Bildhauerbrüder Franz und Friedrich Preckel von 1887 (1936 wieder entfernt).[212] Die Schaustücke beließ man hingegen in der Veitskapelle, wo sie seit der Regotisierung freilich nur noch einen

Abb. 31: Friedrich Bernhard Werner, Kupferstich „Prospect des Kornmarckts in Regenspurg“, 1715 (HMSR, G 1980/303,3)

Abb. 32: Klosterkirche St. Joseph der Karmeliten am Alten Kornmarkt, Kaiserin Kunigunde, Ausschnitt der Westfassade. Foto: M. Schmidt, BLfD

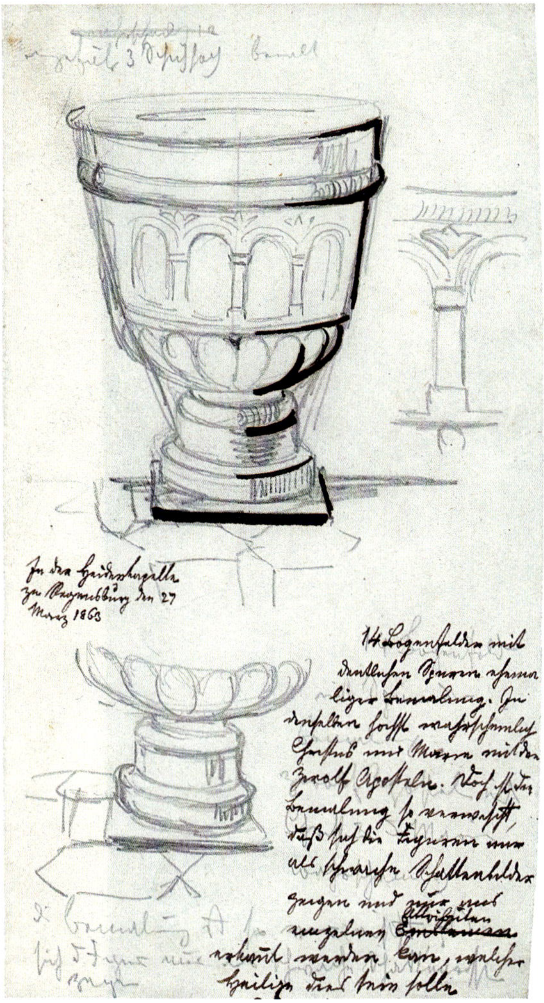

Abb. 33: Ansichten und Details des romanischen Taufsteins der Alten Kapelle, Bleistiftzeichnung und Tusche, Joseph Weininger zugeschrieben, datiert 27. März 1863 (HMSR, HV 991).

schwachen Abglanz der barocken Memorie des hl. Rupert vermitteln. Dieser Schritt war möglich geworden, weil man im Laufe des 19. Jahrhunderts begonnen hatte, sich vom Realienkult zu distanzieren und die präsentierten Artefakte einer kunstwissenschaftlichen Neubetrachtung fern der mythologisierten Sichtweise unterzog. Die Kritik an der bisherigen Einordnung nach Mitte des 19. Jahrhunderts betraf Kernpunkte:[213] Die Beichtgruppe galt nunmehr als romanisches Werk des „*2. Jahrtausends*“ und die Lukasmadonna war als frühgotisch erkannt worden; vor allem aber galt der Taufstein nicht mehr länger als agilolfingisch, sondern als romanisch (11. Jahrhundert), mit gemaltem Apostelzyklus des 13./14. Jahrhunderts in den arkatierten Blendnischen der Kuppa (Abb. 33). Den neuen, kunstwissenschaftlichen Blick auf die Ausstattung der Rupertuskapelle im Allgemeinen und den Taufstein im Besonderen zeigt ein Joseph Weininger zugeschriebenes Blatt. Es ist wie folgt beschriftet: „*In der Heidenkapelle zu Regensburg den 27 März 1863*“ und erläutert: „*14 Bogenfelder mit deutlichen Szenen ehemaliger Bemalung. In denselben höchst wahrscheinlich Christus und Maria mit den Zwölf Aposteln. Doch ist die Bemalung so verwischt, daß sich die Figuren nur als schwache Schattenbilder zeigen und nur noch an den Attributen erkannt werden kann, welcher Heilige das sein solle.*“ Am gewichtigsten aber war, dass das postulierte hohe Alter des Altars und die von Rupert eigenhändig vorgenommene Al-

Abb. 34: Stiftskirche der Alten Kapelle, Blick vom Alten Kornmarkt, um 1900, Glasplattennegativ. Foto BLfD, Bildarchiv

tarweihe nicht mehr zu begründen waren. Nachdem die Prägekraft der beiden den Altar flankierenden vormalig für antikisch gehaltenen Säulen geschwunden war, wurden sie im Zuge der Maßnahme entfernt.[214] Von der barocken Ausstattung der Maria-Vermähl-Kapelle und ihren 1937 von Guntram Lautenbacher auf den Zustand vor 1880 (damals Wandflächen überstrichen) freigelegten und restaurierten Wand- und Deckengemälden hat sich als Folge der Kriegszerstörung und des Wiederaufbaus in vereinfachten romanisierenden Formen, nachdem eine Wiederherstellung in den überlieferten barocken Formen für nicht möglich erachtet worden war, nichts erhalten.[215]

Überhaupt verdient das Thema Wiederaufbau der beiden nördlichen Kapellen der Stiftskirche eine kurze Betrachtung, da damit eine ganz wesentliche Veränderung des äußeren Erscheinungsbildes der Alten Kapelle verbunden war: Nach einer Notsicherung 1944 erfolgten die Wiederherstellungsarbeiten in den Jahren 1957 bis 1959.[216] Die Maria-Vermähl-Kapelle wurde (mit Ausnahme der Wand zum Durchgang) neu errichtet, bei der Vituskapelle wurde das Gewölbe unter Wiederverwendung der Schlusssteine und der Rippensteine im Sinne des regotisierten Letztzustandes neu aufgebaut. Im Inneren der sogenannten Pfalzkapelle (Maria-Vermähl-Kapelle) plädierte das Bayerische Landesamt für Denkmalpflege nach einiger Diskussion mit dem Argument einer historisch angemessenen Präsentation des Kapellenraums schließlich mit Erfolg gegen eine Neuausmalung durch Guntram Lautenbacher. Weitreichend, wenngleich sie nur marginal dokumentiert wurden, waren die Entscheidungen am Nordportal, das man in zurückhaltender Weise zu restaurieren bzw. rekonstruieren wünschte: *„Das Portal darf den Zahn der Zeit auch weiterhin fühlen lassen. Bei der Inschrift auf der Supraporte allerdings wird ihre Kopie und Übertragung auf einen neuen Stein unerläßlich sein, wenn nicht ganz darauf verzichtet werden will.“*[217] Möglicherweise aufgrund des Zeitdrucks angesichts des bevorstehenden Fertigstellungstermins und/oder aufgrund der angespannten Finanzlage überblieb dann auch die Wiederherstellung der Inschrift. Ebenso verzichtete man (ohne weitergehende Reflexion) aber auch auf die Wiederherstellung der umlaufenden barocken, mit Lisenen gegliederten Attika, die zum einen das Nordportal ehedem architektonisch fest mit den beidseitigen Kapellen Rupertus- und Maria-Vermähl-Kapelle verband und zum anderen die Pultdächer der Nordkapellen verdeckte (Abb. 34 und 35). Seit der reduzierten Wiederherstellung erscheint das Nordportal spolienhaft isoliert, indem ihm seine architektonische Ein- und Anbindung an die beiden Nordkapellen fehlt. Gleichfalls verzichtete man auf die Wiederherstellung der bossierten Nischenfaschen und des Keilsteins.

Abb. 35: Ansicht der Stiftskirche zur Alten Kapelle, lavierte Federzeichnung 2. Hälfte 18. Jahrhundert (HMSR, G 1982/131)

IX. Die Kassianskirche als marianisches Supplement

Die Kassianskirche gilt als eine der ältesten Regensburger Kirchen und wurde bereits früh zu den vier Hauptkirchen der Stadt gezählt (St. Peter, St. Johann, Alte Kapelle, St. Kassian).[218] Die urkundliche Erwähnung datiert ins Jahr 885.[219] Als Pfarrkirche der Ministerialen war sie von Anfang an der Alten Kapelle zugeordnet, der sie seit 1224 auch offiziell inkorporiert war. Im Laufe des 16. Jahrhunderts waren aus der Alten Kapelle und aus St. Kassian ungleiche Geschwister geworden: Dort die große Stiftskirche zu Unserer Lieben Frau mit ihrer immer noch großen Vergangenheit, hier die Kassianskirche, die im Laufe der Zeit ins Dunkel der Geschichte gefallen war. Ihr Wert wurde weniger in ihrer künstlerischen Ausstattung als in ihrer Geschichte gesehen: *„Ein vierzehnhundertjähriges Alter macht diese Kirche dem Geschichtsfreund ehrwürdig, wenn auch der Kunstfreund weniger durch reizende Gebilde in ihr überrascht wird.“*[220] Ihre Geschichte war nicht personifiziert, an große Stifter wie Karl den Großen oder Heinrich II. geknüpft, sondern anonym. So kam noch Raselius zu einem unklaren Urteil: *„Wann und von wem diese Kirche gestiftet wurde, habe ich nicht genau erfahren können (...).“*[221]

An dieser Ungleichheit der beiden innerstädtischen Kirchen sollte sich in der Mitte des 18. Jahrhunderts etwas ändern, als die Kassianskirche im Zuge der „Wiederauffindung“ des Gnadenbildes der Schönen Maria zur Wallfahrtskirche erhoben wurde. Dies schloss eben auch den römischen Ursprung mit ein. So sei auch die Stiftspfarrkirche aus einem Heidentempel hervorgegangen, wird in der Inschrift im Scheitel des Chorbogens postuliert: *„TEMPLUM S. CASSIAN [sic!] OLIM IDOLORUM“*. Die Stiftspfarrkirche St. Kassian erschien, davon ausgehend, bis ins mittlere 19. Jahrhundert (manchmal auch noch darüber hinaus) als Paradigma der Anverwandlung eines antiken Heiligtums. Christian Gottlieb Gumpelzhaimer schrieb 1830 zusammenfassend: *„Namentlich aber war die Kirche zu St. Cassian, welche gleichfalls aus einem Götzentempel in eine christliche Kirche verwandelt worden seyn soll, schon vorhanden. Sie hat dem Herzog Theodo ihre volle Herstellung zu danken und wurde später mit dem Stift der alten Capelle vereiniget, dessen Pfarrkirche sie geworden.“*[222] Sie ergänzte gleichsam die historische Bedeutung der Kollegiatstiftskirche der Alten Kapelle um das Element der baulichen Überlieferung, denn bereits *„vor der Alten Kapelle sei[n] sie Pfarrkirche gewesen, was sie noch ist“*.[223] Der postulierte historische Primat innerhalb der Regensburger Pfarrkirchen (noch vor der Dompfarrei) mündete in der Aussage über dem Nordportal: *„PRIMA ECCLESIA S. CASSIANI & CIVIU PAROCHIA.“* Die Kassianskirche wollte nicht mehr länger nur eine Perso-

Abb. 36: St. Kassian, Die Stiftspfarrkirche St. Kassian wird durch göttliches Einschreiten beim Stadtbrand von 891 verschont, östliches Deckengemälde des südlichen Seitenschiffs, Gottfried Bernhard Göz, 1758. Foto: P. Ferstl, BSR, 2018

nalpfarrkirche sein, sondern erste, und damit führende, *Bürger*pfarrkirche der Stadt.

Der Mythos der Kirche St. Kassian gründete in ihrem baulichen Bestand: Ausgangspunkt der historischen Instrumentierung der Stiftspfarrkirche war die Überlieferung von der Brandverschonung. Bereits Andreas Raselius berichtete 1599: *„Man findet nämlich, daß sie allein übrig und unversehrt blieb, als alle anderen Kirchen mit dem Dom im Jahr 891 vom vernichtenden Feuer angesteckt und bis auf den Grund zerstört wurden, und zwar am 10. August, an welchem auch Jerusalem zweimal angesteckt und in Asche gelegt wurde.“*[224] Im östlichen Deckenbild des südlichen Seitenschiffes wurde dieser Gründungsmythos der Kirche illustriert (Abb. 36): Der hl. Kassian im Bischofsornat hält seine Hand schützend über den Kirchenbau. Die wiedergegebene Traufinschrift mit Datierung *„DCCCXCI“* und der Beischrift: *„UNICA ILLAESA“* wirkt wie ein Gütesiegel: Die Unversehrtheit der Kassianskirche beim Stadtbrand betrachtete man als Gottesbeweis für die vorbestimmte Heilswirksamkeit des Baus. Dass mehrere Brände über den Bau hinweggingen, ihm innen- wie außenseitig großen Schaden zufügten und ihn wohl auch teilweise zerstörten, wie der archäologische Befund zeigt, war unerheblich. Was einzig zählte, war die schriftliche historische Überlieferung. Sie half eine Kontinuität zum karolingischen Bau herzustellen. Der zeitgenössische Betrachter wusste die Geschehnisse zu deuten: Wenn selbst die Heilige Stadt Jerusalem im Jahr 891 in Schutt und Asche gelegt wurde, musste dies als doppelter Gunsterweis der göttlichen Vorsehung betrachtet werden. Für St. Kassian beanspruchte man aufgrund dieser Überlieferungssituation eine Vorrangstellung unter den Kirchen von Regensburg. Die Kassianskirche war, nachdem sie den Stadtbrand von 891 überstanden hatte, in ihrer erhaltenen baulichen Überlieferung älter als die Alte Kapelle, und schien geeignet, eine substantielle Verbindung zumindest in die bayerische Frühgeschichte herzustellen.

Die barocke Umgestaltung der Kassianskirche von 1749–1760 steht in Zusammenhang mit der versuchten Neubegründung der Wallfahrt zur Schönen Maria und den damaligen Reformbestrebungen des Kollegiatstifts. Die Neuinstallierung der Wallfahrt zur Schönen Maria in St. Kassian im 18. Jahrhundert verstand sich als Anverwandlung von Geschichte: 200 Jahre nach der Einführung der Reformation und dem Verlust des wichtigsten Marienwallfahrtsortes von Regensburg fand der Kult um die Schöne Maria in der Kassianskirche, einem im Heilsplan Gottes vorbestimmten Bau, eine neue Heimat. Der enorme Erfolg der Neuaufstellung der Schönen Maria im Jahr 1747 in St. Kassian ließ den Entschluss reifen, die Kirche im Stil des Barock umzugestalten: *„Und die St. Cassians Kirche mit Beihülf andächtiger Gutthäter zu bauen und zu reparieren angefangen vnd auch inwendig mit Stuccador Arbeit und Fresco Malereien ausgezieret worden.“*[225]

Man wusste um den Bewahrungsauftrag, weshalb man einen pietätvollen Umgang mit dem Baubestand pflegte. Freilich war – anders als in der modernen Denkmalpflege – nicht der Erhalt der formalen Qualität angestrebt, sondern man praktizierte einen strukturellen Erhalt. Daher wurde in der Neueinkleidung des Raums mitsamt der vollständigen Entfernung der mittelalterlichen Ausstattung auch kein Widerspruch gesehen. Die Teile des spätgotischen Hochaltares wurden auf den Dachboden verbracht, der Schlussstein des hl. Kassian nach zeitgenössischen Kriterien in einer *deponia pia* in der Wand respektvoll bestattet.[226] Als Repräsentanten der Vergangenheit verblieben die spätgotischen Figuren des hl. Kassian im Auszug des Hauptportals an der Nordseite und am Hauptchor. Letzterer war der einzige Teil der Kirche, der sein überliefertes Erscheinungsbild behalten durfte. Lediglich der

Abb. 37: Idealansicht von St. Kassian mit Pfarr- und Kanonikalhof von Johann Carl Paricius, 1753 (HMSR)

Abschluss der Rechteckrahmen der Chorfenster wurde im Sinne des Gesamtbildes der Kassianskirche den barocken Fenstern angeglichen und rundbogig abgeflacht (Abb. 37). Die auch in ihrer Steinsichtigkeit bewusst beibehaltene mittelalterliche Anmutung des Chores verfehlte die Wirkung auf die Zeitgenossen nicht: Der Brixener Historiograph Joseph Resch sah zur Mitte des 18. Jahrhunderts im Chorbau den ältesten Teil der Kirche. Das Heiligste des Baus, wurde in die Zeit des Agilolfingers Theodo datiert, damit mit dem Bau der Alten Kapelle synchronisiert. Erst Andreas Niedermeyer und nachfolgend Dominicus Mettenleiter distanzierten sich davon, dass *„der jetzige Chor der Kirche"* vom *„Bojer[n]-Herzog aufgeführt"*.[227]

Im Laufe des 19. Jahrhunderts veränderte sich der Blick auf den Bau: Denn anstelle des Chores galt das Augenmerk nun dem Langhaus, in dessen östlichen Partien man bis an die Schwelle des 21. Jahrhunderts die Reste des karolingischen Erstbaus wähnte: *„Vermutlich karolingisch sind die beiden östlichen Pfeilerdarstellungen mit rundbogigen, weit gespannten Arkaden (7,5 m) zu den Seitenschiffen"* (Dehio-Handbuch 1991).[228] Die Rundbogenarkaden wurden in der karolingischen Sakralarchitektur verortet und in Beziehung zu Kirchen mit vermuteter ähnlicher Zeitstellung wie der St. Gallus-Kirche in Pappenheim oder der Martinskirche in Linz gesetzt.[229] Erst die wissenschaftlichen Untersuchungen im Zusammenhang mit der Sanierung 2007–2015, deren bau-, kunst- und archäologiegeschichtliche Ergebnisse in der Festschrift St. Kassian im Jahr 2015 vorgelegt wurden, brachten Licht ins Dunkel: Die Baugeschichte wurde geklärt, der Mythos entzaubert.[230]

Erst jetzt wurde deutlich, dass man lange Zeit einem Trugbild aufgesessen war, indem man einerseits das Postulat von der Brandverschonung für bare Münze nahm, andererseits den Wert der gotischen Architektur nicht einzuordnen wusste und *last, not least* die barocke Umgestaltung fehldeutete. Denn der mittelalterliche Kastenraum wurde mit einer neuen Raumschale und Bildersprache *„überkleidet"* (Niedermayer) und neu interpretiert (Abb. 38).[231] Durch die Anhebung des Bodenniveaus wurden die Proportionen verändert und durch das Einbetten der gotischen Pfeilerbasen architektonische Strukturen verunklärt. Die Verkleinerung der in gotischer Zeit vergrößerten Fenster der Seitenschiffe sowie die vollständigen Zusetzungen der Obergadenfenster führten zu einer Änderung der Architekturtypologie, machten aus einer Basilika eine Pseudo-Basilika. In der Außenerscheinung unterschied nur noch ein schmales Traufband

Abb. 38: Innenansicht von St. Kassian nach Osten. Foto: P. Ferstl, BSR, 2018

zwischen den Dächern des Langhauses und der Seitenschiffe. Die entscheidende Änderung betraf allerdings den Innenraum, wo eine starke Verschattung und Verdunkelung des Kastenraums einen spezifischen Raum- und Lichtmystizismus bedingte, der grundlegend barockzeitlichen Raumempfindungen widersprach und von dem sich allenfalls als Effektzone der lichtdurchflutete Chor unterschied. Diese neue Raumarchaik der Kassianskirche, der man in der Kunstgeschichte häufig mit Unverständnis begegnet war,[232] erscheint keineswegs als künstlerische Fehlleistung sondern als architektonische Inszenierung und Raummystifizierung der Wallfahrtskirche. Als entscheidend sollte sich die Unterfütterung der Arkatur mit Putz- und Holzkohleelementen erweisen, so dass aus ursprünglich gotischen nunmehr rundbogige Arkaden wurden (Abb. 39). Die Folge war eine Allusion von Geschichte: Man glaubte die Theorie der Brandverschonung und erkannte im Langhaus ein Werk der Karolingerzeit. Tatsächlich aber hatte der gotische Bau nichts Ungewöhnliches, nichts, was ihn von anderen Bauten der Zeit um 1300 in Regensburg oder im Umland unterschieden hätte. Gerade die im basilikalen System konzipierte Heilig-Grabkirche St. Peter und Paul in Deggendorf (Baubeginn laut Inschrift 1337, Weihe 1360) wirkt – wie von der Forschung bisher übersehen – mit ihren niedrigen und breiten Langhausarkaden und den gedrungenen Querschnittsverhältnissen, und hierin im deutlichen Unterschied etwa zur zeitgleich begonnenen Pfarrkirche St. Jodok in Landshut (Baubeginn 1338), wie ein im zeitlichen Abstand von einer Generation errichteter, nunmehr freilich gewölbter Nachfolgebau von St. Kassian (an der Stiftspfarrkirche hatte man demgegenüber an dem flachgedeckten Langhaus und den Seitenschiffen festgehalten, um die Einheit mit dem westlichen und bis 1474 bestehenden karolingischen Langhausteil nicht zu gefährden[233]). Trotz architektonischer Straffung und Weiterentwicklung sind die Grundrissstruktur mit dem Nebeneinander eines lichten Chores und eines dunkleren (nur mit kleinen Obergadenfenstern versehenen) Langhauses, das additive Bauprinzip etwa im Bereich der Nebenchöre, der Durchbruch zumindest eines Fußes des Gewölbesegels im Chor (wie vor der Barockisierung prägend für den Chor von St. Kassian) sowie sonstige Formdetails nicht ohne die Regensburger Kassianskirche denkbar und verdienten eine eingehendere wissenschaftliche Betrachtung. Umgekehrt sind von der Deggendorfer Heilig-Grabkirche auch Rückschlüsse auf die ursprüngliche Baugestalt der Kassianskirche vor ihrem barocken Umbau möglich: Dies gilt beispielsweise für die bauzeitlichen, vor ihrer barocken Unterfütterung anzunehmenden Profile der Scheidbögen der Langhausarkaden oder die Deggendorfer Obergadenfenster, die eine gute Vorstellung von den ursprünglichen Langhausfenstern und der Lichtwirkung der Regensburger Stiftspfarrkirche geben (Abb. 40). Die Kassianskirche war somit ein durch und durch gotisches Werk, mit einem durch die Regensburger und altbayerische Mendikantenarchitektur (zum Beispiel Langhaus der ehemaligen Minoritenkirche St. Salvator Regensburg, Baubeginn um 1250/60, Fertigstellung um 1286; Dominikanerkirche St. Blasius Landshut: Gründung 1271, Dachwerk Chor 1291, Dachwerk Langhaus 1340) geprägten Langhaus und einem modernen Chorbau nach französischem Vorbild. Erst die nicht verstandene barocke Umgestaltung und falsch gezogene baugeschichtliche Schlüsse konstruierten einen Mythos, der in der Rückschau als *self-fulfilling prophecy* erschien.

Mit der Umgestaltung wurde die Kirche St. Kassian zur pastoralen Bühne des Kollegiatstifts. Die Sekundärwallfahrt zur Schönen Maria, die bis um 1800 teilweise neuerlich einen enormen Zulauf zu verzeichnen hatte, wurde nicht nur von Seiten der Protestanten, sondern auch von Seiten des Bischöflichen Ordinariats mit gewissem Unbehagen verfolgt.[234] Dass diese Wallfahrt eine gegenreformatorische Stoßrichtung hatte und die Kassianskirche zeitweilig als Bühne des Wallfahrtskults diente, zeigen die Eingaben des protestantischen Magistrats gegen das Anbringen von bestimmten Votivtafeln sowie die Aufforderung des Generalvikars, Pfarrer Götz solle keine *„Controvers-Predigen mehr halten, minder wider Unser Glaubens Gegner schmächen“*.[235] Offenbar war die Wiedereinführung der Wallfahrt auch nicht mit der Amtskirche abgestimmt, sondern entstammte einer Privatinitiative des Geistlichen. Sie sollte eine verspätete gegenreformatorische Antwort auf den christkatholischen Verlust der Neupfarrkirche und das Ende der Ursprungswallfahrt zur Schönen Maria sein.

Diese neue alte Wallfahrt ist aber auch eine Antwort auf Deutungshoheiten im Wettstreit marianischer Verehrungsorte im Regensburg der Barockzeit. Kanonikus und Pfarrer Götz setzte konsequent auf die Vorrangberechtigung durch das hohe Alter des Baus und die ikonographische Tradition des Ortes, und gab damit auch eine Antwort auf die in der zweiten Hälfte des 17. Jahrhunderts entstandenen und vor allem von Weihbischof Albert Ernst Graf von Wartenberg beförderten neuen marianischen Orte. Der Weihbischof wusste mit der sogenannten Schwarzen Madonna in der

Abb. 39: Arkadenbogen von St. Kassian im Zuge der Befundöffnung mit Unterfütterung, 2007. Foto: Schnieringer, BLfD

Niedermünsterkirche – der spätromanischen Figur des 13. Jahrhunderts wurde, um ihre Wirkungskraft zu erhöhen, eine orientalische Provenienz zugeschrieben – ein Marienbild im historischen Kontext zu verorten und als Andachtsbild zu propagieren. Vor allem aber galt sein Engagement der Maria-Läng-Wallfahrt (1675–78), die auf einer historischen Kelleranlage errichtet worden war, deren Reste als antik-römische bzw. frühchristliche Katakomben gedeutet wurden. Sie galt fortan als Inbegriff historischer Kontinuität.

Auch hierauf versuchte Pfarrer Götz eine innerkirchliche Antwort, indem er zum einen in dem Deckenbildzyklus der Seitenschiffe die historische Folie der einstigen Erfolgswallfahrt zur Schönen Maria im Kontext des Judenpogroms ausbreitete, zum anderen das Motiv der Säulenmadonna mit dem Säulenmartyrium des hl. Kassian und dem Leiden Christi an der Geißelsäule verband, so dass das Martyrium des Kirchenpatrons zur *imitatio Christi* wird.[236] Zur Bühne werden die Deckenbilder im südlichen und im nördlichen Seitenschiff, im Süden das Geschehen um die Wallfahrt zur Schönen Maria und die historische Fundamentalaussage der

Abb. 40: Deggendorf, Hl. Grab-Kirche St. Peter und Paul, Blick zum Chor. Foto: M. Schmidt, BLfD

Brandverschonung von St. Kassian, im Norden Szenen aus dem Leben und dem Martyrium des hl. Kassian. Der heldenhafte Kampf des hl. Kassian gegen das Götzentum in Säben prädestinierte ihn als Patron für diesen Regensburger Konversionsbau und machte ihn zum Botschafter dieser verspäteten Gegenreformation. Er, der die Götzen vom Sockel stieß, stirbt selbst als Säulenmärtyrer.

Bereits in den spätkarolingischen Illustrationen zu Prudentius' Peristephanon IX (Cod. 264 der Burger-Bibliothek Bern, f. 121) wird dieser Deutungsweg eingeschlagen, indem das Kassians-Martyrium in einem Spannungsgefüge mit den heidnischen Kultformen, für das das Säulenidol steht, erscheint (Abb. 41). Ihren Höhepunkt erreichte diese Deutung im Jahr 1749 mit dem Deckenbild „Cassian stürzt das Götzenbild auf Säben" *(„destructio Idolens auf dem Seebener berg")* Paul Trogers im südlichen Querhausarm des Brixener Doms.[237] Das Sujet fügt sich in das in der Renaissance aufgekommene – vor Augen geführt im prachtvollen Bilderzyklus Jörg Ratgebs im Kreuzgang und Refektorium des ehemaligen Karmeliterklosters in Frankfurt am Main (1515–1521) – und dann in der Barockzeit neu belebte Rahmenthema, und die Meta-Ebene der Alten Kapelle, ein, nämlich den Kampf gegen die alten Götter und in letzter Konsequenz die Zerstörung ihrer Altäre, Götter- und Götzenbilder durch staatliche, kaiserliche (zum Beispiel Konstantin) und kirchliche Institutionen im Frühchristentum und vorgezeichnet im Wirken Elisas und vor allem in der Kultreform König Joschijas und des Hohepriesters Hilkija des Alten Testaments, die gegen die neu etablierte Götzenverehrung König Jerobeams I. (Aschera-Kultpfahl von Jerusalem und Baal-Kulthöhen in Juda) gerichtet war (1 Kön 13,2; 2 Kön 23,4–8; 2 Chr 34, 1–7).

Der Martertod des Heiligen wurde von Joseph Resch Mitte des 18. Jahrhunderts zum Kampf um den wahren Glauben in den Jahren der angeblichen Christenverfolgung unter Kaiser Julian *„Apostata"* stilisiert.[238] Kassian wird zu einer Symbolfigur des Frühchristentums: er spiegelt idealtypisch den Kampf zwischen Heiden- und Christentum wider und wird durch das Martyrium zum Glaubensvorbild.[239] Den Triumph des Christentums, letztlich die Frucht seines Martyriums, aber vollzieht Maria, wie die beiden Deckenbilder des südlichen Seitenschiffes der Kassianskirche von Gottfried Bernhard Göz von 1758 verdeutlichen. Innerhalb des erkenntnistheoretischen Modells der Kulturtransformation nimmt die Kassianskirche damit die Aufgabe der marianischen Perzeption wahr: Im dortigen Westbild werden nicht nur die Anfänge der Wallfahrt zur Schönen Maria im Jahr 1519 dargestellt, sondern die Schöne Maria er-

Abb. 41: Das Martyrium des hl. Kassian aus Prudentius, Peristephanon IX, spätkarolingische Buchmalerei um 900 (Burgerbibliothek Bern, Cod. 264, 121). Foto: Codices Electronici AG, www.e-codices.ch

Abb. 42: St. Kassian, Die Schöne Maria als Säulenmadonna, westliches Deckengemälde des südlichen Seitenschiffs, Gottfried Bernhard Göz, 1758. Foto: P. Ferstl, BSR, 2018

Abb. 43: Michael Ostendorfer, Wallfahrt zur Schönen Maria, Holzschnitt, 1519/20 (HMSR, G 1982/225,1)

scheint als Gnadenbild, auf einer Säule überhöht. Sie wird zur Triumphatorin, zur Personifikation der *ecclesia triumphans* (Abb. 42). Göz sollte hier keinen Holzschnitt von Ostendorfer historisch getreu replizieren, sondern das Wallfahrtsgeschehen im Sinne der Gegenreformation propagandistisch ausdeuten, wobei er an die Bildmetaphorik zur heidnisch-christlichen Kultkonversion des späten 16. Jahrhunderts anknüpft. Daher wird die steinerne Marienskulptur von Erhard Heydenreich gemäß der Erstpräsentation von 1519 auch nicht auf einem kurzen Säulenstumpf, wohl einem Pfeilerrest der Synagoge, gezeigt, und auch nicht in einer Wiederholung des erstmals 1522 im Mirakelbuch belegten rautierten Säulenschaftes dargestellt (Abb. 43 und 44), sondern die Säule erscheint nunmehr überdimensioniert, die Schöne Maria den gegenreformatorisch besetzten Bildsäulen etwa den barocken Triumphsäulen, Votivsäulen und Säulenkreuzen Italiens und ihrer mitteleuropäischen Nachfolger, allen voran der Münchner Mariensäule oder als lokale Referenzgröße der Mariensäule von Regensburg-Dechbetten, im Oktober 1708 im Umfeld der ehemals zum Kloster St. Emmeram gehörenden Wallfahrtskirche Mariä Himmelfahrt von Dechbetten aufgestellt, angenähert (Abb. 45).[240] Auf diese Weise gelingt zweierlei: Einerseits der Rückgriff auf die Tradition der steinernen Säulenmadonna auf dem Neupfarrplatz, andererseits schafft es eine tagesaktuelle Kontextualisierung mit zeitgenössischen marianischen Bild- und Verehrungsformen, allen voran der spanischen Säulenmadonna. Auch in Spanien war der Legende nach Maria auf einer Säule dem Apostel Jakobus dem Älteren erschienen, weshalb sich noch zu Lebzeiten Mariens in Saragossa um 40 n. Chr. der angeblich älteste Marienwallfahrtsort entwickelte (Basilica Nuestra Señora del Pilar/Kathedrale Unserer Lieben Frau auf dem Pfeiler). Die Jakobslegende war gerade in der Barockzeit sehr präsent, wie nicht zuletzt auch die Darstellung der Marienerscheinung des hl. Jakobus als Deckengemälde

Abb. 44: Wallfahrt zur Schönen Maria, Mirakelsammlung 1522 „Wunderberliche czayche vergangen Jars beschehen in Regenspurg tzw der schönen Maria der mueter gottes hye jn begriffen" (HMSR, HV 228)

Abb. 45: Mariensäule von Regensburg-Dechbetten, 1708. Foto: M. Schmidt, BLfD

im Chor der Pfarrkirche St. Jakobus in Hahnbach bei Sulzbach-Rosenberg von der Hand des Amberger Malers Johann Michael Wild von 1755 zeigt (Abb. 46).

X. Epilog – Die „Beichtgruppe" der Alten Kapelle als Spiegelbild des Mythos oder: Das Prinzip Canossa

Diese Skulpturengruppe aus der Zeit um 1180, bestehend aus den beiden in Nischen aufgestellten und sichtlich aufeinander bezogenen Figuren (die Originale sind seit 1989 aus Gründen des Witterungsschutzes in die Maria-Vermähl-Kapelle verbracht und am Portal durch Kopien ersetzt), gehört zum Kernbestand des romanischen Regensburg (Abb. 47).[241] Nach dem Befund der erhaltenen Rückplatten waren die Skulpturen gemäß der Rekonstruktion von Peter Morsbach ursprünglich wohl in den seitlichen Bogenanfängern des Portals (also auf Kämpferhöhe) platziert und waren damit nicht Teil eines Tympanons, wie noch die ältere Forschung annahm. Das Thema, nämlich die Herzogstaufe Theodos durch den hl. Rupert, war durch die ursprüngliche Inschrift der Supraporte vorgegeben, später wurde die Interpretation um die Bedeutungsebene „Beichte" erweitert. Doch diese Deutung hat Risse bekommen, vielleicht befördert durch den Verzicht auf die Wiederherstellung der Supraporteninschrift im Zuge des vereinfachenden Wiederaufbaus, als man die inhaltliche Erläuterung löschte und die Skulpturen dekontextualisierte: An die Stelle vermeintlicher, in der Überlieferung begründeter Gewissheit trat verstärkt eine Deutungsdiskussion. Die Verfechter der traditionellen Überlieferung scheinen seither im Rückzug begriffen.[242] Zudem gehört eine Beichtdarstellung zu den raren Bildthemen mittelalterlicher Ikonographie,

Abb. 46: Hahnbach, Deckengemälde im Chor der Pfarrkirche St. Jakobus der Ältere, Johann Michael Wild, 1755. Foto: M. Schmidt, BLfD

was eine inhaltliche Auseinandersetzung erschwert. Grundsätzlich gilt: *„Darstellungen der Beichte sind im Mittelalter selten. Die Beichte wird als Teil des Bußsakramentes eher als Buße versinnbildlicht und dann meist in Form einer öffentlichen Buße vorgetragen.“*[243]

Zugegeben, es ist eine schwierige Figurengruppe am Nordportal der Alten Kapelle, die erst 1751 urplötzlich aus dem Dunkel der Geschichte tritt. Kein Chronist, auch nicht der sonst so erzählfreudige und detailverliebte Raselius, verliert ein Wort darüber, was aber leicht damit erklärt werden kann, dass die Gruppe womöglich der öffentlichen Wahrnehmung entzogen, vielleicht ursprünglich im Klausurbereich aufgestellt war. Wie dem auch sei: Die Kunstgeschichte tut sich schwer mit der Gruppe, wie der Deutungsversuch von Peter Morsbach zeigt, der – zugegebenermaßen bei aller Vorsicht – den Sitzenden als Nikodemus und den Knienden als Stifter interpretiert und sie 1751 als beidseitige flankierende Zwickelfiguren (platziert auf der Kämpferzone des Portals) aus dem größeren Kontext einer vermuteten Kreuzigungsdarstellung eines Portaltympanons herausgelöst sieht.[244] So richtig die Anmerkungen zum Befund und damit zur Rekonstruktion der ursprünglichen Situierung der Figuren am Portal sind, so wenig kann der Vorschlag einer Neuinterpretation in ikonographischer Hinsicht überzeugen, denn es gibt keine sitzenden Akteure bei einer Kreuzigung, ganz davon abgesehen, dass die innere Bezogenheit der Figuren aufeinander unberücksichtigt bleibt.

Wie man es dreht und wendet, welche Möglichkeiten man auch immer durchspielt, ob im biblischen Kontext (Jesus vor Pilatus oder dem Hohenpriester; alttestamentliche Szenen wie König David als Büßer vor Gott oder Saul vor Samuel), ob (in Fortsetzung des Ansatzes einer Taufkleidspende von Alois Elsen[245] oder unter Berücksichtigung zeitgenössischer, etwa Salzburger Diskussionen, um die kirchliche Gewandprivilegierung) als Investitur- oder Einkleidungsszene, immer lassen derartige Ansätze an der ikonographischen Schlüssigkeit missen. (Einkleidungsszenen hielten durch die Jahrhunderte am traditionellen Kompositionsschema fest, wie die Darstellungen der Einkleidung eines Papstes aus dem Secretarium der lateranischen Thomaskapelle, überliefert im *Codex Barberini Latino 2733* des Giacomo Grimaldi, Kap. 48, fol. 49v, die „Einkleidung des hl. Bertin“ vom ehemaligen Flügelaltar Simon Marmions aus der Abtei Saint-Bertin in Saint-Omer, um 1459, heute Gemäldegalerie Berlin, sowie die „Kaselübergabe von Maria an den hl. Erzbischof Ildefons von Toledo“ von Johann Matthias Kager 1624 in der Kapitelkirche St. Johannes des Klosters Scheyern stellvertretend für das Mittelalter sowie die Frühe Neuzeit zeigen, und lassen Gemeinsamkeiten mit der Portalgruppe der Alten Kapelle vermissen.) Und so gelangt man wieder zur Ausgangsdeutung zurück. Und vor allem scheint mir zuvorderst ein derartiges Neuarrangement, das von der inneren Prägung und inhaltlichen Bestimmung abweicht, nicht denkbar. Vielmehr ist die Gruppe nur aus der Tradition zu verstehen. Vor einer vorschnellen Aufgabe der Tradition möchte ich daher warnen und stattdessen die Überlieferung nochmals ins Bewusstsein rufen.

Im Zusammenhang mit dem Bau und der Ausstattung der Pfarrkirche St. Wolfgang in Regensburg-Kumpfmühl (1937–1939), ein Bau von Dominikus Böhm, wurde auch die Frage der angemessenen sakralen Ausstattung erörtert. Der expressionistische Kirchenbau sollte durch zahlreiche, exemplarische Repliken bedeutender Kunstwerke aus der 1000-jährigen Geschichte der Stadt und des Bistums Re-

Abb. 47 a, b: Originalfiguren der Beichtgruppe, aufgestellt in der Maria-Vermähl-Kapelle der Alten Kapelle. Sichtbar die rundbogig geschnittenen Befestigungsplatten. Foto: P. Ferstl, BSR, 2018

Abb. 48: Katholische Pfarrkirche St. Wolfgang in Regensburg-Kumpfmühl, Der reuige Petrus, Gottfried Böhm, 1947. Foto: P. Ferstl, BSR, 2018

gensburg im Sinne des theologischen und kulturellen Grundverständnisses Erzbischof Dr. Michael Buchbergers sakral verankert und an die Tradition angebunden werden.[246] Das besondere Interesse galt einer Kopie der Beichtgruppe der Alten Kapelle. Im Jahr 1939 nahm Stadtpfarrer Johann Meister zwecks des Abgusses der Steinfigur Kontakt mit dem Bayerischen Landesamt für Denkmalpflege auf: „*Durch den hochwürdigsten Herrn Prälat Mayer erfahren wir von der Absicht seitens des Landesamtes für Denkmalpflege, die gotische Madonna in der Eingangskapelle der alten Kapelle in Regensburg abgiessen zu lassen. Für unsere neue St. Wolfgangskirche in Regensburg hätten wir gerne einen Abguss dieses herrlichen Kunstwerkes. Deshalb sei die höfliche Bitte ausgesprochen, uns die gütige Genehmigung für den Abguss zu erteilen. Wir wären gerne bereit, für die Kosten der Abformung selbst aufzukommen. Mit dieser Bitte hätten wir gerne eine zweite verbunden, nämlich auch die beiden am Eingangsportal befindlichen romanischen Figürchen, welche die Beichte darstellen, abgiessen zu dürfen.*“[247] Nachdem seitens der Denkmalfachbehörde Einwendungen vorgebracht worden waren, folgte am nächsten Tag ein Bekräftigungsschreiben des Stadtpfarrers, diesmal an Generalkonservator Prof. Dr. Georg Lill gerichtet: „*Wegen des Abgusses der beiden Beichtfiguren in der alten Kapelle sind, wie ich erfahren habe, seitens des Herrn Konservators Marxmüller Bedenken geäussert worden: Die beiden Figuren seien als etwas Einmaliges nur dieser Kirche zu erhalten. Auch könnten Sie in einem Abguss leicht als Fälschung erscheinen. Das Einmalige der Darstellung muss unbedingt anerkannt werden. (…) Es ist beabsichtigt, die beiden Figuren IM INNERN unserer neuen Kirche in Nischen aufzustellen und zwar zu Seiten des Hauptbeichtstuhles. Dadurch bekommen sie wieder ihren ursprünglichen Sinn; während Sie am Portal der alten Kapelle fast nur von Kunstsachverständigen beachtet werden, würden sie hier auch von den Laien als Dokument der Beicht grösste Beachtung finden. Dieser seelsorgliche Zweck hat gerade beim hochwürdigsten Herrn Bischof lebhafteste Zustimmung gefunden.*“[248] Der Krieg unterbrach die Bemühungen des Stadtpfarrers um einen Abguss der Gruppe, so dass 1947 Gottfried Böhm, Sohn des Kirchenerbauers, schließlich die expressionistische Bronzefigur „Petrus in der Reue“ schuf, aufgestellt am Übergang vom Seitenschiff der Kirche in die sogenannte Bußkapelle (ursprünglich Josefskapelle) und zur tieferliegenden östlichen Taufkapelle (Abb. 48).

Abb. 49: „Beichte Kaiser Karls vor seinem Kaplan Ägidius" (links) und „Karl schämt sich zutiefst seiner nicht gebeichteten (lässlichen) Sünden" (rechts). Foto: Domkapitel Aachen, Fotograf: Chistian Charlier, Power+Radach

Die Skulpturengruppe der Alten Kapelle hat sich, wie dieses Beispiel zeigt, im kollektiven Gedächtnis zunächst als *Taufe*, seit dem 19. Jahrhundert dann verstärkt als *Beichte* eingeprägt. Dabei muss hier kein Sophismus betrieben werden, indem die beiden Sakramente gegeneinander ausgespielt werden. Zur Taufe gehören nämlich das Taufbekenntnis und Taufversprechen, damit die Bereitschaft zur Umkehr und Buße. Taufe ist das Sakrament der ersten Vergebung, eine Art Fundamentvergebung, das Bußsakrament demgegenüber eine nachfolgende Vergebung. Dass Taufe stets auch Umkehr ist, zeigen gerade auch die Herrschertaufen von Konstantin und Chlodwig, die immer einen Akt der Reue, Buße und Umkehr voraussetzten.[249] Sinnbildhaft wurde dies in der knienden Position des Katechumenen. Gut vergleichbar mit der Darstellung am Nordportal der Alten Kapelle ist diesbezüglich das sogenannte Beichtrelief am Ostgiebel der ehemaligen Benediktinerabtei von Murbach im Elsass (um 1134), auf das Franz Dietheuer aufmerksam machte.[250]

Von diesem Akt, der Züge einer Unterwerfung (Proskynese) trägt, ist die gewöhnliche Herrscherbeichte (das Bußsakrament als nachfolgendes Sakrament!) zu unterscheiden, bei der Priester und Beichtender gleichberechtigt dargestellt sind, wie das Bedachungsrelief am zeitgleichen Aachener Karlsschrein (nach 1182) zeigt, wo Kaiser Karl der Große dem neben ihm auf gleicher Höhe sitzenden Bischof – beide in vollem Ornat – die Beichte ablegt, man könnte auch sagen, ein Beichtgespräch führt (Abb. 49).[251] Man hat die Aachener Darstellung als eine *„Privatbeichte"* (Modersohn) bezeichnet. Hier wie in den wenigen anderen mittelalterlichen Darstellungen der Beichte berührt der Priester den Pönitenten (zu lat. *poenitens* „bereuend"), zum Beispiel durch die auf den Kopf aufgelegte Hand als Zeichen der Lossprechung von den Sünden, wie dies etwa auch die wohl bekannteste mittelalterliche Darstellung der Beichte auf Rogier van der Weydens Sakramentsaltar, um 1445–1450 (Koninklijk Museum voor Schone Kunsten, Antwerpen), zeigt.[252]

Wie völlig anders aber die Darstellung in Regensburg, bei der beide Akteure dem chiastischen Prinzip unterworfen, also als Gegensatzpaar angelegt sind: Dort der kniende Barfüßige, nur mit einem Cingulum gegürtet, mit einfachem Gewand bekleidet und mit offenem Haar, hier der Sitzende, in Pontifikaltracht gewandet (Schuhe, gesäumtes Unter- und geschuppte Kasel) und mit einem hörnerartigen Hut bekrönt, im Abgleich mit der zeitgenössischen Buchmalerei (zum Beispiel Dedikationsblatt des Antiphonars von St. Peter in Salzburg) wohl ein Bischof oder Papst (Abb. 50).[253] Die Dargestellten verbindet kein Berührungsgestus. Und doch sind die beiden Dargestellten, über alle äußeren Unterschiede und Hierarchien hinweg, miteinander verbunden: Bindeglied ist die Emotion.

Deshalb wurde das Thema bereits von Andreas Niedermayer und Dominicus Mettenleiter mit guten Gründen im Umkreis *„Bußgericht"* und reuiger Sünder angesiedelt. Der bußfertige Petrus (vor Christus?) oder Heinrich II. wurden vorgeschlagen.[254] Eher unterrepräsentiert ist hingegen der hl. Rupert. Dabei ist die Kraft zur Vergebung ein Wesensmerkmal des Missionars Rupert und war, schenkt man der Rupertvita Glauben, der Grund, ihn an den herzoglichen Hof zu holen. Die erste Begegnung von Theodo und Rupert war, wie an anderer Stelle in dieser Untersuchung gezeigt, dann auch – ganz in der Tradition Konstantins und Chlodwigs – durch eine Reuehandlung geprägt, so dass dieses Treffen noch im frühbarocken Rupertusoratorium des Salzburger Doms nicht als Beichte sondern als *„Entsühnung"* (!) bezeichnet worden war und auch das Kloster St. Emmeram bewahrte bis in die Barockzeit die Tradition von der *„Abbüssung der großen Sünd"* durch Theodo.[255]

Dass die frühmittelalterlichen Traditionen im 12. Jahrhundert im Kontext der Neudefinition der Taufe ein Revival erfahren haben,[256] sei nur am Rande erwähnt, mag aber die Wirkkraft des hl. Rupert entscheidend befördert haben. Einen Nachhall dieses *Heiligen Mannes* (*vir Domini*) konnte Josef Anton Endres in der kurz vor 1185 entstandenen Lebensbeschreibung des hl. Marianus aus dem Schottenkloster St. Jakob (Vita S. Mariani Scoti) ausmachen.[257] Dort ist in einer Episode von der Vollmacht des hl. Rupert hinsichtlich des Beichtgeheimnisses die Rede, seine besondere Löse- und Bindekraft, die Gläubige, darunter den iroschottischen Eremiten Johannes, von weither anzog. In diesem Zusammenhang kommt auch der Rupert-Rezeption im Salzburg des 12. Jahrhunderts eine besondere Bedeutung zu, etwa im bereits erwähnten Antiphonar von St. Peter (um 1160/65). Hinzu kommt im 12. Jahrhundert eine neue Wertschätzung für die frühmittelalterliche Missionsleistung, wie sie sich beispielsweise in den vergoldeten Kupferblechreliefs vom Antependium des „Goldenen Altars" der jütländischen Kirche von Tamdrup manifestiert (um 1200, heute Dänisches Nationalmuseum Kopenhagen), in denen auch die Herrschertaufe König Harald Blauzahns durch Bischof Poppo (um 965), das Zentralereignis der Christianisierung Dänemarks, dargestellt ist. – Warum sollte sich ein ähnliches Revival nicht auch an der Alten Kapelle manifestieren?

Abb. 50: Dedikationsblatt des Antiphonars von St. Peter in Salzburg: Der thronende Apostel Petrus als Empfänger der Handschrift, flankiert von Bischof Rupert und dem hl. Amandus, darunter der dedizierende Abt mit assistierenden Diakonen (Wien ÖNB, Cod. Ser. Nov. 2700, Pag. 166)

In der bisherigen Diskussion der Skulpturengruppe der Alten Kapelle wurde die Bedeutung des Tuchs unterschätzt, das der Sitzende in seiner Rechten hält und an sein Gesicht führt. Denn nach meinem Dafürhalten handelt es sich hier geradezu um einen Schlüssel zum Verständnis der Szene. Entweder wurde dieses Zeichen bisher geflissentlich übergangen oder als sogenanntes Beichttuch gedeutet.[258] Elsen hingegen interpretiert es als Taufkleid, das der Sitzende dem Knienden im Sinne einer Mantelspende überreicht. Allerdings ist eine solche Auslegung mit Problemen verbunden, denn der Kniende zeigt keine Erwartungs- und

Empfangshaltung, wie sie bei Übergabe- oder Investiturhandlungen zu erwarten wären, ganz im Gegenteil: der Pönitent ist von Schmerz und Gram im Sinne eines Reuegestus tief gebeugt. Auch eine Deutung als verhüllte Hand möchte ich ausschließen und stattdessen für ein Tränentuch plädieren, das der Sitzende als Zeichen seiner Trauer zum Trocknen seiner Tränen an die Wange heranführt. Es wäre bei dieser Deutung ein Indiz für die Rührung und Ergriffenheit angesichts des Vorbringens des Pönitenten. Es wäre Ausweis der Interaktion von Reue, Buße und Umkehr einerseits und von Barmherzigkeit, Mitleid, Milde und Verzeihung andererseits. Bei dieser Interpretation wäre das Geschehen eine Vergegenwärtigung der christlichen Kernbotschaft der Nächstenliebe: Reue führt zur Vergebung und Versöhnung. Auch die Herrscherbuße als öffentlicher Unterwerfungsakt im Mittelalter, die *deditio*, bediente sich dieser kanonisierten Formen, wobei es enge ikonographische Parallelen zur Darstellung der Beichte in der mittelalterlichen Buchmalerei und Plastik gibt.[259]

Gerade im 11. und 12. Jahrhundert war das Thema Mitleid und Ergriffenheit ein fester Bestandteil der Loslösung von Schuld und Sünde (Absolution), nicht dabei ausschließlich auf Seiten des Pönitenten sondern mitunter sogar beim Beichtvater, wie zuvorderst am Beispiel Canossa deutlich wird.[260] So begründete Papst Gregor VII. die Lossprechung vom Kirchenbann angesichts von Heinrichs IV. dreitägigem winterlichem Bußakt vor den Toren der Burg Canossa im Januar 1077 nach seinen eigenen Worten in einem Sendschreiben an die deutschen Fürsten mit dem Faktor des *„apostolischen Erbarmens“* und der Tränenrührung: *„Dort stand er drei Tage vor dem Burgtor, nachdem er alle königlichen Herrschaftszeichen abgelegt hatte, in kläglichem Aufzug, barfuß und in einem Wollhemd, und hörte nicht eher auf, mit vielen Tränen die Hilfe und die Tröstung des apostolischen Erbarmens zu erflehen, bis alle Anwesenden, zu denen diese Rufe gelangten, von soviel Milde und Mitleid erfüllt wurden, daß sie sich mit vielen Bitten und Tränen für ihn bei uns verwandten und sich über die ungewöhnliche Härte unseres Sinns verwunderten. Einige sagten, unsere Haltung sei nicht der Ernst eines strengen Papstes, sondern beinahe die Grausamkeit eines wilden Tyrannen.“* Einem solchen Werben der Umstehenden konnte sich schließlich auch der Papst nicht entziehen.[261] Nach seinen eigenen Worten und denen des gregorianisch gesinnten Chronisten Berthold von Reichenau brach Gregor VII. schließlich selbst in Tränen aus, was in zeitgenössischen Quellen positiv vermerkt wurde![262]

Die Regensburger Darstellung an der Alten Kapelle muss dem mittelalterlichen Betrachter allgemein verständlich gewesen sein. Sie war Teil eines Wertebildes und einer kodifizierten Bildersprache. Vor Augen geführt wurde hier ein allgemeines Modell, das auf vielfältige Lebensbereiche des Mittelalters übertragen werden konnte und sowohl die Kirchenbuße als auch die öffentliche Buße, die *deditio*, betraf. Viele Vorgänge aus der unmittelbaren historischen Wirklichkeit, wie die Unterwerfung Heinrich des Zänkers vor Erzbischof Willigis auf dem Reichstag im thüringischen Rohr 984 oder die historischen Leitthemen wie die Unterwerfung Kaiser Theodosius des Großen vor Bischof Ambrosius lassen sich damit abdecken. Otto von Freising berichtet von der bischöflichen Bannung nach einem Blutbad in Thessaloniki, als Kaiser Theodosius *„mit maßloser Strenge ohne Urteil bestraft hatte“*: *„Er ertrug das demütig und enthielt sich der kirchlichen Gemeinschaft so lange, bis er durch Tränen und gute Werke Buße getan hatte und vom Bischof Absolution erhielt.“*[263] Und dann war hier noch Canossa selbst. – Der legendäre Bußakt Kaiser Heinrichs IV. vor Papst Gregor VII. in Canossa, das Paradebeispiel einer *poenitentia*, und die damit verbundene Frage nach dem *rechten Strafmaß* und der *barmherzigen Vergebung* ließen auch das Kollegiatstift der Alten Kapelle, wie auch andere Dom- und Stiftskapitel der Zeit, nicht unberührt.[264] Mit Verweis auf die damaligen Vorgänge wandten sich die Kanoniker der Alten Kapelle um 1080 an den Bamberger Bischof, der einen Kanoniker für Verfehlungen hart zu bestrafen trachtete, und forderten ihn mit Verweis auf die Bibel zur Mildtätigkeit auf: *„Demjenigen ein Urteil ohne Mitleid, der selbst kein Mitleid kennt.“*[265] Vor allem aber das Handeln Papst Gregors galt dem Kollegiatstift dabei als vorbildhaft: *„Moveat igitur pietatem vestram nobilis natura Gregorii, qui etiam, ut fertur, ingeniti furoris non meminit, si prostratos videt, contra quos dimicavit.“*[266]

Vielleicht waren es solche Bilder und Traditionslinien, angefangen bei Rupert und durch die Canossa-Rezeption im 12. Jahrhundert wach gehalten, die das Kollegiatstift der Alten Kapelle zum Auftrag der Fertigung an einen lombardischen Bildhauer um 1180 veranlassten.[267] Ausgehend von diesen Überlegungen sind vielfältige Deutungen denkbar. Vielleicht Historienbild (vor allem Theodo vor Rupert in Regensburg oder Salzburg oder Heinrich IV. vor Papst Gregor VII. in Canossa, daneben aber auch Kaiser Theodosius vor Ambrosius in Mailand, Herzog Tassilo III. vor Karl dem Großen auf den Reichsversammlungen in Ingelheim und Frankfurt, Herzog Heinrich der Zänker vor Erzbischof Willigis in Rohr), vielleicht im übertragenen Sinne ganz allgemein – und abstrahiert – aber auch die Beichte eines Kanonikus vor seinem Stiftsdekan. Zunächst wohl nicht als eine Botschaft nach außen gedacht, sondern als Appell nach innen gerichtet, der die *clementia* als Maßstab des eigenen, innerklösterlichen Handels vor Augen führen sollte, basierend auf der christlichen Botschaft von der Nächstenliebe sowie der Bereitschaft zur Vergebung und Versöhnung. Sollten diese Überlegungen zutreffen, hätte sich etwa der Kapitelsaal als ursprünglicher Aufstellungsort der Gruppe angeboten, ehe die Figuren 1751 Teil der barocken Portalschauwand wurden.

* Dieser Aufsatz ist die erweiterte Fassung meines Vortrags „Alte Kapelle und St. Kassian: mittelalterliche Spolien und barocke Repräsentation", gehalten auf dem Regensburger Herbstsymposion „Spolien – steinerne Zitate der Geschichte. Von Römersteinen, Judensteinen und falschen Gräbern" vom 20. bis 22. November 2015.

1 Zit. nach Joseph SCHMID, Die Urkunden-Regesten des Kollegiatstiftes U. L. Frau zur Alten Kapelle in Regensburg, Bd. 1, Regensburg 1911, 85, Nr. 449 (Urkunde vom 3.9.1392); vgl. Joseph SCHMID, Die Geschichte des Kollegiatstiftes U. L. Frau zur Alten Kapelle in Regensburg, Regensburg 1922, 1. Die Quellenstelle steht in Zusammenhang mit der Inkorporation der Pfarrei Roding zum Ausgleich von wirtschaftlichen Schäden, die das Kollegiatstift infolge des ersten süddeutschen Städtekriegs (1387–1389) erlitten hatte. Dazu Karl SCHWARZFISCHER, Geschichte des Marktes Roding und seines Pfarrgebietes, Roding 1950, 48f.

2 SCHMID 1911 (wie Anm. 1), 85, Nr. 449 (Urkunde vom 3.9.1392).

3 EBD., 85, Nr. 447 (Urkunde vom 26.8.1392), vgl. SCHMID 1922 (wie Anm. 1), 1.

4 Zit. nach MONUMENTA BOICA, 28/I: Diplomata Imperatorum authentica, München 1829, Nr. 46, 60f., (hier: 60); MGH [Monumenta Germaniae Historica], DIPLOMATA (Urkunden): Die Urkunden der deutschen Karolinger, 1: Die Urkunden Ludwigs des Deutschen, Karlmanns und Ludwigs des Jüngeren, bearb. von Paul KEHR, Berlin 1934, Nr. 161, 224f.; Thomas ZOTZ, Ludwig der Deutsche und seine Pfalzen. Königliche Herrschaftspraxis in der Formierungsphase des Ostfränkischen Reiches, in: Wilfried HARTMANN (Hg.), Ludwig der Deutsche und seine Zeit, Darmstadt 2004, 27–46 (hier: 34).

5 Die Titulatur „*Mutterkirche*" findet sich in Urkunde vom 20.11.1002 (siehe oben S. 68). Die Forschungsmehrheit sieht in ihm eine Ableitung und Prägung durch die Lateranbasilika in Rom als konstantinischem Kirchenbau und Papstkirche, siehe u.a. Romuald BAUERREISS, Ein „Lateranpalast" in Altbayern, in: Jahrbuch für altbayerische Kirchengeschichte 23 (1963), 101–108; Romuald BAUERREISS, „Caput, matrix, magistra omnium ecclesiarum". Der römische Lateran in Deutschland, in: Münchener Theologische Zeitschrift 13 (1962), 202–206; Romuald BAUERREISS, Ein mittelalterlicher Lateranpalast in Regensburg, in: Der Zwiebelturm 19 (1964), 200–203; Achim HUBEL, Die Spuren Kaiser Heinrichs II. in Regensburg, Bamberg, Magdeburg und Merseburg, in: Andreas RANFT / Wolfgang SCHENKLUHN (Hg.), 1000 Jahre Merseburger Dom. Herrschaftslandschaft im Umbruch, Regensburg 2017, 49–78 (hier: 52); Peter SCHMID, „Haupt, Mutter und Lehrerin aller Kirchen". Die Alte Kapelle in Regensburg, in: Peter MORSBACH (Hg.), Ratisbona Sacra. Das Bistum Regensburg im Mittelalter (Kunstsammlungen des Bistums Regensburg: Kataloge und Schriften, 6), München/Zürich 1989, 158–160; Peter SCHMID, Die Alte Kapelle in Regensburg zur Karolinger- und Ottonenzeit, in: Beiträge zur Geschichte des Bistums Regensburg 34 (2000), 11–29 (hier: 25–29). Relativierend hingegen Joachim FRIEDL, Regensburg eine Roma secunda?, in: VHVO 150, 2010, 7–31 (hier: 7, 27f.), und Peter SCHMID, Regensburg – Stadt der Kaiser, Könige und Herzöge. Die Alte Kapelle als Pfalzkapelle, in: Klaus UNTERBURGER / Karl HAUSBERGER (Hg.), Domspatzen, Bischofshof und Heiligengräber. Zwei Jahrtausende Christentum in Regensburg, Regensburg 2014, 59–73 (hier: 68), die demgegenüber in dem Ehrentitel den Versuch einer kirchenhierarchischen Gleichstellung mit der Regensburger Domkirche St. Peter sehen, und Stefan WEINFURTER, Heinrich II. (1002–1024). Herrscher am Ende der Zeiten, Regensburg ^{2}2000, 124. Interessant der Hinweis bei Richard STROBEL / Jürgen SYDOW, Der „Latron" in Regensburg. Ein Beitrag zum Kontinuitätsproblem, in: Historisches Jahrbuch 83 (1964), 1–27 (hier: 25), dass der Titel nur für Pfarr- und Taufkirchen gilt, womit allerdings die Diskussion um das Taufprivileg der Alten Kapelle eröffnet ist, vgl. dazu Karl-Heinz BETZ, Das ikonologische Programm der Alten Kapelle in Regensburg, in: VHVO 118 (1978), 7–52 (hier: 11, 18). Ein ganz andere, neue Herleitung bei ZOTZ (wie Anm. 4), 35, 45.

6 SCHMID 1911 (wie Anm. 1), 83, Nr. 441 (Urkunde vom 7.3.1392).

7 Hugo Graf von WALDERDORFF, Regensburg in seiner Vergangenheit und Gegenwart, Regensburg 1896 (Nachdruck Regensburg 1973), 261.

8 Ulrich ONSORG, Chronicon Bavariae, in: Andreas Felix OEFELE, Rerum Boicarum Scriptores, Bd. 1, Augsburg 1763, 354–369 (hier: 359).

9 Matthäus MERIAN, Topographia Bavariae, Frankfurt a. Main 1644 (Faksimilierter Nachdruck Frankfurt a. Main 1927), 46; Johann Carl PARICIUS, Allerneueste und bewährte historische Nachricht Von Allen in denen Ring-Mauren der Stadt Regensburg gelegenen Reichs-Stifftern, Haupt-Kirchen und Clöstern Catholischer Religion, Regensburg 1753, 345.

10 So Joachim JAHN, Ducatus Baiuvariorum. Das bairische Herzogtum der Agilolfinger (Monographien zur Geschichte des Mittelalters, 35), Stuttgart 1991, 25ff.

11 Franz Sebastian MEIDINGER, Historische Beschreibung der kurfürstl. Haupt- und Regierungs-Städte in Niederbaiern Landshut und Straubing. Mit einer ansehnlichen Gemäldesammlung der Kirchen verschiedener Städte und hohen Prälaturen, Landshut 1787, 194.

12 SCHMID 2000 (wie Anm. 5), 11.

13 BETZ (wie Anm. 5); Karl-Heinz BETZ, Das ikonologische Programm der Alten Kapelle in Regensburg, in: Werner SCHIEDERMAIR (Hg.), Die Alte Kapelle in Regensburg, Regensburg 2002, 135–149.

14 Carl Theodor GEMEINER, (Reichsstadt) Regensburgische Chronik, 4 Bde., Regensburg 1800/1803/1821/1824, (hier: I, 38); Klaus GAMBER, Das Kassian- und Zeno-Patrozinium in Regensburg. Ein Beitrag zu den Beziehungen zwischen Bayern und Oberitalien im Frühmittelalter, in: Deutsche Gaue 49 (1957), 17–28 (hier: 20). Zur Befundsituation siehe Lutz-Michael DALLMEIER, Fundort Regensburg. Archäologische Topographie der Stadt Regensburg. Vorgeschichte, römische Kaiserzeit und frühes Mittelalter innerhalb der zweiten Stadterweiterung (Regensburger Studien und Quellen zur Kulturgeschichte, 10), Regensburg 2000, 166f.

15 SCHMID 1922 (wie Anm. 1), 255.

16 Bajuwaren waren hier in Friedhofsgemeinschaft mit den Romanen bestattet, siehe Wilhelm STÖRMER, Die Baiuwaren. Von der Völkerwanderung bis Tassilo III. (C.H.Beck Wissen in der Beck'schen Reihe, 2181),

München 2002, 97. Nach 769, unter Bischof Alim von Säben und Herzog Tassilo III., erfolgte die kirchenorganisatorische Eingliederung des Bistums Säben in die provinicia Baioariorum, ein Umstand, der für die nachfolgende Frage des Kulttransfers von wesentlicher Bedeutung ist. Dazu Josef RIEDMANN, Bischof Alim von Säben und die Einbindung des Bistums Säben in die bayerisch-salzburgische Kirchenprovinz, in: Josef NÖSSING / Helmut STAMPFER (Hg.), Kunst und Kirche in Tirol. Festschrift zum 70. Geburtstag von Karl Wolfsgruber, Bozen 1987, 7–17.

17 GAMBER (wie Anm. 14), 20; Jürgen SYDOW, Fragen um die St. Kassians-Kirche in Regensburg. Ein Beitrag zur Geschichte des Bistums Säben, in: Der Schlern 29 (1955), 452–457 (hier: 457).

18 Alois SCHMID, Regensburg. Reichsstadt – Fürstbischof – Reichsstifte – Herzogshof (Historischer Atlas von Bayern, Teil Altbayern, 60), München 1995, 237, 27; Max HEUWIESER, Die Entwicklung der Stadt Regensburg im Frühmittelalter, in: Aus Regensburgs Vergangenheit. Festgabe zur Haupt-Versammlung des Gesamtvereins der deutschen Geschichts- und Altertumsvereine in Regensburg in Verbindung mit dem XVII. deutschen Archivtag 30. August bis 4. September 1925, Regensburg 1925, 98–194 (hier: 128f.).

19 Zu den Vergleichsbeispielen siehe Friedrich PRINZ, Kleinhelfendorf. Das Martyrium des heiligen Emmeram, in: Alois SCHMID / Katharina WEIGAND (Hg.), Schauplätze der Geschichte in Bayern, München 2003, 26–40; zu Erhard: Paul MAI, Der heilige Bischof Erhard, in: Georg SCHWAIGER (Hg.), Bavaria Sancta. Zeugen christlichen Glaubens in Bayern, II, Regensburg 1971, 32–51 (hier: 33); Herwig WOLFRAM, Tassilo III. Höchster Fürst und niedrigster Mönch, Regensburg 2016, 113; Carl I. HAMMER, From Ducatus to Regnum. Ruling Bavaria under the Merovingians and early Carolingians (Collection Haut Moyen Age, 2), Turnhout 2007, 168.

20 Leo ANDERGASSEN, Vom ludi magister zum episcopus. Zur Ikonographie des Cassian von Imola, in: Der Schlern 74 (2000), 358–403, 360f. Die Verehrung des hl. Kassian in Imola setzte nach dem Zeugnis des Prudentius, Peristephanon IX, bereits unmittelbar nach seinem Tod ein, siehe Aurelius Clemens PRUDENTIUS, Das Gesamtwerk, über. von Wolfgang Fels (Bibliothek der Mittellateinischen Literatur, 9), Stuttgart 2011, 280–283. Der ravennatische Erzbischof und Kirchenlehrer Petrus (I.) Chrysologus (431/432–450) stirbt während einer Wallfahrt sogar am Grab des Heiligen in Imola: siehe AGNELLUS VON RAVENNA, Liber Pontificalis, 2 Teilbd., übers. von Claudia NAUERTH (Fontes Christiani, 21/1, 21/2), Freiburg / Basel / Wien / Barcelona / Rom / New York 1996, Bd. 1, 245–249). Diese besondere Verehrungssituation und der Wunsch nach reliquiarer Teilhabe führten dazu, dass zum Schutz der Gebeine vor einer willkürlichen Verteilung bereits sehr früh Maßnahmen – Gregor von Tours spricht von einem Bannzauber – ergriffen worden waren: GREGORY OF TOURS, Glory of the Martyrs, übers. von Raymond van DAM (Translated Texts for Historians, Latin Series III), Liverpool 1988, 65; Anonymus [Dominicus METTENLEITER], Mittheilungen über die Stifts-Pfarrkirche St. Cassian in Regensburg. Nebst Notizen über Bildereien in den einzelnen katholischen Gotteshäusern der Stadt und nächster Umgebung, Regensburg 1864, 15.

21 Wilfried HARTMANN, Ludwig der Deutsche, Darmstadt 2002, 201f.

22 Urkunde vom 15.10.967, siehe http://www.regesta-imperii.de/regesten/2-2-0-otto-ii/0967-10-15_1_0_2_2_0_44_5... (Abgerufen am 22.01.2015); SCHMID (wie Anm. 5), 21; SCHMID 1922 (wie Anm. 1), 10.

23 GEMEINER (wie Anm. 14), I, 38.

24 Dazu Walter HAAS / Karl SCHNIERINGER, Zur mittelalterlichen Baugeschichte der Alten Kapelle, in: SCHIEDERMAIR (wie Anm. 13), 110–123.

25 Isolde SCHMIDT, Der Dom im 19. und 20. Jahrhundert. Belege und Befunde, in: Achim HUBEL / Manfred SCHULLER, Der Dom zu Regensburg, Textband 3 (Die Kunstdenkmäler von Bayern, NF, Bd. 7.3), Regensburg 2016, 239–340 (hier: 248).

26 Felix von LICHNOWSKY, Portugal. Erinnerungen aus dem Jahre 1842, hg. von Dirk FRIEDRICH, Bonn 2015, 224. Erst zu Beginn des 20. Jahrhunderts wurde die vermeintliche Einheit von Taufstein und Taufkapelle hergestellt, indem der Taufstein in die romanische Kapelle transferiert und denkmalhaft inszeniert worden war.

27 Dazu siehe Stefan BRINK, Die Christianisierung Skandinaviens, 250–260, in: Christoph STIEGEMANN / Martin KROCKER / Wolfgang WALTER (Hg.), Credo. Christianisierung Europas im Mittelalter (Katalog zur Ausstellung im Erzbischöflichen Diözesanmuseum, im Museum in der Kaiserpfalz und in der Städtischen Galerie Am Abdinghof zu Paderborn vom 26. Juli bis 3. November 2013), Bd. 1, Petersberg 2013, 254–257, mit weiterführender Literatur; ferner Steen HVASS, Jelling-monumenterne – deres historie og bevaring, Kopenhagen 2011; Lutz MOHR, Der „Kleine" und der „Große" Jellingstein in Jelling / Jütland / Königreich Dänemark. Symbol des Ruhmes und der Macht der Könige Gorm der Alte (um 900–um 945) und Harald Blauzahn (um 945–986) zur Wikingerzeit, in: Steinkreuzforschung 10 (1999), 64–77.

28 ADAM VON BREMEN, Gesta Hammaburgensis ecclesiae pontificum, in: Quellen des 9. und 11. Jahrhunderts zur Geschichte der Hamburgischen Kirche und des Reiches, neu übertragen von Werner TRILLMICH (Freiherr vom Stein-Gedächtnisausgabe, 11), Berlin 1961, 137–499 (hier: Buch IV, Kap. 26–30, 470–475).

29 HWB 7, Aphorismen und Fragmente, 375 [Heinrich HEINE, Werke und Briefe in zehn Bänden, hg. von Hans KAUFMANN, Berlin/Weimar, ^{3}1980].

30 SCHMID 2000 (wie Anm. 5), 12–19.

31 Alois SCHMID, Regensburg. Metropolis Bavariae im Früh- und Hochmittelalter, in: SCHMID / WEIGAND (wie Anm. 19), 11–25 (hier: 22).

32 Ludwig HOLZFURTNER, Altötting. Von der Pfalz zum Wallfahrtsort, in: SCHMID / WEIGAND (wie Anm. 19), 41–54 (hier: 46f.). Zum Verhältnis Regensburg – Altötting siehe auch ZOTZ (wie Anm. 4), 38.

33 Zum Folgenden ZOTZ (wie Anm. 4), Zitate 34/38.

34 SCHMID (wie Anm. 31), 22.

35 MGH [Monumenta Germaniae Historica], DIPLOMATA (Urkunden), Die Urkunden der deutschen Könige und Kaiser, Bd. 2/2: Die Urkunden Otto des III., bearb. von Theodor SICKEL, Hannover 1893, 719f., Nr. 294. Zum Salzburger Hof siehe Carl Theodor POHLIG, Eine verschwundene Bischofspfalz (Der Salzburger Hof in Regensburg), in: Zeitschrift für bildende Kunst, Regensburg 1896, 1–12; Richard STROBEL, Der Brixener Hof und die mittelalterlichen Bischofshöfe in Regensburg, in: Jahrbuch der Bayerischen Denkmalpflege 28 (1970/1971), 30–82 (hier: 60, 67f.); DERS., Zur Baugeschichte des Salzburger Hofes in Regensburg, in: Mitteilungen der Gesellschaft für Salzburger Landeskunde 122 (1982), 241–252 (hier: 250f.); Friederike ZAISBERGER, Der Salzburger Hof in Regensburg, in: ebd., 125–240 (hier: 126f., 152f.); Hans SCHLEMMER, Erinnerungen an den Glaubensboten St. Rupert in der Bischofsstadt Regensburg, in: Petrus EDER / Johann KRONBICHLER (Hg.), Hl. Rupert von Salzburg 696–1996 (Katalog der Ausstellung im Diözesanmuseum zu Salzburg und in der Erzabtei St. Peter, 16. Mai 1996 bis 27. Oktober 1996), Salzburg 1996, 255–261 (hier: 259).

36 Einzelnachweise bei DALLMEIER (wie Anm. 14), Salzburger Gasse 1 (164f., Nr. 183), Speichergasse allgemein und Nr. 1 und Nr. 9 (177–180, Nr. 203), Alter Kornmarkt allgemein (62–64, Nr. 6), St. Kassians-Platz (166f., Nr. 186); Gerhard H. WALDHERR, Römisches Regensburg. Ein historischer Stadtführer, Regensburg 2015, 83–85. Hugo Graf von WALDERDORFF, Römerbauten auf dem Alten Kornmarkt (jetzt Moltkeplatz)

und Umgebung in Regensburg, in: VHVO, 46 (NF)/54 (AF), 1902, 263–308 (hier: 295–302).

37 Siehe Befundbericht des Städtischen Museums Regensburg vom 2.8.1958, gez. Dr. Sydow / Diepolder (Ortsakte BLfD, „Regensburg, Stiftskirche Unserer Lieben Frau zur Alten Kapelle, 1947–1957").

38 Zotz (wie Anm. 4), 45; Friedl (wie Anm. 5), 19–23. Zum Aachener Lateran siehe Ludwig Falkenstein, Der ‚Lateran' der karolingischen Pfalz zu Aachen (Kölner historische Forschungen, 13), Köln/Graz 1966, v.a. 156–168.

39 Notkers Taten Karls / Notkeri Gesta Karoli, in: Quellen zur karolingischen Reichsgeschichte / Fontes ad historiam regni Francorum aevi Karolini illustrandam (3. Teil), neu bearbeitet von Reinhold Rau (Ausgewählte Quellen zur deutschen Geschichte des Mittelalters, Freiherr-vom-Stein-Gedächtnisausgabe, 7), Darmstadt [4]2002, 321–427 (hier: 399).

40 Merian (wie Anm. 9), 47; Andreas Niedermayer, Künstler und Kunstwerke der Stadt Regensburg. Ein Beitrag zur Kunstgeschichte Altbayerns, Landshut 1857, 285.

41 Zur aktuellen Pfalzforschung in Bezug auf Aachen siehe Egon Wamers, *in aula sacri palatii*. Zum Rechtscharakter karolingischer Pfalzen, in: Egon Wamers (Hg.), 814 Karl der Große 2014. Archäologische und historische Beiträge zu Pfalzen, Herrschaft und Recht um 800 (Schriften des Archäologischen Museums Frankfurt, 27), Regensburg 2016, 69–88 (hier: 85); Holger Grewe, Die Pfalz Karls des Großen in Ingelheim und ihre Entwicklung aus merowingerzeitlichen Anfängen, in: ebd., 47–67 (hier: 48).

42 Steine der Alten Kapelle ab 1507 von Aventin verzeichnet, siehe Martin Ott, Die Entdeckung des Altertums. Der Umgang mit der römischen Vergangenheit Süddeutschlands im 16. Jahrhundert (Münchner Historische Studien. Abteilung Bayerische Geschichte, Bd. 17), Kallmünz/Opf. 2002, 90f. (hier: 189, 234). Grundlegend dazu Alois Schmid, Die historische Methode des Johannes Aventinus, in: Blätter für deutsche Landesgeschichte 114 (1994), 338–395 (hier: v.a. 361–370); Alois Schmid, Aventinus und die Realienkunde, in: Frank-Lothar Kroll (Hg.), Neue Wege der Ideengeschichte. Festschrift für Kurt Kluxen zum 85. Geburtstag, Paderborn/München/Wien/Zürich 1996, 81–101.

43 Bis Ende des 19. Jahrhunderts wurden nahezu alle Römersteine ausgebaut und in das Städtische und die staatlichen Museen verbracht, der Bau damit dieser Sinnschicht beraubt. Im Historischen Museum der Stadt Regensburg werden folgende „Römersteine" aus der Alten Kapelle aufbewahrt (freundliche Mitteilung von Herrn Dr. Andreas Boos am 2./3. November 2015): Lap. 26 (Surinus-Stein, Grabinschrift für 3 Geschwister – bis 1811 an der Außenmauer der Alten Kapelle befestigt; erste von Aventinus im Jahr 1507 gelesene Inschrift an der Alten Kapelle; nach Andreas Raselius, Regensburg. Ein Stadtrundgang im Jahr 1599, hg. von Peter Wolf, Regensburg 1999, 79, befand sich diese *„am Pfeiler beim Ausgang aus der Kirche in den Kreuzgang"*; Literatur zu diesem Stein siehe Friedrich Vollmer, Inscriptiones Baivariae Romanae sive Inscritiones Prov. Raetiae adiectis aliquot Noricis Italicisque, München 1915, 126; Karlheinz Dietz / Udo Osterhaus / Sabine Rieckhoff-Pauli / Konrad Spindler, Regensburg zur Römerzeit, Regensburg [2]1979, 422–424, evtl. Lap. 29 (Giebelstück eines Grabpfeilers – ehemals an der Alten Kapelle eingemauert), Lap. 51 (Teil eines Grabmals mit Relief: Ehepaar mit Kind und Dienerin mit Kind – früher in die Wand der Gnadenkapelle der Alten Kapelle eingemauert, Inschriftstein noch vor Ort, unter Verputz), Lap. 235,2 (Grabstein des Togius – München Nationalmuseum IV 767 – bis auf Fragmente verschollen; Raselius, 79: *„im versperrten Kirchhof auf der Seite zum Kornmarkt hin"*, erwähnt, dazu siehe Vollmer 412, Taf. 57), Lap. 242 (Inschriftfragment – 1887 an der inneren südlichen Hauptmauer entdeckt), im Bereich des Seminarneubaus in der Salzburger Gasse: Lap. 54 (Altarbasis mit Inschriftstein), Lap. 59 (Relieffragment).

44 Postulat der Kontinuität siehe Schmid 1922 (wie Anm. 1), 255. Demgegenüber die archäologische Situation siehe Dallmeier (wie Anm. 14), 166f., Nr. 186; Gerhard Waldherr, Spuren des antiken Christentums in Regensburg, in: VHVO 132 (1992), 7–25 (hier: 7).

45 Wiguleus Hund, Catalogus Episcoporum Salisburgensium, abgedruckt in: Elias Baeck / Wiguleus Hund / Christoph Gewold, Continens Primordia Christianae Religionis per Boiariam & loca quaedam vicina, Regensburg 1719, 1; Strobel / Sydow (wie Anm. 5), 25f. Der Hinweis auf die Nähe zum *„Principium Präetorium"* findet sich erstmals bei Hund, 1. Ähnlich Walderdorff (wie Anm. 7), 295: Römerhaus auf dem Alten Kornmarkt *„zweifellos Prätorium"*; Walderdorff (wie Anm. 7), 80; Schmid 1922 (wie Anm. 1), 1. Diese Annahme wurde bereits von Heuwieser (wie Anm. 18), 109, kritisiert: *„Aber auch das Prätorium kann nicht der Vorläufer der Pfalz sein"*. Schmid 1922 (wie Anm. 1), 1. Das palastartige Stabsgebäude des Lagerpräfekten, die *principia*, Verwaltungsmittelpunkt und auch kultischer Mittelpunkt des Lagers wird nunmehr im Bereich unmittelbar südlich an der Ecke Weißbräuhausgasse/Weiße-Lilien-Straße angenommen, siehe Waldherr (wie Anm. 36), 29f., 85. Pohlig (wie Anm. 35), 2, vermutete hingegen das Prätorium im Bereich des späteren Salzburger Hofes.

46 Martin Hoernes, Die mittelalterlichen Kapellenbauten an der Stiftskirche zur Alten Kapelle. Beziehungen zwischen Stift und Stadt, in: Schiedermair (wie Anm. 13), 124–134 (hier: 128).

47 Raselius (wie Anm. 43), 78; Merian (wie Anm. 9), 47: *„vnd in derselben 2. Roth Marmolsteinerne Säulen, darauff etwan Heydnischer Götzen Bildnussen gestanden seyn"*; Walderdorff (wie Anm. 7), 262.

48 Zit. nach Hoernes (wie Anm. 46), 128.

49 Den nach wie vor besten Einstieg zum Thema der heidnischen und christlichen Qualitäten der Säule um 1500 bietet Erik Forssman, Säule und Ornament. Studien zum Problem des Manierismus in den nordischen Säulenbüchern und Vorlageblättern des 16. und 17. Jahrhunderts (Acta Universitatis Stockholmiensis, 1), Uppsala 1956, 39–46.

50 Dazu Hans-Josef Klauck, Apokryphe Apostelakten. Eine Einführung, Stuttgart 2005, 35f., 56f., 265.

51 Legenda aurea des Jacobus de Voragine, aus dem Lateinischen übers. von Richard Benz, Berlin 1963, 76.

52 Evangelia Infantiae Apocrypha / Apocryphe Kindheitsevangelien, übers. von Gerhard Schneider (Fontes Christiani, Bd. 18), Freiburg/Basel/Wien/Barcelona/Rom/New York 1995, 242–245.

53 Dazu Katja Richter, Der Triumph des Kreuzes. Kunst und Konfession im letzten Viertel des 16. Jahrhunderts (Kunstwissenschaftliche Studien, 143), Berlin/München 2009, 98–116.

54 Manfred Clauss, Ein neuer Gott für die alte Welt. Die Geschichte des frühen Christentums. Berlin 2015, 392–400; Martin Wallraf, Die antipaganen Maßnahmen Konstantins in der Darstellung des Euseb von Kaisareia, in: Johannes Hahn (Hg.), Spätantiker Staat und religiöser Konflikt. Imperiale und lokale Verwaltung und die Gewalt gegen Heiligtümer, Berlin/New York 2011, 7–18.

55 Legenda aurea (wie Anm. 51), 54. Bei der hier erwähnten Kirche handelt es sich um S. Francesca Romana (Sancta Maria Nova), die Papst Leo IV. nach 847 in den Ruinen des 135 n. Chr. geweihten Doppeltempels der Venus und Roma – und nicht in dem in dieser Textstelle angenommenen Friedenstempel Vespasians (um 75 n. Chr.) auf dem Forum Romanum – errichten ließ, siehe Hans Georg Wehrens, Rom. Die christlichen Sakralbauten vom 4. bis zum 9. Jahrhundert, Freiburg/Basel/Wien 2016, 300–304.

56 Kunsthalle Bremen, Inv. Nr. 1015–1970/2.

57 Dazu Gerlinde STAHL, Die Wallfahrt zur Schönen Maria in Regensburg, in: Beiträge zur Geschichte des Bistums Regensburg 2 (1968), 35–282 (hier: 178–181); Gerhard B. WINKLER, Die Regensburger Wallfahrt zur Schönen Maria (1519) als reformatorisches Problem, in: Dieter HENRICH (Hg.), Albrecht Altdorfer und seine Zeit. Vortragsreihe der Universität Regensburg (Schriftenreihe der Universität Regensburg, 5), Regensburg [2]1992, 103–121; Michael SCHMIDT, Leinbergers ‚Schöne Maria' in St. Kassian. Anmerkungen zu einem ungelösten Problem, in: Michael FEIL / Christian WANNINGER (Red.), Die Stiftskirche St. Kassian. Regensburgs älteste Pfarrkirche, Regensburg 2015, 71–78 (hier: 74). Zitate D. Martin LUTHERS Werke. Kritische Gesamtausgabe, Briefwechsel, Bd. 3: 1523–1525, Weimar 1933 [Weimarer Ausgabe], 141f., Nr. 652; RASELIUS (wie Anm. 43), 48.

58 Felix MADER, Stadt Regensburg, Bd. 2 (Die Kunstdenkmäler von Bayern, Oberpfalz Bd. 22), München 1933, 14 (Sacellum); METTENLEITER (wie Anm. 20), 77 (Junotempel); Christian Gottlieb GUMPELZHAIMER, Regensburg's Geschichte, Sagen und Merkwürdigkeiten von den ältesten bis auf die neusten Zeiten in einem Abriß aus den besten Chroniken, Geschichtsbüchern und Urkunden-Sammlungen, 4 Bde., Regensburg 1830/1837/1838, hier Bd. 1, 55; WALDERDORFF (wie Anm. 7), 252; NIEDERMAYER (wie Anm. 40), 146.

59 SCHMID 1922 (wie Anm. 1), 1.

60 Artikel in der Donau-Post vom Samstag, 17.10.2015, 32.

61 Brigitte HAAS-GEBHARD, Die Baiuvaren. Archäologie und Geschichte, Regensburg 2013, 110f.; Lothar BAKKER, Figürliche Bronzen und Beneficiarier-Inschrift: Neufunde aus Augusta Vindelicum, in: Das archäologische Jahr in Bayern 1996, 115–119; Lothar BAKKER, Die Ausgrabungen „Hinter dem Schwalbeneck 5–9" in Augsburg, in: Das archäologische Jahr in Bayern 2000, 84–89; Peter SCHERRER, Grabbau, Wohnbau, Turmburg. Angebliche römerzeitliche Sakralbauten und behauptete heidnisch-christliche Kultkontinuitäten in Noricum (Österreichisches Archäologisches Institut, Berichte und Materialien, Heft 4), Wien 1992, 14–26, 53.

62 BEDA VENERABILIS, Kirchengeschichte des englischen Volkes / Historia ecclesiastica gentis Anglorum, übers. von Günter SPITZBART (Texte zur Forschung, 34), Darmstadt 1982, 111/113. Zum praktischen Umgang der frühen Kirchenbauten mit dem römischen Erbe Britanniens siehe Mateusz FAFINSKI, On the Road Again. Das Nachleben der römischen Infrastruktur, in: Antike Welt, Heft 6, 2017, 49–55 (hier: 52f.).

63 Collectanea Pseudo-Bedae, 132, Nr. 94 – zit. nach Erik WEGERHOFF, Das Kolosseum. Bewundert, bewohnt, ramponiert, Berlin 2012, 29 und 170, Anm. 72.

64 Tatsächlich wurde Konstantin durch den arianischen Bischof Eusebius von Nikomedia 337 auf dem Sterbebett in Nikomedia getauft, was der damaligen Praxis der todesnahen Taufe entsprach, siehe Rene PFEILSCHIFTER, Die Spätantike. Der eine Gott und die vielen Herrscher (C.H.Beck Geschichte der Antike), München 2014, 57. Der Verlegung des Taufortes nach Rom und die Verlagerung auf Papst Silvester I. erfolgten als unmittelbare Antwort auf die Kritik des Hieronymus an dieser als häretischen empfundenen Taufe und wurde wohl unter dem Pontifikat von Damasus I. (366–384) ausgebildet, siehe dazu Wilhelm POHLKAMP, Kaiser Konstantin, der heidnische und der christliche Kult in den Actus Silvestri, in: Frühmittelalterliche Studien 18, 1984, 357–400 (hier: 363).

65 Nine Robijntje MIEDEMA, Rompilgerführer in Spätmittelalter und Früher Neuzeit. Die „Indulgentiae ecclesiarum urbis Romae". Edition und Kommentar (Frühe Neuzeit, 72), Tübingen 2003, 240: Pilgerbericht „Historia et descriptio" (von 1487).

66 Zur Baugeschichte siehe POHLKAMP (wie Anm. 64), 357–359; Darko SENEKOVIC, Giovanni in Fonte, in: Peter Cornelius CLAUSSEN (Hg.), Die Kirchen der Stadt Rom im Mittelalter 1050–1300, Bd. 2: Giovanni in Laterano (Forschungen zur Kunstgeschichte und christlichen Archäologie, 21), Stuttgart 2008, 355–394. Zitat Heinz-Joachim FISCHER, Rom. Zweieinhalb Jahrtausende Geschichte, Kunst und Kultur der Ewigen Stadt, Köln 2013, 305. Die Datierung und Historizität der Taufe werden in der Wissenschaft unverändert kontrovers diskutiert, vgl. Manfred CLAUSS, Konstantin I., in: Manfred CLAUSS (Hg.), Die Römischen Kaiser. 55 historische Portraits von Caesar bis Iustinian, München [4]2010, 282–301 (hier: 282f., 298–300).

67 Münchner Handschrift D 44, zit. nach MIEDEMA (wie Anm. 65), 160. WEHRENS (wie Anm. 55), 55.

68 Thomas FISCHER, Das Römerkastell Eining und seine Umgebung. Ein Führer, Regensburg 2016, 104–107. Baptisterien wurden mitunter gerne auf den Fundamenten aufgelassener römischer Thermen errichtet, siehe POHLKAMP (wie Anm. 64), 372.

69 Zu Emmeram siehe u.a. PRINZ (wie Anm. 19), 39f., Todesjahr wird dort um 740 angenommen und die Niedermünsterkirche als Bischofskirche für den am Agilolfingerhof wirkenden Erhard gesehen.

70 Ian WOOD, The Missionary Life. Saints and the evangelization of Europe, 400–1050, Harlow 2001, 146–150. Heinz DOPSCH Schriftliche Quellen zur Geschichte des heiligen Rupert, in: EDER / KRONBICHLER (wie Anm. 35), 39–65 (hier: 41) *(„um oder knapp vor 793")*; ähnlich *„793"* WOOD, 147; Christian ROHR, Hagiographie als Spiegel der Machtverhältnisse? Arbeo von Freising und die *Gesta Hrodberti*, in: Lothar KOLMER / Christian ROHR (Hg.), Tassilo III. von Bayern. Großmacht und Ohnmacht im 8. Jahrhundert, Regensburg 2005, 89–101 (hier: 93).

71 WOOD (wie Anm. 70), 146–150; Lothar VOGEL, Vom Werden eines Heiligen. Eine Untersuchung der Vita Corbiniani des Bischofs Arbeo von Freising (Arbeiten zur Kirchengeschichte, 77), Berlin/New York 2000, 479f.; ROHR (wie Anm. 70), 100: Rupertusvita *„frei modelliert"*.

72 VOGEL (wie Anm. 71), 479.

73 Johann Baptist KRAUS, Ratisbona monastica: Klösterliches Regensburg erster Theil, oder: Mausoleum, Herrliches Grab Des Bayrischen Apostels und Blut-Zeugens S. Emmerami, Bd. 1, Regensburg 1752, 20; GEMEINER (wie Anm. 14), 40ff.; Die Angabe bei Johannes FRIED, Der Weg in die Geschichte. Die Ursprünge Deutschlands bis 1024 (Propyläen-Geschichte Deutschlands, 1), Berlin 1994, 217, wonach Ruperts Bayern-Engagement unter oder sogar auf Veranlassung Childerichs III., des letzten Merowingerkönigs (743–751), erfolgte, ist unzutreffend und eine Verwechslung mit Childebert III.

74 DOPSCH (wie Anm. 70), 43.

75 Zit. nach Paulius RABIKAUSKAS, Die Taufe Litauens: Probleme und Auswirkungen (Sonderdruck mit eigener Seitenzählung aus: Jahrestagung Litauisches Kulturinstitut / Lietuvių Kultūros Institutas. 1987, 33–54), Lampertheim 1988, 4 (36). Dazu auch Vladas Žulkus, Heidentum und Christentum in Litauen im 10.–16. Jahrhundert, in: Michael MÜLLER-WILLE (Hg.), Rom und Byzanz im Norden. Mission und Glaubenswechsel im Ostseeraum während des 8.–14. Jahrhunderts, Bd. 1: Internationale Fachkonferenz der Deutschen Forschungsgemeinschaft in Verbindung mit der Akademie der Wissenschaften und der Literatur, Mainz, Kiel, 18.–25. September 1994 (Akademie der Wissenschaften und der Literatur / Abhandlungen der Geistes- und Sozialwissenschaftlichen Klasse, Nr. 3.1, 1997), Stuttgart 1997, 143–161; Algimantas KAJACKAS, The History and recent archaeological Investigations of the Vilnius Cathedral, in: Lituanus 36, Nr. 1, 1990, siehe auch: http:www.lituanus.org/1990_1/90_1_04.htm (Abrufdatum: 26.11.2017).

76 Albrecht Ernst von Wartenberg, Schatz-Kammer Der seeligsten Jungfrauen Maria aus Sion in dem neuen Jerusalem genandt, Regensburg 1674, 1f. Diese These hatte bis ins 19. Jahrhundert hinein viele Anhänger, z.B. auch Gemeiner (wie Anm. 14), Bd. 1, 38, zum Wirken des hl. Emmeram (650–652): *„Ueberall im Land fand er bereits Kirchen und Capellen.“* Kritik an dieser Missionierung zur hochrömischen Kaiserzeit hingegen schon bei Raselius (wie Anm. 43), 27.

77 Erste Vorberichte zur Dörnberg-Grabung siehe Michael Hümmer, Vom Güterbahnhof westwärts: die nächsten 600 Gräber im Großen Gräberfeld von Regensburg, in: Das archäologische Jahr in Bayern 2015, 88–90; Silvia Codreanu-Windauer, Regensburg – Deine Toten. Bestattungsplätze rund um Regensburg in der Spätantike und dem frühen Mittelalter, in: Bayerische Archäologie Heft 2, 2017: Zeitenwende. Von den Römern zu den Bajuwaren, 28–35; Thomas Fischer, Von den Römern zu den Bayern. Das Legionslager der 3. Italischen Legion Reginum / Castra Regina/Regensburg von 179 n. Chr. bis ins frühe Mittelalter, in: ebd., 22–27.

78 Eine ähnliche Orientierung an der Zeit um 500, und damit im unmittelbaren Anschluss an das Weströmische Reich, ist in Altötting zu beobachten, siehe Wilhelm Störmer, Die Bedeutung der früh- und hochmittelalterlichen Pfalz Altötting für das Herzogtum Bayern und das Königtum, in: Zeitschrift für bayerische Landesgeschichte 58 (1995), 191–207, 191–194.

79 Karl Forstner, Neue quellenkritische Erkenntnisse zur Rupertfrage, in: Mitteilungen des Instituts für Österreichische Geschichtsforschung 99 (1991), 317–346, 333f.; Heinz Dopsch, Der heilige Rupert in Salzburg. Vor 1300 Jahren kam der „Gründerheilige“ aus Worms am Rhein, in: Eder / Kronbichler (wie Anm. 35), 66–88 (hier: 82). Anders Haas-Gebhard (wie Anm. 61), 176f., sowie die ältere Forschung, z.B. Gemeiner (wie Anm. 14), Bd. 1, 39 (650–652).

80 Forstner (wie Anm. 79), 333. Dagegen Herwig Wolfram, Iuvavum-Salzburg vor dem Auftreten des hl. Rupert. Von der Provinz Noricum ripense des 5. Jahrhunderts bis zum Salzburggau des Jahres 696, in: Eder / Kronbichler (wie Anm. 35), 15–37 (hier: 35f.).

81 Forstner (wie Anm. 79), 333f.; Dopsch (wie Anm. 70), 65; Dopsch (wie Anm. 79), 81f.; Stephan Freund, Von den Agilolfingern zu den Karolingern. Bayerns Bischöfe zwischen Kirchenorganisation, Reichsintegration und karolingischer Reform (700–847) (Schriftenreihe zur bayerischen Landesgeschichte, 144), München 2004, 17, Anm. 28, mit Überblick zum Stand der Forschung.

82 Anonymus, Die St. Erhardi-Crypta und das Erhardihaus, Regenburg ca. 1890, 4.

83 Louis Duchesne, Le Liber Pontificalis. Texte, Introduction et Commentaire, 3 Bde., Paris 1886/1892/1957, Nachdruck Paris 1981, hier I, 398; Übersetzung nach Dopsch (wie Anm. 70), 65; vgl. dazu Dopsch (wie Anm. 79), 81f.

84 Zu den „Heiligen Männern“ siehe Pfeilschifter (wie Anm. 64), 82. Die frühen Nennungen charakterisieren Rupert als *„Mann Gottes, „vir Domini“.*

85 Aufenthaltsdauer des hl. Emmeram von drei Jahren nach Gemeiner (wie Anm. 14), Bd. 1, 39, vgl. Prinz (wie Anm. 19), 28.

86 Kraus (wie Anm. 73), 20.

87 Zur Bedeutung von Heiligen Männern als Taufspender siehe Arnold Angenendt, Taufe und Politik im frühen Mittelalter, in: Frühmittelalterliche Studien 7 (1973), 143–168 (hier: 150f.). Aspekt der „Wiedertaufe“ bereits bei Gemeiner (wie Anm. 14), Bd. 1, 42.

88 Matthäus Rader, Bavaria Sancta, München 1615, 39.

89 In der Legende reichte das Missionsgebiet bis an die Grenzen Ungarns. Zweifel an dieser „Missionsreise“ hegt unter anderem Forstner (wie Anm. 79), 335f.

90 Dopsch (wie Anm. 70), 66–68; Fried (wie Anm. 75), 51; Jahn (wie Anm. 10), 61; Wolfram (wie Anm. 80), 27.

91 Die Verödung des Ortes ist in spätrömischer Zeit sowohl für Salzburg-Dombereich als auch für Regensburg-Niedermünster archäologisch belegt. In Niedermünster erfolgte diese gegen 420, siehe Eleonore Wintergerst, Regensburg. Document Niedermünster. Römer, Herzöge und Heilige (Schnell, Kunstführer, Nr. 2805), Regensburg 2012, 11f. Die starke Betonung des Aspekts dient aber auch als literarisches Stilmittel, um eine bewusste Parallelisierung mit dem damaligen Zustand von Rom herbeizuführen, dessen eingetretener baulicher Verfall in den exegetischen Homilien Papst Gregors des Großen in einen eschatologischen Kontext gestellt wird, dazu siehe Christoph Stiegemann (Hg.), Wunder Roms im Blick des Nordens von der Antike bis zur Gegenwart (Katalog zur Ausstellung im Erzbischöflichen Diözesanmuseum Paderborn), Petersberg 2017, 300f., auch Friedl (wie Anm. 5), 9–11.

92 Dopsch (wie Anm. 70), 44f.; Dopsch (wie Anm. 79), 66–68; Fried (wie Anm. 75), 51.

93 Dopsch (wie Anm. 70), 44; Zur „Reinigung“ eines Ortes als rituellem und politischem Akt siehe Jahn (wie Anm. 10), 61 mit Anm. 142.

94 Kraus (wie Anm. 73), 14.

95 Dopsch (wie Anm. 70), 50–55 (hier: 52–54); vgl. Dopsch (wie Anm. 79), 71f.; Jahn (wie Anm. 10), 63.

96 Jahn (wie Anm. 10), 54, 560.

97 Ebd., 556–560.

98 Dazu Freund (wie Anm. 81), 195–207. Freund geht davon aus, dass die Bedeutung von Regensburg zugunsten einer Aufwertung von Salzburg klein geschrieben wurde.

99 Zur Salzburger Domgrabung siehe Hermann Vetters, Vierter und fünfter Bericht über die Grabungen im Salzburger Dom, in: Mitteilungen der Gesellschaft für Salzburger Landeskunde 108 (1968), 1–21; Hermann Vetters, Die Grabungen im Salzburger Dom in den Jahren 1956–1958, in: Kunstchronik 11 (1958), 345–352.

100 Dopsch (wie Anm. 79), 71. Zum Christentum in Salzburg siehe unter anderem Heinrich Koller, Die bairische Kirchenorganisation des 8. Jahrhunderts: Ansätze, Konzepte, Verwirklichung, in: Egon Boshof / Hartmut Wolff (Hg.), Das Christentum im bairischen Raum. Von den Anfängen bis ins 11. Jahrhundert (Passauer historische Forschungen, 8), Köln/Weimar/Wien 1994, 273–289 (hier: 284f.). Die frühe Bistumsstruktur war an einen Lokalstaat, die *civitas*, geknüpft, wie ihn im östlichen Alpenraum etwa Augsburg, Lorch und Salzburg aufwiesen, während Regensburg als *castrum* mit Zivilsiedlung diese administrative Funktionsqualität damals nicht innehatte, vgl. Hartmut Wolff, Die Kontinuität der Kirchenorganisation in Raetien und Noricum bis an die Schwelle des 7. Jahrhunderts, in: Boshof / Wolff, 1–27 (hier: 4–6); Dopsch (wie Anm. 79), 71. Dieses Manko sollte durch die Historiographie des 8. Jahrhunderts gemildert werden. Wenn Arbeo die Legionslagermauer als weitgehend intakt beschreibt, so hatte dies auch zum Ziel, durch diese Zeichenhaftigkeit Regensburg über den Rang eines Legionslagers hinaus auf eine städtische Ebene mit Salzburg zu heben.

101 Belegstelle bei Johann Apfelthaler, Der Bildzyklus zum Leben des heiligen Rupert im Rupertusoratorium des Salzburger Domes, in: Eder / Kronbichler (wie Anm. 35), 123–140 (hier: 138).

102 Zur Herrschertaufe siehe Angenendt (wie Anm. 87), 143–168.

103 Für die Taufe Chlodwigs wird ein Zeitraum zwischen 496–506 diskutiert. Die Literatur zur Bedeutung und Wirkungsgeschichte der Taufe

Chlodwigs ist zahlreich, zuletzt unter anderem Matthias BECHER, Chlodwig I. Der Aufstieg der Merowinger und das Ende der antiken Welt, München 2011, 174–203 sowie hinsichtlich einer kritischen Würdigung der Darstellung der Taufe bei Gregor von Tours, 14–22, 175f., 183–185, und Johannes FRIED, Der Schleier der Erinnerung. Grundzüge einer historischen Memorik, München 2004, 335–344 (hier: 344, Zitat), ferner Wolfram VON DEN STEINEN, Chlodwigs Übergang zum Christentum. Eine quellenkritische Studie, Darmstadt 1969, vor allem 22–27; Alain DIERKENS, Die Taufe Chlodwigs, in: 183–191, dort auch die Taufe Chlodwigs bei Gregor von Tours, 184–188; Michel ROUCHE, Die Bedeutung der Taufe Chlodwigs, 192–199; Martin HEINZELMANN, Gregor von Tours: Die ideologische Grundlegung fränkischer Königsherrschaft, 381–388, vor allem 384–386, in: Die Franken. Wegbereiter Europas. Vor 1500 Jahren: König Chlodwig und seine Erben (Katalog einer Ausstellung des Reiss-Museums Mannheim 8. September 1996 – 6. Januar 1997), Mainz 1996.

104 Zit. nach GREGOR VON TOURS, Zehn Bücher Geschichten Band 1: Buch 1–5 (Gregorii Episcopi Turonensis, Historiarum Libri Decem, Volumen I: Libri I-V), II, 31, übersetzt von Wilhelm GIESEBRECHT, neubearbeitet von Rudolf BUCHNER (Ausgewählte Quellen zur deutschen Geschichte des Mittelalters, Freiherr vom Stein-Gedächtnisausgabe, 2), Berlin 1955, 119.

105 Michael SIERCK, Festtag und Politik. Studien zur Tagwahl karolingischer Herrscher, Köln 1995, 438–445 (hier: 439); ANGENENDT (wie Anm. 87), 144, 148.

106 Stephan FREUND, Von Tassilo zu Karl dem Großen: Die Salzburger (Erz-)Bischöfe und die Reichspolitik, in: KOLMER / ROHR (wie Anm. 70), 67–88 (hier: 74f., 83). Die Stelle ist einzig bei Aventinus überliefert und zu hinterfragen.

107 FREUND (wie Anm. 106), 75; Peter CLASSEN, Bayern und die politischen Mächte im Zeitalter Karls des Großen und Tassilos III., in: Die Anfänge des Klosters Kremsmünster. Symposion 15. – 18. Mai 1977, redigiert von Siegfried HAIDER, Linz 1978, 169–187 (hier: 175f.).

108 FREUND (wie Anm. 106), 83; CLASSEN (wie Anm. 107), 176.

109 Auffällig sind die vielen Illustrationen in der Buchmalerei, die Bonifatius bei der Spende der Taufe zeigen (zum Beispiel Fuldaer Sakramentar, um 975, Göttingen, Niedersächsische Staats- und Universitätsbibliothek; Fuldaer Sakramentar, Anfang 11. Jahrhundert, Bamberg, Staatsbibliothek).

110 Dazu WOOD (wie Anm. 70), 150.

111 Zum Beispiel bei OTTO VON FREISING, Chronik oder Die Geschichte der zwei Staaten (Ausgewählte Quellen zur deutschen Geschichte des Mittelalters; Freiherr-vom-Stein-Gedächtnisausgabe, 16), Darmstadt 1960, 419. Zeitweise wurde die Absetzung Tassilos III. aus Richtung der karolingischen Partei auch mit der Ermordung Emmerams begründet, siehe PRINZ (wie Anm. 19), 35.

112 HAMMER (wie Anm. 19), 169.

113 Stellvertretend sei hier der ehemalige Hochaltar des Augustiner-Chorherrenstifts Polling von 1446 mit seiner Tassilo-Legende erwähnt (Alte Pinakothek München).

114 JAHN (wie Anm. 10), 56/64.

115 Ebd., 49–54; CLASSEN (wie Anm. 107), 175f.

116 DOPSCH (wie Anm. 70), 48.

117 GEMEINER (wie Anm. 14), Bd. 1, 71; Peter SCHMID, Die Karolinger in Bayern. Herrscher im Zentrum des Ostfrankenreiches, in: SCHMID / WEIGAND (wie Anm. 19), 29–42 (hier: 39). Der Taufort Regensburg bleibt unerwähnt, doch hat sich die Wissenschaft auf die Donaustadt verständigt, dazu allgemein siehe Andreas KRAUS, Civitas regia. Das Bild Regensburgs in der deutschen Geschichtsschreibung des Mittelalters (Regensburger Historische Forschungen, Bd. 3), Kallmünz/Opf. 1972, 16; Klaus GAMBER, Die Taufspendung im Baptisterium der Regensburger Kathedrale unter Herzog Tassilo III., in: Paul MAI (Hg.), 850 Jahre Kollegiatstift zu den heiligen Johannes Baptist und Johannes Evangelist in Regensburg 1127–1977. Festschrift, München/Zürich 1977, 37–52 (hier: 38).

118 Generell zur Taufe und zum Taufort des Piastenfürsten siehe WIKIPEDIA-Artikel: https://de.wikipedia.org/wiki/Christianisierung_Polens, Abruf am 25.03.2017. Zuletzt zu dieser Frage aus archäologischer Sicht und als Plädoyer für Ostrów Lednicki: Sebastian RISTOW, Archäologie am Jahrestag einer Herrschertaufe, in: Archäologie in Deutschland 4, 2016, 56f. Hingegen St. Emmeram als Taufort: Andrea SCHMIDT-RÖSLER, Polen. Vom Mittelalter bis zur Gegenwart (Ost- und Südosteuropa), Regensburg 1996, 15. Zur Christianisierung Polens zuletzt Stanislaw ROSIK, Die Anfänge des Christentums in Polen, in: STIEGEMANN / KROCKER / WALTER (wie Anm. 27), 380–388 (hier: 380f.).

119 Zum Erhardibrunnen siehe WARTENBERG (wie Anm. 76), 19; Richard STROBEL, Romanische Architektur in Regensburg. Kapitell, Säule, Raum (Erlanger Beiträge zur Sprach- und Kunstwissenschaft, 20), Nürnberg 1965, 5, mit Anm. 38. Der hl. Erhard als Taufspender wird mit der sel. vogesischen Herzogin Ottilia verbunden, siehe WARTENBERG, 6; die „Vogesen" erscheinen als Querverbindung zur ersten fränkischen Missionierungswelle Bayerns.

120 Vgl. ANDREAS VON REGENSBURG, Sämtliche Werke, hg. von Georg LEIDINGER (Quellen und Erörterungen zur bayerischen und deutschen Geschichte, NF, 1), München 1903, 510, dort nur Tatsache der Taufe Theodos in Regensburg durch den hl. Rupert erwähnt, aber ohne weitere Ortsangabe oder Kirchenbenennung.

121 Philipp SCHNEIDER (Hg.), Konrads von Megenberg Traktat „De limitibus parochiarum civitatis Ratisbonensis". Ein Beitrag zur Geschichte des Pfarrinstituts aus dem 14. Jahrhundert, Regensburg/Rom/New York/Cincinnati 1906, 55/110. Siehe dazu auch Romuald BAUERREISS, Fons sacer. Studien zur Geschichte des frühmittelalterlichen Taufhauses auf deutschsprachigem Gebiet (Abhandlungen der Bayerischen Benediktiner-Akademie, 6), München-Pasing 1949, 36. RASELIUS (wie Anm. 43), 27, erwägt als Taufort auch die Pfarrkirche St. Ulrich; GAMBER (wie Anm. 117), vor allem 44–47.

122 BAUERREISS (wie Anm. 121), 72–77.

123 Johannes TURMAIR's, genannt Aventinus, Sämmtliche Werke I: Kleinere historische und philologische Schriften, München 1881, 50f. Diese Textstelle steht am Beginn des *frühneuzeitlichen* Dualismus zwischen Altötting und Regensburg um den Vorrang des ältesten Marienwallfahrtsortes Bayerns, dazu siehe aus Altöttinger Sicht auch STÖRMER (wie Anm. 78), 194f.

124 Zur Rolle der frühmittelalterlichen Christianisierung im Prozess der frühneuzeitlichen Staatswerdung unter besonderer Berücksichtigung von Bayern und Aventin siehe Stefan EHRENPREIS, Staatswerdung und Bekenntnis. Der Blick des konfessionellen Zeitalters auf die frühmittelalterliche Christianisierung, in: STIEGEMANN / KROCKER / WALTER (wie Anm. 27), 459–467.

125 RASELIUS (wie Anm. 43), 27; diese Jahreszahl wird auch genannt von Martin Eisengrein, Altötting, vgl. SCHMID 1922 (wie Anm. 1), 4/6. Daneben weitere Jahreszahlen, zum Beispiel 614: Inschrift Portal, 616: KRAUS (wie Anm. 73), 240.

126 SCHNEIDER (wie Anm. 121), 118, 122; siehe auch SCHMID 1922 (wie Anm. 1), 6.

127 HOLZFURTNER (wie Anm. 32), 52.

128 Karl Heinrich Krüger, Zur Geschichte des Klosters Corvey, in: Sveva Gai / Karl Heinrich Krüger / Bernd Thier, Die Klosterkirche Corvey, Bd. 1.1: Geschichte und Archäologie (Denkmalpflege und Forschung in Westfalen, Bd. 43.1.1), Darmstadt 2012, 19–104 (hier: 30–32) (Corvey als karolingische Memorialstiftung).

129 Coelestin Vogl, Mausoleum Oder Herrliches Grab, Deß Bayrischen Apostels und Blut-Zeügens Christi S. Emmerami, Straubing ^{2}1672, Vorspann (ohne Seitenzählung).

130 Schmid 1922 (wie Anm. 1), 4f. Die starke Betonung des rechtmäßigen katholischen Ritus im Ablassbrief von 1687 ist zweifelsohne eine Anspielung auf die Kirchen protestantischen Bekenntnisses in der Stadt Regensburg. Die Rekonzilierung von Kirchen war ein Vorgang, der besonders im Zusammenhang mit der Neuweihe ehemals arianischer Kirchen nach Übernahme durch die katholisch orthodoxe (Orthodoxie: „Rechtmäßigkeit") Kirche begegnet, im großen Maßstab im 6. Jahrhundert in Ravenna nach Übergang der Stadt von der ostgotischen an die byzantinische Herrschaft unter Bischof Agnellus 556/567–569/570), dazu Agnellus (wie Anm. 20), 337–345, und Carola Jäggi, Ravenna. Kunst und Kultur einer spätantiken Residenzstadt. Die Bauten und Mosaiken des 5. und 6. Jahrhunderts, Regensburg ^{2}2016, 169f.

131 Zum Beispiel auch Stift Pfaffenmünster bei Straubing, siehe Michael Schmidt, Die Stadtpfarrkirche St. Jakob in Straubing – zwischen Hans von Burghausen und den Brüdern Asam. Anmerkungen zur Bau- und Ausstattungsgeschichte, in: Werner Schäfer (Red.), Päpstliche Basilika und Stadtpfarrkirche St. Jakob in Straubing. Festschrift zur Innenrenovierung, Straubing 2016, 184–218 (hier: 202).

132 Schmid 1922 (wie Anm. 1), 4/6; Wolfram (wie Anm. 19), 126f.

133 Otto von Freising (wie Anm. 111), 411.

134 Raselius (wie Anm. 43), 29. Der Feldzug Karls des Großen von Regensburg aus in den Jahren 791 bis 793 gegen die Awaren verschmolz im Mythos mit dem Feldzug des Hunnenkönigs Attila drei Jahrhunderte zuvor und war durch eine bereits in den Reichsannalen vorgenommene Gleichsetzung der Begriffe Awaren und Hunnen möglich geworden, siehe Klaus Rosen, Attila. Der Schrecken der Welt, München 2016, 249f. Das Zentrum des Karlsgedenkens in Regensburg, ausformuliert durch Konrad von Megenberg 1373, war das iroschottische Kloster Weih-St.-Peter, wo in einem Freskenzyklus des Kreuzgangs sowohl die Awarenschlacht als auch die legendarische Gründung des Priorats durch Karl den Großen dargestellt waren, siehe Raselius (wie Anm. 43), 29, vgl. Schneider (wie Anm. 121), 113f. Zur Schotten-Legende allgemein Kraus (wie Anm. 117), 86–89, mit weiterführender Literatur. Kritik an der Schotten-Legende als Erfindung der Schotten bei Raselius (wie Anm. 43), 29.

135 Gemeiner (wie Anm. 14), Bd. 1, 60.

136 Bei Renovierung 1863/64 (Vorabend der Reichsgründung!) wurden der hl. Bonifatius und Karl der Große jeweils an einem Chorseitenfenster durch die Regensburger Firma Matthäus Schneider dargestellt, siehe Joseph Lukas, St. Cassian und seine Kirche in Regensburg. Zur feierlichen Consekration dieser Kirche am 10. Juli 1865, Regensburg 1865, 28. Die Fenster wurden im Zuge der Maßnahme 1906/1909 wieder ausgebaut.

137 Raselius (wie Anm. 43), 78. Interessant ist die Erwähnung der Bleideckung, die als besonders hochwertig galt und im frühen Mittelalter nur wenigen Gebäuden vorbehalten war, zum Beispiel der Aachener Pfalzkapelle.

138 Siehe Haas / Schnieringer (wie Anm. 24), 112–119, 122f. Bauforscherisch gesichert scheint lediglich, dass die unteren Mauerbereiche der Westwand der Stiftskirche in karolingische Zeit zurückreichen. Zu weiteren Aussagen reichen die derzeit vorliegenden Baubefunde nicht aus. Anders lautende Überlegungen zur Rekonstruktion der Ludwigskirche, zum Beispiel Schmid 2000 (wie Anm. 5), 13f. mit Anm. 13, sind ohne gesicherten Befund.

139 Andreas von Regensburg (wie Anm. 120), 11; Mader (wie Anm. 58), 24; Gemeiner (wie Anm. 14), Bd. 1, 247, 268.

140 So Hoernes (wie Anm. 46), 127; gegen diese Auffassung formulieren angesichts des fehlenden bauhistorischen Befundes Vorbehalte Haas / Schnieringer (wie Anm. 24), 119.

141 Ortsakte BLfD, „Regensburg, Stiftskirche Unserer Lieben Frau zur Alten Kapelle, 1947–1957", Schreiben des Museums der Stadt Regensburg, gez. Dr. Walter Boll, an das BLfD vom 16.5.1957.

142 Haas / Schnieringer (wie Anm. 24), 119; in diesem Sinne auch Walter Boll im Schreiben vom 16.5.1957 (wie Anm. 141): *„Es zeigt sich, was bereits auch im Inventarwerk vermutet wird, daß die Ost- wie auch die Westmauer blind an die Langhausmauer angestoßen ist, also daß diese Mauern zum mindesten später sein müssen. Ist dieser Kapellenbau überhaupt älteren Datums, so kommt hierfür nur die Untersuchung der erhaltenen untersten Teile der Nordmauer in Frage."* Vgl. Winfried Leonhardt, Die Alte Kapelle in Regensburg und die karolingische Pfalzanlage. Eine baugeschichtliche Untersuchung (Monographien des Bauwesens, 3; Zeitschrift für Bauwesen, 75), Berlin 1925, 5f.; Karl Zahn, Die Ausgrabung des romanischen Domes in Regensburg, München 1931, 88f.

143 Hoernes (wie Anm. 46), 124–127.

144 MGH [Monumenta Germaniae Historica], Diplomata (Urkunden), Die Urkunden der deutschen Könige und Kaiser, Bd. 2/1: Die Urkunden Otto des II., bearb. von Theodor Sickel, Hannover 1888, 21f., Nr. 14; Schmid 1922 (wie Anm. 1), 10: Urkunde vom 15.10.967; Schmid 2014 (wie Anm. 5), 66; Schmid (wie Anm. 18), 237.

145 Schreiben des BLfD an die Administration der Alten Kapelle vom 31.7.1957, gez. [Generalkonservator] Dr. H.[einrich] Kreisel (Ortsakte BLfD, „Regensburg, Stiftskirche Unserer Lieben Frau zur Alten Kapelle, 1947–1957").

146 MGH [Monumenta Germaniae Historica], Diplomata (Urkunden), Die Urkunden der deutschen Könige und Kaiser, Bd. 3: Die Urkunden Heinrichs II. und Arduins, bearb. von Harry Bresslau, Hermann Bloch, Robert Holzmann unter anderem, Hannover 1900–1903, 31, Nr. 28. Datumsangabe bei Schmid 1922 (wie Anm. 1), 12, 16.11.1002, ist falsch.

147 Zu Tagino siehe Weinfurter (wie Anm. 5), 122–125. Die Berufung Taginos bereits 1004 zum Magdeburger Erzbischof, also nur zwei Jahre nach seiner Regensburger Bestellung zum Propst der Alten Kapelle, ist wohl Indiz dafür, dass Heinrich II. seine ursprünglichen Pläne mit der Alten Kapelle sehr schnell wieder aufgegeben hat.

148 Zu den Vorgängen siehe Zaisberger (wie Anm. 35), 126.

149 Friedl (wie Anm. 5), 27f., zuletzt in diesem Sinne auch Hubel (wie Anm. 5), 52.

150 Dazu Holger A. Klein, Zwischen *maniera greca* und *maniera italiana*. Das Gnadenbild der Alten Kapelle und seine künstlerischen Vorbilder, in: Susanne Böning-Weis / Harald Giess / Karlheinz Hemmeter / Marika Menath / Eva Wagner (Red.), Die Alte Kapelle in Regensburg (Arbeitshefte des Bayerischen Landesamtes für Denkmalpflege, 114), München 2001, 93–110 (hier: 93f.).

151 Joseph Wilpert / Walter N. Schumacher, Die römischen Mosaiken der kirchlichen Bauten vom IV. – XII. Jahrhundert, Freiburg i. Breisgau/Basel/Wien 1976, 67–72.

152 Friedl (wie Anm. 5), 29–31, Zitat 31, erkennt eine direkte Rombindung Ludwigs des Deutschen nicht, hielt den König diesbezüglich für

unambitioniert. Dieses Bild lässt sich indes nicht gänzlich aufrechterhalten, siehe HARTMANN (wie Anm. 21), 120–122, 204. Danach strebte Ludwig ab 876 nach der Kaiserkrone, um mit Kaiser Karl dem Kahlen gleichzuziehen und suchte in diesem Zusammenhang den Kontakt zum Papst in Rom. Bereits zeitgenössische Urkunden, vor allem aber die Rezeption nach Notker von St. Gallen unterlegten seine Herrschaft selbstredend mit dem *imperator*-Titel.

153 Ferdinand JANNER, Geschichte der Bischöfe von Regensburg, Bd. 1, Regensburg 1883, 228.

154 BAUERREISS (wie Anm. 121), 74f., 77.

155 WEINFURTER (wie Anm. 5), 49.

156 DUCHESNE (wie Anm. 83), Bd. 2, 392: „*Positis igitur exterius castris et deliberato festinanter consilio, atque dispositis que ad coronationem spectabant, eadem die, ante horam tertiam, rex ad gradus beati Petri armatorum maxima multitudine stipatus accessit; ibique depositis vestibus quas gerebat, sollempniori habitu se induit, et ad ecclesiam beate Marie in Turri in qua eum ante altare pontifex expectabat ascendens, genua sua fixit coram eo et manus suas inter ipsius pontificis manus imponens, consuetam professionem et plenariam securitatem, secundum quod in Ordine continetur, publice exhibuit sibi.*“, Werner MEYER-BARKHAUSEN, Die frühmittelalterlichen Vorbauten am Atrium von Alt St. Peter in Rom. Zweitürmige Atrien, Westwerke und karolingisch-ottonische Königskapellen, in: Wallraf-Richartz-Jahrbuch 20 (1958), 7–40 (hier: 22); WIKIPEDIA-Artikel „Santa Maria in Turri“ (https://en.wikipedia.org/wiki/Santa_Maria_in_Turri, Abruf am 14.01.2016); Frank G. HIRSCHMANN, Die Anlage „heiliger Städte“. Bischöfliches Bauen um die Jahrtausendwende, in: Christoph STIEGEMANN / Martin KROKER (Hg.), Für Königtum und Himmelreich. 1000 Jahre Bischof Meinwerk von Paderborn (Katalog zur Jubiläumsausstellung im Museum in der Kaiserpfalz und im Erzbischöflichen Diözesanmuseum Paderborn 2009/2010), Regensburg 2009, 214–227 (hier: 216); FRIEDL (wie Anm. 5), 14–17.

157 SCHMID 1911 (wie Anm. 1), 85, Nr. 449, Urkunde vom 3.9.1392, vgl. KLEIN (wie Anm. 150), 93.

158 Zit. nach KLEIN (wie Anm. 150), 93.

159 Cornelia RINGER, Das Gnadenbild aus der Alten Kapelle in Regensburg. Technologische Untersuchung und deren Wirkung, in: BÖNING-WEIS / GIESS / HEMMETER / MENATH / WAGNER (wie Anm. 150), 73–82.

160 In diesem Sinne auch HUBEL (wie Anm. 5), 53.

161 Dazu Jenny WISCHNEWSKY, Madonna Ara Coeli aus dem Veitsdom, in: Jiří FAJT / Markus HÖRSCH (Hg.), Kaiser Karl IV. 1316–2016 (Ausstellungskatalog der Ersten Bayerisch-Tschechischen Landesausstellung, Nationalgalerie in Prag unter anderem vom 14./15. Mai bis 31. August/25. September 2016, Germanisches Nationalmuseum Nürnberg vom 20. Oktober 2016 bis 5. März 2017), Prag 2016, 387, Nr. 7.3.

162 WEINFURTER (wie Anm. 5), 12.

163 PARICIUS (wie Anm. 9), 348; WEINFURTER (wie Anm. 5), 12f., 271; SCHMID 1922 (wie Anm. 1), 253f. Ein ähnliches Phänomen mit reicher Wirkungsgeschichte bilden die sogenannten Heinrichsgewänder im Bamberger Dom, dazu siehe Renate BAUMGÄRTEL-FLEISCHMANN, Die Kaisermäntel im Bamberger Domschatz, in: Historischer Verein Bamberg, 133. Bericht (1997), 93–116.

164 BETZ 2002 (wie Anm. 13), 149; BETZ 1978 (wie Anm. 5), 47–49.

165 Bernhard LÜBBERS, „*Iniquum et absurdum est, ut novi praeferantur antiquis.*“ Die Rangstreitigkeiten zwischen den hochadeligen Damenstiften Nieder- und Obermünster in Regensburg und ihr Höhepunkt im ausgehenden 17. Jahrhundert, in: Beiträge zur Geschichte des Bistums Regensburg 42 (2008), 287–315.

166 SCHMID 1922 (wie Anm. 1), 248; BETZ 2002 (wie Anm. 13), 148; BETZ 1978 (wie Anm. 5), 46.

167 Zu Altötting siehe STÖRMER (wie Anm. 78).

168 MERIAN (wie Anm. 9), 39, nennt als Daten der Errichtung der Heiligen Kapelle das Jahr 616 oder nach einer alten Inschrift, und für ihn glaubwürdiger, das Jahr 575. Die Mirakeltafel im Umgang der Heiligen Kapelle nennt die Jahreszahl 572.

169 MERIAN (wie Anm. 9), 39.

170 Michael WENING, Des Churfürsten- und Herzogthums Ober- und Nidern Bayrn Landes-Beschreibung Anderer Thail: Rent-Ambt Burghausen 1721, 29. Dazu auch STÖRMER (wie Anm. 78), 196.

171 TROPHAEA BAVARICA. Bayerische Siegeszeichen. Faksimilierter Nachdruck der Erstausgabe München 1597 mit Übersetzung und Kommentar, hg. von Günter HESS / Sabine M. SCHNEIDER / Claudia WIENER (Jesuitica, 1), Regensburg 1997, 53. Das skulpturale Programm der Fassade von St. Michael ist in hohem Maße durch Aventinus geprägt, siehe Christian LOHMER, Mythos Agilolfinger. Das Nachleben der Bayernherzöge in Mittelalter und Neuzeit, in: KOLMER / ROHR (wie Anm. 70), 191–210 (hier: 201f.).

172 Benediktuskapelle als „*Hauskapelle des deutschen Ludwig*“ bei JANNER (wie Anm. 153), 230; erste Hofkapelle, GEMEINER (wie Anm. 14), Bd. 2, 266; WALDERDORFF (wie Anm. 7), 251; vgl. auch Heuwieser (wie Anm. 18), 114. Zu St. Erhard und der Maria Läng-Kapelle WARTENBERG (wie Anm. 76), 6; NIEDERMAYER (wie Anm. 40), 180: „*wohl das älteste gottesdienstliche Gebäude in Regensburg nächst der Krypta zu U. L. Frau in der Länge*“ sowie ERHARDI-CRYPTA (wie Anm. 79), 1, dagegen bereits HEUWIESER (wie Anm. 18), 123f.; vgl. auch STROBEL (wie Anm. 119), 5.

173 Die Pfalz war der „klassische“ adlige Taufort, siehe ANGENENDT (wie Anm. 87), 154.

174 Zit. nach GUMPELZHAIMER (wie Anm. 58), Bd. 1, 55; Ausgangsstelle siehe VOGL (wie Anm. 129), 10; KRAUS (wie Anm. 73), 14.

175 Georg A. RESCH, Der Heiden- oder Römerthurm zu Regensburg, Regensburg 1816, 7.

176 Zum Beispiel überbaut der romanische Kirchturm von St. Remigius in Ingelheim eine Taufpiscina des 6./7. Jahrhunderts. Die Ergebnisse der archäologischen Grabungen 2012/2013 bei GREWE (wie Anm. 41), 60–63.

177 SCHLEMMER (wie Anm. 35), 255–258.

178 GUMPELZHAIMER (wie Anm. 58), Bd. 1, 56.

179 Anselm GODIN, Ratisbona Politica / Statisches Regensburg: Das ist Erster Theil des erneuerten Mausoloei oder Herrlich-gezierten Grabs Deß Bayrischen Apostels und Blut-Zeugens S. Emmerami, Regensburg 1729, 210.

180 GUMPELZHAIMER (wie Anm. 58), Bd. 1, 56.

181 Ebd.

182 Wie Anm. 1 und 3.

183 GODIN (wie Anm. 183), 57, Anspielung auf die Abtretung der Ostmark unter Kaiser Friedrich I. 1156. Sowohl um 1200 und als auch im Zeitalter des Humanismus wurde der alte bairische Titel des Landes „*Boiariae*“ wiederaufgegriffen (vgl. Aventinus *Annales Ducum Boiariae*).

184 Altötting wurde immer als Bestandteil von Noricum gesehen, siehe z.B. HUND (wie Anm. 45), 1. Zur Folie Altötting siehe STÖRMER (wie Anm. 78), 205–207.

185 SCHMID 1922 (wie Anm. 1), 4.

186 Godin (wie Anm. 183), 62–64: dort Behauptung, Rupert sei von den Arianern aus Worms vertrieben worden.

187 Zur „Reise" des Gnadenbildes durch verschiedene Regensburger Kirchen zuletzt Schmidt (wie Anm. 57), 71/73.

188 Gemeiner (wie Anm. 14), IV, 375.

189 Negativ zur Umfassungsmauer äußert sich Walderdorff (wie Anm. 7), 263.

190 Godin (wie Anm. 183), 58. Die Entsprechung Petrus – Rupert war in der Barockzeit verbreitet und wurde insbesondere von der Erzabtei St. Peter in Salzburg propagiert, siehe Wilhelm Messerer, Zur Ikonographie romanischer Plastik im Salzburger Kunstkreis, in: Mitteilungen der Gesellschaft für Salzburger Landeskunde 117 (1977), 143–157 (hier: 144). So lautet die Umschrift am barocken Rupertusgrab in der dortigen Klosterkirche St. Peter: *„Jener auf lauter Felsen baut, der Petro seine Kirch vertraut."*

191 Vgl. dazu Susanne Mayer-Himmelheber, Bischöfliche Kunstpolitik nach dem Tridentinum. Der Secunda-Roma-Anspruch und die mailändischen Verordnungen zu Bau und Ausstattung von Kirchen (tuduv-Studien, Reihe Kunstgeschichte, Bd. 11), München 1984, (hier: Kap. 19), 141–146.

192 Jahreszahl nach Preis + Preis, Untersuchungsbericht Regensburg, Stiftskirche Unsere Liebe Frau zur Alten Kapelle, Maria-Vermähl-Kapelle, Raumschale (unveröffentlicht; ein Exemplar beim Bayerischen Landesamt für Denkmalpflege), Parsberg/Regensburg 1995, 1.

193 Dazu Hoernes (wie Anm. 46), 127 mit Abb. 63, 126; Michael Schmidt, Der Schlussstein des heiligen Kassian und die Baugeschichte der Stiftspfarrkirche „um 1300", in: Michael Feil / Christian Wanninger, Die Stiftskirche St. Kassian. Regensburgs älteste Pfarrkirche, Regensburg 2015, 59–69 (hier: 66).

194 Erstbeleg bei Gumpelzhaimer (wie Anm. 58), Bd. 1, 50. Populär wurde die These dann durch die Übernahme in das Adressbuch der Stadt Regensburg von 1841, dazu Betz (wie Anm. 5), 18.

195 Merian (wie Anm. 9), 46f.

196 Dazu siehe Betz (wie Anm. 5), 18. Andere Positionen vertritt Franz Dietheuer, Die beiden Beichtfiguren am Nordportal der Alten Kapelle zu Regenburg, in: VHVO 129 (1989), 223–235 (hier: 225).

197 Mettenleiter (wie Anm. 20), 78. Auffällig ist, dass in der Aufzählung zwischen der Marienkapelle und der „königlichen Hofkapelle" unterschieden wird, vgl. dazu Hinweis zur Benediktuskapelle bei den Chronisten, siehe Anm. 169.

198 Eder / Kronbichler (wie Anm. 35), 334f., Nr. 94f.

199 Susanne Rott-Freund, Frau Arsenio Mascagni (ca. 1570–1637) und der Beginn der barocken Deckenmalerei nördlich der Alpen (Studien zur Kunstgeschichte, 82), Hildesheim/Zürich/New York 1994, 85–94, 120f.; Apfelthaler (wie Anm. 101), 123–140.

200 Dazu Senekovic (wie Anm. 66), 365ff., 392; Rolf Quednau, Silvesterlegende und Konstantinische Schenkung, in: Alexander Demandt / Josef Engemann (Hg.), Konstantin der Große – Imperator Flavius Constantinus (Katalog zur Landesausstellung zur Kulturhauptstadt 2007 Luxemburg und Großregion vom 2. Juni bis 4. November 2007 in Trier), Mainz 2007, 434–443 (hier: 442).

201 Zur Kapelle Maria Läng siehe Hans Ramisch, Kapelle Maria Läng Regensburg (Schnell, Kunstführer, 866), Regensburg [5]2009, mit weiterführenden Hinweisen zu den Archivalien und zur Literatur.

202 Ortsakte BLfD „Regensburg, Stiftskirche Unserer Lieben Frau zur Alten Kapelle", Sonderordner „Geschichte", Rechnung Guntram Lautenbacher, undatiert, ca. 1937.

203 Gumpelzhaimer (wie Anm. 58), Bd. 3, 1620; Angabe der Errichtung 1440 bei Mettenleiter (wie Anm. 20), 77, unzutreffend.

204 Einen vergleichbaren Aufbau bildete die Ehrenpforte für Kaiser Franz Stephan I. und Maria Theresia beim Weintor anlässlich des Besuchs des Kaiserpaares 1745, dazu Gabriele Adlhoch, Die Durchreise von Kaiser Franz I. und Maria Theresia am 22. Oktober 1745, in: Karl Möseneder (Hg.), Feste in Regensburg, Von der Reformation bis in die Gegenwart, Regensburg 1986, 346–360 (hier: 347), Abb. 99; Zitat bei Mettenleiter (wie Anm. 20), 77.

205 Zit. nach Mettenleiter (wie Anm. 20), 77.

206 Zit. nach Betz 2002 (wie Anm. 13), 136. Jahreszahl „616" auch bei Kraus (wie Anm. 73), 240 und Gumpelzheimer (wie Anm. 58), Bd. 1, 47. Abweichend Walderdorff (wie Anm. 7), 262, mit Verweis auf die ehedem über dem Altar befindliche Jahreszahl „614".

207 Vgl. Betz (wie Anm. 5), 25.

208 Angelika Marsch, Friedrich Bernhard Werner 1690–1776. Corpus seiner europäischen Stadtansichten, illustrierte Reisemanuskripte und der Topographien von Schlesien und Böhmen-Mähren, Weißenhorn 2010, 299–301 und 306, Abb. 428.

209 Jahreszahl nach Gumpelzhaimer (wie Anm. 58), Bd. 3, 1620. Diese Aufstellung der beiden Skulpturen blieb in der Forschung zur Karmelitenkirche St. Joseph bisher unbeachtet. Auf dem Areal des späteren Karmelitenklosters St. Joseph befanden sich ursprünglich die Reste der alten und verfallenen Pfalz an der Ostseite des Alten Kornmarktes, die durch Schenkung Kaiser Heinrichs II. (1024 durch Kaiser Konrad II. bestätigt) zunächst an die Freisinger Kirche übergegangen waren und für lange Zeit den sogenannten Freisinger Hof bildeten, siehe Peter Schmid, Ratispona metropolis Baioariae. Die bayerischen Herzöge und Regensburg, in: Peter Schmid (Hg.), Geschichte der Stadt Regensburg, 2 Bde., hier Bd. 1, Regensburg 2000, 51–101 (hier: 59). Durch diese Traditionslinie hat das Karmelitenkloster indirekt auch Anteil an Heinrich und Kunigunde, was in den Giebelfiguren zum Ausdruck kommt.

210 Mettenleiter (wie Anm. 20), 78.

211 Schmid 1922 (wie Anm. 1), 2f. Davon abweichende Angaben bei Preis + Preis, Untersuchungsbericht Regensburg, Stiftskirche Unsere Liebe Frau zur Alten Kapelle, Vituskapelle, Raumschale (unveröffentlicht; ein Exemplar beim Bayerischen Landesamt für Denkmalpflege), Parsberg/Regensburg 1995, 1.

212 Walderdorff (wie Anm. 7), 261.

213 Zitat Mettenleiter (wie Anm. 20), 77f., Datierungen nach Niedermayer (wie Anm. 40), 146. Kritik an Datierung des Taufsteins bei Janner (wie Anm. 153), 229.

214 Walderdorff (wie Anm. 7), 262.

215 Mettenleiter (wie Anm. 20), 78f.

216 Ortsakte BLfD „Regensburg, Stiftskirche Unserer Lieben Frau zur Alten Kapelle", UA 1914–1946, Schreiben des Landbauamtes Regensburg vom 30.10.1944 an den Regierungspräsidenten in Regensburg: *„Durch die Bombenvolltreffer auf der Nordseite der Alten Kapelle wurde die Vermählungskapelle zerstört und die nordwestl. Ecke der Umfassungswand der Kirche teilweise eingedrückt. Der nördl. Kircheneingang wurde ebenfalls bis auf den äußeren Portalteil vollständig zerstört."* In der als Anlage beigefügten „überschlägigen Kostenberechnung" ebenfalls vom 30.10.1944, wird das Ausmaß der Schäden nochmals benannt: *„17. Vermählungskapelle – Vollständig zerstört (...)", „18. Nördl. Eingangshalle – Vollständig zerstört, bis auf die nördl. Zugangsmauer; die Zugangsmauer ist aber baufällig (...)", „19. Vituskapelle (Taufkapelle) – Zerstört bis auf ein Stück baufällige Umfassungswand und ein baufälliges Gewölbe.";* Zum Wiederaufbau

siehe auch Ortsakte BLfD, „Regensburg, Stiftskirche Unserer Lieben Frau zur Alten Kapelle, 1947–1957“.

217 Ortsakte BLfD, „Regensburg, Stiftskirche Unserer Lieben Frau zur Alten Kapelle, 1958–1964“, Schreiben des BLfD (Dr. Hörmann) an die Administration der Alten Kapelle vom 10.1.1958, gez. [Generalkonservator] Dr. H.[einrich] Kreisel.

218 GEMEINER (wie Anm. 14), Bd. 1, 38; METTENLEITER (wie Anm. 20), 28; NIEDERMAYER (wie Anm. 40), 181; Zum Folgenden Michael SCHMIDT, *Geschichte* als Wirkprinzip. Die Restaurierungen der St. Kassianskirche Regensburg im Spiegel ihrer Zeit, in: FEIL / WANNINGER (wie Anm. 193), 23–36 (hier: 26f.).

219 HEUWIESER (wie Anm. 18), 129.

220 NIEDERMAYER (wie Anm. 40), 181.

221 RASELIUS (wie Anm. 43), 30.

222 GUMPELZHAIMER (wie Anm. 58), Bd. 1, 62.

223 RASELIUS (wie Anm. 43), 30.

224 Ebd., 30.

225 PARICIUS (wie Anm. 9), 485.

226 Michael SCHMIDT, Der Schlussstein des heiligen Kassian und die Baugeschichte der Stiftspfarrkirche „um 1300“, in: FEIL / WANNINGER (wie Anm. 193), 59–69 (hier: 59–61, 68f.); Michael SCHMIDT, Der Schlussstein des heiligen Kassian – deponiert und wieder geborgen. Ein ungewöhnlicher Skulpturenfund aus der Stiftspfarrkirche St. Kassian, in: Denkmalpflege in Regensburg 12 (2011), 51–60. Stellvertretend für ähnlich geartete Fälle einer Deponierung eines mittelalterlichen Kunstwerks in der Zeit der Renaissance und des Barock siehe Edmund MELZL, Eine Beweinung-Christ-Gruppe in der Landshuter Stadtpfarrkirche St. Jodok entdeckt, in: Denkmalpflege-Informationen 102 (1995), 6f. Der Begriff „Deponia pia“ wurde geprägt von Hans DÜNNINGER, Deponia pia, in: Jahrbuch für Volkskunde NF 1 (1978), 238–240.

227 Zit. nach METTENLEITER (wie Anm. 20), 19f.; SCHMIDT (wie Anm. 184), 24–32.

228 Jolanda DREXLER / Achim HUBEL (Bearb.), Georg Dehio, Handbuch der Deutschen Kunstdenkmäler, Bayern V: Regensburg und die Oberpfalz, München/Berlin 1991, 521.

229 So SYDOW (wie Anm. 17), 454f.

230 Dazu vor allem SCHMIDT (wie Anm. 226); Silvia CODREANU-WINDAUER, Archäologische Untersuchungen zur frühen Baugeschichte von St. Kassian, in: FEIL / WANNINGER (wie Anm. 193), 51–58, vor allem 56–56; ferner Silvia CODREANU-WINDAUER, St. Kassian – ein Nachtrag, in: Beiträge zur Archäologie in der Oberpfalz und in Regensburg 11 (2015), 397–412.

231 NIEDERMAYER (wie Anm. 40), 182, spricht von *„Überkleidung“*.

232 So Meinrad VON ENGELBERG, Renovatio Ecclesiae. Die ‚Barockisierung‘ mittelalterlicher Kirchen (Studien zur internationalen Architektur- und Kunstgeschichte, 23), Petersberg 2005, 599–601 (hier: 601): *„Niemand wird St. Kassian als eine besonders schöne oder gelungene ‚Barockisierung‘ betrachten. Renovatio zeigt sich hier als kompromißbereite Lösung praktischer Probleme, die routiniert und ohne ästhetische Skrupel oder Prätentionen von versierten Fachleuten durchgeführt wird. Sie ist nicht Ausdruck einer neuen Hochachtung für das Mittelalter, sondern eines pragmatischen Umgangs mit einem Erbe, in dem man sich, manchmal mehr schlecht als recht, einzurichten versteht.“* – Dagegen SCHMIDT (wie Anm. 189), 30.

233 Zum Folgenden SCHMIDT 2015 (wie Anm. 226), vor allem 62.

234 Josef GERL, Die Marienverehrung durch das Stiftskapitel der Alten Kapelle. Anfänge und Rezeption, in: Paul MAI (Hg.), Kollegiatstift Unserer Lieben Frau zur Alten Kapelle in Regensburg 1002–2002 (Katalog zur Ausstellung in der Bischöflichen Zentralbibliothek Regensburg 15. Juli bis 11. Oktober 2002; Kataloge und Schriften des Bischöflichen Zentralarchivs und der Bischöflichen Zentralbibliothek Regensburg, 18), Regensburg 2002, 101–108 (hier: 106f.); SCHMIDT (wie Anm. 218), 28.

235 Zit. nach GERL (wie Anm. 234),106.

236 Zum Säulenmartyrium des hl. Kassian siehe PARICIUS (wie Anm. 9), 488.

237 ANDERGASSEN (wie Anm. 20), 361, 382–387; Leo ANDERGASSEN, der Dom zu Brixen. Geschichte, Raum, Kunst (Veröffentlichungen des Südtiroler Kulturinstitutes, 8), Bozen 2009, 74–78, mit Anm. 43–45; Johann KRONBICHLER, Paul Troger: 1698–1762, Berlin/München 2012, 255–261.

238 Annahme eines Martyriums unter Kaiser Julian unter anderem bei METTENLEITER (wie Anm. 20), 14. Das Martyrium des hl. Kassian, mit seiner insbesondere in der Barockzeit unterlegten antirömischen und antipaganen Haltung, bot gleich in mehrfacher Hinsicht Anlass für Spekulationen und sorgte bereits unter den Brixener Historikern im 18. Jahrhundert für Diskussionen. Zur Frage der Historizität des hl. Kassian im Kontext des Brixener Historikerstreits siehe ANDERGASSEN (wie Anm. 20), 384–390; ANDERGASSEN (wie Anm. 237); Anton ROSCHMANN, Conjecturae pro Asserendo Episcopatu Sabionensi S. Cassiani Martyris Imolensis, Brixen 1748; Joseph RESCH, Annales ecclesiae Sabionensis nunc Brixinensis, 2 Bde., Augsburg 1755/1767. Zum Ersten gab es keine offizielle Christenverfolgung unter Kaiser Julian, allenfalls lokale Übergriffe, siehe PFEILSCHIFTER (wie Anm. 64), 94f., 98, möglich auch ein Reflex des pejorativen Julianbildes, siehe Klaus ROSEN, Julian. Kaiser, Gott und Christenhasser, Stuttgart 2006, 394–462. Unter Umständen könnte man den Lehrertod aber im Kontext der Zeit, vor allem als Widerspiegelung der weltanschaulichen Gesamtdiskussion Christentums versus Neuplatonismus, sehen. Zum Zweiten wurde bereits unter den Bollandisten 1737 in Brixen diskutiert, inwieweit das Kassians-Bild aus der Überlagerung zweiter verschiedener Heiliger gleichen Namens entstanden sein könnte bzw. inwieweit es zwei Kassiane gegeben habe, einen hl. Kassian in Imola und einen hl. Kassian in Säben. Von Interesse ist, dass die *Acta Martyrum* des Thierry Ruinart von 1731, die Leben und Martyrium eines anderen gleichnamigen Kassian publizierten, in Regensburg nachgewiesener Maßen bekannt waren: Der Eingang eines Exemplars von Thierry RUINART, Acta Martyrum, Verona 1731, wurde im Jahr 1740 im Kloster St. Emmeram in Regensburg vermerkt (Exemplar mit handschriftlichem Eingangsvermerk auf Seite 2 heute im Bestand der Staatlichen Bibliothek Regensburg, Signatur 999/2Hist.eccl.246).

239 Zu dem Kampf des hl. Kassian in Säben gegen die *„Abgötterei“* aus Regensburger Sicht siehe PARICIUS (Anm. 9), 487f.

240 Dazu RICHTER (wie Anm. 53), vor allem 33–74, 98–121.

241 Hans KARLINGER, Die romanische Steinplastik in Altbayern und Salzburg 1050–1260 (Denkmäler der deutschen Kunst), Augsburg 1924, 35–38. Kunsthistorische Einordnung der Figurengruppe durch Bezüge zum Tympanon des Moosburger Westportals, aus der Zeit 1171 bis 1184, dem Schottenportal an St. Jakob in Regensburg (vor 1181 fertiggestellt) oder dem Reliefstein für Kaiser Friedrich Barbarossa im Kreuzgang von St. Zeno in Bad Reichenhall (um 1170).

242 Eine Ehrenrettung der bisherigen Deutung durch BETZ (wie Anm. 5), 15–17; DIETHEUER (wie Anm. 196).

243 Mechthild MODERSOHN, Natura als Göttin im Mittelalter. Ikonographische Studien zu Darstellungen der personifizierten Natur (Acta humaniora), Berlin 1997, 121.

244 Peter MORSBACH, Die romanischen Portalskulpturen der Alten Kapelle in Regensburg. Kritische Bemerkungen zu altbekannten Werken, in: VHVO 129 (1989), 237–241.

245 Alois ELSEN, Das romanische Portal der Alten Kapelle in Regensburg, in: Deutsche Gaue 33 (1932), 23–27; MADER (wie Anm. 58), 21f., 332.

246 Dazu Michael SCHMIDT, Zur Ehre der Asam-Altäre – Rekonstruktion und sakraler Modus. Ein Blick (nicht nur) auf Erwin Schleich, in: Karlheinz HEMMETER / Sabine TÖNNIES (Red.), Barock nach dem Barock. Denkmalpflege, Technologie, Schöpfungen des Neubarock (Tagungsband zum Kolloquium „Barock nach dem Barock – Denkmalpflege, Technologie, Schöpfungen des Neubarock" vom 21. bis 23. Oktober 2013 im Großen Rathaussaal der Stadt Passau im Rahmen des EU-Projekts „Barocke Kunst und Kultur im Donauraum" (Schriftenreihe des Bayerischen Landesamtes für Denkmalpflege, 10), München 2015, 155–185 (hier: 166–169). Zum Provenienznachweis der Repliken in der Wolfgangskirche siehe Hermann REIDEL, St. Wolfgang Regensburg-Kumpfmühl (Schnell, Kunstführer, 1137), Regensburg ²2014, 10–12.

247 Ortsakte BLfD „Regensburg, Stiftskirche Unserer Lieben zur Alten Kapelle", UA 1914–1946, Schreiben (datiert) vom 3.9.1939, eingegangen beim BLfD laut Poststempel aber bereits am 2.9.1939.

248 Ebd., Schreiben vom 4.9.1939.

249 Siehe oben S. 63f. In diesem Sinne auch BETZ (wie Anm. 5), 16.

250 DIETHEUER (wie Anm. 196), 231 und Abb. 224.

251 Erich STEPHANY, Der Karlsschrein, Mönchengladbach 1965; MODERSOHN (wie Anm. 243), 121.

252 MODERSOHN (wie Anm. 243), 121.

253 Die geschuppte Gewandung kann man als Pelzrock (*superpelliceum*), und damit Chorgewand der Kanoniker der Alten Kapelle, deuten, aber meines Erachtens sehr viel wahrscheinlicher als privilegierten vogelgefiederten Mantel wie etwa die Adlerkasel (*pallium aquilatum*) aus dem Domschatz Brixen des Bischofs Albuin († 1006), siehe ANDERGASSEN (wie Anm. 237), 147–150. Eine derartige Pontifikaltracht, die gerne im Winter getragen wurde (!), entspricht zeitgenössischen Darstellungen von Bischöfen und Päpsten, etwa Darstellungen Paschalis II. (1099–1118), siehe Gebhart B. LADNER, Die Papstbildnisse des Altertums und des Mittelalters (Monumenti di Antichitá Cristiania, 2. Serie, 4), Citta del Vaticano 1941, 234, Abb. 154, Widmungsbild des Chronicon Vulturnense aus der Vatikanische Bibliothek, Barb. Lat. 2724, fol. 10r, und Gregors VII., aber auch Darstellungen des Apostels Petrus, mit am bekannten Vierungspfeilergemälde der Zwei-Schwerter-Lehre in St. Georg in Prüfening, und Bischofs-, vor allem Rupert-Darstellungen in der Salzburger Buchmalerei der Mitte und 2. Hälfte des 12. Jahrhunderts wie die Dedikationsblätter des Antiphonars von St. Peter in Salzburg, um 1160/65, und von Augustinus „De Genesi ad litteram" sowie eine Federzeichnung des hl. Rupert aus der Sammelhandschrift des Rupert von Deutz *De Victoria verbi Dei*, Abb. siehe EDER / KRONBICHLER (wie Anm. 35), 281f., Kat.-Nr. 17f. Die hornfömig ausgebauchte Mitrenform mit ihren noch seitlich getragenen niederen Schilden (*cornua*) findet in der zeitgenössischen Plastik ihre unmittelbarste Entsprechung in der Mitra Bischofs Adalbert II. von Freising auf dem Tympanon des Westportals von St. Kastulus in Moosburg (1171/1184).

254 NIEDERMAYER (wie Anm. 40), 145; METTENLEITER (wie Anm. 20), 77.

255 Dazu siehe oben S. 63.

256 ANGENENDT (wie Anm. 87), 168.

257 Josef Anton ENDRES, Das Jakobsportal in Regensburg und Honorius Augustodunensis. Ein Beitrag zur Ikonographie und Literaturgeschichte des 12. Jahrhunderts, Kempten 1903, 63f.

258 Zuletzt DIETHEUER (wie Anm. 196), 230.

259 Verschiedene Beispiele bei MODERSOHN (wie Anm. 243), 86ff., 98–125, und vor allem Abb. 28–33, 308–310. Allgemein zur *deditio* als mittelalterliches Modell der Konfliktbewältigung siehe Gerd ALTHOFF, Spielregeln der Politik im Mittelalter. Kommunikation in Frieden und Fehde, Darmstadt 1997, 99–125.

260 Das Tränentuch wurde gleichsam zum Zeichen für Mitleid und Empathie. Vor allem Maria und Johannes tragen bei Kreuzigungsdarstellungen, ausgehend vom byzantinischen Raum, häufig ein Tränentuch (zum Beispiel Christus und Maria aus einer Triumphkreuzgruppe, Berlin Bode-Museum, Obersachsen, um 1220, Inv. Nr. 7089, 7090).

261 Das Register Gregors VII. (MGH Epistolae selectae, Bd. 2/1), hg. von Erich CASPAR, Berlin 1920, 311–314, IV/12 (hier: 313); Übers. nach Stefan WEINFURTER, Canossa. Die Entzauberung der Welt, München 2006, 19f.

262 Matthias BECHER, *Cum lacrimis et genitu*. Vom Weinen der Sieger und Besiegten im frühen und hohen Mittelalter, in: Gerd ALTHOFF (Hg.), Formen und Funktionen öffentlicher Kommunikation im Mittelalter (Vorträge und Forschungen, 51), Stuttgart 2001, 25–52 (hier: 50). – Gott selbst dient nach Exodus 22,26 als Vorbild: *„Denn ich habe Mitleid."*

263 OTTO VON FREISING (wie Anm. 111), 338f.; Rudolf SCHIEFFER, Von Mailand nach Canossa. Ein Beitrag zur Geschichte der christlichen Herrscherbuße von Theodosius d. Gr. bis zu Heinrich IV., in: Deutsches Archiv 28 (1972), 333–370.

264 Dazu Werner GOEZ, Canossa als *deditio*?, in: Matthias THUMSER / Annegret WENZ-HAUBFLEISCH / Peter WIEGAND / Jürgen PETERSOHN (Hg.), Studien zur Geschichte des Mittelalters. Jürgen Petersohn zum 65. Geburtstag, Stuttgart 2000, 92–99; SCHIEFFER (wie Anm. 263). Die Wirkungsgeschichte von Canossa ist noch nicht geschrieben, interessante Einzelbeispiele bei WEINFURTER (wie Anm. 261), 133. Zitat nach Stefan WEINFURTER, Die Geschichte der Eichstätter Bischöfe des Anonymus Hasarensis. Edition, Übersetzung, Kommentar (Eichstätter Studien, NF, 24), Regensburg 1987, Kap. 37, 63f./91.

265 WEINFURTER (wie Anm. 261), 133; Carl ERDMANN / Norbert FICKERMANN, Briefsammlungen der Zeit Heinrichs IV. (MGH, Die Briefe der deutschen Kaiserzeit, 5), Weimar 1950, Nr. 3f, 373–375. Der Vorgang ist in einer Briefsammlung des 12. Jahrhunderts über exemplarische rechtliche Vorgänge der Investiturzeit überliefert, die wohl zunächst in der Bamberger Domschule und/oder der Alten Kapelle zusammengestellt worden war und später über die Alte Kapelle in das Eigentum des Klosters St. Emmeram in Regensburg gelangte, vgl. dazu auch Carl ERDMANN, Die Bamberger Domschule im Investiturstreit, in: Zeitschrift für bayerische Landesgeschichte 9 (1936), 1–46. Schon die Überlieferungssituation, dazu ERDMANN / Norbert FICKERMANN, 259–269, zeigt, dass die *causa* Canossa gerade im 12. Jahrhundert stark rezipiert wurde.

266 ERDMANN / FICKERMANN (wie Anm. 265), 373, Nr. 3 (hier: 374).

267 Die Darstellung möglicherweise durch die Historisierung des Herrscherbildes angeregt. Dazu Benjamin BUSSMANN, Die Historisierung der Herrscherbilder (ca. 1000–1200) (Europäische Geschichtsdarstellungen, 13), Köln/Weimar/Wien 2006.

Eugen Trapp

Der Regensburger Fischmarkt und sein Brunnen

Vom Bedeutungsverlust eines historischen Stadtraums

Der Fischmarkt zwischen Mittelalter und Früher Neuzeit

Die Quellenlage zum mittelalterlichen Regensburger Fischmarkt ist dürftig. Einigermaßen sicher lokalisieren lässt er sich erst ab dem 14. Jahrhundert im östlichen Teil der jetzigen Keplerstraße zwischen dem Runtingerhaus und dem einstigen Fischturm (später Mauttor, Keplerstraße 12).[1] Bereits 1480 ließ der Rat der Stadt dieses Areal pflastern.[2]
Da infolge der kirchlichen Fastengebote der Fischkonsum sowohl im Wochen- als auch im Jahresverlauf stark schwankte, gab es Fisch jedoch an bestimmten Tagen auch an anderen Orten zu kaufen: im frühen 16. Jahrhundert etwa am Freitag vormittags am Kohlenmarkt und nachmittags in der Brückstraße, am Mittwoch und am Samstag gegenüber dem Bischofshof.[3]

Im Jahre 1529 wurde der Fischmarkt etwas weiter nach Osten an jenen Platz verlegt, der noch heute diesen Namen trägt. Der Ortswechsel war Teil einer groß angelegten Neuordnung des mittelalterlichen Marktviertels zwischen Rathaus und Donau. Fachlich fiel diese für die Versorgung der Reichsstadt hochbedeutende Infrastrukturmaßnahme in die Zuständigkeit von Albrecht Altdorfer, der ab 1526 das Amt

Abb. 1: Unbekannter Künstler, Fleischhausplatz mit Fleischhaus, Gasthaus zum Weißen Ochsen und Fischmarktbrunnen. Gouache, um 1815 (HMSR, G 1983/105)

des Stadtbaumeisters bekleidete.[4] Bereits 1527 ließ er den bis dahin hölzernen Weinstadel – wohl nach eigenen Entwürfen – durch den stattlichen, noch heute erhaltenen Steinbau ersetzen.[5] 1528 wurde dann, vermutlich ebenfalls nach Plänen Altdorfers, das Fleischhaus (Abb. 1) errichtet, das fortan als zentrale Schlachtstätte und als Markthalle der Metzger diente. Diese funktionale Bündelung erlaubte es der reichsstädtischen Obrigkeit, die kleinen Metzgereien, die vor allem den Schmerbühl säumten, zu schließen. In hygienischer Hinsicht war dies ein großer Fortschritt, denn durch die Positionierung des Fleischhauses an einem Arm des Vitusbaches, unmittelbar vor dessen Mündung in die Donau, konnte man jetzt die Schlachtabfälle kontinuierlich und auf dem kürzesten Weg entsorgen.[6]
Abermals ein Jahr später, 1529, ließ das Bauamt schließlich einen Teil des öffentlichen Raumes im Südosten des Fleischhauses mit Steinen einfassen und pflastern, um dort den Fischmarkt zu etablieren.[7] Diese platzartige Zone, die etwas höher lag als die nördlich vorbeiführende Straße, wurde fortan häufig als Neuer Fischmarkt bezeichnet,[8] während sich für den früheren Standort noch bis weit ins 19. Jahrhundert der Name Alter Fischmarkt (Abb. 2) hielt.
Auf dem Neuen Fischmarkt gab es zum Zeitpunkt seiner Anlegung bereits einen einfachen Ziehbrunnen. Dieser diente allerdings primär, vielleicht sogar ausschließlich, der Versorgung eines Badehauses und scheint nie die Funktion eines Marktbrunnens übernommen zu haben.[9] Die Idee, den Bewohnern der Stadt an den wichtigsten Plätzen größere Wasserentnahmestellen zur Verfügung zu stellen, konnte erst mit der Errichtung der reichsstädtischen Wasserleitung in den Jahren 1549/50 Gestalt annehmen. So ließ der Rat 1551 auf dem Arnulfsplatz, dem Haidplatz, dem Kohlenmarkt, dem Neupfarrplatz und dem Krauterermarkt hölzerne Röhrkästen aufstellen. Vom Überwasser des Kastens auf dem Kohlenmarkt wurde ein – offenbar kleinerer – Kasten *„am Eck des Fischmarkts"* gespeist.[10]

In den folgenden Jahrzehnten bemühte sich die städtische Obrigkeit, die öffentliche Wasserversorgung durch die Verwendung von Bleirohren technisch zu optimieren und die Wasserentnahmestellen repräsentativ zu gestalten. Am Fischmarkt standen jedoch zunächst praktische Überlegungen im Vordergrund. Daher ließ das Bauamt zwar 1590 anstelle der nicht besonders haltbaren hölzernen Deicheln, die das Wasser vom Kohlenmarkt heranführten, Bleirohre verlegen und eine Zweigleitung speziell für das Fleischhaus herstellen. Der in die Jahre gekommene Röhrkasten aber wurde

Abb. 2: Carl Theodor Pohlig, Am alten Fischmarkt. Tusche, laviert, 1889 (HMSR, G 1954/35, 13)

lediglich durch einen neuen ersetzt.[11] Gestalterische Kriterien spielten dabei keine Rolle – ganz anders als etwa im Umfeld der für die konfessionelle Repräsentation der evangelischen Reichsstadt wichtigen Neupfarrkirche, wo man bereits 1567 einen in Stein gefassten Brunnen aufgestellt hatte. Auf dem Kohlen- und dem Krauterermarkt, also im Blickfeld von Rathaus und Dom, ließ der Rat die zunächst schlichten Brunnen durch schmiedeeiserne Gitter und durch Bemalung in Szene setzen.[12]

Der Fischmarktbrunnen – kunsthistorische Einordnung

Wann genau der Röhrkasten auf dem Fischmarkt durch einen Steinbrunnen ersetzt wurde, ist ebenso unklar wie die Frage, ob dieser schon von Anfang an mit der Figur eines Geharnischten geschmückt war.

Abb. 3a: Hans Georg Bahre, Blick auf den Fischmarkt von Norden. Ausschnitt aus der Regensburg-Ansicht mit dem Gebäudebestand von 1614. Federzeichnung, 1644 (HMSR, HV 1258)

Abb. 3b: Hans Georg Bahre, Blick auf den Fischmarkt von Norden. Ausschnitt aus der Regensburg-Ansicht mit dem Gebäudebestand von 1645. Federzeichnung, 1645 (HMSR, G 1983/93)

Stilkritisch wird der Brunnen übereinstimmend ins frühe 17. Jahrhundert eingeordnet.[13] Die in der jüngeren Literatur vorgenommene Präzisierung auf das Jahr 1610[14] ist allerdings archivalisch nicht zu belegen und dürfte auf einer Verwechslung mit dem tatsächlich 1610 errichteten, nahe gelegenen Wiedfang-Brunnen beruhen.[15]

Als früheste Bildquellen können die beiden 1644 und 1645 entstandenen Regensburg-Ansichten gelten, in denen Hans Georg Bahre jeweils den Blick aus der Vogelschau von Norden dargestellt hat (Abb. 3 a und 3 b). Ziel dieser monumentalen Auftragsarbeiten war es, das Aussehen der Stadt vor und nach dem Dreißigjährigen Krieg zu dokumentieren. Daher zeigt die Version von 1644 retrospektiv den Gebäudebestand von 1614, während die Ansicht von 1645 naturgetreu den damaligen Zustand abbildet.[16] Schenkt man Bahre Glauben, hat sich in diesen drei Jahrzehnten auch an dem vom Kriegsgeschehen nicht unmittelbar betroffenen Fischmarkt einiges verändert. So erscheint der Marktbezirk 1614 durch exakt verlegte Quader als *„Platz im Platz"* ausgewiesen – ganz so wie es der Eintrag in die Bauamtschronik von 1529 vermuten lässt.[17] Wegen des zur Donau hin abfallenden Terrains ist die Einfassung im Norden zweistufig ausgebildet. An ihrem östlichen Abschluss ermöglichen fünf Differenzstufen den bequemen Zugang. Regelmäßig angeordnete Steinbänke dienen zum Abstellen der Fischbottiche. Der in der nordwestlichen Ecke des Marktbezirks stehende Brunnen ist nach Osten orientiert. Ob er mit einer Statue geschmückt ist, lässt sich nicht erkennen.

Auf der Ansicht von 1645 wirkt der Marktbereich vergleichsweise unordentlich. Dies mag eine Folge der zeichnerischen Wiedergabe sein. Bemerkenswert aber ist, dass der Brunnen jetzt nach Süden ausgerichtet und eindeutig von einer Statue bekrönt ist.

In diesem Zusammenhang sei auf einen bisher unbeachteten Entwurf (Abb. 4) hingewiesen, der einen Brunnen mit sechs- oder achteckigem Becken, balusterförmigem Brunnenstock und einer – von anderer Hand gezeichneten – bekrönenden Statue zeigt. Das Blatt gehört zu einem Konvolut größtenteils undatierter, nur grob dem 17. Jahrhundert zuzuordnender Pläne des reichsstädtischen Bauamts. Da die originale

Reihenfolge der Blätter nicht mehr zu rekonstruieren ist, lässt sich leider nicht einmal eine relative Chronologie herstellen. Immerhin beweist die eindeutig als Neptun zu identifizierende Brunnenfigur, dass der Entwurf vor 1662 entstanden sein muss, denn damals wurde der Wandbrunnen im östlichen Innenhof des Rathauses mit einer Statue des Meeresgottes versehen (Abb. 5).[18]

Da eine thematische Doppelung innerhalb des ikonologisch wohldurchdachten reichsstädtischen Brunnenprogramms[19] auszuschließen ist, muss die eigentlich plausible Idee, die schützende Macht Neptuns auf dem Fischmarkt zu visualisieren, frühzeitig verworfen worden sein. Über die Gründe hierfür kann man nur spekulieren.

Fest steht, dass Neptun seit der italienischen Spätrenaissance gern als Brunnenfigur dargestellt wurde. Vordergründig lässt sich dies aus seiner besonderen Affinität zum Wasser erklären. In der politischen Bildsprache des 16./17. Jahrhunderts personifizierte der Meeresgott aber auch machtvolle und gerechte Herrschaft. Diese spezielle inhaltliche Gewichtung geht auf Vergil zurück, der Neptun in der *Aeneis* als Gebieter über die tobenden Seestürme beschreibt.[20] Aus der Interpretation dieser Verse wiederum entwickelte die humanistische Vergil-Rezeption, allen voran Cristoforo Landino in seinen *Disputationes Camaldulenses* (1473), die Analogie zwischen Neptun und dem idealen Souverän.[21] Dies erklärt, warum sich Neptun ab der Mitte des 16. Jahrhunderts nicht nur in der Staatskunst der Seemächte Venedig, Genua und – bedingt – Florenz großer Beliebtheit erfreute, sondern er zum Beispiel auch vor dem Rathaus von Bologna erscheint.[22]

In Regensburg hätte sich durch seine Positionierung am Fischmarkt ein weiterer sinnfälliger Bezug ergeben, um ihn als mythologischen Patron des konkreten Ortes und als Personifikation der Stadtregierung zu etablieren. Dass dies tatsächlich geplant war, beweist die Entwurfszeichnung (Abb. 4). Sie zeigt Neptun mit dem traditionellen Attribut des Dreizacks in der Rechten, während seine Linke auf einem Schild mit dem Regensburger Stadtwappen ruht. Um sein rechtes Bein windet sich ein Delphin, der bereits in der damaligen Emblematik Menschenfreundlichkeit verkörperte.[23]

Vermutlich wurde die Statue nie in dieser Form ausgeführt, auch wenn dafür theoretisch der Zeitraum vor der Errichtung des Neptunbrunnens im Rathaushof in Frage käme. Da es jedoch keinerlei Hinweise auf einen ohnehin unwahrscheinlichen, vor 1662 stattgefundenen Austausch von Brunnenfiguren gibt, ist davon auszugehen, dass es den politisch aufgeladenen, italienisch geprägten Neptun am Fischmarkt nie gegeben hat. Vermutlich erschien er der städtischen Obrigkeit als Identifikationsfigur nicht geeignet, denn anstelle des in antikischer Nacktheit dargestellten römischen Gottes wählte man einen geharnischten Jüngling (Abb. 6). Die Attribute Wappenschild und Delphin wurden beibehalten. Durch die militärische Gewandung erfuhr jedoch der kriegerische Aspekt eine besondere Betonung. In einer Zeit, in der sich die evangelische Reichsstadt politisch gegen das katholische Kaiserhaus und wirtschaftlich gegen den Würgegriff des katholischen Herzog- bzw. Kurfürstentums Bayern behaupten musste, erscheint dies nachvollziehbar. Allerdings hatte der Regensburger Rat auch schon vor der konfessionellen Spaltung Wert darauf gelegt, stetige Wachsamkeit und Verteidigungsbereitschaft zu signalisieren. Einen frühen künstlerischen Höhepunkt hat dieses Bestreben kurz nach 1400 in den heute als „Schutz und Trutz“ bekannten Wächterfiguren am Aufgang zum städtischen Festsaal, dem späteren Reichssaal, gefunden (Abb. 7).[24]

Durch den Verzicht auf die klassisch-mythologische Dimension gelang am Fischmarkt der ikonographische Brückenschlag zu einem bereits ab dem zweiten Viertel des 16. Jahrhunderts im süddeutschen Raum vertretenen Typus von Brunnenfiguren. Es handelt sich dabei um Herrscher- und Rittergestalten, deren eine Hand auf einem Wappenschild ruht, während die andere eine Reiterfahne oder einen Kommandostab hält. In Regensburg war diese Gruppe seit 1578/79 durch die – später meist mit Arnulf von Kärnten identifizierte – Kaiserstatue des Kurfürstenbrunnens vertreten (Abb. 8).[25] Als weitere Beispiele seien der sogenannte Lindl, der den gleichnamigen Brunnen auf dem Traunsteiner Stadtplatz bekrönt (Abb. 9), der sogenannte Ritter Dutschmann auf dem Hauptmarkt in Bautzen sowie eine ganze Reihe ähnlicher gewappneter Brunnenfiguren genannt, die vor allem in württembergischen und badischen Städten wie Mergentheim, Markgröningen, Reutlingen, Öhringen, Überlingen, Weil der Stadt und Gengenbach errichtet wurden.[26]

Die meisten dieser Statuen wurden im Lauf der Zeit mit konkreten, für die jeweilige Stadtgeschichte bedeutsamen Herrscherpersönlichkeiten identifiziert. In aller Regel sind diese Benennungen aber nur dem volkstümlichen Bedürfnis entsprungen, die kriegerischen Gestalten ihrer Anonymität zu entreißen.[27] In Regensburg führte das Bestreben, die Personifikation der menschenfreundlichen und zugleich kampfbereiten reichsstädtischen Obrigkeit mit einem Namen zu versehen, letztlich zu einem weitgehenden Bedeutungsver-

Abb. 4: Entwurf eines Neptunbrunnens, anonyme Federzeichnung, vor 1662 (HMSR, G 2006/10, 49)

Abb. 5: Wandbrunnen mit Neptunfigur im östlichen Innenhof des Alten Rathauses, 1662. Foto: P. Ferstl, BSR, 2007

Abb. 6: Fischmarktbrunnen. Foto: Carl Friedrich Weysser, 1897 (© BLfD). Das Ziergitter war bereits 1869 abgenommen worden.

Abb. 7: Altes Rathaus, Wächterfiguren über dem Aufgang zum Reichssaal, um 1400/1410. Foto: P. Ferstl, BSR, 2007

Abb. 8: Schloss St. Emmeram, Kurfürstenbrunnen, 1578/79. Foto: BSR, 1950

lust der Darstellung. So heißt es in dem 1753 erschienenen Stadtführer von Paricius, der Brunnen auf dem Fischmarkt sei *„mit einem Roland oder geharnischtem Mann versehen“*.[28] Der anonyme Verfasser eines 1829 erstellten Regensburger Denkmälerinventars erkannte indes in der *„schönen Figur“* den *„Meeresgott“*.[29]

Da der Delphin allein diese Interpretation nicht zulässt, dürfte das frühzeitig verlorene Attribut der linken Hand damals bereits durch einen Fisch ersetzt gewesen sein.[30] Offenbar ging jedoch auch dieser bald wieder verloren, denn im Volksmund hielt sich bis weit ins 20. Jahrhundert die Bezeichnung Roland.[31] Und dies, obwohl die zierliche Statue außer dem Wappenschild denkbar wenig mit den imposanten Rolandsfiguren gemeinsam hat, die sich seit dem Mittelalter als Rechtszeichen auf vielen mittel- und norddeutschen Marktplätzen befinden. Zumeist stark stilisiert, halten sie in der Rechten ein – oft senkrecht nach oben gerichtetes – Schwert und in der Linken einen Wappenschild (Abb. 10).[32] Durch seine elegante, raumgreifende Pose und seine feinen Gesichtszüge steht der Regensburger Jüngling vielmehr in der Nachfolge italienischer Vorbilder. Hinzuweisen ist mit Blick auf die Übereinstimmungen in der Gewandung vor allem auf die Personifikation des Orion, die der Michelangelo-Schüler Giovanni Angelo Montorsoli um 1550 im Auftrag der Stadt Messina geschaffen hat (Abb. 11). Auch bei dieser Statue, die den sagenhaften Gründer und Schutzherrn Messinas darstellt, handelt es sich um eine kommunale Repräsentationsfigur, die einen öffentlichen Brunnen krönt.[33]

Der Hinweis auf einen Brunnen in Messina mag weit hergeholt erscheinen. Allerdings galt die 1551 vollendete *Fontana di Orione* bereits den Zeitgenossen als ein Hauptwerk ihrer Gattung. Giorgio Vasari lobte sie ausführlich, der englische Dipolmat Thomas Hoby beschrieb sie als eines der schönsten Kunstwerke, das er je gesehen hatte, und mehr oder weniger getreue Ansichten waren im Umlauf.[34] Angesichts des inten-

Abb. 9: Traunstein, Stadtplatz, sogenannter Lindl (Brunnenfigur). Rotmarmor, 1525/26. Foto: E. Trapp, 2017

Abb. 10: Quedlinburg, Rathaus, Roland, um 1430 (Kopie von 1869). Foto: ZDR, Bildarchiv

siven kulturellen Transfers, der seit dem Mittelalter italienische mit deutschen Städten verband, wäre es nicht verwunderlich, wenn ein Rezeptionsstrang auch nach Regensburg geführt hätte. Schon Albrecht Altdorfer, der Begründer des neuen Fischmarkts, hatte in seinen Zeichnungen mehrfach Bilderfindungen der italienischen Renaissance verarbeitet, die ihm über das Medium der Druckgraphik bekannt geworden waren.[35] Auch Hans Pötzlinger, der bedeutendste Regensburger Bildhauer des 16. Jahrhunderts, hatte auf italienische Vorbilder zurückgegriffen und diese mit Anregungen aus der niederländischen und deutschen Kunst verschmolzen.[36]

Bleibt die Frage, wer die knapp lebensgroße Figur des Geharnischten auf dem Fischmarkt geschaffen haben könnte. Archivalische Belege oder zumindest Hinweise wurden bisher nicht gefunden. Überhaupt ist der Forschungsstand zu den Bildhauern, die zwischen dem Weggang Pötzlingers aus Regensburg (um 1580) und der Mitte des 17. Jahrhunderts für die Reichsstadt und deren Bürger arbeiteten, denkbar dürftig. Nicht einem der namentlich nachgewiesenen Meister[37] lassen sich genügend Werke zuweisen, um ihn kunsthistorisch fassen zu können.

Die mächtigen Wappen haltenden Konsolengel, mit denen die Reichsstadt 1606 sowohl den Leeren Beutel als auch die damals erneuerte Südostecke des Reichssaalbaus schmücken ließ (Abb. 12), werden in der Literatur gemeinhin mit Michael Dietlmaier in Verbindung gebracht.[38] Die Zuschreibung beruht auf einer Bauinschrift aus dem Leeren Beutel, die unter den dort tätigen Handwerkern den *„Michael Dietlmaier Stainmetz"* nennt.[39] Die Inschrift wurde jedoch bereits 1601 verfasst, also fünf bis sechs Jahre vor Errichtung der jetzigen westlichen Giebelwand.[40] Da an dieser zwei der drei Konsolengel angebracht sind und da außerdem das einst am südwestlichen Engel lesbare Steinmetzzeichen nicht mit

Abb. 11: Messina, Personifikation des Orion auf dem gleichnamigen Brunnen. Marmorstatue von Giovanni Angelo Montorsoli, um 1550. Foto: E. Trapp, 2016

Abb. 12: Carl Theodor Pohlig, südwestlicher Wappenengel des Leeren Beutels. Bleistiftzeichnung, 1899 (HMSR, HV 195/16). Mit abgebildet sind das Steinmetzzeichen und die Initialen des Bildhauer Walthauser Ilsang.

jenem übereinstimmt, mit dem Dietlmaier die Brüstung der Rathaustreppe signiert hat (Abb. 13), hat schon Karl Bauer die Zuschreibung der Konsolfiguren an Dietlmaier angezweifelt.[41] Tatsächlich verweisen sowohl das – dank der Zeichnung Pohligs überlieferte – Steinmetzzeichen an dem inzwischen stark verwitterten Engel als auch die offenbar einst dort eingemeißelten Initialen *WI* auf den Bildhauer Walthauser (= Balthasar) Ilsang.[42]

Die Erkenntnis, dass die Konsolengel am Leeren Beutel und somit wohl auch jener am Reichssaalbau Werke Ilsangs sind, ist in unserem Zusammenhang nicht unerheblich, denn diese Skulpturen sind neben dem Geharnischten des Fischmarktbrunnens die einzigen großformatigen figürlichen Bildhauerarbeiten, die in den ersten beiden Jahrzehnten des 17. Jahrhunderts von der Reichsstadt in Auftrag gegeben wurden. Damit kommt Ilsang immerhin als Schöpfer der Brunnenfigur in Frage.

Der Fischmarktbrunnen – Verkehrshindernis oder Denkmal?

Ab der Mitte des 19. Jahrhunderts hielt auch in Regensburg die Moderne Einzug. Auf der Suche nach wirtschaftlichen Perspektiven setzten Stadt und Königreich vor allem auf den Ausbau des Donauhandels. Die Weinlände sollte als Freihafen eine Schlüsselfunktion für den ökonomischen Aufschwung erhalten. Die Steinerne Brücke wurde durch einen Rückbau der Pfeilerbeschlächte für breitere Schiffe passierbar gemacht und 1856 beschloss der Magistrat, die donauseitigen Stadtmauern abtragen zu lassen, um die Zugänglichkeit der Ländeplätze zu verbessern. Östlich der Steinernen Brücke entstand auf diese Weise die Thundorferstraße.[43]

Auch westlich der Brücke galt es die Verkehrswege zu verbessern. Zwangsläufig geriet dabei der Fleischhausplatz (vgl. Abb. 1, 3 a, 3 b) ins Visier der Planer. Die seit 1529 beste-

Abb. 13: Michael Dietlmaier, Steinmetzzeichen Dietlmaiers an der Brüstung der Treppe im Alten Rathaus, 1600. Foto: S. Effenhauser, BSR, 2017

Abb. 14: Johann Georg Ostermayr, Fischmarktbrunnen mit Verkaufsstand. Aquarell, um 1825/30 (HMSR, AB 298/14)

hende Aufteilung in den etwas höher gelegenen Fischmarkt im Süden und das übrige, nach Norden hin abfallende Gelände hatte sich zwar aus Sicht der Ordnungshüter durchaus bewährt, da der *„von der öffentlichen Passage abgesonderte“* Markt den Verkehrsfluss nicht behinderte.[44] Die Verfechter zeitgemäßer Stadtgestaltung und Straßenführung aber konnten dieser historischen Situation nichts abgewinnen. Manche sahen in dem alten Brunnen schlicht ein Verkehrshindernis. Dieser Mangel an Wertschätzung rührte auch von einer Holzhütte her, die unmittelbar vor dem Brunnen stand und dessen Erscheinungsbild massiv beeinträchtigte (Abb. 14). Schiffmeister Konrad Carl Naimer hatte sie um 1820 als wetterfesten Verkaufsstand errichtet und bereits sechs Jahre später an einen Metzgermeister veräußert, so dass von da an mitten auf dem Fischmarkt auch Fleisch angeboten wurde. Dieser Umstand war vielen Regensburgern ein Dorn im Auge.[45] Auswärtige Künstler, die das bereits im 19. Jahrhundert als pittoresk empfundene Marktgeschehen oder auch speziell den Brunnen im Bild festhalten wollten, veranlasste die störende Hütte zu ungewöhnlichen Blickwinkeln. Prominente Beispiele sind der Wahl-Londoner Johann Georg Scharf, der 1847 seine bayerische Heimat bereiste, und Adolph Menzel, der bereits während seines ersten Regensburg-Besuchs im Jahre 1852 auf dem Fischmarkt den Zeichenstift zückte (Abb. 15 und 16).[46]

Am 17. August 1860 forderte das Gremium der Gemeindebevollmächtigten den Magistrat auf, nicht nur die Bude, sondern auch den *„seit undenklicher Zeit sich ohne Wasser befindlichen“* Brunnen zu beseitigen und den Platz zu planieren. Bauinspektor Anton Rieghammer plante in den folgenden Monaten akribisch alle nötigen Arbeiten.[47] Dass der Abbau des Brunnens dennoch unterblieb, ist engagierten Bürgern zu verdanken. Sie forderten den Magistrat auf, erst

Abb. 15: Johann Georg Scharf, Blick auf den Fischmarkt von Nordwesten. Bleistiftzeichnung, 1847 (London, British Library) aus: HUBER (wie Anm. 46), 49

einmal zu prüfen, ob und wie *„bei zweckmäßiger Verschönerung des Fischmarktes“* der Brunnen erhalten werden könne. Bei diesem handle es sich um ein stadt- und kunstgeschichtlich bedeutendes Denkmal. Nicht zufällig sei er *„auf Anregung eines renommierten Münchner Künstlers“* fotografisch aufgenommen worden.[48]

Nur zwei Wochen später lagen dem Magistrat konkrete Vorschläge für die Restaurierung des Brunnens vor. Demnach sollten die Figur *„an den beschädigten Stellen ausgebessert“* und die fehlenden Teile (Schwert, rechte Hand, Schwanzflosse des Delphins) ergänzt werden. Auch für den Brunnenstock und das schmiedeeiserne Gitter sah das Konzept eine Restaurierung vor. Lediglich das extrem stark verwitterte und teilweise gesprungene Brunnenbecken sollte vollständig ersetzt werden.[49]

Abgesehen davon, dass der Magistrat im Juli 1861 das Holzhäuschen mit dem Ziel erwarb, es abbrechen zu lassen,[50] passierte zunächst einmal gar nichts. Dies hatte personelle Gründe, denn Bauinspektor Rieghammer war häufig krank und der 1862 als sein Nachfolger eingestellte Stadtbaurat Eduard Pahl hatte ein immenses Arbeitspensum zu bewältigen, so dass er die Restaurierung des Brunnens hintanstellte.[51]

Im Umgang mit historischer Bausubstanz war Pahl nicht zimperlich. So sah er bereits 1864 eine Verbreiterung der heutigen Keplerstraße vor (Abb. 17). Erreichen wollte er dieses Ziel, das die Verkehrsplanung noch ein ganzes Jahrhundert lang verfolgen sollte, über den Abbruch all jener Vorbauten, die man in nachmittelalterlicher Zeit vor den Kaufmannshäusern auf der südlichen Straßenseite errichtet hatte (Abb. 18).[52]

Als Pahl 1869 von Bürgermeister Oskar von Stobaeus aufgefordert wurde, sich endlich auch mit dem Fischmarkt auseinanderzusetzen, sprach er sich jedoch erstaunlich klar dafür aus, den Brunnen an seinem Ort zu belassen, zu restaurieren und wieder in Betrieb zu nehmen. Dies sei entweder mit dem Überwasser des Brunnens im Großen Rathaushof oder auch

Abb. 16: Adolph Menzel, Blick auf den Fischmarktbrunnen von Osten. Bleistiftzeichnung, 1852 (bpk/Kupferstichkabinett, Staatliche Museen zu Berlin/Dietmar Katz)

mit frischem Wasser möglich. Mit dem Abwasser könne man dann die Versorgung bzw. Reinigung von Fleischhaus und Schlachthaus verbessern. Die Stufen auf der Nordseite des Brunnens sollten *„verschwinden"*. An ihrer Stelle sollten nur noch *„Randsteine vorkommen wie bei einem Trottoir"*. Mit der Reduzierung der Niveauunterschiede sollte eine teilweise Begrünung des Platzes *„mit Gesträuch und Blumen"* einhergehen. Die steinernen Verkaufstische sollten *„entsprechend versetzt"* werden.[53]

Noch im Spätsommer 1869 kam es zur Restaurierung des Brunnens. Am 20. September plätscherte erstmals seit vielen Jahren wieder Wasser in den Trog.[54] Lediglich das Ziergitter wurde nicht wieder angebracht, wobei unklar ist, ob dies ästhetische oder finanzielle Gründe hatte. Als Hugo Graf von Walderdorff im Namen des Historischen Vereins den Magistrat auf dieses Versäumnis hinwies, waren sich Stobaeus und das Gremium der Gemeindebevollmächtigten schnell einig, dass es das einfachste wäre, das damals im Rathaus eingelagerte Gitter dem Historischen Verein für seine Sammlungen zu überlassen.[55]

Genauso bedauerlich wie das Fehlen des markanten Gitters (vgl. Abb. 6) war die weitgehende Eliminierung der 1529 geschaffenen stadträumlichen Hervorhebung der Marktfläche. Angesichts der wenige Jahre zuvor drohenden völligen Beseitigung des Brunnens war dieser der Modernisierungswelle der Fünfziger- und Sechzigerjahre des 19. Jahrhunderts gezollte Tribut freilich eher gering.

Folgenschwer war hingegen die bauliche Entwicklung, die sich eine Generation später nördlich des Brunnens vollzog. Als die Stadt 1890 das – seit der Eröffnung des Schlachthofes verzichtbare – Fleischhaus auf Abbruch verkaufte, verlor Regensburg nicht nur einen bedeutenden Renaissancebau. Durch die Entscheidung, die an dessen Stelle errichtete private Badeanstalt (Abb. 19) an die zurückliegende Bauflucht der Nachbargebäude anzupassen, verschwand der Fleischhausplatz aus dem Stadtbild.[56] Die von Altdorfer konzipierte städtebauliche Ausprägung des Fischmarkts erfuhr dadurch abermals eine deutliche Schwächung. Zeitlos sind die Worte, mit denen Hugo Graf von Walderdorff den Neubau damals beurteilte: *„Obgleich das alte Fleischhaus ein recht einfacher Bau war, so ist es doch auch hier gelungen, etwas Minderwerthiges an die Stelle des Alten zu setzen."*[57]

Der doppelte, architektonische und städtebauliche Verlust war umso bitterer, als sich die von den Befürwortern des Neubaus erhofften hygienischen Verbesserungen nur vorübergehend einstellten. So ließ sich durch den Abbruch des Fleischhauses zwar die Rattenplage eindämmen, aber die im Interesse der Volkshygiene von der Stadt subventionierte, nach ihrem Betreiber Heinrich Otto „Otto-Bad" genannte Anstalt stellte spätestens ab 1904 selbst ein hygienisches Problem dar. Die Klagen über mangelnde Reinlichkeit endeten erst, als der Betrieb in den Zwanzigerjahren geschlossen wurde.[58]

Zerstörung und Wiederherstellung des Brunnens

In der Nacht vom 6./7. Oktober 1898 tobten sich randalierende Jugendliche an dem Brunnen aus. Die traurige Folge waren ein umgestürzter, mehrfach gebrochener Brunnen-

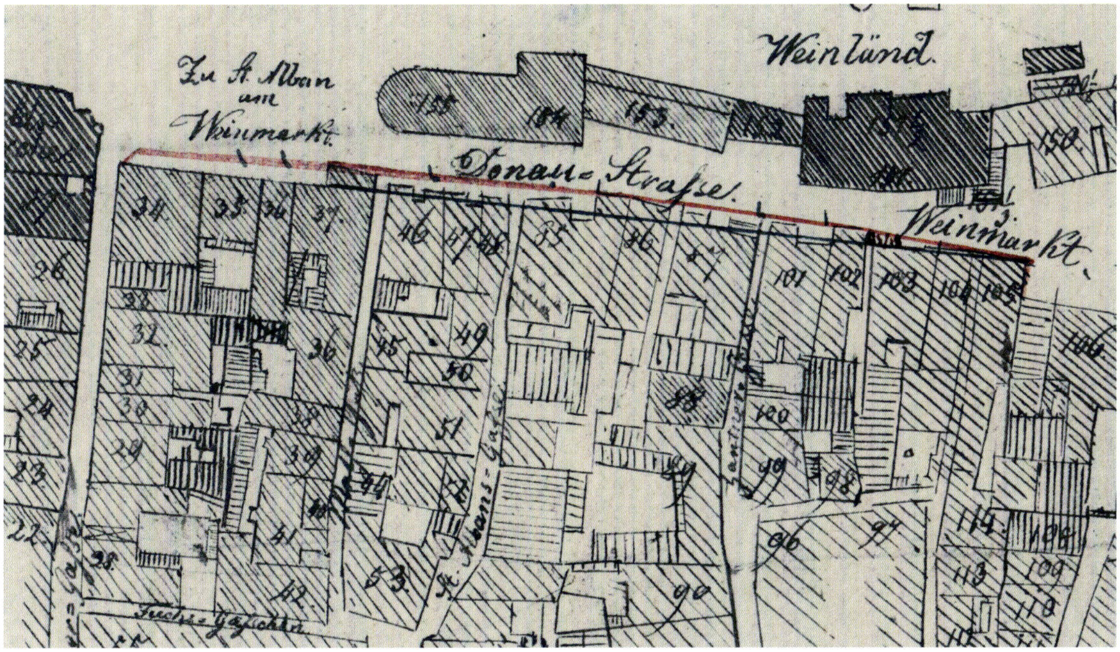

Abb. 17: Eduard Pahl, Plan zum Ausbau der Keplerstraße, 1864 (BOAR, HA Keplerstraße 7). Die rote Linie gibt die 1864 gültige Baulinie wieder, die dunkelblaue Linie die von Pahl angestrebte Bauflucht.

stock und eine völlig verstümmelte Statue. Zur Ermittlung der – wie es allgemein hieß – „*Brunnenattentäter*“ stellte die Polizei eine fünf Mann starke Sondereinheit ab.[59] Diese konnte schon am Tag nach dem Delikt die Verhaftung von vier Burschen im Alter von 18 bis 23 Jahren vermelden.[60]

Den Ermittlern aber stellte sich bald die Frage, ob sie es nur mit einem Fall von Vandalismus zu tun hatten oder ob gar anarchistische Motive hinter der Tat steckten. Denn am 17. Oktober ging bei der Polizei ein anonymer Brief ein, in dem mit Anschlägen auf das Bruckmandl und andere Denkmäler gedroht wurde, falls die „*Kameraden*“ nicht binnen drei Tagen aus dem Gefängnis entlassen würden. Das Schreiben endete kämpferisch: „*Freiheit oder Sturm auf die Monumente!*“[61]

Glücklicherweise blieb der Aufruf folgenlos. Am 19. November hatten sich die größtenteils geständigen Verhafteten vor der Strafkammer des Kgl. Landgerichts zu verantworten. Sie wurden zu Freiheitsstrafen zwischen zehn und zwölf Monaten verurteilt. Hunderte von Schaulustigen säumten den Weg ins Gefängnis.[62]

Wenige Wochen später bot der Bildhauer Hans Spandl der Stadtverwaltung an, den Brunnen wieder herzustellen und legte auch gleich ein entsprechendes Kostenangebot vor.[63] Stadtbaurat Adolf Schmetzer verkündete in der Tat schon im Januar 1899, den Brunnen „*wieder ganz in seiner ehemaligen Gestalt*“ erstehen zu lassen.[64] Allerdings hütete sich der Magistrat vor einer übereilten Beauftragung Spandls, der zwar am Fischmarkt wohnte, aber noch nicht durch besondere künstlerische Leistungen hervorgetreten war. Man holte daher Vergleichsangebote bei drei anderen Regensburger Bildhauern ein: bei Georg Schreiner, der eine auf kirchliche Kunst spezialisierte Werkstatt leitete, bei Jakob Helmer, der sowohl sakrale als auch profane Bildwerke und Bauplastik schuf, und bei dem kaum bekannten Eduard Butz.[65] Von Anfang an stand fest, dass das Material für den Brunnenstock und die Figur aus dem Muschelkalksteinbruch der Würzburger Baufirma Buchner bezogen und die Bildhauerarbeiten „*nach gegebenem Modell*“ ausgeführt werden sollten.[66]

Originaltreue strebte Schmetzer auch bei der Wiederherstellung des schmiedeeisernen Gitters (Abb. 20) an, dessen Rautenfelder im städtischen Baustadel auf dem Unteren Wöhrd eingelagert waren. Vom Rankenwerk und den bekrönenden Fähnchen fehlte das meiste.[67] Fachlichen Rat erhoffte sich der Stadtbaurat vom Germanischen Nationalmuseum in

Abb. 18: Vorbauten der Häuser Keplerstraße 13 und 15. Foto: S. Effenhauser, BSR, 2017

Nürnberg und vom Bayerischen Nationalmuseum in München. Auf diese Weise ergab sich der Kontakt zu Georg Hager, dem damaligen Chef-Inventarisator der Kunstdenkmäler Bayerns und nachmaligen Generalkonservator. Nach der Analyse der erhaltenen Gitterteile, von denen man ihm Photographien zugeschickt hatte, sprach sich Hager unter Hinweis auf vergleichbare Arbeiten gegen eine allzu sehr auf Symmetrie und Regelmäßigkeit ausgerichtete Rekonstruktion aus. Hinsichtlich der Frage, *„ob die Figur in der erhobenen Linken einen Fisch, eine Waffe oder eine Fahne gehalten hat"*, verwies er auf den typologisch verwandten Traunsteiner Lindlbrunnen und die Gruppe ähnlicher Brunnen im südwestdeutschen Raum. Daraus folgerte er, dass das verlorene Attribut der Regensburger Figur *„eine Lanze mit einem Fähnchen daran (Banner)"* gewesen sei.[68]

Noch ehe diese Empfehlungen in Regensburg vorlagen, vergab das Stadtbauamt die Arbeiten für die Wiederherstellung des Brunnens. Am 4. April 1904 verpflichtete sich Georg Schreiner, die Figur nach dem *„noch vorhandenen alten Original"* wieder herzustellen (Abb. 21).[69] Ob zu diesem Zeitpunkt schon feststand, das fehlende Attribut als Fisch zu ergänzen, ist unklar. Mit der Rekonstruktion des Gitters wurde die Kunstschlosserei Jakob Kaiser betraut, die bereits mehrfach auf Gewerbeausstellungen prämiert worden war. Der Auftrag für die Steinmetzarbeiten ging an Gottfried Hirschmann, die mit Muscheln aus getriebenem Kupfer besetzten Auslaufrohre bestellte man bei der Metallwarenfabrik Johann Brandner.[70] Am 27. November 1904 wurde der Brunnen wieder seiner Bestimmung übergeben.[71]

Wasserknappheit trotz Brunnen

Schon bald gab es Kritik wegen der an Markttagen kaum ausreichenden Wassermenge. Am Freitag mussten die Fischhändler schon in den frühen Morgenstunden mit dem Befüllen ihrer Bottiche beginnen, um damit rechtzeitig zum Verkaufsbeginn fertig zu sein. Dabei mussten sie, da der Wasserdruck in den beiden Brunnenröhren nicht sonderlich hoch war, zusätzlich aus dem Trog Wasser entnehmen. Dies wiederum war nicht ganz einfach – zum einen, weil sich das Eisengitter nur auf der Südseite öffnen lässt, und zum andern, weil man sich *„eines besonderen Schemels bedienen"* musste, um ein volles Schöpfgefäß über die Brunnenbrüstung heben zu können.[72] Abhilfe sollte ein knapp über dem Boden des Troges in die Brüstung eingearbeitetes Ventil schaffen, gewissermaßen eine perfektionierte Variante des bereits seit dem 19. Jahrhundert in der östlichen Beckenwand vorhandenen Wasserablaufs (vgl. Abb. 14 und 16).

Nach all den Anstrengungen um eine historisch möglichst getreue Wiederherstellung des Brunnens wollte Schmetzer diese drohende technische Aufrüstung um jeden Preis vermeiden. Unter Berufung auf ein Gutachten des Fischers Friedrich Erhard, der als kgl. Hoflieferant besonderes Ansehen genoss, formulierte er die städtische Position: Die den Löffelrohren zu entnehmende Wassermenge reiche völlig aus, zumal die Stadt ohnehin an Freitagen den Wasserdruck erhöhe. Wer trotzdem noch zusätzlich Wasser aus dem Trog schöpfen wolle, könne dies mit entsprechend handlichen Gefäßen tun.[73] Damit bewahrte Schmetzer das Brunnenbecken vor einem Zapfhahn.

Abb. 19: Fischmarkt und „Otto-Bad". Foto: C. Lang, BSR, 1942. Im Gegensatz zu seinem Vorgängerbau, dem Fleischhaus, wurde die Badeanstalt 1890 in der Flucht der Nachbaranwesen errichtet.

Die Wasserknappheit an Markttagen aber gab es wirklich. Das Befüllen der Bottiche – nach gutem Fang waren es bis zu 26 – dauerte manchmal so lange, dass Fische zu verenden drohten. Gelöst wurde dieses Problem erst, als die acht regelmäßig auf dem Markt vertretenen Händler 1938 die Stadt aufforderten, neben jeder der acht Verkaufsbänke (Abb. 22) eine Wasserzapfstelle zu errichten, und zugleich anboten, sich an den Installationskosten zu beteiligen.[74]
Ein Jahr zuvor hatte Georg Britting sowohl die Fischbottiche als auch die Verkaufsbänke literarisch verewigt: „..., *auf dem brunnenüberragten Platz waren in den Boden eingelassen sargähnliche Steine, gewaltige Steinbänke, auf denen standen die Bottiche der Fischhändler, und in den Bottichen schwänzelten und schlugen und schnappten sie: blitzende Weißfische, schwärzliche Barben mit dicken Köpfen, goldgrüne Bürstlinge mit gesträubter, stachlicher Rückenflosse, breitgedrückte Brachsen, langnasige Hechte und dumme, dicke Glotzkarpfen. Da drängten sich die Hausfrauen und Dienstmädchen, mit Taschen und Netzen, und schoben sich und wanderten von Steinbank zu Steinbank, und besahen, was es gab, und nörgelten mit kennerischen Minen, ...*"[75]

Die Fischmarkt-Fotos von Wilkin Spitta (Abb. 23 a und b) wirken, wenngleich erst nach dem Zweiten Weltkrieg entstanden, wie Illustrationen zu Brittings Worten.[76]

Markt und Brunnen als Gegenstand der Verkehrsplanung

Als Spitta die Mimik der Fischverkäuferin im Bild einfing, standen der Markt und sein Brunnen längst wieder im Fokus der Verkehrsplanung – und zwar aus zwei Gründen: Zum einen gab es in den Fünfziger- und Sechzigerjahren wiederholt Beschwerden seitens der Fischhändler, weil der Zugang zu den Verkaufsbänken durch parkende Autos verstellt war.[77] Zum andern galt der Fischmarkt seit jeher als besonderes Nadelöhr für den donauparallelen Verkehrsfluss. Wer diesen fördern und eine durchgängige, ufernahe West-Ost-Verbindung herstellen wollte, musste sich an einigen Engstellen in der Keplerstraße und insbesondere an dem Engpass zwischen Fischmarkt und Goldener-Bären-Straße stören (vgl. Abb. 22). Dort betrug die Fahrbahnbreite nicht einmal drei Meter.

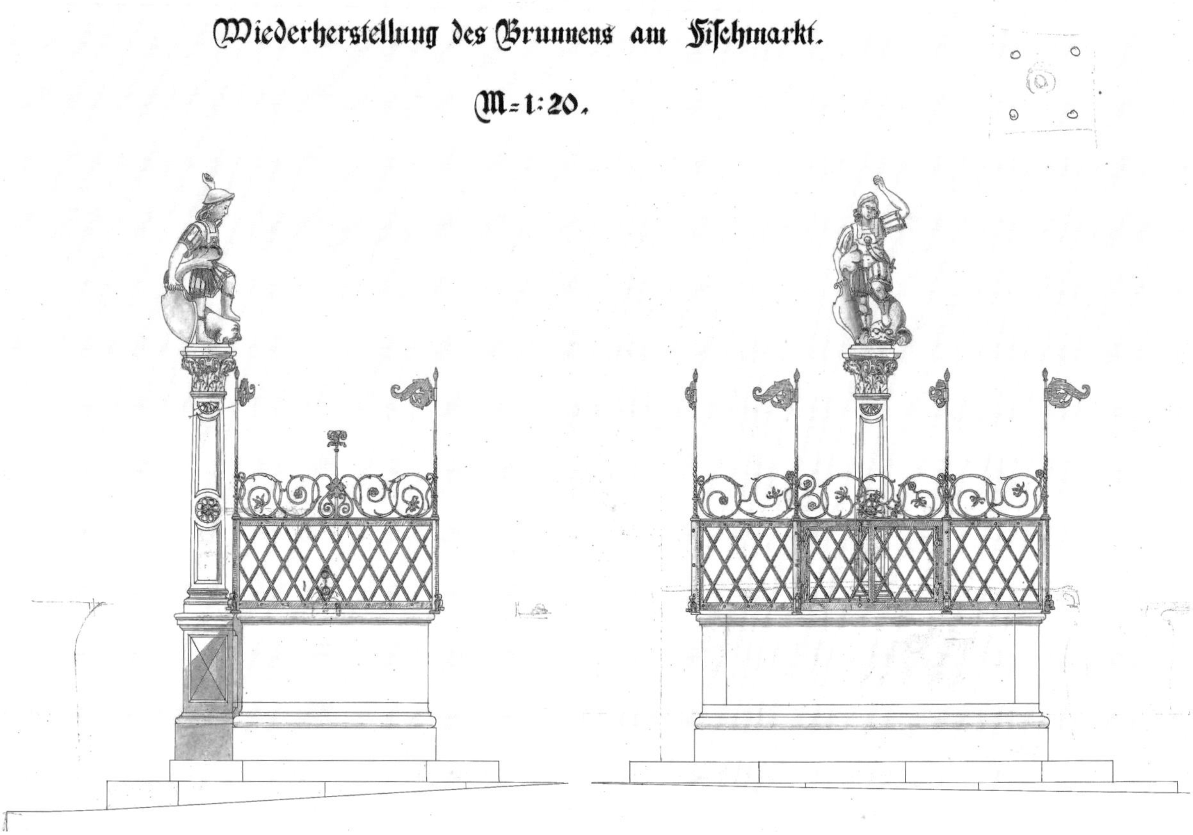

Abb. 20: Adolf Schmetzer, Plan zur Rekonstruktion des Fischmarktbrunnens, 1904 (StAR, ZR II 5640)

Schon in den Sechzigerjahren des 19. Jahrhunderts hatte es, wie erwähnt, Stimmen gegeben, die eine Verbreiterung der Keplerstraße und die Entfernung des Fischmarktbrunnens forderten. Als sich zu Beginn des 20. Jahrhunderts immer mehr die Überzeugung durchsetzte, dass Regensburg bald zur verkehrsreichen Drehscheibe des europäischen Donauhandels aufsteigen würde, riet der mit der Erstellung eines Generalbaulinienplans betraute Otto Lasne zu massiven Eingriffen in die Stadtstruktur. Dabei ging es nicht mehr nur um den Ausbau der Donauuferstraße, sondern um die Herstellung völlig neuer Straßenzüge. Einer davon sollte von der Westnerwacht über den Rathausplatz zum Zieroldsplatz verlaufen und am Fischmarkt in die Donauuferstraße münden.[78] Obwohl der Erste Weltkrieg diesen Zukunftsträumen ein jähes Ende setzte und die planerischen Empfehlungen, die Lasne für die Altstadt ausgesprochen hatte, bald maßlos überzogen erschienen, wurden sie nicht gänzlich *ad acta* gelegt. Der inzwischen zum Oberstadtbaurat ernannte Adolf Schmetzer thematisierte in den Zwanzigerjahren den *„unverträglichen Gegensatz zwischen den Rücksichten auf den Kraftwagenverkehr, dem die Zukunft gehört, und auf die unerläßliche Schonung der anheimelnden Gassen der Altstadt"*. Wie Lasne kam er zu dem Schluss, dass an der Herstellung leistungsfähiger Ost-West-Verbindungen durch die Altstadt kein Weg vorbeiführe, und wie Lasne rechtfertigte er dies mit der Chance, auf diese Weise *„neue anziehende Straßenbilder"* schaffen zu können.[79] Oberbürgermeister Hipp hielt diese Überlegungen für wirtschaftspolitisch sinnvoll, ja notwendig: Nachdem Deutschland seinen Kolonialbesitz und seine Absatzmöglichkeiten in Übersee auf absehbare Zeit verloren habe, müsse das ökonomische Potenzial der Donau genutzt werden. *„Deutscher Tatkraft wird sich hier eine europäische Handels- und Verkehrsstraße ersten Ranges auftun und das natürliche Ausfallstor wird (…) die ehrwürdige Ratisbona sein."*[80]

Im Fall der donaunahen, über den Fischmarkt verlaufenden Ost-West-Achse fanden diese Ideen ihren konkreten Niederschlag in einem am 10. Januar 1928 festgesetzten Baulinienplan (Abb. 24). Stadtbauamt und Tiefbauamt hatten sich in den beiden vorausgehenden Jahren zunächst darauf verständigt, dass angesichts einer Frequenz von *„täglich über 700 Fahrzeugen"* eine Verbreiterung des Straßenzuges *„von 4 auf wenigstens 10 m (6 m Fahrbahn und zwei je 2 m breite Bürgersteige)"* erforderlich sei. Im Laufe der Bearbeitungszeit kamen sie dann zu dem Schluss, dass eine Straßenbreite von zwölf Metern erforderlich sei. Um dieses Ziel zu erreichen, müssten *„zwar weitere Anwesen durch die festzusetzenden Baulinien angeschnitten werden"*. Jedoch sollten diese neuen Baulinien, wie zur Besänftigung der betroffenen Eigentümer ausdrücklich angemerkt wurde, nicht auf die Bestandsgebäude angewandt werden, sondern erst bei deren Ersatz durch Neubauten gelten.[81] Dass dieser freilich bald erfolgen sollte, war ungeachtet der Proteste der Hausbesitzer Konsens zwischen Verwaltung und Politik. Insbesondere die Beseitigung der *„häßlichen, vermutlich aus dem letzten Jahrhundert stammenden Vorbauten"* in der Keplerstraße (Abb. 18) galt auch aus Sicht der Regierung der Oberpfalz als erstrebenswert, da sich dadurch auch eine *„Verbesserung in schönheitlicher Beziehung"* ergeben würde.[82]

Nennenswerte Eingriffe unterblieben jedoch zunächst. Die Verkehrspläne von 1930 und 1938 konzentrierten sich auf neue Donaubrücken und Umgehungsstraßen. Die Projektierung von Verkehrsschneisen durch die Altstadt trat im Lauf der Dreißigerjahre in den Hintergrund.[83]

Schon bald nach dem Zweiten Weltkrieg aber lebte das fragwürdige Ziel, das mittelalterliche Regensburg autogerecht zu erschließen, wieder auf. Der bereits pensionierte Provinzialbaumeister Rudolf Eichhorn sah sich 1948 zur Veröffentlichung eines General-Verkehrsplans berufen. Nach eigener Aussage wollte er damit dem Umstand Rechnung tragen, dass Regensburg im Vergleich zu anderen deutschen Großstädten eine weitgehend unzerstörte Altstadt besaß. Unermessliche Schätze seien dadurch *„der Stadt und dem ganzen Volke erhalten worden"*. Diese nationale Bedeutung könne jedoch erst in Erscheinung treten, *„wenn einmal Alt-Regensburg, erschlossen durch neuzeitliche Straßenzüge und befreit von vielem Ballast, aber bereichert durch harmonisch sich einfügende Anschluß- und Ergänzungsbauten, als einheitliches und geschlossenes Denkmal erstehen wird"*.[84] Nach dieser verqueren Logik wurde die von Lasne aus rein verkehrlichen Gründen empfohlene Schaffung neuer, die Altstadt durchschneidender Straßenzüge wiederum als Chance zur Verschönerung des Stadtbildes begriffen.

Abb. 21: Georg Schreiner, Modell für die Rekonstruktion der Brunnenfigur, 1904 (HMSR). Foto: E. Trapp, 2014

Als Gewährsmann für die Forderung nach einer Donauuferstraße zitierte Eichhorn ausgerechnet den für die frühe Regensburger Denkmalpflege so verdienstvollen Graf von Walderdorff. Dieser hatte nämlich seine Kritik am Abbruch der donauseitigen Stadtmauer unter anderem damit begründet, dass dadurch die zuvor von der Mauer verdeckten, *„nichts weniger als auf Bildung eines großstädtischen Flußquais berechneten Gebäude"* freigelegt worden seien.[85] Eichhorn leitete daraus den Auftrag zur völligen Neugestaltung des Uferprospekts ab. Für die architektonische Umsetzung empfahl er die von ihm propagierte *„Staatliche Bauhütte Alt-Regensburg"*. Diese sollte, gleichsam als profanes Pendant zur Dombauhütte, die Fortführung der romanischen und gotischen Baukultur sicherstellen und die neuen, durch die Altstadt geschlagenen Verkehrsschneisen mit pseudomittelalterlicher Architektur verbrämen.[86]

Auch wenn die Empfehlungen des Pensionisten in den Planungen seiner aktiven Kollegen kaum Niederschlag fanden,[87] war seine dezidierte Forderung nach einer leistungsfähigen, nahe am Donauufer verlaufenden Ost-West-Ver-

Abb. 22: Fischmarkt mit Blick auf die Goldene-Bären-Straße, rechts das 1945 zerstörte und 1949 endgültig abgebrochene Haus Goldene-Bären-Straße 2, links hinter den Bäumen das Haus Fischmarkt 5. Foto: BSR, 1934

Abb. 23 a, b: Szenen vom Regensburger Fischmarkt, um 1960. Fotos: Wilkin Spitta, BSR

Abb. 24: Stadt Regensburg, Baulinienplan für Keplerstraße, Fischmarkt und Goldene-Bären-Straße vom 10. Januar 1928 (StAR, Baulinien 12)

bindung doch Wasser auf die Mühlen jener, für die der historische Baubestand am Fischmarkt nichts weiter als ein Verkehrshindernis darstellte. So hielten es viele für eine glückliche Fügung, dass das Haus Goldene-Bären-Straße 2 1945 einen Bombentreffer erlitten hatte (Abb. 25; vgl. auch Abb. 22). Vor allem das städtische Straßenverkehrsamt machte sich dafür stark, die Gunst der Stunde zu ergreifen und das Anwesen gänzlich zu beseitigen. Da *„der gesamte Omnibusverkehr von der Konradsiedlung mit seinen großen Kraus-Maffei-Wagen"* diese Engstelle passieren müsse, trage ein baldiger Abbruch zum *„Flüssigwerden des Straßenverkehrs"* bei.[88]

Der Eigentümer des Hauses, Feilenhauer Philipp Pfündl, sah die Dinge freilich anders. Er betrieb in der notdürftig gesicherten Ruine weiterhin seine Werkstatt. Allein schon aus wirtschaftlichen Gründen kam für ihn ein Verkauf des nunmehr nahezu wertlosen Hauses nicht in Frage. Eine langwierige Auseinandersetzung bahnte sich an. Erst das im Mai 1949 vom Bayerischen Landtag erlassene Gesetz über die Räumung von Trümmergrundstücken bot der Stadt die rechtliche Grundlage, um Pfündl zum Nachgeben zu zwingen.[89]

Mit der definitiven Beseitigung des Anwesens Goldene-Bären-Straße 2 im Herbst 1949 verlor der Fischmarkt einen Teil seiner östlichen Platzwand. Damit aber nicht genug. Dieser Abbruch war nur der erste Schritt, um dem verkehrsplanerischen Wunsch nach einer Donauuferstraße mit mindestens sieben Meter breiter Fahrbahn näher zu kommen. Dem am 6. Juli 1953 vom Stadtrat grundsätzlich genehmigten Verkehrsplan zufolge hatte die *„Bereinigung"* (!) des Straßenzuges von St. Oswald bis zur Thundorferstraße höchste Priorität. Weinmarkt, Keplerstraße, Fischmarkt, Goldene-Bären-Straße und Weiße-Lamm-Gasse sollten ungeachtet ihrer historisch gewachsenen stadträumlichen Qualitäten zur *„künftigen nördlichen Tangente des inneren Verkehrsringes"* ausgebaut werden.[90]

Zur Erzielung der gewünschten Fahrbahnbreite waren unter Rückgriff auf die Baulinienpläne von 1864 und 1928 folgende konkrete Maßnahmen vorgesehen (von Westen nach Osten):

Beseitigung der Vorbauten der Häuser Weinmarkt 1, Metgebergasse 1, Keplerstraße 17, St.-Albans-Gasse 2, Keplerstraße 15, Keplerstraße 13, Keplerstraße 11, Zandtengasse 1 und Keplerstraße 9

Einbau etwa drei Meter breiter Fußgänger-Passagen in die Anwesen Keplerstraße 6, Fischmarkt 5, Fischmarkt 4, Brückstraße 2 (ehemaliger Amberger Salzstadel) und Weiße-Lamm-Gasse 1 (ehemaliger reichsstädtischer Salzstadel)

Abbruch des Hauses Goldene-Bären-Straße 4 und Errichtung eines kleiner dimensionierten Neubaus

Ersatzloser Abbruch der Häuser Keplerstraße 8 (Sauseneck) und Fischmarkt 6.[91]

Anders als beim Baulinienplan von 1864, der nur den Abbruch der Vorbauten in der Keplerstraße vorgesehen hatte, und noch dezidierter als im Baulinienplan von 1928 wurde nun der Fischmarkt zum verkehrsplanerischen Epizentrum der ganzen nördlichen Altstadt. Wer diese unter dem Eindruck des in den Fünfzigerjahren dramatisch zunehmenden Verkehrsaufkom-

Abb. 25: Fischmarkt und Goldene-Bären-Straße. Vom Eckhaus Goldene-Bären-Straße 2 sind nach einem Bombentreffer 1945 nur noch Mauerreste übrig. Rechts daneben das Haus Fischmarkt 6, hinter der Ruine das Haus Goldene-Bären-Straße 4. Foto: C. Lang, BSR, 1948

mens autogerecht erschließen wollte, hatte gar keine andere Wahl als in den historischen Stadtgrundriss einzugreifen. So erschien es auch legitim, den Brunnen zu versetzen. Stadtbaurat Kiessig ließ dazu drei Planungsvarianten untersuchen und kommentierte sie folgendermaßen (kursiv):

Versetzung des Brunnens um 3–4 Meter nach Süden, um den Straßenverkehr nördlich vorbeizuführen. *„Der vom Straßenverkehr nicht berührte Platz ist dann nur mehr sehr schmal. Der Markt könnte nicht mehr abgehalten werden."*

Abbruch des Hauses Fischmarkt 6, Verlegung von Brunnen und Markt um 10–15 Meter nach Osten. *„Der Charakter des Fischmarkts bliebe damit weitgehend erhalten."*

Belassung des Brunnens an seinem Ort, beidseitige Vorbeiführung des Verkehrs. *„Der Brunnen würde dadurch zur Verkehrsinsel."*[92]

Weiter verfolgt wurde die zweite Variante, die den Abbruch des Anwesens Fischmarkt 6 (Abb. 24) vorsah. Die Worte jener verhallten, die auf den Wert dieses von einem frühbarocken Ladeneinbau geprägten Renaissance-Hauses hinwiesen. Kulturdezernent Walter Boll, der die städtischen Planungen heftig kritisierte, wurde schlicht nicht ernst genommen und der Hauseigentümer sollte davon abgehalten werden, dringend erforderliche Maßnahmen zur statischen Ertüchtigung durchzuführen. Am 8. März 1955 fasste daher der Bauausschuss einstimmig den Beschluss, *„dass eine Instandsetzung des Hauses Fischmarkt 6 unter allen Umständen vermieden werden"* müsse.[93]

Angesichts dieser geradezu grotesken Situation informierte Bezirksheimatpfleger Rauchenberger das Bayerische Landesamt für Denkmalpflege. Da Boll die Vorgänge um das Haus Fischmarkt 6 auf Nachfrage der Staatsbehörde bestätigte, erhob diese umgehend Einspruch gegen die städtischen Abbruchpläne.[94] Gerettet war das Haus damit aber noch lange nicht. Die statischen Probleme, die aus dem Abbruch des mit einer Kommunwand angrenzenden Pfündl-

Abb. 26: Reste des Hauses Goldene-Bären-Straße 2. Links angeschnitten das Haus Goldene-Bären-Straße 4. Foto: C. Lang, BSR, 1949

Anwesens 1949 resultierten, waren so gravierend, dass das Ordnungsamt am Abend des 6. September 1955 die sofortige Räumung des Gebäudes veranlasste. Drei Familien waren davon betroffen.[95] Manch einer hoffte nun, die Stadt könnte das Haus nun doch noch auf Abbruch erwerben. Aufschlussreich ist ein Artikel, der in der darauf folgenden Wochenendausgabe des Tages-Anzeigers erschien. Darin heißt es, man könne sich *„eines Schmunzelns nicht erwehren“* ob der denkmalpflegerischen Forderung nach *„Erhaltung des altehrwürdigen Baudenkmals“*. Die zahlreichen historischen Gebäude seien *„eine schwere Hypothek“* für Regensburg. Wer in ihnen wohne, sei *„sowieso geschlagen“*. Nicht wenige dieser Häuser seien einsturzgefährdet und die Stadt sei daher *„irgendwie froh, wenn einer dieser Seuchenherde unter Denkmalschutz von selbst verschwindet“*. Der Eigentümer des Hauses Fischmarkt 6 stimme jetzt einem Verkauf zu, wenn ihm die Stadt im Gegenzug einen Arbeitsplatz biete. Es liege also am Stadtrat, durch eine entsprechende Entscheidung den Weg für den sofortigen Abbruch freizumachen. Auf den dadurch gewonnenen Platz könne man den Fischmarkt samt Brunnen verlegen. In das gegenüber auf der nördlichen Straßenseite liegende Haus Fischmarkt 5 (Abb. 22) könne man *„einen Laubengang einbauen, um die Fußgänger von der Straße wegzubringen“*, und *„eine zweite Trasse für den Omnibus“* gewinnen. Auf diese Weise, so das Fazit, könne *„am Fischmarkt vorbei eine breite Umgehungsstraße für die Innenstadt gebaut werden“*.[96]

Das Landesamt für Denkmalpflege reagierte umgehend und setzte die Regierung der Oberpfalz in Kenntnis, um das Haus Fischmarkt 6 wenigstens in Teilen retten zu können.[97] Notgedrungen sprach sich daraufhin der Bauausschuss unter Vorsitz von Bürgermeister Rottenhammer am 13. September 1955 dafür aus, dem immer noch sanierungswilligen Eigentümer ein Darlehen zur Instandsetzung seines Anwesens zu gewähren.[98] Für das stadträumliche Überleben

Abb. 27: Goldene-Bären-Straße 1, Ansicht vom Fischmarkt aus. Rechts angeschnitten das Haus Goldene-Bären-Straße 4. Foto: C. Lang, BSR, 1955

des Fischmarkts war dies entscheidend, denn so blieb wenigstens ein Teil seiner östlichen Platzwand erhalten.

Die städtischen Maßnahmen zur Verbesserung des Verkehrsflusses gingen indes weiter. Durch den Abbruch des Hauses Goldene-Bären-Straße 2 im Jahre 1949 hatte sich das von den Autofahrern ungeliebte „Fischmarkteck" lediglich um einige Meter nach Osten verlagert. Jetzt stand das Anwesen Goldene-Bären-Straße 4 (Abb. 26) im Weg, das mit seinem nördlichen Gegenüber, dem Haus Goldene-Bären-Straße 1, einen Engpass bildete (Abb. 27). Obwohl vor allem das letztere *„verdammt dumm"* in die Fahrbahn ragte,[99] stand die Hausnummer 4 ab 1953 auf der vom Stadtbauamt geführten Liste der abzubrechenden Gebäude. Denn während das nördliche Haus erst 1941 instand gesetzt worden war,[100] wirkte das südliche ungeachtet seiner wertvollen mittelalterlichen Bausubstanz weniger ansprechend. Als es schließlich 1965 dem Verkehr geopfert wurde, ließ Boll *„gotische Holzdecken, geschwungene Treppengeländer und kunstvolle schmiedeeiserne Türen"* bergen, um sie im Rahmen der Altstadtsanierung an anderer Stelle wieder einzubauen.[101]

Die Regensburger Tagespresse dokumentierte aufmerksam, wie *„das von allen Kraftfahrern gefürchtete Fischmarkteck"* beseitigt wurde. Aus den damals erschienenen Artikeln spricht Erleichterung, nicht etwa Trauer oder gar Kritik. Bedauert wurde allein die Tatsache, dass wegen des vorerst nicht abgebrochenen Hauses Goldene-Bären-Straße 1 die Verkehrsführung an dieser stark frequentierten Stelle *„nicht ganz ideal ausfallen"* könne.[102] Immerhin blieb die Hoffnung auf den baldigen Ausbau des Straßenzuges nach Westen bis zum Eisernen Steg. Zu diesem Zweck sollte als nächstes das Anwesen Keplerstraße 8 (Abb. 28), das sogenannte Sauseneck, fallen.

Bereits im Oktober 1964 hatte die Stadt dieses spätgotische, stadträumlich so wichtige Haus *„zur Verbesserung der Verkehrsverhältnisse"* erworben. Obwohl Boll nicht gewillt war, einen weiteren Denkmalverlust im Umfeld des Fischmarkts hinzunehmen, beschloss der Verkehrsausschuss des Stadtrats am 6. Dezember 1965 den Abbruch.[103] So entwickelte sich das Sauseneck binnen kurzer Zeit zu einem, wie es im Tages-Anzeiger hieß, entscheidenden *„Frontabschnitt"* im Kampf zwischen Denkmalpflege und Verkehrsplanung.[104] Die martialische Wortwahl kam nicht von ungefähr, denn das Klima zwischen Boll und seinen Kontrahenten beim Stadtbauamt war – nicht zuletzt infolge der Auseinandersetzung um die Häuser Fischmarkt 6 und Goldene-Bären-Straße 4 – von Feindseligkeit geprägt.[105] Der Kulturdezernent bat nun das Bayerische Landesamt für Denkmalpflege, die Regierung der Oberpfalz einzuschalten, um *„dem wilden Abbruchtrieb gewisser Stellen"* Einhalt zu gebieten.[106] Auch auf die SPD-Fraktion des Stadtrats versuchte er in einem leidenschaftlichen Appell Einfluss zu nehmen: Es könne *„kein Verständnis dafür aufgebracht werden, daß wir noch weiter unsere Altstadt niederreißen und dann erkennen, wie diese Opfer sinnlos waren"*. Die Anpreisung Regensburgs als wohlerhaltene mittelalterliche Großstadt sei *„eine Lüge, wenn wir auf dem bisherigen Geleise fortfahren"*.[107] Bolls Strategie, den drohenden Abbruch des Sausenecks zur Schicksalsfrage für die Regensburger Altstadt zu machen, ging auf – auch weil es inzwischen mit der *Vereinigung Freunde der Altstadt Regensburg* bürgerschaftlich organisierten Denkmalschutz gab. Das Haus blieb erhalten.[108]

Nicht nur die Lage an der geplanten Altstadt-Nordtangente gefährdete den stadträumlichen Fortbestand des Fischmarkts. Genauso bedrohlich war das ab 1959 vom Stadtbauamt verfolgte Ziel, den gesamten Häuserblock zwischen Schmerbühl und Fischgässel (Abb. 29) zu beseitigen. Am Höhepunkt der jahrelangen Auseinandersetzung zwischen den Befürwortern und den Gegnern dieses Vorhabens führte Oberstadtbaurat Paul Schlienz 1964 als Argument für den Abbruch sogar den Fischmarktbrunnen ins Feld: Dieser müsse wegen der Verbreiterung der Goldenen-Bären-Straße verschoben werden und könne nur am Fischmarkt bleiben, wenn man die fraglichen Häuser beseitige.[109] Dass es ihm in Wahrheit nicht um den Brunnen, sondern um die Verkehrserschließung der Altstadt ging, sei nur der Vollständigkeit halber erwähnt. Am Fischmarkt sollte von der Nordtangente eine direkte, über den Kohlenmarkt, den Neupfarrplatz und die Fröhliche-Türken-Straße verlaufende Verbindung zum Ernst-Reuter-Platz geschaffen werden.[110]
Der substanzielle und ästhetische Verlust, der dem Stadtbild zwischen Zieroldsplatz und Fischmarkt drohte, rief diesmal nicht nur die institutionalisierte Denkmalpflege auf den

Abb. 28: Keplerstraße 8 („Sauseneck"), Ansicht von Südwesten. Foto: A. Reisinger, BSR, 1966

Plan. Es kam, wie Oberbaurat Kiessig konstatieren musste, zu einer *„Art Volksaufstand"*. Die Abbruchpläne ließen sich politisch nicht mehr durchsetzen.[111]
Das 1964 auf Initiative Bolls vom Kulturkreis des Bundesverbandes der Deutschen Industrie in Regensburg installierte Planungsseminar und der ab Oktober 1965 erhöhte staatliche Druck gegen die städtischen Verkehrsplanungen führten zu einem allmählichen Umdenken.[112]

Zur Ruhe aber kam der Fischmarkt deswegen noch lange nicht. Im Januar 1966 kritisierte die tierärztliche Lebensmittelüberwachung die zum Transport und Feilbieten der Fische verwendeten Becken. Diese seien viel zu klein, so dass trotz künstlicher Sauerstoffzufuhr bei diversen Kontrollen mehr als die Hälfte der Fische auf dem Rücken lägen und *„sich zum großen Teil in Agonie"* befänden.[113] Abhilfe sollte durch die Herstellung von vier bis sechs Betonbecken mit entsprechenden Wasserzuführungen und Abflüssen geschaffen werden. Noch während die zuständigen Fachleute über

Abb. 29: Blick über den Zieroldsplatz auf den Häuserblock zwischen Schmerbühl und Fischgässel. Foto: C. Lang, BSR, 1955

die erforderliche Beckengröße und Materialalternativen debattierten, machte ausgerechnet Boll den Vorschlag, das eben erst vor dem Abbruch bewahrte Haus Fischmarkt 7 (Abb. 30) auf der Nordseite zu öffnen und den Fischmarkt *„in die zu errichtenden Gewölbe“* zu verlegen.[114]
Sowohl aus finanziellen als auch aus eigentumsrechtlichen Gründen wurde dieser aus dem Munde des Kulturdezernenten überraschende Vorstoß glücklicherweise nicht weiter verfolgt. Er macht jedoch einmal mehr die Widersprüchlichkeit von Bolls denkmalpflegerischem Tun anschaulich: auf der einen Seite der Kampf gegen Abbrüche und das Engagement für die Bewahrung historischer Zeugnisse im weitesten Sinne, auf der anderen Seite die erklärte Bereitschaft zu gravierenden Veränderungen des Denkmalbestandes.[115]

Bolls Idee, in das Haus Fischmarkt 7 ein zum Platz hin offenes Marktgewölbe einzubauen, war letztlich nur eine gedankliche Variante der Methode, in engen Straßen die Erdgeschosse für den Einbau von Fußgängerarkaden zu verwenden, um dem motorisierten Verkehr mehr Platz zu geben. Obwohl Laubengänge in Regensburg keinerlei Tradition hatten, sah Boll darin einen stilgerechten Kompromiss zwischen Denkmalerhalt und Verkehrsplanung.[116] Mit dieser Auffassung stand er selbst im Kreis der Fachkollegen nicht ganz allein. So hatte das Bayerische Landesamt für Denkmalpflege 1955 zwar die städtische Absicht, für die Schaffung der Nordtangente die historische Wurstküche ein paar Meter nach Norden zu versetzen, entschieden abgelehnt, gleichzeitig aber signalisiert, dass der Einbau von Fußgängerarkaden in den ehemals reichsstädtischen Salzstadel *„eher möglich“* wäre.[117] Auch 1961, als sogar dem Reichssaalbau entlang der Neuen-Waag-Gasse der Einbau von Fußgängerarkaden drohte, war die Reaktion des Landesamtes merkwürdig indifferent ausgefallen: So bedauerlich der Verlust von Denkmalssubstanz auch sei, so wenig könne man sich *„den dringenden Bedürfnissen des Verkehrs in einer Stadt wie Regensburg verschließen“*.[118]

Die Idee, die Goldene-Bären-Straße ganz den Autos zu überlassen und die Fußgänger ins Erdgeschoss der Häuser zu verbannen, lag also durchaus im Zug der Zeit. So war der 1969 nach Plänen von Josef Naumann errichtete Neubau des Hauses Goldene-Bären-Straße 4 architektonisch bereits so angelegt, dass er zu gegebenem Zeitpunkt ohne größere Eingriffe eine Passage für Fußgänger aufnehmen konnte (Abb. 31).[119] Als 1970 das Nachbarhaus Goldene-Bären-Straße 6 modernisiert wurde, regte der städtische Konservator Vorbrodt konsequenterweise an, die rechteckig geplanten Schaufenster gleich rundbogig auszuführen, um später einen kostspieligen Umbau zu vermeiden. Schließlich bestand für das östlich folgende Anwesen Goldene-Bären-Straße 8 damals bereits die Verpflichtung, bei der nächsten baulichen Veränderung eine Fußgängerarkade herzustellen.[120]

Bekanntlich ist es zu dem ortsfremden Laubengang auf der Südseite der Goldenen-Bären-Straße nicht mehr gekommen. Zu verdanken ist dies dem ab 1967 wachsenden staatlichen Widerstand gegen die Regensburger Verkehrsplanung und einem Gesinnungswandel in der Bürgerschaft. Bereits 1972 bestand weitgehend Konsens darüber, dass der Abbruch des Häuserblocks zwischen Zieroldsplatz und Fischmarkt ein schwerer Fehler gewesen wäre.[121] Im gleichen Jahr traten die „Altstadtfreunde“ mit dem Vorschlag an die Öffentlichkeit, den gesamten Bereich um Fischmarkt, Goldene-Bären-Straße und Weiße-Lamm-Gasse zur Fußgängerzone zu machen.[122]

Mit dem 1973 in Kraft getretenen Bayerischen Denkmalschutzgesetz und, damit verbunden, durch die Existenz einer rechtlich verbindlichen Denkmalliste war für den Fischmarkt viel gewonnen. Dies zeigte sich unmittelbar an der Sanierung der für das Platzbild so wichtigen Anwesen Fischmarkt 7 und Fischmarkt 8 (Abb. 32) sowie der südlich angrenzenden Häuser Schmerbühl 1 und Fischgässel 2. Obwohl der ersatzlose Abbruch nun kein Thema mehr war, drohte angesichts großer statischer Probleme der bequemere und kostengünstigere Weg des Abbruchs und des kopierenden Wiederaufbaus.[123] Diese Methode war ja westlich des Fischmarkts, im 1955 festgelegten „Erneuerungsgebiet I", bereits mehrfach zur Anwendung gekommen.[124] Dank der finanziellen Möglichkeiten, die das 1971 verabschiedete Städtebauförderungsgesetz eröffnete, konnte jedoch die Denkmalpflege 1975/76 die Sanierung der Bestandsbauten durchsetzen. Mit zu diesem Erfolg beigetragen haben dürfte auch das wachsende gesellschaftliche Interesse an der Denkmalpflege, das damals durch das vom Europarat ausgerufene Denkmalschutzjahr 1975 einen wichtigen Impuls erfuhr.

Als Bestandteile des 1977 förmlich festgesetzten Sanierungsgebietes „Donauwacht" wurden die Häuser bis 1979 von der Stadtbau GmbH mit großem Aufwand statisch gesichert und grundlegend saniert. Dass es dabei zu einem Totalverlust der historischen Putze und zu erheblichen Eingriffen in die Binnenstruktur der Gebäude kam, ist ein Wermutstropfen.[125] Für die historische Erlebbarkeit des Fischmarkts war die Erhaltung dieser Häuser jedenfalls von elementarer Bedeutung.

Während sich also die Rettung der verbliebenen Platzwände abzeichnete, schieden sich bezüglich des Umgangs mit dem Platzboden, dem Brunnen und den Verkaufsbänken ab 1976 wieder einmal die Geister. Auslöser waren notwendige Tiefbauarbeiten am Hauptsammler im Bereich der Keplerstraße. Es schien ein Gebot der Wirtschaftlichkeit zu sein, damit weitere Maßnahmen zum Ausbau der Straße und des Fischmarkts zu verbinden. Schon brachen die alten Konflikte wieder auf. Die damalige Stadträtin und spätere Oberbürgermeisterin Christa Meier etwa fürchtete, *„es könnte irgend jemand in den Sinn kommen, die Keplerstraße zu begradigen, die letzten Vorbauten wegzureißen und damit die Straße für den Verkehr flüssiger zu machen (...). Ganz nebenbei würde das historische Gefüge der Straße zerstört. Weitere Gefahren könnten in der Anhebung des Straßenniveaus und der Auswahl des Belages liegen."*[126]

Die Idee der Hochwasserfreilegung wurde zwar infolge massiver Gegenstimmen ebenso frühzeitig verworfen wie der

Abb. 30: Verkehr am „Fischmarkteck" nach Abbruch des Hauses Goldene-Bären-Straße 2. Im Hintergrund die statisch gesicherte Nordfassade des Hauses Fischmarkt 7. Foto: C. Lang, BSR, 1955

Gedanke an den Abbruch der noch erhaltenen Vorbauten (Abb. 18). Die Anlegung von zwei Bushaltebuchten am Fischmarkt und damit die Versetzung des Brunnens aber schienen gesetzt. Der Vorschlag der Denkmalbehörden, die südliche, bereits vorhandene Haltebucht beizubehalten und für die neu anzulegende nördliche die ohnehin vorhandene Aufweitung der Keplerstraße westlich des Sausenecks zu nutzen, wurde nicht weiterverfolgt. Auch der Hinweis auf die inzwischen für den Fischmarkt geltenden gesetzlichen Schutzbestimmungen fand kein Gehör. Die aus verkehrsplanerischer Sicht zweckmäßige Anordnung beider Haltebuchten am Fischmarkt erforderte die Versetzung des Brunnens um ca. 2,50 Meter nach Osten und ca. 1,25 Meter nach Süden.[127]

Nachdem der Marktbetrieb wegen der Sanierung des Hauses Fischmarkt 7 ohnehin schon 1977 auf den Wiedfang ausgewichen war, wurden im Sommer 1979 der Brunnen und die Verkaufsbänke abgebaut. Als angesichts der Verbreiterung der Keplerstraße und der Erweiterung der südlichen Busbucht kritische Bürgerstimmen laut wurden, ließ die Stadtverwaltung wissen, dass sie sich bei der Neugestaltung des Fischmarkts an dessen Erscheinungsbild um 1900 orientiere. Diese Äußerung konnte sich freilich nur auf die Absicht beziehen, die alten Verkaufsbänke wieder aufzustellen, traditionelles Hirschlinger Straßenpflaster zu verlegen und die gefällten Kugelakazien durch gleichartige Bäume zu ersetzen.[128] Um deren Überleben zu sichern, setzte das Stadtgartenamt erstmals in Regensburg ein Bewässerungs- und Belüftungssystem ein. Für einen zusätz-

Abb. 31: Goldene-Bären-Straße 4. Neubau von 1969 nach Plänen von Josef Naumann. Foto: D. Komma, BLfD, 1980

lichen grünen Akzent sollte ein Spitzahorn sorgen, dessen Hochbeet aufgrund seiner plumpen Betoneinfassung allerdings umstritten war.[129]

Am 28. März 1980, einem Freitag, fand erstmals nach drei Jahren der Fischverkauf wieder am angestammten Platz statt. Das Bild, das sich den wenigen Besuchern darbot, aber war traurig. Nur zwei Fischer, einer aus Regensburg und einer aus Friesheim, boten ihren Fang feil. Der Brunnen und die alten Steinbänke fehlten.[130]

Der in Einzelteile zerlegte Brunnen harrte noch der Restaurierung. Der erhobene Arm und die rechte Hand der Statue waren seit Jahren verschollen und mussten daher komplett ergänzt werden. Der stark verwitterte Brunnenstock hatte einen Längsriss und wurde nur noch durch Bandeisen zusammengehalten.[131] Die in der Literatur verbreitete Behauptung, beim Wiederaufbau des Brunnens habe man den Brunnenstock auf die Nordseite des Troges versetzt,[132] ist falsch. Vielmehr hat man den gesamten Brunnen nach Südosten verschoben, so dass der Geharnischte nicht mehr über den Platz in Richtung Schmerbühl, sondern an die Hauswand schaut. Von den ursprünglich acht Verkaufsbänken wurden nur noch vier aufgestellt.

Die reichsstädtische Tugendallegorie musste der Bushaltestelle Platz machen. Ihre politische Botschaft hatte keine Adressaten mehr. Auch als Wasserlieferant war der Brunnen längst entbehrlich. Überhaupt waren die Tage des Marktes gezählt, denn der Absatz an fangfrischem Donaufisch ging spätestens ab den Siebzigerjahren, als das Angebot an „küchenfertiger“ Tiefkühlware immer größer wurde, kontinuierlich zurück. Der Verkauf am Fischmarkt fand schließlich nur noch sporadisch zu Weihnachten, am Aschermittwoch und am Karfreitag statt, ehe er Ende der Achtzigerjahre völlig einschlief.[133] Inzwischen weiß kaum noch jemand, dass die Steinbänke nicht zum Sitzen, sondern zum Aufstellen der Fischbottiche dienten.

Für die jüngeren Bewohner Regensburgs ist „Fischmarkt“ vor allem ein zentraler Haltepunkt im Liniennetz des Regensburger Verkehrsverbundes. Aktuell, im Jahr 2017, hält an einem Werktag allein auf der Südseite des Platzes 398 Mal pro Tag ein Bus.[134] Für den Brunnen, insbesondere für die hoch stehende Figur, bedeutet dies Dauerstress.

Als die Kalksteinskulptur 2015 im Vorgriff auf konservierende Maßnahmen näher untersucht wurde, offenbarte sich ein gravierendes Rissbild. Als schadensverursachend wurden vor allem die von den anfahrenden Gelenkbussen verursachten Schwingungen ausgemacht, die am erhobenen Arm der Figur bei Berührung deutlich fühlbar waren. Die vom eingeschalteten Fachlabor durchgeführten Ultraschallmessungen erbrachten detailliert Aufschluss über die Rissweitung in einzelnen Teilbereichen.[135]

Da bald klar war, dass sich die aufwändige Risssicherung und die übrigen konservatorischen Maßnahmen ins Jahr 2016 erstrecken würden, erhielt die Figur über den Winter eine Schutzbekleidung aus Polyestergewebe (Abb. 33). Im Vergleich zu den gewohnten Einhausungen aus Holz wirkte diese Methode des Winterschutzes auf manche unkonventionell und improvisiert. Dabei ist die aus konservatorischen Gründen vorgenommene textile Verpackung von Skulpturen keineswegs neu.[136] Das Prinzip wurde lediglich ab der Jahrtausendwende am Institut für Textil- und Bekleidungstechnik der Technischen Universität Dresden unter restaurierungsfachlichen Kriterien optimiert. Resultat war ein mit Teflon verstärktes und mit Lüftungsöffnungen versehenes, wasserdichtes und reißfestes Polyestergewebe.[137]

Abb. 32: Fischmarkt 7 und 8. Foto: S. Effenhauser, BSR, 2017

Abb. 33: Fischmarktbrunnen, Statue mit textilem Winterschutz. Foto: P. Ferstl, BSR, 2015

Die Option, die Erschütterung der Skulptur durch eine unterhalb der Podeststufen eingebaute Pufferung zu minimieren, wurde angesichts des dafür nötigen vollständigen Abbaus des Brunnens vorerst zurückgestellt. Die Hoffnungen richten sich auf eine grundlegende Neuorganisation des öffentlichen Nahverkehrs. Damit hat der Geharnischte, einst Personifikation reichsstädtischer Stärke, eine zeitgemäße neue Bedeutung erhalten: Er ist zur fragilen Allegorie des Widerstands gegen die Verkehrsbelastung der Regensburger Altstadt geworden.

1 RUB II, Nr. 726 und 768 (Erstnennungen); Walter Boll, Das Runtingerhaus in Regensburg, in: VHVO 120 (1980), 25–68 (hier: 46, Anm. 38, 49f., 60f.). Zu eng gefasst jedoch die Lokalisierung des alten Fischmarkts im Bereich des späteren Anwesens Lit. D 124 (Zieroldsplatz 3) durch Jürgen Sydow, Der Regensburger Markt im Früh- und Hochmittelalter, in: Historisches Jahrbuch 80 (1961), 60–92 (hier: 69) und danach Berta Ritscher, Die Entwicklung der Regensburger Ratsverfassung in der gesellschaftlichen und wirtschaftlichen Struktur der Zeit von 1245–1429, Teil 1, in: VHVO 114 (1974), 7–126 (hier: 83). – Nicht sicher zu lokalisieren eine 1156 erwähnte *area inter piscatores* (RUB I, Nr. 31); dazu bereits Richard Strobel, Forschungsprobleme des mittelalterlichen Wohnbaus in Regensburg, in: VHVO 103 (1963), 351–374 (hier: 373).

2 StAR, Cameralia 19; vgl. Eugen Trapp, Das Regensburger Rathaus und sein Vorplatz. Kommunale Selbstdarstellung einst und jetzt, in: Stadt Regensburg, Amt für Archiv und Denkmalpflege (Hg.), Regensburger Plätze. Geschichte und Funktion städtischer Räume. Beiträge des 31. Regensburger Herbstsymposions vom 18.–20.11.2016, Regensburg 2017, 48–61 (hier: 56, 60, Anm. 43 u. 44).

3 Nach der Bauamtschronik „*hat man die visch an mer ortten fail gehabt, als nemlich am freittag vormittag auff dem platz vor dem marckhthurnn, nachmittag inn der Schuestergassen* (= Brückstraße; Anm. d. Verf.) *vnnd an wochenmärckhten als mittwoch vnnd sambstag, bey des bischoffs hof vber bey der Heusinger behausung*“ (Christoph Obermeier, Die erste Regensburger Bauamtschronik. Edition und Kommentar, Mag.-Arbeit Univ. Regensburg 1987, 41 Nr. 37). Vgl. auch Christian Gottlieb Gumpelzhaimer, Regensburg's Geschichte, Sagen und Merkwürdigkeiten (4 Bde.), Bd. 2, Regensburg 1837, 766; Karl Bauer, Regensburg. Kunst-, Kultur- und Alltagsgeschichte, 6. Aufl., hg. von Peter Bauer, Regensburg 2014, 232. – Zu Fisch als Fastenspeise vgl. Walter Dürig, Art. Fasten, in: Lexikon des Mittelalters, Bd. 4, Stuttgart u. a. 1989, Sp. 304; Andreas Kühne, Essen und Trinken in Süddeutschland. Das Regensburger St. Katharinenspital in der Frühen Neuzeit (Studien zur Geschichte des Spital-, Wohlfahrts- und Gesundheitswesens;

Schriftenreihe des Archivs des St. Katharinenspitals Regensburg, Bd. 8), Regensburg 2006, 203.

4 Dazu bereits SYDOW (wie Anm. 1), 60–92, bes. 68–71; Helmut-Eberhard PAULUS, Albrecht Altdorfer als Stadtbaumeister von Regensburg, in: VHVO 127 (1987), 165–170.

5 Bauamtschronik (wie Anm. 3), 40, Nr. 33; GUMPELZHAIMER (wie Anm. 3), II, 757, 758. Zur Autorschaft Altdorfers PAULUS, Altdorfer (wie Anm. 4), 168.

6 Bauamtschronik (wie Anm. 3), 40f., Nr. 35; Carl Theodor GEMEINER, Reichsstadt Regensburgische Chronik (4 Bde.), Bd. 4, Regensburg 1824, 496 (mit falscher Jahresangabe 1523); GUMPELZHAIMER (wie Anm. 3), II, 757, 759; BAUER 2014 (wie Anm. 3), 233. Zur Autorschaft Altdorfers PAULUS, Altdorfer (wie Anm. 4), 168f.

7 Bauamtschronik (wie Anm. 3), 41, Nr. 37; GUMPELZHAIMER (wie Anm. 3), II, 766; Helmut-Eberhard PAULUS, Regensburger Brunnen und Plätze: Geschichte, Funktion und Ikonographie, Regensburg 1998, 30. Nicht korrekt ist jedoch Paulus' Behauptung, es handle sich hierbei um *„die erste überlieferte Pflasterung eines Platzes in Regensburg"* (Helmut-Eberhard PAULUS, Wasser im Dienste reichsstädtischer Repräsentation, in: VHVO 136 [1996], 33–48 [hier: 33, Anm. 1]); vgl. hierzu die Ausführungen zum alten Fischmarkt in diesem Beitrag.

8 So auch im Kataster-Uraufnahmeblatt 1811.

9 Zum Brunnen GUMPELZHAIMER (wie Anm. 3), II, 796; zum Badehaus Michael PROSSER, Gesellige Körperpflege als Aspekt der Alltagskultur im spätmittelalterlichen Regensburg. Zugleich ein Beitrag zur Geschichte der Badestuben, in: Martin ANGERER / Heinrich WANDERWITZ (Hg.), Regensburg im Mittelalter. Bd. 1: Beiträge zur Stadtgeschichte vom frühen Mittelalter bis zum Beginn der Neuzeit, Regensburg 1995, 293–300, bes. 294.

10 GUMPELZHAIMER (wie Anm. 3), II, 894 (Zitat); zu den Röhrkästen vgl. auch BAUER 2014 (wie Anm. 3), 879.

11 Bauamtschronik (wie Anm. 3), 128, Nr. 380; GUMPELZHAIMER (wie Anm. 3), II, 985; zu den Nachbesserungen allgemein vgl. auch BAUER 2014 (wie Anm. 3), 879f., und PAULUS, Brunnen und Plätze (wie Anm. 7), 17.

12 GUMPELZHAIMER (wie Anm. 3), II, 894, 941; vgl. auch ebd. 1029.

13 Vgl. KDB Regensburg III, 242; Georg DEHIO. Handbuch der Deutschen Kunstdenkmäler, Bayern V: Regensburg und die Oberpfalz, bearb. von Jolanda DREXLER und Achim HUBEL, München / Berlin 1991, 626.

14 So bei PAULUS, Wasser im Dienste (wie Anm. 7), 38; DERS., Brunnen und Plätze (wie Anm. 7), 12, 30; DERS., Politische Brunnenikonologie. Anmerkungen zum Brunnenprogramm der Reichsstadt Regensburg in der Neuzeit, in: Helmut-Eberhard PAULUS / Hermann REIDEL / Paul W. WINKLER (Hg.), Wasser – Lebensquelle und Bedeutungsträger. Wasserversorgung in Vergangenheit und Gegenwart. Beiträge des Regensburger Herbstsymposions zur Kunstgeschichte und Denkmalpflege 1997, Regensburg 1999, 117–124 (hier: 121). – Zur unkritischen Übernahme dieser Datierung vgl. Elke MASA, Freiplastiken in Regensburg. Brunnen, Denkmäler, Freiplastiken und Installationen im öffentlichen Raum der Stadt, Neustadt a. d. Aisch 2005, 54, 56; Georg DEHIO. Handbuch der Deutschen Kunstdenkmäler, Bayern V: Regensburg und die Oberpfalz, 2. Aufl., bearb. von Jolanda DREXLER und Achim HUBEL, aktualisiert von Peter MORSBACH und Achim HUBEL, München / Berlin 2008, 679.

15 Die Errichtung des am Querbalken mit der Jahreszahl 1610 versehenen Wiedfang-Brunnens archivalisch belegt durch Eintrag in die Bauamtschronik (StAR, I Ae1, 6, 240); vgl. auch KDB Stadt Regensburg III, 243; DB Stadt Regensburg, 84; PAULUS, Brunnen und Plätze (wie Anm. 7), 47f. – Zum Wiedfang-Brunnen vgl. Abb. Xx auf. S. xx in diesem Band.

16 Vgl. BAUER 2014 (wie Anm. 3), 976f.

17 S.o. Anm. 7.

18 Vgl. Hans HEINISCH, Baugeschichte des Regensburger Rathauses, in: Otto HUPP (Hg.), Das Rathaus zu Regensburg, Regensburg 1910, 35–60 (hier: 41f.); KDB Stadt Regensburg III, 101; DB Stadt Regensburg, 484f; PAULUS, Brunnen und Plätze (wie Anm. 7), 42; DEHIO 1991 (wie Anm. 13), 560; DEHIO 2008 (wie Anm. 14), 611.

19 Dazu PAULUS, Brunnen und Plätze (wie Anm. 7), 6–15; DERS., Politische Brunnenikonologie (wie Anm. 14).

20 Aeneis 1, 124–156.

21 Vgl. Craig KALLENDORF, Cristoforo Landino's Aeneid and the Humanist Critical Tradition, in: Renaissance Quarterly 36 (1983) 4, 519–546; Clemens ZINTZEN, Zur „Aeneis"-Interpretation des Cristoforo Landino, in: Mittellateinisches Jahrbuch XX (1985), 183–215; allgemeiner: Luba FREEDMAN, Cinquecento mythographic descriptions of Neptune, in: International Journal of the Classical Tradition 1995, Vol. 2, Issue 1, 44–53, und DIES., Neptune in Classical and Renaissance Visual Art, ebd., Issue 2, 219–237.

22 Dazu Birgit LASCHKE-HUBERT, „Quos ego" oder wie der Meeresgott Neptun die Plätze eroberte, in: Alessandro NOVA / Stephanie HANKE (Hg.), Skulptur und Platz, Raumbesetzung, Raumüberwindung, Interaktion (= Italienische Forschungen des Kunsthistorischen Instituts in Florenz, I mandorli 20), Berlin u. a. 2014, 97–124. Speziell zu Genua vgl. den Neptunbrunnen im Park der Villa del Principe (Palast des Andrea Doria), 1599/1600. – Zu Venedig vgl. Veroneses Allegorie des von Mars und Neptun flankierten Markuslöwen an der Decke der Sala del Consiglio dei Dieci im Dogenpalast, 1575–77. – Zu Florenz vgl. die Brunnenfigur (zugleich ein *portrait mythologique* Cosimos I. von Medici) von Ammannati auf der Piazza della Signoria, 1560–65. – Zu Bologna vgl. die Brunnenfigur von Giambologna auf der Piazza del Nettuno, 1563–66; dazu zuletzt Richard J. TUTTLE, The Neptune fountain in Bologna: bronze, marble and water in the making of a papal city, Turnhout 2015, bes. 105–130.

23 Vgl. Andreas ALCIATUS, Emblematum libellus, Paris 1542 (ND Darmstadt 1991), 38f., 58f.; Cesare RIPA, Iconologia, a cura di Pietro BUSCAROLI, Milano 1992, 23–25. – Anders PAULUS, Politische Brunnenikonologie (wie Anm. 14), 121, der den Delphin als *„Symbol der Salus publica"* bezeichnet.

24 Vgl. PAULUS, Brunnen und Plätze (wie Anm. 7), 32; zum ikonologischen Kontext zuletzt TRAPP, Rathausplatz (wie Anm. 2), 54.

25 Zur Benennung der Statue vgl. Anselm [GODIN], Ratisbona politica. Staatisches Regensburg … Regensburg 1729, 178 (Karl der Große); PARICIUS (wie Anm. 28), 138 (Arnulf); WALDERDORFF 1896 (wie Anm. 57), 368 (Arnulf); Cornelius WILL, Der Kurfürstenbrunnen im Hofe des fürstlich Thurn und Taxis'schen Schloßes St. Emmeram zu Regensburg, in: VHVO 55 (1903), 230–240, bes. 239 (Kaiser und Reich); KDB Stadt Regensburg I, 357f. (Arnulf); PAULUS, Brunnen und Plätze (wie Anm. 7), 27 (Arnulf).

26 Zum „Lindl" Gotthard KIESSLING / Dorit REIMANN (Bearb.), Denkmäler in Bayern I. 22: Landkreis Traunstein. Ensembles – Baudenkmäler – Archäologische Denkmäler, 2 Teilbde., Lindenberg 2007, Halbbd. 2, 1056f.; zu den anderen Beispielen bereits Ernst WAGNER, Die Statue des Markgrafen Karls II. von Baden in Durlach im Zusammenhang mit süddeutschen Brunnenfiguren, in: Zeitschrift für die Geschichte des Oberrheins, N.F. Bd. 17 (1902), 123–141.

27 Vgl. WAGNER (wie Anm. 26), bes. 134–136; KIESSLING / REIMANN (wie Anm. 26), 1057.

28 Johann Carl PARICIUS, Allerneueste und bewährte Nachricht von der des Heil. Röm. Reichs Freyen Stadt Regensburg, Regensburg 1753, 213.

29 ANONYM, Summarisches Verzeichnis der in der Königlichen Kreishauptstadt Regensburg noch vorhandenen Denkmale der Vorzeit (HV, MS R 68), Nr. 37.

30 ANONYM [th] in: TA Nr. 27 v. 3./4.3.1950.

31 Vgl. Hugo von WALDERDORFF, Regensburg in seiner Vergangenheit und Gegenwart, Regensburg 1869, 145 ([4]1896, 504, Anm. 1); KDB Stadt Regensburg III, 242; TA Nr. 27 v. 3./4.3.1950; TA Nr. 43 v. 12.4.1950.

32 Dietlinde MUNZEL-EVERLING, Rolande. Die europäischen Rolanddarstellungen und Rolandfiguren, Dößel 2005; speziell zur Abgrenzung von der Regensburger Brunnenfigur vgl. bereits Fr. DREXEL, Der Brunnen auf dem Fischmarkte zu Regensburg (sogenannter Rolandsbrunnen), in: VHVO 52 (1900), 61–77.

33 Vgl. Gioacchino DI MARZO, I Gagini e la scultura in Sicilia nei secoli XV e XVI, Vol. I, Palermo 1880, 769–771; Karl MÖSENEDER, Montorsoli. Die Brunnen, Mittenwald 1979, 45–90; Marco Rosario NOBILE, Fontane e acquedotti nella Sicilia tra XV e XVII secolo, in: [Tagungsbericht] Patrimonio cultural vinculado con el agua. Paisaje, urbanismo, arte, ingenieria y turismo (Universidad de Extremadura, Caceres, 17.–19.10.2013), Caceres 2014, 357–365.

34 Giorgio VASARI, Le vite de' più eccellenti pittori, scultori e architettori, Firenze 1568 (Edizione Giuntina), Vol. II, 618–620; Edgar POWELL (Hg.), The travels and life of Sor Thomas Hoby, Knight of Bisham Abbey, written by himself 1547–1564, London 1902, 45. – Zur künstlerischen Rezeption MÖSENEDER (wie Anm. 33), 157f.

35 Beispiele mit Abbildungen bei Hans MIELKE, Albrecht Altdorfer. Zeichnungen, Deckfarbenmalerei, Druckgraphik (Kat. der Ausstellung Berlin / Regensburg 1988), Berlin 1988, 32f. (Pax und Minerva), 150 (Beweinung Christi), 252f. (kauernde Venus); jeweils mit Werkbibliographie. Vgl. zuletzt auch Christoph WAGNER, Inventio und mimetische Poetik. Zur malerischen Imagination Altdorfers, in: Christoph WAGNER / Oliver JEHLE (Hg.), Albrecht Altdorfer. Kunst als zweite Natur, Regensburg 2012, 9–25 (hier: 20f.).

36 Vgl. insbesondere Pötzlingers Hauptwerk, das Grabmal für Graf Anton von Ortenburg in der dortigen Marktkirche, 1574/75. Dazu grundlegend Gertraud DINZINGER, Hans Pötzlinger und die süddeutsche Plastik in der 2. Hälfte des 16. Jahrhunderts (Diss. Univ. Regensburg 1985 [Microfiche]); zusammenfassend DIES., Hans Pötzlinger (um 1535–1603) – ein Regensburger Bildhauer, in: 1250 Jahre Kunst und Kultur im Bistum Regensburg. Berichte und Forschungen (= Kunstsammlungen des Bistums Regensburg, Diözesanmuseum Regensburg, Kataloge und Schriften, Bd. 7), München/Zürich 1989, 335–350, bes. 345.

37 Vgl. die Namensnachweise bei DINZINGER, Hans Pötzlinger (um 1535–1603) (wie Anm. 36), 343–345, und Bettina Ulrike SCHWICK, Dieser Stein / Soll der Nachwelt Zeuge seyn. Untersuchungen zu barockzeitlichen Epitaphien der Reichsstadt Regensburg (= Regensburger Studien und Quellen zur Kulturgeschichte 20), Regensburg 2012, 65.

38 KDB Regensburg III, 87 (Reichssaalbau), 115 (Leerer Beutel); BAP VII, 57 (Leerer Beutel); Helmut-Eberhard PAULUS, Baugeschichte des Rathauses, in; Rathausführer (= Regensburger Taschenbücher 1), Regensburg 1992, 7–21 (hier: 16), DB Stadt Regensburg, 116 (Leerer Beutel), 481 (Reichssaalbau); DEHIO 2008 (wie Anm. 14), 608 (Reichssaalbau), 622 (Leerer Beutel)..

39 Abbildungen der Tafel, die sich heute im Historischen Museum befindet, in: Otto HUPP, Die Kunstschätze des Regensburger Rathauses, in: STADT REGENSBURG (Hg.), Das Rathaus zu Regensburg, Regensburg 1910, 119–173 (hier: 150); Wolfgang PFEIFFER, Der Leere Beutel. Historischer Getreidespeicher – städtisches Galeriegebäude, in: RAL 1982, 40–60 (hier: 43); BAP VII, Abb. 58.

40 Errichtung des Westteils des Leeren Beutels 1606/07; vgl. Bauamtschronik (wie Anm. 3), 169; BAP VII, 56–58 (mit Lit.).

41 BAUER (wie Anm. 3), 5. Aufl. 1997, 350; 6. Aufl. 2014, 385. Vgl. auch Eugen TRAPP, Bertoldstraße 9. Bestandssicherung der Bauplastik, in: DR 11 (2009), 239–241.

42 Mit dem gleichen Meisterzeichen hat Ilsang das Grabmal des 1586 verstorbenen Wolf-Dietrich von Maxlrain signiert; vgl. DINZINGER, Pötzlinger (um 1535–1603) (wie Anm. 36), 344; SCHWICK (wie Anm. 37), 78f. (mit Abb.).

43 Dazu Klaus HEILMEIER, Vom Zwörnerplatz zum Donaumarkt. Kommunale Stadtentwicklung und Wirtschaftsförderung im Donauquartier des 19. Jahrhunderts, in: DR 8 (2002), 103-124 (hier: 104-108); Eugen TRAPP, Zur urbanen Entwicklung Regensburgs im Königreich Bayern, in: Hans-Jürgen BECKER / Konrad-Maria FÄRBER (Hg.), Regensburg wird bayerisch. Ein Lesebuch, 158–184 (hier: 172f.).

44 So 1852 der zuständige Distriktvorsteher Schad (StAR, ZR II 5406).

45 StAR, ZR I 11216; darin auch Nachweis über den Verkauf der Bude von Naimer an Metzgermeister Joahnn Michael Seifart (Seiffert) im November 1826.

46 Werner TIMM, Adolph Menzel in Regensburg, in: RAL 1985, 105–113 (hier: 106 [Abb.]); Brigitte HUBER, Mainburg – London. Der Altbayer Johann Georg Scharf (1788–1860) als Bildchronist der englischen Hauptstadt, Regensburg 2012, 49.

47 StAR, ZR I 11216. Zu Rieghammer außerdem StAR, Personalamt, PA-p-6493 und PA-p-7300.

48 Die Zitate nach Bf. an den StM v. 4.11.1860 (StAR, ZR I 11216); Unterschrift des Verfassers (Manner?) nicht eindeutig lesbar.

49 Kostenangebot (Verfasser unklar) v. 18.11.1860 (StAR, ZR I 11216).

50 Der Erwerb, der der aufsichtsrechtlichen Genehmigung durch die Regierung der Oberpfalz und von Regensburg bedurfte, dokumentiert in StAR, ZR I 11216.

51 Vgl. dazu Eugen TRAPP, Der Modernisierer. Regensburgs erster Stadtbaurat Eduard Pahl (1862–1870) und sein Wirken in der Altstadt, in: DR 9 (2004), 95–118, bes. 97f.

52 StAR, ZR III 3578/1 u. 4.

53 Die Zitate aus Bf. Pahls an den StM v. 30.4.1869 (StAR, ZR I 13407). Zu Stobaeus vgl. Dieter ALBRECHT, Regensburg im Wandel. Studien zur Geschichte der Stadt im 19. und 20. Jahrhundert (= Studien und Quellen zur Geschichte Regensburgs 2), Regensburg 1984, 161–169.

54 So gemäß Notiz Pahls (StAR, Plan- und Kartensammlung 1496).

55 Bf. Walderdorffs an den StM v. 12.2.1870 (StAR, ZR I 13407); darauf die Reaktionen vermerkt.

56 StAR, Baulinien 11; vgl. dazu auch Hubert SCHMID, Stadtbild und Denkmalpflege in Regensburg in der zweiten Hälfte des 19. Jahrhunderts (1848–1914) (= Regensburger Studien, Bd. 9), Regensburg 2004, 214f.

57 Hugo Graf von WALDERDORFF, Regensburg in seiner Vergangenheit und Gegenwart, 4. Aufl., Regensburg / New York / Cincinnati 1896, 504f.

58 StAR, ZR II 8955.

59 Nach Protokoll des diensthabenden Wachtmeisters v. 7.10.1898 (StAR, ZR II 5640); Bayerischer Volksbote Nr. 232 v. 8.10.1898.

60 Ausführliche Berichterstattung mit Angaben zur Identität der Verhafteten in: Bayerischer Volksbote Nr. 233a v. 9./10.1898.

61 Bayerischer Volksbote Nr. 240 v. 18.10.1898.

62 Regensburger Anzeiger Nr. 580 v. 20.11.1898; Bayerischer Volksbote Nr. 268a v. 20./21.11.1898.

63 Vgl. Kostenvoranschlag Spandls v. Dezember 1898 (StAR, ZR II 5640). Spandl wohnte im Haus Lit. F 46 (Fischmarkt 2).

64 Zit. nach Regensburger Tagblatt Nr. 16 v. 17.1.1899.

65 Zu Schreiner vgl. ThB XXX, 284; DB Stadt Regensburg, 66, 644; BAUER 1997 (wie Anm. 41), 583. – Zu Helmer vgl. DB Stadt Regensburg, 436, 644; BAUER 2014 (wie Anm. 3), 75, 592f., 604.

66 StAR, ZR II 5640. – Zur Firma s. Annelies BUCHNER / Walter BUCHNER / Mathias WIEDEMANN, Architekten, Ingenieure, Baumeister, Kaufleute – 120 Jahre Bauunternehmung Friedrich Buchner, Würzburg 1866–1986, Volkach 1986 (^{2}2001).

67 VB 1903–1905, 154.

68 Zit. nach Bf. Hagers an Bauamtsassessor Friedrich Schmidt v. 3.5.1904 (StAR, 5640). Zu Hager vgl. Luisa HAGER, „Hager, Georg, in: NDB 7 (1966), 489f. – Zum Lindlbrunnen KIESSLING / REIMANN (wie Anm. 26); zu den Brunnen in Südwestdeutschland WAGNER (wie Anm. 26).

69 StAR, ZR II 5640.

70 Ebd.

71 VB 1903–1905, 7. Vgl. auch TA Nr. 27 v. 3./4.3.1950.

72 So gemäß Stellungnahme des städtischen Wasserwerks (StAR, ZR II 5640).

73 Stellungnahmen Schmetzers v. 26. u. 29.11.1904 (StAR, ZR II 5640).

74 StAR, ZR II 5406. Die Händler waren Karl Brechenmacher und Josef Teufl aus Regensburg, Ludwig Röhrl aus Prüfening sowie die Kelheimer Josef Bieglmeier, Sebastian Dier, Johann Seidl und Josef Staibl.

75 Georg BRITTING, Donaufischer und Mädchenhändler, in: DERS., Der bekränzte Weiher. Erzählungen, München 1937, hier zit. nach Eberhard DÜNNINGER, Begegnungen mit Regensburg, Regensburg ^{2}1982, 106. Zum Fischmarkt-Thema bei Britting vgl. auch sein Gedicht *Auf dem Fischmarkt*, in: Georg BRITTING. Sämtliche Werke, hg. von Ingeborg SCHULDT-BRITTING, Bd. 6, Höhenmoos 2008, 29f.

76 Als Bildquelle zum Marktgeschehen vgl. auch eine um 1908 entstandene Bleistiftzeichnung von Lina Ammer in der Sammlung des Kunst- und Gewerbevereins; dazu Wilhelm AMANN, Eine Stadt im Spiegel der Malerei. Regensburg von 1900–2000, Regensburg 2000, 30f. (mit Abb.).

77 StAR, ZR III 1564; MZ Nr. 168 v. 24.7.1954. – 1958 bei der Stadtverwaltung sieben Fischverkäufer registriert: Andreas Brechenmacher und Fritz Hofmeister aus Regensburg, Elisabeth Schieber aus Donaustauf, Otto Maurer aus Frengkofen, Josef Schmiedkonz aus Friesheim, Georg Sattler aus Lappersdorf, Josef Pflügel aus Zeitlarn (StAR, ZR III 1564).

78 Dazu Otto LASNE, Erläuterungsbericht zum Generalbaulinienplan für Regensburg und seine Umgebung (...), München 1917, 55–57.

79 Adolf SCHMETZER, Die Stadterweiterung, in: Adolf SCHMETZER (Bearb.), Deutschlands Städtebau. Regensburg, Berlin 1924, 51–53.

80 So Otto HIPP im Geleitwort zu SCHMETZER (wie Anm. 79), 3.

81 Zit. nach Bf. der Stadt Regensburg an die Regierung der Oberpfalz v. 7.1.1927 und undatierte, wohl etwa gleichzeitige Stellungnahme von Tiefbauamt und Stadtbauamt (StAR, Baulinien 12).

82 Zit. nach Bf. der Regierung der Oberpfalz an die Stadt Regensburg v. 3.1.1930 (StAR, Baulinien 12).

83 ZDR 328 II; dazu zusammenfassend Peter MORSBACH, Neues zur Verkehrsplanung der Fünfzigerjahre, in: Martin DALLMEIER / Hermann REIDEL / Eugen TRAPP (Hg.), Die Fünfzigerjahre in Regensburg. Architektur – Denkmalpflege – Geschichte – Kunst. Beiträge des 18. Regensburger Herbstsymposions für Kunst, Geschichte und Denkmalpflege vom 21. bis 23. November 2003, Regensburg 2004, 26–40 (hier: 28–30). Zu Lasnes Domstraßenprojekt und seinem planerischen Fortleben vgl. Wolfgang SCHÖLLER, Stadtplanung und Denkmalpflege in Regensburg 1950–1975 (= Regensburger Studien 15), Regensburg 2010, 58–60.

84 Rudolf EICHHORN, General-Verkehrsplan für den Donauraum Regensburg unter besonderer Berücksichtigung von Alt-Regensburg, Regensburg 1948, 7. Zu Eichhorn s. Klaus HEILMEIER, Planungsschaden Donaumarkt oder Ergebnisse aus einem halben Jahrhundert Verkehrsplanung. Visionen, Planungsziele und Projekte 1946 bis 1990, in: DR 9 (2004), 126–156 (hier: 155 Anm. 33). Vgl. auch SCHÖLLER (wie Anm. 83), 56.

85 WALDERDORFF 1869 (wie Anm. 31), 68; EICHHORN (wie Anm. 84), 47.

86 EICHHORN (wie Anm. 84), 47, 74f.

87 Vgl. HEILMEIER, Planungsschaden (wie Anm. 84), 134.

88 Zit. nach Bf. des Straßenverkehrsamtes an Dez. VI v. 28.6.1948 (StAR, Bauordnungsamt 442/2). Zum Haus vgl. BAP IV, 91.

89 StAR, Bauordnungsamt 442/2. Das Gesetz über die Räumung von Trümmergrundstücken, die Verwertung der Trümmer und die Beseitigung gefahrdrohender Zustände (Trümmergesetz) v. 30.5.1949 in: Bayerisches Gesetz- und Verordnungsblatt Nr. 13 v. 10.6.1949.

90 Die Zitate nach Stadtbaurat Werner Kiessig, 3.11.1954 (StAR, ZR III 3578/4). Zu den Planungen SCHÖLLER (wie Anm. 83), 80.

91 StAR, ZR III 3578/1 (Rückgriff auf Pahl) und 3578/4 Liste der Eingriffe). Vgl. auch Plan von Stadtbaurat Kiessig zur Neugestaltung der Fassaden auf der Südseite der Keplerstraße v. 25.8.1954 (ZDR, HA Keplerstraße 0).

92 Wie Anm. 88.

93 Zit. nach Beschluss des Bauausschusses v. 8.3.1955 (ZDR, HA Fischmarkt 6); dazu bereits SCHÖLLER (wie Anm. 83), 41, 81.

94 Bf. des BLfD an das Stadtbauamt v. 9.9.1955 (Abdruck in der ZDR, HA Fischmarkt 6).

95 MZ v. 8.9.1955; TA v. 8.9.1955.

96 TA v. 10./11.9.1955.

97 Bf. des BLfD an das Stadtbauamt v. 13.9.1955 (Abdruck in der ZDR, HA Fischmarkt 6).

98 Beschlussprotokoll des Bauausschusses v. 13.9.1955 u . Bf. der Regierung der Oberpfalz an die Stadt Regensburg v. 14.9.1955 (Abdrucke in der ZDR, HA Fischmarkt 6); dazu bereits SCHÖLLER (wie Anm. 83), 41f.; zum Sanierungswillen des Eigentümers vgl. MZ v. 14.9.1955.

99 Zit. nach ANONYM [lw], Am Fischmarkt regiert die Spitzhacke, in: MZ v. 21.4.1965.

100 Sanierungskonzept Bolls in der ZDR, HA Goldene-Bären-Straße 1.

101 Das Zitat nach ANONYM [lw] (wie Anm. 99; inhaltlich ähnlich MZ v. 3.6.1965 und TA v. 24.6.1965; vgl. auch SCHÖLLER (wie Anm. 83), 38, Anm. 247. Aufschlussreich ferner ein Bf. Bolls an Stadtrat Dr. Franz Schmidl v. 15.6.1966 (ZDR, HA Keplerstraße 8). Zum Gebäude BAP IV, 93; Richard STROBEL, Altstadtsanierung und Bürgerhausforschung, in: DERS. (Hg.), Regensburg. Die Altstadt als Denkmal, München 1978, 49–66 (hier: 58, 61). Zur Zweitverwendung historischer Bau- und Ausstattungsteile im Rahmen der Regensburger Altstadtsanierung vgl. den Beitrag von Sophie SCHLOSSER in diesem Band. Zum damaligen Stand der Altstadtsanierung vgl. Siegfried KÖRMER, 40 Jahre Altstadtsanierung in Regensburg, in: Klaus HEILMEIER (Bearb.), 40 Jahre Altstadtsanierung in Regensburg. Eine Zwischenbilanz, Regensburg 1995, 33–84, bes. 42–56.

102 Zit. nach ANONYM [lw](wie Anm. 99); ähnlich MZ v. 3.6.1965, 9.7.1965 u. 19.8.1965; TA v. 24.6.1965 u. 8.7.1965.

103 ZDR, HA Keplerstraße 8.

104 Zit. nach ANONYM [ko], Um das „Lufthaus" wird viel Wind gemacht, in: TA v. 28.12.1965.

105 Zahlreiche Belege hierfür bei SCHÖLLER (wie Anm. 83), bes. 81, 84.

106 Bf. Bolls an das BLfD v. 30.12.1965 (ZDR, HA Keplerstraße 8).

107 Bf. Bolls an Dr. Franz Schmidl (SPD) v. 15.6.1966 (ZDR, HA Keplerstraße 8).

108 Vgl. hierzu jüngst Peter MORSBACH, Platz für elendige Hundskrüppeln bereiten, in: „Wir wollen Wächter sein." 50 Jahre Vereinigung Freunde der Altstadt Regensburg e.V. 1966–2016, Regensburg 2017, 17–33 (hier: 28f.); VEREINIGUNG FREUNDE DER ALTSTADT REGENSBURG E.V. (Hg.), Wir wollen Wächter sein. 50 Jahre Vereinigung Freunde der Altstadt Regensburg e.V., Regensburg 2016, 17.

109 MZ v. 14./15.3.1964; vgl. dazu ausführlich SCHÖLLER (wie Anm. 83), 137f. – Städtebauliche Würdigung des Häuserblocks bei Karl-Heinz BETZ, Hausgeschichte, Bauforschung und Denkmalpflege, in: STADTBAU-GESELLSCHAFT MBH (Hg.), Fischmarkt 8 (= Altstadtsanierung in Regensburg 5), Regensburg 1982, 7–15, bes. 7–10.

110 Beschluss des Bauausschusses v. 18.2.1964; dazu SCHÖLLER (wie Anm. 83), 221.

111 Das Zitat nach SCHÖLLER (wie Anm. 83), 137; zur Kontroverse ebd. 137f. u. 220–222. Vgl. auch MZ v. 14./15.3.1964.

112 Die komplexe Entwicklung der Sanierungsgeschichte übersichtlich dargestellt bei KÖRMER (wie Anm. 101); zur Stadtplanung jener Jahre grundlegend SCHÖLLER (wie Anm. 83).

113 Zit. nach Niederschrift über eine Besprechung bei Dezernat III am 18.1.1966 (ZDR, HA Fischmarkt).

114 Ebd.

115 Zur Widersprüchlichkeit von Bolls denkmalpflegerischem Handeln vgl. SCHÖLLER (wie Anm. 83), 238–241; Eugen TRAPP, Das Regensburger Standbild des Don Juan de Austria. Überlegungen zu einem reproduzierten Denkmal, in: STADT REGENSBURG, AMT FÜR ARCHIV UND DENKMALPFLEGE (Hg.), Spolien – steinerne Zeugen der Geschichte. Beiträge des 30. Regensburger Herbstsymposions für Kunst, Geschichte und Denkmalpflege vom 20. bis 22. November 2015, Regensburg 2016, 108–118, bes. 112–115; aktuell den Beitrag von Sophie SCHLOSSER in diesem Band. – Zur Ambivalenz von Bolls Traditionsbewusstsein vgl. seine ebenfalls 1966 geäußerte Anregung, die Fischhändler sollten auch nach der Verlegung des Markts ins Erdgeschoss des Hauses Fischmarkt 7 die alten zweischaligen Hängewaagen zu verwenden (wie Anm. 113).

116 Vgl. Wolf KOENIGS, Denkmalpflege als Regensburger Selbstdarstellung, in: Regensburg im Licht seines geschichtlichen Selbstverständnisses: Kunst, Geschichte, Denkmalpflege (= Beiträge des Regensburger Herbstsymposions 1995), Regensburg 1997, 148–163 (hier: 153) SCHÖLLER (wie Anm. 83), 95–97.

117 Bf. des BLfD, Dr. Gebhard, an die Stadt Regensburg v. 13.4.1955 (ZDR, HA Weiße-Lamm-Gasse 3). Vgl. auch TA v. 19./20.3.1955; MZ v. 31.3.1955.

118 Bf. des BLfD, Generalkonservator Dr. Kreisel, v. 13.9.1961 (ZDR, HA Rathausplatz 1).

119 BOAR, HA Goldene-Bären-Straße 4; BAP IV, 93f.; MZ v. 30.7.1969.

120 Schreiben Vorbrodts an das Bauordnungsamt v. 17.12.1970 (ZDR, HA Goldene-Bären-Straße 6); zur verlustreichen „Sanierung" des Hauses BAP IV, 95f.

121 Vgl. TA v. 13.3.1972. Zum staatlichen Widerstand im Vorfeld vgl. Bf. des BLfD an die Stadt Regensburg v. 21.2.1967 (ZDR, D A I 2); Protokoll einer Besprechung bei der Regierung der Oberpfalz am 10.1.1968 (ebd.).

122 TA v. 2./3.12.1972.

123 Vgl. BETZ (wie Anm. 109), 10.

124 Zum „Erneuerungsgebiet I" KÖRMER (wie Anm. 101), 42–52; zur Sanierungsmethode speziell auch Achim HUBEL, Die Regensburger Stadtsanierung der Nachkriegszeit und ihre methodischen Wurzeln, in: ARBEITSKREIS REGENSBURGER HERBSTSYMPOSION (Hg.), „Zum Teufel mit dem Baudenkmälern…". 200 Jahre Denkmalschutz in Regensburg. Beiträge des 25. Regensburger Herbstsymposions für Kunst, Geschichte und Denkmalpflege vom 19. bis 21.11.2010, Regensburg 2011, 41–54, bes. 52–54.

125 Dazu BETZ (wie Anm. 109), 10–14.

126 Zit. nach Information Altstadt 2/1976, 14f.

127 Korrespondenz zwischen Amt 61 und Amt 44.2, Juli / August 1976 (ZDR, HA Fischmarkt 0).

128 Die Woche v. 13.9.1979 und MZ v. 14.11.1979.

129 MZ v. 14.11.1979 (Bäume), Die Woche v. 21.2.1980 (Hochbeet).

130 MZ v. 3./4.4.1980.

131 ZDR, Themenakt Brunnen, Aktennotiz v. 22.7.1975. – Bereits 1940 war der erhobene Arm abgebrochen und ins Brunnenbecken gestürzt. Monate später, am 30.4.1941, forderte Boll eine *„beschleunigte Instandsetzung"* (ZDR, Themenakt Brunnen).

132 So PAULUS, Wasser im Dienste (wie Anm. 7), 43; DERS. Brunnen und Plätze (wie Anm. 7), 30; DEHIO 2008 (wie Anm. 14), 680.

133 Für freundliche Auskunft danke ich Herrn Reinhard Keller, Amt für öffentliche Ordnung und Straßenverkehr. Vgl. auch HGO, Fischmarkt unterm „stummen Denkmal", in: Regensburger Wochenblatt v. 24.6.1982; MBW, In der alten Stadt: Fischmarkt hat Tradition. Großzügiges Angebot lockt nur noch Kenner, in: MZ v. 20./21.8.1983.

134 Erfasst wurden RVV-Busse.

135 Naturwissenschaftliche Untersuchungen und Konservierungskonzept: Dr. Eberhard Wendler, München; restaurierungsfachliche Betreuung: Christoph Sabatzki, BLfD; Ausführung: Oliver Fleischmann, Scholz Naturstein GmbH, Zeitlarn. Den Kollegen des Amtes für Gebäudeservice der Stadt Regensburg, namentlich Herrn Stefan Lanzinger, ist für die Koordinierung und finanzielle Abwicklung der Maßnahme herzlich zu danken.

136 Vgl. Manfred KOLLER, Winterbekleidung für Steinskulpturen: Parkfiguren von Schloss Schönbrunn, in: ÖZKD 2006, 63–66.

137 Patent DE 199 51 973 A1 „Textile Winterhüllen für Skulpturen im Außenbereich"; erstmals publiziert in: Restauro 7 (2005), 470f.

Michael Schmidt

Das Salettl von Regensburg-Kumpfmühl und sein illusionistischer Gartensaal: Geschichte und Sanierung eines barocken Gartenhauses

Metamorphose

Am 13. Oktober 2016 durfte Regensburg, und mit ihm sein ältester Stadtteil Kumpfmühl, den Abschluss einer ganz besonderen Denkmalsanierung feiern: Das jahrzehntelang ungenutzte und dem Verfall preisgegebene barocke Teehaus, das sogenannte Salettl, war endlich saniert (Abb. 1). Mit der Sanierung hat es eine wahre Metamorphose erfahren und ist dabei aus seinem Schlaf, seiner baulichen „Einmottung", erwacht und erstrahlt wieder in barockem Glanz (Abb. 2 und 3). Der Zahn der Zeit nagte an dem Gebäude und hatte ihm schwer zugesetzt.[1] Die Sanierung und Rettung des Gebäudes erfolgte in mehreren Etappen. Nach einer Notsicherung (Dachreparatur und Neueindeckung) im Herbst 2010 schlossen sich die Konzeptphase sowie die Entwicklung des Finanzierungsplans an, ehe es an die eigentliche Sanierung des Bauwerks gehen konnte. Koordination und Konzeption der Arbeiten lagen in Zusammenarbeit mit dem betreuenden Architekturbüro Andi Schubert, Regensburg, beim Hochbauamt der Stadt Regensburg.

Das Gartenhaus bildet nun wieder, wenn auch räumlich am Rande des Karl-Bauer-Parks gelegen, den Bezugs- und Mittelpunkt dieser so wichtigen, seit Jahrhunderten erhaltenen und von Bebauung freigehaltenen Grün- und Freifläche in Kumpfmühl. Das Baudenkmal dient dem Gartenamt seit Herbst 2016 zusammen mit dem neu errichteten Funktionsgebäude als Quartiersunterkunft. Das Obergeschoss kann für kleinere Kulturveranstaltungen gemietet werden und

Abb. 1: Salettl, Zustand 1997. Foto: P. Ferstl, BSR

Abb. 2: Salettl von Nordosten. Foto: P. Ferstl, BSR, 2017

Abb. 3: Salettl von Südosten. Foto: P. Ferstl, BSR, 2017

steht damit auch der Öffentlichkeit zur Verfügung. All die Sorgen, die die Regensburger Denkmalfreunde über Jahre bewegten, sind verflogen. Die Hoffnungen, die die bayerische Denkmalpflege hegte, wurden mit der Sanierung hingegen mehr als erfüllt.[2]

Das Salettl markiert einen besonderen Ort. Zusammen mit dem Karl-Bauer-Park ist es ein Ort der Erholung und eine vegetabile Oase in dem so dicht bebauten Regensburg. Gewissermaßen ein Gegenort zur Altstadt. Damals wie heute. Auch kann das Kumpfmühler Gartenhaus – anders als viele andere Gartenbauten in Regensburg, die oftmals nur als Folge von sogenannten Abstandsflächenplanungen in ihrer baulichen Bedrängung „überleben", so dass ihre städtebauliche Wirksamkeit oftmals auf der Strecke bleibt – noch „atmen", da der Funktionszusammenhang zum Garten hier erhalten geblieben ist.

Denkmalpflege ist ein Gemeinschaftswerk, das Ergebnis des Zusammenwirkens des Eigentümers mit Handwerkern, Architekten und Behörden sowie gelegentlich mit Bürgerinitiativen und Vereinen wie hier dem Geschichts- und Kulturverein Regensburg-Kumpfmühl e.V. (GKVR).[3] Die Stadt Regensburg war sich ihrer Verantwortung für das bauliche Erbe bewusst und investierte insgesamt über 1,2 Millionen Euro in die Quartiersunterkunft des Städtischen Gartenamtes. Die 600 000 Euro Sanierungskosten für das Salettl wurden immerhin zu knapp einem Drittel aus Fördermitteln des Bayerischen Landesamtes für Denkmalpflege und der Bayerischen Landesstiftung, der Deutschen Stiftung Denkmalschutz und des Bezirks Oberpfalz bezuschusst. Denkmalpflege wurde von Seiten der Stadt Regensburg als Zukunftsinvestition begriffen, so dass die Sanierung des Salettls nicht nur dem Städtischen Gartenamt zugutekommt, sondern mit der dezidiert offenen Nutzung des Saals im Obergeschoss auch der Allgemeinheit.

Am Beispiel des Salettls wird aber auch deutlich, dass die Denkmalpflege in Regensburg eben nicht an der Grenze des Welterbes endet, sondern dass es wertvollen historischen Baubestand auch darüber hinaus gibt. Es bleibt zu hoffen, dass von der Sanierung des Salettls, dessen Außenbereich gärtnerisch neu gestaltet wurde, eine neue Wertschätzung für die Gartenkultur in der ehemaligen Reichsstadt Regensburg, einer trotz zahlreicher und vielfältiger Beispiele bislang völlig unterrepräsentierten Denkmalgattung, ausgehen möge. Auch in dieser Hinsicht sieht die Stadt Regensburg im Salettl ein Pilotprojekt.

Klösterliche Spezifika der Regensburger Gartenkultur der Barockzeit

Der große Obere Obermünster-Garten war einer von mehreren Gärten im Bereich von Kumpfmühl. Bis weit ins 19. Jahrhundert war Kumpfmühl der Garten von Regensburg. Hier, wie auch in Königswiesen und Dechbetten, befanden sich seit dem Mittelalter zahlreiche umfriedete Gärten, darunter die der Reichsstifte von St. Emmeram, Nieder- und Obermünster. Besonders das Reichsstift Obermünster besaß gleich mehrere repräsentative Gärten in Kumpfmühl, darunter bis zum Verkauf 1753 auch einen Unteren Garten im Bereich der späteren Kirche St. Theresia an der Kumpfmühler Straße. Nahezu alle Gärten waren seit dem Mittelalter ummauert und als Baumgärten angelegt. Hinweise auf in historischer Zeit gestaltete Kompartimente,

Abb. 4: Der hortus conclusus, Miniatur aus Tableaux et Chants Royaux de la confrérerie du Puy-Notre-Dame d'Amiens, 1517 (Paris, Bibliothèque Nationale. ms. fr. 145), aus: Bazin (wie Anm. 4), 54. Repro: BSR

etwa als Vorgelege des Gartenhauses, gibt es nicht. Vermutlich stand auch in Regensburg, wie bei den Augsburger Klostergärten der Zeit, die Nutzbarmachung im Vordergrund. Dies zeigt aber auch, dass die Gartenanlagen der Barockzeit, insbesondere auch Klostergärten, nicht allein an den Maßstäben der französischen Schlossgärten gemessen werden dürfen, sondern mitunter ihre eigene Traditionslinie im Sinne des *Hortus conclusus* des Mittelalters und der Renaissance aufweisen.[4] In der christlichen Ikonographie wurde im Sinne des *Hohelieds* des Alten Testaments der *Hortus conclusus* schließlich zum marianischen Symbol: *„Ein verschlossener Garten ist meine Schwester Braut, ein verschlossener Garten, ein versiegelter Quell“* (Kapitel 4), am einfühlsamsten sicherlich von einem oberrheinischen Meister um 1410/20 im sogenannten Frankfurter Paradiesgärtlein (Frankfurt am Main, Städel Museum, Leihgabe des Historischen Museum Frankfurt, Inv.-Nr. HM 54) und einhundert Jahre später in einer Miniatur in dem Luise von Savoyen gewidmeten und 1517 entstandenen *Tableaux et Chants Royaux de la confrérerie du Puy-Notre-Dame d'Amiens* (Paris, Bibliothèque Nationale. ms. fr. 145) dargestellt, dort einschließlich eines an der Mauer dreiseitig entlanglaufenden Laubengangs (Abb. 4). Die Kumpfmühler Gärten beidseits der Hauptstraße entsprachen nach dem kolorierten Vogelschauplan des großen Donaubogens (von der Naabmündung bis Tegernheim) vom Anfang des 17. Jahrhunderts mit ihren turmbestückten Umfriedungsmauern weiterhin der Tradition der geschlossenen Gärten des Mittelalters.[5] Ein Vergleich der wenig älteren Kumpfmühler Flurkarte mit dem Vogelschauplan zeigt, sofern man zeichnerische Ungenauigkeiten ausschließt, dass die Bestückung mit Türmen und wohl turmartigen Pavillons an den Ecken Ergebnis einer baulichen Entwicklung der Zeit um 1600 ist (Abb. 5 und 6).

Der große Obere Obermünster-Garten, ursprünglich im Besitz der Abtei St. Emmeram (so gemäß der Beschreibung des Burgfriedens im Jahr 1496)[6] und nach allgemeiner (nie auf den Prüfstand gestellter) Annahme spätestens seit dem 18. Jahrhundert Refugium der Reichsstiftsdamen von Obermünster[7], war einer von mehreren Gärten im Bereich von Kumpfmühl. In Zusammenhang mit der Beschreibung des Regensburger Burgfriedens im Jahr 1496 wird das Areal des Karl-Bauer-Parks erstmals als Gartenfläche erwähnt – *„... hinab bis für KumpfMül hinumb, bis an das Eckh der Garttenmauer, auch zu der Marksäulen allda, Von dann aber weiter gerichts an das erste Eckh desselben Gartens, an welchen beeden Eckhen zwo Marcksäulen zusetzen: sind Nachmals von dann, nach dem Garten zu KumpfMüll, vnd dem Prielholtz hinauf ...“*[8] – und auf der Kumpfmühler Flurkarte von 1585 erstmals als ein umfriedetes, baumbestandenes Grundstück kartografisch dargestellt.[9]

Kumpfmühl war eine Sommerfrische, ein *Tusculum*, in Schlagdistanz zu Regensburg. Das Stift Obermünster besaß nach dem sogenannten Münchner Plan von 1766/1795 mehrere kleine, geometrisch angelegte Gartenbereiche direkt an den Stiftsgebäuden sowie südlich und nördlich der Stiftskirche, darunter beim *„Eingang in firstlichen Garten“* auch ein typgleiches zweigeschossiges *„Garten Salet Gartenhaus“* (zweigeschossiger Walmdachbau auf quadratischem Grundriss) mit *„Glashaus“*, für den Sonntag-Nachmittag schien

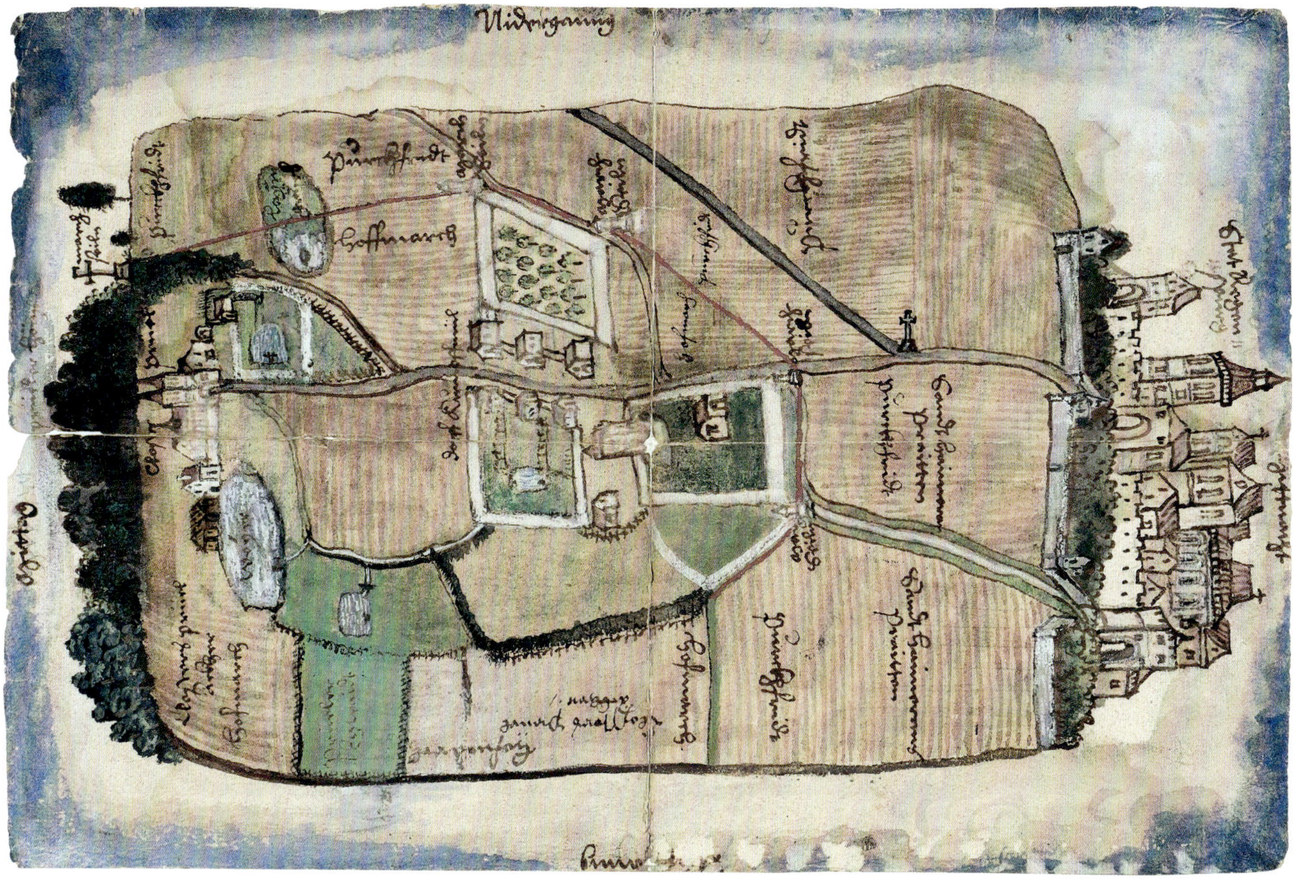

Abb. 5: Kumpfmühler Flurkarte, kolorierte Federzeichnung, um 1585 (HMSR, G 1930/36). Foto: M. Preischl

dann freilich Kumpfmühl der geeignetere Ort.[10] Das Kloster St. Emmeram leistete sich gleich zwei solcher Sommersitze, einen in Nahdistanz, in Kumpfmühl, und mit Schloss Hohengebraching als Sommersitze der Äbte einen zweiten, in einiger Entfernung zur Stadt. Solche Gärten waren Orte der *„Erholung, damit die Ordensleute von allen Weltleuten und außerhalb Lebenden getrennt waren“*.[11] Folglich bemühten sich die Regensburger Klöster, nach dem erwähnten Quellenzeugnis der Karmeliten von 1753 teilweise im heftigen Wettstreit, immer wieder um den Erwerb von Kumpfmühler Gärten. Den Endpunkt markiert der Exilort des letzten Abtes von Prüfening, Rupert Kornmann, der sich nach Kumpfmühl zurückzog und seinen Gartenpavillon (Gutenbergstraße 9) gleichfalls zu einem Ort der Gesellschaft und des politisch-philosophischen Diskurses machte.

Vor allem aber waren die Gärten fester Bestandteil der Adels- und Klosterkultur, Teil der höfischen Repräsentation. Der barocke Wettstreit der Klöster in Regensburg, der vor allem zwischen Ober- und Niedermünster mit harten Bandagen geführt wurde, kreiste nicht nur um die Frage, wessen Kloster das ältere sei und welches damit die älteren Rechte besäße, sondern spielte sich auch auf der Ebene der Prachtentfaltung ab. Gerade der „Auftritt“ der Stiftsdamen von Obermünster war weithin bekannt und gab immer mal wieder Anlass zu Diskussion. Philipp Wilhelm Gercken hält in seinem Reisebericht von 1783 über die Stiftsdamen von Obermünster fest: *„Man sieht sie überall in der galanten Welt zu Regenspurg, bey Bällen und Assembleen, sie geben Visiten, und nehmen sie ohne allen Zwang, und in keinem Stücke gehet ihnen etwas ab.“*[12]

Das Salettl als Geschichtsquelle

Der Karl-Bauer-Park und sein Salettl wirken wie ein Platzhalter der Historie: Der Ort konnte Verlockungen nach Bebauung trotzen und hat daher noch viel von der Situation des

Abb. 6: Vogelschauplan des großen Donaubogens (von der Naabmündung bis Tegernheim), kolorierte Federzeichnung, Anfang 17. Jahrhundert. Foto: Bayerisches Hauptstaatsarchiv München, Plansammlung 2772

Grundstücks auf dem bekannten kolorierten Flurplan von 1585 bewahrt. Gerne wüsste man mehr über die Eigentumsverhältnisse des Grundstücks vor dem 15. Jahrhundert, gerne mehr über die *Dark Ages* zwischen der archäologisch belegten antiken Situation und dem späten Mittelalter, als das Grundstück Ende des 15. Jahrhunderts dann im Eigentum des Klosters St. Emmeram belegt ist. Die hohe Qualität der erhaltenen Reste der Einfriedungsmauer lässt jedenfalls auch für die Jahrhunderte davor auf einen wichtigen Bauherrn schließen: Denn während der nördlich des Salettls anschließende Mauerabschnitt in späterer Zeit, um 1900 und nach 1945, als Ziegelbau erneuert wurde, gehört die südliche Mauer aus Bruchsteinen, gemischt mit eingeschobenen *opus spicatum*-Lagen (lat. „Ährenwerk"; Fischgrät), und mit *Pietra Rasa*-Fugen noch einer hochmittelalterlichen Zeitstellung an (Abb. 7 und 8). Datierung und Bedeutung der Mauer waren bislang völlig unerkannt. Eine derartige mit *opus spicatum*-Abschnitten kombinierte Mauertechnik war bereits für Regensburger Sakralbauten ab der Mitte des 10. Jahrhunderts charakteristisch (zum Beispiel ottonische Saalkirche von Niedermünster), ehe sie dann im Zeitraum vom 12. bis 14. Jahrhundert vor allem an Regensburger Wirtschaftsgebäuden ein gewisses Nachleben erfuhr. Eine genauere zeitliche Einordnung der Salettl-Mauer ist (derzeit) leider nicht möglich, wenngleich es innerhalb dieses Korridors gewichtige Argumente für eine Frühdatierung gibt: Die große Übereinstimmung des Mauerwerks und der Bänderfugen der Salettl-Mauer, die vermutlich mit einem Rundholz in den frischen Putz gedrückt wurden, mit den Kellenfugen und schräg gestellten Bruchstein-Zwischenlagen im Mauerwerk der unter Bischof Otto von Bamberg im ersten Viertel des 12. Jahrhunderts erweiterten ehemaligen Chorherrenstiftskirche St. Maria und St. Gangolf in Bamberg (gegründet 1057/59; Abb. 9) legt eine Datierung in die erste Hälfte des 12. Jahrhunderts nahe. Ungeachtet der Frage der zeitlichen Feinjustierung ist die Salettl-Mauer Kumpfmühls ältestes profanes Baudenkmal.

Nach der Säkularisation erwarb Graf Westerholt das Gebäude, spätestens Ende des 19. Jahrhunderts befand es sich in städtischem Eigentum und wurde als Gärtnerwohnung ge-

Abb. 7: Westmauer, südlicher Abschnitt, Bruchsteinmauer mit Fischgrätlagen (Westseite), Aufnahme während der Sanierung. Foto: M. Schmidt, BLfD, 2016

Abb. 8: Südlicher Abschnitt der Westmauer des Salettls (Ostseite), Pietra Rasa-Mauerwerk mit eingebetteten Steinköpfen und horizontalen Fugenstrichen. Foto: M. Schmidt, BLfD, 2016

Abb. 9: Bamberg, katholische Pfarrkirche (ehem. Chorherrenstiftskirche) St. Gangolf, Innenseite des nördlichen Quergiebels (vom Dachraum aus), mit Horizontalfugen in Pietra Rasa-Technik. Foto: M. Schmidt, BLfD, 2018

nutzt.[13] In diesem Zuge wurden Erd- und Obergeschoss durch eine interne Treppe (um 1900) miteinander verbunden sowie die Räume durch Zwischenwände unterteilt; der Außenbau spiegelte im Obergeschoss mit seinen bodentiefen Fenstertüren sowie dem zwischenzeitlichen (teilweise) umlaufenden Balkon die neue Wohnnutzung wider. Benachbart wurde 1892 die städtische Armen- und Versorgungsanstalt errichtet, im Volksmund als der erste „Saure Gockel" bezeichnet. In Ergänzung zu dieser Nutzung sollten im Gartenhaus Infektionskranke aus dem Stadtgebiet untergebracht werden.[14] Diese Nutzung kam nicht zustande, die Bezeichnung „Pesthäusl" für das Gartenhaus hat sich nichtsdestotrotz lange gehalten.

Über Jahrzehnte war das Salettl eines der großen Sorgenkinder der Denkmalpflege in Regensburg: Seit den 1980er Jahren gab es Überlegungen, die städtische Liegenschaft einer denkmalgerechten Instandsetzung und sinnhaften Nutzung zuzuführen (Umbau zu einem Kindergarten 1982), ebenso aber auch Diskussionen um einen möglichen Abbruch oder die Translozierung ins Museumsdorf Bayerischer Wald bei Tittling (1984).[15] Die Stadt Regensburg bekannte sich nach eingehender Diskussion jedoch bereits damals zu dem nunmehr realisierten Konzept: *„Es ist beabsichtigt, das Anwesen auch künftig wieder gärtnerisch zu nutzen, um mit einer Einfachsanierung zumindest die Gebäudesubstanz zu erhalten."*[16] Nachdem letztmals im

Abb. 10: Salettl, Ansicht von Westen mit Resten des Vorgängerbaus. Foto: P. Ferstl, BSR, 2017

Abb. 11: La Sforzesca bei Vigevano (Lombardei). Foto: M. Schmidt, Privatarchiv, 2013

Jahr 1987 der Startschuss für die Sanierung erfolgen sollte, wurde es danach für Jahrzehnte wieder still um das Salettl; das Gebäude wurde „eingemottet“ und die Fenster wurden zugemauert, um weiteren Vandalismus und Brandschäden zu verhindern.

Das Kumpfmühler Gartenhaus ist ein wahres Geschichtsbuch, das erst mit immer weiter fortgeschrittener Maßnahme richtig gelesen und seine Bau- und Veränderungsgeschichte verstanden werden konnte, was schließlich auch eine Revision des bislang ins späte 18. Jahrhundert datierten Gartenhauses notwendig machte. Wie in einer Urkunde sind die vielen Zeitschichten am Gebäude erhalten geblieben: Das barocke Gartenhaus unterbricht mit seiner westlichen Außenwand den Mauerverlauf. Nach den Erkenntnissen der dendrochronologischen Untersuchungsergebnisse (das heißt Jahrringbestimmung) erfolgte die Errichtung des einheitlichen Ziegelbaus unmittelbar nach 1739. Dies lässt sich aus den übereinstimmenden Untersuchungen der verbauten Hölzer der Geschossdecke über dem Erdgeschoss und des Dachwerks erschließen (spätestes ermitteltes Fälldatum der Hölzer des Dachwerks Winter 1738/39). Das Baudenkmal ist also ein halbes Jahrhundert älter als bislang angenommen. Auch das flache Zeltdach gehört damit der Bauzeit an und ist nicht etwa Ergebnis einer späteren Redaktion. Die Errichtung erfolgte damit unter der Äbtissin des Reichsstifts Obermünster Anna Magdalena Franziska von Dondorff.[17] Als Baumeister wurde früher Christoph Thomas Wolf genannt[18] – mit der nunmehrigen Frühdatierung muss der kurfürstlich-bairische Maurermeister und Landgeometer aus Stadtamhof, der zum Beispiel für die Neubaupläne der Stiftsgebäude von Obermünster 1784–1799 verantwortlich zeichnete, aus dem Kreis der möglichen Architekten aber endgültig ausscheiden.

Im Zuge der Sanierung konnte auch festgestellt werden, dass die Rückwand des Aufgangs, die auf der älteren, mittelalterlichen Einfriedungsmauer aufsitzt, vom Vorgängerbau stammt (Abb. 10). Die Errichtung des Vorgängerbaus erfolgte, wie bereits zuvor anhand des Abgleichs der Kumpfmühler Flurkarte mit dem Vogelschauplan festgestellt, wohl in der Zeit um 1600. Wahrscheinlich ist, dass dieser Bau, vermutlich ebenfalls ein Gartenhaus, im Zuge der Kämpfe um Regensburg im Dreißigjährigen Krieg 1632/34 zerstört oder beschädigt worden und ist mit den Klagen über die Kriegsschäden in Verbindung zu bringen, die das Reichsstift auch einhundert Jahre später noch führte.[19]

Das Obermünster-Salettl folgt als zweigeschossiger Bau über quadratischem Grundriss, innerhalb des Gartens nahezu in Ecklage situiert, einem traditionellen und regional stark verbreiteten Bautypus, wobei sicherlich mitentscheidend war, dass Lage und Typus durch den Vorgänger bereits bestimmt waren und der Ort als höchster Punkt des Geländes durch seine Lage ausgezeichnet war, von wo aus man ursprünglich einen weiten Blick auf das turmreiche Regensburg hatte. Ganz bewusst nahm man hier die Tradition des an oder auf der Gartenmauer aufsitzenden Pavillons auf, wie er sich in Oberitalien erstmals im späten 15. Jahrhundert ausgebildet hatte.[20] Die mit Ecktürmen besetzte quadratische Vierflügelanlage La Sforzesca bei Vigevano in der Lombardei, Landgut und Jagdschloss der Sforza (1486 von Guglielmo da Camino für Ludovico il Moro errichtet),

Abb. 12: Isarturm an der Stadtresidenz Landshut. Foto: M. Schmidt, BLfD, 2017

machte den Eckpavillon mit großem Obergeschosssaal zum architektonischen Leitbau der Renaissance (Abb. 11). In der Region wurde diese Idee in den pavillonartigen Ecktürmen von Schloss Schönach zu Beginn des 18. Jahrhunderts aufgegriffen und von Michael Wening in einem prachtvollen Kupferstich festgehalten.[21] Die Stadt Landshut wartet mit dem sogenannten Isarturm an der Stadtresidenz von 1542 mit einer hochherrschaftlichen Ausprägung des Bautyps auf, ein auf der flussseitigen Stadtmauer kanzelartig aufsitzender und überkragender, mit einem flachen Walmdach geschlossener Aussichtsturm, mit einem durch große Fenster stark belichteten Obergeschoss und Ort fürstlicher Rekreation, und zeigt mit dem Pavillon am ehemaligen Heiß-Garten das Fortwirken dieses Bautyps bis ins 19. Jahrhundert (Abb. 12 und 13).[22]

Abb. 13: Gartenpavillon in Landshut (Preysingallee 2). Foto: M. Schmidt, BLfD, 2017

Das Salettl in der Außenperspektive

Die Architektur des Gartenhauses war qualitätsvoll, aber nicht überzogen, was den eher privaten Zweck des Obermünster-Gartens in Kumpfmühl unterstreicht. Sie wahrte als herkömmlicher Zeltdachbau mit Holzschindeldeckung, Kreuzstockfenstern und der Architekturgliederung mit Ecklisenen sowie den Natursteingewänden an den Fenster- und Türöffnungen die Regensburger Konventionen, war gerade mit Blick auf die Aufgabe eines Gartengebäudes jedoch konventionell. In Architektur und Typus unterschied es sich nicht von vergleichbaren Pavillonbauten in der Umgebung, wie ein Vergleich mit dem Pavillon des sogenannten Heiß-Gartens in Landshut (Preysingallee 2) zeigt. Das typisierte Äußere schloss auch die rautierte Haustür mit ein, die im Übrigen in formgleicher Weise auch am barocken Gartenhaus der Karmeliten (vormals Reichsstift Obermünster; Gutenbergstraße 10) eingebaut ist, so dass die beiden Türen wohl vom gleichen Schreiner gefertigt worden waren (Abb. 14). Andernorts in Regensburg, so innerstädtisch die Gartengebäude des ehemaligen Salzburger Hofs, unter denen das ovale Teehaus des späten 18. Jahrhunderts herausragte, dessen Gartensaal mit einer Säulenordnung, einem gemalten, von Engeln bevölkerten Himmel und einem Stadtpanorama geschmückt war, im Regensburger Stadtwesten, dort in erster Linie das Glätzl-Anwesen (Westendstraße 10, 10 a) mit seinem im Stil des Frühklassizismus prächtig ausgemalten Salettl und die Pürkelsche Gartenbehausung, sowie Schloss Pürkelgut außerhalb der Altstadt, hatte man die Grenzen des bürgerlichen Bauens im Garten längst überwunden und zu freien architektoni-

Abb. 14: Salettl, Bauzeitliche Haustür. Foto: P. Ferstl, BSR, 2018

schen Formen gefunden.[23] Die Erschließung des Kumpfmühler Salettls erfolgte, wie für diesen Typus vorgesehen, über eine hölzerne Außentreppe. Diese Situation ist hier geradezu idealtypisch einschließlich ihrer jüngeren, aus der Zeit des Biedermeier stammenden, von Alexander Graf von Westerholt veranlassten Einhausung, bestehend aus mit Klappläden versehenen Fenstern und einer Brettschalung, erhalten.[24]

Die Innensicht des Rokoko – Allusion und Illusion eines Gartens

Dem konventionellen Äußeren stand im Inneren eine Illusion von Leichtigkeit gegenüber. Der Saal im Obergeschoss (*„Salet“*), namensgebend für das Kumpfmühler Teehaus und dessen Herzstück, war ursprünglich besonders aufwändig geschmückt. Für die Zeit von der Erbauung gegen 1740 bis zum Beginn des 19. Jahrhunderts gibt es Fragmente von drei hochwertigen Raumschalenfassungen. Darüber lagen als rezente Schichten einzelne Fassungsinseln der Wohnnutzung des späten 19. und frühen 20. Jahrhunderts. Der Raum im Erdgeschoss war deutlich weniger prächtig geschmückt und in seinem Oberflächenbestand aufgrund der bauphysikalisch schwierigen Konstellation, die in der Vergangenheit Putzerneuerungen notwendig machte, deutlich reduziert. Lediglich Fassungen des 19. und frühen 20. Jahrhunderts sind dort in Resten auf uns gekommen.

Von besonderem kunstgeschichtlichem Interesse, und ohnedies noch am besten erhalten, waren die drei ersten Fassungen des Saals im Obergeschoss: Fassung I, um 1740, zeigt ein einfaches Linierungssystem, unterbrochen von vielleicht einzeln berankten Spalieren, wie es für die Zeit charakteristisch war.[25] Die Reste einer aufwändigen Spaliers- und Pergolenmalerei sind Fassung II zuzuordnen (Abb. 15): Über einem perspektivisch aufgemalten Lattengerüst an Wänden und Decke (zur Mitte hin zulaufend, daher ergibt sich in der Deckenuntersicht eine reizvolle Verzerrung), in das die Fenster fest integriert sind (Gitterwerk reicht in die Fensterlaibung hinein und schließt unmittelbar an die Laibungszwickel an) und das in den gerundeten Ecken des Raums zusätzlich reizvolle rundbogige, fensterartige Ausblicke in die Umgebung suggeriert, rankt sich ausgehend von Einzelvasen eine Kletterpflanze, vermutlich die damals sehr beliebte (allerdings giftige) Rote Zaunrübe *(Bryonia dioica)*.[26] In dieser Fassung verschmilzt das marianische sowie prophetisch-messianische (Wurzel Jesse), bereits aus der spätmittelalterlichen Tafel- und Gewölbemalerei (zum Beispiel die in Deutschland einzigartige Rankenmalerei im Gewölbe der Johanniskirche von Flensburg, 1486/1514) bekannte Motiv der Laube mit den Vorstellungen des bukolischen Idylls der Rokokozeit. Das Innere wurde somit in eine Laube verwandelt, wobei die Wände selbst zur Metamorphose werden; der Obergeschosssaal wurde somit endgültig – ganz dem Ideal der Zeit entsprechend – zu einem Ort außerhalb der Welt. Aus stilistischen Gründen ist eine Datierung in die Zeit um 1770 – Ergebnis einer Außen- und Innensanierung eine Generation nach Errichtung des Pavillons – plausibel. Auftraggeberin war vermutlich Äbtissin Maria Franziska von Freudenberg, auf deren erhaltenem Grabstein in Obermünster es heißt: *„Vetus[tatis] ruinas, temporum[que] i[n]iurias, reparavit sollicite: / Aedificia nova [er]exit, vetera ornavit solide ac splendide ...“ (das heißt: „Die Ruinen des Altertums und die mit der Zeit einge-*

tretenen Schäden beseitigte sie sorgfältig. Sie errichtete neue Gebäude und stattete die alten gediegen und prächtig aus").[27] Es steht zu vermuten, dass man angesichts der aktuellen zeitgenössisch-modernen Entwicklungen bei der Regensburger Gartenarchitektur beim eigenen Teehaus zumindest in eine aufwändige Innendekoration investieren wollte. Obwohl Fragen über die Gestaltung im Detail offen bleiben, etwa ob die Pergola in der Deckenmitte ein offenes Auge hatte, ist das Gestaltungsprinzip benennbar: Das Innere des Salettls sollte sich als Innenansicht eines Treillagepavillons *(Pavillon de treillage)*, vielleicht nach dem Vorbild von Stichen Salomon Kleiners, präsentieren.

Treillagepavillons waren seinerzeit sehr in Mode. Folglich durften sie in keinem Schlossgarten nach französischem Geschmack fehlen. Als Treillage bezeichnete Zedlers *Universal-Lexicon* 1745 *„entweder eine durch die Schere beschnittene, hohe Hecke …; oder man verstehet auch darunter eine aufgeführte Wand von Nagelwerck, welches mit grünen selbstwachsenden Laubwerck ausgefüllet ist. Die letztern pfleget man aus gehobelten und Creutzweise über einander genagelten Latten zu machen, und um besserer Dauer willen, mit Oelfarbe anzustreichen."*[28] Die Entwicklung von Treillagearchitekturen wurde durch André Le Nôtre und Jules Hardouin-Mansart in Versailles (Bosquet de l'Encelade, 1675–1678; Eingang des ehemaligen Labyrinths) und Marly-le-Roi geprägt. Vor allem die Holzgitterpavillons von Schloss Marly, das Versailles als Sommersitz König Ludwigs XIV. voranlief, waren sprichwörtlich und fanden dann im Zeitalter des Rokoko eine vielfache Rezeption.[29] Protagonist war Prinz Eugen, der den Belvedere-Schlossgarten in Wien gleich mit mehreren Treillagepavillons nach französischem Vorbild ausstatten ließ. Das Stichwerk Salomon Kleiners *Wunderwürdiges Kriegs- Siegeslager* (1731–41) sorgte für eine weite Verbreitung der dortigen hölzernen Gartenpavillons (Abb. 16).[30] Andere Höfe folgten diesem Vorbild: So die fünf Holzgitterpavillons des Kronprinzengartens von Schloss Schönbrunn in Wien, 1745/50 nach einem Entwurf des lothringischen Gartenarchitekten Louis Gervais errichtet, oder die beiden nach einer Idee von König Friedrich II. von Preußen (Pavillons bereits Bestandteil der *Zeichnung I* Friedrichs II., 1744) und Plänen von Georg Wenzeslaus von Knobelsdorff 1746 errichteten und mit Sonnensymbolen vierfach besetzten Gitterpavillons auf der Terrasse von Schloss Sanssouci in Potsdam, in dessen östlichem die hellenistische Adorantenbronze des Berliner Knaben für vierzig Jahre Aufstellung fand (heute durch Kopie ersetzt, Original im Alten Museum Berlin) und das in Zusammenhang mit

Abb. 15: Salettl, Innenaufnahme des gemalten berankten Lattenwerks der Rokokozeit, Fassung II. Foto: P. Ferstl, BSR, 2018

freimaurerischem Gedankengut und dem Sepulkralkontext der benachbarten Grabstätte des Preußenkönigs mit einer beinahe sakralen Note konnotiert ist, den verschieden gestalteten Treillagepavillons und Laubengängen (Berceaux) im Schlossgarten Veitshöchheim (1765/68 durch Architekt Johann Philipp Geigel und Bildhauer Ferdinand Tietz; Lindensaalpavillon 1771 von Materno Bossi) oder den zeitgenössisch vielfach publizierten, und damit weithin bekannten, Treillagepavillon im Moszinska-Garten von Dresden (1742/44 durch Landbaumeister Julius Heinrich Schwarze errichtet).[31] Von Heinrich Ludwig Manger, Baudirektor unter Friedrich II., ist eine zeitgenössische Beschreibung der beiden Terrassenpavillons von Schloss Sanssouci überliefert: *„Auf der oberen Terrasse unmittelbar von dem Hauptgebäude wurden auf jeder Seite desselben ein 30 Fuß ins*

Abb. 16: Salomon Kleiner, „Inneres Ansehen des mittlern und vordern Lust-Hauses von Lattenwerk", Kupferstich, 1731/40, aus Kleiner / Herget (wie Anm. 30), 157. Repro: S. Effenhauser, BSR

Gevierdte grosses Kabinet mit gebogenen Ecken und ein Bogengang 80 Fuß lang und 10 Fuß breit, von Nagelwerk angebracht, grün gestrichen, und die Bildhauerarbeiten daran vergoldet. Müller machte dazu 32 Pilaster-Kapitäle, 8 Sonnen- oder Apolloköpfe mit Strahlen, 8 große hangende Festons mit musikalischen und anderen Instrumenten, nebst 44 Blumenfestons; Glume aber 16 Kindergrouppen auf die Attiken der Kabinette, alles von Holz."[32]

In einzelne der sogenannten Berglzimmer von Schloss Schönbrunn in Wien aus der Zeit von Maria Theresia, benannt nach Johann Baptist Wenzel Bergl, wurde das Prinzip der Treillagepavillons ins Schlossinnere übertragen (1766, 1774/78). Inspirierend für diese illusionistische Raumdekoration waren wohl die Pavillons im Kronprinzengarten, die Umsetzung der Pavillonzimmer hingegen erfolgte streng nach den Stichen Salomon Kleiners von Schloss Belvedere in Wien.

Bereits die Antike (stadtrömische Gartensäle in der Villa di Livia von Prima Porta und der Casa di Livia auf dem Palatin, Ende 1. Jahrhundert v. Chr., als Inbegriff der Gartenillusion; „Haus des Goldenen Armreifs" in Pompeji) und die Renaissance – wenngleich überwiegend ikonologisch begründet – experimentierten mit dem Motiv (Parmigianino, Rocca di Fontanellato, Stufetta di Diana e Atteone, 1524; Ludwig Refinger, Bacchussaal in der Landshuter Residenz, 1543, nach

Abb. 17: Berlin, Pfaueninsel, Schloss, Otaheitisches Kabinett, Stiftung Preußische Schlösser und Gärten Berlin-Brandenburg, Fotograf: Wolfgang Pfauder, 2005

Abb. 18: Regensburg, Spiegelgasse 10, Gasthaus Zum Goldenen Fass, Rückwand der westseitigen Altane mit illusionistischem Gitterwerk, um 1820/30. Foto: P. Ferstl, BSR, 2018

dem Vorbild der Sala di Psiche des Palazzo del Tel in Mantua: das Spiegelgewölbe verwandelt sich in eine illusionistische Weinlaube).[33] Leonardos Sala delle Asse von 1498 im Castello Sforzeco in Mailand als einer stark wurzelnden und dicht schließenden Maulbeerbaumlaube (Luca Pacioli bezeichnete den Raum in *De divina proportione* 1509 als *„Camera dei Moroni“*) steht zwar im Dienst der emblematischen Herrschaftsbegründung,[34] erweist sich mit ihrer Verortung in einem Eckraum (Turmzimmer!) in typologischer Hinsicht aber als wegweisend für die spätere Entwicklung des Themas und trägt erste Züge einer autonomen, rein dekorativen Gestaltung, vor allem aber beindruckte sie durch ihren Illusionismus. Der mit einer gemalten Rosen- und Weinpergola geschmückte Portikus der Villa Giulia in Rom (1551/53), der das Casino und den Garten miteinander verbindet, die mit Weinranken über einem Lattenwerk ausgemalte Loggia im Palazzina Marfisa d’Este von Ferrara (1559 unter Francesco d’Este errichtet) und das Laubenzimmer im südlichen Eckraum des Erdgeschosses von Schloss Bruchsal (nach 1722/26) folgten diesem Vorbild. Den Endpunkt dieser Traditionslinie bildet das *„Otaheitische Kabinett“* (benannt nach dem älteren Namen für Tahiti) von Schloss Pfaueninsel in Berlin, ab 1797 Sehnsuchts- und Rückzugsort für das preußische Königspaar Friedrich Wilhelm III. und Luise. Der Dekorationsmaler Philippe Burnat hatte 1795 das Teezimmer in Ecklage als „Bambushütte“ im Südseestil gestaltet und der Vedutenmaler Peter Ludwig Lütke vier Bildfelder einer tropisch verfremdeten Pfaueninsel- und Havellandschaft darin eingefügt, so dass der reale Inselausblick über die Rundbogenfenster und die verfremdeten Kulissenbilder schließlich in ein interessantes Wechselspiel von Sein und Schein traten (Abb. 17).[35] Inwieweit es beim Kumpfmühler Salettl eine ähnliche, der gemalten Pergola hinterlegte illusionistische Landschaftskulisse oder gemalte Fenster gab, kann nicht mehr festgestellt werden. In ähnlichem Wirkungszusammenhang steht das Eckkabinett im ersten Obergeschoss von Schloss Schönberg in Wenzenbach bei Regensburg, das den Raum in ein Laubenbelvedere mit Talblick verwandelt. Ob die florale Illusionsmalerei über einem Geländer noch der Gestaltungsphase des Rokoko um 1770/71 (Phase unter dem Domherrn Georg Karl Joseph von Stingel-

Abb. 19: Salettl, Saal im Obergeschoss, Detail des dekorierten Gesimses und des Gitterwerks in den Fensterzwickeln der Fassung III, südliches Fenster der Ostseite. Foto: P. Ferstl, BSR, 2018

Abb. 20: Salettl, Obergeschoss mit Zwischenwänden und brandgeschädigten Oberflächen, Zustand vor 2014. Foto: P. Ferstl, BSR

heim) angehört oder bereits ein frühes Zeugnis der Nutzung des Schlosses unter Fürst Karl Alexander von Thurn und Taxis (ab 1817) ist, muss letztlich offen bleiben, wenngleich die Argumente mehrheitlich für das frühe 19. Jahrhundert sprechen, durchaus – ähnlich dem Befund von Fassung III (Phase Graf Westerholt) im Kumpfmühler Salettl – in Bewahrung und Tradierung des barocken Geistes.

Den genannten Beispielen gemeinsam war die Inszenierung der Überraschungseffekte von innen und außen. Insbesondere der Wechsel von realen Fenstern und dem illusionistischen Blick durch das Gitterwerk war Teil des Konzepts. Im Rokoko wird dieser Hang zum Intimen und zur Innerlichkeit noch gesteigert. Das Interieur sollte als Inbegriff der Leichtigkeit erscheinen, als arkadisches Idyll, als Elysium. Die Innen- und die Außenbeziehung standen bei den mit bemalten textilen Wandbespannungen, Tapeten oder Wandmalereien ausgestatteten Gartensälen barocker Schlösser in Wechselwirkung. Die reale Natur und die Ideallandschaft eines imaginären Arkadiens wurden miteinander in einen Dialog überführt, wie etwa bei der Wandbespannung der sogenannten Piepenstube des Welserschlosses Neunhof im Nürnberger Land (erste Hälfte 18. Jahrhundert).[36] Diese neue, im Stil des Rokoko verfeinerte und auf ein Minimum reduzierte berankte Gitterwerk-Motivik des Kumpfmühler Teehauses bediente vielfältige zeitgenössische Assoziationen, bis hin zu Jean-Jacques Rousseaus Naturphilosophie („Zurück zur Natur!") oder der Idee der vitruvianischen Urhütte als Thema zeitgenössischer Architekturtraktate.[37] Diese Idee setzt sich über die Epochenschwelle hinaus 1800 fort, so dass das Motiv des illusionistischen Gartensaals insbesondere im Bereich der Biergärten, Wirtshaus- und Freizeitkultur, der Sommer-Tanzsäle, Trinkhallen und reich durchfensterten Lauben, die in aller Regel als Salettl tituliert sind, bis nach 1900 fortwirken konnte.[38] An der westseitigen Altane des Wirtshauses Zum Goldenen Fass in Regensburg (Spiegelgasse 10) wurde diese Art der Dekorationsmalerei wieder aufgegriffen, die die Gartensehnsucht nunmehr sogar in die Altstadt von Regensburg transferierte. Der Reiz besteht auch hier in zwei Ebenen, einer realen und einer illusionistischen: vorne das Metallgeländer der Loggienbrüstung, an der Rückwand der Altane ein illusionistisch gemaltes Gitterwerk (im Zuge der Sanierung 2009 teilfreigelegt; Abb. 18).

Konsequent hielt Graf Westerholt im Kumpfmühler Salettl an der vorgefundenen Pergolenmalerei der Rokokozeit fest. Lediglich in Detailbereichen (Gesims) entwickelte er die Fassung III aus der Zeit um 1820/30 fort (Abb. 19). Aufgrund enger Übereinstimmungen der Dekormalerei des Gesimses (am Übergang von der Wand zur Decke) mit den spätklassizistisch schablonierten Vouten von Obergeschossräumen im Bischöflichen Palais Niedermünster (dort 1825/26) scheint der dort archivalisch belegte Regensburger Maler Joseph Zacharias auch für die Fassung III des Teepavillons von Kumpfmühl verantwortlich.[39]

Das Restaurierungskonzept

In welchem Stil sollte das Salettl restauriert werden, wie sollte mit dem Bestand umgegangen werden? Hier war eine Differenzierung nötig: Die hochmittelalterliche Einfriedungsmauer sollte eine bloße Konservierung und Fugensani-

Abb. 21: Salettl, Saal im Obergeschoss nach der Instandsetzung. Foto: P. Ferstl, BSR, 2017

erung erfahren, um den Befund möglichst unverfälscht und authentisch zu präsentieren, so dass die Steinköpfe sichtbar blieben, ebenso sollten die Reste des Vorgängerbaus im Bereich des Zwickels zwischen Teepavillon und Treppenaufgang anschaulich werden, daher wurde das Mauerwerk in diesem Bereich nur verschlämmt (statt verputzt).

Aufgrund der Überlieferungsdichte des Befundes entschied man sich demgegenüber an den Fassaden für eine putz- und fassungstechnische Rekonstruktion der zweiten, rokokozeitlichen Fassung in Gelbocker und Weiß, wobei die restauratorische Aufgabe auch darin bestand, die Spuren baulicher Veränderungen nicht gänzlich zu überdecken, sondern sie auf den „zweiten" Blick erkennbar werden zu lassen. Dazu zählen etwa die Veränderungen der Fensterformate und der Umbau der Obergeschossfenster zu Fenstertüren im Laufe des 19. Jahrhunderts. Die Fenster wurden nach dem Vorbild der beiden original erhaltenen Kreuzstockfenster nachgebildet, die Klappläden als wichtiger Bestandteil der Erscheinung des Gebäudes wiederhergestellt und der Aufgang mit einer Holzschindeldeckung belegt, die aufgrund der Dachneigung und nach Befund anderer Regensburger Gartenhäuser (zum Beispiel Badstraße 18, errichtet 1741) auch als ursprüngliche Deckung für das Zeltdach anzunehmen ist. Die erhaltene bauzeitliche Haustür bildet wieder den Zugang zum Erdgeschoss. Umfangreich waren die holzrestauratorischen Arbeiten etwa am altanenartigen Aufgang mit ihren beiden Zeitschichten aus der Barockzeit und der seitlichen, einhausenden Verbretterung der Biedermeierzeit. Alle restauratorischen Arbeiten zeichnen sich durch ein Höchstmaß an Qualität aus und räumten dem Erhalt des historischen Zeugnisses und dem Alterswert höchste Priorität ein.

Im Inneren folgte man der Idee der Wiedergewinnung der barocken Räumlichkeit, was die Aufgabe der Veränderungsgeschichte „Wohnen" und folglich den Rückbau der internen Treppe und der Zwischenwände sowie die Abnahme der rezenten Raumschalenfassungen bedeutete (Abb. 20). Der Obergeschossraum hielt dabei die größten konzeptionellen und restauratorischen Herausforderungen

Abb. 22: Schautafel im Treppenhaus, hier mit Rekonstruktion der Fassung III. Foto: Architekturbüro Andreas Schubert, Regensburg, 2017

bereit. Denn aufgrund des Zufalls der Überlieferung und der über die Jahrzehnte erfolgten Selbstfreilegungen sowie der nur fragmentarisch erhaltenen Raumfassungen, von denen sich jeweils nur unzusammenhängende und sich überlagernde Teilflächen erhalten hatten, ergab sich ein gleichermaßen interessanter wie komplexer stratigraphischer Mischzustand, ein großes palimpsestartiges Fragment. Auf welche Fassung sollte man unter diesen Gegebenheiten freilegen, mit der Konsequenz des Verlustes späterer Überfassungen und des Gespenstes der nicht mehr durch den Befund gedeckten Rekonstruktionsfassung? Eine derartige Freilegung verbot sich sowohl aus denkmaltheoretischen Gründen, die im Widerspruch zur Charta von Venedig stehen, als insbesondere auch angesichts des nur fragmentarischen Erhaltungszustandes dieser Fassung, die eben nicht vollflächig erhalten ist und damit nicht als sogenannte Leitfassung in Betracht kam.[40] Sollte man angesichts dessen nicht in erster Linie Ehrlichkeit gegenüber der Geschichte und ihrer Anschaulichkeit walten lassen, nämlich die geschichtliche Anmut des Raums und seine Authentizität, das historisch Echte, erhalten? Nach eingehender Diskussion entschied man sich, den Überlieferungszustand ohne Wenn und Aber zu akzeptieren, schnörkellos, nur hinsichtlich der Fehlstellen (etwas) beruhigt (Abb. 21). Man wählte damit ein Restaurierungskonzept, das sich am überlieferten Bestand orientierte und möglichst vielen Zeitschichten Rechnung trug, ohne eine Fassung zu eliminieren, zum Beispiel die Fassung der Zeit von Graf Westerholt, der mit dem Salettl identitätsstiftend verbunden ist, was bei einer Freilegung auf die Fassung II der Rokokozeit der Fall gewesen wäre. Auf separaten Schautafeln im Vorbereich des Obergeschosssaals werden Rekonstruktionsvorschläge der drei Hauptfassungen unterbreitet (Abb. 22). Gleichzeitig erlaubte dieses Konzept auch die durch Vandalismus herbeigeführten Brandschäden als Zeitspuren sowie die modernen Veränderungen des frühen 20. Jahrhunderts, etwa die Elektroinstallation, partiell als Teil der Nutzungsgeschichte zu erhalten. Die Stelle der ehemaligen Treppe ist im Obergeschoss durch die Ausbesserung des Dielenbodens mit zweitverwendetem Material sowie bei den Anschlussbereichen der Binnenwände und im Deckenspiegel noch erkennbar.

Am Anfang des Werbens um die Sanierung stand das einprägsame Bild des Vergleichs des Salettls mit Goethes Gartenhaus in Weimar *(„Weimar in Regensburg“)*.[41] Zugegeben, der Gebäudetyp ist dem des Gartenhauses Goethes im Ilmpark von Weimar verwandt, das Goethe 1776 erwarb und das bis zu seiner Umsiedlung in das Haus am Frauenplan 1782 sein Wohn- und Aufenthaltsort in der thüringischen Residenzstadt war.[42] Nach der Sanierung bedarf das Salettl des Bildes nicht mehr. Der Bau hat sich freigeschwommen, ist erwachsen geworden, hat an Qualität und Kontur gewonnen und steht als barockes Gartenhaus mit seiner ehemals prächtigen introvertierten illusionistischen Raumdekoration über Goethes erstem Weimarer Wohnsitz mit seinem bürgerlichen Habitus. Wie dem auch sei: Die Sanierung des Salettls hat die Regensburger Denkmallandschaft entscheidend bereichert.

1 Zur Vorgeschichte siehe Michael Schmidt, Weimar in Regensburg. Barockes Gartenhaus in Kumpfmühl – Von der Botschaft eines Baudenkmals (mit einer Einleitung und Nachbemerkung von Hubert H. Wartner), in: Schönere Heimat 100 (2011), Heft 3, 223–229; Michael Schmidt, Weimar in Regensburg. Das Kumpfmühler „Salettl": von der Botschaft eines Baudenkmals, in: Denkmalpflege in Regensburg, Bd. 12, 71–77. Zur Sanierung des Objekts (einschließlich Restaurierungsberichte der verschiedenen Gewerke) siehe Architekturbüro Andreas Schubert, Dokumentation. Salettl und Neubau Quartiersunterkunft, Bischof-Wittmann-Straße 25/27, 93051 Regensburg, Regensburg 2018 (unveröffentlicht; ein Exemplar beim Bayerischen Landesamt für Denkmalpflege).

2 Vgl. Hubert Hans Wartner, Das Kumpfmühler Gartensalettl. Lohn der Geduld – das Schmuckkästchen im Kumpfmühler Karl-Bauer-Park, in: Regensburger Almanach 2017, 126–131; Michael Schmidt / Hubert H. Wartner, Wachgeküsst – Das barocke Gartenhaus in Regensburg-Kumpfmühl. Große Freude im ältesten Stadtteil der Welterbestadt, in: Aviso. Zeitschrift für Wissenschaft und Kunst in Bayern, Heft 1/2018, 46–49.

3 Vgl. Schmidt / Wartner (wie Anm. 2), 48f.

4 Zu Augsburg siehe Bernhard Herrmann, Die Gärten der Augsburger Altstadt – Ihre Entwicklung vom Beginn des 30-jährigen Krieges bis heute. Diplomarbeit am Lehrstuhl für Kunstgeschichte der TU München, München 1991 (unveröffentlicht; ein Exemplar beim Bayerischen Landesamt für Denkmalpflege), 40–46, 74–76. Einen Überblick über den mittelalterlichen Garten im Allgemeinen und den *hortus conclusus* im Besonderen gibt Germain Bazin, Du Mont's Geschichte der Gartenbaukunst, Köln 1990, 48–57, v. a. 54f.

5 Ansicht erstmals publiziert bei Hermann Reidel, Kumpfmühl im Spiegel der Graphik. Historische Pläne und Ansichten, in: Hubert Wartner / Hermann Reidel (Red.), Ein Stadtteil schreibt Geschichte. Regensburg – Kumpfmühl 79-1009-2009, Regensburg 2008, 150–159 (hier: 152).

6 Wilhelm Scherer, Über den Burgfrieden der Kreishaupt-Stadt Regensburg, in: Verhandlungen des Historischen Vereins von Oberpfalz und Regensburg 25 (1868), 161–189 (hier: 165).

7 Zuweisung gemäß Anke Borgmeyer / Achim Hubel / Andreas Tillmann / Angelika Wellnhofer (Bearb.), Stadt Regensburg. Ensembles – Baudenkmäler – Archäologische Denkmäler (Denkmaltopographie der Bundesrepublik Deutschland, Denkmäler in Bayern), Regensburg 1997, 360; Reidel (wie Anm. 5), 156; Friedrich Fuchs, Architektur in Kumpfmühl – Von den Anfängen der Mühle bis um 1900, in: Wartner / Reidel (wie Anm. 5), 161–183 (hier: 165).

8 Zitiert nach Scherer (wie Anm. 6), S. 188; vgl. auch Peter Morsbach, Dokumentation 1982 zum Regensburger Burgfrieden, in: Beiträge zur Flur- und Kleindenkmalforschung in der Oberpfalz 5 (1982), 41–62 (hier: 42).

9 Reidel (wie Anm. 5), 150f.

10 Abb. des Grundrissplans bei Paul Mai / Werner Chrobak (Red.), Obermünster Regensburg. Von den Anfängen bis heute (Ausstellung in der Bischöflichen Zentralbibliothek Regensburg St. Petersweg 11–13 vom 18. Juli bis 2. Oktober 2008; Bischöfliches Zentralarchiv und Bischöfliche Zentralbibliothek Regensburg, Kataloge und Schriften, Bd. 24), Regensburg 2008, 90–93 (Kat.-Nr. 19.2).

11 Formulierung aus einem Bericht über den Verkauf des Gartens am 17.3.1753 an das Karmelitenkloster Regensburg (BayHStA Regensburg-Karmeliten 6), zitiert nach Georg Ach, Ehemaliges barockes Gartenhaus des Karmelitenklosters in Regensburg-Kumpfmühl. Aufmaß-Befund-Sanierungskonzept Dachgeschoß. Abschlussarbeit im Studiengang Denkmalpflege an der Universität Bamberg, Bamberg 1986 (unveröffentlicht; ein Exemplar im Bischöflichen Zentralarchiv Regensburg), unnummeriert, pag. 11.

12 Alois Schmid, Das Reichsstift Obermünster zu Regensburg am Ausgang des 18. Jahrhunderts, in: Paul Mai / Karl Hausberger (Hg.), Reichsstift Obermünster in Regensburg einst und heute (Beiträge zur Geschichte des Bistums Regensburg, 42), Regensburg 2008, 317–331 (hier: 325).

13 Lena Stecker, Restauratorische Befunduntersuchung des Gartensalettls (unpubliziert; ein Exemplar beim Bayerischen Landesamt für Denkmalpflege), Regenstauf 2009, 3.

14 Karl Bauer, Regensburg. Aus Kunst-, Kultur- und Sittengeschichte, Regensburg, ^{5}1994, 580.

15 Dazu Schmidt, in: Schönere Heimat (wie Anm. 1), 226.

16 Ortsakte BLfD, „Regensburg, Kumpfmühler Straße 56 (ehemals 52a)", Schreiben der Stadt Regensburg, gez. Bürgermeister Eifler, vom 21.08. 1984.

17 Dendrochronologische Daten nach Friederike Gschwind, Dendrochronologische Baualtersbestimmung: Barockes Gartenhaus, sog. ‚Salettl', Kumpfmühler Straße 56 in Regensburg. Nachuntersuchung, Planegg 30.11.2016 (unveröffentlicht ein Exemplar beim Bayerischen Landesamt für Denkmalpflege). Das Salettl ist erstmals im Jahr 1768 auf einer Grundrisskarte von Christoph Thomas Wolf, erstellt anlässlich einer Protokollierung und Begehung des Burgfriedens, dargestellt, Abb. bei Reidel (wie Anm. 5), 156, ferner auf dem Kupferstich von Johann Philipp Forster (*„Prospect der Gegend von Kumpfmühl"*) aus der Zeit um 1790, Abb. ebd., 155.

18 Reidel (wie Anm. 5), 157; vgl. Schmidt, in: Schönere Heimat (wie Anm. 1), 225.

19 Über entsprechende Kriegsschäden berichteten die Stiftsdamen von Obermünster auch in Zusammenhang mit dem Verkauf ihres Unteren Gartens an die Karmeliten 1753, siehe Ach (wie Anm. 11), pag. 11, dass der an die Karmeliten übergegangene Garten *„durch den letzten Krieg offen stand und vernachlässigt wurde"*. Entsprechende Kriegsschäden in Kumpfmühl durch den Dreißigjährigen Krieg ergeben sich auch aus den zeitgenössischen Darstellungen, vgl. dazu Reidel (wie Anm. 5), 153f.

20 Der Eckpavillon als *locus amoenus* stellt eine Weiterentwicklung der mittelalterlichen Idee des Turmzimmers dar (vgl. Adlerturm im Castello del Buonconsiglio von Trient mit seinen berühmten Monatsbildern, vor 1407).

21 Michael Wening, Historico-topographica description Bavariae, Bd. 4: Rentamt Straubing, München 1726, 93.

22 Zum sogenannten Isarturm der Landshuter Residenz siehe Iris Lauterbach, Höfe, Marstall, Gärten?, in: Iris Lauterbach / Klaus Endemann / Christoph Luitpold Frommel (Hg.), Die Landshuter Stadtresidenz. Architektur und Ausstattung (Veröffentlichungen des Zentralinstituts für Kunstgeschichte, Bd. 14), München 1998, 163–170 (hier: 167f.).

23 Zum Gartenhaus des (abgegangenen) Salzburger Hofs siehe Richard Strobel, Der Brixener Hof und die mittelalterlichen Bischofshöfe in Regensburg, in: Jahrbuch der bayerischen Denkmalpflege 28 (1973), 30–82 (hier: 65), mit Abb. 31, 33. Zum Glätzl-Anwesen siehe Eugen Trapp, Prebrunn – *„ehemals eine lustige Vorstadt"*. Nachruf auf ein nie in die Denkmalliste eingetragenes Ensemble, in: Denkmalpflege in Regensburg, Bd. 13, 175–211 (hier: 203–205); Lena Stecker, Kurzbericht zur Einschätzung der historischen Befundlage (keine Befunduntersuchung) aufgrund Inaugenscheinnahme und Archiveinsicht (unpubliziert; ein Exemplar beim Bayerischen Landesamt für Denkmalpflege),

Regenstauf 2016, 9–14. Zu den Bauten Pürkels siehe Michael SCHMIDT, Barockes Pürkelgut – ein patrizisches Landschloss und seine historische Rückbindung. Assoziation, Projektion, Kontext, in: Burgen und Schlösser in und um Regensburg (Regensburger Herbstsymposion für Kunst, Geschichte und Denkmalpflege 2012), Regenburg 2013, 55–93.

24 Zur Nutzung des Salettls unter Alexander Graf von Westerholt siehe Thomas BARTH, *„Wir sind unnütze Knechte"*. Die Familie Westerholt in Regensburg und ihr Beitrag zur bayerischen Kulturgeschichte (Regensburger Studien und Quellen zur Kulturgeschichte, Bd. 17), Regensburg 2008, 92f., 162.

25 So etwa auch die bemalte Wandverkleidung des ehemaligen weihbischöflichen Sommer- und Gartenwohnhauses in Freising, Sackgasse 9, dessen Gestaltung auf die Zeit des Freisinger Weihbischofs Johann Sigismund Zeller zurückgeht. Das Baudenkmal ist wie folgt in der Bayerischen Denkmalliste verzeichnet (Denkmal-Nr. D-1-78-124-390*): „Ehem. Weihbischöfliches Sommer- und Gartenwohnhaus, zweigeschossiger, ursprünglich reich ausgemalter Gartenpavillon mit Walmdach, Obergeschoss mit Holzständerwänden, Erdgeschoss mit ehem. offenen Arkaden, 1692 (dendro.dat.), im Kern älter, Umbau zum Wohnhaus, über Häuserzeile durchgehendes Satteldach nach Brand erneuert 1798 (dendro.dat.), Ausbau 2. Hälfte 19. Jh.; südlicher Kopfbau der geschlossenen Häuserzeile Sackgasse 3, 5, 7 und 7a."* Vgl. dazu auch Zeitungsartikel einschließlich Abb. der bemalten Wandverkleidung „Verliebt in alte Häuser. Sanierungen in der Innenstadt", in: Süddeutsche Zeitung vom 11. September 2017 (http://www.sueddeutsche.de/muenchen/freising/idealismus-gehoert-dazu-verliebt-in-alte-haeuser-l..., Abrufdatum: 01.01.2018).

26 Den Hinweis verdanke ich Frau Landschaftsarchitektin Barbara Höllerer vom Gartenamt der Stadt Regensburg (freundliche Mitteilung per E-Mail vom 5. Oktober 2016).

27 Zitiert nach Oskar Raith, Die erhaltenen Grabmäler der Äbtissinnen von Obermünster, in: MAI / HAUSBERGER (wie Anm. 12), 45–72 (hier: 71).

28 Johann Friedrich ZEDLER, Grosses vollständiges Universal Lexicon Aller Wissenschafften und Künste, Bd. 45, Leipzig/Halle 1745, Sp. 357.

29 Die *„petits Pavillons de treillage"* von Schloss Marly-le-Roi wurden etwa bei Antoine Augustin BRUZEN DE LA MARTINIÈRE, Le Grand Dictionnaire Geographique Et Critique, Bd. 5/2, Le Haye 1735, 147–149 (hier: 148), ausführlich gewürdigt und hervorgehoben. Ein Reflex auf den Marly-Garten bieten die für den Küchengarten an Schloss Sanssouci in Potsdam gebräuchlich gewordene Bezeichnung „Marly-Garten", die der Soldatenkönig Friedrich Wilhelms I. zunächst als eine ironische Antwort auf die Prachtentfaltung des französischen Schlossartens bei Paris verstanden hatte (1846 formte Peter Joseph Lenné den ehemaligen Küchengarten zu einem Pleasureground), sowie der Garten des Kurmainzer Lustschlosses Favorita, zeitgenössisch bezeichnet als *„petit Marly"* und von Salomon Kleiner 1726 in Kupfer gestochen, siehe Peter Prange, Salomon Kleiner und die Kunst des Architekturprospekts (Schwäbische Geschichtsquellen und Forschungen, Bd. 17), Augsburg 1997, 196–221 (hier: 212–220).

30 Salomon KLEINER, Das Belvedere zu Wien. Nach dem Stichwerk in 140 Blättern aus den Jahren 1731–1740, erläutert und mit einem Nachwort von Elisabeth HERGET (Die bibliophilen Taschenbücher), Dortmund 1980, 150–157.

31 Dazu siehe Adrian VON BUTTLAR, Tod, Glück und Ruhm in Sanssouci. Ein Führer durch die Gartenwelt Friedrichs des Großen, Ostfildern 2012, 43–53, 58–66; Jost ALBERT / Gabriele EHBERGER, *„Es kommen immer Leit aus Würzburg und Frembde hierher ..."*. Zur Geschichte des Rokokogartens Veitshöchheim. Begleitheft zur Ausstellung, München 2006, 32f.; Jost ALBERT / Werner HELMBERGER, Schloss und Hofgarten Veitshöchheim. Amtlicher Führer, München 2009, 143–152; Barbara BECHTER / Henning PRINZ, *„Der Frau Gräfin Moszinka Garten, ..., gehört mit Recht unter die schönen und reizenden Gärten dieser Residenz"*. Ein Garten des 18. Jahrhunderts in Dresden, in: Die Gartenkunst 15, Heft 1/2003, 85–120 (hier: 103–105).

32 Zitiert nach Thomas FISCHBACHER, Des Königs Knabe. Friedrich der Große und Antinous, Weimar 2011, 93f.

33 Überblick über die Tradition antiker und nachantiker gemalter Garteninnenräume bei Eva BÖRSCH-SUPAN, Garten-, Landschafts- und Paradiesmotive im Innenraum. Eine ikonographische Untersuchung, Berlin 1967.

34 Aktueller Stand der Forschung bei Maria Teresa DONATI / Nicoletta SFREDDA / Thea TIBILETTI (Bearb.), The Sforza Castle in Milan, Venedig 2016, 54–57, 111. Literaturüberblick bei Frank ZÖLLNER, Leonardo da Vinci 1452–1519. Gemälde, Zeichnungen und Skizzen, Köln 2007, 190.

35 Michael SEILER, Pfaueninsel (Stiftung Preußische Schlösser und Gärten Berlin-Brandenburg / Königliche Schlösser und Gärten in Berlin), Berlin / München ^{3}2015, 2f, 32.

36 Siehe BLfD, Kalender 2017. Ausstattung, München 2016, Septemberblatt 2017.

37 Zur Urhütte als zeitgenössischem Thema von Architekturtraktaten, zum Beispiel Frontispiz von Marc-Antoine Laugier, Essai sur l'Architecture (1755), siehe Hanno-Walter KRUFT, Geschichte der Architekturtheorie. Von der Antike bis zur Gegenwart, München 1985, 170 und Abb. 92.

38 Vgl. Martin ORTMEIER, Das Salettl von Passau-Mariahilf im Freilichtmuseum Finsterau, Landshut 2013, 24–27.

39 Beleg bei Peter MORSBACH, Regensburg, Bischöfliches Ordinariat Niedermünstergasse 1. Dokumentation zu Bau-, Ausstattungs- und Restaurierungsgeschichte (unpubliziert; ein Exemplar beim Bayerischen Landesamt für Denkmalpflege), Regenstauf 2011, 23/25.

40 Charta von Venedig 1964, Artikel 9 (zitiert nach ICOMOS – Hefte des Deutschen Nationalkomitees, Bd. 10, München 1992, 45–49): *„Die Restaurierung ist eine Maßnahme, die Ausnahmecharakter behalten sollte. Ihr Ziel ist es, die ästhetischen und historischen Werte des Denkmals zu bewahren und zu erschließen. Sie gründet sich auf die Respektierung des überlieferten Bestandes und auf authentische Dokumente. Sie findet dort ihre Grenze, wo die Hypothese beginnt."*, und Artikel 11: *„Die Beiträge aller Epochen zu einem Denkmal müssen respektiert werden: Stileinheit ist kein Restaurierungsziel."*

41 SCHMIDT (wie Anm. 1).

42 Jürgen BEYER / Jürgen SEIFERT (Bearb.), Weimarer Klassikstätten. Geschichte und Denkmalpflege, Bad Homburg – Leipzig ^{2}1997, 285–290.

Peter Morsbach

Untersuchungen zu einer Geschichte der Regensburger Mühlen

Erster Teil: Die historischen Voraussetzungen. Das Mühlenquartier am Unteren Wöhrd

Vorbemerkungen

Warum ausgerechnet Mühlen?
Rund 35 Mühlen sind für Regensburg zwischen dem 12. und 19. Jahrhundert nachzuweisen, die für die Stadt von großer Bedeutung waren und eine große Bandbreite der Mühlentechnik umfassten wie Hand-, Ross- und Schiffmühlen, Panster-, Mahl- und Stampfmühlen, aus Holz, aus Stein, wenige auf dem Fluss oder innerstädtisch, die meisten davon an der Donau, an der Steinernen Brücke, auf den beiden Wöhrden.
Sie bestanden über die reichsstädtische Zeit Regensburgs hinaus, wurden im 19. Jahrhundert Opfer der Industrialisierung, verloren nach und nach ihre Funktionen, wurden umgenutzt, als unrentabel abgebrochen oder durch Brände zerstört und durch Wohnhäuser ersetzt. Es sind aber tatsächlich mehr bauliche Reste der Mühlengeschichte im umfassenden Sinne vorhanden, als man annehmen möchte, zieht man entsprechende Wohnhäuser und die Wasserbauwerke in Betracht. Mühlenhäuser als solche sind mit der Ausnahme von Wöhrdstraße 2 keine erhalten, allgemein sichtbar sind Teile wie das Wasserrad am Unteren Wöhrd, das Eiswehr oberhalb davon, als Wasserbauwerke die beiden Mühlkanäle am Oberen und Unteren Wöhrd.
In Regensburg waren die Mühlen bis ins 19. Jahrhundert für die Versorgung und das Funktionieren der Stadt von herausragender Bedeutung. Mit dementsprechend großem finanziellem Aufwand wurden sie über die Jahrhunderte unterhalten und finanziert, trotz der wirtschaftlichen Misere Regensburgs in nachmittelalterlicher Zeit.
Die vorliegende Untersuchung wurde durch eine Dokumentation des Mühlenquartiers auf dem Unteren Wöhrd angeregt, die der Verfasser 2017 erstellte. Hierbei zeigte sich, dass beträchtliches, unbekanntes oder nicht ausgewertetes Quellenmaterial vorliegt.
Das betrifft nicht nur die schriftliche Überlieferung, denn die „mühlengeschichtlichen“ Sammlungen des Historischen Museums der Stadt Regensburg umfassen neben einem bedeutenden Bestand historischer technischer Planzeichnungen und Ansichten auch eine Reihe von historischen Modellen von Mühlen, Mühl- und Stampfwerken, die zum Verständnis und der Anschaulichkeit der Schriftquellen beitragen und einen guten Eindruck von der Gestalt und Funktion von Mühlwerken vermitteln.
Das Thema wäre unvollständig ohne die entsprechenden Wasserbauwerke, die Kanäle, die Mühlgräben, Mühlschüsse oder Mühlzäune und ohne die Beschlächte oder Schlachten genannten Uferbefestigungen, von denen Relikte in Form der *„Stecken“* hin und wieder bei Arbeiten in historischen Uferabschnitten zutagetreten, wie dies bei den jüngst abgeschlossenen Erneuerungsarbeiten am nördlichen Donauufer in der Badstraße der Fall war. Auch sie werden entsprechend ihrer Bedeutung gewürdigt, jedoch erst in einer zweiten Untersuchung, die sich mit den Mühlen auf dem Oberen Wöhrd, auf der Steinernen Brücke, den Beschlächten und den Mühlenmodellen beschäftigen wird.

Voraussetzungen

Die allgemeine Literatur zur Mühlengeschichte ist umfangreich,[1] jedoch in unserem Zusammenhang verzichtbar. Wichtiger sind als unmittelbare Zeitzeugnisse eine Reihe historischer Werke zu Mühlenbau und Mühlentechnik.[2] Aus dem 17. und 18. Jahrhundert sind zu nennen der *„Künstliche Abriß“* von Jakob DE STRADA von 1617–18[3], Georg Andreas BÖCKLERS *„Theatum machinarum novum“* von 1661 bzw. in der Neuauflage von 1703[4], Leonhard Christoph STURMS *„vollständige Mühlen Baukunst“* von 1718[5], das *„neue Theater der Mühlenmaschinen“*, von Johann Matthias BEYER, Jakob LEUPOLD und Jakob BORN 1735 herausgebracht und in der Neubearbeitung von Johann Matthias BEYER 1767 und in der Auflage von 1788[6], KAOVENHOFERS Abhandlung über Mühlräder von 1770[7], Johann C. HUTHS Anlegung, Beurteilung und Berechnung der Wassermühlen von 1787[8], Ernst Christan August BEHRENS *„Practische Mühlenbaukunst“* von 1789[9], Lorenz CLAUSSENS *„Praktische Anweisung zum Mühlenbau“* von 1792[10] und Johann Leonhard SPÄTHS *„Abhandlung über*

Abb. 1: Die 1633 zerstörten Mühlen auf dem Oberen Wöhrd. Federzeichnung von Hans Georg Bahre, um 1633–35. (HMSR, G 1952/2,1)

die Kröpfe der Mühlgerinne…" von 1815.[11] Auch aus Regensburg mit seiner starken Mühlentradition kam 1730 ein Beitrag zur technischen Weiterentwicklung durch ein neu erfundenes Mühl- und Mahlwerk.[12]

Den technischen Fortschritt des 19. Jahrhunderts dokumentieren Werke wie Johann Heinrich Moritz von POPPES Mühlenbauanleitung von 1831[13], Karl KUHNERTS Praktisches Lehrbuch der Mühlenbaukunst von 1841[14], A. F. VOGELS Entdeckung eines „*hydrostatischen General-Mobils oder Perpetuum Mobile*" von 1845[15], Friedrich HARZERS Abhandlung über die „*Turbinen oder horizontalen Wasserräder*" von 1856[16] oder Matthias BACHMANNS „*Praktischer Müller*" von 1857.[17]

Die Geschichte der Regensburger Mühlen und Wasserbauwerke ist noch nicht geschrieben und auch die vorliegende Untersuchung kann dies nicht in Gänze leisten. Entsprechend gering sind die Vorarbeiten und bisherigen Forschungen. Die bislang einzige monografische Behandlung des Themas stammt von Peter GERMANN-BAUER, der 1999 trotz des beschränkten Rahmens der Veröffentlichung eines Vortrags beim Regensburg Herbstsysmposion für Kunst, Geschichte und Denkmalpflege 1997 eine erste Materialsammlung und Auflistung der Mühlen vorlegte.[18] Seine Arbeiten beruhen ihrerseits teilweise auf einer Aufnahme der historischen Mühlenzeichnungen, die als Typoskript von David H. JONES verfasst wurde, aber im Rahmen meiner Recherchen nicht zur Verfügung stand; Germann-Bauer hat dazu eine Konkordanz hergestellt.[19]

Die Benennung der Mühlenbauten in den Baualtersplänen zur Stadtsanierung Band VIII[20] erleichtert die Zuordnung, naturgemäß ohne ausführlicher auf die Geschichte der Mühlen eingehen zu können. Wichtig zur Identifikation der Mühlen im Mittelalter sind die Arbeiten von Christian FORNECK[21] und Christoph OBERMEIER[22], in denen sie benannt und lokalisiert sind. Beide schreiben als Historiker ebensowenig aus der Sicht von Architektur- oder Technikhistorikern wie Karl BAUER[23], der den Mühlen natürlich auch entsprechende Aufmerksamkeit zuwandte.

Im Zusammenhang mit der Geschichte des Unteren Wöhrds hat zuletzt Klaus HEILMEIER einiges unbekanntes Bildmaterial vorgelegt und damit eine weitere Grundlage der vorliegenden Untersuchung geschaffen.[24]

Die wichtigsten Quellen zur Geschichte der Mühlen seit dem frühen 16. Jahrhundert bis zum Ende des 18. Jahrhunderts stellen die Regensburger Bauamtschroniken dar, die für diese Untersuchung ausführlich ausgewertet wurden. Auch eine Reihe von Chroniken aus den Beständen des Stadtarchivs Regensburg, der Bayerischen Staatsbibliothek München und der Staatlichen Bibliothek Regensburg fanden Verwendung, doch sind ihre Angaben eher von kulturgeschichtlichem als von technikgeschichtlichem Wert. In der Staatlichen Bibliothek fanden sich eine Reihe von bislang unbeachteten, nichtsdestoweniger ergiebigen Quellen, wie die Rechnung des städtischen Baumeisters Erhart Schneck (1476–1477)[25] oder die *Relatio historica* von 1634–1635, die für die Verwüstungen Regensburgs im Dreißigjährigen Krieg höchst aufschlussreich ist.[26]

Die Bildquellen stammen überwiegend aus den Beständen des Historischen Museums der Stadt Regensburg (HMSR), des Stadtarchivs Regensburg (StAR), des Archivs des Bauordungsamtes Regensburg (BOAR), der zentralen Denkmalregistratur (ZDR), der Bilddokumentation der Stadt Regens-

Abb. 2: Die Schäden an den Mühlen auf dem Unteren Wöhrd 1633. Federzeichnung von Hans Georg Bahre, um 1633–35. (HMSR, G 1952/2,2)

burg (BSR) der Bayerischen Staatsbibliothek (BSB) und des Bayerischen Hauptstaatsarchivs, München (BayHStA). Den staatlichen und städtischen Ämtern und Behörden – der Unteren Denkmalschutzbehörde, dem Stadtarchiv, dem Bauordnungsamt und dem Historischen Museum, der Staatlichen Bibliothek, dem Wasserwirtschaftamt, der Wasser- und Schifffahrts-Direktion Nürnberg, Außenstelle Regensburg, und dem Bayerischen Landesamt für Denkmalpflege – sei für die großzügige Bereitstellung des Materials ebenso gedankt wie den Eigentümern der betroffenen Grundstücke für ihr Einverständnis zur Akteneinsicht.

Regensburg 1633: Ohne Mahlmühle kein Mehl, ohne Mehl kein Brot

Die Rechnung war einfach: Ohne Mahlmühlen kein Mehl, ohne Mehl kein Brot, ohne Brot Hungersnot. Ohne Sägemühle[27] keine Bretter, kein Bauholz und im Winter kein Brennholz. Ohne Pulvermühle kein Schießpulver, ohne Schießpulver keine Verteidigung. Ohne Papiermühle kein Papier und ohne Papier keine Verwaltung. Daher waren Mühlen für eine Stadt geradezu überlebenswichtig und darum war es verständlich, dass auch in Regensburg nach den Zerstörungen durch Feuer oder die zeitweise nahezu jährlichen Eisstöße und Hochwasser die Wiederherstellung und Reparatur der Mühlen, Mühlwerke und Wasserbauwerke an erster Stelle standen, wie die Bauamtschronik über viele Jahrzehnte belegt. Sogar zu der Zeit, in der die Stadt aus Finanznot die öffentliche Bautätigkeit weitgehend eingestellt hatte, erfolgte die Reparatur der Mühlen und Schlachten weiterhin regelmäßig, sorgfältig und mit großem Kostenaufwand.[28]

Besonders deutlich wird die existentielle Bedeutung der Mehlmühlen im Dreißigjährigen Krieg vor Augen geführt.[29] Der in der Stadtgeschichte zurecht übel beleumundete kurbayerische Kommandant Johann Freiherr de Troibreze drohte in dem 1633 von den kaiserlichen Truppen besetzten und von den schwedischen Truppen belagerten und berannten Regensburg, zunächst die gesamte Stadt anzuzünden; stattdessen ließ er ein Joch der Steinerne Brücke sprengen und alle auf und an der Brücke und auf den Wöhrden stehenden Mühlen niederbrennen. Diese Aktion stieß selbst bei den gewiss nicht zimperlichen Schweden auf Unverständnis: *„In der Nacht eiusdem tie (desselben Tages, d.h. am 28. Oktober, Anm. d. Verf.) hat der Commandant mit grosster der Feinds Verwunderung selbsten, alle Mihlen an der Brucken, sowohl die Mahl- als Schleiffmihlen anzuzinden und auf den Grund verbrennen laßen, dadurch dem Feind zur Aufgab der Statt desto mehr Hoffnung gemacht.“*[30]
Über den Zeitpunkt der Brandzerstörung widersprechen sich die chronikalischen Angaben. Während im vorhergehenden Schreiben der 28. Oktober genannt wird, nennt eine andere Quelle den 28./29. Juni 1633: *„Darauff ist noch selbigen Abends und folgenden Tags der Obere und Untere Wörth abermahls aus aus Befehl ermelten bayerischen Commandantens mit Feuer angesteckt und alle die daselbst gestandenen Häuser, Eisen, und Kupferhämmer, Säg-, Mahl-, Pappier-, Pulver-, Schleiff-, Walck- und Lohmühlen (so der Statt Regenspurg viel 1000 fl. zuerbauen gekostet) auff einmahl hinweggebrannt worden …“*[31] (Abb. 1 und 2).
Diese Taktik der verbrannten Erde funktionierte nicht, sondern spielte den Schweden in die Hände, denn es wurde *„dem Feinde an diesen abgebrannden Orthen großer Vor-*

thel gleichsamb in die Hande gegeben, und ob schon eine Succurs ienseits der Donau angekommen were, wegen abgebrandter Mihlen zu Underhaltung des Volks alle Mitel benommen, zugeschweigen weilen solche Brande ohne alle vorgehende Warnung geschehen, den Burgeren und der Statt vil Getraides und Malz, so in den Mihlen gelegen, neben dem Gebeu, verbrent worden.“[32]

Dem Rat hatte Troibreze seine Pläne durch einen Boten ausrichten lassen. „*Nachdem der Rath solchen Jammer mit Abbrennung der Vorstatt (Stadtamhof) und Vorgebeu (Prebrunn) gesehen, und die Sage gewesen, der Commantant werde auch die Brucken zersprengen und alle Mühlen abbrennen, haben Sie sub dato den 26ten Octobris ... ein sehr beweglich Schreiben an Ihre Commantantur abgegeben, drinnen angezogen, was durch Abbrennung der Mihlen Gemeiner Statt und dann auch der Steinern Brucken, daran die Mühlen gebauet, vor Schaden ... erfolge.*“[33]

In dem Bittschreiben machte der Rat auf die Folgen für die Versorgung der Garnison, der Bevölkerung und der Flüchtlinge aufmerksam, da es in der Stadt ohnehin kaum noch Getreide- und Mehlvorräte gab und es nicht möglich war, alle diese Personen mehr als zwei oder drei Tage zu verpflegen: „*Wohlgeborener Freyherr, Gnädiger Herr, es ist Unß von unßeren zu E. G. gestrigen Tags Abgeordenten referirt worden, Waß E. Gnaden sichen wegen Temolir: und Abbrennung Unserer Wassermühlen dahir gnädig resolvirt, daß sie darmit ohne eüsserist antringente Noth und Gefahr nicht fortsetzen, sondern solang einen Einstandt hallten wollten. Eß haben aber E. Gnaden selbsten unschwer gnädig zu ermessen und zuebeherzigen, das ... einmahlen Unß Unßerer Bürgerschafft und aller Jnnwohnern an Erhalltung der Mühlen neben andern, E. Gnaden mündtlich vorgetragenen Motiven darumb sehr viel gelegen, weilen nicht allein wir wegen der langwührigen, von Unß erhalltenen Guarnison, Unßers gehaben Vorraths an Getraidt, sonderlich an Meel, fast gäenzlich entblößt, und dadurch solche Abbrennung kein Müglichkeit sein würde, die Soldaten, gemeine Bürgerschafft und Jnnwohner, der soviel hundert herein geflohenen Persohnen, zuegeschweigen mit Commiß und Brodt, zween oder drey Tag lang zu versehen. Woraus dann nicht allein ein große Hungersnoth ervolgen, sondern auch durch ermelte Abbrennung der Mihlen Unßere Stainerne Pruggen inn Schaden und Gefahrt gesezt werden müste*“.[34]

Doch zeigten die Bitten keinen Erfolg: „*Und obwolen vor wolermelter Ein Er. Cammerer und Rath ... eusserister Mügligkeit nach, höchstes Fleiß angelegen sein lassen, nicht allein obgemelter obegmelte Gemeinde Statt, sondern auch die bürgerliche Gebeu, fürnemblich aber die Stainerne Prucken und die Mihlen vor dem Brandt zu errethen ... So ist doch ... nichts zuerhalten gewest*“.[35]

Das Fazit: „*Und ist nebens der unnötige Abbrennen des costbarlichen Mühlengebeus, wie auch das hierinnen contra omnem rationem militarem (gegen alle militärische Vernunft) gehandelt und die metia (Mittel) zu Erhaltung der Statt ihr der Burgerschafft so gar benommen worden.*“[36]

Die Regensburger Mühlen im Mittelalter – ein Überblick

Die Existenz von Mühlen, hauptsächlich Getreide- bzw. Mahlmühlen ist auch in Regensburg seit der Römerzeit belegt.[37] Ohne sie war keine Versorgung der Garnison und der Bevölkerung mit Brot möglich. Im Frühmittelalter gehörten seit dem späten 8. Jahrhundert Mühlen, von denen jedoch keine in Regensburg stand, zu den Traditionen und Schenkungen an das Hochstift Regensburg und an das Kloster St. Emmeram.[38] Das Regensburger Urkundenbuch[39] erwähnt Mühlen im Umland wie 1309 in Steinkirchen[40], 1339 in Aufhausen[41], eine Loch- und Mehlmühle in Sinzing[42], im 14. Jahrhundert häufig eine Mühle in Haidenkofen an der Laber.[43] Die Haidenkofener Mühle mit ihrer Ölpresse wird 1360 sogar mit der Ausstattung beschrieben, aus der hervorgeht, dass es sich um eine Mahl- und Stampfmühle mit Stampfwerk, zwei Mühlsteinen, Rädern, gehendem Zeug (= Mahlwerk) und einer Ölpresse handelte: „*die mül und die ölpress und die stämpf mitsambt den stampfelarn, mit untern stain und mit obern stain, auff allen redern und mit allem zeug, der darzü gehört*“.[44] Hierin unterscheidet sie sich nicht von den Mühlen späterer Jahrhunderte.

Bemerkenswert ist, dass in den Quellen viele Namen von Müllern, ihren Kindern und Mühlknechten nachgewiesen sind, die sich jedoch nur selten mit bestimmten Mühlen in Verbindung bringen lassen. Die Hinweise auf Regensburger Mühlen aus der Zeit vor der Bauamtschronik, die seit dem frühen 16. Jahrhundert ihre Existenz lückenlos belegt, sind disparat; diese Belege systematisch zusammenzustellen, hätte eines großen zeitlichen Aufwandes bedurft, der in diesem Rahmen nicht zu leisten war.[45]

Für die Zeit des späten 14. Jahrhunderts hat BRAUN insgesamt 17 städtische Mühlen zusammengestellt.[46] Es handelte sich hierbei um die *Runtingermühle,* die *Neumühle*, die *Sommermühle*, sechs *Bäckermühlen*, um die nur 1389–91 genannte *Hosmühle*, die *erste* und *zweite Ledermühle*, die

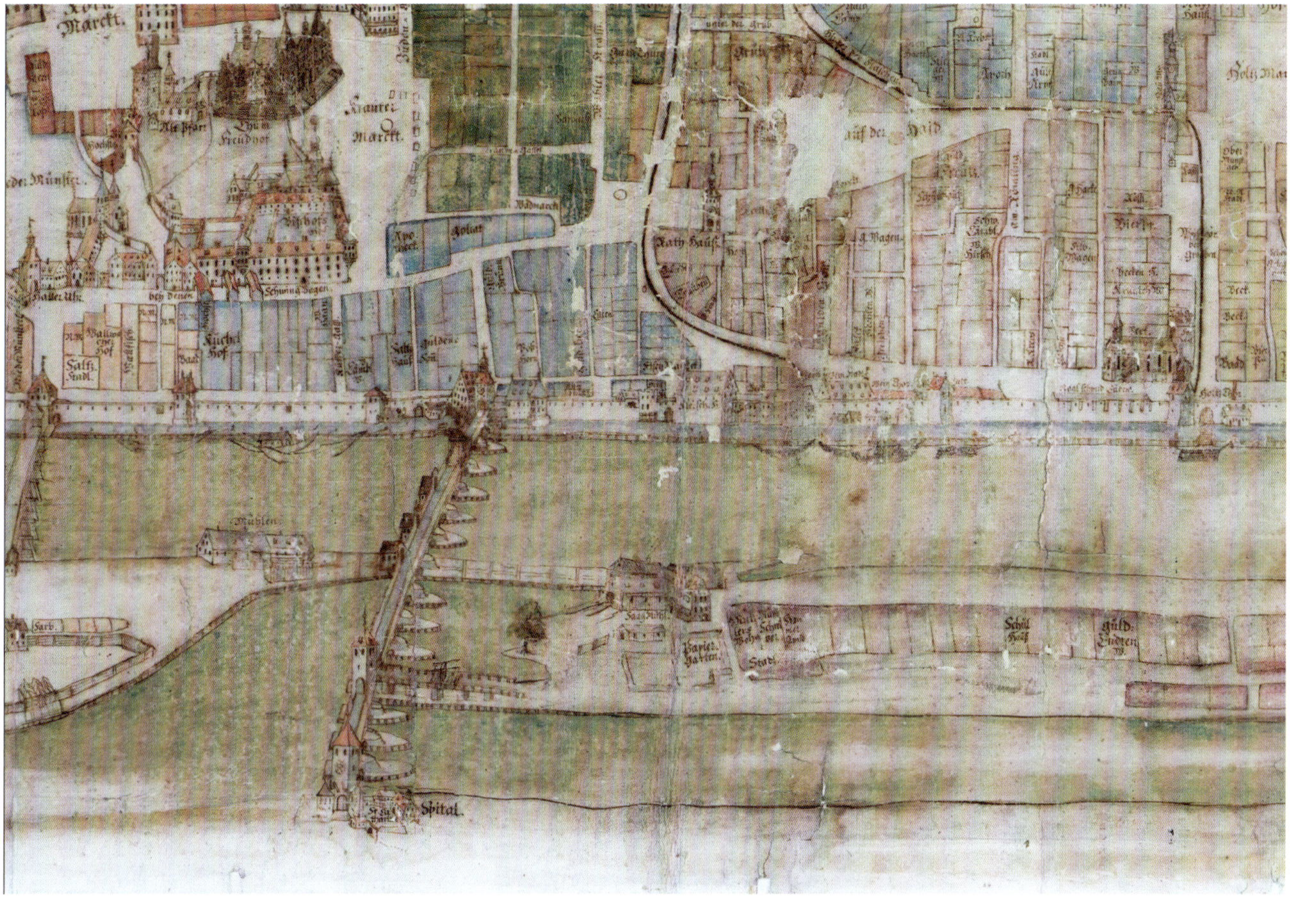

Abb. 3: Die Mühlenstandorte Steinerne Brücke, Oberer und Unterer Wöhrd. Ausschnitt aus einem Stadtplan nach 1700. (BSB Cod.icon. 400)

Mühle bei der Hölzernen Brücke[47], die *Sägemühle*, die *Walkmühle*, die *Schleifmühle* und die an das St. Katharinen-Spital verpachtete *Spitalmühle*. Nicht erwähnt ist bei ihm die Stadtmühle an der Steinernen Brücke, die möglicherweise mit einer der obigen identisch ist. In der Neuzeit sollte sich die Zahl der Mühlen etwa verdoppeln.

Es gab drei hauptsächliche Mühlenstandorte für Wassermühlen: die Steinerne Brücke mit ihrem direkten Umfeld, den Oberen und den Unteren Wöhrd; natürlich muss das Stadtamhofer Donauufer hinzugerechnet werden. Die Brücke war mit ihren Beschlächten ein bequemer Platz, wie historische Ansichten seit dem 17. Jahrhundert belegen. Lediglich die Siechenmühle auf dem Bruderwöhrd bei St. Niklas, die Mühle von St. Emmeram, die Spitalmühle des St. Katharinen-Spitals, die nicht ungefährliche Pulvermühle und die wasserunabhängigen Hand- und Rossmühlen standen an anderen Orten. Hinzu kamen die Mühlen von Stadtamhof (Abb. 3).

Die Mühlen als städtische Einrichtungen wurden verpachtet und erbrachten das zunächst dem Brückenmeisteramt zustehende Mühlgeld, das sich aus den Pachtzinsen und dem von den Benutzern zu entrichtenden Mahlgeld zusammensetzte. Seit 1324 floss das Mühlgeld der Stadtkasse zu, später dem Ungeltamt. 1325 beklagte sich daher das Brückenamt über den empfindlichen Verlust an Einnahmen, die in der Regel für die Instandhaltung der Brücke gebraucht wurden: *„daz wir an gesehen haben den gepresten, den unser prukke hat von dem gelt, der ir von den mülen und von andern sachen ab ist gegangen.“*[48] Einzig die Pulvermühle war eine private Institution. Die Stadt behielt sich vor, den Handwerken auf deren Wunsch und Anregung hin Mühlen zu bauen; dadurch blieben sie in städtischer Hand.

Die früheste Nennung einer innerstädtischen Mühle am Fluss stammt aus den frühen 1180er Jahren, als im Zusammenhang eines Testaments davon die Rede ist, dass eine

Abb. 4: Der Bruderwöhrd auf der Stadtansicht von 1630. Seine ungefähre Lage ist heute durch die Bruderwöhrd- und Babostraße angezeigt. (BSB Cod.icon. 198)

„Mühle über der Donau“ zu erhalten wäre.[49] Über ihre Art und ihren Charakter ist nichts ausgesagt, es handelte sich jedoch um eine Landmühle.

Eine ebenfalls frühe Quelle erwähnt 1219 eine Donauinsel unterhalb der Leprosenmühle *(„infra molendinum leprosorum“)*, die mit der 1361 namentlich belegten Siechenmühle identisch ist, die zum Leprosenhaus St. Niklas gehörte und bei einer Insel (Wöhrd) unterhalb des Bruderwöhrds stand: *„der siechen muel an der siechen wierd“*.[50] Der Bruderwöhrd ist auf der Stadtansicht von 1630 dargestellt (Abb. 4)[51], unterhalb davon ist ein Beschlächt angeschnitten, bei dem es sich um den Siechenwöhrd gehandelt haben könnte, der im Bereich der Linzer Straße und im westlichen Teil des Westhafens zu lokalisieren wäre.[52] Das Leprosorium St. Niklas geht entwicklungsgeschichtlich ins 12. Jahrhundert zurück; ob jedoch die Entstehung der Mühle zu diesem frühen Zeitpunkt anzunehmen ist, muss offen bleiben.[53] 1435 ist sie im Einwohnerverzeichnis der Ostnerwacht mit dem Müller Stefan, seiner Frau und seiner Schwester Diemudt aufgeführt.[54] 1531 wird bei der Siechenmühle kurzzeitig der städtische Eisenhammer stehen.

Wie oben bereits erwähnt, gehören zu den frühen namentlich bekannten Mühlen neben den Schiffmühlen (s. S. 178) und der Siechenmühle die Stadtmühle an der Steinernen Brücke (1361)[55], die Mahl- bzw. Mehlmühlen, nämlich die Neumühle (1353)[56], die Sommermühle[57] und die Runtingermühle[58], weiter die alte Weißbäckermühle (1371)[59], die sechs Bäckermühlen auf der Donau (1387)[60] sowie die Walk- und Ledermühle (Lohmühle).[61] Zu den frühen Nennungen zählt 1374 auch die einer Mühle auf dem Wöhrd, *„bi der mül am werde“*, die sich aber nicht präzisieren lässt.[62] 1393 findet die *„walkmuehl uef der Slacht“* (auf dem Beschlächt) Erwähnung, für die Stadtbaumeister Matthäus Runtinger von der Stadt 6 ½ Schillinge als Beihilfe erhielt.[63]

Bildquellen zur Mühlentechnik

Die Werkzeichnungen aus der Regensburger Bauamtschronik

Neben den weitgehend bekannten Darstellungen der Mühlen auf historischen Abbildungen existiert eine Reihe von bedeutenden Werkzeichnungen und Schauansichten zur Technik der Regensburger Mühlen, die aus der Bauamtschronik stammen und in der grafischen Sammlung des Historischen Museums aufbewahrt werden. Sie wurden von Peter Germann-Bauer erstmals (jedoch nicht lückenlos) aufgelistet.[64] Die 1780 zusammengestellten Zeichnungen befanden sich 1999 in zwei inzwischen in Einzelblätter aufgelösten Sammelbänden *„E. E. Bau Amts Sammlung verschiedener Riße Gmr Stadt und andere Gebäude betr. Erster/Zweyter Band"*.[65] Einige der Blätter, die bei Germann-Bauer in Schwarzweiß abgebildet sind, sind derzeit nicht aufzufinden. Die Werkzeichnungen entsprechen denen, die in der zeitgenössischen Fachliteratur erscheinen, lediglich mit dem gewissen Unterschied, dass es sich bei Strada 1617 oder Böckler 1661, teilweise noch bei Born 1767, um detaillierte und leicht verständliche Schaubilder mit der praktischen Anwendung durch Müller und Müllerknechte handelt. Erst in der jüngeren Literatur wie Behrens 1789 (auch schon bei Born 1767) sind Werkzeichnungen gewählt, die sich mit entsprechenden Berechnungen und mathematischen Formeln verbinden, wie bei Claussen 1792 oder Späth 1815.
Im Folgenden werden die derzeit verfügbaren Blätter aufgelistet und abgebildet, auch solche aus anderer Provenienz. Hierbei entspricht die Reihenfolge nicht der bei Germann-Bauer, sondern ist nach der Altnummerierung der Zeichnungen vorgenommen. Einige Zeichnungen finden sich nicht bei Germann-Bauer und Jones.[66]

1. Grundriss der Pulvermühle. Feder, Tusche, koloriert. Bezeichnet (Bez.) recto: *N°. 31./Grundtriß zur der Bulver Mühl*. Anfang oder 1. Hälfte 17. Jahrhundert. Maßstab (M) in Regensburger Schuh. Inventarnummer aus dem Historischen Museum (Inv. Nr.) G2006/10,99. GERMANN-BAUER Nr. 41 (Abb. 5).

2. Grundrisse der Kreidemühle des Glockengießers, der Furnier- und Sägemühle, der Loderer- oder Tuchmacherwalk, der Weißgerberwalk. Feder, Tusche. Bez. recto: *Nr. 36./Glockhengiessers Trähmil/Fornier Seeg so zugleich des Glockengießers Trähmil treiben soll./Doppelte Seeg./Die grosse Seeg./Loderer oder Tuchmacher Walckh/Weißgerber Walckh./Seeg./Fornier Seeg*. Am unteren Rahmen der Mühlen erscheinen Abbundzeichen (?): *xxiii/xxiii*[67]*/xxi/xx/ixx/xv/xvi*. 1. Hälfte 17. Jahrhundert. Ohne M. Inv. Nr. G2006/10,204. GERMANN-BAUER Nr. 7 (Abb. 6).

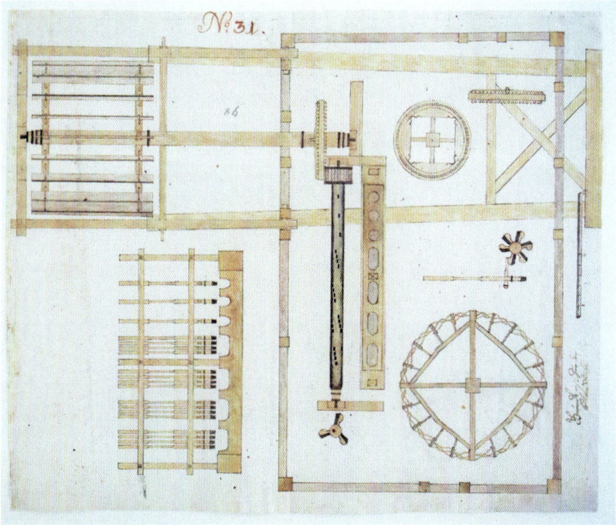

Abb. 5: Bauamtschronik Nr. 31, Pulvermühle, 1. Hälfte 17. Jahrhundert. (HMSR, G 2006/10,99)

3. Grundriss des Eisen- und Kupferhammers mit Mühlkanälen. Feder, Tusche, koloriert. Bez. recto: *N°. 37.*/Buchstaben A – V/*C. Balckkreuz Wassergraben./Kupfferhammers Wassergraben./Eißenhammers Wassergraben./Eißenhammers Theil./Eß des Kupfferwerks/Blatz Kupfferhammer mit R. S. T. V. verzeichnet/Blaz so der Zeit lehr stehet*. Um 1659. M in Regensburger Schuh. Inv. Nr. G2006/10,120. GERMANN-BAUER Nr. 13 (Abb. 7).

4. Grundriss der Semel- und Saghmühle. Feder, Tusche, koloriert. Bez. recto: *N°. 38*. Brücken- und Stadtzimmermeister Lorenz Friedrich, 1639. M in Regensburger Schuh. Inv. Nr. G2006/10,299. GERMANN-BAUER Nr. 8 (Abb. 8).

5. Lageplan der zu erbauenden Eisen- und Kupferhämmer auf dem Oberen Wöhrd. Feder, Tusche, koloriert. Bez. verso *Abriß deß Kupffer und Eißen Hammer Anno 1659*. Recto mit aufgeklebtem Streifen der Neubauten. *Nr. 39/Mahlmühl/Pappermühl/Saagmühl/Wassergang auf die Mühlen und Hämer./Neües Schlacht so gemacht soll werden./Hammerprückhl/Mühl- und Saaggraben/Neüer Wassergraben zum Eisen- und Kupferhammer/Kohlhütten/Eisenhammer/Kup-*

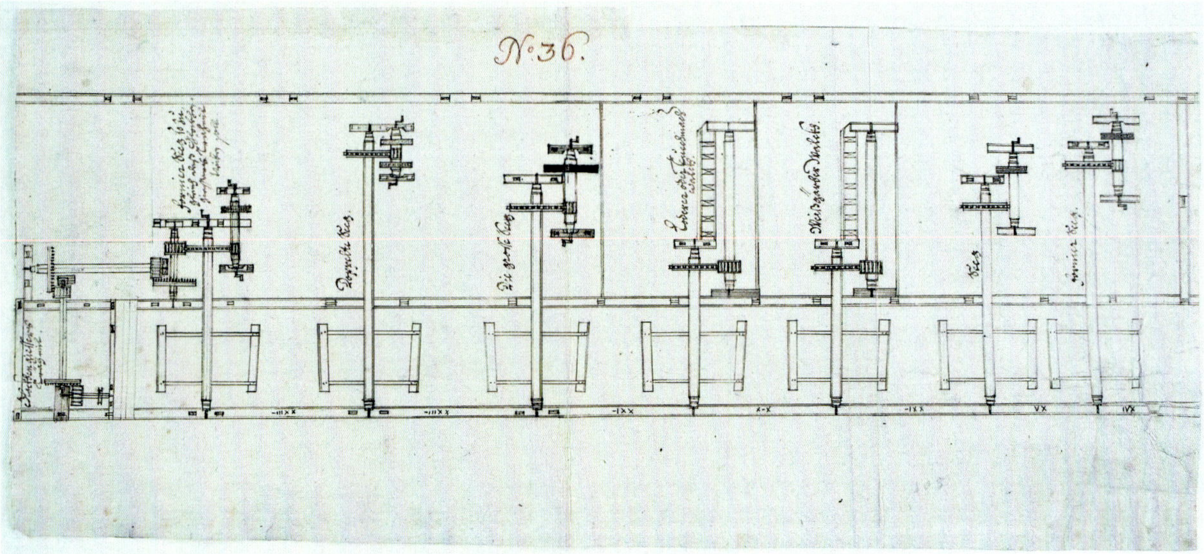

Abb. 6: Bauamtschronik Nr. 36, Kreide-, Säge- Löh- und Weißgerbermühle. (HMSR, G 2006/10,204)

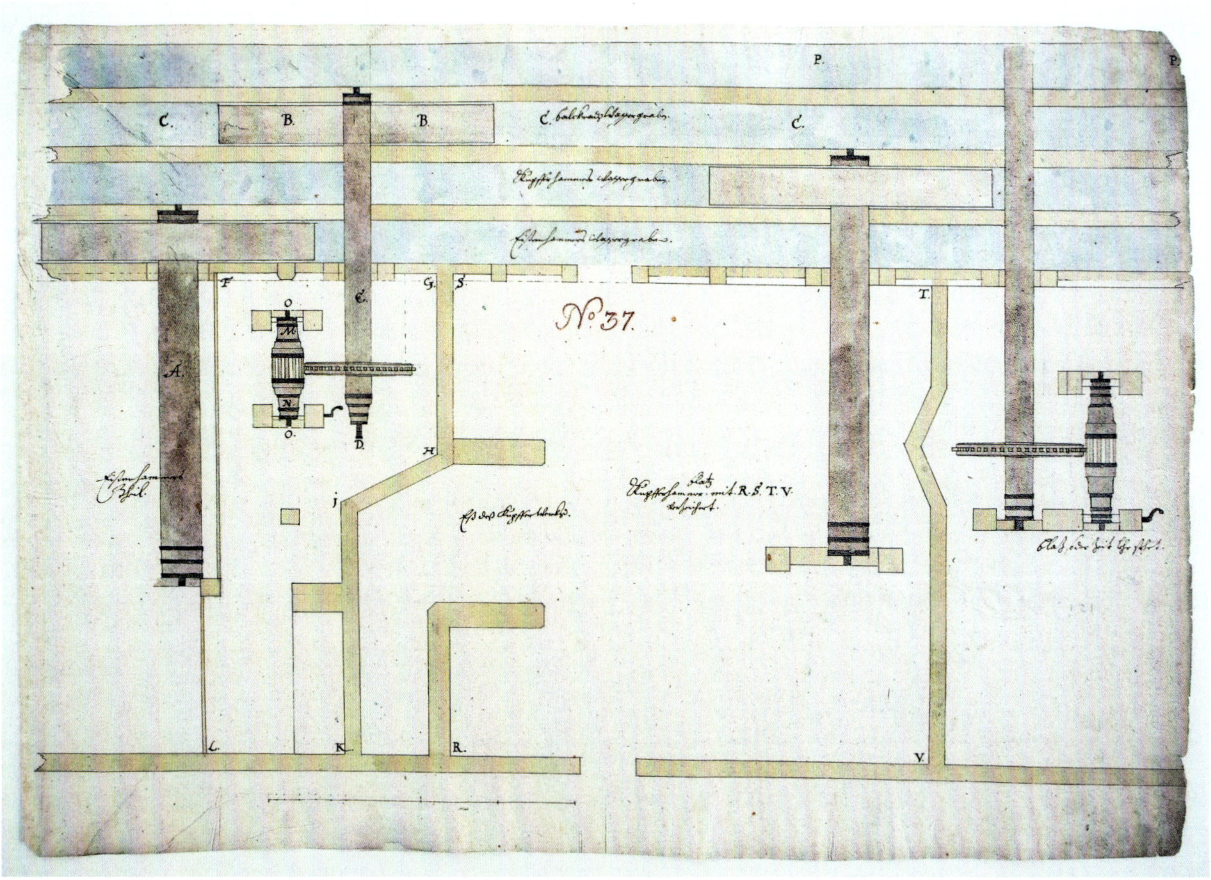

Abb. 7: Bauamtschronik Nr. 37, Kupfer- und Eisenhammer. (HMSR, G 2006/10,120)

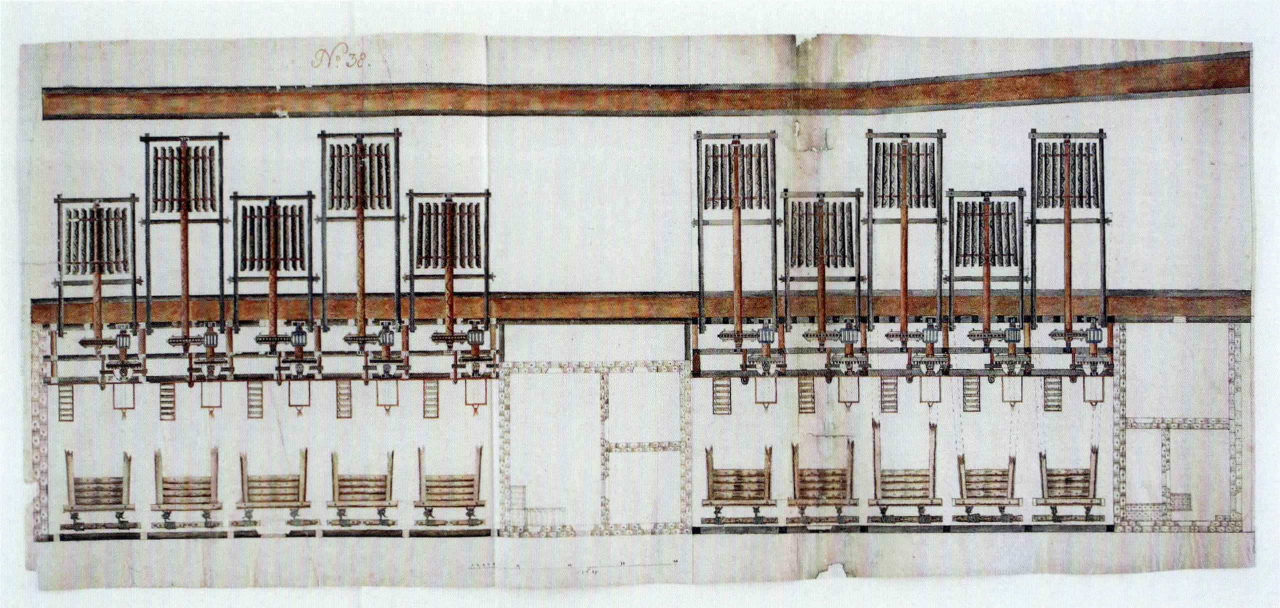

Abb. 8: Bauamtschronik Nr. 38, Semel- und Saghmühle. (HMSR, G 2006/10,299)

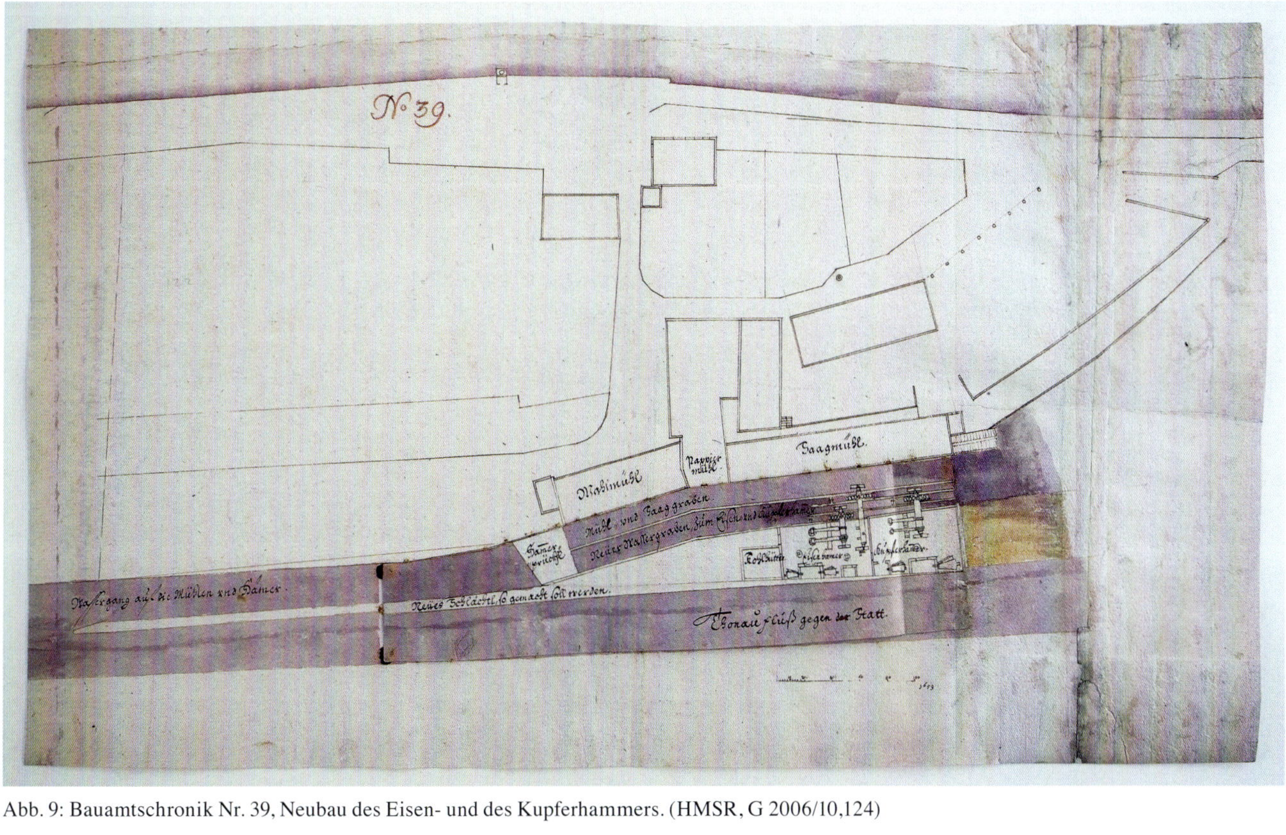

Abb. 9: Bauamtschronik Nr. 39, Neubau des Eisen- und des Kupferhammers. (HMSR, G 2006/10,124)

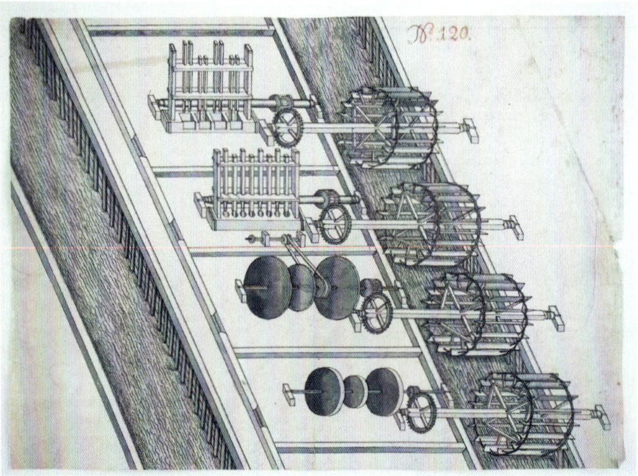

Abb. 10: Bauamtschronik Nr. 120, Schleif-, Polier-, Leder- und Stampfmühle. (HMSR, G 2006/11, 200)

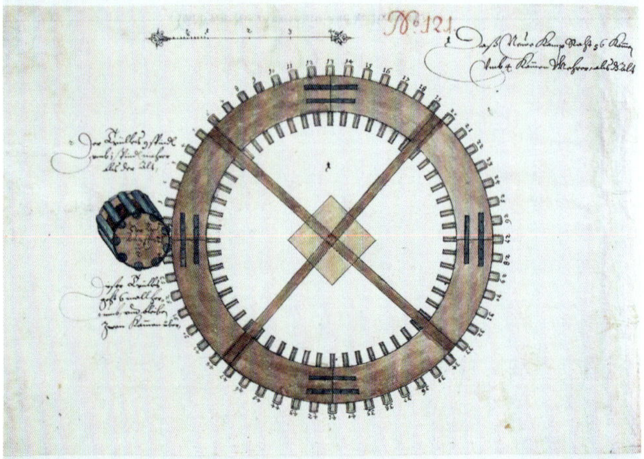

Abb. 11: Bauamtschronik Nr. 121, Kammrad der Sägemühle mit dem kleineren Triller oder Trilling zwischen den runden Scheiben. (HMSR, G 2006/11,202)

ferhammer/Thonaufluß gegen der Statt./1659. M in Regensburger Schuh. Inv. Nr. G2006/10,124. GERMANN-BAUER Nr. 37 (Abb. 9).

6. Darstellung einer Schleif-, Polier-, Leder- und Stampfmühle. Feder, Tusche, laviert. Bez. verso: *Abriß einer Schleiff-, Pollier-, Lederer- und Stampffmühl.* Recto: *N°. 120.* Auf der Rückseite mit Bleistift *„David H. Jones, Mühlenkatalog Sept. 1994, Nr. 67“.* 1. Hälfte 17. Jahrhundert. Ohne M. Inv. Nr. G 2006/11, 200. GERMANN-BAUER Nr. 18 (Abb. 10).

7. Darstellung eines Kammrades der Sägemühle. Feder, Tusche, koloriert. Bez. verso: *Abriss von den Kamrädern auff der Seegmüll.* Recto: *N°. 121. Daß neue Kamp Raht 56 Kame. Umb 4 Kammem mehrer als das alt./Der Trüller gspindl umb 1 Spindl mehre als der alt./Der Trillers geschwiml (?) 2/Dieser Trüller geht 6 mallen herumb und bleiben zween Kammen über.* 1. Hälfte 17. Jahrhundert. M in Regensburger Schuh? Inv. Nr. G 2006/11,202. GERMANN-BAUER Nr. 120 (Abb. 11).

8. Feder, Tusche, koloriert. Bez. verso: *Ab(riß …)*[68]*Lederer Walckmühl auff'm Pfeiler vom Saltzstadl (… 16)41.* Recto: *N°. 122./Schlacht vor der Mühln./Der erst Pfeiler vom Saltz Stadl./Eißwöhr/Schlacht gegen der Schleiffmühl/Schleiffmühl/Paliermühl/Der Lederer Lohmühl/1641 LF/L. F. 1641* (= Brücken- und Stadtzimmermeister Lorenz Friedrich). M in Regensburger Schuh. Inv. Nr. G 2006/11, 204. GERMANN-BAUER Nr. 21. (Abb. 12).

9. Darstellung eines viergängigen Mühlwerks ohne konkrete Zuweisung, wohl an der Steinernen Brücke.[69] Feder, Tusche, koloriert. Bez. verso. *N°. 125.* Recto: M in Regensburger Schuh. 18. Jahrhundert. Inv. Nr. G2006/11,211. GERMANN-BAUER Nr. 24b (Abb. 13).

10. Papiermühle, Mühlwerk mit Welle und Getriebe. Feder, Tusche. Bez. verso: *„N°. 127“* (zweimal). Ohne M. Inv. Nr. G2006/11,213. Nicht bei GERMANN-BAUER (Abb. 14).

11. Darstellung des Stampfwerks einer Gewürzmühle. Feder, Tusche, koloriert, bez. *„Nr. 129“.* Rechts oben: *„a. das Profil von Gruben Stecken*[70]*/b. die Wölbung der Löcher/c. die Stampffen/d. Hieran werden die Thüren fest gemacht/e. eine Thüre dergleichen vor alle Stampffen und Baumen (?)/f. die Gatter Scheider/Es stellet also dieser Riß eine Würtz-Mühle vor ohne das gehende Zeug.“* Ohne M. Inv. Nr. G 2006/11,215. Nicht bei GERMANN-BAUER (Abb. 15).

12. Grundriss der Sägemühle. Feder, Tusche, koloriert. Bez. verso: *„Nr. 130“.* Recto: *„Grundt Riß zur Segmühl. 1636/L. F.* (Lorenz Friedrich)*/Schlaipff Pruckhen./Dieser Gang treibt zwo Fuernier Mühl/Die under Mühl/Öhlmühl/Walckmühl/Dises Radt treibt zween Gäng, an disem Werckh kann 60 Schuch lang geschniten werden./Pumpen Prunn/Mitterer Gang/Dises Radt treibt zween Gäng/Der under Gang zu den gehenden Wercken/Stiegen ins Gängl/Segmüllers Wohnung/Schöpff Rädl/Wasser Graben“/„Anno 1636“.* Ohne M. Inv. Nr. G2006/11,217. GERMANN-BAUER Nr. 25 (Abb. 16).

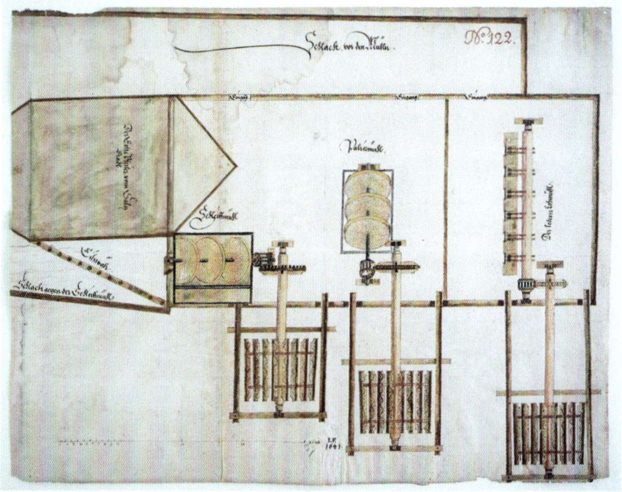

Abb. 12: Bauamtschronik Nr. 122, Walkmühle der Lederer. (HMSR, G 2006/11,204)

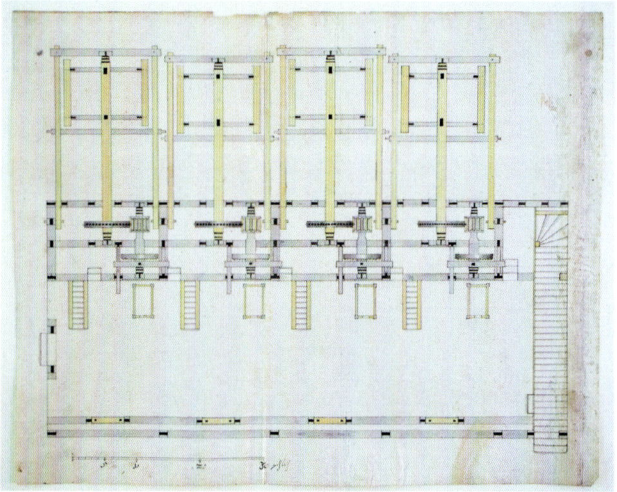

Abb. 13: Bauamtschronik Nr. 125, viergängiges Mühlwerk. (HMSR, G 2006/11,211)

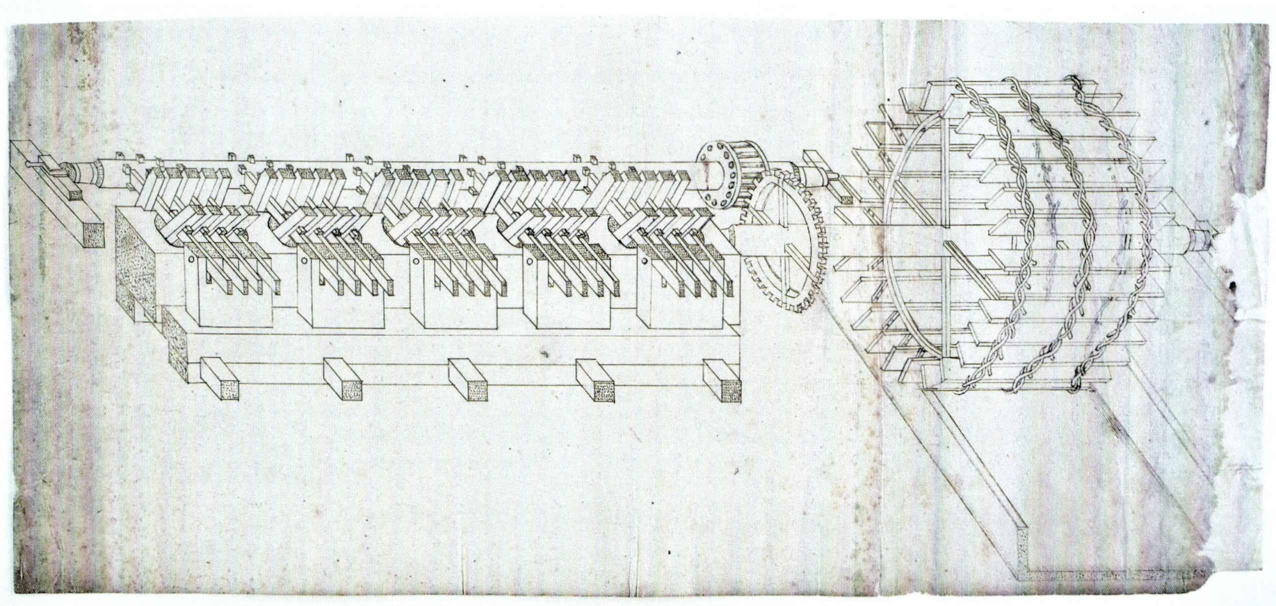

Abb. 14: Bauamtschronik Nr. 127, Mahlwerk der Papiermühle. (HMSR, G 2006/11,213)

13. Grundriss des Eisen- und Kupferhammers. Feder, Tusche, koloriert. Bez. verso: *„N°. 132./Abriß auff den Eisen- und Kupfferhamer“*. Recto: *„Eißen und Kupferhammer 1659“*. Ohne M. Inv. Nr. G2006/11,129. GERMANN-BAUER Nr. 26 (Abb. 17).

14. Das Sägemüllerhaus mit der Papiermühle. Feder, Tusche. Bez. verso: *„Abriß von deß Segmüllers Hauß sambt der Pappermühl“*. Recto: *„N°. 134./Sagmüllers Hauß samt der Papier Mühl.“* 17. Jahrhundert (nach 1634). Ohne M. Inv. Nr. G2006/11,221. GERMANN-BAUER Nr. 27 (Abb. 18).

15. Grundriss eines zweigängigen Mühlwerks, ohne konkrete Zuordnung. Feder, Tusche, koloriert. Bez. verso: *„Nr. 135“*. M in Regensburger Schuh. Inv. Nr. G 2006/11,222. Nicht bei GERMANN-BAUER (Abb. 19).

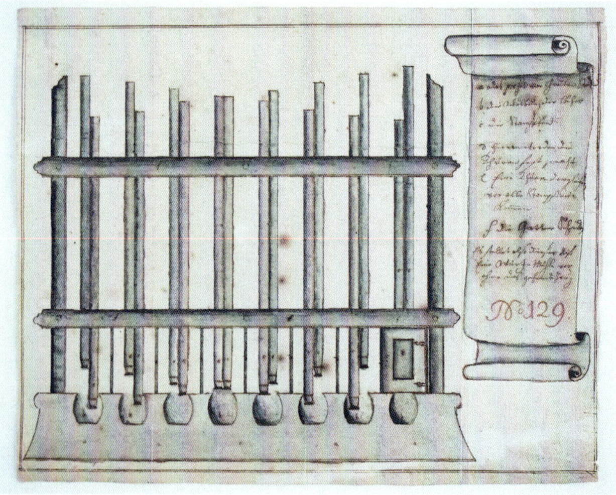

Abb. 15: Bauamtschronik Nr. 129, Stampfwerk einer Gewürzmühle. (HMSR, G 2006/11,215)

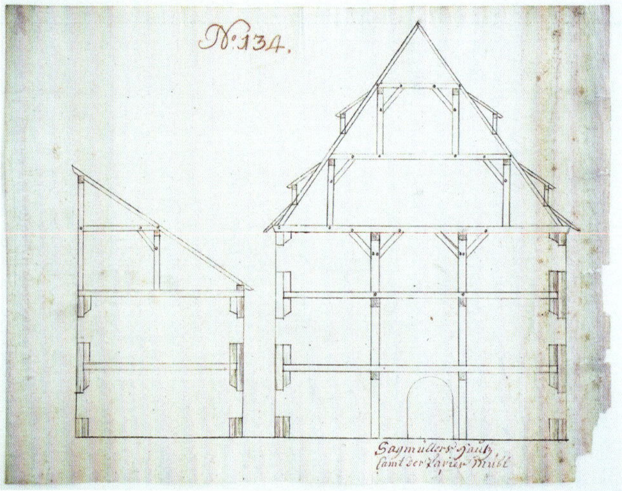

Abb. 18: Bauamtschronik Nr. 134, Das Haus des Sägemüllers mit der Papiermühle. (HMSR, G 2006/11,221)

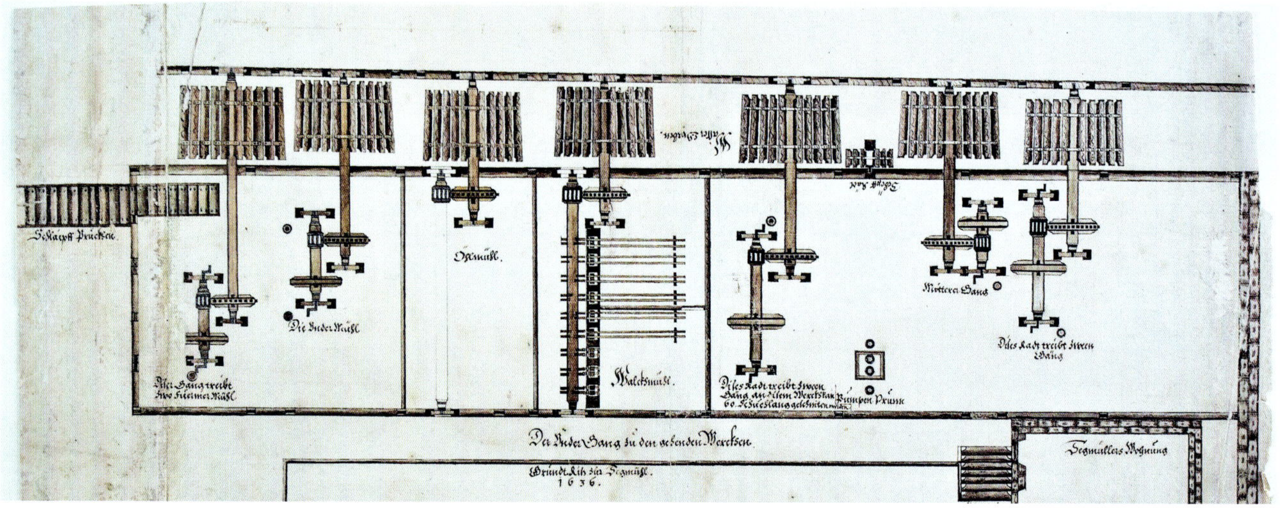

Abb. 16: Bauamtschronik Nr. 130, Grundriss der Sägemühle. (HMSR, G 2006/11,217)

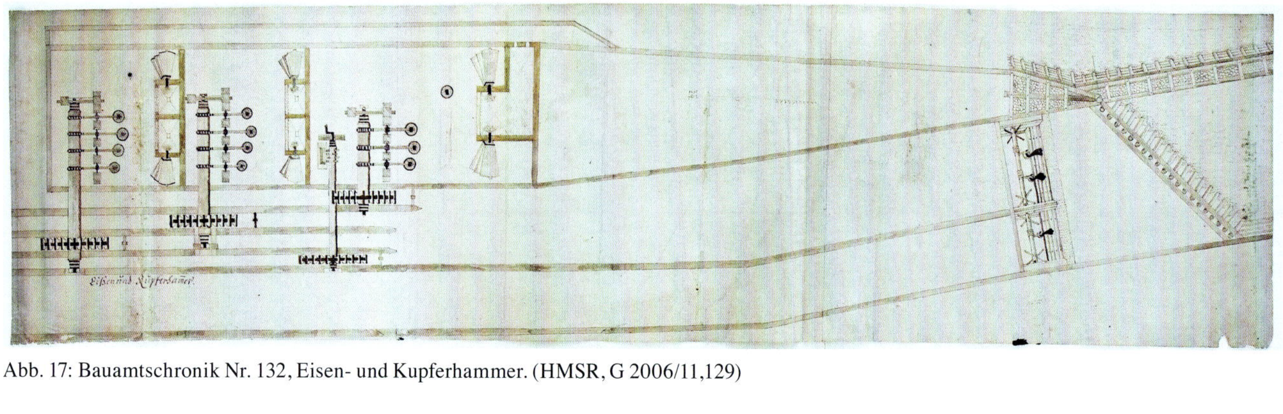

Abb. 17: Bauamtschronik Nr. 132, Eisen- und Kupferhammer. (HMSR, G 2006/11,129)

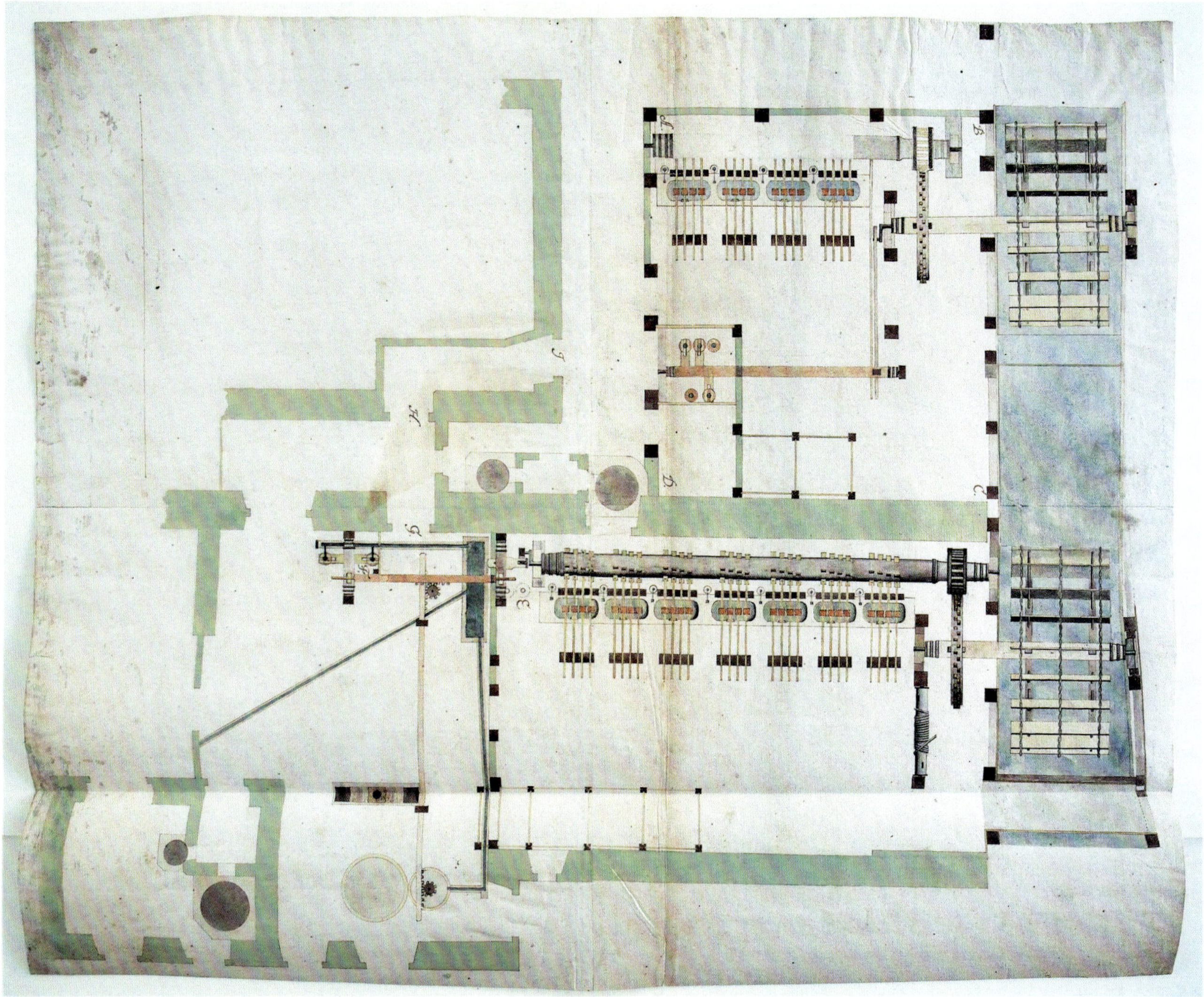

Abb. 19: Bauamtschronik Nr. 135, zweigängiges Mühlwerk. (HMSR, G 2006/11,222)

16. Darstellung einer Mahlmühle. Feder, Tusche, koloriert. Verso bezeichnet: *„Abriss einer wohlformirten Mahlmühl"*. Recto: *„N°. 136"*. Auf der Rückseite mit Bleistift: *„David H. Jones, Mühlenkatalog, Sept. 1994, Nr. 57"*. M in Regensburger Schuh. Inv. Nr. G2006/11, 233. Nicht bei Germann-Bauer (Abb. 20).

17. Das neue Mühlhaus mit der Waschstätte. Feder, Tusche, laviert. Bez. verso. *„Abriß d(er unter*[71]*) newe Müllhauß sambt der Wäschstadt betr. A°. 1639.* Recto: *N°. 140./Dass untere Neue Muhl-Haus samt der Waschstatt 1639"*. Wohl Lorenz Friedrich. M in Regensburger Schuh. Inv. Nr. G2006/11, 229. Germann-Bauer Nr. 31 (Abb. 21).

18. Wasserrad der Bleiche auf dem Unteren Wöhrd. Feder, Tusche laviert, bez. *„N°. 141. Weg/geschwell/Plaich, den 26. May 1715. H. B."*. M in Regensburger Schuh.Inv. Nr. G2006/11,230. Germann-Bauer Nr. 18 (Abb. 22).[72]

19. Darstellung eines viergängigen Mühlwerks, ohne konkrete Zuschreibung. Feder, Tusche, koloriert. M in Regensburger Fuß. Bez. recto: *„N°. 142"*. Inv. Nr. G2006/11,231. Nicht bei Germann-Bauer (Abb. 23).

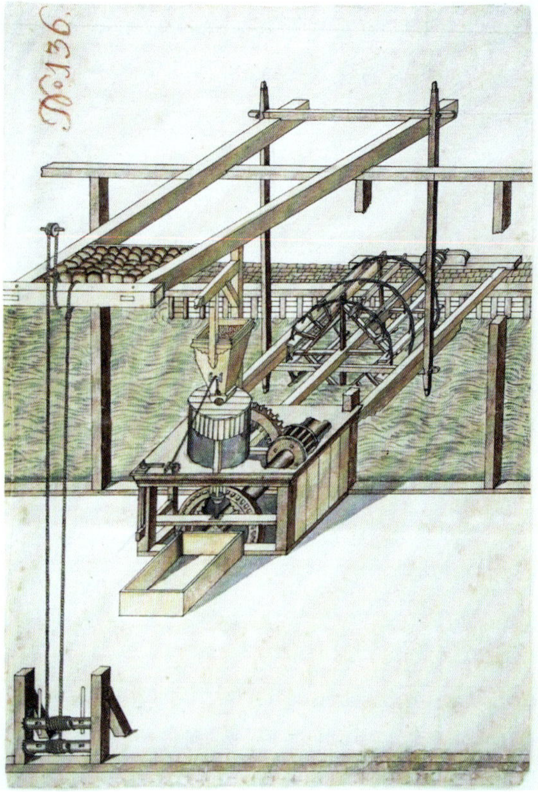

Abb. 20: Bauamtschronik Nr. 136, Mahlmühle. (HMSR, G 2006/11,233)

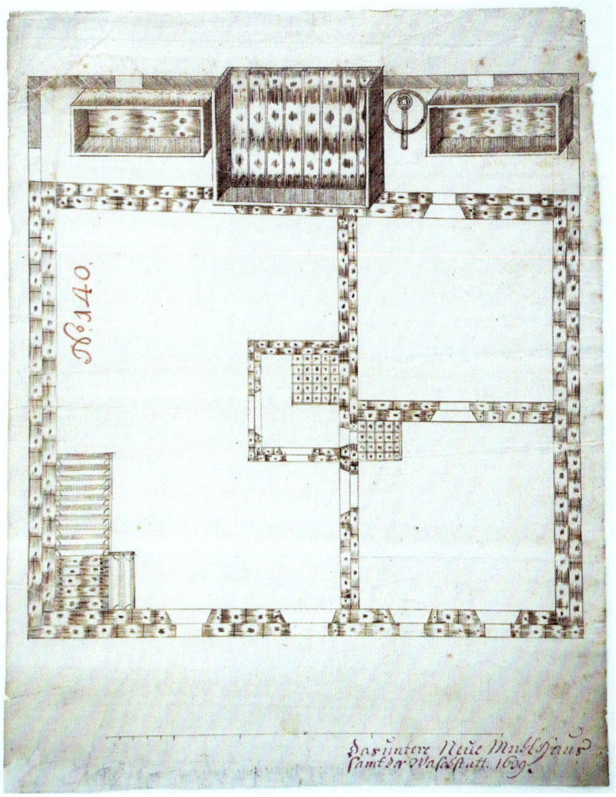

Abb. 21: Bauamtschronik Nr. 140, neues Mühlhaus. (HMSR, G 2006/11,229)

20. Schnitt durch die neue Mühle (Neumühle?). Feder, Tusche. Bez. verso: *„Profil von der neuen Mühl? Nro XXXVIII"*. Mit Bleistift: *„David H. Jones, Mühlenkatalog Sept. 1994, Nr. 79"*. Recto: *„Profil von der neuen Mühl. Scal. Sub. Sign. A./Scal. Sub. Sig. C./Modell Raum 38"*. Inv. Nr. G 2006/12,7. GERMANN-BAUER Nr. 47 (Abb. 24).

21. Grundriss einer viergängigen Mühle (Mahlmühle, neben der Papiermühle, auf dem Oberen Wöhrd). Feder, Tusche. Bez. verso: *„Vermutlich Schieß Haus"*. Mit Bleistift: *„David H. Jones, Mühlenkatalog, Sept. 1994, Nr. 75"*. Recto: *„Stirnradt 64 Kamme, 5 Zoll Schrifft. Höhe 8 Schuh 4 Zoll./Seitenradt 52 Kammen 4 Zoll Schrifft/Höhe 6 Sch. 4 Zoll/Teilles 16 Spindl 5 Zoll Schr. Höhe 2 Sch 4 Zoll, Länge 2 Schuh./Kumpff 6 Spindl 4 Z. Schr. 10 Zoll Dicke/Der Stein geht bey 34 Mahl herum./Scal. Sub. Signo A."* Verschiedene Beischriften zu den einzelnen Teilen. *„Mauer zwischen der Papiermühl"*. Inv. Nr. G 2006/12,3. GERMANN-BAUER Nr. 43 (Abb. 25).

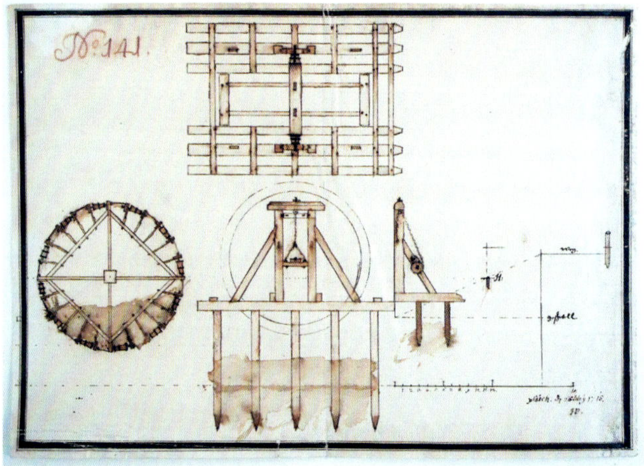

Abb. 22: Bauamtschronik Nr. 141, Wasserrad der Bleiche auf dem Unteren Wöhrd. (HMSR, G 2006/11,230)

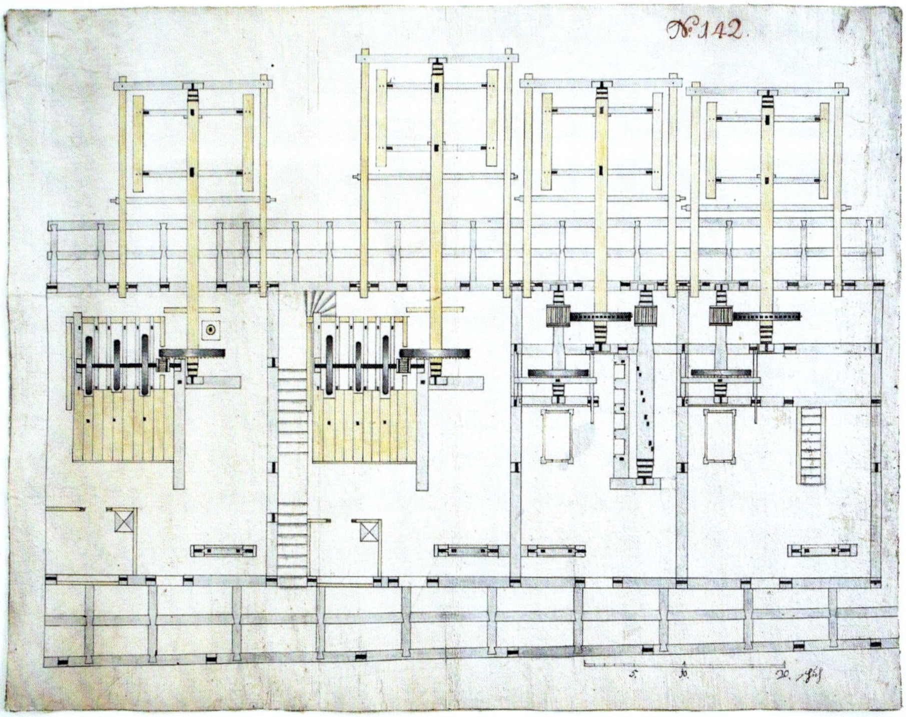

Abb. 23: Bauamtschronik Nr. 142, viergängiges Mühlwerk. (HMSR, G 2006/11,231)

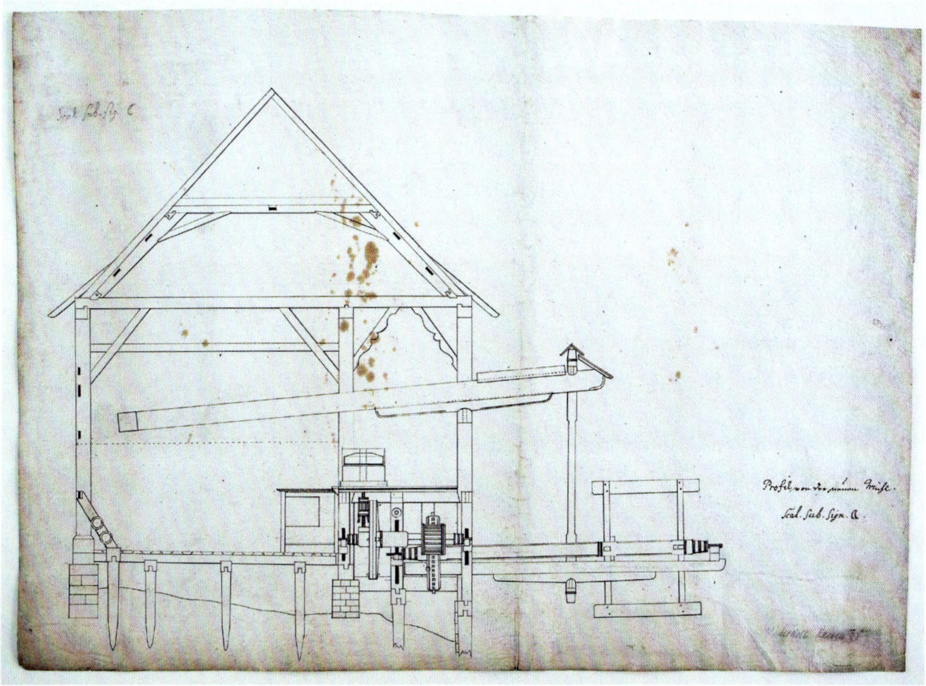

Abb. 24: Bauamtschronik, Neumühle oder Neue Mühle. (HMSR, G 2006/12,7)

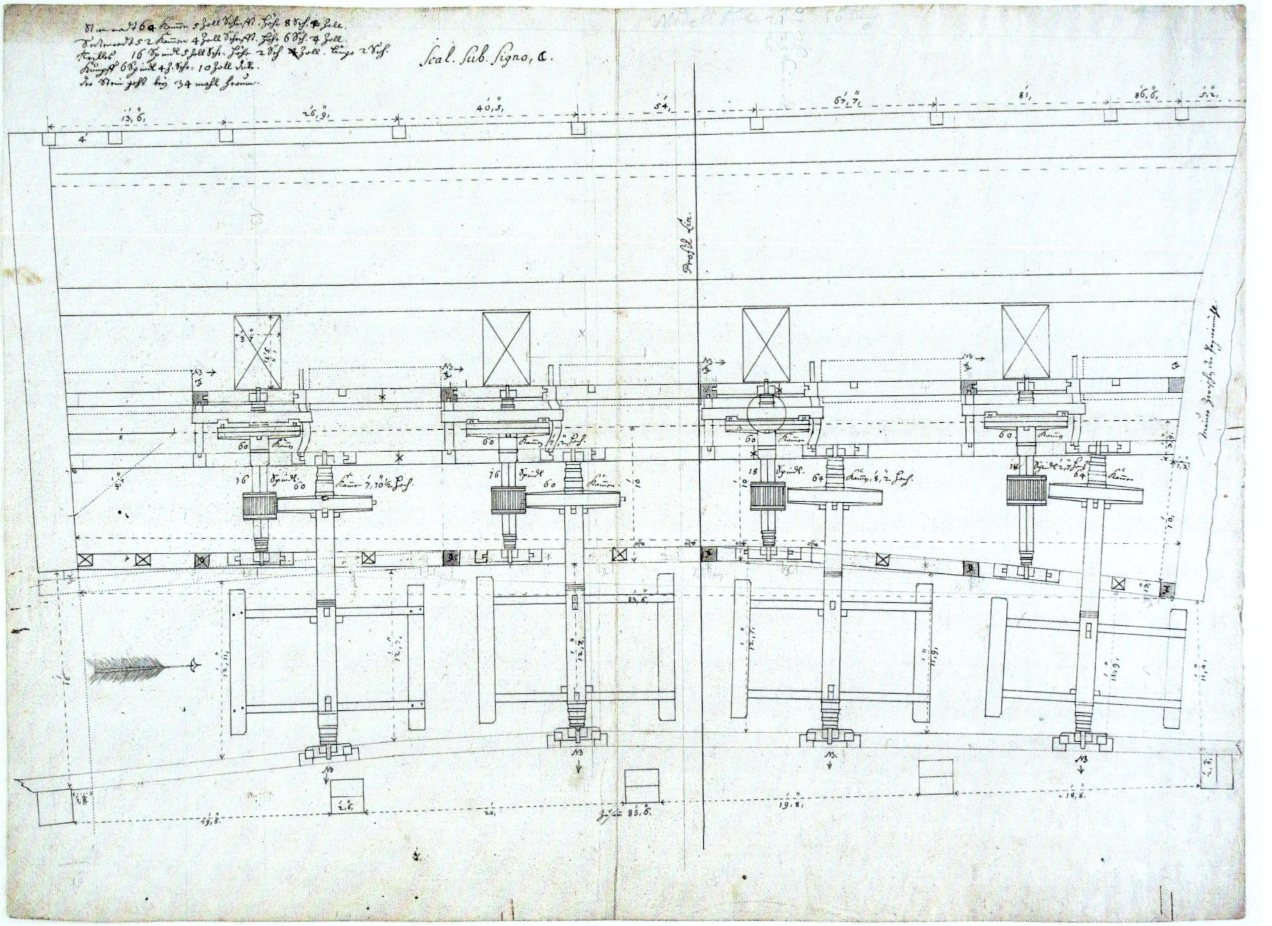

Abb. 25: Bauamtschronik, Mahlmühle neben der Papiermühle. (HMSR, G 2006/12,3)

22. Darstellung von vier Mühlgängen: Schleif-, Polier-, Stampf- und Gerberlohmühle, ohne konkrete Zuweisung.[73] Die Zeichnung ist nahezu identisch mit Bauamtschronik Nr. 120 (Abb. 10). Feder, Tusche, koloriert. Rückseitig mit Bleistift: *„David H. Jones, Mühlenkatalog, Sept. 1994, Nr. 66"*. Inv. Nr. G2006/11,201. GERMANN-BAUER Nr. 19 (Abb. 26).

23. Darstellung eines viergeschossigen Mühlengebäudes mit Müllerwohnung, ohne konkrete Zuweisung; Ansicht Erdgeschoss, 1. Obergeschoss; Grundriss 2. Obergeschoss. Feder, Tusche, koloriert. Bez. verso: Mit Bleistift: *„David H. Jones, Mühlenkatalog, Sept. 1994, Nr. 80"*. Recto: *„Hebbaum/ Erster Stock/Vierter Stock/Rauchfang/Mühlboden/Mühlbiet/Stein/Grand/Fletz/Kuchel/Ofen/Stuben/Kammer/ Zweyter Stock/Waßerseiten"*. Inv. Nr. J 80. Nicht bei GERMANN-BAUER (Abb. 27).

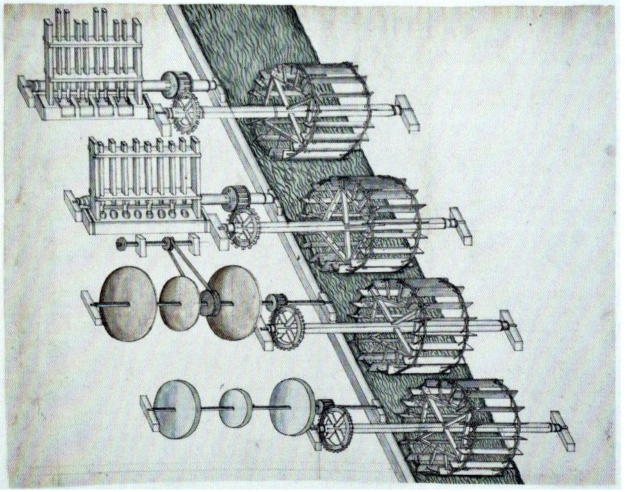

Abb. 26: Bauamtschronik, vier Mühlgänge: Schleif-, Polier-, Stampf- und Gerberlohmühle. (HMSR, G 2006/11,201)

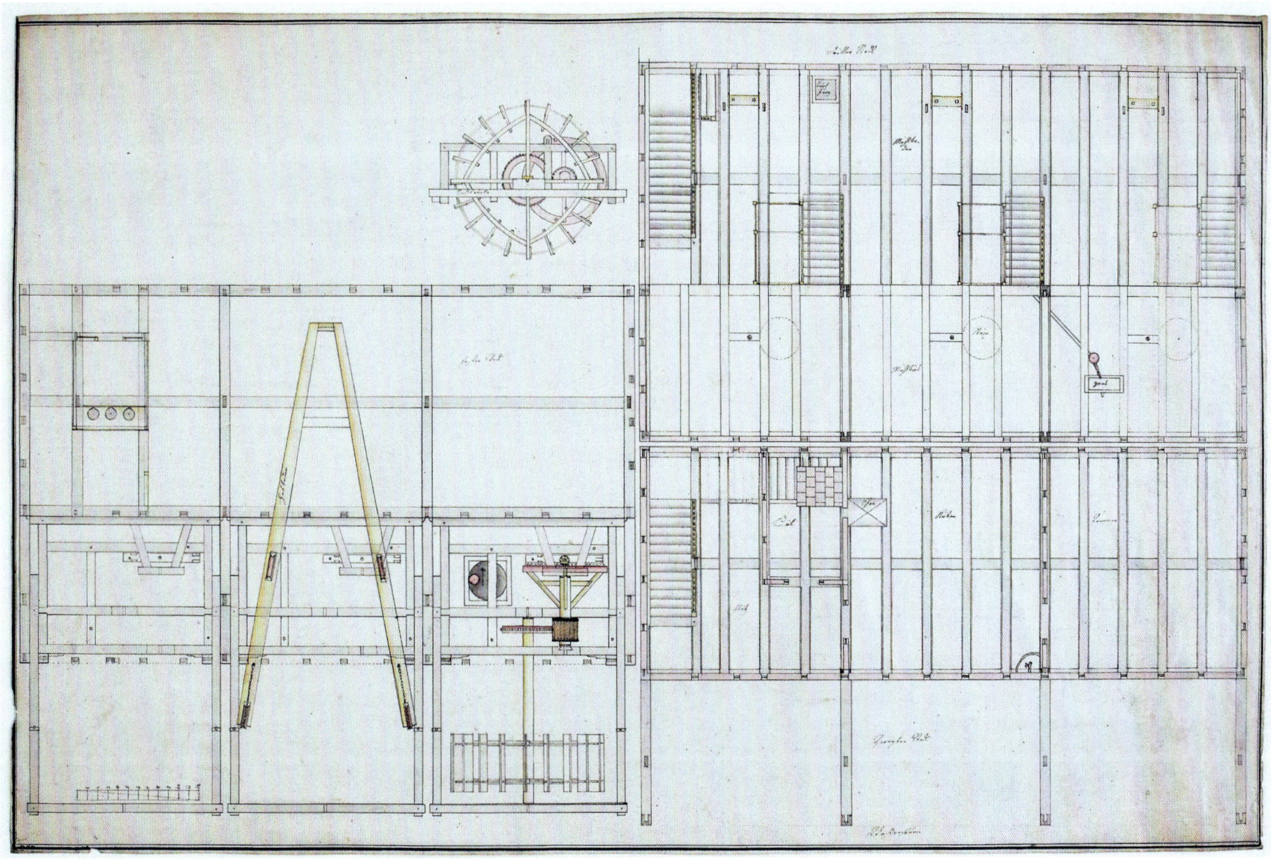

Abb. 27: Bauamtschronik, Mühlengebäude mit Müllerwohnung. (HMSR, J 80)

24. Darstellung eines Mühlengebäudes ohne konkrete Zuweisung, mit seitlichem Anbau, Ansicht, Grundrisse, Feder, Tusche, koloriert. Bez. verso: *„David H. Jones, Mühlenkatalog Sept. 1994, Nr. 32"*. Inv. Nr. G2006/11,224. Nicht bei GERMANN-BAUER (Abb. 28).

25. Darstellung des Kupferhammers von Deuerling. Feder, Tusche, koloriert. Bez. verso: *„N°. 1/Abriß des Kupfer-Hammers zue Teuerling A° 1660*. Mit Bleistift: *David H. Jones, Mühlenkatalog, Sept. 1994, Nr. 15"*. Recto: *„Balgrad Welen (?)/Schwändrot Hamer/37 Schuh/30 Schuh/Aschenbogen Heb."* M in Schuh, *1659*. Inv. Nr. G 2005/217. Nicht bei GERMANN-BAUER (Abb. 29).

26. Grundriss der Pulvermühle. Feder, Tusche. Bez. verso: *„Pulvermühl 1665"*. Mit Bleistift: *„David H. Jones, Mühlenkatalog Sept. 1994, Nr. 71"*. Recto: *„Grundtriß auff die Pulver Mühl wie sie jetzt gebaut ist Anno 1665"*. M in Regensburger Schuh. Inv. Nr. J 71. GERMANN-BAUER Nr. 39 (Abb. 30).

27. Schnitt durch die Mahlmühle (auf dem Oberen Wöhrd?). Feder, Tusche. Bez. verso: *„David H. Jones, Mühlenkatalog Sept. 1994, Nr. 76"*. Um 1763. Inv. Nr. G2006/12,5. GERMANN-BAUER Nr. 45 (Abb. 31).

28. Schnitt durch eine Mühle ohne konkrete Zuweisung. Feder, Tusche. Bez. verso: Mit Bleistift: *„David H. Jones, Mühlenkatalog Sept. 1994, Nr. 78"*. Recto: *„Scal. Sub Sig. C/Waßerbett"*. Inv. Nr. G2006/12,6. GERMANN-BAUER Nr. 28 (Abb. 32).

Ein Einzelblatt von 1709, das aufgrund des Schriftcharakters der Nummerierung eindeutig der Bauamtschronik zugewiesen werden kann, befindet sich im Besitz des BayHStA:

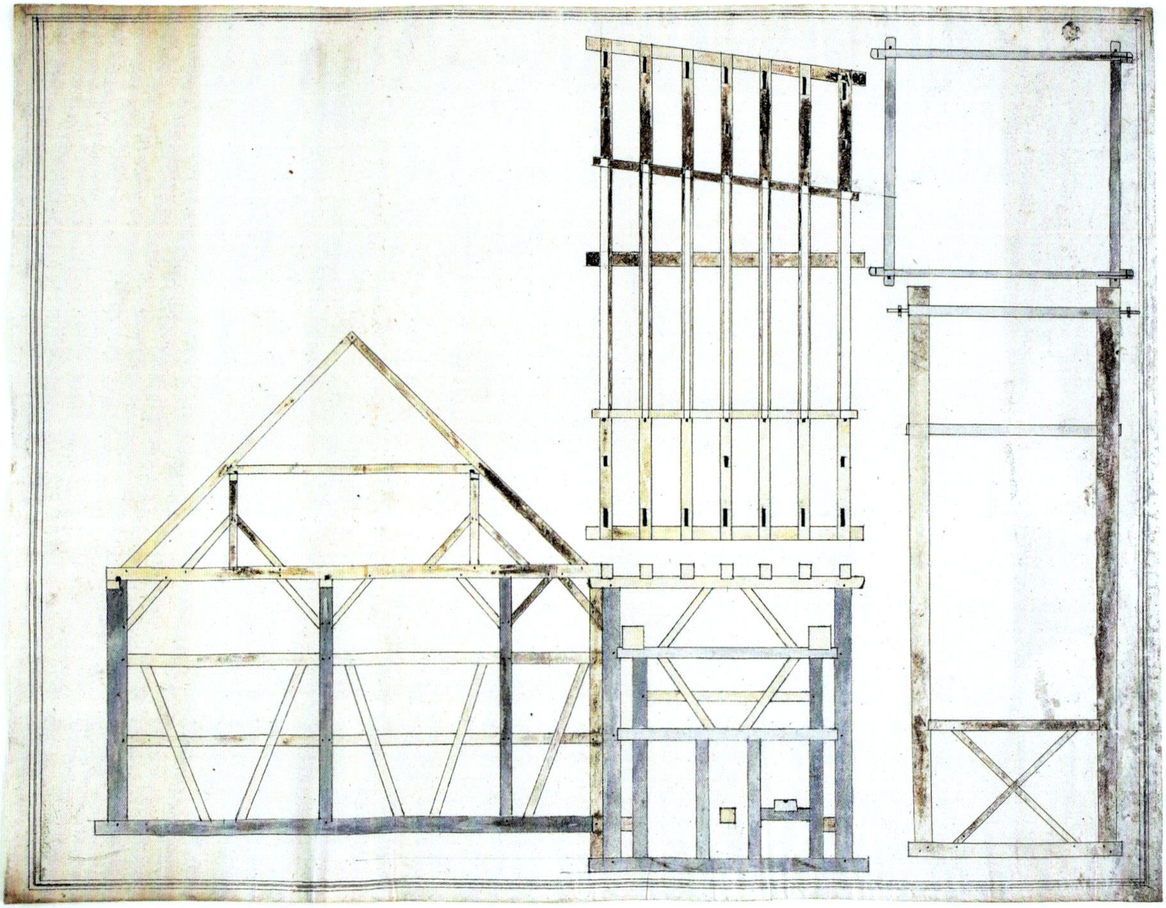

Abb. 28: Bauamtschronik, Mühlengebäude. (HMSR, G 2006/11,224)

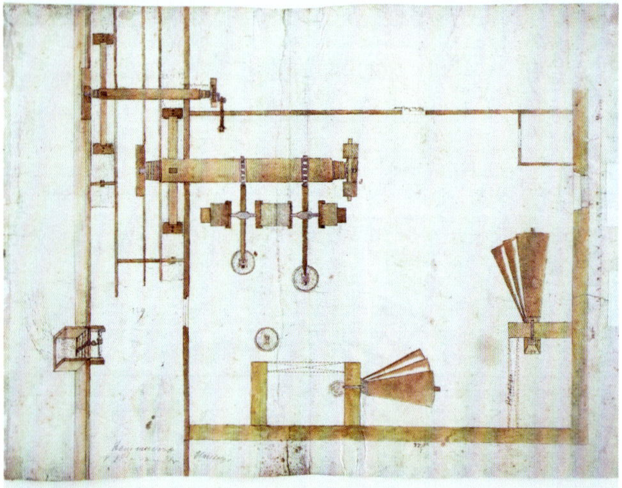

Abb. 29: Bauamtschronik, Kupferhammer von Deuerling. (HMSR, G 2005/217)

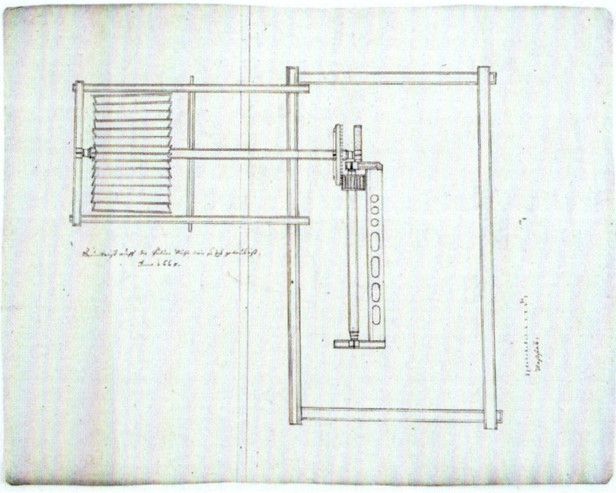

Abb. 30: Bauamtschronik, Grundriss der Pulvermühle. (HMSR, J 71)

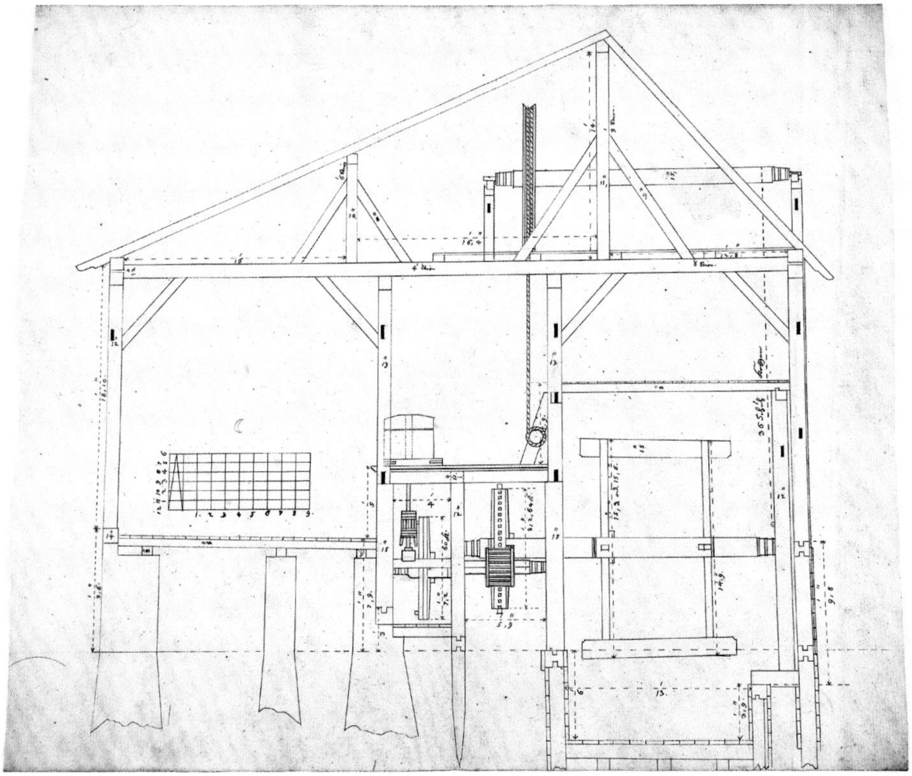

Abb. 31: Bauamtschronik, Schnitt durch die Mahlmühle (am Oberen Wöhrd?). (HMSR, G 2006/12,5)

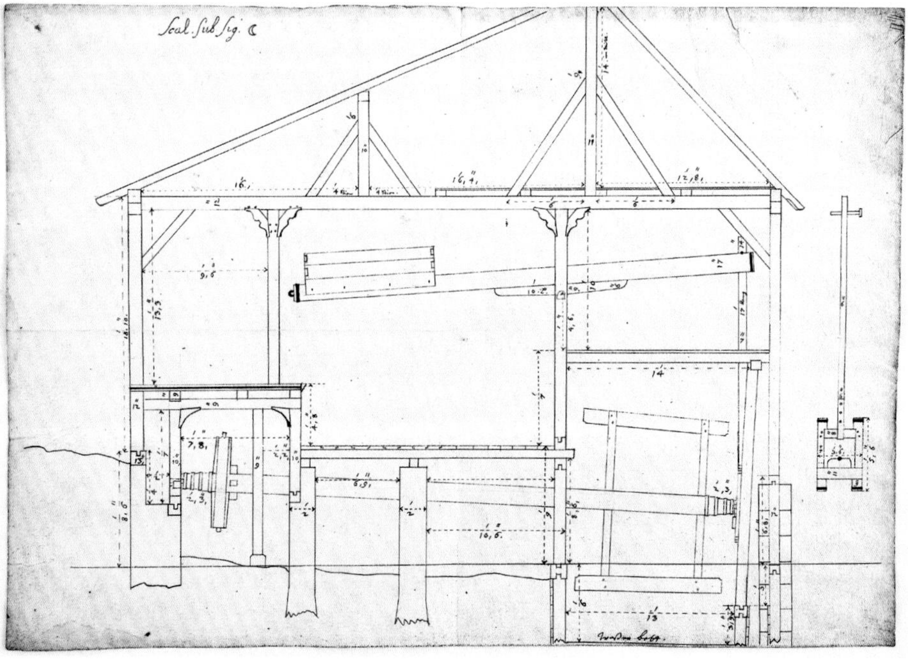

Abb. 32: Bauamtschronik, Schnitt durch eine Mühle. (HMSR, G 2006/12,6)

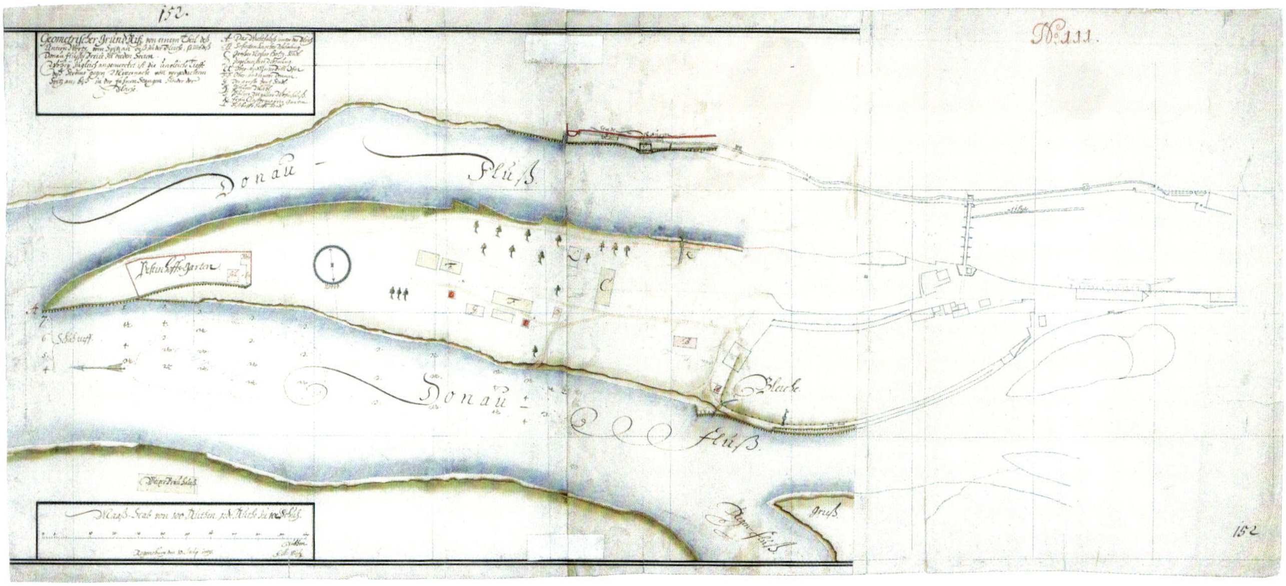

Abb. 33: Ehemals in der Bauamtschronik, Ausschnitt aus einem Plan des Unteren Wöhrds, 1709. (BayHStA Plansammlung 01469)

29. Plan des Unteren Wöhrds. Linker Teil: Feder, Tusche, koloriert; rechter Teil: Tuschelinien. Bez. Recto: *„Geometrischer Grund Riß von einem Theil deß Untern Wörts, vom Spitz an biß auf die Bleiche, sammt deß Donau Flusses Breite zu beeden Seiten … Regensburg den 10. July 1709"*. Linker Teil bez. *„152"*, rechter Teil *„N° 111"*. M in Ruten, Inv. Nr. BayHStA Pls, 01469. – Das Blatt besteht aus zwei Teilen, von denen der linke als kolorierte Federzeichnung ausgeführt und beschriftet ist, während der rechte Teil nur Linien zeigt. Das betrifft auch das Mühlenquartier, auf dem die Mühlen der Wöhrdstraße als großer Bau mit dem Eisbrecher, 12 oder 13 Wasserrädern, dem Mühlzaun mit einer Brücke und die Neumühle an der Steinernen Brücke angedeutet sind (Abb. 33).

Einzelpläne

Die Mühlenpläne der Bauamtschronik lassen sich durch einige Einzelblätter ergänzen, die aus anderen Beständen stammen: möglicherweise sind einzelne Blätter der Bauamtschronik entnommen.

1. Grundriss eines Mühlwerks ohne konkrete Zuweisung. Feder, Tusche; Bez. verso *„David H. Jones, Mühlenkatalog Sept. 1994, Nr. 61"*. Recto: M in Regensburger (?) Schuh. Inv. Nr. J 61. Nicht bei GERMANN-BAUER (Abb. 34).

2. Werk einer Mehl- (Mahl-)Mühle; Grundriss, Ansicht, Schnitt. Feder, Tusche, koloriert. Bez. *„David H. Jones, Mühlenkatalog Sept. 1994, Nr. 93"*. Inv. Nr. G2006/11,391.3. Nicht bei GERMANN-BAUER (Abb. 35, s. S. 176).

3. Ansicht eines Kammrades der Sägemühle. Feder, Tusche, farbig. Bez. verso: *„Abriss von den Kamrädern auff der Seegmühl"*. Recto: *„1. Das alte Radt hat 82 Käm. 2. Der Trüllers, 8 Spindl p. Dieser Trüllers geht 6 mahl herumb und bleiben 4 Kammer über p"*. Inv. Nr. G 2006/11,203. Nicht bei GERMANN-BAUER und JONES (Abb. 36).

4. Ansicht zweier Kammräder ohne konkrete Zuweisung. Feder, Tusche. M in Regensburger (?) Schuh. Inv. Nr. G 2006/11,212. Nicht bei GERMANN-BAUER und JONES (Abb. 37).

5. Schnitt durch ein dreigeschossiges Mühlengebäude (?) mit massivem Erdgeschoss und zwei Fachwerkgeschossen mit massiver Außenwand und Hervorhebung eines Hängewerks (Mühlengebäude?). Feder, Tusche. Nach 1730. Ohne M. Inv. Nr. G2006/11,301. Nicht bei GERMANN-BAUER und JONES (Abb. 38).

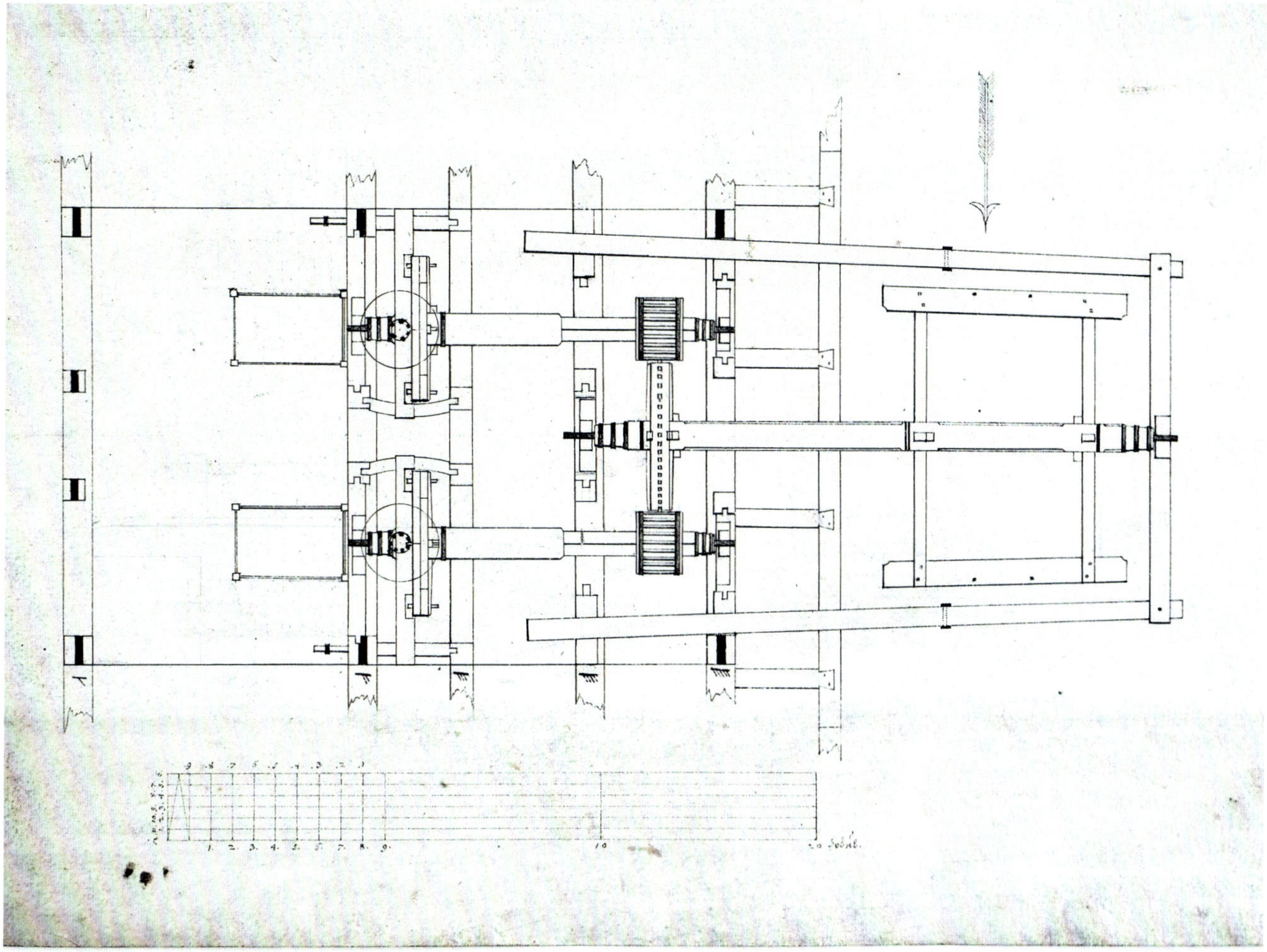

Abb. 34: Bauamtschronik?, Grundriss eines Mühlwerks. (HMSR, J 61)

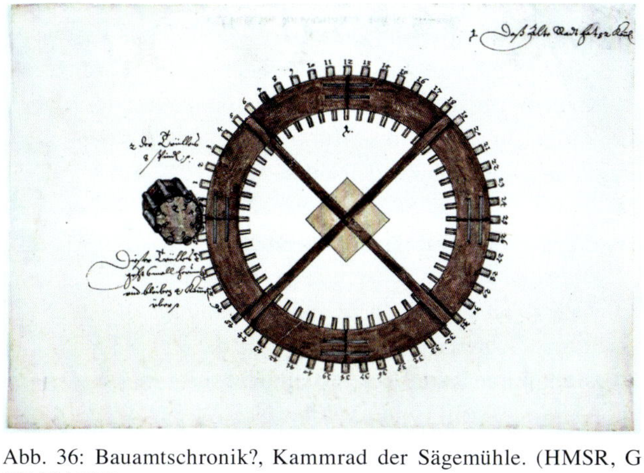

Abb. 36: Bauamtschronik?, Kammrad der Sägemühle. (HMSR, G 2006/11,203)

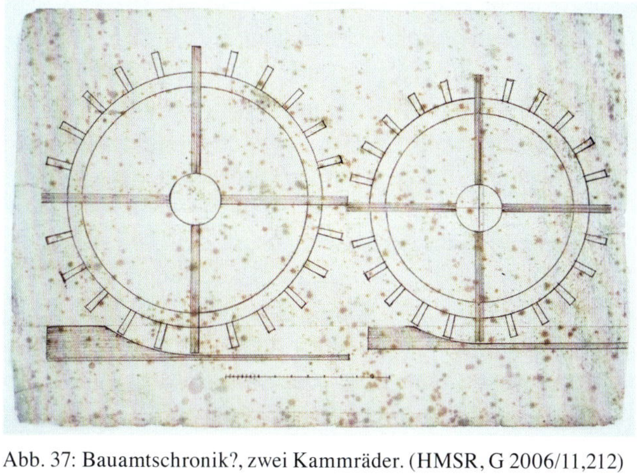

Abb. 37: Bauamtschronik?, zwei Kammräder. (HMSR, G 2006/11,212)

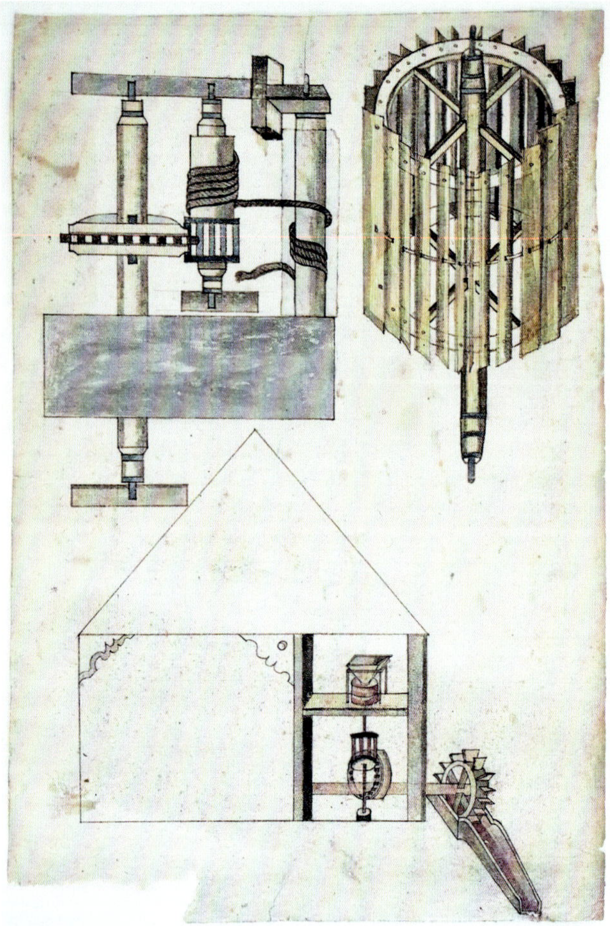

Abb. 35: Bauamtschronik?, Mahlmühle. (HMSR, G 2006/11,391,3)

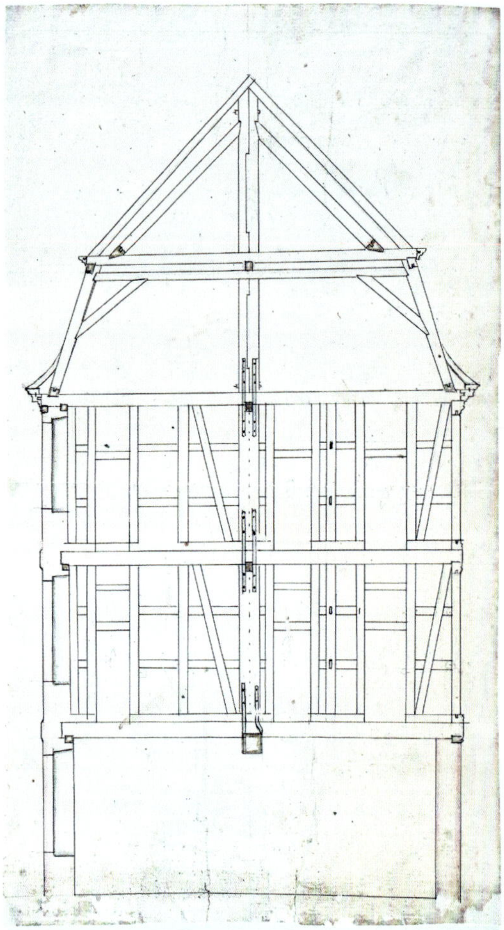

Abb. 38: Bauamtschronik?, Schnitt durch ein Mühlengebäude (?). (HMSR, G 2006/11,301)

6. Darstellung des Stampfwerks der Papiermühle; Grundrisse, Schnitt. Feder, Tusche, koloriert. Bez. verso: Mit Bleistift: *„David H. Jones, Mühlenkatalog, September 1994"*. Recto: *„A: Daß Geschier in Regenspurgischer Papbier-Mühl, so der Zeit noch floriert, wiewohl sehr baufällig? Besteht in sechs Stampflocher./B: Auff diße Mauer könnte obiges Geschier vermehrt und auß den sechs Stampflöchern sieben gemacht werden./C: Der Durchschnit oder das Stampffloch inwendig anzusehen./1. Löcherbaum/2. Staudengeschwell/3. Stampff/4. Schwingen/5. Stampffkeil/6. Scheibenkästen/7. Vordere Stauden/8. Hindere Stauden/9. Waschrinne/10. Glegen Holtz/11. Swellbaum p./12. Die Kurben p./Scala von 20 Werchschue p./Johann Mieser Anno 1678/Augspurg"*. M Skala in Werkschuh. Inv. Nr. G2006/11,391. Nicht bei GERMANN-BAUER (Abb. 39).

Viele Mühlen unter einem Dach

Das Register der Bauamtschronik verzeichnet in der reichsstädtischen Zeit vom frühen 16. bis späten 18. Jahrhunderts 34 Mühlen[74], nicht eingerechnet die Wohnhäuser der Müller, die Mühlschreiber- und Mühlknechtshäuser und andere damit zusammenhängende Nebengebäude:

1. Bayerische Mühle (in Stadtamhof);
2. Bohrmühle der Büchsenmacher;
3. Äußere Schleifmühle, beim Bruckmandl;
4. Innere Schleifmühle am Schuldturm;
5. Mahlmühle an der Steinernen Brücke;
6. Mahlmühle im Unteren Wöhrd;
7. Neue Mühle an der langen Schlacht;
8. Obere Mahlmühle im Unteren Wöhrd;

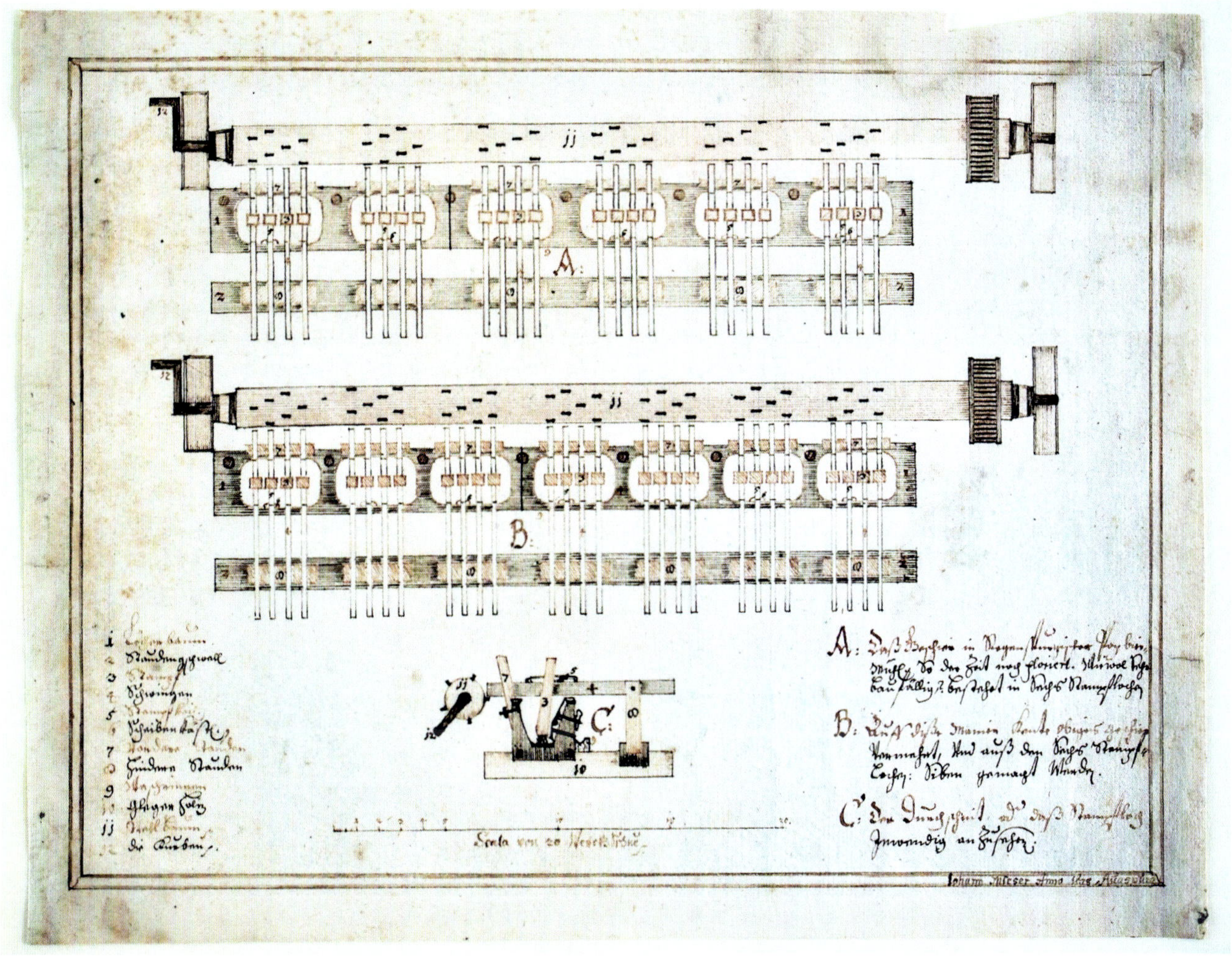

Abb. 39 Bauamtschronik?, Getriebe der Papiermühle. (HMSR, G 2006/11,391)

9. Untere Mahlmühle im Unteren Wöhrd;
10. Eisenhammer;
11. Furnier-Säggang (Furniermühle);
12. Gewürzmühle;
13. Glasmühle (neben der Lohmühle, für die Hafner);
14. Kupferhammer;
15. Lohmühle der Lederer;
16. Mahlmühle im Oberen Wöhrd;
17. Mahlmühle, die Altmühl beim Schuldturm;
18. Mühle am Kumpfmühler Wassergraben;
19. Ölermühle;
20. Papiermühle;
21. Prisill (Brisil)-Mühle;[75]
22. Pulvermühle;
23. Rossmühle am Prebrunner Türl;
24. Rossmühle auf dem Herrenplatz;
25. Rossmühle im Handstadel im Unteren Wöhrd (nicht gebaut);
26. Rossmühle oberhalb des Pulvertürls zu Osten;
27. Sägemühle;
28. Schleifmühle unterm Kupferhammer;
29. Spiegelmühle und Glasschleife am Fischgängel;
30. Stampf- und Mahlmühle an der Steinernen Brücke;
31. Stockfischmühle;
32. Walkmühle der Tuchmacher und Färber;
33. Walkmühle der Weißgerber;
34. Walkmühle, unbenannt.

Diese Liste verzeichnet nicht die Mühlen im Sinne der Mühlhäuser oder Mühlengebäude, sondern die Mühlwerke. Aus einer Reihe von schriftlichen Nachrichten und aus den Werkzeichnungen der Bauamtschronik geht hervor, dass sich in einem Mühlhaus mehrere Mühlen befanden, was nicht für alle, aber viele Mühlhäuser zutrifft. So waren die Pulvermühle und die Schleifmühle am Schuldturm immer Einzelmühlen. 1497 wurde eine neue Semmel- und Stampfmühle mit Mahlwerken und Stampfwerk erbaut.[76] Ein Brand 1555 zerstörte an der Steinernen Brücke drei Mühlgänge, die sich ebenfalls in einem Gebäude befanden: *„Dem 26. Juni in der Nacht verbrunnen an der Steinern Brücken drey Mühlgäng, nähml. 2 Mehlmühlen u. ein Schleiff, auch Polliermühl an ein ander...“*[77]

Beim Neubau der Sägemühle auf dem Oberen Wöhrd 1557–1558 wurde diese zusammen mit einer Stampf- und Weißgerbermühle *„darunter“* eingerichtet[78], 1580 hat man noch die Furniermühle eingebaut.[79] Auch beim erneuten Neubau der Sägemühle 1593 wird überliefert, dass sich unter ihrem Dach neben dem Sägewerk auch einige Stampfmühlen, die Weißgerber- und nun auch die Ölermühle befanden: *„Nachdem die Sägmühl samt dem darunter von allerley Stampfmühlen, allso das ganze Werk baufällig gewesen, ist solche auf Oberherrl. Anschaffung abgetragen, neue Geschwell eingezogen, geschlagen u. allerdings von neuem erbaut worden, darauf gegangen 2269 fl. 0 ß 21 ½ den. Demnach aber der Weißgerber u. Öhler bestandt Mühlen darunter auch wie verstanden von neuem erbaut, ist auf denen jede, was dem gehenden Zeug betrifft, welcher ihme selbst gebührt zu unterhalten, ungefähr bey 30 fl. geloffen, weillen aber die Weißgerber anderer Orten müssen walken u. was aufgewendet haben sie an solchen Baukosten 10 fl. Die Oehler aber in Bedenkung, daß Sie in E.E. Ungeld Amt den Zinß gereicht, denen aber, so lang man daran gearbeitet mit genoßen 7 fl. erlegt. Thut allso der übrig Baukosten noch 2252 fl. 0 ß, 22 ½ den.“*[80] Diesen Zustand überliefert auch die Werkzeichung Nr. 130 von 1636 aus der Bauamtschronik. Sie zeigt unter dem Dach der Sägemühle von links nach rechts: die Furniermühle, die untere Mühle, die Ölmühle, die Walkmühle und die Sägemühle mit fünf Gängen (Abb. 16).

Die Werkzeichnung Nr. 120 zeigt ebenfalls mehrere Mühlwerke nebeneinander (Abb. 10). Als weitere Beispiele lassen sich die Öler- und Gewürzmühle am Unteren Wöhrd (Wöhrdstraße 8/10, siehe dort) oder 1825 die Farb-, Öl- und Lohmühle in der Wöhrdstraße 8 nennen.

Als einheitliche Bauwerke sind die Reihe der Mühlen auf dem Unteren Wöhrd und die Bayerische Mühle im Stadtamhof auf der Ansicht von Wiesner 1834 wiedergegeben (Abb. 40).[81] Auf früheren Darstellungen werden die Mühlen noch als eigenständige Gebäude gezeigt.

Schiff-, Hand- und Rossmühlen

Schiffmühlen

Der Mühlenbau unterscheidet zwischen den unbeweglichen Mühlen auf Pfählen oder gemauerten Fundamenten und den beweglichen, auf dem Wasser schwimmenden Schiffmühlen, die es auf größeren Flüssen und auf dem Meer in Ufernähe gab bzw. in wenigen Beispielen noch gibt.

In Magdeburg bestanden vor 1806 noch 21, im hessischen Ginsheim sogar 22 Schiffmühlen. Doch sie sind selten geworden auf unseren Gewässern; wenn sie noch existieren, dann als Nachbauten. Vorbei sind die Zeiten, in denen Lola Montez in ihren Erinnerungen über den französischen König Louis Napoleon schreiben konnte: *„In Saardam (eigentlich Zaandam, Anm. d. Verf.) fand der König auch nicht viel Angenehmes. Der Anblick des reizenden Dorfes mit den bunten Häusern, der schöne Hafen, die vierhundert schwimmenden Mühlen, machten zwar einen freundlichen Eindruck auf ihn, aber die Schlange lauerte unter den Blumen.“*[82] 400 schwimmende Mühlen gab es in Zaandam wohl nie, sondern „nur“ 53 Windmühlen und auch diese stehen längst nicht mehr alle.[83]

„Sie sind auf platten Schiffen erbauet und können von einem Orte zum andern gebracht werden, wo der Strohm den stärksten Risch hat, damit ihr Wasser-Rad von dem daran schlagenden Strohm behörig umgetrieben werde. Die Schiff-Mühlen heben und sencken sich mit dem steigenden und fallenden Wasser, müssen aber mit starcken Seilen oder Ketten wohl an das Land gehänget und befestiget, oder tüchtig veranckert, auch zu gehöriger Zeit, und wann man dieselbe auf dem Wasser nicht gebrauchen kann, in ihren ordentlichen Winter-Stand gebracht werden.“[84] Diese im *Theatrum machinarum molarum* gegebene Beschreibung oder Definition trifft natürlich auch auf die Regensburger Schiffmühlen zu.

Die erste Nennung einer Schiffmühle geschieht Anfang 1371, als der bürgerliche Müller Hirman der Pfarrer seine eigene Mühle *„auf der Tunaw vor dem tor ze Nunnport neben des alten weyspekchen muel gegen dem Wyrd ueber“* samt den dazugehörigen *„Stecken“* verkauft.[85] Aus dieser Quelle 1371 geht die Existenz einer Schiffmühle neben der alten Weißbäcker-Mühle gegenüber des Unteren Wöhrds

Abb. 40: Blick auf Stadtamhof östlich der Steinernen Brücke mit dem Mühlenquartier am Unteren Wöhrd (Ausschnitt). Bleistiftzeichnung von Conrad Wiesner, 26. August 1834. (HMSR, G 1934/7)

hervor, ebenfalls eine Schiffmühle. Bei dem *„Tor zu Nunnport"* handelte es sich um ein in den Quellen selten erwähntes und nicht genau zu lokalisierendes Tor („Nonnenpforte"), möglicherweise eine Stadtmauerpforte in der Nähe des Damenstifts Niedermünster und des Hallertores. Hierfür könnte zum Beispiel eine kleine Rundbogenpforte unter dem Tor der Hölzernen Brücke infrage kommen, das namenlos auf einer Darstellung der Stadt östlich der Steinernen Brücke 1630 eingetragen (Abb. 41) und noch auf dem Prospekt nach dem Hochwasser 1784 unter dem Tor der zerstörten Brücke zu sehen ist. Später hieß sie Roßtürl und bezeichnete die Stadtmauertür, durch die Treidel- und Lastpferde in die Stadt geführt wurden.[86]

1387 gab es auf der Donau sechs schwimmende Bäckermühlen *(„der pekchenmül auf dem wazzer der sind sechs")*, die – wie die anderen Mühlen – dem Ungeltamt unterstellt wurden.[87]

1371 wird die Chunrat dem Löbel gehörige und später an die Stadt verkaufte Schiffmühle erwähnt, die an Albrecht der Wunndraer und seine Frau Otilg verpachtet war und die auf der Donau am Südufer nahe der Steinernen Brücke, *„da die privet (Aborthäuser, Anm. d. Verf.) stent"*, vertäut lag.[88] Es ging dabei um die Bestimmung, dass Schäden an der Mühle vom Pächter zu tragen wären, außer im Fall von Gottes, das heißt höherer Gewalt. Die Mühle muss ziemlich groß gewesen sein, denn sie stand auf drei Schiffen *(„schef")*, die der Verpächter jährlich zu reparieren hatte. Der genauere Standort ergibt sich durch die Angabe *„der Mühle an der (Steinernen) Brück auf der Donau, wo die Aborte stehen mitsamt den Wassern und den Pfeilern"*. Vertäut war sie mit zwei Seilen an sechs Steinen und wurde durch einen „Einbaum" wohl in stabiler Lage gehalten; doch wird auch erwähnt, dass sie nach Ablauf der drei Jahre zurückzubringen sei, was darauf hindeutet, dass sie auf dem Fluss bewegt wurde: *„muel an der prukk auf der Tunaw, da di privet stent, mitsampt den wazzern und dem pfeylaer, die 8er von meinen herren den purgern zu Regenspurg ze leiben hat mitsampt dem aynpawm, der new ist, und den zwayn saylen und sechs stayn. ... ez ist auch geret und getaidingt worden swann ein muellner bey dem ersten ab der Tunaw virt mit seiner muel, alz man ze reht darabfarn schol. So schuellen wir mit der*

Abb. 41: Die kleine Pforte unterhalb des Brücktores der Hölzernen Brücke. Ausschnitt aus einer Ansicht der Stadt Regensburg östlich und westlich der Steinernen Brücke, 1630 (BSB Cod.icon. 198). Die Pforte wurde später Rosstürl genannt; es könnte sich hierbei um die Nunnport handeln, da sie unweit unterhalb des Damenstiftes Niedermünster lag.

êgenanten muel zehant darnach ab der Tunaw varn, als wir zu reht schuellen; und waz in den drey jarn der muel[89] *und swaz darzu° gehoert, schadens und brestens geschaech, dez schol unser êgeanten herschaft unenkolten sein und dehainen schaden haben, ez waer dann daz der muel schad noch brestt geschaech oder angieng von gotes gewalt. Da wir nicht wider moechten noch enchunden, daz schol unser herschaft mitsampt uns leiden und tragen. Ez ist auch geret worden, daz unser vogenanten herschaft di dreu schef, do dy muel auf stet, jaerlichen pezzern schol und mag ân allen unsern schaden nach der muel notduerfft, dann alzverre daz wir in di dreu schef schuellen auz der muel ye antwurtten zu machen und ze pezzern und darnach, swann diselben schef gemacht und gepezzert sind worden nach der muel notduerfft, so schuellen wir diselben schef wider under di muel setzzen ân allen iren schaden. Und dweil di dreu schef under der muel muegen gestên ân der muel schaden, so scholl unser herschaft damit nichtz ze tuen noch ze schaffen haben dann alzverre, waz wir mit unserer arwait nicht chunden darzu tuen, so schiol unser herschaft laüt darzu gewinnen und wir schuellen di chost darzu geben und unser herschaft daz lon und wir schuellen yn mit unserer arwait darzu helffen und raten.“* Nach Ablauf der drei Jahre ist die Mühle zurückzustellen *„mitsampt dem aynpaum, zway gueten saylen, die di muel wol getragen muegen, oder ain newes, daz 53 chlafter hab ze dem minsten, und mitsampt den 6 staynn, di 14ß (Schilling) der langen R. d. [= Ratisponenses denarii = Regensburger Pfennige] wol wert sein.“*[90]

1373 verkaufte der Sohn des verstorbenen Rueger Loeblein die *„muel an der prukk aufder Tuenaw, da di privet stent, drauf mein vater (+) und ich von der stat pruekk leib gehabt haben“* an den Rat.[91]

Im gleichen Jahr erging eine Verordnung der Hanse über die Befestigung von Schiffmühlen, woraus sich ebenfalls ergibt, dass es deren mehrere gab. Es ging um die Mühlen unterhalb der Steinernen Brücke, von denen jede an ihrem *„zieter (= Stange, Anm. d. Verf.) und stecken“* hängen soll. Es wird die Länge des Seils, mit dem die Mühlen gesichert sind, auf 50 Schuh festgelegt und ein näheres Heranziehen der Schiffmühle bei einer empfindlichen Strafe von 60 Pfennigen verboten. Verboten wird außerdem, dass ein Müller seine Mühle mit Seilen an der Stadtmauer oder an die Schlachten anbindet. Ausnahmeregeln gelten nur bei Hochwasser. Es wird festgelegt, dass die Stecken oder Pfosten der einzelnen Mühlen mindestens acht Schuh voneinander entfernt sein müssen, im Fall eines Verstoßes wird auch hier eine Strafe von 60 Pfennigen fällig:

„Anno domini M°CCC°LXXIII° jar sind mein herren in der hans und der hansgraf uberain worden umb die muel, die da hangent nyderthalb der pruekk auf dem wazzer neben der stat, da zain yeglichi muel an iren zieter und stecken hangen schol; und die schole alzverre von der slaht sten und hangen, alz die snuer sagt, die sol haben 50 schuech, die in der hanstru°en leit. Wez das ueberfuer und sein muel naechner heranzueg, dann dew snuer sagt, der schol ye alz offt geben 60 d[enarios] zu° wandel in di hans.

Item ez ist auch der hansgraf und di hansherren dezselben tag ueberain worden in der hans, daz chain muellner nyderthalb der prukk auf dem wazzer sein muel mit saylen an dew maur hahen schol in lautmer wazzer. Swer daz ubervirt und sein muel mit sailen an die purchmaur oder an die slaht haecht, der schol davon ze wandel geben alle tag 24 d in die hans, alzlang si da haecht. Und ob dieweil icht schaden davon geschaech, den schol er auch auzrichten und

Abb. 42: Schiffmühle auf der Donau. Ausschnitt aus der Schedelschen Weltchronik von 1492. Repro: BSB

widercheren, es waer dann das in ehaft not von grozzem wazzer oder von eys darzue tzwung; so maecht er sein muell wol an dew maur oder an die slaht hacken nach seiner notduerft, untz daz vergieng. (…)[92]
Item es sind mein herren vom rat und mein herren von der hans mit einander uberain worden, da zain yegleich mueller mit seiner muel dem anderen ab seim stecken mit seiner muel sitzen sol 8 schuech. Und ob er im daruebr naechner saezz, wann man im denn von der hans pewt, so sol er darnach in drein tagen di 8 schuech naecher sitzen, alz vor geschriben stet. Taet er dez nicht, so sol er mein herre in di hans zue wandel geben 60 d. und alzofft er daz ueberfuer, alzofft sol er 60 d geben zw wandel."[93]

Die erste und seltene Darstellung einer Schiffmühle zeigt die Ansicht Regensburgs in der Schedel'schen Weltchronik von 1496: sie ist (der gerade erwähnten Quelle widersprechend) mit zwei Ketten an der Stadtmauer befestigt (Abb. 42).
Im Zusammenhang mit der Brandzerstörung der Mühlen im Dreißigjährigen Krieg 1633 ist die Existenz einer Schiffmühle zu dieser Zeit belegt, die damals ebenfalls ruiniert wurden: *„Es sind auch die an der Donau auff dem Untern Wörth neu gebaute Mahl- und die gegenüber gestandene Schiffmühlen durch das continuierliche Schiessen ganz ruinirt und zu fernem Mahlwerck untüchtig gemacht worden…"*[94] Auf der Höhe der Ostenbastei ist Anfang des 19. Jahrhunderts eine Schiffmühle nachzuweisen, bei der es

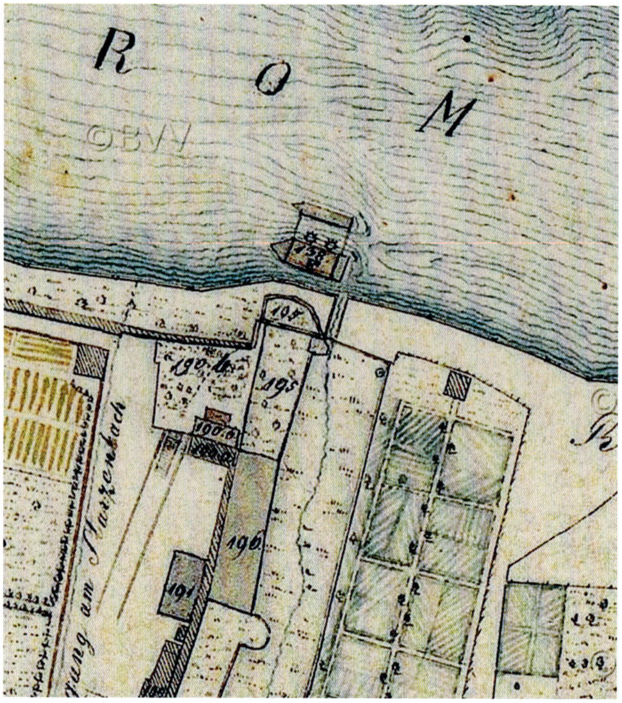

Abb. 43: Die Pulvermühle an der Ostenbastei als Schiffmühle auf der Uraufnahme 1812. Repro: Bayerische Vermessungsverwaltung, Bayerischer Denkmal-Atlas

sich um die Pulvermühle mit der eigenen Ostnerwacht-Hausnummer H 198[95] handelte, die auf dem Uraufnahmeplan und auf dem Urkataster 1812 eingetragen ist (Abb. 43). Eine eigene Hausnummer für eine Schiffmühle ist außergewöhnlich, denn Schiffmühlen galten eigentlich als mobile Bauwerke, die nicht im Kataster eingetragen wurden.[96] Eine Radierung des Ostentors von 1817 zeigt sie als zweischiffige Mühle mit Haus- und Wellschiff, das Holzhaus mit Walmdach auf einer Plätte, begleitet von einem Wellschiff, dazwischen zwei Wasserräder.[97] Die Pulvermühle ist schon auf der Stadtansicht von 1630[98] an gleicher Stelle dargestellt, als Pulvermühle bezeichnet, aber nicht als Schiff-, sondern als Landmühle. Dies gilt auch für eine Darstellung auf der Stadtansicht von Hang Georg Bahre 1645, die die Mühle mit einem aufziehbaren Pansterrad zeigt (Abb. 44). Als Landmühle ist sie auch auf den wenigen bekannten Ansichten gezeigt (siehe unten Abb. 53), möglicherweise hat man sie aus Sicherheitsgründen später auf das Wasser verlegt.

In den Aufzeichnungen der Bauamtschronik zwischen dem frühen 16. und dem späten 18. Jahrhundert werden Schiffmühlen nicht erwähnt. Dass es im Mittelalter so wenige davon und später (mit den erwähnten Ausnahmen) wohl gar keine mehr gab, hängt mit mehreren Umständen zusammen: Einerseits bedrohten sie, wenn sie sich bei einem Hochwasser losrissen, die nachweislich schon im frühen 15. Jahrhundert bestehende Hölzerne Brücke[99], andererseits bildeten sie durch ihre (ausdrücklicher verbotene und daher wohl übliche) Befestigung an Land ein Hindernis für die Treidelzüge am Donauufer bzw. Flöße auf der Donau.[100] Tatsächlich zeigt keine einzige der Stadt- bzw. Donauansichten seit dem 16. Jahrhundert eine weitere Schiffmühle. Hausaufbauten auf Schiffen, wie sie in den Ansichten von Bahre unter anderem gezeigt werden, waren üblich und haben nichts mit Hausschiffen von Schiffmühlen zu tun.

Hand- und Rossmühlen

In den städtischen Quellen werden Handmühlen nur ein einziges Mal ausdrücklich genannt, als während des Dreißigjährigen Krieges die Wassermühlen 1633/34 ruiniert wurden und *„dahero man sich Zeit wehrenter Belagerung mit Hand- und Roßmühlen behelffen müssen, diese würden aber, wenn der Vorrath des noch vorhandenen Mehls verzehrt worden wäre, kaum zum halben Theil sufficiens (ausreichend) gewesen wären."*[101]

Wo es Handmühlen gab, ist aus den Quellen nicht zu erkennen. Hingegen werden drei Standorte von Ross- oder Pferdemühlen genannt. Andere Mühlentechniken wie Ochsen-, Tret-, Gewicht- und Windmühlen lassen sich in Regensburg quellenmäßig bislang nicht nachweisen.[102]

Von der *städtischen Rossmühle am Herrenplatz* erfahren wir erstmals anlässlich ihrer Brandzerstörung 1635: *„Den 3.ten Dec. verbrannte umb 10 Uhr abends Gemeiner Statt Rooßmühl auff dem Herrn Platz und wußte niemand, wie das Feuer außgekommen ist."*[103] Auf der Stadtansicht Bahres von 1615/1644 ist die Rossmühle am Herrenplatz, der damals auch den Platz Am Singrün umfasste, nicht zu erkennen. Jedoch zeigen die Anischten Bahres am nördlichen Herrenplatz eine Reihe von dort stehenden Mühlsteinen (Abb. 45). Es hat den Anschein, als wäre die Rossmühle, obwohl hierzu die Belege in der Bauamtschronik fehlen, nach dem Dreißigjährigen Krieg hier wieder aufgebaut worden, denn 1767 wird sie am Prebrunner Türl erwähnt.[104]

Eine weitere Rossmühle war 1726 im sogenannten Handstadel auf dem Unteren Wöhrd geplant, wurde jedoch dort nicht gebaut, sondern es sollte ein anderer Standort vorgeschlagen werden.[105] Auf diesen neuen Standort dürfte sich die Nennung der Rossmühle in der Ostengasse nahe dem Pulvertürl beziehen.[106]

Zerstörungen: Vernachlässigung, Feuer, Krieg, Eis und Wasser – die Feinde der Mühlen

Mühlen am und im Fluss waren verletzliche Bauten und Einrichtungen, wie Brücken und Beschlächte, unmittelbar und stets der zerstörerischen Gewalt des Wassers ausgesetzt. Aber nicht nur Hochwasser und Eisstöße taten das ihre, sondern auch fast ebenso häufig durch Unachtsamkeit entstandene Brände, die permanente Feuchtigkeit, die mechanische Beanspruchung der Mahl- und Stampfwerke und nicht zuletzt der Dreißigjährige Krieg. All diese Faktoren machten einen ununterbrochenen und teils außerordentlich kostspieligen Bauunterhalt nötig, der von kleineren Reparaturen bis hin zu in gewissen Zeiten fast alljährlichen Neubauten der Mühlen – sowohl der Mechanik als auch der Gehäuse – reichte. Man nannte dies *„Unterhaltung im baulichen Stand.“*[107] Die Kosten trug seit dem 16. Jahrhundert in der Regel das Ungeltamt, dem die städtischen Mühlen unterstanden.[108]

Abb. 44: Die Pulvermühle unterhalb der Ostenbastei mit aufziehbarem Pansterrad. Federzeichnung von Hans Georg Bahre 1645. (HMSR, G 1983/93).

Baufälligkeit und Reparaturen

Bisweilen stürzten Mühlen aufgrund ihres schlechten baulichen Zustandes ein, als Folge mangelnden Bauunterhalts und von Hochwassern. Dies ist beispielsweise 1530 für die Neumühle belegt, wie die äußere Mehlmühle auf dem fünften Beschlächt (alter Zählung) der Steinernen Brücke hieß, die danach wieder aufgebaut wurde; die Bauamtschronik betont besonders, dass niemand zu Schaden gekommen war.[109] 1554 wurde die Semelmühle oberhalb der Hölzernen Brücke *„bawfalhshalbenn“* abgebrochen und wiederaufgebaut, dabei auch die Uferbefestigung erneuert, *„damit das wasser desto bass vnnder die reder kome etc.“*[110]

Baufälligkeit und Erneuerung bezogen sich nicht zwangsläufig auf das ganze Mühlengebäude, sondern betrafen weitaus häufiger Mühlwerke, wie im Fall der Semelmühle 1589: *„Item nachdeme die semelmül im Vnndern Wöhrt an den geschwelln vnnd geehndem zeüg, auch anderm, alle paufellig gewest, hat ein erbarer cammerer vnnd rathe beuohlen, die widerumben zuezurichten, derowegen die abgetragen, ein ganng nach dem anndern gemacht, steckhen geschlagen vnnd neüe geschwöll eingetzogen ect. Ist drauf ganngen 678 fl. 1 ß 4,5 dn.“*[111] 1590 erfolgte der weitgehende Neubau der Papiermühle, deren Einrichtung verfault war.[112]

Die Sägemühle, unter deren Dach auch die Stampfmühlen der Weißgerber und der Ölerer arbeiteten, musste 1593 erneuert werden. Sie wurde *„auf Oberherrl. Anschaffung abgetragen, neue Geschwell eingezogen, geschlagen u. allerdings von neuem erbaut …, darauf gegangen 2269 fl. 0 ß 21 ½ den.“*[113] 1594 wurde aus den gleichen Gründen die Saghmühl am Unteren Wöhrd, die *„im grunndt vnd geschwellen gar paufellig vnd erfaulet gewesen … aus beuelch aines ehrbaren cammerer vnd rathes abgebrochen, von neuem in dem grundt geschlagen vnd widerumb aufgebauet“*. Die Kosten hierfür beliefen sich auf 1206 fl.[114] Die Beispiele lassen sich vermehren.[115]

In der finanziellen Krisenzeit Regensburgs konnte es durchaus geschehen, dass für eine an und für sich notwendige Reparatur das Geld fehlte. Dies war 1652 der Fall, als der erforderliche Neubau der alten Mahlmühle am Unteren Wöhrd wegen Geldmangels zurückgestellt werden musste und angeordnet wurde *„die Mühl nochmahls zu repariren, um mahlen zu können, damit man nicht gezwungen wäre, aufs Land zu gehen“*[116], also auf bayerischem Gebiet mahlen lassen zu müssen. Der Neubau erfolgte 1654–55 und das aus dem ersten Mahlgang gewonnene Mehl wurde sogleich an die Armen der Stadt verteilt.[117]

Für das 18. Jahrhundert ist in der Bauamtschronik in erster Linie ein fortwährender Bauunterhalt, sehr häufig ohne genauere Angaben, verzeichnet, der sich zwischen 5 fl. und ca. 1900 fl. jährlich belief. Am reparaturanfälligsten waren die Ölmühle, die Mahlmühlen und seit ihrem Neubau 1724 auch die Gewürzmühle. 1709 entstand an den Mahlmühlen hoher Sachschaden in Höhe von 761 fl., als zwei Männer mutwillig Ruderbäume in die Donau warfen, die die Mühlräder stark beschädigten. Dafür mussten die Übeltäter dem Bauamt eine

Abb. 45: Mühlsteine auf dem Herrenplatz (rechts unten) deuten auf die Rossmühle, deren genauer Standort nicht bekannt ist. Er befand sich später in der Nähe des „Prebrunner Türls“ nahe dem damaligen Ballhaus. Federzeichnung von Hans Georg Bahre 1614–1644. (HMSR, HV 1258).

empfindliche Geldstrafe in Höhe von 11 fl. zahlen, was für die damaligen Verhältnisse fast drei durchschnittlichen Monatseinkommen entsprach.[118]

Bei den Reparaturen handelte es sich häufig um die Erneuerung von Schwellen (Bodenbalken), ihre Unterfangung mit Säulen, Legung von Grundsohlen und Fußböden, die Instandsetzung von Mühlwerken, Rädern (man sprach unter anderem von einer *„Schäufelung“*, wenn sie neue Schaufeln erhielten), Trilles[119], die Legung neuer Stampfgründe, Schießer und so weiter.

1715 erhielt die bei Hans Georg Bahre 1638 dargestellte Neumühle an der Steinernen Brücke (Abb. 46) im Zuge ihrer Erneuerung einen massiven Steinsockel aus Quadern; außerdem wurde unter dem zugigen Brückenbogen *„wegen Aufhaltung des Windes“* ein neuer Gang angelegt.[120] Die „Versteinerung“ der Mahlmühlen ist auch 1718 belegt, als im Rahmen der Reparatur der Mahlmühlen *„grosse Quader Stück zur Mühl im Obernwörth um Pfeiler zu setzen hergericht worden.“*[121]

Abbrüche und Neubauten

Der Abbruch und Neubau des Eisenhammers 1534 an anderer Stelle wurde mit einem entscheidenden Standortnachteil begründet: Der Abbruch des erst drei Jahre zuvor errichteten Eisenhammers an der alten Siechenmühle bei St. Niklas erfolgte, *„dieweil nit wassers genueg, denselben zu treibenn, verhandenn“*. Stattdessen versetzte man ihn neben die Sägemühle (Am Beschlächt 3, Lit. D. 197) auf dem Oberen Wöhrd.[122]

Auch eine Modernisierung konnte der Grund für Abbruch und Neubau sein, wie dies 1557/58 für die dreigängige Sägemühle am Oberen Wöhrd belegt ist, die durch eine viergängige ersetzt wurde.[123] 1582 wurde die alte Rantingermühle weitgehend ersetzt, bei welcher Maßnahme nur das Dach stehen blieb.[124]

Feuer und Krieg

1498 brannte die Walkmühle ab, bei der es sich wohl um die von Matthäus Runtinger 1394 erbaute „Walkmühle auf der Schlacht“ handelte (siehe S. 160).[125] 1518 ereilte das gleiche Schicksal die *„herrliche Mehlmühle“*, womit die Semelmühle mit ihren vier Gängen auf dem Unteren Wöhrd oberhalb der Hölzernen Brücke bezeichnet wurde. Hierbei forschte man vergeblich nach der Brandursache, *„durch wess verwarlosung solch feur ausskhomen ist“*. Beinahe wäre das Feuer auf die Brücke übergesprungen, was jedoch durch die *„dappferen“* Löscharbeiten verhindert werden konnte.[126]

1529 *„verbran an der Steinern Prückhen ein Mühl mit sechs Rädern, würdt im volgenden Jahr wider erbaut.“*[127]

An der Stelle der 1518 abgebrannten Semelmühle errichtete man 1534 die Pulvermühle, die ihrerseits 1541 Opfer der Flammen wurde. Dabei kam ein Knecht ums Leben und aufgrund der Explosion von *„zwen zennten puluer“* fielen in den umliegenden Häusern die Öfen ein.[128] Als Konsequenz wurde sie durch den Pulvermacher Martin Cades sogleich am unteren Ende des Unteren Wöhrds neu gebaut.[129] Noch zweimal – 1612 und 1618 – sollte sie ein Raub der Flammen werden.

1544 brannte die Walkmühle der Tuchmacher an der Steinernen Brücke ab und wurde umgehend erneuert.[130] 1555 verbrannten in einer *„sehr großen Brunst“* drei Mühlwerke an der Steinernen Brücke, die selbst Schäden davonzutragen drohte, nämlich zwei Mehlmühlen, darunter die Runtingermühle, die erst 1560 wiederaufgebaut wurde[131], und eine Schleif- und Poliermühle; die Brandursache und der Verursacher konnten nicht festgestellt werden.[132]

Besonders schlimm wütete der Dreißigjährige Krieg 1633/34, wo der bayerische Kommandant Johann de Troibreze 1633 alle Mühlen anzünden und abbrennen ließ (siehe S. 157f., Abb. 1, 2), trotz inständiger Bitten der Stadt, die auf die schlimmen wirtschaftlichen Folgen hinwies. Damit nicht genug: Im Jahr darauf 1634 wurden die bereits erneuerte Mahl- und Schiffmühle durch den andauernden Beschuss gänzlich ruiniert und konnten nicht mehr mahlen, sodass man sich mit Hand- und Rossmühlen behelfen musste: *„Es sind auch die an der Donau auff dem Untern Wörth neu gebaute Mahl- und die gegenüber gestandene Schiffmühlen durch das continuierliche Schiessen ganz ruinirt und zu fernem Mahlwerck untüchtig gemacht worden, dahero man sich Zeit wehrenter Belagerung mit Hand- und Roßmühlen behelffen müssen, diese würden aber, wenn der Vorrath des noch vorhandenen Mehls verzehrt worden wäre, kaum zum halben Theil sufficiens gewesen wären.“*[133] Die Folgekosten für die Wiederherstellung 1635–36 waren mit rund 13 800 fl. erklecklich und dürften das ohnehin nicht prall gefüllte Stadtsäckel schwer belastet haben, zumal auch die zugesagten kaiserlichen Entschädigungen auf sich warten ließen.[134]

Auch in der nachreichsstädtischen Zeit, also ab 1806, blieben die Mühlen nicht von Schäden oder Zerstörungen durch Feuer verschont, auch zu Zeiten, in denen einzelne Gebäude keine bloßen Mühlen mehr waren (siehe hierzu unter den entsprechenden Hausgeschichten), jedoch noch handwerklich oder industriell genützt wurden.

1807 wurden auf dem Unteren Wöhrd die ehemalige Ölermühle Wöhrdstraße 8 und die Lederermühle Wöhrdstraße 10 (bis 1803 Gewürzmühle) durch ein Feuer zerstört. Noch 1834 ist die Wöhrdstraße 10 als Brandstatt bezeichnet, der darauf entstandene Neubau brannte bereits 1844 wieder ab. Ähnliches geschah 1887 auf dem Oberen Wöhrd, als die

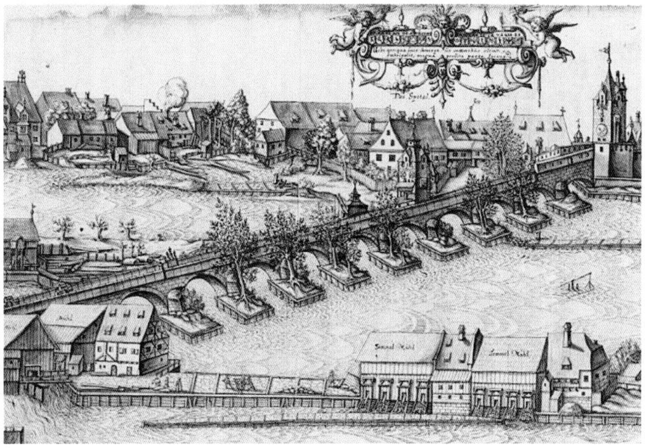

Abb. 46: Der Untere Wöhrd mit der Neumühle unter der Steinernen Brücke (links) und den beiden Mahlmühlen „Semelmühlen“ (rechts). Ausschnitt aus der Ansicht des Unteren Wöhrds von Hans Georg Bahre, 1638. (HMSR, zu G 1983/101 gehörig)

Schleifmühle Müllerstraße 13 und die benachbarte Nummer 15, die ehemalige Tuchmacher-Walkmühle abbrannten. Die ehemalige städtische Sägemühle Müllerstraße 19 brannte 1900 und 1929, die frühere Papiermühle Müllerstraße 23 1874 und 1926.

Hochwasser und Eisstöße

Hochwasser und Eisstöße waren hauptsächlich im 17. und 18. Jahrhundert während der sogenannten Kleinen Eiszeit die häufigsten Ursachen für Schäden und Zerstörungen an den Mühlen; zeitweise ereigneten sie sich fast alljährlich.

GEMEINER berichtet, dass 1432 während eines *„hohen, wilden Eisgangs“* drei Mühlen an der Steinernen Brücke weggerissen worden und viele Schäden entstanden waren.[135] Erstmals 1559 berichtet die Bauamtschronik von der Erneuerung einer *„Eiswöhr“*, womit wohl der Eisbrecher oberhalb der Saghmülle am Unteren Wöhrd (Wöhrdstraße 2) gemeint ist, der jedoch in seiner heutigen Gestalt von 1722 stammt: *„Item die eiswöhr oberhalb der mül vnnderhalb der Stainen Pruckhenn, die Sagmül genannt, ward diss jar von newem gemacht vnnd holtzwerch zusamengeschlossenn“* (Abb. 47).[136] Weitere Eiswöhre bzw. Eiswehre gab es an der Stadtbleiche (1600), am Prebrunn (1608)[137], belegt 1710, 1729, 1730, 1758 bei der Schleifmühle[138], 1729 beim Kupferhammer[139], 1763 und 1764 bei der Altmühle.[140]

Bei den Überschwemmungen 1491 und 1524 sollen *„die Schwibbögen der Steinern Brucke erreicht“* worden sein.[141] 1544 ist erstmals in der Bauamtschronik die Beschädigung der

Abb. 47: Der 1722 vor der Oberen Mahlmühle erneuerte Eisbrecher oder Eiswöhr mit der sogenannten Stube. Foto: P. Morsbach

Rantingerin genannten Mehlmühle durch einen Eisstoß belegt, *„sowohl an gehendem Werck als anderm Gebau, ist aber folgendes Jahr wiederum erbaut u. hergestellt worden.“*[142]
Ein Hochwasser mit Eisstoß richtete 1561 einen großen Schaden an. Der Winter war sehr kalt und es hatte mehr als 30 Tage ohne Unterbrechung geschneit. Im Februar stieg das Hochwasser so an, dass man weder schleifen noch mahlen konnte. Am 19. Februar trat plötzlich der Eisstoß ein, der ein Viertel des Hammerwerks am Oberen Wöhrd mitriss und auch an den Mühlen an der Steinernen Brücke schwere Schäden anrichtete: *„vngeuerlich vmb ain vhr nachmittag hueb er on zu gehn mit grossem gewallt vnnd gewann das wasser ain solche schwöll das es vegeuerlich in drey stundenn vast vmb anderthalbenn mann wuechse vnnd das eiss derhalbenn grossen schaden thette. Erstlich risse es vast den viertten thail vom hamergebew bey der segmül hinweg. Item es liesse nit vil ganntzer reder ann den mel-, schleiff- vnnd palliermülen vnder der Stainenn Pruckhenn, dann es daran die ärm, gründl vnnd grundsolen abstiess vnnd hinweg fuertte.“*[143]
Beim nächsten großen Eisstoß 1565 wurden die beiden Mehlmühlen und die Schleifmühle an der Steinernen Brücke und die Walkmühle stark beschädigt. Die Poliermühle und die Schleifmühle bei der Walkmühle blieben *„kumerlich“* stehen.[144] 1572/1573 geschahen durch Eis und Wasser Schäden an Gebäuden, Schlachten und Mühlwerken, deren Reparaturen mit 1166 fl. zu Buche schlugen.
1595 entstanden bei einem großen Eisstoß Schäden an der Lederloh-, Schleif-, Polier- und Walkmühle sowie an den beiden Mahlmühlen. Die Kosten für die Beseitigung der Schäden an den Wasserbauwerken beliefen sich auf insgesamt 3143 fl.[145] Interessant ist in diesem Zusammenhang, dass die davongespülten Mühlräder bisweilen donauabwärts geborgen und zurückgebracht wurden. Diese Praxis ist in den Quellen mehrmals vermerkt.
In der ersten Hälfte des 17. Jahrhunderts häuften sich als Folge der Kleinen Eiszeit die schlimmen Überschwemmungen und Eisstöße nach bitterkalten Wintern. Das begann 1603, *„nachdem dies Jahr ein überaus kalter Winter gewesen, das Eiß überum ander geschoben, das es an manchen Ort eines Mannes hoch von Grund auf verfrohren“*, sodass der Rat *„zu Verhüttung eines merckliche Schadens“* umfangreiche Sicherungsmaßnahmen an den Mühlen anordnete: *„daß an alles Mahl- u. andern Mühlen, die Räder sollen abgetragen u. eingezogen werden, die Wände verschlagen u. als dann von neuem wiederum zu gericht werden u. seyn den Müllern 13 neue Wasser-, 5 Hirnräder, Waagbäum, Grundsohlen, Gehäng u. Axen gemacht werden.“*[146]
Besonders schwere Schäden an allen Mühlen und den Wasserbauwerken verursachte das Hochwasser mit Eisstoß 1608. Etliche Wochen war *„ain dickh eiss vnd stoss … in der Thonaw gewesen, nit allain an den malmiln, sonder auch palier-, scheif- vnd anderm milwerckh schaden gethan, vier röder zerrissen, das holtzwerckh dann gefirt, mit vncosst wider herzuegebracht.“* Daher ordnete der Rat an, alle Mühlräder abzubrechen und möglichst bald wieder zu errichten, damit man nicht außerhalb der Stadt mahlen müsste und die Mühlenbewohner nicht ihrer Lebensgrundlage beraubt würden. Daher wurden alle Zimmerleute und die entsprechenden Kräfte zur Arbeit verpflichtet: *„haben alle zimermaister sambt iren gesellen souil damals alhie gewesen, neben andern personen daran miessen arbaitten.“*[147]
Im Winter 1617/18 kamen Wasser und Eis so überraschend, dass man das „Aufbinden“, also das Hochziehen und Sichern der Mühlräder nicht rechtzeitig zustande brachte, sodass die vier Mahlmühlen, die Schleifmühle beim Brückenmännchen und die Walkmühle aufgegeben werden mussten. Es ist vermerkt, dass die Schleifstange samt dem über sieben Zentner schweren Schleifstein in den Fluten versank. Auch die inneren Schleif-, Polier- und Walkmühlen trugen *„ziemliche“* Schäden davon, sodass die Reparaturen bis in den August hinein andauerten und die Stadtkasse mit 1089 fl. belasteten.[148]
Die Jahre 1621 bis 1624 sahen alljährliche Eisstöße: *„an den mühlen vnd schlächten, wöhrlochspitz vnd naujoch, sonderlichen aber der walckmühl, welche gantz vnd gar eingerissen worden, das wöhrloch vnd naujoch gantz von neüem geschlagen“* (1621, 1622). 1623 wurden besonders die Be-

schlächte geschädigt, die in diesem Jahr und dem nächsten nicht repariert werden konnten, in dem es nochmals einen Eisstoß gab, der jedoch wider Erwarten vergleichsweise geringe Schäden anrichtete. Die Gesamtsumme der Reparaturen für diese vier Jahre belief sich auf stattliche 14 409 fl.[149]
1651 tat ein Hochwasser „*grossen Schaden ..., wie es dann auch in alle Mühlen kommen, u. dieselben wie auch die Blaich mit Sand und Letten angefüllt, besonders aber die äussere Schlacht bey der Burgfried Säulen zu Schwabelweis zummeisten theil mit Geschwell u. Stucken hinweg gerissen ...*“ Die Gesamtkosten auf die Wasserbauten betrugen 2389 fl. 2 kr.[150]
Eher lapidar kommentiert die Bauamtschronik das Hochwasser von 1729: „*Was an Mühlwerck und Schlachten und andern Schaden geschehen, ist leicht zu ermessen, in deme diese Wassersnoth 14 Tag gedauert hat.*“ Die Beseitigung der Hochwasserschäden an den Mahlmühlen allein belief sich auf 579 fl.[151] Eher harmlos klingt der Vermerk des Eisstoßes vom 1. Dezember 1733, wo unter anderem ein Balken samt dem Rechenbaum abgedeckt und weggeschwemmt wurde.[152]
Ein besonders schweres Hochwasser mit einem verheerenden Eisstoß ereignete sich am 28. und 29. Februar 1784, bei dem bekanntlich der mittlere Turm der Steinernen Brücke so in Mitleidenschaft gezogen wurde, dass man ihn abtragen musste. Besonders die Mühlen waren davon betroffen. Die Zerstörungen wurden in zwei Kupferstichen dokumentiert (Abb. 48 und 49) und der Ratsherr und Ratsdirektor Sigmund Georg Ulrich Bößner schrieb hierüber einen genauen Bericht in der Bauamtschronik:
„*Die Mühlen wurden dieser wegen in Zeiten so hoch als möglich aufgebunden, die Rechen gedoppelt befestiget. ... Am 27. Febr. fieng die Donau an auf zu schwellen und der Regenfluß kam in den Gang, er wurde aber durch die Sandbank, welche sich an der Spize des Unteren Wörths angesetzt hatte, in seinem Ablauf gehindert. Am 28. ejusdem (desselben Monats) zwischen 5 und 6 Uhr geriet die Donau mit einer ungeheuren Schwelle in Gang. Sie brachte einem unglücklichen fremden Floß an das dritte Joch der hölzernen Brücke am untern Wörth, welche zwar durch den ungemeinen Fleiß und Herzhaftigkeit des Bauholzmeister Fischer und seiner Gehülfen, von der Stelle aus gearbeitet wurde, aber die eichenen Streb- und darauf folgenden zwei Pfeiler Stecken abgesprengt hatte, so daß die Brücke bloß durch die ausserordentlich starke Schwäbel noch zusammen hieng und erhalten wurde.*
(...) Am Abend kam Nachricht von dem dringenden Nothstand derer Unterwörther Mühlen, worauf sich der wohl gelittene Müller Bößenecker[153] *nebst 13 Persohnen um deß willen in großer Gefahr befand, weil durch Leichtfertigkeit eines Mühlpurschen, der ihme zeitig genug zu geschulte Farm entschwomen war und der Stoß mit ganzer Gewald sich zwischen denen Mühlen und Mühlgärteln in dem diesseitigen Donauarm stürtzte, er folglich von aller Hülfe und Beystand bereits abgeschnitten war.*
(...) Die Holzerne Brück im U. W. wurde biß auf ein Joch und die Schlag Brücke aus dem Grunde gerissen, und fortgeführt, verschiedenes Bau- und Brennholz, ohngeachtet der Verschanzung, aus dem Untern Wörth geschwemmt, die dasigen Mühlen noch mehr beschädiget, die ersten Gänge an der O. M. im U. W. (Oberen Mühle im Unteren Wöhrd) und der Altmühle beym Schulthurm gänzlich ruinirt, die Säulen ausgesprengt, so daß die lezte ganz neu werden muß. (NB. ist A°. 1785 völlig abgetragen und rasiert wurden). ... Sogar Schleifsteine und sonst überaus schweres Mühlgeräthe sind dem sicheren Vernehmen nach, zu Bogen und Straubing ausgeschwemmt und entdeckt worden.“[154]
Die Reparaturkosten der beiden Mahlmühlen und der Ölmühle in Höhe von 4643 fl. waren nicht so exorbitant hoch wie in anderen Fällen: für die Obere Mühle am Unteren Wöhrd 1449 fl., die Untere Mühle am Unteren Wöhrd 2823 fl., die Ölmühle 371 fl. und kleine Reparaturen, wozu in diesem und dem folgenden Jahr noch die Beschlächte mit 4160 fl. kamen, was sich auf insgesamt 8803 fl. summierte.[155]
Fast genauso hoch waren die Schäden an den Mühlen und Beschlächten beim großen Hochwasser und Eisstoß Ende Januar/Anfang Februar 1789. Der Umstand, dass sich hinter der Brücke das Eis staute und der vor der Oberen Mühle stehende Eisbock das Eis ablenkte, verhinderte die Zerstörung aller Mühlen. Über die Obere Mühle im Unteren Wöhrd wird berichtet: „*Dieser Verstopfung des Flußbettes bis über die Steinerne ist hier nächst ausser Erhöhung des steineren Eißbocks vor der Oberen Mühl im U W von 1784 die Existenz derer smtl. (sämtlicher) Unterwörther Mühlen zu werden kann. Sie würden wahrscheinl. die anfangliche so entsetzliche Gewalt des Eißganges nicht ausgehalten haben, wenn selbiger nicht durch die Verstopfung über die Oberwörther Schlacht abgeleitet gewesen und der Eißbock nicht hoch und stark genug gewesen wäre, die von der bayrischen Seitte unterhalb der steinern Brücke wieder in diesseitiges Rinnsaal zurück kommende Eisschollen zu zertrümmern und von den Riegelwänden des Gebäudes abzuweisen. ... Am 30ten (Januar) war die Höhe des Wassers noch wie im Jahre 1784. Ein eingetrettener Frost aber verhinderte den fernern Anwuchs. Am 31. Jan. war das Wasser um 1 Schuh biß zum 7. Febr. aber dergestallt gefal-*

Abb. 48: *„Vorstellung der von den Eis verunglückten Brücken und Mühlen in Regensburg Anno 1784, dem 28. und 29. Februar“*, Kupferstich von Forster 1784. (HMSR, G 1981/91)

Abb. 49: Die Schäden des Eisstoßes vom 28.–29. Februar 1784. Kupferstich von Johann Mayr, Regensburg, dat. 9. Mai 1784. (HMSR, G 1980/325,42)

len, daß man inzwischen die Mühlen reinigen und einige Mahlgänge von den erlittenen Beschädigungen wiederum zur Nothdurft herstellen konnte, welche auch am 7ten wieder zu mahlen anfingen. (...) Die Ausbesserungen, welche der Maurermeister vorgefunden hat, sind grossentheils von dem obliquen Gang in Höhe des Eisganges über die Oberwörther Schlacht hergekomen.
Wenn die Pfeiler oder eigentl. steinerne Eißböcke im Jahr 1785 an der Brücke und U. W. Mühl nicht um 2 u. 3 Schuh erhöht worden, so wären heuer die Eisschollen an die Bogenstücke angeprallt und das Unglück unersezlich worden."[156]
Dennoch beliefen sich die in diesem und wohl auch dem folgenden Jahr auflaufenden Reparaturkosten für die Mühlen auf 3166 fl., wozu noch die Schäden an den Beschlächten in Höhe von 5616 fl. kamen, also fast 8800 fl. bezahlt werden mussten, was die inzwischen hochverschuldete Stadt an den Rand ihrer finanziellen Möglichkeiten gebracht haben dürfte.

Die Mühlenquartiere des Oberen und Unteren Wöhrdes in ihrer historischen und städtebaulichen Entwicklung

Die Mühlen und die sogenannten Mühlenquartiere kommen in etlichen älteren Stadtbeschreibungen vor dem 19. Jahrhundert mehr oder minder ausführlich vor, sowohl in den handschriftlichen als auch den gedruckten Chroniken. Mühlen als vor- oder frühindustrielle Anlagen gehörten zu den sehens- und schildernswerten Einrichtungen. Besonders stolz war man auf die 1522 erbaute und 1635 erneuerte kunstvolle und unter Fachleuten bekannte Sägemühle, die von einer Person betrieben werden konnte: „*Unnd dieweil man nun von der steinern Prückhen khundt in die Mühlen, so im obern Wörth damahls waren khommen, wurden dahin gebaut eine grosse und von villen Gängen zuegerichte künstliche Seegmühl, die noch wegen ihrer künstlichen Beraittschafft Viell unnd mannigfalltig Nurzbarkeith hoch unnd vonn Pauverständigten sehr beriembt würdt.*“[157]

Paricius hob 1753 hervor: „*Fünff Mahl- und eine grosse mit sechs Gängen künstlich zugerichtete Säg-Mühle, welche durch einen einigen Menschen kann regieret werden, daß sie Tag und Nacht ihren Fortgang hat. Ist im Jahre 1635 wieder erbauet. Wozu noch eine künstliche Machine zum Brasilien-Holz* (vgl. Anm. 75) *schneiden angerichtet worden.*“[158]

Das Mühlenquartier auf dem Unteren Wöhrd wird an den Anfang gestellt, obwohl in den historischen Beschreibungen stets zunächst die Mühlen an der Steinernen Brücke, dann die auf dem Oberen und als letztes auf dem Unteren Wöhrd erwähnt werden. Der Grund liegt darin, dass hier die meisten baulichen Relikte der Regensburger Mühlengeschichte erhalten sind, wenngleich auch mit starken Verwerfungen; im Oberen Wörth wurden die Mühlen im Laufe des letzten Vierteljahrhunderts abgebrochen und auf und an der Steinernen Brücke gibt es längst keinerlei Spuren mehr von den einst dort stehenden Mühlen.

Die Mühlenquartiere 1586

In der bis 1586 reichenden „*eines Ungenannten Chronik von Regensburg*“ werden die Mühlen auf den Wöhrden mit ihren „Brandschicksalen“ aufgezählt, die dem Chronisten erwähnenswert erschienen; besonders wird wie in fast allen Beschreibungen die Sägemühle auf dem Oberen Wöhrd erwähnt, die nur von einem Mann betrieben wird.

„*Bey dem mittlern Thurn gegen Nidergang gehet man von der steinernen Bruckh auf ein hülzerne in den Obern Wörtt, ist allererst Ao. 1502 erbaut worden … Man ist zuvor von der Stadt auf ein Karn (Kahn, Anm. d. Verf.) hinuber zu den Muehlen gefahren, ieziger Zeit sindt daselbst allerley Mühlenwerck zu sehen,alß die Papir-, Gewürtz-, Walckh, sonderlich aber die Seegmül, wegen villerley und wolangeordneten Seegen, die auß grossen Baumen Bretter schneiden und wunderbarlicher Weiß das Werckh durch einen einigen Menschen kan regiret werden, das es tags und Nacht sein Fortgang hatt.*

Auf der andern Seiten des Untern Wördts gegen der Bruckhen gegen Aufgang der Sonnen, stehe neben und bey den 2 Schleifen – Palliermühlen auch 3 Getreitmühlen, ie zu 4 oder 5 grossen Gengen oder Rädern, da man dann an den Schwibbögen der steinern Bruckhen sehen kan, was für Schaden das Feuer gethan hatt, beides Ao. 1529, den 7. Juli und folgendes im 1555, da in der ersten Mühl von 6 Rädern, samt zwei Schleifmühlen in Boden hinein verbrunnen.

Auf der andern Seiten des Untern Wördts gegen der Bruckh, gegen Aufgang der Sonnen stehen neben und bey den 2 Schleiff- und Polliermühlen, auch drei Getreitmühlen, ie zu 4 oder 5 grossen Gengen oder Rädern, da man dann an den Schwibbögen der steinern Brückhen sehen kann, was für Schaden das Feuer getan hatt, beides Ao. 1529 und volgents im 1555, da in der ersten Mühl von 6 Rädern und den andern 2 Mühlen, eine mit 6, die andere mit 4 Rädern, sambt 2 Schleiffmühlen, in Boden hinein verbrunnen.“[159]

Die Mühlenquartiere 1598

Andreas Raselius und Christoph Donauer legten in ihrer „*Beschreibung der Statt Regenspurg mit allen darinnen ligenden Stüft vnnd Clöstern*“ von 1598 besonderen Wert auf die Schilderung der Topographie der Mühlenquartiere: „*Ober vnnd Under Wörth. Solche Grieß oder Wörth, zween ligen auch bey dieser Statt in der Thonau, welche doch beide durch starkhe Schlachhten und Wasser Wöhr, wie auch vermitelß der Steinern Bruckh, auf der man auß einem in den anderen gar füglich gehen mag, gleichsam vereinigt und also der Statt Leng noch ein guette starckhe Viertl Maill Weeges sich erstreckhen. Es werden aber gemehlte Orth mit unterschietlichen Namen, einer aber der Ober-, der ander der Underwörth genant, die weill man von der stainern Brückh dem Wasser nach auf- oder abwärts, in beede khommen mag, seindt auch zu beeden seithen vonn bürgerlichen Wohnungen und heußern, meistentheils vonn Müllern, Vischern und Schüffleuth besezt und bewohnet.*

Der Underwörth. Auf der anderen Seithen der Brückh, gegen den Aufgang der Sonnen stehen neben – und bey denn zwo Schleiff– und Pallier Mühlen, auch drey Getraidt Mühlen, jede zu vier grossen Gängen oder Rädern, da man an den Schwibbogen der Prückhen sehen kann. Waß für Schaden daß Feuer gethan hat, beides 1529, den 7ten July und volgente im Jahr 1555, da in der ersten Mühl von 6 Rädern, in der andern zwo Mühlen, eine mit 4 Rädern, die ander mit 4 Rädern sambt zweo Schleüff Mühlen in Boden hinein verbrunnen …“[160]

Die Mühlenquartiere 1615

Auch Jeremias Grienewaldt widmete sich 1615 den Mühlen und Donauinseln in seiner *„Ratispona oder Summarische Beschreibung der Stadt Regensburg“* im Kapitel *„Von dem Ufer oder Tonawgestett neben diser Stadt der gewaltig Stainern Brück, angehängten Mülin, zwayen beyligenden Insuln und waß darbey zu segen“*[161]: *„Es wirdt aber dieser Dame*[162] *oder Schlacht oben und hinden und vornen neben der Statt her beyseits an der Stainern und hülzerne Prückhen und bey den Inseln neben den Mülgängen p. Jahr und Tag mit grossem Fleyß, Unkosten und viele Arbeit stättigst erhalten und außgebessert und erneuert, damit nirgendt etwaß in Abgang komme. Darzu ohn Ablaß ein grosse Anzahl Werckhleit und Taglöhner erhalten werden, die solche grosse Pfähl mit einem viel Centner schweren auß Glockhensguß gegoßenen Schlägel, den sy mit künstlicher Rüstung an den Seylen über sich indie Höch ziehen und iehling wieder auf den Pfal herab schiessen und fallen lassen, in die Erdt und das Wasser hinein schlagen und in stättem Baw erhalten. Item an disem Ufer, so an etlichen Orthen sehr brait und mit Stainen schön gepflastert ist, umb der Gütter willen und waß man darauf und ableget von und zu den Schiffen auß und ein bringt.“*[163]

Zunächst beschreibt auch er die Mühlen auf der Steinernen Brücke und betritt dann über die Schlacht den Unteren Wöhrd: *„Über das hatt es auff gemelter Pruecken nicht weit von der Statt, sonderlich an der rechten Hand hinab bey die Siben schöne einzlich (?) 26 und grosse Mülin, Zu drey, vier, fünff ia wol auch sechs Rädern oder gangen, zu welchen man von der Prückh ein lange Stieg biß an die Tonaw hinab steigen muß … In deren vier, zum Schleyffen, aine zum Polieren allerley Waffen, Schwert, Harnisch, Messer und anderß Geschmeidts mehr, in den anderen zwayen aber das Getraydt gänig und gebräuchlich sein. Durch deren Traydtmülin geth ein freye Durchgang, da man widerumb auf einer künstlich und wehrhafften langen und fraien Strassen oder Schlacht, die mit offtgenanten Pfeylern beyderseitß an einander mitten durch die Tonaw abwerts geschlagen, mit Stainen eingefült und oben gepflastert, alß auf ainer Bruckhen ein guetter lange Weg von dieser Obern Mül zu einer andern herlich und grossen Mül auf deren man allein Wayzen, Grieß und Semmelmehl zuricht, truckhenß Fueß bis an die hülzern Bruckh und die undere Insel nach allen Lust gehen, reytten und fahren mag.“*[164]

Danach beschreibt Grienewaldt auch noch den Oberen Wöhrd: *„In dieser Insel sieht man abermal viel lustige und künstliche Mülen und Werckstätt, deren die erst ein grosse ansehlige Sagmül für allerhand Bretter, Latten, Bauholz etc. Darbey und anderen wunderlich zu sehen, das man zu dieser Sagmül die grosse Baum so man alßden die Flöß zusammengebunden hiezu bringet, durch sonderß arthliche Erfindung und Gerüst allgemach an Ketten von der Tunaw hinauf bis an die hoch gelegene Sagmül den allainigen Steg und Prückhen hinauf ohn menschliche Arbeit und Beystand ziehet und fast biß an die Sag hinzu richtet. Also das allein die Müller an den Baum die Hackhen und Ketten ein oder Ausschlagen, darauf anderer Arbeit nachgehen und mit solchen schieren Baumer zu heben und fortzubringen, biß zu gewisser Zeit und Stund kein Sorg noch Müh tragen müssen. Unden hero sein gewisse Kämmerlein, in welche die abfallende Sagspän oder Schaitten einfallen, welche zur Seuberung der Stüben und Zimmer von dem Volk auß der Statt fleyssig gesuecht und nach der Korb oder Maß verkaufft werden. Beynebens unden her sein noch bey sechs underschidliche Stampf- oder Walchmülen mit viel stampffen … allenthalben zugericht darin das Gewürz, Stockhfisch, verstoßen und grölent auch die Weißgerber ihre hehl Färber ihre Tüecher und Leinwath und andere Sachen mehr mit großer Unruech und boldern stättig gewalgt und gearbeittet werden. Wie künstlich aber diese Mülin mit ihren Gängen allenthalben zusamen gericht, das ain Rad und Gang in mehrern Werckhstätten und ein Werckh das andere bewegt, ziecht und antreybt, ist mehr mit anschauen zu verwundern vor wiederum alß der Läng und Gnügen nach zu beschreiben. Zum andern nach gedachter Sag kommt man wider zu ainer schönen Getraydtmülen, die fünff einzliche Gänge hat.*

Zum dritten begegnet … Die künstliche Papiermüel mit ein ansehlig hohen Hauß, da aber vielerley Werckhstätten dem zum Thayl die hadern und Lumpen auseinander gelesen, gewaschen und getrückhnet; dann das allerlei grobeß und zartes Fließ, Kramerkarten und schönes raines Schreibpapier (wie alle desselben Gattung mögen genant werden) gezogen, mehr alß einmal gebrest, aufgehengt, getrückhnet, wieder zusammengelegt, in gewisse Büech und Reiß gethayllt und gebunden, welches alles viel Müeh, Kunst und Felyß brauchet.“[165]

Abschließend widmet sich der Autor auch dem Unteren Wöhrd: *„Nun will ich die Undere Insel oder Werth, welche an ihrer Braytten und Lenge die obere weith übertrifft, auch besehen. Zu dieser schönen Insel mag man sowol von der stainernen Bruckh hinab durch die aine Traydtmül den oben beschribenen Weeg oder gemachte Schlacht mitten durch* *den Tonaustrom, alß auch von der Statt auß über die hülzerne Bruckh nach Lust mit trüchnen Fueß spazieren. (...)"* Auf dem Weg über den Unteren Wöhrd nach Osten tritt der Autor auf die damals noch dort stehende Pulvermühle: *„VIII. Dan zu underst allein steht ein andere schöne Mül, da der Salpeter und auß demselben das Pulver gemacht wirdt."*[166]

Die Mühlenquartiere 1633/34 und 1638

Bereits weiter oben wurde aus der *„Relatio historica des ganzen Verlauffs mit der Statt Regenspurg, wie es nemblichen derselben vor und nach der Schwedischen, dann der kayserlichen Belägerung ergangen"* von etwa 1635 zitiert (S. 157f.).

„Nachdem der Rath solchen Jammer mit Abbrennung der Vorstatt[167] und Vorgebeu gesehen, und die Sage gewesen, der Commantant[168] werde auch die Brucken zersprengen und alle Mühlen abbrennen, haben Sie sub dato den 26ten Octobris ... ein sehr beweglich Schreiben an Ihre Commantantur abgegeben, drinnen angezogen, was durch Abbrennung der Mihlen Gemeiner Statt und dann auch der Steinern Brucken, daran die Mühlen gebauet, vor Schaden ... erfolge. ... (Fol. 50) Der Bayer. Commandant brent alle Mühlen in den beden Wörthen ab.

Hierauf hat eotem tie, nämlich den 28ten nach wenig Stunden der Chur Bayerische Commantant den Obern und Undern Wörth, die Mahl-, Pappier-, Seeg- und andere Mühlen, sambt dem Hammer und der Hilzernen Bruggen, in den Brand stecken und bis auf den Grunnde verbrennen laßen, darmit der Statt unwiderbringlicher Schaden zuegefüegt und doch dem Feindt mehr darmit genuzt als geschadet, sintemalen durch solch Brand der Feindt aller Orthen zu recognosciren und sich hernach solcher beder Wörth desto eher zu bemechtigen, weilen leichtlich zu erachten gewest, das der Bayerische Commantant solcher fürderlich verlaßen werde. (Fol. 50 v – 51 r) Alle Mühlen an der Stainern Bruggen werden abgebrandt. In der Nacht eiusdem tie hat der Commandant mit grosster der Feinds Verwunderung selbsten, alle Mihlen an der Brucken, sowohl die Mahl- als Schleiffmihlen anzuzinden und auf denGrund verbrennen laßen, dadurch dem Feind zur Aufgab der Statt desto mehr Hoffnung gemacht."[169]

Das Fazit erscheint dagegen nüchtern im 2. Band, den *„Beylagen ad Relationem Historicam":*

„ ... bis aniezt die Statt durch die Schweedische Armee belegiert, die Stainerne Prucken sambt allen Mihlen und vil andern Gemeiner Statt und bürgerlich Gebeuen im Obern und Undern Wörth und an dem Prebrunn, durch des Chur Bayerischen Kriegscommantenten, Herrn Johann von Troibreze Freyherrns, angeordnete Feursbrunst ruinirt, desolvirt und in die Aschen geleget worden."[170]

Die bauliche Situation am Unteren Wöhrd direkt nach dem Wiederaufbau 1634/35 ist quellenmäßig unklar, denn auf der Ansicht von Stadtamhof, die Hans Georg Bahre 1638 äußerst detailreich fertigte und auf der der Untere Wöhrd zwischen den beiden Brücken abgebildet ist, stehen über einem Mühlkanal direkt unterhalb der Steinernen Brücke zwei Mühlen in Form zweier verbretterter Ständerbauten und ein zweigeschossiges Müllerhaus, das eine Fachwerkkonstruktion über einem niedrigen massiven Erdgeschoss zeigt (Abb. 46). Hierbei handelt es sich um die Neumühle, die auch auf den Darstellungen vor und nach dem Eisstoß von 1784 gezeigt ist (Abb. 50); nach dem Eisstoß gibt es jedoch nur noch ein Gebäude neben der Ruine, die mit dem Buchstaben g = Neumühle bezeichnet ist (vgl. Abb. 49, dritter Abschnitt.) Sie war mit dem Unteren Wöhrd durch die breite Schlacht verbunden.[171] Daneben liegen Stämme und Säcke. Ein ganzes Stück flussabwärts – dort, wo die ehemaligen Mühlanwesen stehen – zeigt er zwei Mühlhäuser mit je vier Rädern, die beide als *„Semmel Mühl"* bezeichnet sind, mit einem holzbeschlagenen Eisbrecher, einem Zwischengebäude, das Wöhrdstraße 4 entspricht und an der Ostseite das Müllerhaus Wöhrdstraße 8 westlich (H 199). Die spätere Gareisinsel erscheint als langes und schmales Beschlächt (siehe S. 212).

Die Mühlenquartiere 1675

In der *„Beschreibung denkwürdiger Antiquiteten und vornehmer Gebeu zu Regenspurg"*[172] von 1675 werden die Mühlen und Hammerwerke „außerhalb der Stadt", also auf den Wöhrden, zu den Sehenswürdigkeiten Regensburgs gezählt:

„Hammer und Mühlwerck außer der Stadt.
Im obern Wehrt.
Schneidmühl.
Eisenhammer.
Kupferhammer, Anno 1660 erbaut.
Papiermühl
Traidmühl
Im untern Wehrt.
Mahlmül mit Gängen
Öhlermühl.

Abb. 50: Die Ansicht „Die steinerne Brücke zu Regenspurg, wie solche vor der großen Überschwemmung Anno 1784 gegen Abend (nach Westen, Anm. d. Verf.) anzusehen war“ überliefert die Mühlen auf der Steinernen Brücke, im mittleren Vordergrund die beiden Mahlmühlen auf dem Unteren Wöhrd. Kupferstich, um 1784. (HMSR, G 1981/90,1)

Ziegelstadel.
Kalchofen.
Waßerradt, wormit das Waßer von sich selbst auf die Bleich schöpfft, unter der Steinern Brücken.
2 Schleif- und Poliermühlen, darunter die eine mit 4 Gängen.
1 Mahlmühl mit Gängen.
1 Mahlmühl mit vier Gängen, so anno 1688 auffgerichtet worden.“[173]

Die Mühlenquartiere 1729

In der Beschreibung Regensburgs, die in der *Ratisbona Politica* des Emmeramer Abtes Anselm Godins 1729 erschien[174], wird unter der Überschrift „*Regenspurg empfanget von dem vorbeyrinnenden Donau-Fluß vil gewinnreiche Lebens Nutzungen*“ dezidiert auf die Bedeutung der Mühlen hingewiesen; hierbei übernimmt er nahezu wörtlich die Grienewaldt-Chronik. Zunächst werden die Mühlen auf der Steinernen Brücke genannt: „*Letztlich ist auch dises noch zu gedencken, daß an dieser Brucken vier Mühlen, als 2. Schleiff- und 2. Mahl- oder Getrayd-Mühlen angebauit seynd, durch deren letztere (die Neumühle, Anm. d. Verf.) man vermittelst einer Schlacht, womit der so genannte obere Wörth mit dem unteren verbunden, sowohl in dem bemeldten obern- als auch untern Wörth kommen kann. Anno 1655. wurden obgedachte Scheil- Pallier- und Loh-Mühlen, nachdeme selbe Anno 1633. in Kriegweesen abgebrandt worden/wideumb aufs neu ergäntzet. So wurde auch die ehemals an dieser steinernen Brucken auf der Schlacht gestandene, aber auch vor der Schwedischen Belägerung Anno 1633. abgebrandte Mahl-Mühl von Neuen wider erbaut, und den 9.ten Julij gesagten Jahrs der Grund-Stein darzu mit grossen Ceremonien gelegt.*“[175]

Auf den Wöhrden gilt seine Aufmerksamkeit zunächst der Sägemühle: „*Neben vorgedachten Mühlen, geben der Stadt die mercklichste Nutzbarkeiten die zwey in der Donau sich befindende Insulen, deren die erste der ober Wöhrt, und die andere der unter Wöhrt ins gemein genennet wird; Und gehet man in den nächst der steinernen Bruckhen über eine auf grossen steinernen Pfaileren ruhende höltzerne Brucken (welche Anno 1502. von Herrn Jakob Schenck obristen Bauherrn angegeben worden), das selbst man unterschiedliche künstlich- und wohl gebaute Mühlen sihet, als eine grosse ansehnliche Sag-Mühl, worinnen allerhand Holtzwerck, als Bretter, Läden, Latten, Balcken und dergleichen geschnitten werden, und ist bey diser Mühl dises sonderbar zu beobachten, daß man die grosse Bäume durch sonderbare Erfindung allgemach durch Ketten, von der Donau hinauf an die hochgelegene Sag-Mühl durch Hülff deß Wassers sehr artig ziehet, und fast biss an die Stell zum schneiden richtet; Also, dass allein der Sag-Mühler und seine Leuthe an dem Baum die Hacken und Ketten ein- oder ausschlagen, darauf ande-*

rer Arbeit nachgehen, und mit solch schwären Bäumen zu heben und selbst fortzubringen, biss zu gewisser Zeit und Grund, keine sonderbare Mühe noch Sorg tragen dörffen. Untenher seynd gewisse Kämmerlein, in welchem die abfallende Sagspöhn einfallen, so nachgehen zur Säuberung der Stuben und Kammeren ausgetheilt werden.

Neben disen finden sich auch aufwerths verschiedene Stampff- und Walck-Mühlen, deren sich die Tuchmacher, Loderer und Weißgärber bedienen, und ist absondereich die neue-erfundene Machine das Brasilien-Holtz (vgl. Anm. 75) *gantz klein zuschneiden, wohl zu sehen.*

Gleich dabey begegnet einem die schöne und künstliche Papier-Mühl (so Anno 1593. angelegt worden) mit einem ansehnlichen hohen Hauß, darinnen villerley Werckstädt, wo zum Theil die Hadern und Lumpen auseinander gelesen, gewaschen, wider getrocknet, und daraus allerley groberes und zartes Papier verfertiget wird.

Nahe an diser Papier-Mühl zeigt sich eine schöne Mahl-Mühl mit unterschiedlichen Gängen, warinnen auch Winters-Zeit wegen deß vorgemachten Rechens (damit kein Eyß in den Canal kommen kan) gemahlet wird. Gegenüber stehen der Kupffer- und Eysen-Hammer, wo selbst grosse Sachen, die man in keiner Privat-Werckstadt verfertigen kan, gegossen und geschmidet werden, so alles durch Hülff deß Wassers geschicht, und verursachen dise beede Hammer, ein solches Getöß, daß man nicht wohl miteinander reden kan.“[176]

Hingegen finden die Mühlen auf dem Unteren Wöhrd längst nicht diese Aufmerksamkeit wie die großen Mühlen auf dem Oberen Wöhrd: *„Betreffend die andere Insul, oder den so genannten untern Wöhrt, ist selber zwar etwas kürtzers, doch an etlichen Orthen auch breiter, als der obere Wöhrt. Er ligt gegen Morgen, und kan auf selbigen entweder durch die Mahl-Mühl, die an der steinernen Brucken stehend, oder von der Stadt aus über die höltzerne Brucken dahin gelangen; Da sich dann zu forderist daselbst zwey schöne grosse Mahl-Mühlen, und eine Gewürtz- und Oehler-Mühl zeigen.*“[177]

Die Mühlenquartiere 1753

Auch Johann Carl Paricius nennt in seiner *„Allerneueste und bewaehrte Nachricht“* die Mühlen „Mühlwerke“ auf den Wöhrden: *„Mühlwercke im Obern Wörth. 1. Papier-Mühle, so Anno 1539 angerichtet, nachdem aber Anno 1636* [sic!] *zur Zeit der Belägerung alle Mühlen, und darunter auch diese, verbrandt worden, wurde sie Anno 1654 de novo erbauet. 2. Walck-Mühle ist Anno 1637 nach der Belägerung erbauet worden. 3. Fünff Mahl- und eine grosse mit sechs Gängen künstlich zu gerichtete Säg-Mühle, welche durch einen einigen Menschen kann regieret werden, daß sie Tag und Nacht ihren Fortgang hat. Ist im Jahr 1635 wieder erbauet. Wozu noch eine künstliche Machine zum Brasilien-Holtz* (vgl. Anm. 75) *schneiden angerichtet worden. 4. Die neue Mühl auf der steinern Brucken ist Anno 1688 erbauet worden.*

Mühlwercke im Untern Wörth. Auf der andern Seiten der steinern Bruck gen Morgen, stehen neben und bey den 2. Schleiff- und Palliermühlen, auch eine Loh- und Pulvermühle, item 2 Getrayd- und eine Oeler-Mühlen, je zu drey, fünff und sechs grossen Gängen, und eine Gewürz-Mühle. Sind Anno 1635 erbauet. … Endlichen befindet sich noch eine Pulver-Mühle an der Stadt-Mauer nechst der Ostner Batterie.

Kupffer-Hammer im Obern Wörth. Ist 1659 zu bauen resolvirt und 1666 in seinen Stand gebracht worden.

Eisenhammer im Obern Wörth. Ist Anno 1635 wieder aufgebauet, nachdem er Jahrs zuvor abgebrandt worden.“[178]

Die Mühlenquartiere im 19. bis 20. Jahrhundert

In den Baualtersplänen zur Stadtsanierung zieht Helmut-Eberhard Paulus die Summe der baugeschichtlichen Entwicklung der Mühlenquartiere:

„Das Mühlenquartier des Oberen Wöhrdes umfaßt die gesamte östliche Kopfbebauung des Oberen Wöhrdes einschließlich der alten Müllerbehausungen Badstraße 2–6 und der ehemals mit Stadel bebauten Anwesens Müllerstraße 2–6. Das in 16. Jh. zurückreichende Mühlenquartier war einer der Ausgangspunkte der frühen Industrialisierung Regensburg, insbesondere durch den 1529 angelegten Eisenhammer und die seit 1539 betriebene Papiermühle. Die ständige Anpassung der Mühlen an den neuesten technischen Stand bedingt ein nurmehr deutliches Überwiegen der baulichen Substanz des 19. Jhs., in diesem Bereich allerdings in ungebrochener Tradition der älteren Bebauung. Die Müllerbehausungen gehen noch im heutigen Bestand bis auf das 16. Jh. zurück und bilden so die frühesten Zeugnisse der Mühlenkultur im ganzen Stadtgebiet. Noch heute sind die wesentlichen Teile des Mühlenkomplexes erfahrbar. Ganz im Westen stand die Mahlmühle oder Beckenmühle (Badstr. 1). Ihr folgte die 1539 eingerichtete Papiermühle, deren Bauten weit nach Norden zur Müllerstraße vorstoßen. Im Anwesen Müllerstraße 19/19a folgte die reichsstädtische Sägemühle, der auch der ehem. Sägmühlstadel auf dem jet-

zigen Freiplatz zugehörte. 1580 wurde die Sägemühle durch eine Furniermühle auf dem Anwesen Müllerstraße 17 ergänzt. Es folgten in östlicher Richtung die Tuchmacher-Walkmühle, die Weißgerber-Walkmühle und die Ölermühle. 1852 wurde östlich noch eine Brettersäge und Schleifmühle vorgesetzt (Müllerstraße 9). An den südlichen Mühlkanal wurden 1529 der Eisenhammer (Am Beschlächt 3) und der Kupferhammer (Am Beschlächt 1–2) gebaut. Aus dem Kupferhammer entwickelten sich 1916 die Rotschmiedewerkstätten Brandner AG.“[179]

„Das Mühlenquartier des Unteren Wöhrdes geht in der Anlage auf das 16. Jh. zurück, zeigt sich auch im heutigen Bestand durch das 19. Jh. überformt. Nur die Baulichkeiten der Oberen Mahlmühle mit dem mächtigen Eisbrecher gehen substantiell auf das 17. Jh. zurück. Als einzige Mühle ist sie noch mit einem Mühlenrad versehen, auch wenn sich dieses nur als Eisenkonstruktion von 1889 erhalten hat. Östlich anschließenden Mühlen, die ehem. Untere Mahlmühle (Wöhrdstraße 6), die ehem. Ölermühle (Wöhrdstraße 8) und die ehem. Gewürz- und nachmalige Lederermühle (Wöhrdstraße 10) wurden bis in das späte 19. Jh. den technischen Neuerungen laufend angepasst, schließlich zu Wohngebäuden umgenutzt. Nördlich der Mühlenzeile lagen stadteigene, den Müllern zur Nutzung überlassene Gartengrundstücke, die erst um 1900 mit großdimensionierten Mietshäusern bebaut wurden.“[180]

Die Einzelbauten

Überblick (Abb. 51)

Wöhrdstraße 2–2b, Lit. H 198: *Saghmühle, auch Peckhenmühle, Mehlmühle, Erste Mahlmühle, Obere Mahlmühle; westlicher Hausteil: „Eiswehr“; östlicher Hausteil: ehemaliger Mühlenstadel;*

Wöhrdstraße 4, Lit. H 198: *ehemaliges Müllerhaus zur Oberen Mahlmühle (Wöhrdstraße 2);*

Wöhrdstraße 6, Lit. H 199 bzw. 199 ½: *Semelmühle, Zweite Mahlmühle, Untere Mahlmühle;*

Wöhrdstraße 8, Lit. H 199–200: *westlicher Teil (Lit. H 199): ehemaliges Müllerwohnhaus der Unteren Mahlmühle; östlicher Teil (Lit. 200): anstelle der Ölermühle;*

Wöhrdstraße 10 (Lit. H 201): *Gewürzmühle (seit 1686)*[181]*, später Lederermühle (seit 1803).*

In der nachfolgenden Aufstellung bleibt aus Gründen des Umfangs die Baugeschichte der Nach-Mühlenzeit unberücksichtigt wie Umbauten, Aufstockungen und ähnliche Modernisierungsmaßnahmen.

Auf der Ansicht des Unteren Wöhrds nach dem Hochwasser 1784 (Abb. 49) werden unter Lit. D. die Mühlen nach ihren Besitzern und Funktionen als Pösnecker- (Obere Mühlmühle), Mederer- (Untere Mahlmühle), Öler- und Gewürzmühle aufgezählt. Den Zustand um 1825–30 dokumentiert die Ansicht von Conrad Wiesner (Abb. 40): Die Obere und die Untere Mahlmühle sind auf der um 1834 entstandenen Ansicht Stadtamhofs als langgestreckter Satteldachbau mit dem westlichen Eisbrecher von 1722, einer Brücke davor dargestellt, dahinter sechs eng stehende Pansterräder mit den Aufzugsvorrichtungen, das Mühlenhaus nach Süden mit Verbretterung, die eine Ständer- und Fachwerkkonstruktion maskiert. Als Fachwerkbau über der Quadermauer des Mühlzauns ist am rechten Bildrand die Ölmühle angeschnitten; dieser Quadersockel existiert noch (Abb. 52). Der Mühlzaun, die später sogenannte Gareis-Insel, erscheint bei Wiesner als niedriges Beschlächt mit der für solche Inseln typischen Busch-Vegetation. Am nördlichen Donauufer unterhalb von St. Mang steht die große Stadtamhofer Mühle, daneben der ehemalige Kurbaierische Salzstadel. Nicht eindeutig zu lokalisieren ist die in den Quellen bisweilen genannte Lohmühle auf dem Unteren Wöhrd.

Die Pulvermühle

Die bis in die erste Hälfte des 19. Jahrhunderts bestehende Pulvermühle war von ihrem Ursprung her eine „Unterwöhrder“ Mühle. 1534 wurde sie etwa an der Stelle erbaut, an der oberhalb der Hölzernen Brücke bis 1518 die Semelmühle gestanden hatte.[182] Schon 1541 wurde sie nach einem Brand *„inn Vndern Wördt gar anns endt hinab gebautt“.*[183] 1612 kam es zu einem erneuten Brand, worauf der Pulvermacher und Büchsenmeister Hans Wolf den Rat der Stadt ersuchte, ihm eine neue Pulvermühle zu bauen. Wolf schlug als neuen Standort das Beschlächt oberhalb der Ostenbastei vor. Nach der Grienewaldt-Chronik 1615 stand sie jedoch damals noch an der Wöhrdspitze: *„Dan zu underst allein steht ein andere schöne Mül, da der Salpeter und auß demselben das Pulver gemacht wirdt.“*[184] Jedoch kann diese Information noch aus der Zeit vor 1612 stammen. Weil man den Bau einer neuen Mühle *„für eine Nothdurft erachtet(e)“*[185], gab der Rat diesem Antrag statt, womit der Platz etwa auf Höhe des sogenannten Anatomieturms gefunden war, an dem sie noch Anfang des 19. Jahrhunderts als Schiffmühle belegt ist (siehe S. 181f.). Kurz nach dem Neubau brannte sie am 29. Juni 1618

Abb. 51: Die Vielgestaltigkeit des ehemaligen Mühlenquartiers am Unteren Wöhrd (Wöhrdstraße 2–20, von links nach rechts) spiegelt trotz aller Neubauten ihre komplexe Entwicklungs- und Baugeschichte. Foto: P. Morsbach

nieder, was in der Bauamtschronik ausführlichen Niederschlag fand, nachdem sie bereits im Winter desselben Jahres durch einen Eisstoß und Hochwasser beschädigt worden war.[186] Das Mahlwerk ist in der Werkzeichung Nr. 31 der Bauamtschronik (Abb. 5) überliefert. Nach den Bildquellen (Abb. 53) stand sie außen an der Mauer zunächst als Landmühle; wann sie auf ein Schiff verlegt wurde (Abb. 43), lässt sich bislang nicht feststellen.[187] Der Neubau erfolgte 1619 am selben Platz[188]; seitdem scheint Ruhe geherrscht zu haben.

Wöhrdstraße 2–2b, Lit. H 198[189]
Saghmühle, auch Peckhenmühle, Mehlmühle, Erste Mahlmühle, Obere Mahlmühle

Hauptgebäude:

1559 Ausbesserung
1594 Neubau
1595 Schaden durch Eisstoß
1624 Reparatur
1633 Brandzerstörung durch Troibreze
1725 Erwähnung der Durchfahrt zwischen beiden Mahlmühlen (Schupfen in der Semelmühle)
1729 Reparatur von Hochwasserschäden
1734 Schäden durch Eisstoß
1743 Unterfangen mit Quadern
1751, 1762, 1766 Erwähnung von Schindeldeckung
1763 Neubau mit vier anstatt sechs Gängen
1783 Hauptreparatur
1784 Schäden durch Eisstoß; genannt Pösnecker-Mühle
1789 Schäden durch Eisstoß
1844 städtische Mahlmühle
1868 Kauf durch Anton Gareis, in der Folge Umbau und Umnutzung zu einer Werkstatt
1880 weitgehender Umbau oder Neubau des westlichen hölzernen Mühlengebäudes
1889 Abbruch und Neubau des östlichen ehemaligen Mühlstadels
1896 Umbau der Mühlenanlage, Mühlrad (oder 1889)

Westlicher Hausteil, „Eiswehr“:

1722 Erbauung der Eiswehr (westlicher Hausteil) in Quadermauerwerk mit Stube und Dachstuhl anstelle einer holzbewehrten Konstruktion
Um 1868 Einbau einer Schleifmühle
1880 Umbau der Schleifmühle zu Wohnungen

Östlicher Hausteil, ehemaliger Mühlenstadel:

1889 Neubau
Nach Germann-Bauer[190] soll sich hier im 15. Jahrhundert eine namengebende *Sägemühle* befunden haben. Der da-

malige Inhaber Georg Altheimer gab die Sägemühle 1497 auf und errichtete die neue Semel- und Stampfmühle. Der von Germann-Bauer erwähnte Namen *„Rocken-Mühl“* könnte mit Roggen zusammenhängen; der Name *Sag(h) mühl* leitet sich meines Erachtens vom mittelhochdeutschen *sac* = Sack, Tasche im Sinne eines Getreidesacks her (vgl. dieselbe Etymologie des „Leeren Beutels“ in Regensburg). Dass eine Mühle mit neuer Funktion ihre alte Funktionsbezeichnung beibehielt, ist auszuschließen. Insofern ist es zu überlegen, ob die erste „Sägemühl“ nicht eher eine „Saghmühle“ meinte.

Andeutungen über die Mühle als Holzbau mit einem Satteldach – entsprechend den historischen Darstellungen – ergibt sich aus einem Eintrag in der Bauamtschronik von 1559 über die Reparatur der *„melmül, so die Sagmül genannt württ“*.[191] Die Baufälligkeit dieser Konstruktion, die 1594 zum Neubau der *„Bäckermühle“* führte, beruhte nicht zuletzt auf den verfaulten Grundschwellen.[192] Die Mühle besaß 1624 drei Gänge, die damals erneuert wurden.[193] Die übliche Schindeldeckung ist zum Beispiel 1751 und 1762 belegt.[194]

Zur Brandzerstörung im Dreißigjährigen Krieg siehe S. 157f.. Nach dem Krieg entstand die Mühle um zwei Gänge größer, unter einem Dach mit der Semelmühle (Wöhrdstraße 6), wie die Werkzeichnung des Stadtzimmermeisters Lorenz Friedrich 1639 aus der Bauamtschronik Nr. 38 verdeutlicht (Abb. 8): Beide Mühlen besaßen im Mühlkanal je fünf Gänge mit unterschlächtigen Wasserrädern, die gegeneinander versetzt waren, um sich nicht gegenseitig die Strömung zu vermindern. Hans Georg Bahre stellte an dieser Stelle 1638 zwei Semmel-Mühlen mit den beiden Müllerhäusern dar (Wöhrdstraße 2–6, Abb. 46).

Die heute noch für den westlichen Kopfbau so charakteristische spitzwinklige Eiswehr wurde 1722 aus Quadersteinen (neu) errichtet, *„darauf eine Stube samt Dachstuhl gesezt“*.[195] 1743 erhielt die Mühle einen Unterbau aus Schwellen, die mit Quadern unterfangen wurden[196], ebenso 1754, wo sie bereits acht Gänge und das Wohnhaus des Müllers (Wöhrdstraße 4) besaß, das hier erstmals belegt ist (siehe auch unter Wöhrdstraße 4).[197] Im Laufe des 18. Jahrhunderts werden in der Bauamtschronik immer wieder Reparaturen an der Oberen Mühle verzeichnet, während der Name Saghmühle offensichtlich in Vergessenheit geraten war.

1763 ist die Existenz einer Knechtstube gesichert, deren Fußboden mit Quadern belegt wurde,[198] die sich im Erdgeschoss befand; von einer Zweigeschossigkeit ist auch sonst nicht die Rede, so sind auch die Bildquellen hier nicht eindeutig.

Abb. 52: Der Quadersockel unter Wöhrdstraße 10 stammt wohl aus dem 18. Jahrhundert. Foto: P. Morsbach

Die Durchfahrt bei den beiden Mahlmühlen Wöhrdstraße 2 und 6 ist 1766 mit Schindeldachung erwähnt. Sie lässt sich nicht exakt lokalisieren, denn zwischen den beiden Mühlen stand das Müllerwohnhaus Wöhrdstraße 4 (siehe dort). Es könnte sich auch um den westlichen Stich der Wöhrdstraße handeln, denn im gleichen Zusammenhang werden die Planken an den zu den Mühlen gehörigen Gärten genannt, die auf der Nordseite lagen.[199]

Zwischen 1774 und 1790 überliefert die Bauamtschronik überwiegend Reparaturen, ohne diese genauer zu benennen. Dies ist erst wieder bei einer *„Hauptreparatur“* 1783 der

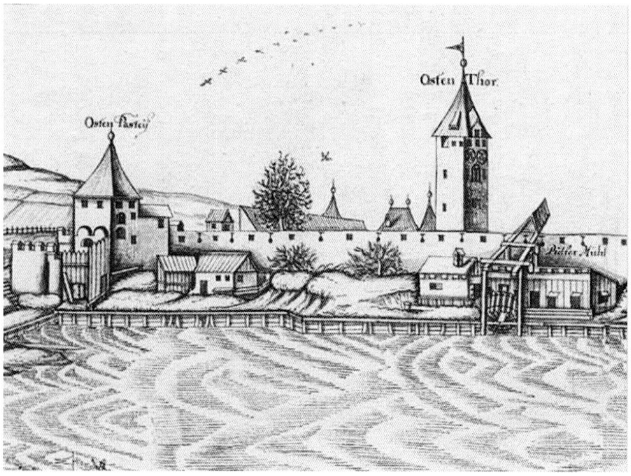

Abb. 53: Die Pulvermühle als Landmühle, 1630. (BSB Cod.icon. 198, Ausschnitt)

Fall: *„als zum Fußboden Stecken geschlagen, Lager gelegt, belegt, unter die Steig ein Geschwell, Schift und Rund Säulen eingezogen, zu die Aufzugsäulen neue Stecken geschlagen, Geschwell aufgelegt, Gründl, Wagbaum eingezogen, die Steig neu belegt, ein Stück Schindeldachung neu gedeckt."*[200] In dieser Zeit ereigneten sich auch zwei Eisstöße: 1784 (siehe S. 187) wurden *„die ersten Gänge an der O. M. im U. W. ... gänzlich ruinirt"*.[201] Die Reparaturkosten beliefen sich auf erkleckliche 1449 fl. 42 kr.[202] Beim Eisstoß 1789 (siehe S. 187) rettete der Eisbock an der Westseite die anderen Mühlen: *„Die Verstopfung des Flußbettes bis über die Steinerne ist hier nächste ausser Erhöhung des steineren Eißbocks vor der Oberen Mühl im U W von 1784 die Existenz derer smtl. Unterwörther Mühlen zu werden kann. Sie würden wahrscheinl. die anfangliche so entsetzliche Gewalt des Eißganges nicht ausgehalten haben, wenn selbiger nicht durch die Verstopfung über die Oberwörther Schlacht abgeleitet gewesen und der Eißbock nicht hoch und stark genug gewesen wäre, die von der bayrischenseitte unterhalb der steinern Brücke wieder in diesseitiges Rinnsaal zurück kommende Eisschollen zu zertrümmern und von den Riegelwänden des Gebäudes abzuweisen."*[203]
Die Nachrichten zu den Schicksalen der Mühle setzen (außer den Nennungen in den Adressbüchern) 1844 mit der Bezeichnung als „städtische Mahlmühle" auf dem Neubauplan Wöhrdstraße 10 (siehe S. 207ff.) ein. 1868 erwarb Anton Gareis die Häuser Wöhrdstraße 2, 2 b, 4, wo nun Dampfmaschinen repariert wurden.[204] 1880 ließ er durch den Zimmermeister Ludwig Hofmeier das westliche Mühlengebäude als einen zweigeschossigen Massivbau mit Frackdach und über dem Mühlkanal versetzten Geschosshöhen neu errichten (Abb. 54).[205]

1880 entstand der Plan, die frühere Schleifmühle – das Gebäude über dem westlichen Eisbrecher – zur Werkstätte mit darüber liegenden Wohnungen umzubauen. Der Antrag wurde baupolizeilich genehmigt, unter der Auflage dass *„1. die Umfassungsmauer die alte Richtung beibehalten und dadurch die Hochwasserabflußverhältnisse nicht berührt werden; 2. der Mühlkanal keine Aenderung erleidet, welche auf dem Verbrauch des Wassers oder die Höhe des Oberwassers von Einfluß ist; 3. das dem Aerar zustehende Recht der ungehinderten Zufuhr und Durchfahrt von dem Hs. N°. 198 nicht beeinträchtigt wird. Empfehlen dürfte es sich, den projektierten Abort, obwohl er früher auch an dieser Stelle sich befand, zu verlegen."*[206]
Nach dem Neubau des westlichen Mühlenhauses ereilte dieses Schicksal 1889 nun auch den östlichen anschließenden Mühlenstadel durch Baumeister Karl Hofmeier (Abb. 55).[207]

Das als einziges erhaltene Wasserrad der Gareis-Mühle entstand ebenfalls im ausgehenden 19. Jahrhundert, wozu jedoch keine genauen Daten existieren.[208] Dazu berichtete der Tagesanzeiger 1955 unter dem Titel *„Die Donau treibt das Schaufelrad und die Maschinen an"* über die Werkstätte des Maschinenbaumeisters Anton Gareis: *„Als der Großvater des heutigen Besitzers im Jahre 1868 das Haus käuflich erwarb, waren entlang der Donau noch 16 Schaufelräder in Betrieb. .... Herr Gareis ist der letzte Regensburger, der seine Maschinen mit einem von der Donau ‚angekurbelten' Schaufelrad betreibt. ... Die Maschinen können fast das ganze Jahr über mit Wasserkraft betrieben werden. Nur bei Hochwassergefahr oder bei starkem Eisgang muss das Schaufelrad, das der Höhe des Wasserspiegels entsprechend eingestellt werden kann, zum Stillstand gebracht werden."*[209]
Der 1968 eingereichte, jedoch nicht realisierte Plan zu einem radikalen Um- bzw. weitgehenden Neubau des Hauses markiert das Ende der Mühlentradition[210], doch blieben im Eisbrecher und der zugehörigen ehemaligen Schleifmühle noch bauliche Reste der Oberen Mühle aus dem 17. Jahrhundert erhalten.[211] Die ehemalige Obere Mühle gilt als *„letzte Mühle an der deutschen Donau"*. Daher bemühte man sich Ende der 1980er Jahre intensiv um den Erhalt und die Sanierung des Wasserrades[212], wozu natürlich auch das sogenannte Mühlzäunl, die Mauer an der vorgelagerten Donauinsel gehört.[213]

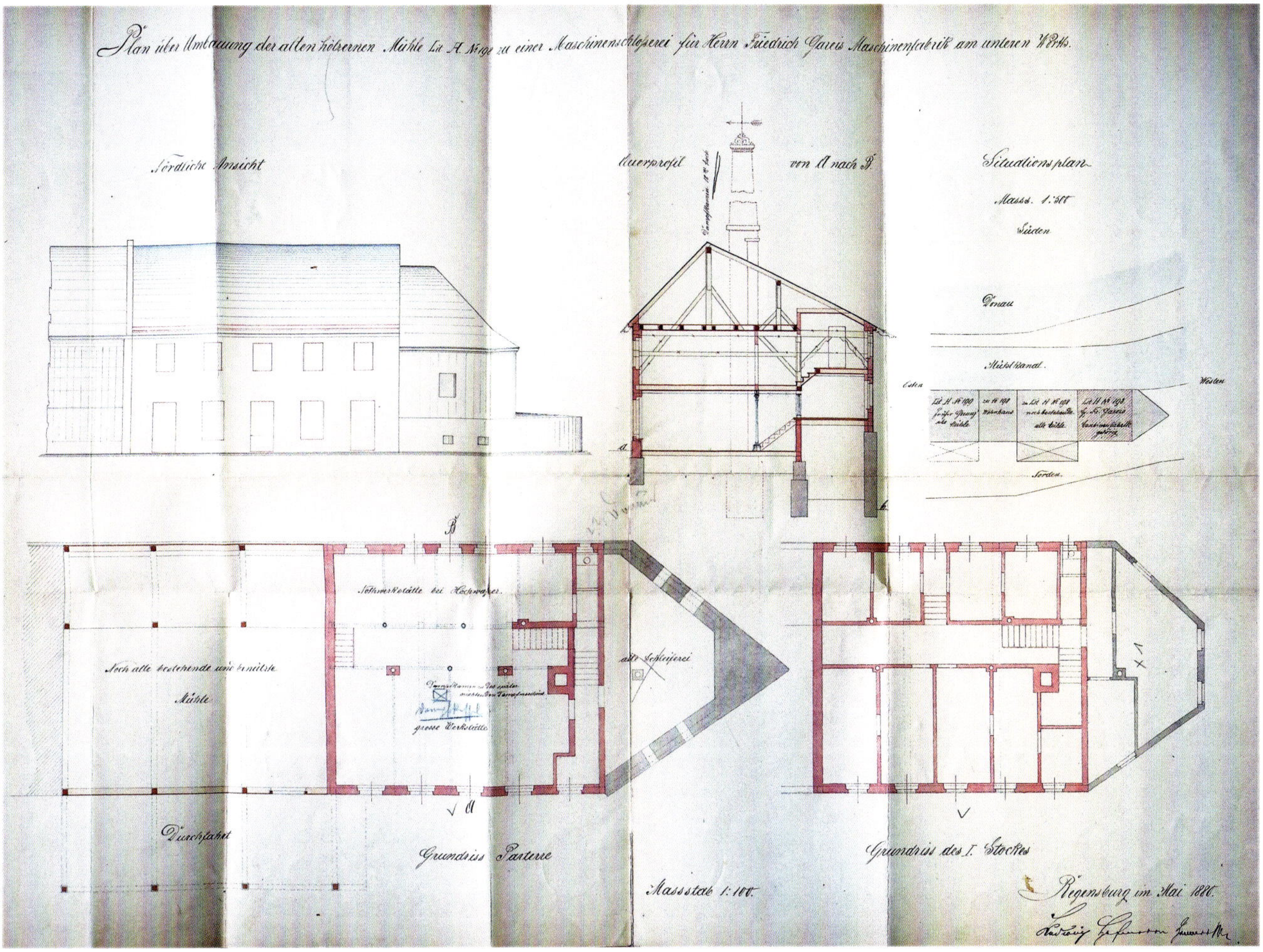

Abb. 54: Wöhrdstraße 2. Plan über den Neubau der alten hölzernen Mühle (westlicher Teil) als Massivkonstruktion. Zimmermeister Ludwig Hofmeier, Mai 1880. BOAR Wöhrdstraße 2

Wöhrdstraße 4, Lit. H 198
Ehemaliges Müllerhaus zur Oberen Mahlmühle

1635–1639 Erbauung
1725, 1766 Erwähnung einer Durchfahrt bei den beiden Mahlmühlen mit Schindeldeckung; Zuweisung an dieses Gebäude jedoch unsicher.
1876 Wiederaufbauplanung nach Brand
1889 Umbau
1967 Abbruch und Neubau
Im Grundriss Nr. 38 der Semel- und Saghmühle 1639 aus der Bauamtschronik (Abb. 8) wird das Haus als Bestandsgebäude dargestellt. Es sind auf dem Plan jeweils rechts der Mühlwerke zwei Häuser gestrichelt eingezeichnet. Ein Vergleich mit einem Bestandsplan des 19. Jahrhunderts (Abb. 56) – dreiräumig, nach Norden zwei schmalere Räume, mit dem Treppenhaus links – stimmt nur für das rechte Haus neben den rechten Mühlwerken überein. Das zwischen den beiden Mühlen stehende Gebäude ist zwar auch dreiräumig, jedoch mit einem anderen Grundrisszuschnitt. Daraus ergibt sich die Frage, ob es sich hierbei nicht um einen Schupfen über (?) der Durchfahrt gehandelt haben könnte (siehe Wöhrdstraße 6 unter 1725).
1754 ist eine Reparatur des Hauses belegt, bei der nicht nur Bürsten als Uferbefestigung geschlagen wurden, sondern auch eine Unterfangung mit Quadern stattfand, wie sie auch bei den Mühlen durchgeführt wurden.[214]
1876 ereignete sich ein Brand, nach dem das Haus im Auftrag des Müllermeisters Heinrich Huther wiederhergestellt wurde (Abb. 56).[215] Der Plan zeigt ein zweigeschossiges und

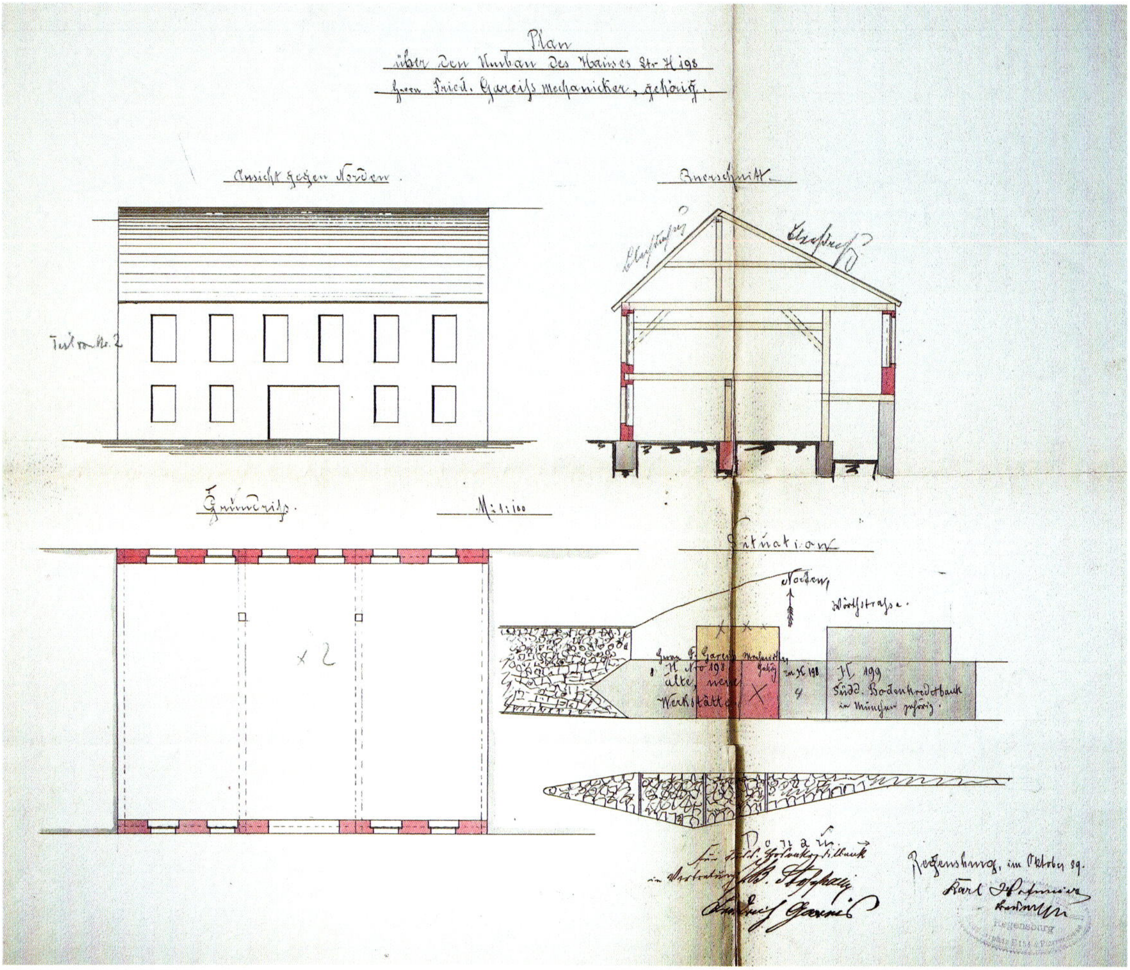

Abb. 55: Wöhrdstraße 2. Umbauplanung der alten hölzernen Mühle (östlicher Teil), Baumeister Karl Hofmeier, Oktober 1889. BOAR Wöhrdstraße 2

traufständiges Satteldachhaus mit einem flussseitigen Einraum und zwei Räumen zur Straße mit Treppenaufgang.

Die Auseinandersetzungen über die Ableitung von Exkrementen 1892–93 machten einen Übelstand deutlich, der im Bereich der Mühlen um diese Zeit immer wieder ein Thema war: Die Abwässer wurden direkt in die Donau abgeführt, jedoch bei Niedrigwasser nicht weggeschwemmt, sodass sie liegen blieben und einen – nach Aussage der Nachbarn – unerträglichen Gestank verbreiteten.[216]
1967 wurde das Haus durch einen dreigeschossigen Neubau ersetzt.[217] Die Bauvorlage des Architekten Gottfried Froschhammer lässt erkennen, dass die Umfassungsmauer des Unter- und Erdgeschosses bestehen bleiben und nur flussseitig erneuert, jedoch das Obergeschoss neu aufgesetzt werden sollte; zugleich wurden neue Treppen eingebaut. Die Raumdisposition des Untergeschosses mit dem nordwestlichen Treppenhaus und einem seitlichen Anraum nebst einem dahinterliegenden größeren Raum entspricht der Raumdisposition des Altbaus. Der Schnitt zeigt, dass vom alten Bau auch die Nordmauer erhalten bleiben sollte (Abb. 57).[218]

Wöhrdstraße 6, Lit. H 199 bzw. 199 ½[219]
Semelmühle, Zweite Mahlmühle, Untere Mahlmühle

1518 Brand
1554 Abbruch und Neubau
1589 Neubau bzw. Reparatur
1595 Schäden durch Eisstoß

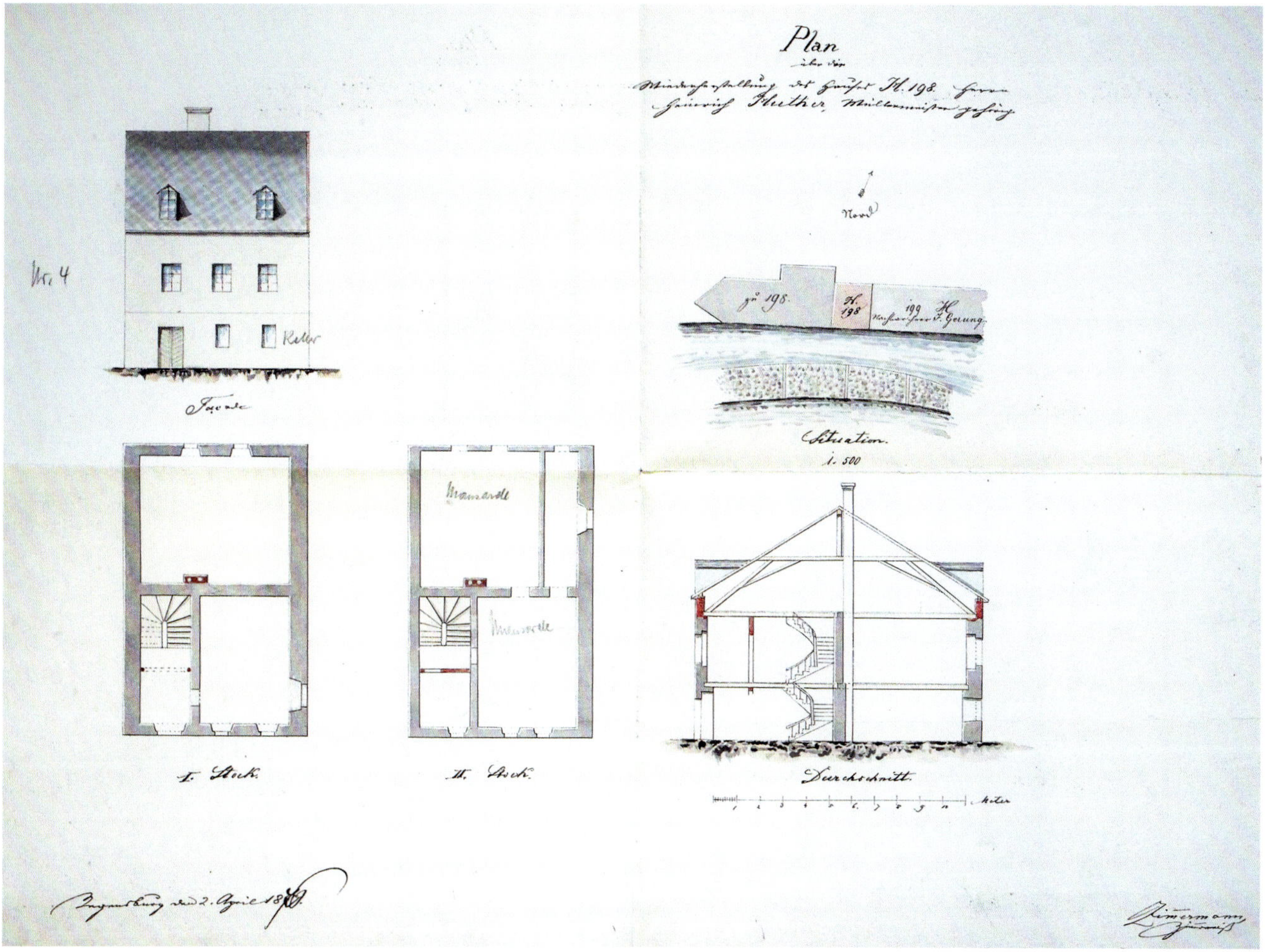

Abb. 56: Plan zur Wiederherstellung des Hauses H 198, Zimmermeister Josef Zimmermann, 1876, 2. April. BOAR Wöhrdstraße 4

1623 Erneuerung
1633 Brandzerstörung durch Troibreze
1723 Anlage eines kleinen Kellers (unsichere Zuweisung)
1725 Erwähnung der Durchfahrt zwischen beiden Mahlmühlen (in einem Schupfen der Semelmühle)
1729 Hochwasserschäden
1750, 1754, 1759 Unterfangung mit Quadern
1751, 1762, 1766 Erwähnung von Schindeldeckung
1784 Schäden durch Eisstoß
1807–1855 Zweite städtische Mahlmühle
1875 Versteinerung der Holzwände; Abbruch der fünf Wasserräder
1877 Einbau einer Dampfmaschine in die Kunstmühle
1902 Abbruch und Neubau als Druckerei- und Wohngebäude Mangold bzw. Aufstockung eines Bestandsgebäudes
1903–1980 Mühlradbetrieb
1953–1958, 1981 Garageneinbauten
1980 Abbau des Mühlrades

Die früheste Erwähnung der Semelmühle in der Bauamtschronik 1518 weist einerseits auf ihre Funktion hin, Weizenmehl für die Herstellung von Weizenbrot, den sogenannten Semmeln, überliefert zum anderen ihre Lage unmittelbar oberhalb der Hölzernen Brücke, ihre Größe mit vier Gängen und die Tatsache, dass sie in diesem Jahr niederbrannte. Die Brandursache war unbekannt; beinahe hätte der Funkenflug auch die Hölzerne Brücke in Brand gesteckt.[220] An ihrem Standort errichtete man 1534 die Pulvermühle, die hier auch keinen langen Bestand hatte (siehe S. 195f.). Nach ihrem erneuten Brand wurde die Mahlmühle 1541 neu gebaut.[221]

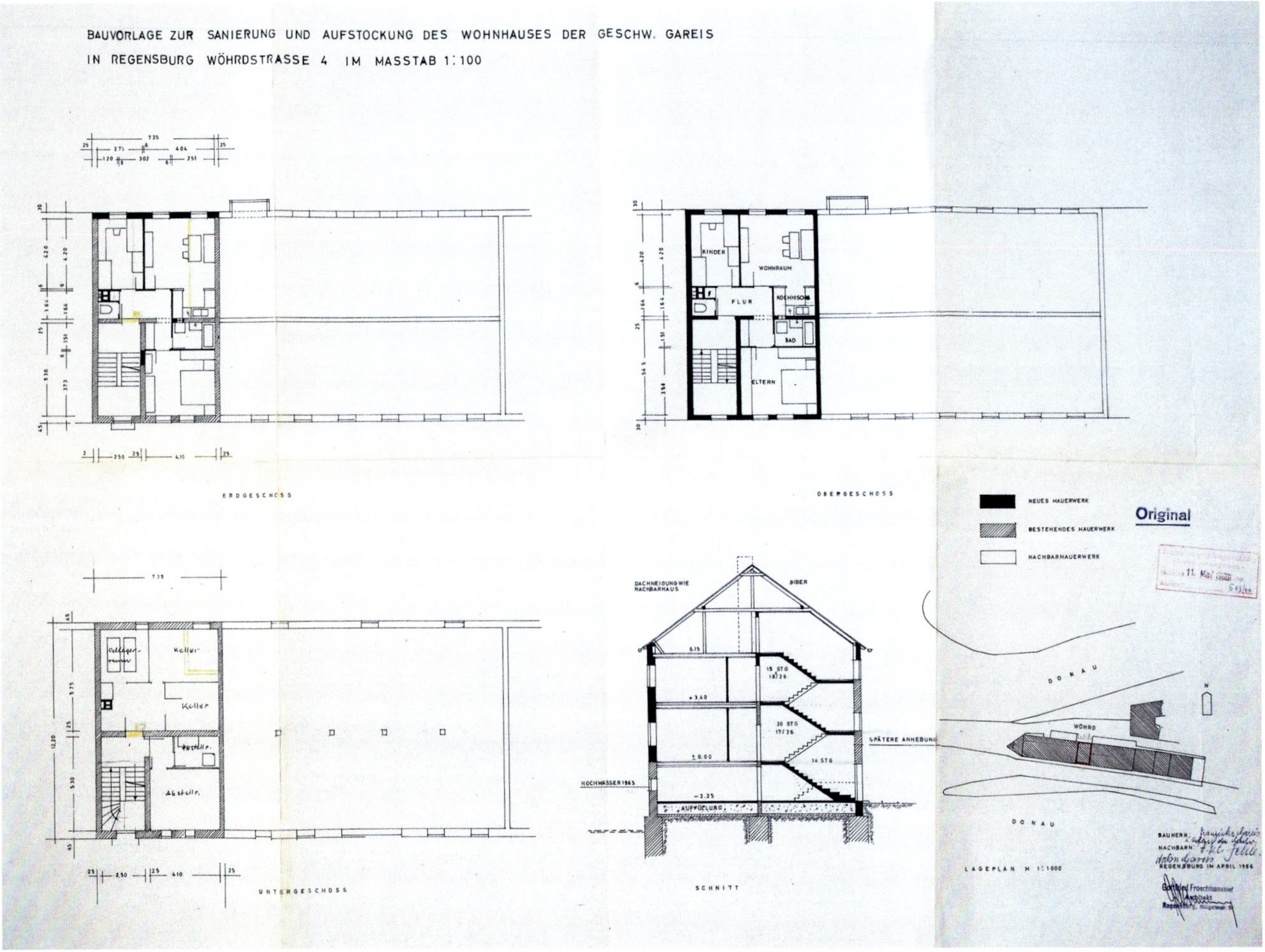

Abb. 57: Bauvorlage zum (Teil-)Neubau des Hauses, bei der die Bestandsmauern dunkel eingetragen sind. Architekt Gottfried Froschhammer, 1966. BOAR Wöhrdstraße 4

Aus den chronikalischen Einträgen ist nicht genau zu erkennen, zu welchem Zeitpunkt die Semelmühle an ihrem Standort unterhalb der Oberen Mahlmühle entstand, also unter der heutigen Adresse Wöhrdstraße 6. 1554 wird anlässlich ihres Abbruchs und Neubaus letztmals der Standort oberhalb (= an) der Hölzernen Brücke erwähnt.[222] Im Zuge eines erneuten Abbruchs und Neubaus aufgrund ihrer schadhaften Schwellen und Mahlwerke, des sogenannten gehenden Zeugs[223], fand sie wohl 1589 ihren endgültigen Standort an der ersten Mahlmühle.[224] Im Zusammenhang mit Schäden bei einem Eisstoß 1595 werden erstmals die beiden Mahlmühlen gemeinsam, also als benachbart und zugleich mit ihrer technischen Ausstattung genannt: *„amwöll, grüntl, laisst, gehenng, waagpaumb, palierscheüben, hiern-, khamb- vnd seittenröder"*, also Wellen, Gründe, Leisten, Gehänge, Waagbaum, Polierscheiben, Stirn-, Kamm- und Seitenräder.[225] Auch dieser Mühle setzte die permanente Feuchtigkeit und die Abnützung des gehenden Zeugs so zu, dass der Müller Georg Erlwek 1623 nicht mehr wagte, die Mühlsteine aufzuziehen und wieder eine Erneuerung notwendig wurde, die mit immerhin 1750 fl. zu Buche schlug.[226] Genau zehn Jahre später fiel die Mühle der Brandzerstörung durch Johann de Troibreze zum Opfer (siehe S. 157f.). Aus dem Jahr 1639 ist eine erneuerte Anlage der beiden Mahlmühlen in der Werkzeichnung der Bauamtschronik Nr. 38 von Lorenz Friedrich überliefert (Abb. 8). Der Name Semelmühle verschwand zugunsten von Untere Mahlmühle.

Aus den Jahrzehnten zwischen 1723 und 1790 sind mit einigen Ausnahmen nur „normale" Reparaturen in der Bauamtschronik belegt. Die Anlage eines kleinen gemauerten

Kellers in einer Mahlmühle auf dem Unteren Wöhrd 1723 ist nicht eindeutig lokalisierbar.[227] 1725, 1757 und 1766 wird eine schindelgedeckte Durchfahrt *„bei den beiden Mahlmühlen"* erwähnt, was sicher als „zwischen den Mühlen" zu verstehen ist.[228] Schon auf dem gerade erwähnten Plan 1639 ist diese Situation dargestellt. Die Durchfahrt befand sich in einem schindelgedeckten Schupfen. Belegt wird dies 1875 durch eine Aussage des städtischen Zimmererpoliers Andreas Neuberg, der mit der Reparatur und Anlage von Beschlächten beschäftigt war, und des Maurerpoliers Bartholomäus Stiegler, dass die *„offene Schupfe auf dem Anwesen H 199 immer als Durchfahrt"* benutzt wurde.[229] Die Unterfangung der Mühle mit Quadern ist erstmals für 1750 belegt[230] und setzt sich in den Jahren 1754 und 1759 fort. Beim Hochwasser und Eisstoß 1784 wird die Untere Mühle zwar nicht ausdrücklich genannt (siehe S. 187), doch die Reparaturkosten von 2823 fl. für die *„Unterhaltung im baulichen Stand"* sprechen für sich.[231]

In der nachreichsstädtischen Zeit behielt die Mühle ihre Funktion.[232] Von 1807 bis 1855 diente sie als „städtische zweite Mahlmühle". Auch die nachfolgenden Besitzer, der Bäckermeister Johann Hettenkofer (1859–1868) und der Melber (Mehlhändler) Michael Schichtl nutzten die Mühle ebenfalls noch im ursprünglichen Sinne. Letzterer ließ 1872 zwei bewohnbare Dachwohnungen einbauen.[233]

Den Bestand der Mühle bis etwa 1875 belegt ein Auszug aus dem Grundsteuerkataster: *„Pl. N°. 1736 H 199 die untere Mahlmühle daselbst mit sechs Mahlgängen, Mühlstübchen, Müllerwohnung, Pumpbrunnen im angebauten Schupfe. 0,16 Tgw."*[234]

Unter dem Nachbesitzer, Müller Georg Gerung, erfolgte 1875 ein grundlegender Umbau, bei dem zunächst die Holz- durch Massivwände ersetzt wurden (Abb. 58).[235] Zugleich ließ er die fünf alten Wasserräder entfernen und durch drei neue ersetzen.[236] Dies markiert den Wandel von der Mehlmühle zur Gerung'schen Kunstmühle.

Von 1876–77 ist der letzte große Umbau der Mühle durch die Aufstellung einer *„Dampflocomobilienanlage"*, einer Dampfmaschine in Form einer Lokomotive vom Typ „Adler" (Abb. 59)[237] verzeichnet. Zugleich überliefern die Baupläne die Struktur der Mühle, mit versetzten Geschossen und einer erhöhten Bühne über dem Mühlkanal, auf der die Dampfmaschine aufgestellt wurde.

Mit dem Abbruch der Mühle 1902 und dem Neubau als Buchdruckerei für Dominikus Mangold[238] endet die Mühlentradition an diesem Ort, doch das letzte Wasserrad, das zum Antrieb der Druckmaschinen gebraucht wurde, erhielt die Erinnerung daran bis zu seiner Entfernung 1980.[239]

Wöhrdstraße 8 (Lit. H 199–200)[240]

H 199 westliches ehemaliges Müllerwohnhaus der Unteren Mahlmühle;
Lit. 200 östliche ehemalige Ölermühle

Lit. H 199:
1567 Abbruch und Neubau des Müllerhauses
1890 Umbau und Aufstockung des westlichen Hauses, beide Hausteile mit Feuermauer
Lit. H 200:
1655 Bau einer Öler- und Gewürzmühlstampfe
1686 Neubau der Gewürz- in der Ölermühle
1708 Reparatur der Öler- und Gewürzmühle
ab 1713 nur noch Ölermühle
1734 Schäden durch Eisstoß
1807 Brandzerstörung
1824 Errichtung einer Öl- und Knoppermühle neben der Ölermühle abgelehnt
1825 Bau einer Farb-, Öl- und Lohmühle
1890 Umbau mit Aufstockung des östlichen Hauses, beide Hausteile mit Feuermauer
1908 Abortaufbau
1954–1958 Garageneinbau; Dachausbau
1964 Garageneinbau in einem Kellerraum
1999–2000 Dachgeschoss-Umbau

Das Anwesen teilt sich in zwei Bauten, die unterschiedliche historische Zusammenhänge darstellen: das westliche Haus (alt Lit. H 199) war das Müllerwohnhaus der Unteren Mahlmühle (Wöhrdstraße 6), während der östliche Teil die Ölermühle darstellte. Allerdings ist deren räumliches und funktionales Verhältnis zum Nachbaranwesen H 201 (Wöhrdstraße 10) nicht ganz eindeutig.[241]

Lit. H 199: Das Müllerwohnhaus der Unteren Mahlmühle

Das Müllerwohnhaus der Unteren Mahlmühle findet in den Quellen so gut wie keine Erwähnung. Immerhin überliefert die Bauamtschronik 1567 Abbruch und Neubau des Müllerhauses bei der *„vunnteren mul gegen der hultzen pruckhen"*.[242] Die Situation vor dem Bau der Ölmühle zeigt die Ansicht des Unteren Wöhrds von Hans Georg Bahre 1638: Das Wohnhaus ist hier als zweigeschossiger Bau über einem

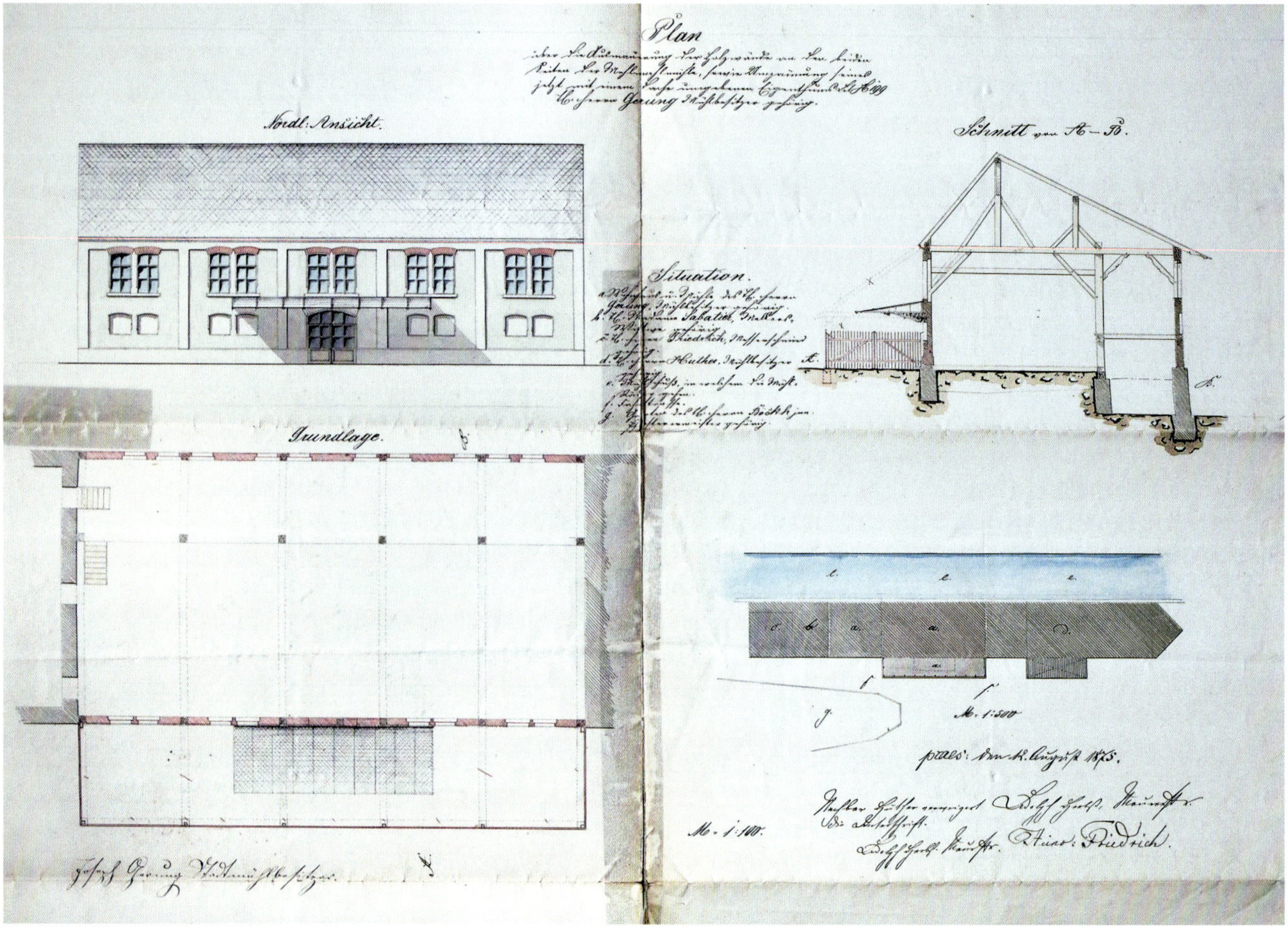

Abb. 58: Wöhrdstraße 6. Ersatz der Holzwände durch Massivwände; vor 1875, 12. August, Maurermeister Adolph Herbst, BOAR Wöhrdstraße 6

Quadersockel mit einer Laube nach Süden und einem Halbwalmdach mit verbrettertem Giebel dargestellt (Abb. 46). Erst 1890 wurden beide Hausteile bei einem grundlegenden Umbau vereint. Den Anfang machte hierbei das Müllerwohnhaus, für dessen Umbau und Aufstockung Baumeister Christian Zinstag die Pläne vorlegte (Abb. 60).[243] Das vorgesehene zeittypische Mansarddach wurde zu einem Riegelfachwerk mit Satteldach umgeplant. Die Fassade sollte asymmetrisch fünfachsig mit einem östlichen Fensterpaar und einem ausmittigen Hauseingang angelegt werden. Zur Vereinigung mit Lit. H 200 siehe S. 207.

Lit. H 200: Die Ölermühle

1655 verordnete der Rat *„die Erbauung einer Oehlerer und Gewürzmühlenstämpf für die Cramer zu bewerkstelligen.“*[244] Das will sagen, dass die Kramer einen entsprechenden Antrag gestellt hatten, die Mühle aber nicht selbst errichten durften, weil dies in der Entscheidungskompetenz der Stadt lag, wie dies aus allen vergleichbaren Fällen hervorgeht. Der Bau der Ölermühle geschah 1658 für einen Betrag von etwa 1366 fl.[245]

Die Ölmühlen zählten zu den Stampfmühlen, zu den auch Graupen-, Hirse-, Gewürz-, Loh- und Pulvermühlen gehörten.[246] Charakteristisch ist dabei das Stampfwerk, das aus dem *Grubenstock* oder regional *Stampfgrund* bestand, einem breiten Balken mit eisenausgekleideten, runden Löchern, in die die *Stampfen*, regional *Stämpfel,* fielen, die mittels des Wasserades und der *Hebtatzen* angehoben wurde, wie dies in der Werkzeichnungen Bauamtschronik Nr. 120 (Abb. 61) dargestellt ist. Die Stampfe waren in der Regel aus Ahorn oder Weißbuche gefertigt und an ihren unteren Enden ebenfalls mit Eisen beschlagen, *„damit der Rübe-Saamen oder Lein/durch die sich von selbst und krafft ihrer eigenen Schwere niederfallenden Stampffen, wohl zerstoßen werde.“*[247] Das ausgepresste Öl tropfte durch die Öl-Lade in die darunter stehenden Auffanggefäße. Der zerstoßene Samen, nur unzureichend gepresst, wurden mit Haartüchern zu *„Öl-Kuchen“* zusammengebunden und noch zweimal gepresst.[248]

1686 wurde wohl unter dem Dach der Ölermühle wiederum auf Antrag der Kramerbruderschaft eine Gewürzmühle ein- oder zugebaut, die es hier wohl schon vorher gegeben hatte, wie aus dem Eintrag von 1655 zu folgern ist.[249] Die Trennung von Öl- und Gewürzmühle in zwei Gebäuden dürfte 1725 mit dem teuren Neubau der Gewürzmühle Wöhrdstraße 10 zu belegen sein (S. 209).

Gewürzmühlen wurden in der Regel an *„ordentliche Mühlen“* angeschlossen. Hier wurden Gewürze wie Ingwer und Pfeffer in größerer Menge gemahlen, sie unterschieden sich in der Technik und Verarbeitung des Stampfgutes nicht von einer Ölmühle, wie die Werkzeichnung Bauamtschronik Nr. 129 verdeutlicht (Abb. 15).[250]

Wie bei den anderen Mühlen überliefert die Bauamtschronik im 18. Jahrhundert in erster Linie Reparaturen und Bauunterhalt, woraus freilich etliche Details zur Technik und Bauweise wie Gerstenkasten, Wasser-, Seiten-, Kammrad (vgl. das Kammrad Bauamtschronik Nr. 121, Abb. 11) u. a. m. zu erkennen sind, die sich mit den Werkzeichnungen aus der Bauamtschronik gut in Einklang bringen lassen, wie Stampfwerke oder *„Stämpfe“* mit den *„Hebtatzen“* bzw. Daumen-Wellen die einem naturgegebenen Verschleiß unterlagen und bisweilen erneuert werden mussten, wie 1708 und 1773.[251]

1807 jedenfalls brannte die Ölermühle ab[252], 1808 wieder aufgebaut diente sie in dieser Funktion noch bis 1852/55. Danach wird sie als Obermühle bezeichnet.[253] 1824 beantragte der Kaufmann Christian Friedrich Buchner die Überlassung eines Grundstücks an der Donau neben der Ölermühle zur Errichtung einer Öl- und Knoppermühle. Den Erzeugern von Ölgewächsen fehle in Regensburg die Möglichkeit, ihre Produkte entsprechend zu verarbeiten und verkaufen zu können: *„Im hiesigen Unter Wörth hat vor Zeiten schon eine Lohmühle gestanden; der Platz derselben ist noch unbenutzt, liegt also öde.“* Dieser Platz eigne sich als besonders zur Realisierung des Projekts.[254]

Doch die Gemeindebevollmächtigten lehnten das Vorhaben einer solchen Mühle ab, da sie von dort eine besondere Brandgefahr ausgehen sahen: *„Die außerordentliche Gefahr, welche bey der durch Brand zu Grunde gegangenen ehemaligen Lohmühle, Stadtmühlen am Unterwörth, ja der Stadt selbst, drohte, ist den Gemeinde-Bevollmächtigten noch in zu frischem Andenken, als daß sie den von E. Hr. Buchner eingereichten Plan genehmigen, und an die Stelle eben gedachter Lohnmühle eine Oel und Knoppermühle, die nicht münder gefährlich, ja in welcher bey einem entstehenden Brande noch viel mehr Stoff zur Nahrung des Feurs vorhanden wäre, erlauben lassen könnten. Selbst wenn es räthlich befunden werden sollte, für Rechnung der hiesigen Kommune oder des sämtlichen Handelsstandes eine der gleichen Mühle zu erbauen, müsten die Gemeinde-Bevollmächtigten feyerlichst dagegen protestieren, wenn der Platz der ehemaligen Lohmühle dazu aussehen würde, denn die kostbaren Mahlmühlen einer beständig drohenden Gefahr*

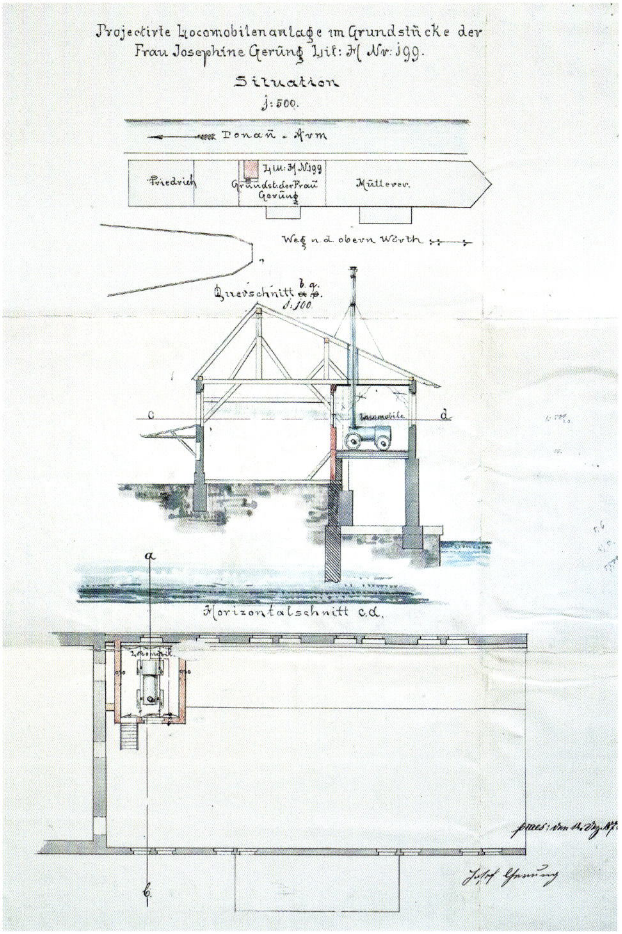

Abb. 59: Wöhrdstraße 6. Projekt des Einbaus einer Locomobilienanlage bzw. Dampfmaschine im Haus H 199, Josef Gerung, 1876. BOAR Wöhrdstraße 6

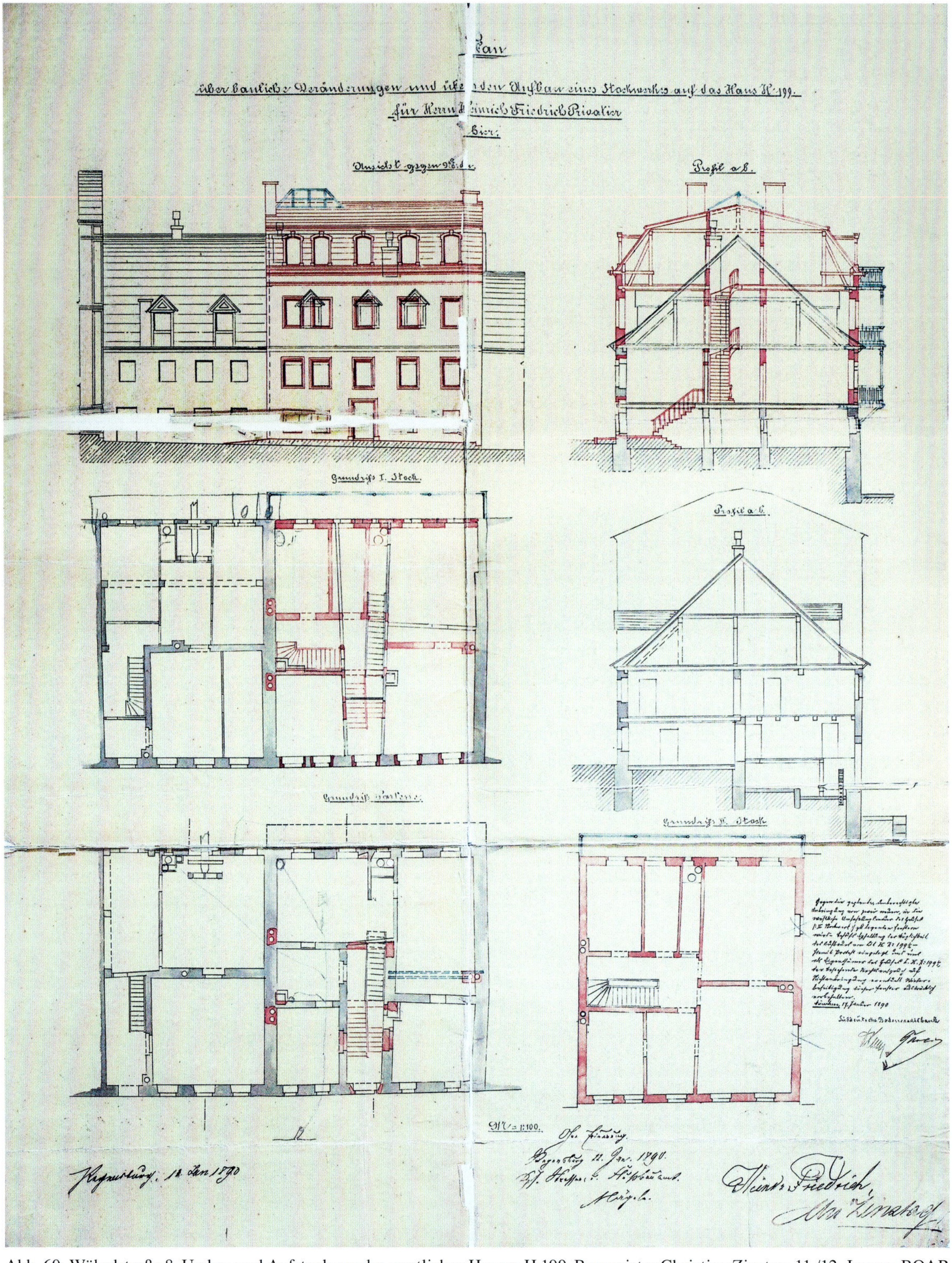

Abb. 60: Wöhrdstraße 8. Umbau und Aufstockung des westlichen Hauses H 199, Baumeister Christian Zinstag, 11./12. Januar. BOAR Wöhrdstraße 8

der Vernichtung auszusetzen und Preis zugeben würde nie zu verantworten seyn.“[255]
Auch die benachbarten Mühlenbetreiber sprachen sich gegen den Neubau einer Öl- und Knoppermühle aus. Sie sahen neben der Feuersgefahr auch eine Beeinträchtigung ihrer Mühlwerke, denn durch ein zusätzliches Wasserrad konnte die Wasserkraft bei ihren Rädern verringert werden und die Mühlen langsamer mahlen: *„Oel- oder Lohmühlen, sie bestehen jede für sich oder sie seien miteinander vereinigt, ist eine so feuergefährlich als das andere, und nirgends wird man solche zunächst an Gebäuden finden. Das mindeste Versehen erzeugt die höchste Feuergefahr. Es darf z.B. bei Lohmühlen nur äußere Acht gelaßen werden, die Büchse sowie alle Gegenstände, die sich weilen in fleißiger Schmüre zu unterhalten, so ist die Entzündung sogleich zu befürchten. Ferner können Nägel oder Eisenstücke, mit dem Loh unter den Stein gebracht werden, so ist gleichfalls wieder eine Veranlaßung zum entzünden vorhanden, da bekanntlich das Loh höchst entzündet ist. Bei Oelmühlen, deren Structur und Manipulation dabei und nicht ganz bekannt ist, ist übrigens ebenso wahrscheinlich, daß wenn das Räder- und Zapfen-Werk mit Schmüren übersehen wird, auch dieses sich entzündet, und bekanntlich das Oel eine Nahrung des Feuers ist. Uebrigens wird in den Oelmühlen das Material geröstet und an und für sich schon eine Feuergefahr zu befürchten.*
Daher wie bereits schon wir bemerkt haben, wird man weder eine Oelmühle noch eine Lohmühle zunächst an anderen Gebäuden finden, und am aller wenigsten an durchaus hölzernen Gebäuden, wie unsere Oelmühle beschaffen ist. Endlich würde ein Mühlgang unterhalb unserer Mühle uns auch an unserer Nahrung gefährden, weil dadurch der Zug des Waßers gehemmt und die schnelle Bewegung unseres Mühlrads dadurch gestört wird, welches einen wesentlichen Unterschied in der Bearbeitung unserer Victualien Artikel herbeiführen würde.“[256] Die Funktion der neuen Mühle ist nicht ganz eindeutig, denn im gleichen Schreiben ist sowohl von einer Farb-, Öl- und Lohmühle, und andererseits von einer Farb-Stampf und Ölmühle die Rede.[257]
Letztlich wurde die Errichtung der Farb-, Öl- und Lohmühle durch die Regierung des Regenkreises genehmigt, indem dem Magistrat eröffnet wurde, *„daß zwar bei dem allseits bekannten Bedürfniß einer Farb- Oehl- und Lohmühle der Errichtung einer solchen durch den Kaufmann Christian Friderich Buchner nichts entgegenstehe, daß es aber demselben überlassen werden könne, sich einen hierfür tauglichen Platz, worauf dieselbe erbaut werden könne, auszuwählen, da weder der von ihm in Vorschlag gebrachte, aus*

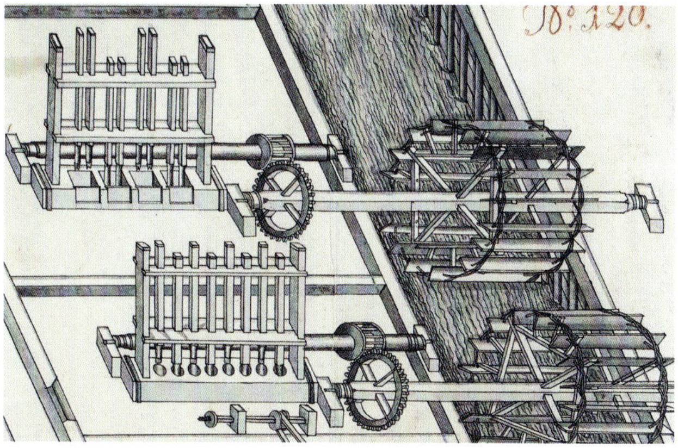

Abb. 61: Stampfmühlen (Ausschnitt aus der Werkzeichnung Bauamtschronik Nr. 120, Abb. 10). An der Welle sitzt ein Kammrad, das das Getriebe mit dem Triller oder Trilling (zwischen zwei runden Scheiben) antreibt. Die durch die Hebtatzen (wohl Hölzer in der Welle, hier nicht dargestellt) angehobenen Stämpfel fallen in den Stampfgrund.

mancherley Rücksichten, wobey die Feuersgefährlichkeit allerdings zu beachten ist, geeignet erscheint, noch nach geschehenem Benehmen mit der Königl. Finanzkammer und der Befragten technischen Behörde ein solcher aus gemittelt werden könnte.“[258]
Wie beim Nachbarhaus H 199 wurden 1890 Pläne zur Aufstockung vorgelegt, hier auf ein viergeschossiges Haus mit Flachsatteldach und einer Donaufront mit vier Balkonreihen, bei Beibehaltung des historischen Grundrisses in den beiden unteren Geschossen, der in die Obergeschosse übernommen wurde. Erneuert wurde nur die Ostmauer (Abb. 62).[259]
Unklar bleibt indes, wann das Haus seine noch bestehende Donaufassade mit den großen fabrikmäßigen Tafelfenstern erhielt; auf einem Plan von 1906, bei dem es um den Aufbau eines Aborts über dem einachsigen Erker ging, ist sie bereits vorhanden (Abb. 63 und 64).[260]

Wöhrdstraße 10 (Lit. H 201)[261]

Mehlmühle, später Gewürzmühle (seit 1686)[262], *später Lederermühle (seit 1803)*

1518 Brand einer Mehlmühle und Ersatz durch eine Pulvermühle
1655 Anordnung zum Bau einer Öler- und Gewürzmühlstampfe
1658 Bau der Ölermühle
1686 Neubau der Gewürz- in der Ölermühle

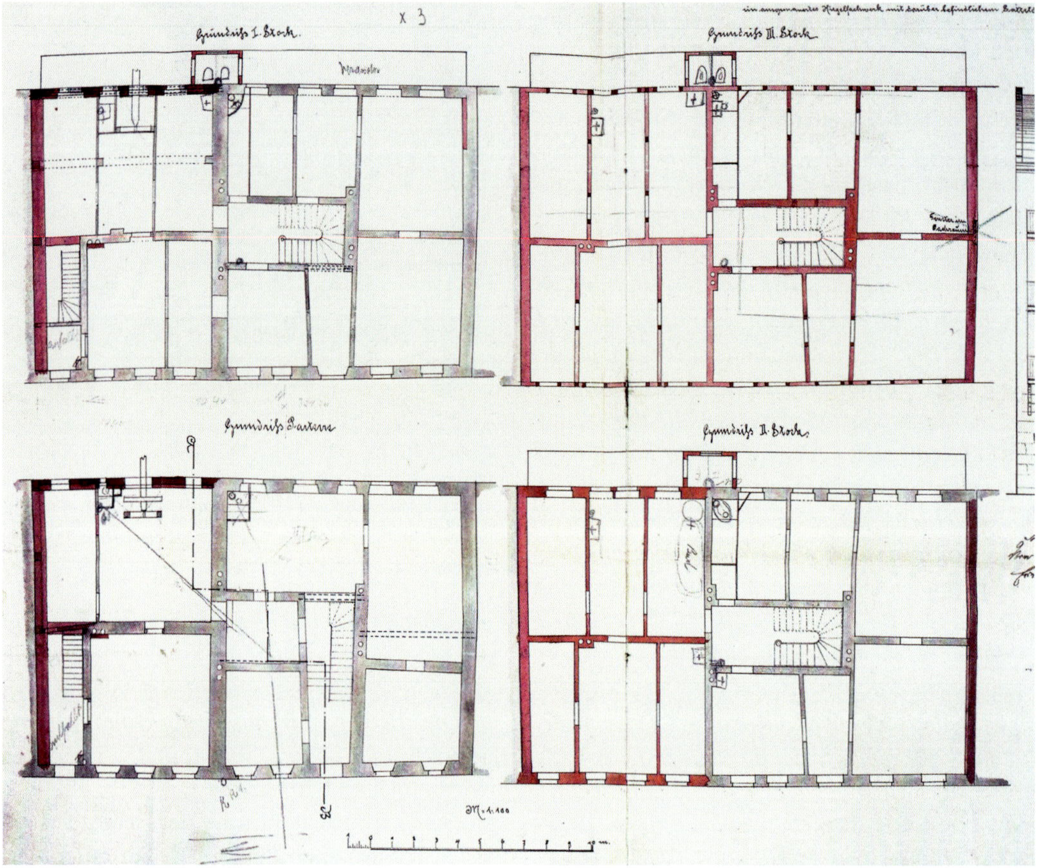

Abb. 62: Wöhrdstraße 8 (Ausschnitt). Aufstockung des östlichen Hauses um zwei Geschosse sowie andere bauliche Änderungen, Maurermeister Joseph Mayer, 3. April 1890. BOAR Wöhrdstraße 8

1708 Reparatur der Öler- und Gewürzmühle, seitdem getrennte Nennung beider Mühlen
1724 Neubau der Mühle bzw. des Mühlwerks
1803 Versteigerung der städtischen Gewürzmühle an das Ledererhandwerk, Errichtung einer Knoppermühle
1807 Brandzerstörung
1834 Brandstatt; Plan zum Neubau einer Walkmühle für die Fa. Schnitzlein
1844 Brandzerstörung
1844 Neubau mit Mühlrad als Knoppermühle (bis 1865)
1844 Plan zum Neubau eines Getreidemagazins auf dem Platz der Knoppermühle
19. Jahrhundert: Einbau eines Kellers mit mehreren Tonnengewölben
1908 Umbau

Die Geschichte der Gewürz- und späteren Lederermühle lässt sich bis in das Jahr 1518 zurückverfolgen. Damals „... *verbranne ob der hilzen Pruckhen ein herrliche Mühl mit vier Gängen, hette schier die hüllzerne pruckh angefeüert, wust niemandt, wie das Feüer außkhomen war. Man paut baldt hernach ein Pulver Mühl dahin an denselbig Orth, abernachdem diese auch im 1541 Jahr des 28. Marty abgebrunnen, bauet man die Mehlmühl wider.*“[263]

Die Bauamtschronik überliefert 1534, dass es sich bei der in der Nacht des 15. Juni 1518 abgebrannten Mühle um eine Mehlmühle gehandelt hatte, an deren Stelle die erste Pulvermühle entstand (siehe S. 195).[264] Dies belegen auch die Erwähnung der vier Mahlgänge und die Tatsache, dass anstelle der Pulvermühle schließlich wieder eine Mehlmühle entstand. Es handelt sich hierbei vermutlich um das Areal zwischen der Semelmühle und der Hölzernen Brücke, wo später die Ölmühle (Lit. H 200) errichtet wurde. Welche Mühle hier auch stand: sie fiel wie alle Mühlen auf den Wöhrden den Zerstörungen im Dreißigjährigen Krieg zum Opfer (siehe S. 158f.)

Erst 1655 ist die Anordnung zum Bau der Öl- und Gewürzmühle belegt, wobei aus dem Eintrag in der Bauamtschro-

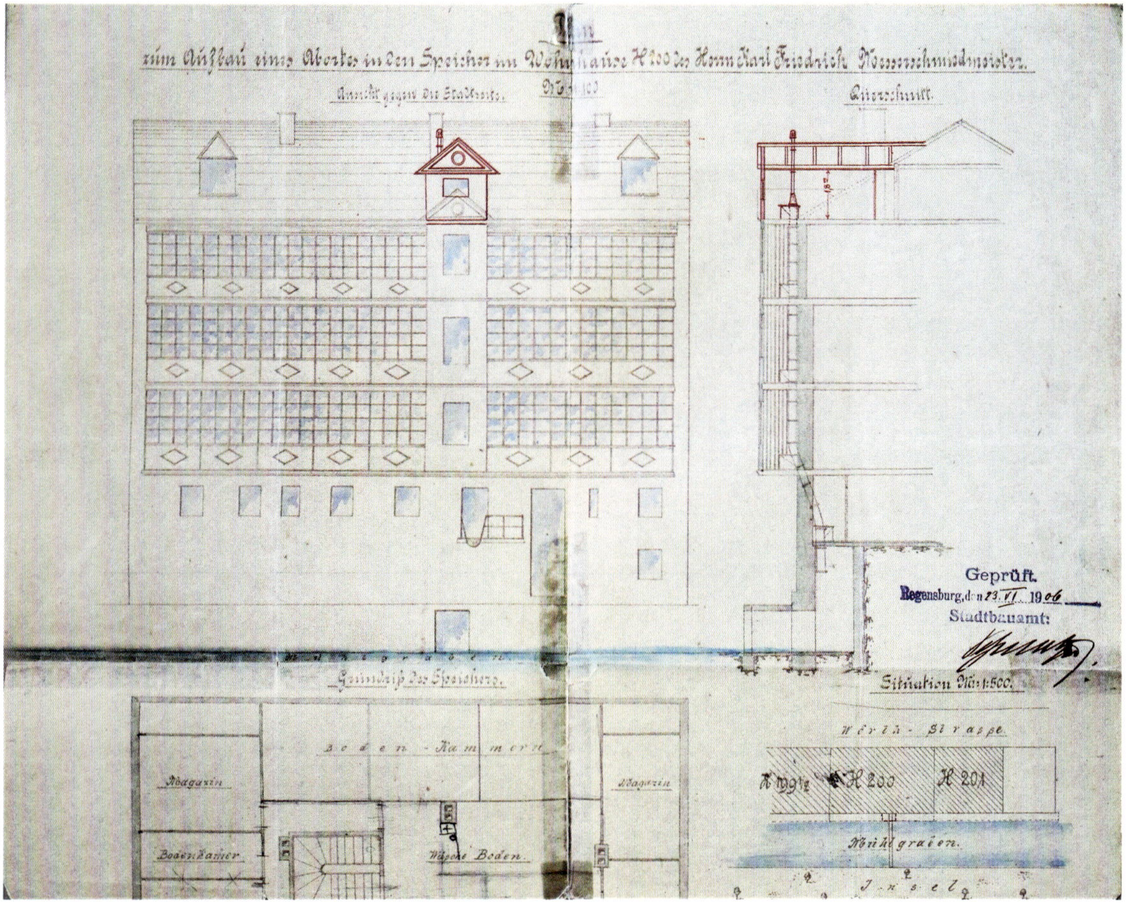

Abb. 63: Wöhrdstraße 8. Aufbau eines Abortes im Speicher des Wohnhauses, 1906. BOAR Wöhrdstraße 8. Zu dieser Zeit besaß das Wohnhaus bereits seine heutige Fassade.

nik nicht zu erkennen ist, ob es sich um ein oder zwei Gebäude handeln sollte.[265] Der Bau erfolgte 1658; 1686 ist der Neubau der Gewürzmühle *„in die Öhlerermühle hinein in den alten Stand wiederum"* belegt.[266] 1708 wird *„ein neues Gewürzstampfwerk in diese gesagte Oehlerer Mühl gerichtet"*, womit die Existenz zweier Mühlen unter einem Dach belegt ist.[267]
1724 erkundigte sich das hiesige Ungeldamt bei der Stadt Nürnberg *„wegen Erbauung einer neuen Gewörz Mühl"*[268], die im Jahr darauf für 1436 fl. 33 ½ kr ins Werk gesetzt wurde.[269] 1725 also könnte die Unterbringung in zwei getrennten Gebäuden erfolgt sein, denn die hohe Bausumme kann nicht nur von einem Stampfwerk herrühren. Im 18. Jahrhundert ist in der Bauamtschronik wie üblich nur der normale Bauunterhalt belegt (Wasserrad, Hebmännel, Schießer, Geschwelle, Grundsohlen, Stampfgrund, Lagerhölzer, Gehänge, Gründel).[270]

Erst anlässlich der Versteigerung der bisherigen städtischen Gewürzmühle 1803 wird eine konkrete Ortsangabe gemacht, *„zu Osten im unteren Wöhrd gelegen"*; die Mühle geht für 1700 rheinische Gulden an das hiesige bürgerliche Ledererhandwerk und seine Mitglieder.[271] Im Zusammenhang mit der neuen Funktion für die Lederer ist die Bezeichnung als Knoppermühle zu verstehen, in der die zum Gerben benötigten Galläpfel oder Knoppern verarbeiten wurden. Mit der benachbarten Ölmühle brannte die Mühle 1807 ab[272] und lag noch 1834 als Brandstatt (Abb. 65).[273]

1834 legte der Zimmermeister Georg Koch einen Plan zum Neubau der Walkmühle für die Färberei Schnitzlein und Bleichmeister Stadler vor (Abb. 66).[274] Bis zum Neubau vergingen noch zehn Jahre, bis der Zimmermeister Rausch den Plan für den Bau eines Mühlengebäudes einreichte, der einen zweigeschossigen und gestelzten Schopfwalmdachbau

Abb. 64: Wöhrdstraße 8 und 10. Foto: P. Morsbach

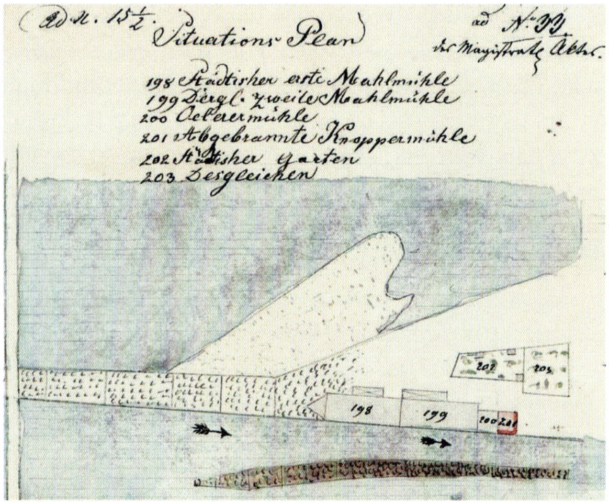

Abb. 65: Auf dem Lageplan um 1834 ist die Knoppermühle als Brandstatt gekennzeichnet: *„201 Abgebrannte Knoppermühle"*. (StAR ZR I 14894)

mit einem Wasserrad vorsah, auf dem der westliche Gebäudeteil als *„Schnitzleinsche Walck"* bezeichnet wurde (Abb. 67).[275] Gleichzeitig wurde ein Bauplan zur Errichtung eines Getreidemagazins auf dem Platz der ehemaligen Knoppermühle vorgelegt als zweigeschossiges Halbwalmdachhaus im Anschluss an die Ölmühle (Abb. 68).[276]

1844 stellte der Pflastermeister Gottfried Böckh das Baugesuch, *„an der Stelle, wo er dermalen sein Wasserschöpfrad am untern Wörth östlich von dem Färber Schnitzlein Werke stehen hat, ein Werk zur Anbringung einer Schleife- und Walkmühle zu errichten."*[277] Die kgl. Bauinspektion stellte nur als Bedingung, dass der Eigentümer bereit sein müsste, das Schöpfrad aufgrund eintretender Notwendigkeiten wieder zu entfernen.[278] Es wurde festgelegt, dass das Mühlrad nicht über die vorschriftsmäßige Höhe von acht Schuh hinausgehen soll und das Rad im sogenannten Längengang eingesetzt würde.[279]

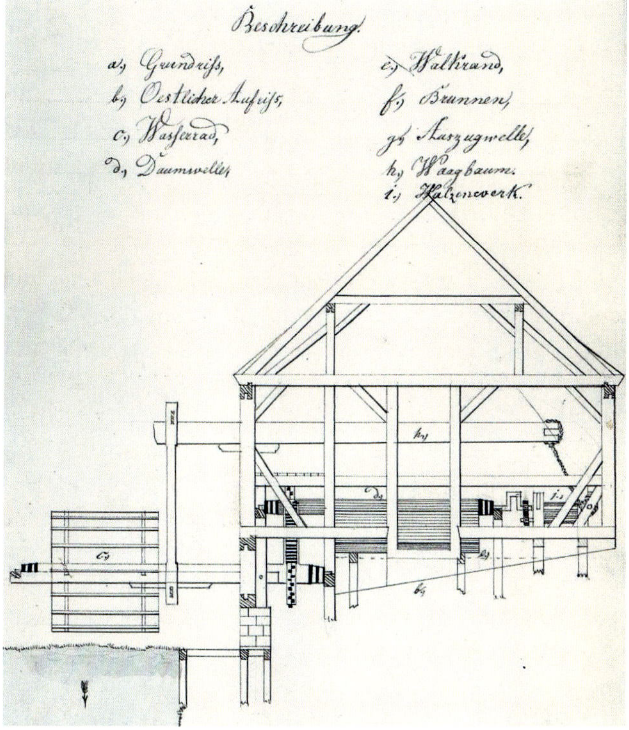

Abb. 66: Wöhrdstraße 10, Plan zum Neubau, Zimmermeister Georg Koch, 25. Dezember 1834. (StAR ZR I 14849)

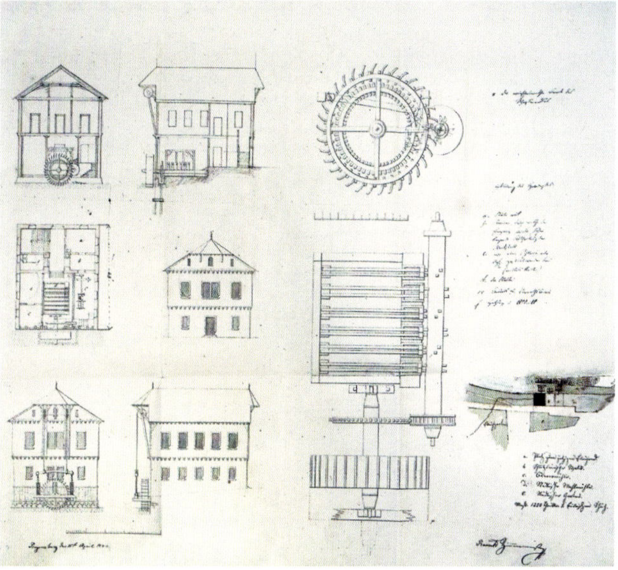

Abb. 67: Wöhrdstraße 10. Plan zum Neubau der Mühle, Zimmermeister Rausch, 15. April 1844. BOAR Wöhrdstraße 10

Gegen dieses Vorhaben erhob der Nachbar, Färbermeister Adolf Friedrich Schnitzlein jun. Einspruch. Er gab unter anderem zu bedenken, dass ein Wasserrad, das eine Schleif- und Walkmühle in Bewegung setzen müsste, eine viel stärkere Wasserkraft in Anspruch nähme und daher eine viel größere Aufstauung des Wassers verursachen müsste als ein einfaches Wasserschöpfrad. Außerdem wäre zu bedenken, dass der Bleichmeister Böckh nur während der Bleichzeit berechtigt wäre, sein Schöpfrad in den Donauarm einzuhängen, während die Schleif- oder Walkmühle das ganze Jahr hindurch im Betrieb stehen würde. Dies würde für die oberhalb liegende Mühle einen sehr großen Nachteil bedeuten. Als letzter Mühlgang würde durch ein neues Werk die ohnedies schwache Wasserkraft noch bedeutend verringert. Hiergegen legte wiederum Böckh Widerspruch ein[280] und wandte sich schließlich an den König:

„Nur der Schönfärber Schnitzlein, dann die hiesigen Öler haben als Adjacenten ihre Zustimmung versagen zu müßen geglaubt. Schönfärber Schnitzlein wurde mit seinen Einwendungen abgewiesen, die der Öler so relevant erachtet, daß ganz allein darauf die Abweisung seines Gesuches erfolgte. Nach Angabe der k. Bauinspektion soll nämlich ein Wasserrad bewirken, daß das Rad der Ölermühle 7/100 der Schnelligkeit verlieren und in 24 Stunden um 89 Gänge weniger werde.

1. Allein ich errichte kein neues Wasserrad, sondern verwandle lediglich das seit unfürdenklicher Zeit bestehende Schöpfrad in ein ganz gewöhnliches Rad. Das Schöpfrad, wie es besteht, um Wasser für die Bleiche aufzufangen, bringt gewiss eine größere Stauung hervor als ein viel kleineres mit weit schmäleren Schaufeln versehenes, gewöhnliches Rad …

2. Wenigstens muß es gleichgültig sein, ob die Stauung wie seit Jahren durch das Schöpf- oder ein anderes Rad hervorgebracht werden.

3. Zwar soll das Schöpfrad nur 2 Dritttheile des Jahres im Gange sein; allein Niemand könnte mir verwehren, das ganze Jahr hindurch vermittelst des Schöpfrades Wasser in den Behälter und durch meinen Garten zu leiten. …

4. Übrigens kann keineswegs behauptet werden, daß das Rad einer Walke oder Schleife das ganze Jahr ohne Unterlaß in Gebrauch sei. Im Gegentheile wird es keine zwei Drittheile des Jahres, sondern nur etwa ein halbes Jahr im Gange sein, in dem eine Schleife oder Walke lediglich von Morgen bis Abend während der üblichen Arbeitszeit im Gange ist. Das Schöpfrad ist Tag und Nacht in Bewegung; das Rad der Schleife oder Walke hingegen wird jeden Abend zugestellt. Die Öler erleiden demnach durch um Änderung

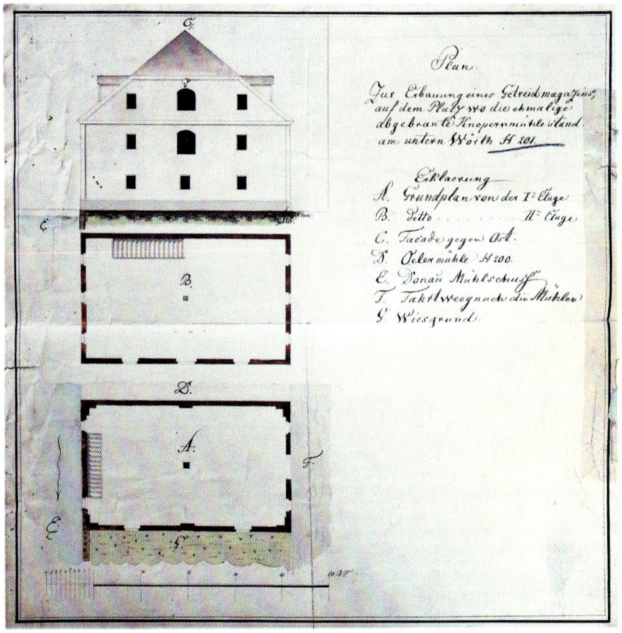

Abb. 68: Wöhrdstraße 10. Plan zur Erbauung eines Getreidemagazins auf dem Platz der abgebrannten Knoppermühle, 1844. BOAR Wöhrdstraße 10

des Schöpfrades nicht nur keinen Nachtheil, sondern einen bedeutenden Vortheil.
5. Die Öler, welche sich der Mühle zur Bereitung eines Teils ihrer Verkaufsartikel, als des Grieses, Haberkörner, der gerollten Erbsen und Gerste bedienen, erleiden an sich keinerlei Beeinträchtigung, wenn ihre Mühle das Jahr hindurch einige Schwingungen weniger machen würde.“[281]
Der Grund für diese Pläne war ein Brand der Knoppermühle im Jahr 1844.[282] Nach der Anlage eines Kellers mit mehreren Tonnengewölben erfolgte 1908 der Umbau des ehemaligen Lederermühlenkomplexes durch den Baumeister Karl Frank, unter anderem durch einen Dachausbau (Abb. 69).[283]

Donauinsel, sogenannte Gareis-Insel: Mühlschlacht, Mühlzaun, Mühlzaunschlacht, Mühlwehr, Mühlschuss

1554 Ausschlagen des „kleinen Schlachts“ beim Neubau der Semelmühle
1590 Erhöhung der Mühlschlacht
1609 Reparatur
1630 Vergrößerung des kleinen Beschlächts
1713 Reparatur
[1780 Verlängerung nach Osten?]
1782 Abbruch des alten und Bau des neuen Mühlzauns
1784 Schäden durch Eisstoß
1789 Erwähnung einer Rechenbrücke
1921 Übergang in Staatsbesitz
1962–1963 Antrag auf Abtragung
Im Zusammenhang mit dem Mühlenquartier am Unteren Wöhrd ist auch ein Blick auf die kleine vorgelagerte Donauinsel zu werfen, die nach einem späteren Besitzer „Gareis-Insel“ genannt wird und die den Mühlenbetrieb erst ermöglichte. Ihre früheste Erwähnung 1554 steht im Zusammenhang mit dem Abbruch und Neubau der Semelmühle, als „kleine Schlacht“, damit das Wasser umso besser unter die Räder komme, dessen Aufgabe also die eines Mühlkanals war.[284]
1590 wurde nach einem Beschluss der Mühlherren die Mühlschlacht unterhalb der Steinernen Brücke beim mittleren Geschwell um einen Werkschuh erhöht.[285] 1609 erfolgte die Reparatur des von Hochwassern und Eisstößen baufälligen und stark beschädigten, einsturzgefährdeten *„Mühlschlächtels an den unteren Mühlen“*, der Sagh- und der Semelmühle: *„Dieses Schlächtl so mitten in der Donau unterhalb der Steinernen u. oberhalb der hölzernen Brucken, welches die Schwöll des Wassers auf die untersten zwo MahlMühlen hin eintreibt; demnach bemeldes Schlächtl von den Eisstössen alles zerrissen u. eingefallen, also solches der Nothdurft nach dies Jahr hat müssen gemacht werden“.*[286]
Der Nachteil des Mühlschlächtls – daher der Diminutiv – war seine durch Abschwemmungen geringe Größe (*„zu nider vnnd kurtz“*), weswegen es 1630 um 15 Schuh (rund 4,50 Meter) den *„Schlundt schrögweis erlengert“* und zwei Schuh (rund 60 Zentimeter) erhöht wurde.[287] Seit dem 18. Jahrhundert wird die Bezeichnung *Mühlzaun* gebräuchlich.[288]
Auf der Ansicht des Unteren Wöhrds von Hans Georg Bahre 1638 (Abb. 46) ist die Insel als reguläres gepflastertes Beschlächt mit einer Uferbefestigung von Stecken und Schwellen dargestellt und deutlich kürzer nach Osten als heute. Dies stimmt mit den schriftlichen Überlieferungen überein und das flache Beschlächt ist auch an der Westspitze erhalten (Abb. 70).

Es ist nicht eindeutig klar, auf welchen Mühlzaun sich der Eintrag in der Bauamtschronik 1780 bezieht, der vom Neubau einer Lohmühle unterhalb der Gewürzmühle spricht, im welchem Zusammenhang auf Anregung des Zimmermeister Dürsch auch der Mühlzaun verlängert wurde.[289] Das hatte jedoch wasserbautechnisch insofern nachteilige Folgen, als sich *„dadurch hat … ergeben, daß das Wasser weniger Zug bekomme und die anderen Mühl Wercke sehr verkürzt werden.“*

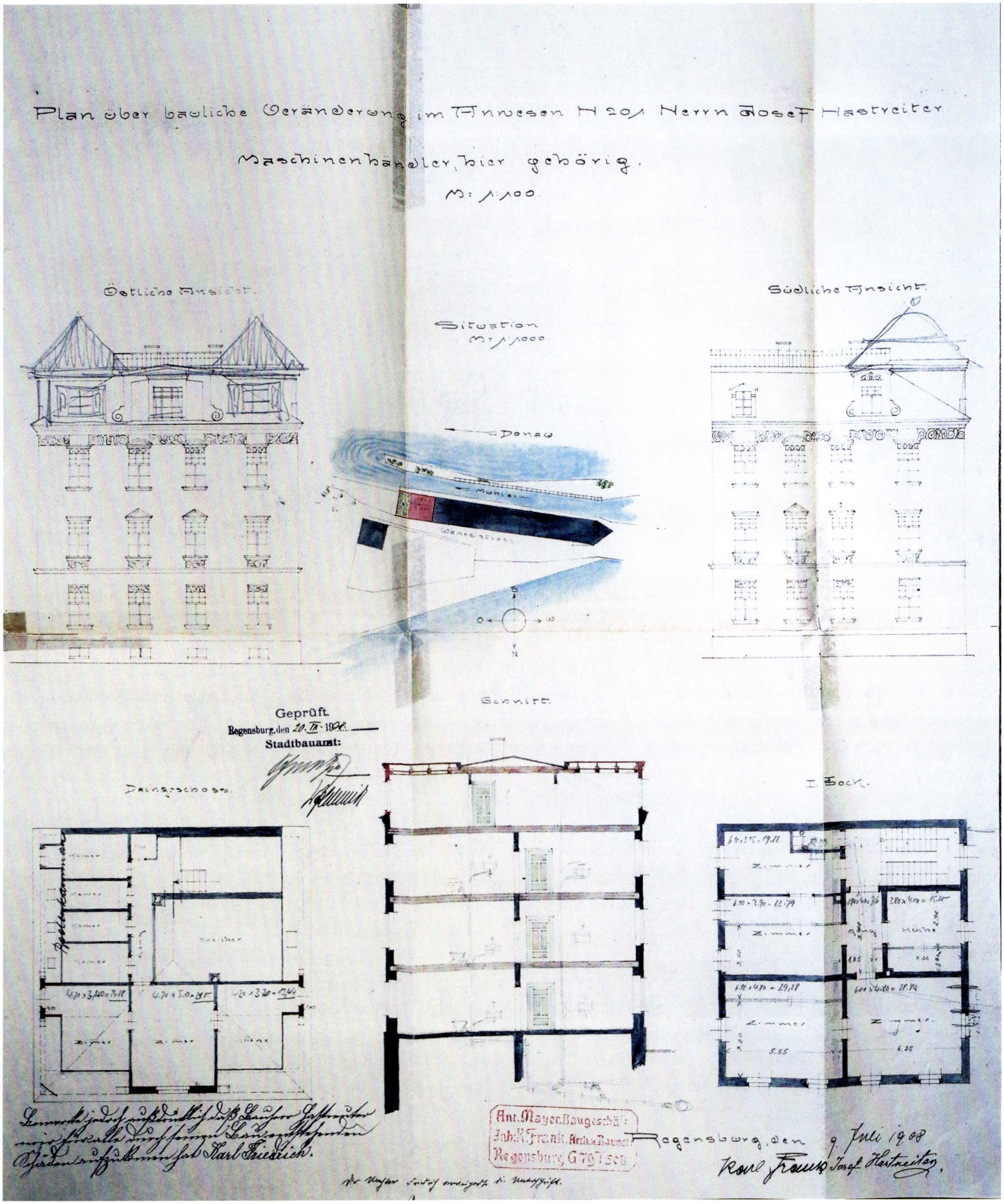

Abb. 69: Wöhrdstraße 10. Umbauten im Hauskomplex H 201, Baumeister Karl Frank, 9. Juli 1908. BOAR Wöhrdstraße 10

Abb. 70: Der Mühlzaun mit dem Mühlschuss und dem Pansterrad von Westen. Foto: P. Morsbach

Daher wurde diese Verlängerung bald wieder abgetragen. Möglicherweise hängt damit die Neubaumaßnahme 1782 zusammen, denn in diesem Jahr erfolgten der Abbruch des niederen Schlächtls bei der Gewürzmühle und der Bau des neuen Mühlzauns am Unteren Wöhrd (Abb. 71).[290] Beim Eisstoß 1784 musste auch die *„Schlacht am Mühlzaun, die Spizschlacht (am Oberen Wöhrd, Anm. d. Verf.), welche der Eisstoß zerrissen, wiederum von neuem geschlagen werden.“*[291]

Bis zum Jahre 1921 schweigen die für diese Untersuchung herangezogenen Quellen zur Donauinsel. In jenem Jahr gingen die großen Wasserstraßen an das Deutsche Reich über, somit auch die Donau und die Gareis-Insel in Regensburg.[292] Daran hat sich bis heute nichts geändert: Die Insel ist Bestandteil der Bundeswasserstraße Donau. In Regensburg wusste man das nicht mehr, als 1962 ein Vorschlag zur Beseitigung der Gareis-Insel im Zuge der Hochwasserfreilegung gemacht wurde. Die Stadt Regensburg schrieb hierzu an das Wasserwirtschaftsamt: *„Nach unserer Meinung sollte der Gareis-Kanal und die vorgelagerte Insel baldmöglichst im Zuge der Hochwasserfreilegung und aus hygienischen Gründen beseitigt werden. Eine Stromgewinnung der Firma Gareis durch das sog. Panster-Rad*[293] *ist nur noch bedingt möglich, da der Kanal bei niedrigen Wasserständen trocken ist. Der Kanal wird zur Ablagerung von Abfällen jeder Art benutzt und bedarf einer Instandsetzung.“*[294]
Aus einem die tatsächlichen Eigentumsverhältnisse verkennenden Schreiben der Stadt Regensburg an das Wasserwirtschaftsamt 1962[295] gehen einige bauhistorische Fakten zum Gebäude hervor, die sonst aktenmäßig nicht fassbar sind: *„In den früheren Jahren waren in den sogenannten Mühlkanal 3 Wasserräder eingebaut. Wie aus einem Schreiben des Magistrats der Kreisstadt Regensburg vom 17.06.1905 an Herrn Karl Friedrich, Messerfabrikant, hervorgeht, war festgelegt, daß seinerzeit nur den drei Treibwerksbesitzern Gareis, Hs.Nr. 189, Mangold Hs.Nr. 199 und Friedrich Hs. Nr. 200 die Benützung des Zäunels zur Auflagerung ihrer Wasserräder und der jederzeitige Zutritt zu denselben freisteht, wogegen dieselben für den Uferschutz am Zäunel und die Erhaltung desselben mit gegenwärtigen Bestande zu sorgen haben. Ausserdem haben mit Schreiben vom 4.3.1920 die Hausbesitzer der Wöhrdstraße Nr, 1, 2, 3, 5, 6, 8 u. 10 an das seinerzeitige Straßen- und Flußbauamt Regensburg Antrag auf Ausbaggerung des Betriebskanals (Mühlkanal) gestellt. Dieser Antrag wurde vom Straßen- u. Flußbauamt mit der Begründung abgelehnt, daß die Räumung des Mühlkanals nicht Sache des Staates, sondern Angelegenheit der Beteiligten sei. (...) Zur Zeit wird nur mehr*

Abb. 71: Der 1782 erneuerte Mühlzaun, Zustand Sommer 2017. Foto: P. Morsbach

von der Firma Gareis die Wasserkraft im Mühlkanal durch ein Wasserrad genutzt. Da sich die Verhältnisse am Mühlkanal durch die Außerbetriebsetzung von 2 Wasserrädern inzwischen erheblich geändert haben, wird angestrebt, daß bei der Durchführung der Hochwasserfreilegung auch die Unterhaltspflicht der Insel neu geregelt wird."[296]
Nachdem die Stadt Regensburg darauf hingewiesen wurde, dass die Donauinsel Teil der Bundeswasserstraße ist, verstummten 1963 die Forderungen nach ihrer Abtragung und Beseitigung.[297]

Quellen

Amberg, Staatsarchiv (StAAm)
Straßen- und Flussbauamt Regensburg
77 Arbeiten an der Kaimauer am Unteren Wöhrd in Regensburg 1904–1906 = Umbau Werftstraße; unterhalb Eiserner Brücke
78 Umbau der Kaimauer am Unteren Wöhrd in Regensburg 1902–1904 = Umbau Werftstraße, unterhalb Eiserner Brücke

Amberg, Staatsarchiv (StAAm)
Wasserwirtschaftsamt Regensburg (WWA)
44 Wasserschau 1917
76 Grundstücksgeschäfte mit staatlichen Liegenschaften an der Donau und an Hochwasserdämmen 1933–1963
77 Grundstücksgeschäfte mit staatlichen Liegenschaften an der Donau und an Hochwasserdämmen 1963–1972
78 Grundstücksgeschäfte mit staatlichen Liegenschaften an der Donau und an Hochwasserdämmen 1963–1995
79 Grundstücksauseinandersetzungen nach dem Wasserstraßenstaatsvertrag von 1921, 1963–1995
80 Grundstücksauseinandersetzungen nach dem Wasserstraßenstaatsvertrag von 1921,1972–1973

München, Bayerische Staatsbibliothek (BSB)
Cgm 3019 *Eines Ungenannten Chronik von Regensburg bis 1586*
Cgm 5529 Jeremias Grienewaldt, *Ratispona oder Summarische Beschreibung der Stadt Regensburg*
Cod.icon. 198 Abriss der Stadt Regensburg östlich und westlich der Steinernen Brücke, Regensburg 1630
Cod.icon. 400 *Beyläuffiger Entwurff. Wie die Grund Stück alhier in Regenspurg und die 8. Wachten aneinander stoßen*, Regensburg nach 1700

München, Bayerisches Hauptstaatsarchiv (BayHStA)
Plansammlung 01469 *Geometrischer Grund Riß von einem*

Theil deß Untern Wörts, vom Sitz an biß zu der Brücke, samt des Donauflusses Breite zu beeden Seiten … Regenspurg, von 10. Juli 1709

München, Bayerisches Landesamt für Denkmalpflege (BLfD)
Wöhrdstraße 2
Wöhrdstraße 6
Wöhrdstraße 10

Nürnberg, Archiv des Germanischen Nationalmuseums (GNM)
Reichsstadt Regensburg 199

Regensburg, Staatliche Bibliothek (SBR)
Rat.civ. 152 Rechnung des städtischen Baumeisters Erhart Schneck, 1476–1477
Rat.civ. 248 Sammellibell zur Regensburger Geschichte, 1675
Rat.civ. 250 Kurz-Verzaichnus und Bericht von Erpauung, Herrschafften und allesamt denckwürdigen Geschichten die sich in der Statt Regensburg alhie zugetragen haben, 1625
Rat.civ. 268 Andreas Raselius und Christoph Donauer, Beschreibung der Statt Regenspurg mit allen darinnen ligenden Stüft vnnd Clöstern …, Abschrift, nicht nach 1763 (eigentlich 1598, danach weitergeführt)
Rat.civ. 269 Johann Christoph Buzinger, Denckwürdig-Gründlich und Wahrhaffte Beschreibung des Heil. Röm. Reichs freyen Stadt Regenspurg, was sich von deren Erbauung an bis auff das 1660te Jahr nach Christi unsers Heylands Geburth in unnd umb derselben zugetragen… (Raselius-Donauer-Stadtbeschreibung bis 1552, Fortsetzung bis 1660)
Rat.civ. 317(1 Relatio historica des ganzen Verlauffs mit der Statt Regenspurg, wie es nemblichen derselben vor und nach der Schwedischen, dann der kayserlichen Belägerung ergangen. Ca. 1634–35
Rat.civ. 317(2 Beylagen ad Relationem Historicam des gannzen Verlaufs mit der Statt Regenspurg

Stadt Regensburg, Amt für Archiv und Denkmalpflege, Zentrale Denkmalregistratur (ZDR)
Wöhrdstraße
Wöhrdstraße 2, 2 a, 4
Wöhrdstraße 6
Wöhrdstraße 8
Wöhrdstraße 10
Wöhrdstraße 10 a

Stadt Regensburg, Historisches Museum (HMSR)
Die sehr zahlreichen benutzten Bildquellen sind jeweils in den Bildunterschriften mit den Inventar-Nummern benannt.

Stadt Regensburg, Registratur des Bauordnungsamtes (BOAR)
Wöhrdstraße 2
Wöhrdstraße 4
Wöhrdstraße 6
Wöhrdstraße 8
Wöhrdstraße 10

Stadt Regensburg, Registratur des Tiefbauamtes (TBAR)
Wöhrdstraße 2 a
Wöhrdstraße 6
Wöhrdstraße 8
Wöhrdstraße 10
Wöhrdstraße 10 a

Stadt Regensburg, Stadtarchiv (StAR)
IAe1/6 Erste Bauamtschronik1 1559 (zitiert nach Obermeier)
I Ae 1/8 Bauamtschronik 1304–1599
I Ae 1/9 Bauamtschronik 1600–1650
IAe1/10 Bauamtschronik 1651–1699
IAe1/11 Bauamtschronik 1700–1750
IAe1/12 Bauamtschronik 1751–1789
IAe1/13 Bauamtschronik, Register

1 Vgl. jüngst Herbert FISCHER, Müllerei in alter Zeit. Von den Urformen bis zur automatischen Mühle, Detmold 2017. – Philipp OPPERMANN / Torsten RÜDINGER, Kleine Mühlenkunde. Deutsche Technikgeschichte vom Reibstein zur Industriemühle, Potsdam und Berlin² 2012. – Wolfgang KÜHLMANN, Wasser, Wind und Muskelkraft. Die Getreidemühlen in Legenden und Fakten. hg. von der Deutschen Gesellschaft für Mühlenkunde und Mühlenerhaltung e. V., Petershagen-Frille 2012. – Jürgen GAEBELER, Die Frühgeschichte der Sägemühlen (1200–1600) als Folge der Mühlendiversifikation, Remagen² 2006. – Eugen ERNST, Mühlen im Wandel der Zeiten, Stuttgart 2005. – Rüdiger HAGEN, Historische Mühlen und ihr Technik Leipzig 2004 (reprint) – Johannes MAGER u. a., Die Kulturgeschichte der Mühlen, Tübingen 1988. – Zu erwähnen wären auch monografische Untersuchungen zu einzelnen Städten wie jüngst Konrad SCHNEIDER, Mühlen in Frankfurt. Alte Arbeitswelten neu entdeckt, Erfurt 2017 u. a. m.

2 Einen lesenswerten Überblick über die Entwicklung der frühindustriellen Produktionsmethoden bieten Ulrich TROITZSCH, Mechanisierung von Handwerk und Manufaktur, und Akos PAULINYI, Vom Mühlenbauer zum Maschinenbauer, in: Akos PAULINYI / Ulrich TROITZSCH, Mechanisierung und Maschinisierung 1600–1840 (= Propyläen Technikgeschichte Bd. 3), Berlin 1997, 145–198 und 319–352.

3 Jakob de Strada à Rosberg, Kunstliche Abriß/allerhand Wasser-, Wind-, Roß- und Handt Mühlen, beneben schönen und nützlichen Pompen, auch andren Machinen, damit das Wasser in Höhe zuerheben, auch lustige Brunnen und Wasserwerck, dergleichen vor diesem nie gesehen, zwei Teile, Frankfurt am Main 1617 und 1618.

4 Georg Andreas Böckler, Theatrum machinarum novum. Das ist Neu vermehrter Schauplatz der Mechanischen Künsten. Handelt von Allerhand Wasser- Wind- Roß- Gewicht- und Hand-Mühlen ..., Nürnberg[2] 1661. – Ders.: Theatrum Machinarum Novum, Das ist: Neu-vermehrter Schauplatz Der Mechanischen Künsten Handelt von allerhand Wasser- Wind- Roß- Gewicht- und Hand-Mühlen, Wie dieselbige zu dem Frucht-Mahlen, Papyr- Pulver- Stampf- Segen- Bohren- Walcken- Mangen, und dergleichen anzuordnen. Beneben Nützlichen Wasser-Künsten, Als da sind: Schöpf- Pomppen- Druck- Kugel- Kästen- Blaß- Wirbel- Schnecken- Feuer-Sprützen und Bronnen-Wercken, damit das Wasser hoch zu heben, zu leiten und fortzuführen, auch andern Sachen, so hierzu dienlich und nützlich zu gebrauchen, Nürnberg 1703.

5 Leonhard Christoph Sturm, Vollständige Mühlen-Baukunst. Darinnen werden I. Alle Grundreguln so zu der Praxi nöthig, die doch gar wenigen recht bekant sind, treülich angewiesen; II. Die Vortheile, die man bey Anlegung der Wasserräder alle Sorten von Machinen zutreiben in acht nehmen muß, Auf den höchsten Grad der Vollkommenheit gebracht; III. Was insonderheit an Korn- Graupen- Papier- Öhl- Pulfer- Säg- Steinschneide- Bohr- Schleiff- Sensen- Kessel- Eisendrat- Hächsel- und Dreschmühlen zuverbessern, aufrichtig entdecket; Also, daß dieses Werck wohl vor eine Entdeckung der aller raresten und vortrefflichsten Mechanischen Vortheile in der Praxi darff angegeben werden; Cammer- und Policey-Räthen, Beamten, Statt-Magistraten, Kaüffleüthen und allen sowohl der grossen Oeconomie als Mechanischer Künste beflissenen zum Nutzen getreülich eröffnet, Augsburg 1718.

6 Johann Matthias Beyer / Jakob Leupold / Jakob Born, Theatrum Machinarum Molarium, Oder Schau-Platz der Mühlen-Bau-Kunst, Leipzig 1735. – Johann Matthias Beyer, Theatrum machinarum molarium, oder Schau-Platz der Mühlen-Bau-Kunst, welcher allerhand Sorten von solchen Maschinen, die man Mühlen nennet, so wohl historisch als practisch, nebst ihren Grund- und Auf-Rissen vorstellet und zwar wird in selbigen gehandelt von Untersuchung des Gefälles, der Quantität des Wassers, so ein Fluß in gewisser Zeit schüttet,...; ingleichen auch von Wind-,... und Feld-Mühlen, über dem auch von allerhand improprie sogenannten Mühlen, als: Oehl-, Graupen-,... und Heckerlings-Mühlen, u. a. m. auch was insonderheit mit jeglicher besonders vor Vortheil geschaffet werden kann ; welchem am Ende beygefüget ein Real-Register aller und jeder bey gesagten Maschinen vorkommender Terminorum technicorum oder Kunst-Wörter; ein Buch, welches im gemeinen Wesen mit gar besondern guten Nutzen... sehr wohl wird können gebrauchet werden, Dresden[9] 1767 und 1788.

7 Andreas Kaovenhofer, Deutliche Abhandlung von den Rädern der Wasser-Mühlen, und von dem inwendigen Werke der Schneide-Mühlen Mit zehen Kupfertafeln, Riga und Leipzig 1770.

8 Johann C. Huth, Die nöthigsten Kenntnisse zur Anlegung, Beurtheilung und Berechnung der Wasser-Mühlen und zwar der Mahl-, Oel- und Säge-Mühlen, für Anfänger und Liebhaber der Mühlenbaukunst, Halle 1787.

9 Ernst Christian August Behrens, Die practische Mühlen-Baukunst oder gründliche und vollständige Anweisung zum Mühlen- und Mühlen-Grundwerks-Baue mit den Haupt- und Specialrissen zum gemeinnützigen Gebrauche für Bauliebhaber, Müller und Zimmerleute ausgearbeitet, Schwerin 1789.

10 Lorenz Claussen, Praktische Anweisung zum Mühlenbau worin deutlich und gründlich gelehrt wird, wie Mehl-, Maltz- und Grütz-Mühlen, sie mögen nun durch Wind, Wasser oder Pferde in Bewegung gesetzt werden sollen, auf das vortheilhafteste einzurichten sind. Nebst einer Beschreibung zweyer Maschinen zur Reinigung, Leipzig 1792.

11 Johann Leonhard Späth, Abhandlung über die Kröpfe der Mühlgerinne und Beschauung unterschlächtiger Räder ..., Nürnberg 1815.

12 Anonymus, Nachricht von einem neu inventierten besonders nützlichen Mühl- und Mahlwerk, Regensburg 1730.

13 Johann Heinrich Moritz von Poppe, Der Mühlenbau und das Mühlenwesen überhaupt oder Beschreibung aller Arten von Mühlen, nach den besten Grundsätzen und Erfahrungen für Müller, Baumeister, Zimmerleute, Technologen &c., Tübingen 1831.

14 Karl Kuhnert, Praktisches Lehrbuch der Mühlenbaukunst Oder Gründliche Anweisung, alle Arten von Wassermühlen... insbesondere ober- und unterschlächtige Mahlmühlen..., nach neuester Construction zu erbauen: nebst genauer Beschreibung und Abbildung aller einzelnen Theile derselben. Für angehende Mühlenbauer und jeden Mühlenbesitzer, Quedlinburg und Leipzig 1841.

15 A. F. Vogel, Entdeckung eines hydrostatischen General-Mobils oder Perpetuum Mobile d.h. einer unaufhörlich sich von selbst bewegenden Triebfeder für alle stabilen Maschinenwerke, als Mühlen-, Berg- und Hammerwerke, Eisenbahn- und Schiffs-Locomotiven, Thurm-, Wand- und Stutz-Uhren etc.; für Theoretiker und Praktiker sowohl, als auch für Gebildete überhaupt, allgemeinfasslich dargestellt, Leipzig 1845.

16 Friedrich Harzer, Die Turbinen oder horizontalen Wasserräder als Kraft- oder Trieb-Maschinen für Mühlen, Fabriken, Berg- und Hüttenwerke Ihre allgemeine Beschreibung, Theorie und Leistung...; mit den besten in- und ausländischen Hülfsmitteln bearbeitet, Weimar 1856.

17 Matthias Bachmann, Der praktische Müller, oder: Kurzgefaßte Anleitung, wie Mahl-, Schneid-. Oel-, Walk- und Gyps-Mühlen auf eine billige Art anzulegen sind und verbessert werden können. Nebst einigen Worten über Kunstmühlen, Verbesserung und Erhaltung der Wasserkraft, Dreschmaschinen, Aufbewahrung des Getreides, und Mehls ... etc. etc. Ein Buch zum Selbstunterricht im Mühlfache, München 1857.

18 Peter Germann-Bauer, Die Regensburger Mühlen in den Aufzeichnungen und Plänen der Städtischen Bauamtschronik, in: Wasser – Lebensquelle und Bedeutungsträger: Wasserversorgung in Vergangenheit und Gegenwart (= Regensburger Herbstsymposion für Kunstgeschichte und Denkmalpflege Bd. 4), Regensburg 1999, 84–102.

19 David H. Jones, A catalogue of all drawings relating to mills and similar machines among the archive of building drawings held by the Museum der Stadt Regensburg, masch. Ms 1994. – Germann-Bauer 1999 (wie Anm. 18), 95–99.

20 Baualterspläne zur Stadtsanierung Regensburg VIII. Bearb. von Helmut-Eberhard Paulus, München 1987. (BAP VIII).

21 Christian Forneck, Die Regensburger Einwohnerschaft im 15. Jahrhundert. Studien zur Bevölkerungsstruktur einer deutschen Großstadt des Spätmittelalters (= Regensburger Studien Bd. 3), Regensburg 2000.

22 Christoph Obermeier, Die erste Regensburger Bauamtschronik. Edition und Kommentar. Magisterarbeit Universität Regensburg 1987. – Als Parallelquelle hierzu ist auch die Bauamtschronik in der Abschrift des 18. Jahrhundert herangezogen (StAR I Ae 1,08).

23 Karl Bauer, Regensburg. Kunst-, Kultur- und Alltagsgeschichte, Regensburg[6] 2014, passim.

24 Klaus Heilmeier, „Eine wüste Insel und mehr ein Dorf als eine Vorstadt". Spurensuche auf dem Unteren Wöhrd, in: Denkmalpflege in Regensburg Bd. 13, Regensburg 2014, 100–174.

25 SBR Rat.civ. 152.

26 SBR Rat.civ. 317(1 und 317(2.

27 Der örtliche Begriff war Sägmühle, doch um keine Verwechselung mit der Sagmühle aufkommen zu lassen, verwende ich den Begriff Sägemühle.

28 1764 und 1768 wurde verfügt, *„nur das äusserst nothwendige zu bauen, u. mit andern inne zu halten, auch ohne Anfrag u. Bewilligung nichts vorzunehmen.“* Hierzu: Peter MORSBACH, Untersuchungen zur städtebaulichen Entwicklung Regensburgs in der 2. Hälfte des 18. Jahrhunderts, in: Verhandlungen des Historischen Vereins für Oberpfalz und Regensburg 131 (1991), 121–175 (hier: 132f. und 138).

29 Zum Folgenden: SBR Rat.civ. 317(1, Relatio historica des ganzen Verlauffs mit der Statt Regenspurg, wie es nemblichen derselben vor und nach der Schwedischen, dann der kayserlichen Belägerung ergangen, ca. 1634–35.

30 SBR Rat.civ. 317(1, fol. 50v–51r.

31 SBR Rat.civ. 269, fol. 444 v–445 r.

32 SBR Rat.civ. 317(1, fol. 51 r/v.

33 SBR Rat.civ. 317(1, fol. 48.

34 Dieses Schreiben in SBR Rat.civ. 317(2, fol. 151–153r.

35 SBR Rat.civ. 317(2, fol. 164v.

36 SBR Rat.civ. 317(1, fol. 58v–59r.

37 Karlheinz DIETZ / Thomas FISCHER, Die Römer in Regensburg, Regensburg 1996, 164, 166f.

38 Josef WIDEMANN (Hg.), Die Traditionen des Hochstiftes Regensburg und des Klosters St. Emmeram (Quellen und Erörterungen zur bayerischen Geschichte NF Bd. 8), München 1942 und 1943, s. v. *„molendinum, molendina, molina“.*

39 Josef WIDEMANN (Bearb.), Regensburger Urkundenbuch, I. Band (Monumenta Boica 53), München 1912 (= RUB I) – Franz BASTIAN / Josef WIDEMANN (Bearb.), Regensburger Urkundenbuch, II. Band (Monumenta Boica 54), München 1956, 148 (= RUB II).

40 RUB I, Nr. 252.

41 RUB I, Nr. 832 Anm.

42 RUB II, Nr. 148.

43 RUB I, Nr. 1013, 1287, RUB II, Nr. 272, u. a.

44 1360, 20. Dezember (RUB II, Nr. 394).

45 FORNECK (wie Anm. 21), 106f. bringt eine kurze Übersicht über die mittelalterlichen Mühlen.

46 Nikolaus BRAUN, Das Finanzwesen der Reichsstadt Regensburg im Spätmittelalter, in: Martin ANGERER / Heinrich WANDERWITZ (Hg.), Regensburg im Mittelalter. Beiträge zur Stadtgeschichte vom frühen Mittelalter bis zum Beginn der Neuzeit, Regensburg 1995, 108 und 118, Anm. 49.

47 In der Quelle zur Schiffmühle vor dem Tor zu Nunnport von 1371, 20. Januar (RUB II Nr. 912), wird als Zeuge Heinrich der *„müllnaer auf dem Graben“* genannt. Die Adresse „auf dem Graben“ bezeichnet sowohl den Weißgerbergraben in der Donauwacht als auch den Bereich des Hunnenplatzes in der Ostenwacht. Vgl. FORNECK (wie Anm. 21), 206f., 255. Der Eintrag wird sich auf den Hunnenplatz an der Hölzernen Brücke beziehen.

48 RUB I, Nr. 475 (1325, 8. März). – Zur Organisation des Mühlenwesens in dieser Zeit auch Franz BASTIAN, Das Runtingerbuch 1383–1407 und verwandtes Material zum Regensburger-südostdeutschen Handel und Münzwesen, Bd. 2 (= Deutsche Handelsakten des Mittelalters und der Neuzeit, Bd. VII), Regensburg 1935, 279v. – DERS., Urkunden, Briefe, Rechnung, Bd. 3 (= Deutsche Handelsakten des Mittelalters und der Neuzeit, Bd. VIII), Regensburg 1944.

49 RUB I, Nr. 39 b: 1180–83 *„molinendum super Danubium ... conservandum“.*

50 RUB II, Nr. 426 (1361, 8. Juli).

51 Der Bruderwöhrd, der auch noch auf der Uraufnahme durch einen kleinen Wasserlauf erkennbar ist, erstreckte sich zwischen den heutigen Adressen Bruderwöhrdstraße 15 (IT-Speicher), Babostraße 89 und Donaulände 20, 20 a.

52 Auf der Uraufnahme sind in diesem Bereich östlich an den Bruderwöhrd anschließend zwei weitere ehemaligen Inseln zu erkennen.

53 FORNECK (wie Anm. 21), 106 sieht die Entstehung der Siechenmühle ebenfalls in einer Beziehung zu ihrer frühesten Erwähnung vor 1240. – Zu St. Niklas vgl. Artur DIRMEIER / Peter MORSBACH, Spitäler in Regensburg. Krankheit, Not und Alter im Spiegel der Fürsorgeeinrichtungen und Krankenhäuser einer Reichsstadt (Schnell und Steiner Großer Kunstführer 192), Regensburg 1994, 19.

54 FORNECK (wie Anm. 21), 268.

55 RUB II, Nr. 525: 1363, 30. Mai: Konrad und Heinrich, der Müllersohn von Regeldorf, bekennen, dass ihnen von Rat und Bürgergemeinde zu Regensburg die Stadtmühle an der Brücke zu Leibgeding überlassen wurde. Noch in diesem Jahr sollen *„nach der stat werchlaeut rat und wizzen 4 Pfund [Regensburger Pfennige] verbaut werden“.* Sie versprechen die Mühle *„ze pessern, swaz gepresten daran wirt von grunt auf, von vauln, von guezzen, an stainen, an redern, an mueleiysen, an grinteln oder an anderen Sachen“.* Die Müller werden in späteren Quellen auch als Stadtmüller bezeichnet.

56 RUB II, Nr. 102, 1353, 25. Dezember: In der Abrechnung der Stadtkammer wird aufgeführt: *„von der Neumuhl zins Emmerami 6 d(enarii)“.*

57 Die Sommermühle wird nur in den frühen erhaltenen Stadtrechnungen (1396, 1398) erwähnt (StAR Cam 5, fol. 3, fol. 33).

58 1389: Übergabe der Runtingermühle an die Stadt (GNM Reichsstadt Regensburg 199, fol. 48).

59 RUB II Nr. 912, 1371, 20. Januar: *„neben des alten weyspekchen muel gegen dem Wyrd ueber.“*

60 GNM Reichsstadt Regensburg 199, fol. 21r. – Zitiert bei BRAUN (wie Anm. 46), Anm. 49.

61 BRAUN (wie Anm. 46). – Zusammenfassend, wenngleich in den Schlussfolgerungen fraglich BASTIAN (wie Anm. 48), 2, 279f.

62 1374 (RUB II, 489, fol. 12) – Thomas ENGELKE, Eyn grosz alts Statpuech. Das „Gelbe Stadtbuch“ der Stadt Regensburg. Forschungen und Edition (= Regensburger Studien und Quellen zu Kulturgeschichte Bd. 2), Regensburg 1995, Nr. 69.

63 StAR Cam.3 fol. XVII (1393, 16. April). – BASTIAN (wie Anm. 48), 27.

64 GERMANN-BAUER (wie Anm. 18), 95–99 stützte sich seinerseits auf ein derzeit ebenfalls nicht aufzufindendes Manuskript von David H. JONES, Mühlenkatalog (= A catalogue of all drawings relating to mills and similar machines among the archive of building drawings held in the Museum der Stadt Regensburg), Typoskript 1994.

65 Genaue Angaben bei GERMANN-BAUER (wie Anm. 8), 95, 96.

66 Eine sich aus diesen Differenzen ergebende Revision der Planzeichnungen konnte im Rahmen dieser Untersuchung nicht erfolgen.

67 Anstatt xxii.

68 Textverlust durch Überklebung.

69 So GERMANN-BAUER (wie Anm. 8), Nr. 24b.

70 Lesung unsicher.

71 Verlust der Beschriftung durch Überklebung.

72 Die ebenfalls auf dem Unteren Wöhrd liegende Bleiche gehörte nicht zum Mühlenquartier, das Schöpfrad ist hier jedoch als in einigen Chroniken und Beschreibungen ausdrücklich erwähntes wassertechnisches Bauwerk der Vollständigkeit aufgenommen.

73 Funktionen nach GERMANN-BAUER (wie Anm. 8), Nr. 19. Bei den beiden oberen Werken handelt sich um zwei Stampfwerke, die untere ist meines Erachtens eine Gewürzmühle.

74 StAR I Ae 1/13.

75 „*Prisilig(e)*“ bezeichnet ein „*Brasilholz*“ genanntes Farbholz, aus dem (rote) Textilfarbstoffe gewonnen wurden (LEXER, Mittelhochdeutsches Wörterbuch s. v. *prisilje*). Ein solches *prisilig*-Haus gab es zum Beispiel auch in Passau.

76 GERMANN-BAUER (wie Anm. 8), 88f.

77 StAR I Ae1, 08, 561.

78 StAR I Ae1, 08, 570: „*Auch ist die Sägmühl im Obernwörth, welche drey Gäng gehabt, baufalls halber im Monath 8bris (Oktober, PM) gemalden Jahres abgebrochen u. eine neue Sagmühl mit 4 Gängen an die Stätt von Grund aus auf genaut worden, aber erst im Monath Aprilis des folgenden 58 Jahres samt der Stampf und Weißgerbermühl darunter zustandt kommen.*“

79 StAR I Ae1, 08, 819: „*Dies Jahr ist auf der Sägmühl ob dem unteren Gang eine Furnier Mühle, daran man denen Schreinern Irl und anders Holz zum Furnieren kann schneiden gemacht worden, hat vorhin keine alhier habt, hat solche Arbeit betragen 30 fl. 9 den.*“

80 StAR I Ae1, 08, 928.

81 Auch bei HEILMEIER (wie Anm. 24), Abb 13.

82 MEMOIREN DER LOLA MONTEZ (Gräfin v. Landsfeld), hg. von Kerstin Wilhelms, Bd. II, Frankfurt am Main[2] 1986, 1554.

83 Edmondo DE AMICIS, La Hollande, Paris[2] 1878, 251 und Abb. Moulins de Zaandam.

84 BEYER 1767 (wie Anm. 6), 71.

85 RUB II Nr. 912 (1371, 20. Januar).

86 So bei HEILMEIER (wie Anm. 24), Abb. 12 „*Rosstürl*“ genannt, was den früheren Namen Nunnport nicht ausschließen würde. – BAUER (wie Anm. 23), 532.

87 GNM Reichsstadt Regensburg 199, fol. 21r, 1387: „*der pekchenmül auf dem wazzer der sind sechs.*“ – BASTIAN (wie Anm. 48), RB 3, 279f. s. v. muelgelt. – BRAUN (wie Anm. 46), Anm. 49.

88 Ein Privet an einer Brücke neben einer Mühle zeigt Albrecht Dürers Aquarell der Weidenmühle, um 1498 (Paris, Bibliothèque Nationale, Cabinet des Estampes). Vgl. Fedja ANZEWELSKY, Dürer. Werk und Wirkung, Erlangen o. J., Abb. 58.

89 So lange haben Albrecht der Wunndraer und seine Frau Otilg, beide Bürger zu Regensburg, die Mühle gepachtet.

90 RUB II, Nr. 969 (1371, 17. Dezember).

91 RUB II, Nr. 1008 (1373, 30. März).

92 Nicht aufgenommen sind im vorliegenden Aufsatz die Verordnungen über die Ländedauer von Flößen.

93 RUB II, Nr. 1036.

94 SBR Rat.civ. 269, fol. 529r.

95 Nicht in BAP VIII, hier endet die Nummerierung mit H 197b. H 198 ist die Adresse der Städtischen Ersten Mahlmühle auf dem Unteren Wöhrd, Wöhrdstraße 4.

96 Karl Heinz BURMEISTER, Die Rheinmühlen in: Internationale Rheinregulierung. Der Alpenrhein und seine Regulierung, Rorschach 1992, 67–74.

97 BAP VIII, Abb. 19.

98 BSB, Hss Cod.icon. 198.

99 HEILMEIER (wie Anm. 24), 109f. – FORNECK (wie Anm. 21) zählt im Einwohnerverzeichnis 1435 im Bereich Nunnport auch die Adresse „auf der Hültzenprugk“ auf.

100 Vgl. hierzu für den Rhein: Daniel L. VISCHER, Schiffmühlen auf dem Alpen- und Hochrhein, in: Schriften des Vereins für die Geschichte des Bodensees und seiner Umgebung 125 (2007), 55–66 (hier: 63–65).

101 SBR Rat.civ. 269, fol. 529r.

102 Vgl. BÖCKLER 1661 (wie Anm. 4), 1–8 (s.v. Handmühle, Tretmühle), 10–12 (Gewichtmühle, bei der schwere Gewichte wie bei einer Standuhr das Räderwerk des gehenden Werks antreiben) et passim.

103 SBR Rat.civ. 269, fol. 645r. – Zu Rossmühlen vgl. BÖCKLER 1661 (wie Anm. 4), 8f.

104 StAR I Ae 1/12, 385.

105 StAR I Ae 1/11, 659: „*Auf übergebenen Bericht, wegen gehaltenen Augenschein im Hand-Stadl im U. W. daselbst eine Roßmühlen gebaut werden solle, dazu sich aber der Grund nicht gezeiget, deßwegen ist der Bescheid dahin ergangen, E. E. Amt möchte hiezu einen anderen Ort vorschlagen.*“ Den Handstadel konnte ich leider nicht identifizieren.

106 StAR I Ae 1/12, 385.

107 StAR I Ae 1/12, 883.

108 Die Unterhaltskosten für die Wasserbauwerke – Beschlächte, Kanäle, Mühlzäune – werden im zweiten Teil der Untersuchung behandelt.

109 OBERMEIER (wie Anm. 22), Nr. 39: „*ANNO 1530 – MÜL EINGEFALLEN. Den 7. Tag Juli fiel die eusserst melmül ann der Stainen Pruckhen ein, die Newmül genannt, geschah 3 stund vor nacht, ward aber niemannt dadurch beschedigt vnnd ward in disem jar wider gebaut.*“

110 OBERMEIER (wie Anm. 22), Nr. 115. – StAR I Ae1, 08, 556.

111 OBERMEIER (wie Anm. 22), Nr. 375. – StAR I Ae1, 08, 896.

112 StAR I Ae1, 08, 911.

113 StAR I Ae1, 08, 928.

114 OBERMEIER (wie Anm. 22), Nr. 412. – StAR I Ae1,08, 344.

115 1593 Neubau der Beckenmühle im Unteren Wöhrd (StAR I Ae1, 08, 937); 1595 Abbruch und Neubau der Mahlmühle auf dem Oberen Wöhrd (StAR I Ae1, 08, 944); 1623 und 1624 die Erneuerungen der verfaulten Semelmühle auf dem Unteren und der Mahlmühle auf dem Oberen Wöhrd (StAR I Ae 1,09, 371, 373).

116 StAR I Ae 1/10, 43.

117 StAR I Ae 1/10, 83: „*Neue Mahlmühle im U. W. gebaut. Vermöge Oberherrl. Anschaffung ist dies Jahr anstatt der alten, sehr baufälligen Mühle im U. W. eine ganz neue erbaut worden und nachdeme davon A°. 1655, den 18. Jan. zwey Gäng fertig waren, haben E. W. E Rath 2 Schaff Korn mahlen lassen und wurde sogleich das Mehl unter die Armen vertheilt.*“

118 StAR I Ae 1/11, 229.

119 Der sehr häufig gebrauchte Ausdruck Trilles (Trilling) bezeichnet einen Teil des Getriebes: „*Ein Getriebe heißt, wenn in die Welle etliche Stäbe eingesezet worden; wenn aber diese Stäbe, oder Getrieb-Stöcke, zwischen zweyen Scheiben eingesetzet sind, so nennet man es ei-*

nen Trilling oder Laterne" = KAOVENHÖFER 1770 (wie Anm. 7), 16. Siehe hierzu Bauamtschronik 120 und 121 (Abb. 10 und 11).

120 StAR I Ae 1/11, 372, Reparatur der Mahlmühlen für 737 fl. 40 kr.: *„Die Reparatur der sämtl. Mahlmühlen, darunter aber vornähmlich der Neu Mühl begriffen, massen daselbst die neuen Wänden mit Quadern unterfangen, Gibelmauer aufgeführt, in der Knechtstuben eine Riegelwand gemacht, unter dem Bruckbogen wegen Aufhaltung des Winds einen neuen Gang gemacht und allso in guten Stand gebracht."*

121 StAR I Ae 1/11, 440.

122 OBERMEIER (wie Anm. 22), Nr. 41:*„ANNO 1531 – HAMMER. Ist ain eisen hammer zu der siechenmül bey sannt Niclas hinab ann die Thunaw gebawt, wolt aber mangelshalben an wasser nit recht thun."* – BAC 1, 17; OBERMEIER (wie Anm. 22), Nr. 50 und Anm. 88:*„ANNO 1534. HAMMER VERENDERT. Vmd dises jar vngeuerlich ward der hammer bey der siechenmül vnndter Osternerthor hinab, dieweil nit wassers genueg, denselben zu treibenn, verhandenn, widerumb abgebrochenn vnnd inn Obernn Wördt neben die segmül gebautt."*

123 StAR I Ae1, 08, 570: *„Auch ist der Sägmühl im Obernwörth, welche drey Gäng gehabt, baufalls ahlber im Monath 8bris (Oktober) gemelden Jahres abgebrochen u. eine neue Sagmühl mit 4 Gängen an die Stätt von Grund aus auf gebaut worden, aber erst im Monath Aprilis des folgenden 58 Jahres samt der Stampf und Weißgerbermühl darunter zustandt kommen."*

124 StAR I Ae1, 08, 857: *„Im gemelden Jahr ist die Randinger Mühl an allen vier Orten von neuem vom grunds auf biß unter das Dach (welches stehenblieben) ausgewechselt und gemacht worden hat dieser Bau ungefehrl. Betragen 763 fl. 3ß."*

125 SBR Rat.civ. 269, fol. 356r: *„Anno 1498 ist die Walckmühl abgebrannt."*

126 OBERMEIER (wie Anm. 22), Nr. 19:*„ANNO 1518. EIN MÜL VERPRUNNEN. Ist am Sonntag nach Vitti inn der nacht im Vnndern Wördt, oberhalb der hültzern pruckhenn, zu negst darbey ein schöne melmül mit 4 gengen abgeprunnen, nit wissend, durch wess verwarlosung solch feur ausskhomen ist, were auch, do man nit so dappfer ausskomen ist, were auch, do man nit so dappfer gelöscht, schier die hültzenn pruckh mit anganngen."* – *Ähnliches vermeldet auch SBR Rat.civ. 268, fol. 242r: „... verbranne ob der hilzen Pruckhen ein herrliche Mühl mit vier Gängen, hette schier die hüllzerne pruckh angefeüert, wust niemandt, wie das Feüer außkhomen war. Man paut baldt hernach ein Pulver Mühl dahin an denselbig Orth, aber nachdem diese auch im 1541 Jahr des 28. Marty abgebrunnen, bauet man die Mehlmühl wider." – Der dritte Beleg findet sich in SBR Rat.civ. 269, 372 r/v: „Anno 1518 verbrannte am Veits-Tag in der Nacht oberhalb der Hölzernen Brücke eine Mühl mit 4 Gängen und war erwehnte Brücke in Gefahr angezündet zu werden. Wie aber das Feuer außkommen, hat man nicht erfahren können. An derselben Statt hat man eine Pulvermühl gebauet."*

127 SBR Rat.civ. 268, fol. 247v, 440f.

128 SBR Rat.civ. 269, fol. 404v–405r: *„Den 28. Marty verbrannte die Pulvermühle bey der hölzernen Brück und erstieß das Pulver einen Knecht, der Knall erschütterte in selbiger Gegend etliche Zimmer dergestalt, daß die Öfen einfiehlen."*

129 OBERMEIER (wie Anm. 22), Nr. 63: *„ANNO 1541 – PULUERMÜL VERPRUNEN VND WIDER GEBAUT. Ist denn 28. Marti die puluermül, so oberhalb der vnndern hültzen pruckhen gestannden, abgeprunen vnnd darinnenn vast zwen zenntten puluer, ist auch noch diss jars durch den puluermacher, Martin Cades genannt, mit bewilligung eines erbarnn raths inn Vnndern Wördt gar anns endt hinab gebautt wordenn."*

130 StAR I Ae1, 08, 499.

131 StAR I Ae1, 08, 617.

132 StAR I Ae1, 08, 561: *„Dem 26. Juni in der Nacht verbrunnen an der Steinern Brücken drey Mühlgäng, nähml. 2 Mehlmühlen u. ein Schleiff, auch Polliermühl an ein ander, niemad wuste durch wessen Verwahrlosung solches geschehen, war eine sehr goße Brunst, das fast die Steinernen Brück beschädigt, es wurde aber das ganze Werck in diesem Jahr wiederum erbaut u. musten das Stecken schlagen die Scharwercker verrichten."*

133 SBR Rat.civ. 269, fol. 529 r.

134 OBERMEIER (wie Anm. 22), Nr. 655: *„Item wurde ein mahlmül im Obern Wörth, in gleichen eine mahlmil im Vndern Wörth in diesen vnd folgenden jahr von neuen erbaut. Costeten ohngefehrlich die im Obern Wörth sambt dem mülhaus 7109 fl. 31 krz. Die mahlmihl im Vndern Wörth 6701 fl. 53 krz."*

135 Carl Theodor GEMEINER, Der Regensburgischen Chronik dritter Band, Regensburg 1821. – Erwähnt auch bei FORNECK (wie Anm. 21), 106 mit einem Hinweis auf die Unbewohnbarkeit der Schiffmühlen.

136 OBERMEIER (wie Anm. 22), Nr. 158.

137 StAR I Ae1, 09, 12 und 108.

138 StAR I Ae 1/11, 252, 710, 733. StAR I Ae 1/12, 179.

139 StAR I Ae 1/11, 709.

140 StAR I Ae 1/12, 301, 312.

141 StAR I Ae1, 08, 343.

142 StAR I Ae1, 08, 470.

143 OBERMEIER (wie Anm. 22), Nr. 170. – StAR I Ae1, 08, 617.

144 OBERMEIER (wie Anm. 22), Nr. 206. – StAR I Ae1, 08, 669.

145 Obermeier (wie Anm. 22), Nr. 422f. – Ausführlich auch in StAR I Ae1, 08, 947–951.

146 StAR I Ae1, 09, 32.

147 OBERMEIER (wie Anm. 22), Nr. 502: *„Item nachdemme diss jars ain dickh eiss vnd stoss etliche wochen lanng in der Thonaw gewesen, nit allain an den malmiln, sonder auch palier-, scheif- vnd anderm milwerckh schaden gethan, vier röder zerrissen, das holtzwerckh dann gefirt, mit vncosst wider herzuegebracht, also hat ain erbarer cammerer vnd rath beuelch geben, das alle röder an den vermelten miln sollen abgetragen vnd mit ehistem, souil miglich widerumben zuegericht werden, damit sonderlichen das malter nit auss der statt, sonder anders wohin khume, dessgleichen das die palierer vnd andere, so der gleichen mühln bewonnen, an irer narung nit abganng haben, noch verhindert werden, derentwegen haben alle zimermaister sambt iren gesellen souil damals alhie gewesen, neben andern personen daran miessen arbaitten. Ist dariber ganngen 694 fl. 3 ß 4,5 dn."*

148 OBERMEIER (wie Anm. 22), Nr. 588: *„Als hat man in so schneller eil vnd starckhen regenwetters wieder mit aufpinden noch anderm der notturfft nach nicht vorsehung thun können, sondern dem stoss vnd wasser seinen lauff lassen miessen, in welchem die 4 mahl, als Ranndinger- vnd Neu-, auch sahg- vnd semblmühl, die erst schleiffermühl bei dem stainern männl in den grund, auch die walckhmühl in den grund eingerissen, nidergeworffen vnd das meiste (wie auch die schleiffstang vber 7 ztn schwer mit ainem schleiffstain) in die tonau geworffen, verseckht vnd weckhgeführt, dessgleichen an den inneren schleiff-, palir- und walckmühlen auch zimblichen schaden (welcher gleichwol gegen dem andern wenig zu rechnen), also hin vnd wider an*

den schlächten, blaich vnd puluermühl zugefueget, dass man bis zu ausgang dess Augustmonats stetigs an, in 30-40 zimmerleit (al anderer arbeit zugeschweigen) gebrauchen miessen. Ist vber zuerichtung dessen alles vermög einer sonderbaren vertzeichnus (ausser der walckmühl, die ganzt vnd gar vom grund aus von neüem miessen erpaut werden, vber welche ein sonderbare verzaichnus, in massen hernch volgt, aufgerichtet worden) auf gangen 1089 fl. 3 ß 3,5 dn."

149 OBERMEIER (wie Anm. 22), Nr. 608. Bei der Walkmühle handelt es sich um die Walkmühle der Weißgerber auf dem Oberen Wöhrd.

150 StAR I Ae 1/10, 20.

151 StAR I Ae 1/11, 707, 708.

152 StAR I Ae 1/11, 831.

153 Er war der Müller der Oberen Mahlmüle Wöhrdstraße 2.

154 StAR I Ae 1/12, 799–810.

155 StAR I Ae 1/12, 813, 814, 847, 885f., 868.

156 StAR I Ae 1/12, 962f.

157 SBR Rat.civ. 268, fol. 242v–243r (1522 Bau der Sägemühle auf dem Oberen Wöhrd).

158 Johann Carl PARICIUS, Allerneueste und bewaehrte Nachricht Von der des Heil. Röm. Reichs Freyen Stadt Regensburg sammt allen Merckwuerdigkeiten, welche den alten und neuen Zustand derselben in politischen und Kirchen-Sachen betreffen, und zugleich Die ansehnlichsten Gebaeude dieser Stadt in schoenen Kupfferstichen darstellen, Regensburg 1753, 213–215.

159 BSB Cgm 3019, Eines Ungenannten Chronik von Regensburg bis 1586, fol. 63v.

160 SBR Rat.civ. 268, fol. 47v–48r und fol. 50v–51r. – Diese Beschreibungen sind nahezu wörtlich von Buzinger in seine Chronik von 1660 übernommen (SBR Rat.civ. 269, fol. 66v–67v, dort noch ein Stich von Merian eingebunden, 72v–73v).

161 BSB Cgm 5529, Jeremias GRIENEWALDT, Ratispona oder Summarische Beschreibung der Stadt Regensburg, 1615 II. Teil, Kap. 8, 418–428 (hier: 418, 422–423).

162 Damit ist einer der Hochwasserdämme gemeint, „*die an etlich Orthen nach dem eß noth thut, fast zwaye Mann hoch aufgeworffen ...*" (ebd., 418).

163 Ebd., 418f.

164 Ebd., 522.

165 Ebd., 426–428.

166 Ebd., 432.

167 Stadtamhof.

168 Johann de Troibreze.

169 SBR Rat.civ. 317(1, fol. 48, 50, 51.

170 SBR Rat.civ. 317(2, fol. 164v.

171 StAR I Ae 1/12, 714, 1781: Reparaturen der breiten Schlacht von der Neumühle bis zum Rechenbaum an der Mühle im Unteren Wöhrd für 835 fl. 39 kr.

172 SBR Rat, civ. 248, o. pag.

173 Von anderer Hand nachgetragen.

174 Anselm GODIN, Ratisbona Politica. Das ist: Erster Theil deß erneuerten Mausolei oder Herrlich-gezierten Grabs Deß Bayrischen Apostels und Blut-Zeugens Christi S. Emmerami, welches Coelestinus... vor Jahren kurtz-beschribner mit ungemeinen Nutzen zum drittenmal in Druck hervor gegeben; Anjetzo aber auf inständiges Verlangen mit Einmischung der Bayrischen Denckwürdigkeiten vermehrt mit schönen Kupfferen geziert Und in das Staatisch-, Clösterlich-, Kirchisch- und Heilige Regenspurg Abgetheilt, Regensburg 1729.

175 Ebd., 200.

176 Ebd., 201–202.

177 Ebd., 203.

178 PARICIUS (wie Anm. 158), 213–215.

179 BAP VIII (wie Anm. 20), 20f.

180 BAP VIII (wie Anm. 20), 23.

181 Die erste Gewürzmühle wurde mit der Säge- und Papiermühle 1522 auf dem Oberen Wöhrd erbaut (SBR Rat.civ. 269, fol. 378v); hierin ist Paulus (BAP VIII, 224) ungenau, denn die neue Gewürzmühle in der Ölermühle entstand erst 1686.

182 Zum Brand der Semelmühle siehe oben S. 8: SBR Rat.civ. 268, fol. 242r. – SBR Rat.civ. 269, fol. 372. – Zum Neubau StAR I Ae 1,08, 451: „*Item es ist in diesem Jahr (1534, Anm. d. Verf.) eine PulverMühl oberhalb der unteren Hölzernen Brücken (fast an die Stell davormahls die Mehlmühl, so 1518 abgebronnen) erbaut worden.*"

183 OBERMEIER (wie Anm. 22), Nr. 63.

184 GRIENEWALDT (wie Anm. 22), 432.

185 StAR I Ae 1,09, 161.

186 SBR Rat.civ. 269, fol. 426r. – OBERMEIER (wie Anm. 22), Nr. 591: „*PULUERMÜHL BEI DER WASSERPASTEY ZU OSSTN BETREFFENT ABGEPRUNNEN. Montag den 29. Junii, welchs art der heiligen apostel Petri et Pauli tag, in der nacht hernach zwischen 11 vnd 12 vhr ist die neu erbaute pulvermühl auf der schlacht bei der Ostner wasserpastei, welche anno 1612 (weilen diss orts hieuor nie kein puluermühl gewesen) aufgerichtet vnd 861 fl. 1 ß 28 dn gestanden, an heuer aber auch durch das grosse wasser vnd eis zerrissen vnd wider vber zuerichtung gangen 96 fl. 4 ß 15 dn, ist solche vnuersehener weis, vnbewust wie solchs beschehen, mit feuer angangen, ohngefahrlichen aufs lengst in ainer stund alles, was daran gewesen (ausser dess eisenwerckhs vnd messigzeugs), verbrunnen, dass nichts mer zu rechtem nutzen gebraucht werden können. Wie dann dem puluermacher, Hainrichen Sollger), an puluer, salpeter vnd anderm der gleichen zeüg vber 400 fl. werth verprunnen vnd da nicht so balen starckhe rettung vorhanden gewesen, das wonheissl dabei vnd alles, was darinnen, mit weib vnd kindern verbrunnen were. In massen dann dasselbe, weilen es nahe dabei gewesen, von der grossen hütze schon angangen, also die flucht zum fenster aus, theils nackent vnd blos, nehmen miessen vnd die weilen ist der liebe gott also geschickhet, das zu dieser zeit gar kein wind, sondern schön vnd hell wetter gewesen, also ist es anderwerts ohne all andern schaden abgegangen. Die puluermühl ist zwar dieser zeit wider zu erpauen eingestölt worden, aber vber widerverbesserung dess wonheissls vnd ausraumbung vnd fuhrleit, so wasser zur prunst zuegefuhrt aufgangen 24 fl. 1 ß 10,5 dn. Vide sequentem.*"

187 OBERMEIER (wie Anm. 22), Nr. 536: „*ANNO 1612 – NEÜ ERPAUTE PULUERMÜHL. In disem 1612 jar hat Hanns Wolff, soldat alhier, der seines handtwerchs ein puluermach vnd püchsenmeister ist, bei einem ehrbaren rath angelangt, ime aine puluermühl zu pauen, dauon er die gebur zu geben sich erclert vnd den ort auf der schlacht oberhalb der Ostnerpastei vorgeschlagen. Weilen Mann aber hieuor langsten fur eine notturfft geachtet, das bei gemeiner statt alhie auch eine puluermühl sein soltte, als ist auf eingenommenen augenschein von einem ehrbaren rath beuelch ergangen, das an bemeltem orth aine puluermühl sollte erpaut werden. In massen beschehen, vber welche gangen 861 fl. 1 ß 28 dn.*"

188 Obermeier (wie Anm. 22), Nr. 592.

189 BAP VIII (wie Anm. 20), 217f.

190 Germann-Bauer (wie Anm. 8), 88f.

191 Obermeier (wie Anm. 22), Nr. 150: „*ANNO 1559 – AIN MEMÜL GEBÖSSERT. Item die melmül, so die Sagmül genannt württ, vnnderhalb der Stainenn Pruckhenn, so ain böse wanndt (gegenn dem wasser, so der geende zueg stett) hette. Ward die hinder wannd gegen dem hof sampt em ganntzen dach vmb drey werchschuech höher gescchraufft vnnd die wanndt, so böss was, wie oben gemelt new gemacht wordenn.*"

192 Obermeier (wie Anm. 22), Nr. 412: „*1594 – PÖCKCHENMIHL VON NEUEM ERBAUET. Nachdeme die poekhenmühl, sonnsten die Samühl genannt, in dem Vnndern Wöhrt durchaus vnd sonnderliche im grunndt vnd geschwellen gar paufellig vnd erfaulet gewesen, ist solche aus beuelch aines ehrbaren cammerer vnd rathes abgebrochen, von neuem in dem grundt geschlagen vnd widerumb aufgebauet worden. Ist in allem darüber aufgeloffen, thuet 1206 fl. 0 ß 3,5 dn.*"

193 Obermeier (wie Anm. 22), Nr. 625, 1624: „*Sahg- oder Peckenmühl im Vntern Wöhrt. In gleichem so ist auch in disem jar die peckhenmül im Vntern Wöhrt, ansonsten die Saghmühl genant, an dreyen gengen gar schadhafft worden, das dieselben gross notwendig widerumben miessen von neüem erpaut werden vnd dieweilen die vntern zwen geng vnlangst hieuor auch ausgepessert worden vnd diese 3 geng mit zimblicher gefahr bis anhero gepraucht. Als ist auf bemelte 3 geng gangen 835 fl. 6 ß 17,5 den.*"

194 StAR I Ae 1/12, 3, 1751 Reparatur der sämtlichen Mahlmühlen, „*dabey … über denen Mühlen im U. W. die Schindeldachung gedeckt worden*". – StAR I Ae 1/12, 277, 1762 „*… ist die Schindeldachung über die 2 Mahlmühlen im U. W. neu gedeckt*".

195 StAR I Ae 1/11, 535, 1722 Bau der Eiswehr an der Oberen Mühle und Reparatur der Mahlmühlen für 448 fl. 27 kr.„*dabey ist zu merken, daß dies Jahr die Eißwehr von Quader Steinen an der Oberen Mühle im U.W. gebaut, darauf eine Stube samt Dachstuhl gesezt worden*".

196 StAR I Ae 1/11, 1047.

197 StAR I Ae 1/12, 79.

198 StAR I Ae 1/12, 301.

199 StAR I Ae 1/12, 365: 1766 Reparatur der fünf Mahlmühlen für 528 fl. 26 kr. „*unter anderm über die Durchfahrt bey beeden Mahlmühlen im U. W., die Schindeldachung neu gedeckt, die Blanken an beeden Gärten daselbst neu gemacht*".

200 StAR I Ae 1/12, 772.

201 StAR I Ae 1/12, 799–810 (hier: 805).

202 StAR I Ae 1/12, 813.

203 StAR I Ae 1/12, 962f.

204 Regensburger Tagesanzeiger 20. 4. 1955.

205 Wöhrdstraße 2. Plan über den Neubau der alten hölzernen Mühle (westlicher Teil) als Massivkonstruktion mit Frackdach; Lageplan M 1:500; Ansicht von Norden, Querschnitt, Grundriss des Erdgeschosses des gesamten Gebäudes, Grundriss Obergeschoss, M 1:100; Feder, Tusche, farbig laviert und koloriert; 1888, Mai, Ludwig Hofmeier, Zimmermeister (BOAR Wöhrdstraße 2). – In BAP VIII, 218 ist fälschlich von einem Umbau die Rede.

206 BOAR Wöhrdstraße 2, 1880, 7. August: Antrag des Maschinenfabrikanten Friedrich Gareis.

207 Umbauplanung der alten hölzernen Mühle (östlicher Teil); Lageplan M 1:500; Querschnitt, Grundriss, M 1:100; Feder, Tusche, farbig laviert und koloriert; Oktober 1889 Baumeister Karl Hofmeier, (BOAR Wöhrdstraße 2).

208 Beschreibung in BAP VIII (wie Anm. 20), 218.

209 Regensburger Tagesanzeiger 20. 4. 1955.

210 BOAR Wöhrdstraße 2.

211 BAP VIII (wie Anm. 20), 217f. – Freilegungen fanden 1988 statt (BLfD Wöhrdstraße 2).

212 ZDR Wöhrdstraße 2–4 und BLfD Wöhrdstraße 2 (1987, 28. September und 1988, 4. Februar). Die Kostenschätzung des Arbeitskreises Schifffahrts-Museum Regensburg e.V. zur Restaurierung des Wasserrades belief sich auf ca. 50.000 DM.

213 BAP VIII (wie Anm. 20), 218.

214 StAR I Ae 1/12, 79: 1754, Reparatur der Mahlmühlen für 845 fl. 31 kr., „*die O M im U W an 8 Gängen wie auch im Wohnhauß Bürsten geschlagen und mit Quadern unterfangen*".

215 Wöhrdstraße 4. Plan zur Wiederherstellung des Hauses H 198; Lageplan, M 1:500; Ansicht von Norden, Grundrisse Obergeschoss und Dachgeschoss, Schnitt, M. 1:100; Feder, Tusche, farbig laviert und koloriert; 1876, 2. April; Josef Zimmermann, Zimmermeister (BOAR Wöhrdstraße 4). – Nach dem eingereichten Bauplan handelt es sich nach diesem Plan in erster Linie um den Einbau eines russischen Kamins, einer Trennwand im Fletz und den Einbau eines Kniestocks, möglicherweise mit einer Dachanhebung verbunden. Tatsächlich aber wurde der abgebrannte Teil des Müllerhauses wieder aufgebaut. 1876, 19. Mai wurde der Wiederaufbau des abgebrannten Teils der Mühle H 198 genehmigt.

216 BOAR Wöhrdstraße 4, 1892–93.

217 BOAR Wöhrdstraße 4.

218 Wöhrdstraße 4. Bauvorlage zum (Teil-)Neubau des Hauses, Architekt Gottfried Froschhammer, 1966 (BOAR Wöhrdstraße 4).

219 BAP VIII (wie Anm. 20), 220f.

220 Der Brand ist in verschiedenen Quellen überliefert. Obermeier (wie Anm. 22), Nr. 19: „*Anno 1518. Ein Mül verprunnen. Ist am Sonntag nach Vitti inn der nacht im Vnndern Wördt, oberhalb der hültzern pruckhenn, zu negst darbey ein schöne melmül mit 4 gengen abgeprunnen, nit wissend, durch wess verwarlosung solch feur ausskhomen ist, were auch, do man nit so dappfer ausskomen ist, were auch, do man nit so dappfer gelöscht, schier die hültzenn pruckh mit angenngen.*" – SBR Rat.civ. 268, fol. 242r: „*verbranne ob der hilzen Pruckhen ein herrliche Mühl mit vier Gängen, hette schier die hüllzerne pruckh angefeüert, wust niemandt, wie das Feüer außkhomen war.*" – SBR Rat.civ. 269, 372 r/v: „*Anno 1518 verbrannte am Veits-Tag in der Nacht oberhalb der Hölzernen Brücke eine Mühl mit 4 Gängen und war erwehnte Brücke in Gefahr angezündet zu werden. Wie aber das Feuer außkommen, hat man nicht erfahren können. An derselben Statt hat man eine Pulvermühl gebauet.*"

221 SBR Rat.civ. 268, fol. 242r: „*Man paut baldt hernach ein Pulver Mühl dahin an denselbig Orth, aber nachdem diese auch im 1541 Jahr des 28. Marty abgebrunnen, bauet man die Mehlmühl wider.*"

222 Obermeier (wie Anm. 22), Nr. 115: „*ANNO 1554 – MÜL NEU GEBAUT. Ist die melmül im Vnndern Wördt oberhalb der hültzen pruckhenn, die Semlmül genannt, bawfalhshalbenn abgeprochenn vnnd von newem widerumb auffgebautt, auch das schlechtlenn doselbst herab inn die Thonaw geschlagenn wordenn, damit das wasser desto bass vnnder die reder kome etc.*"

223 Beyer 1767 (wie Anm. 6), 44: „*Unter den gangbaren oder gehenden Zeuge verstehet man alle Räder und Getriebe mit ihren Wellen und*

anderer Zugehörung, welche aus- und innerhalb des Mühl-Hauses befindlich, und den Umlauff der sogenennten Läuffer oder Obern-Mühl-Steine bei denen Mahl-Mühlen sowohl, als das Heben und Fallen der Stampffen, bey denen Hierse-, Graupen-, Oehl- und Papier-Mühlen, verrichten und befördern."

224 Obermeier (wie Anm. 22), Nr. 375: „*Item nachdeme die semelmül im Vnndern Wöhrt an den geschwelln vnnd geehndem zeüg, auch anderm, alle paufellig gewest, hat ein erbarer cammerer vnnd rathe beuohlen, die widerumben zuezurichten, derowegen die abgetragen, ein ganng nach dem anndern gemacht, steckhen geschlagen vnnd neüe geschwöll eingetzogen ect. Ist drauf ganngen 678 fl. 1 ß 4,5 dn.*"

225 Obermeier (wie Anm. 22), Nr. 422f.: „*Item die lederloh, auch alle schleif-, palier- vnd walckhmülen ebner gestalt, die zwo malmühln daselbst wie auch die vnndter zwo* (d. h. die beiden unteren Mühlen auf dem Unteren Wöhrd), *also das man die amwöll, grüntl, laisst, gehenng, waagpaumb, palierscheüben, hiern-, khamb- vnd seittenröder, auch annders zu Friesshaimb, Sarching vnd andern ortten gegen ainen trinckhgelt widerumben thails bekame vnd abholen muesste.*"

226 Obermeier (wie Anm. 22), Nr. 615: „*Item als auch die vnterst, als die semlmühl im Vntern Wöhrt an allen 5 gegen, mühl- vnd steigpöden, gschwölln vnd steckhen dermassen verfault, das der müllner Georg Erlwekh keinen mühstain mehr aftzutziehen wagen wollen, der vrsachen halber dies. Notwendig wider gantz von neuem miessen gemacht werden. Ist darüber gangen 1750 fl. 1 ß 11,5 dn.*"

227 StAR I Ae 1/11, 561.

228 Zur Durchfahrt zwischen den Mahlmühlen siehe StAR I Ae 1/11, 611: 1725 „*demnach die Dachung über der Durchfahrt bey die 2 unteren Mühlenmit Schindl frisch gedeckt*". – StAR I Ae 1/12, 151: 1757 Reparatur der Durchfahrt zwischen beiden Mahlmühlen:„*die Schupfen an der Durchfahrt bey die beede Mühlen rep(ariert).*" – StAR I Ae 1/12, 365: 1766 „*unter anderm über die Durchfahrt bey beeden Mahlmühlen im U. W., die Schindeldachung neu gedeckt*".

229 BOAR Wöhrdstraße 6 (1875, 15. November).

230 StAR I Ae 1/11, 1215: „*desgleichen die U. M. im U. W. mit Quader, Geschwell und Säulen unterfangen.*"

231 StAR I Ae 1/12, 814.

232 Die nachfolgende (nicht ganz vollständige) Besitzergeschichte in ZDR Wöhrdstraße 6.

233 BOAR Wöhrdstraße 6 (1872, 26. September).

234 Ebd.

235 Wöhrdstraße 6. Plan zum Ersatz der Holzwände des Mühlengebäudes durch Massivwände; Lageplan M 1:500; Ansicht von Norden, Schnitt, Grundriss, M 1:100; Feder, Tusche, koloriert; vor 1875, 12. August, Adolph Herbst, Maurermeister (BOAR Wöhrdstraße 6).

236 BOAR Wöhrdstraße 6 (1875, 16. Oktober).

237 Wöhrdstraße 6. Projekt des Einbaus einer Locomobilienanlage bzw. Dampfmaschine im Haus H 199; Lageplan M 1:500; Querschnitt, Grundriss, M 1:100; Feder, Tusche laviert und koloriert; bezeichnet Josef Gerung 1876 (BOAR Wöhrdstraße 6)

238 ZDR Wöhrdstraße 6.

239 BAP VIII (wie Anm. 20), 220f.

240 BAP VIII (wie Anm. 20), 222f.

241 Germann-Bauer (wie Anm. 8), 90 trifft die Unterschiedung in die Ölmühle Lit. H 200 und die Gewürzmühle Lit. H 201, doch Trennung ist nach der Quellenlage nicht ganz eindeutig.

242 Obermeier (wie Anm. 22), Nr. 227.

243 Wöhrdstraße 8. Umbau und Aufstockung des westlichen Hauses H 199; Lageplan M 1:500; Ansicht von Norden, Grundriss der Gesamtanlage Erdgeschoss und erstes Obergeschoss, Grundriss des neuen zweiten Obergeschosses, Schnitte durch beide Hausteile, M 1:100; Feder, laviert, teilweise koloriert; 1890, 11./12. Januar, Baumeister Christian Zinstag. (BOAR Wöhrdstraße 8) – Baugenehmigung am 13. Febr. 1890 (BOAR Wöhrdstraße 8).

244 StAR I Ae 1/10, 108.

245 StAR I Ae 1/10, 154.

246 Beyer 1767 (wie Anm. 6), 81–90.

247 Beyer 1767 (wie Anm. 6), 82.

248 Der ganze Verarbeitungsvorgang ist in Beyer 1767 (wie Anm. 6), 82f. ausführlich dargestellt.

249 StAR I Ae 1/10, 595, 1686: „*Nachdeme die Crammer Bruderschafft auf mehr amahliges Ansuchen und wählen, wohin sie eine Gewürtz Mühl zu bauen verlangen, sich endlich entschlossen und gebetten in die Öhlerer Mühl hin ein den alten Stand wiederum erbaut werden möchte, so von E. W. E. Rath bewilliget und die beschleunigung recomendirt worden.*"

250 Beyer 1767 (wie Anm. 6), 86.

251 StAR I Ae 1/11, 198, 1708: „*Sind die Fußböden, Stämpf und anderes gemacht worden, desgleichen ist eine neues Gewürzstampfwerk in diese gesagte Oehlerer Mühl gerichtet worden*". – StAR I Ae 1/12, 526, 1773: Reparaturkosten der Ölermühle 135 fl. 13 kr., u. a. Stecken geschlagen, innere und äußere Geschwelle neu gelegt und unterfangen, die Wände verschlagen, neue Stämpfe und Hebtatzen und Gründl eingezogen.

252 ZDR Wöhrdstraße 8, 1807: Ehemalige Ölermühle abgebrannt. – In diesem Zusammenhang wird betont, dass Öl- und Lohmühle sind nicht identisch seien. – Vgl BOAR Wöhrdstraße 8, 1824, 1. September: „*Oel- oder Lohmühlen, sie bestehen jede für sich oder sie seien miteinander vereinigt*".

253 Die Besitzerliste 1807–1914 in ZDR Wöhrdstraße 6: 1807 abgebrannte Ölermühle; 1808–1852 Ölermühle; 1855–1859 Obermühle; 1862 Wilhelm Sabatier; 1876–1889 Heinrich Friedrich, Messerschmied; 1891–1900 Heinrich Friedrich, Privatier; 1903 Heinrich Friedrichs Erben; 1906 Karl Friedrich, Messerfabrikant; 1908 Friedrichs Erben; 1910–1914 Karl Friedrich, Messerfabrikant.

254 BOAR Wöhrdstraße 8 (1824, 10. Juni).

255 BOAR Wöhrdstraße 8 (1824, 27. August).

256 BOAR Wöhrdstraße 8 (1824, 1. September).

257 BOAR Wöhrdstraße 8 (1824, 3. September). – Lohe bezeichnet die für das Gerben benötigte Rinde von Tannen und Eichen. Vgl. Beyer 1767 (wie Anm. 6), 87.

258 BOAR Wöhrdstraße 8 (1825, 3. Juni).

259 Wöhrdstraße 8. Aufstockung des östlichen Hauses um zwei Geschosse sowie andere bauliche Änderungen; Lageplan, M1:500 Grundrisse Erdgeschoss, 1.–3. Obergeschoss, Ansicht von Süden, Querschnitt A–B; M 1:100; Feder, Tusche, koloriert; 1890, 3. April, Joseph Mayer, Maurermeister (BOAR Wöhrdsraße 8)

260 Wöhrdstraße 8. Aufbau eines Abortes im Speicher des Wohnhauses; Lageplan M 1:500; Ansicht von Süden, Querschnitt, Grundriss Dachgeschoss, M 1:100; Lichtpause, koloriert; ohne Datierung (vor 1906, 23. Juni), ohne Planfertiger. (BOAR Wöhrdstraße 8)

261 BAP VIII (wie Anm. 20), 224f.

262 Die erste Gewürzmühle wurde mit der Säge- und Papiermühle 1522 auf dem Oberen Wöhrd erbaut (SBR Rat.civ. 269, fol. 378v); hierin ist PAULUS (BAP VIII, 224) ungenau, denn die neue Gewürzmühle in der Ölermühle entstand erst 1686.

263 SBR Rat.civ. 268, fol. 242r.

264 StAR I Ae 1,08, 451: *„Item es ist auch in diesem Jahr eine Pulver-Mühl oberhalb der unteren Hölzernen Brucken fast an die Stell davormahls die Mehlmühl, so 1518 abgebrunnen, erbauet worden."*

265 StAR I Ae 1,10, 108.

266 StAR I Ae 1,10, 595.

267 StAR I Ae 1/11, 198.

268 StAR I Ae 1/11, 587, 1724: *„Ist Oberherrl. angezeigt worden, daß auf den übergebenen E. E. Ungeld Amts Bericht, wegen Erbauung einer neuen Gewörz Mühl an die Stadt Nürnberg geschrieben und nach einlagender Antwort das Werck E. E. Bau Amt übergeben werden würde, ist A°. 1725 die Bewilligung nach übergebenen Model und Überschlag fort zu fahren erfolget."*

269 StAR I Ae 1/11, 611.

270 StaR I Ae 1/11 und I Ae 1/12 passim (1738, 1745, 1766, 1767, 1769).

271 ZDR Wöhrdstraße 10.

272 ZDR Wöhrdstraße 10.

273 Lageplan der städtischen Mühlen, Tusche, Feder, farbig laviert. Um 1834 (StAR ZR I 14894). Benennung der Mühlen: *„198 Städtischer erste Mahlmühle/199 Dergl. zweite Mahlmühle/200 Oelerermühle/ 201 Abgebrannte Knoppermühle/202 Städtischer Garten/203 Desgleichen."*

274 Wöhrdstraße 10. Plan zum Neubau der Walkmühle für die Firma Schnitzlein und Bleichmeister Stadler, Beilage zum Bauantrag; Schnitt, Tusche, Feder, laviert; 1834, 25. Dezember, Georg Koch, Zimmermeister (StAR ZR I 14849).

275 Wöhrdstraße 10. Plan zum Neubau der Mühle, Lageplan, Ansichten nach Süden, Osten und Norden, Querschnitt und Längsschnitt, Grundriss Erdgeschoss, Ansichten des Mühlwerks, mit Bezeichnungen; Maßstab 1250:1 bayrischer Schuh; Feder, Zeichenpapier; 1844, 15. April, Rausch, Zimmermeister (BOAR Wöhrdstr. 10).

276 Wöhrdstraße 10. Plan zur Erbauung eines Getreidemagazins auf dem Platz, wo die ehemalige abgebrannte Knopermühle stand, am untern Wörth H 201. Grundrisse Erdgeschoss, Obergeschoss 1 (bez. als I. und II. Etage), Ansicht von Osten, Lage der Ölermühle D 200, der „Donau-Mühlschuß" (Mühlkanal), Fahrtweg zur Mühle und Wiesengrund; Maßstab in bayer. Fuß; Feder, koloriert, auf Zeichenpapier; o. Datum (1844), ohne Planfertiger (BOAR Wöhrdstr. 10).

277 BOAR Wöhrdstraße 10 (1844, 3. Juli).

278 BOAR Wöhrdstraße 10 (1844, 18. September).

279 BOAR Wöhrdstraße 10 (1844, 6. November).

280 BOAR Wöhrdstraße 10 (1845, 14. Januar; Widerspruch Böckhs 1845, 15. Juli).

281 BOAR Wöhrdstraße 10 (1847, 12. Mai).

282 ZDR Wöhrdstraße 10 (1852).

283 ZDR Wöhrdstraße 10 (1908). – Umbauten im Hauskomplex H 201 für Maschinenhändler Josef Hastreiter; Lageplan 1:1000; Ansicht von Osten und Süden, Grundrisse Obergeschoss 1, Dachgeschoss, Schnitt; M 1:100; Lichtpause, koloriert; 1908, 9. Juli, Baumeister Karl Frank (BOAR Wöhrdstraße 10).

284 StAR I Ae 1,08, 556: *„Ist die Mehlmül im Undern Wörth oberhalb der höltzen Brücken, die Semmelmuhl genannt, Baufahls halben abgebrochen u. von neuen wiederum aufgebaut worden, auch das Schlechtl, daselbst herab in die Donau geschlagen worden, damit das Wasser desto bass unter die Räder kome."*

285 StAR I Ae 1,08, 907.

286 StAR I Ae 1,09, 126. Vgl. auch BAC 1, 234; OBERMEIER (wie Anm. 22), Nr. 517.

287 OBERMEIER (wie Anm. 22), Nr. 648: *„SCHLÄCHTL ODER ZAUN VOR DER SAHG- VNND SEMELMÜHL, SO ERLENGERT VND ERWEITERT WORDEN. Item alss das schlächtl bey der sahg- vnnd semelmühl wegen alzu klain vnd grossen wassers zu nider vnnd kurtz, derowegen solche verendert vnnd vmb 15 schuch den schlundt schrögweis erlengert, auch diss schlächtl vmb 2 schuch höher geschlagen vnnd zugericht worden. Ist auf solches gangen 777 fl. 1 ß 6,5 dn."*

288 Zum Begriff Mühlzaun vgl. auch BAP VIII (wie Anm. 20), 218 (Wöhrdstraße 2). Nachweise unter StAR I Ae 1/11, StAR I Ae 1/12: 1713, 1725, 1746, 1747, 1764, 1772, 1773, 1780, 1782, 1783, 1784, 1785, 1789, 1790.

289 StAR I Ae 1/12, 678: *„nach viel, aber vergeblicher Beratschlagung anstatt der alt abgebrochenen Loh- und Knoper Mühle eine neue unterhalb der Gewürzmühle anzulegen, deshalben auch dies Jahr der sogenante Mühlzaun verlängert; dadurch hat sich aber ergeben, daß das Wasser weniger Zug bekomme und die anderen Mühl Wercke sehr verkürzt werden. Es hat zwar der Zimmer Meister Dürsch durchgedrungen, das Geschäft anzufangen, allein ist die Schlacht A°. 178_ wiederum abgetragen"*

290 StAR I Ae 1/12, 749: *„das nieder Schlächtl bei der Gewürzmühl, ... den neuen Mühlzaum im UW. ... gemacht."*

291 StAR I Ae 1/12, 859: Reparatur der *„Mühlzaunschlacht, im U.W."* für 308 fl.

292 StAAm WWA 79.

293 Panster-Rad ist ein breites Rad, das in die Höhe gezogen werden kann und zwei Mahlgänge antreibt. Vgl. BEYER 1767 (wie Anm. 6), 44.

294 StAAm WWA 76 (1962, 9. November).

295 StAAm WWA 76, (1962, 17. Dezember): *„Die am linken Ufer des Südarmes der Donau zwischen der Eisernen und der Steinernen Brücke vorgelagerte Insel ist ein Teilstück der Donau fl.-Nr. 1260 der Gemarkung Regensburg. Sie ist im Eigentum des Freistaats Bayern und wird vom Wasserwirtschaftsamt Regensburg verwaltet."*

296 Ebd.

297 StAAm WWA 76, (1963, 31. Juli): Schreiben der Finanzmittelstelle Regensburg mit der Feststellung, dass die Flurnummer 1260 Bestandteil der Bundeswasserstraße ist. – StAAm WWA 76, 1969, 12. Oktober: Schreiben des WWA Regensburg zum Vollzug der Ausscheidungsrichtlinien: *„Zur Stromkarte Nr. 75: Donau-Südarm, Gareis-Insel und Wasserfläche nördlich der Insel. Die Gareisinsel und die Wasserfläche nördlich der Insel sind eindeutig Bestandteil der Donau und somit im Eigentum des Bundes."* – Hingegen: StAAm WWA 79, (1969, 26. November): *„Die Gareis-Insel und die Wasserfläche nördlich der Insel waren beim Donauflurstück 1260 der Gmkg. Regensburg. In einer beim Amt aufliegenden Ausscheidungskarte für das Stadtgebiet Regensburg ist o.g. Fläche als beim Land verbleibend eingetragen."*

Michael Schmidt

Regensburg trifft Berliner Avantgarde – Zur Sanierung eines Wohnblocks aus dem Jahr 1929 in der Prüfeninger Straße

Die Prüfeninger Straße ist nicht nur eine der wichtigsten Ausfallstraßen der Stadt Regensburg, sondern auch eine stadtgeschichtliche Magistrale und Entwicklungsachse. Wie in keiner zweiten Straße in Regensburg zeigen sich hier die Entwicklung und das Wachstum der Stadt seit dem 19. Jahrhundert. Diesem Sachverhalt zum Trotz ist das urbane Potential dieses Straßenzugs leider noch nicht entdeckt, geschweige denn gehoben. Dabei zeichnet sich diese Straße durch Vielschichtigkeit aus und bildet geradezu ein Kaleidoskop der städtischen Entwicklung der letzten 150 Jahre. Neben dem ehemaligen Lazarusfriedhof, ab 1529 angelegt, mit seiner neuromanischen Friedhofskapelle von 1834 (heute griechisch-orthodoxe Kirche) und 1908/10 in den Stadtpark integriert, gehören dazu insbesondere die im klassizistischen Stil konzipierten und teilweise noch im Zusammenhang mit dem Erweiterungsquartier der Wittelsbacherstraße stehenden Villen von Johann Theodor Madler, Alois Janker oder Christian Zinstag (Prüfeninger Straße 1, 3, 4).[1] Das 20. Jahrhundert bereicherte mit seinen drei Hauptbauphasen in den 1920/30er, den Fünfziger (zunächst Bauschule, später OTH Regensburg, 1952 von Hans Welz; Eckgebäude mit integrierter Margarethen-Apotheke Lessingstraße/Ecke Prüfeninger Straße) und den Siebziger Jahren (ehemaliges Casino der OBAG, transparenter Saalbau auf Stahlstützen, 1968–71 von Walter Mayer, Nürnberg) diesen Straßenzug. Von herausragender Bedeutung sind insbesondere die 1920 und frühen 1930er Jahre, die mit einer innovativen Architektur aufwarten. Dazu zählen das ehemalige Postamt, ein freistehender kubischer Flachdachbau nach Entwurf von Karl Schreiber 1932/33 (Prüfeninger Straße 2) und die Krankenhauskapelle St. Pius V. der Barmherzigen Brüder des Pfälzer Architekten Albert Boßlet von 1927/29, einem führenden Vertreter der Sakralarchitektur jener Jahre in Deutschland.

Von besonderem baugeschichtlichem Interesse ist der zweiteilige 1929 vom Stadtbauamt für Reichsbahnbeamte errich-

Abb. 1: Regensburg, Prüfeninger Straße 47 a, b, 49, 51. Foto: M. Schmidt, BLfD, 2017

Abb. 2: Berlin, Siedlung Schillerpark, Hoffassade von Block 2 des ersten Bauabschnitts (Bristolstraße 1–5), Bruno Taut und Hans Hoffmann 1924 und Wiederaufbau nach Kriegszerstörung von Max Taut 1951. Foto: M. Schmidt, Privatarchiv, 2017

tete Wohnblock Prüfeninger Straße 47 a, b, 49, 51 (Abb. 1). Leider hat dieser Bau wie auch das Gesamtthema des genossenschaflichen Wohnungsbaus der Zwanziger Jahre des 20. Jahrhunderts mit teilweise beachtenswerten Bauleistungen (zum Beispiel Plato-Wild-Siedlung, Siedlung Margaretenau) bis heute nicht die ihm zustehende baukünstlerische und historische Beachtung gefunden. Dabei steht der Bau geradezu exemplarisch für eine Phase des experimentellen Bauens in den späten Jahren der Weimarer Republik im Allgemeinen und den sozialen Wohnungsbau im Besonderen, ein heute mehr denn je aktuelles Thema. Anders noch als in den beiden jeweils im Auftrag von Gemeinnützigen Baugenossenschaften errichteten Ensembles der Prinz-Rupprecht-Straße (sogenannte Damaschke-Siedlung) mit ihren in konventioneller Formensprache errichteten Typenbauten (1919–25) und der Wohnsiedlung Arberstraße, 1924–30 nach Plänen von Carl Winkler erbaut, sucht der Wohnblock an der Prüfeninger Straße den städtebaulichen Bezug zu dieser Ausfallstraße, von dem die Anlage ursprünglich nur durch den mit einer niedrigen Stampfbetonmauer (im Zuge der Maßnahme leider entfernt) eingefassten Vorgarten getrennt war; die Verkehrsgunst wird zum Standortvorteil erhoben und überzeugt mit einer innovativen Architektur- und Formensprache. Zum anderen steht der Wohnblock beispielhaft für den auch andernorts anzutreffenden städtebaulichen (Funktions-) Zusammenhang solcher Wohnanlagen mit Sportstätten. Denn hinter der Anlage war im Jahr 1926 das Jahnstadion erbaut worden. Die Mieter berichteten noch 2010, dass man von hier aus den besten Blick auf die Spiele des SSV Jahn hatte. Als Zeichen dieses Bezugs von Wohnanlage und Stadion firmierte lange Zeit das Stadiontor, das sich am Ende der Stichstraße zwischen den beiden Teilen der Anlage befand.

Die Gesamtanlage besteht aus vier Einzelhäusern, einer zusammenhängenden Dreier-Gruppe und dem durch die Zufahrtsstraße zum ehemaligen Jahnstadion separierten Eckgebäude auf L-förmigem Grundriss und – nachdem die bauliche Fortführung der Flügelanlage nach Osten aus unbekannten Gründen im Zuge der Bauausführung unterblieben war – mit nur kurzem Flügelbau entlang der Prüfeninger Straße, der dadurch nunmehr stumpf an das Nachbarhaus Prüfeninger Straße 45 stößt. Die zweigeteilte Wohnhausanlage mit ihrem ost-west-gerichteten und mit einem Satteldach (an den Ecken abgewalmt) geschlossenen

Abb. 3 und 4: Regensburg, Prüfeninger Straße 47 b, Treppenhaus. Fotos: S. Effenhauser, BSR, 2018

Abb. 5: Wittelsbacherstraße 9, Südfassade. Aufnahme vor 2011. Foto: P. Ferstl, BSR

Abb. 6: Regensburg, Prüfeninger Straße, Hoffassade 49, 51. Foto: M. Schmidt, BLfD, 2017

Abb. 7: Tor des Jahnstadions. Foto: M. Schmidt, BLfD, 2017

Baukörper ist durch insgesamt vier (davon drei im Block Prüfeninger Straße 49/51) turmartige, mit drei Achsen breitgelagerte Treppenhaus-Risalite akzentuiert, die eine moderne Interpretation des Regensburger Themas der mittelalterlichen Wohntürme darstellen. Auch das geputzte faschenartige und gezahnte Rahmenmotiv der Treppenhausfenster ist eine expressionistische Weiterentwicklung des traditionellen architektonischen Kanons. In ähnlicher Weise ist den beiden die Zufahrt zum ehemaligen Jahnstadion flankierenden Eckbauten jeweils eine Attika aufgesetzt, die mit dreiecksförmigen Blendnischen des expressionistischen Formenkanons gegliedert ist, wodurch diese städtebauliche Situation endgültig zur Torgruppe erhoben wird, wobei die flachgeneigten Dächer der Türme hinter Vorschussmauern verborgen sind. An die Risalite schmiegen sich straßenseits in der Art von Schubläden kleine Balkone, die Hofseite der Gebäude verfügte hingegen nur über wenige Balkone. Die expressionistischen Architekturformen, überwiegend in Stampfbeton und Kunststein ausgeführt, sind sparsam eingesetzt, der Beton zur Angleichung an den Kunststein sowie die rieselgeputzte Sockelzone grau gestrichen, ergeben jedoch mit den geputzten hellen Fassadenflächen ein interessantes Materialien- und Farbenspiel. Die Fassade ist als Lochfassade gestaltet, wobei die Fensterformate variiert werden, so dass auch dreiteilige querformatige Fenster und zeittypische Eckfenster zum Einsatz kommen. Baukünstlerisch orientiert sich der Block an der Architektur des sozialen Berliner Wohnungsbaus jener Jahre, von denen sechs Anlagen als „Siedlungen der Berliner Moderne“ im Jahr 2008 von der UNESCO mit dem Prädikat eines Welterbes geadelt wurden.[2] Die engsten Verbindungen besitzt die Regensburger Anlage mit der Berliner Siedlung Schillerpark, 1924–30 nach Plänen von Bruno Taut und Hans Hoffmann erbaut (Abb. 2). Selbst die Satteldächer, deren Dachraum ursprünglich als Wäscheboden diente (heute zu Wohnzwecken ausgebaut), scheinen etwas von der Berliner Diskussion jener Jahre um Für und Wider von Flach- versus Satteldach widerzuspiegeln (in der Siedlung Schillerpark im Übrigen meist sehr flachgeneigte Pultdächer als Zwischenform), wie er dann im *Zehlendorfer Dächerkrieg* sprichwörtlich werden sollte. Dabei handelte es sich um die 1928 erbaute „Versuchssiedlung“ Fischtalpark, die dem von der baukünstlerischen Avantgarde propagierten Flachdach nunmehr wieder das altbewährte Satteldach entgegensetzte. Die Regensburger Anleihe an den Berliner Vorbildern ging so weit, dass dort wie hier die hölzernen Geländer, Türen und Verteilerkästen der Treppenhäuser, von Haus zu Haus variierend, farbig gestaltet waren (im Zuge der Sanierung wurde dieses Farbinnenkonzept der Regensburger Treppenhäuser wieder hergestellt; Abb. 3 und 4). Dem Wohnblock an der Prüfeninger Straße kommt in seiner expressionistischen Zeitstellung für das profane Bauwesen in Regensburg eine ähnliche Bedeutung zu wie die katholische Pfarrkirche Herz-Jesu, 1924 geplant vom Fürstlichen Bauoberrat Carl Schad unter maßgeblicher künstlerischer Beteiligung von Fürstin Margarethe von Thurn und Taxis (genehmigt 1926, ausgeführt 1928/29), für den Sakralbau.

Der Mut zum architektonischen Aufbruchssignal, dem in der Prüfeninger Straße in seinen modernen sachlichen Formen als kubischer Flachdachbau das ehemalige Postamt 1932/33 folgen sollte und das dann durch die Herrschaft des Nationalsozialismus so jäh beendet wurde, wird gerade in einem Vergleich mit dem 1924 nach Plänen von Carl Winkler gebauten Wohn- und Geschäftshauskomplex der Stadtbau-GmbH am Dörnberg-Park (Wittelsbacherstraße 9/10) deutlich (Abb. 5). Diese schlossartige Dreiflügelanlage rekurriert in der Tradition des späten Historismus auf traditionelle Architektur- und Stilformen des Barock und Klassizismus, darunter Fenster mit Faschen und Läden, Loggien und Säulenportikus (Park- und Hofseite im Wechsel), so dass sie sich einerseits in die Umgebungsbebauung einfügt, andererseits ist diese Formensprache ganz im Sinne der Berliner Architekturkontroverse als ein Bekenntnis zur Tradition zu werten. Die Südfassade des repräsentativen Mehrfamilienhauses war ursprünglich als Schauseite konzipiert, wobei der Orientierungspunkt nicht der Dörnberg-Park war, sondern die Planung war auf die nach dem Generalbaulinienplan von Otto Lasne zwischen Wittelsbacher- und Hoppestraße geplante neue verkehrliche Querverbindung ausgerichtet.[3] Nachdem diese Verkehrsplanung schließlich nicht weiterverfolgt wurde, wurde aus der Südfront statt der Straßen- die nunmehrige Gartenfassade. Auf ein ähnliches Gestaltungsprinzip hatte Winkler auch bei der Arbersiedlung in Regensburg-Reinhausen gesetzt, wo die historisierenden Architekturformen wie Schweifgiebel und Walmdächer unvermittelt auf Elemente des Neuen Bauens trafen, um mit diesem Gestaltungsmix altstadtbildvertraute Assoziationen zu erzeugen.[4]

Die beiden, inhaltlich so gegensätzlich konzipierten Wohnanlagen Wittelsbacherstraße 9/10 und Prüfeninger Straße 47 a, b, 49, 51 wurden in den letzten Jahren annährend zeitgleich saniert (2011–2015 bzw. 2013–15). Die Ausgangslage war bei beiden Anlagen vergleichbar und zeigte einen außerordentlich dichten bauzeitlichen Überlieferungszustand im Bereich der Ausstattung (Raumdispositionen, Fenster, Türen, Böden) von hoher Authentizität. Alle relevanten Bau- und Ausstattungsdetails in den beiden Anlagen wurden erhalten und handwerklich-restauratorisch aufgearbeitet. Besonderes Augenmerk kam hinsichtlich der energetischen Ertüchtigung beim Wohnblock an der Prüfeninger Straße dem Erhalt der Fassadenarchitektur zu, die eben nicht mit einem Wärmedämmverbundsystem überdeckt werden sollte. Hier entschied man sich nach Abwägung für eine Innendämmung der straßenseitigen Nordfassaden und ein Wärmedämmverbundsystem an den Hoffassaden. Die Errichtung einer Tiefgarage sowie von neuen, zusätzlichen Hofbalkonen nach dem Muster der bereits vorhandenen ermöglichen ein zeitgemäßes Wohnen (Abb. 6). Zu bedauern ist, dass das Tor des alten Jahnstadions, das mit dieser Anlage von Anbeginn eng verwoben war, mittlerweile abgebaut ist (Abb. 7). Über seinen Verbleib ist dem Verfasser nichts bekannt.

1 Alle baugeschichtlichen Daten und Angaben nach Anke Borgmeyer / Achim Hubel / Andreas Tillmann / Angelika Wellnhofer (Bearb.), Stadt Regensburg. Ensembles – Baudenkmäler – Archäologische Denkmäler (Denkmaltopographie der Bundesrepublik Deutschland, Denkmäler in Bayern), Regensburg 1997, 6, 10f., 474–478, 650–652.

2 Überblick über die Berliner Siedlungen Jörg Haspel / Annemarie Jaeggi (Hg.), Siedlungen der Berliner Moderne – UNESCO-Welterbe, Berlin / München [3]2012, 38–49.

3 Joachim Buck, Neue Baulinien für die Altstadt – Der Generalbaulinienplan für Regensburg von Otto Lasne, in: Arbeitskreis Regensburger Herbstsymposion (Hg.), „Zum Teufel mit den Baudenkmälern". 200 Jahre Denkmalschutz in Regensburg (Beiträge des 25. Regensburger Herbstsymposions für Kunst, Geschichte und Denkmalpflege vom 19. bis 21. November 2010), Regensburg 2011, 15–24 (hier: 19f.).

4 Borgmeyer / Hubel / Tillmann / Wellnhofer (wie Anm. 1), 6.

Sophie Schlosser

Schein oder Sein?

Zur Sanierungspraxis der 60er und 70er Jahre des 20. Jahrhunderts*

Die Geschichte der Spolien und ihres Daseins als Bedeutungsträger ist mit dem 20. Jahrhundert längst nicht zu Ende. Auch in Regensburg gibt es so einige vergleichsweise junge Spolien – die wenigsten von ihnen sind allgemein bekannt. Das mag daran liegen, dass ihr Einbau zu lange her ist, um allen noch aktiv im Gedächtnis zu sein, und dass gleichzeitig zu wenig Zeit vergangen ist, um sie als historische Elemente eines Abschnitts der Stadtgeschichte anzuerkennen. Es spielt aber sicher auch eine Rolle, dass die Umstände und Ideen, die sie hervorbrachten, nie unumstritten waren. Hierzu gilt es einen Blick auf den Anfang der Stadtsanierung zu werfen.

Die Altstadtsanierung

Die Altstadt von Regensburg war aufgrund jahrzehnte-, wenn nicht jahrhundertelanger Vernachlässigung schon vor dem Zweiten Weltkrieg sanierungsbedürftig. Mitte der 1950er Jahre war ein solches Maß an Bebauungsdichte, Überbevölkerung, schlechten hygienischen Verhältnissen und Verfall erreicht (Abb. 1), dass sich ein umfassendes Durchgreifen geradezu aufzwang. Ziel der angestrebten Stadtsanierung[1] war vor allem die Freilegung der dicht überbauten Hofräume, so dass mehr Licht, Luft und Grün in die Stadt gelangte. Auch aus Gründen des Brandschutzes sollte die Bebauungs- und Bewohnerdichte stark reduziert werden. Gleichzeitig kursierte der Gedanke einer Modernisierung der Stadt im Sinne der neuen Lebensmaßstäbe sowie einer Adaptierung für den Automobilverkehr. Obwohl gerade letzteres eine maßgebliche Rolle im Hin und Her der Stadtplanung spielte, soll an dieser Stelle die Bautätigkeit dieser Jahre im Vordergrund stehen.

Es wurde also 1955 das Sanierungsgebiet I[2] festgelegt, um dort mit einer großzügigen Flächensanierung zu beginnen, die vor allem in Form von Abbruch und Entkernung[3] stattfinden sollte. Diese Idee war nicht ganz neu: Schon in den 1930er Jahren hatte man zum Zweck der Sanierung zahlreiche Gebäude am Drießl und auch im Bereich der Baumhackergasse abgerissen (Abb. 2).[4] Nun war neben der *„Licht-, Luft- und Sonne-Ideologie"*[5] sicherlich auch noch ein neuer Gedanke im Spiel: Man wollte die Kriegszeit hinter sich lassen, Neues, Unbelastetes schaffen und so den Weg in die Moderne ebnen.

Der Wille zur gänzlichen Erneuerung – obwohl damals schon umstritten – traf 1958 als erstes das Gebäude Keplerstraße 9 (Abb. 3): Die Vorbauten wurden abgerissen und das gotische Giebelhaus innen völlig neu ausgebaut (Abb. 3 und 4). Auch

Abb. 1: Keplerstraße 7 mit Gebäudesicherungsmaßnahmen aufgrund der Einsturzgefahr im März 1960. Foto: BSR

Abb. 2: Noch heute existierender Freiraum „Am Drießl", der durch den Abbruch in den 1930er Jahren entstand. Foto: S. Schlosser, 2015

Abb. 3: Keplerstraße 9 während der Abrissarbeiten 1958. Foto: BSR

Abb. 4: Keplerstraße 9, Nordfassade heute. Foto: S. Schlosser, 2015

Abb. 5: Keplerstraße 9, freiliegende Südfassade nach den Abbrüchen. Foto: S. Schlosser, 2015

Abb. 6: Die Rote-Hahnen-Gasse 1955 – vor Errichtung des Pustet-Komplexes. Foto: BSR

die Rückgebäude wurden abgebrochen. Dadurch entstand eine frei liegende Südfassade, die es vorher so nie gegeben hatte und die dementsprechend modern gestaltet wurde (Abb. 5). Heute erinnert nur noch die obere Hälfte der Nordfassade an das einstige Gebäude.[6] Weder der vorherige Zustand noch der Umbau sind dokumentiert worden,[7] so dass unser Wissen über den historischen Bestand nur spärlich ist.

Ein noch radikalerer Eingriff erfolgte 1958/59 mit dem Abriss von sieben[8] mittelalterlichen und barocken Häusern (Abb. 6) zwischen Gesandtenstraße und Rote-Hahnen-Gasse für das Verlagshaus Pustet.[9] Das Bayerische Landesamt für Denkmalpflege kritisierte das Geschehen scharf,[10] hatte aber aufgrund fehlender gesetzlicher Grundlagen nur geringe Handlungsmöglichkeiten.[11] Der neu errichtete sogenannte Pustetkomplex wurde allerdings auch von so manchem als erfrischende Modernisierung und Zeichen des wirtschaftlichen Aufschwungs gesehen.[12] Der Neubau folgte zeitgemäßen Gestaltungsprinzipien; nur im Bereich der Rote-Hahnen-Gasse 8 wurde in rudimentärer Anlehnung an die alte Architektur ein turmartiger Gebäudeteil errichtet (Abb. 7), in den ein Biforium aus den abgerissenen Gebäuden[13] wieder eingesetzt wurde (Abb. 8). Ob dies in dem Willen geschah, diese Radikallösung etwas abzumildern?[14] Andererseits hatte sogar das Bayerische Landesamt für Denkmalpflege bereits 1954 eine *„sinngemäße Verwendung“* alter Bauteile angemahnt, die bei Abbruch geborgen werden sollten.[15] So wurde es gängige Praxis, bei Abrissen und Entkernungen Holzbalkendecken, Fenster- und Türgewände sowie Treppen und andere Bauteile auszubauen und später wieder einzusetzen.[16]

Kontext-Konstruktion

Diese Vorgehensweise wurde auch beibehalten, als man in den 1960ern von der Flächensanierung zur radikalen Einzelbausanierung überging. 1969/70 wurde das Haus Goldene-

Abb. 7: Rote-Hahnen-Gasse 8 mit dem Biforium aus einem der abgerissenen Häuser, Blick von Nordwesten. Foto: S. Schlosser, 2016

Abb. 8: Die Spolie im Haus Rote-Hahnen-Gasse 8. Foto: S. Schlosser, 2016

Bären-Straße 6 umgebaut, dabei fielen unter anderem die ehemaligen Höfe zum Opfer. Mit ihnen wurden auch die Renaissance-Arkaden mit darüber liegenden Holzgalerien vernichtet: In den zwei Obergeschossen hatten sich strickförmig gewundene Holzsäulen mit Laubwerkbasen- und Kapitellen befunden, die gerade Gebälke trugen (Abb. 9).[17] Sechs dieser Säulen wurden in die Weingasse 12 verbracht und dort im Inneren verbaut (Abb. 10).[18]

Auftrieb gab diesem Vorgehen zum einen die Idee zumindest einzelne Teile zu retten, wohl noch entscheidender aber war der Wunsch nach Identifizierung und einem neuen *„nationalen Selbstverständnis“*[19] in einer Zeit, da viele deutsche Städte mit einer Zerstörung von mehr als der Hälfte ihres baulichen Kulturguts zu kämpfen hatten. In den stark zerstörten Städten wurden in viel größerem Maße mittels Spolien alte Häuser und Fassaden rekonstruiert,[20] oftmals mit dem Ziel ästhetische Werte zu erhalten und gleichzeitig den neuen Ansprüchen in Sachen Wohnkomfort gerecht zu werden. Die Spolien wurden so zum Stellvertreter der *„historischen Tradition“*[21] – Regensburg erlangte nationale Bedeutung.

Um die mittelalterliche Vorzeigestadt und ein einheitliches Erscheinungsbild bemühte man sich auch in der Baumhackergasse. Dort hatte man zwischen 1964 und 1968 das Haus Nummer 1 im Inneren vollkommen erneuert und das anschließende Haus Nummer 3 – immerhin erst nach einer ausführlichen Untersuchung[22] – ganz abgebrochen.[23] Deshalb musste die Südseite des Hauses Nummer 1 neugestaltet werden: Die Südwestecke wurde als Turm ausgeführt, den es – wie wir heute wissen – so nie gegeben hatte (Abb. 11). Zinnen, Eckquaderung und eine neue Doppelarkade sollten dem Turm eine mittelalterliche Optik geben.[24] Zu diesem Zwecke wurden auch romanische und gotische Fensterteile aus abgebrochenen Gebäuden eingesetzt.[25] Die Differenzierung von alten und neuen Bestandteilen ist heute nur bei genauem Hinschauen möglich: Meistens sind es die Grünsandsteinteile, die alt sind, während die ergänzten Partien aus Kalkstein gehauen sind (Abb. 12). Sogar eine komplette gotische Bohlenbalkendecke aus dem Haus Nummer 2 wurde in den Turm eingebaut.[26]

In ähnlicher Manier wurde in das vollständig neue Gebäude der Baumhackergasse 3 ein Renaissance-Portal aus dem

Abb. 9: Die Laubengänge in der ehemaligen Goldene-Bären-Straße 6 um 1900. Foto: F. C. Weysser, BLfD

ebenfalls abgerissenen Anwesen Kalmünzergasse 5 eingesetzt (Abb. 13).[27] Das Portal existiert auf diese Weise zwar noch, doch es fristet ein Dasein ohne Zweck und damit einhergehend auch ohne Beachtung, meistens völlig verdeckt von einem parkenden Auto.

Ein weiterer, zumindest in den oberen Geschossen neuer Turm befindet sich in der Zandtengasse 2. Das Vordergebäude in der Keplerstraße wurde 1970 abgerissen und der rückwärtige mittelalterliche Turm um drei Stockwerke erhöht (Abb. 14).[28] Das spitzbogige Biforium an der Südseite des Aufbaus (Abb. 15) ist keine Spolie, sondern eine Imitation der mittelalterlichen Fenster; eine reich verzierte zweiflügelige Tür hingegen (Abb. 16), die ehemals Teil der Vorderbau-Nordfassade war, bildet heute als veritable Spolie das Garagentor an der Ostseite.[29]

Der alte, hochgotische Turm der Keplerstraße 7 wurde um 1960 nach einem Teileinsturz saniert. Wie bei der Keplerstraße 9 war auch hier das Rückgebäude schon 1957 vollständig entfernt worden.[30] Ebenso wurden die eingeschossigen Vorbauten abgerissen. Auch in diesem Fall wurde im Zuge der Sanierung Neues mit Altem wild vermischt. So kommt es,

Abb. 10: Eine der hölzernen Säulen der Galerie als Spolie in der Weingasse 12. Foto: S. Schlosser, 2016 (mit freundlicher Genehmigung der Pizzeria „Al Camino")

Abb. 11: Baumhackergasse 1 um 1968, Blick von Süden. Foto: R. Strobel

Abb. 12: Fenster in der Westfassade der Baumhackergasse 1 aus Spolien in Grünsandstein und modernen Ergänzungen in Kalkstein. Foto: S. Schlosser, 2015

Abb. 13: Renaissance-Portal in der Baumhackergasse 3. Foto: S. Schlosser, 2015

dass die Nordfassade (Abb. 17 und 18) im Erdgeschoss moderne Fenster aufweist, im ersten Obergeschoss eine alte Dreierarkade mit neuen Trennsäulchen, im zweiten Obergeschoss ein altes Spitzbogenfenster, im dritten Obergeschoss ein neues – nachahmendes – und im vierten Obergeschoss wieder ein altes Fenster, wobei die seitlichen Schießscharten falsche Neuzugänge sind; hier hatten sich ursprünglich auch Spitzbogenfensterchen befunden.[31] Auch von diesem Bau gibt es keine zuverlässigen alten Pläne und die Sanierungsmaßnahmen wurden ebenfalls nicht ausreichend dokumentiert.[32]

Neuer Aufschwung für alte Gedanken

Diese Vorgehensweise, das Vermischen von Alt und Neu und dabei das Verwischen der Grenzen, das Nachahmen und Herausputzen der mittelalterlichen Bauphasen, all das ist etwas, das auch schon in den 1930er Jahren praktiziert wurde. In Regensburg wurden damals sowohl der Herzogshof als auch das unter dem Namen „Haus Heuport" bekannte Anwesen am Domplatz einem solchen Verfahren unterzogen.

Abb. 14: Aufgestockter Turm in der Zandtengasse 2/Keplerstraße 11, Blick von Osten. Foto: S. Schlosser, 2015

Abb. 15: Modernes Biforium im Turm Zandtengasse 2, Blick von Süden. Foto: S. Schlosser, 2015

Abb. 17: Nordfassade der Keplerstraße 7 genannt „Blauer Hecht", 1880, (HMSR, Bildarchiv, Ausschnitt)

Abb. 18: Nordfassade der Keplerstraße 7 heute. Foto: P. Morsbach

Abb. 16: Garagentor aus der Nordfassade der Keplerstraße 11, heute in der Ostfassade verbaut. Foto: S. Schlosser, 2015

Bei der Regotisierung des Herzogshofes ab 1937 wurden unter anderem zwei romanische Doppelfenster aus dem Stadtmuseum eingebaut[33] und der 1885 abgebrochene Schwibbogen zum Römerturm an leicht versetzter Position wieder errichtet[34] (Abb. 19 und 20). In der Westfassade befindet sich seit dem Umbau nicht nur ein gotisches Wappen, das vormals an der Ostfassade angebracht war,[35] sondern auch ein Biforium, das 1938 vom Münchner Bildhauer Karl Kroher in Anlehnung an romanische Formen erschaffen wurde (Abb. 21). Darüber wiederum sitzt eine echte Spolie: ein Vierpaß aus dem 1893–95 abgerissenen Salzburger Hof.[36]

Zur gleichen Zeit machte man die Barockisierung des Hauses Heuport (Abb. 22) rückgängig, indem man die gotischen Fenster der Ostfassade rekonstruierte.[37] Diese schöpferische Denkmalpflege des Dritten Reichs hatte einen vermeintlichen Idealzustand zum Ziel. Dabei stand weniger die Erhaltung als die schöne Erscheinung im Vordergrund.[38] Denkmalpfleger wie Paul Clemen propagierten das *„Erhalten und Weitergestalten"*[39] – Regensburg

Abb. 19: Der Herzogshof und der Römerturm um 1925, (BLfD)

Abb. 20: Der Herzogshof und der Römerturm mit verändertem Aussehen heute. Foto: S. Schlosser

Abb. 21: Westfassade des Herzogshofes. Foto: S. Schlosser, 2015

diente als historische Kulisse[40] für eine Ideologie, und diese Kulisse baute man sich teilweise selbst.[41] Rekonstruktion und Nachbildung galt zudem auch als probates Mittel, um dem Bürger und Besucher die Geschichte der Stadt zu vermitteln.[42]

Museumsdirektor und Kulturdezernent Walter Boll hatte sowohl die geplante Flächensanierung 1934[43] als auch die Umbauten von Herzogshof und Haus Heuport betreut.[44] Zwar machte er sich durchaus auch um die Erhaltung von Altstadtbauten verdient, doch trat Boll ebenso als radikaler Kulissenbauer auf. Seine museale Auffassung der Stadt schlug sich auch und ganz besonders in der von ihm geleiteten Sanierung des Runtingerhauses, Keplerstraße 1, nieder. Nachdem es schon in den 1930er Jahren Ergänzungen an den Fenstern gegeben hatte,[45] wurde der Bau von 1961 bis 1978 einer umfassenden Sanierung unterzogen. Dabei wurden die Einbauten des 16. bis 20. Jahrhunderts entfernt.[46] Boll sagte zu dieser Rekonstruktion eines gotischen Idealzustandes:[47] *„(Es) war in Verantwortung vor der Geschichte die Freilegung der vorhandenen mittelalterlichen Substanz, ohne vorgefasste Zielsetzung, unabdingbar (…).“*[48] Heute möchte man sagen, dass eine Zielsetzung kaum vorgefasster sein kann als diese.

In der Nordfassade liegt also auch im Runtingerhaus wieder Altes neben Neuem in scheinbar gleichen Formen. So gibt es zum Beispiel im zweiten Obergeschoss Trennsäulchen mit Kelchknospenkapitellen, die Abgüsse von Säulchen sind, welche 1941 an einem anderen Fenster gefunden worden waren,[49] und von den gleich anmutenden Stichbogenfenstern im Erdgeschoss ist mindestens eines eine Hinzufügung von 1976.[50] Im Südgebäude wurden außerdem insgesamt drei Kreuzgewölbe über erhaltenen Konsolen und Stützen wieder hergestellt (Abb. 23),[51] mindestens zwei von ihnen unter Verwendung von Schlusssteinen aus dem Lapidarium des Historischen Vereins.[52] Eine Unterscheidung der Originale, der Spolien, der rekonstruierten und der frei erfundenen Teile ist an vielen Stellen kaum noch möglich. Umso wichtiger wäre eine genaue Dokumentation vor und während des Umbaus gewesen.[53] Die Beantwortung der Fragen nach der älteren Baugeschichte

Abb. 22: Das Haus Heuport vor seiner Regotisierung, Mitte der 1920er Jahre. Foto: BSR

Abb. 23: Mit Hilfe von Spolien wieder hergestelltes Gewölbe im Südgebäude des Runtingerhauses. Foto: S. Schlosser, 2015

Abb. 24: Metgebergasse 2, Nordfassade um 1945, BLfD, Repro aus: Richard Strobel, Das Bürgerhaus in Regensburg. Mittelalter, Tübingen 1976, T 40a

Abb. 25: Metgebergasse 2, Nordfassade heute. Foto: S. Schlosser, 2015

Abb. 26: Baumhackergasse 7, erbaut 1973, mit ergänzter Spolie im dritten Obergeschoss, Blick von Süden. Foto: S. Schlosser, 2015

wurde jedoch größtenteils ins Reich der frommen Wünsche verbannt.

Das Beispiel der kreuzrippengewölbten Räume im Runtingerhaus folgt der Idee der Wiederherstellung. Doch letztendlich wurden zwei Räume in ihrem erhaltenen Erscheinungsbild zunichte gemacht und gleichzeitig Spolien als Schmuckelemente benutzt.[54] Gewiss bleibt der Musealwert der einzelnen Bauteile bei Wiedereinsetzung fast gänzlich erhalten, jedoch der Quellenwert ist mit dem Herausreißen aus dem ursprünglichen Kontext – vor allem dort, wo die Dokumentation fehlt – verloren.[55] Die lineare Weiterführung des Habitus der 1930er Jahre durch Boll zeigt sich auch andernorts. So am Haus Heuport: Dort wurde 1970 weiter an der Regotisierung gearbeitet, indem die Dreierarkade in die Ostwand der nördlich stehenden Kapelle neu eingesetzt wurde.[56]

Hierarchien der Wertigkeit

Im Umkreis dieser ästhetischen Kriterien[57] war auch der für die Altstadthäuser vielerorts fatale Gedanke angesiedelt, dass die prächtigen Gebäude, besonders jene an den Straßenfronten, wichtig und Stadtbild prägend seien, während die Vorbauten und Rückgebäude für unbedeutend erklärt wurden.[58] Dies führte zu zahlreichen Abbrüchen, so dass vor allem von den Vorbauten nur noch wenige[59] erhalten sind. Doch auch die großen Vordergebäude blieben beileibe nicht alle verschont. Im Bereich der Metgebergasse 2 zum Beispiel wurden genau wie um die St.-Albans-Gasse 2 in den Jahren 1969/70 etliche Bauten im Zuge der Sanierungsmaßnahmen abgebrochen und Neubauten in Anlehnung an den Altbestand bzw. sogar als *„geschönte Kopie“* [60] und mit gotischen Versatzstücken errichtet (Abb. 24 und 25).[61] Obwohl die Baugeschichte des Vordergebäudes an der Keplerstraße bis in die Romanik zurückreichte, wurde es abgerissen. Immerhin fand diesmal im Vorfeld eine Dokumentation des Gebäudes statt.[62] Beim Wiederaufbau wurden die gotischen Fenster der Fassade wieder eingesetzt,[63] im Rückgebäude hingegen imitierte man gotische Formen mit neuen Werksteinen.

Während in den 1960ern die Tendenz zu mehr Substanzerhaltung im Rahmen einer Wertigkeitshierarchie[64] stieg, ließ die begleitende Erforschung der Bauten in den meisten Fällen weiterhin zu wünschen übrig.[65] Und auch die Zeiten des großflächigen Abrisses waren in den 1970ern noch nicht vorbei: Die Alte Wache ist im Kaufhausbau der Horten AG nur noch ein Relikt,[66] das ein *„verfremdetes Restdasein“*[67] führt und dem Charakter der Kulisse voll und ganz entspricht. Auch hier ging Römisches, Jüdisches und Neuzeitliches ohne Dokumentation verloren. Ebenso wurden weiterhin Spolien in historisierenden Neubauten eingebaut: In der neu errichteten Baumhackergasse 7 wurde um 1973 ein gotisches Biforium als Spolie an der Südseite unter dem Pultdach verbaut und ergänzt (Abb. 26).[68]

Es zeigt sich also, dass trotz einer Abkehr von der radikalen Flächensanierung und trotz des vermehrten Erhalts im Laufe der 1960er und 1970er Jahre keine lineare Entwicklung stattfand, die im perfekten Denkmalschutz gipfelte. Zwei Jahre nach Verabschiedung des Bayerischen Denkmalschutzgesetzes, also 1975, galt die Kritik am Abbruch immer noch mehr dem vermeintlich schlechten Ersatz, als den Qualitäten des Abzureißenden. Bei einem solchen Denkschema ist der imitierende Bau geradezu herausgefordert.[69] Trotzdem zeigt sich eine langsame Ausbildung des Willens zur erhaltenden Sanierung im Laufe der 1970er Jahre.[70] Immerhin haben das 1973 in Kraft getretene Denkmalschutzgesetz und die Einrichtung einer Sanierungsstelle durch die Stadt auch dazu geführt, dass Bauforschung fester Bestandteil der Sanierung wurde und dass die erhaltende Sanierung langsam durchgesetzt wurde.[71]

Sein

Bei einem Spaziergang durch die Stadt entpuppt sich also so einiges, was auf den ersten oder sogar noch auf den zweiten Blick mittelalterlich erscheint, als moderne Kreation. Die Spolien, Translozate, Imitate und zuweilen wilden Rekonstruktionen sind Beispiele für die Jahre des Lernprozesses und die Suche nach dem richtigen Weg. Aus heutiger Sicht mögen diese Lösungen vielleicht ungenügend erscheinen, doch zweifelsfrei repräsentieren sie den Zeitgeist der 1960er und 1970er Jahre sowie die Phase der Neuordnung und des langsamen Umdenkens. Indes sind dies auch nicht die jüngsten und letzten Spolien unserer Geschichte – man denke nur an den gotischen Schlussstein[72] von St. Kassian.

Heute haben wir für den Umgang mit historischer Bausubstanz Prinzipien, aus denen wir Argumente gegen ein Vorgehen, wie es damals geschah, ableiten: keine gezielte Herausstellung einer einzelnen Epoche, kein Rückbau, vielmehr Erhalt der Denkmäler in ihrer Gesamtheit. Genau diese Prinzipien sprechen für den Erhalt der historisierenden Elemente der 1960er und 1970er Jahre. So wie uns heute das Translozat und das Imitat der Antike oder des Mittelalters ohne Frage als ein Teil der Geschichte erscheinen, so sind auch die Translozate und Imitate des 20. Jahrhunderts zu eigenen Baudenkmälern herangereift. Aus diesem Grund ist auch das völlig entkernte Haus Keplerstraße 9, das erste Haus der Stadtsanierung, heute ein Baudenkmal: als ein Denkmal der frühen Altstadtsanierung. Der in vergangener Zeit geschaffene Schein ist also Teil des Seins geworden und insofern Teil der Stadtgeschichte.

* Diesem Beitrag liegt ein Vortrag zugrunde, den die Verfasserin im Rahmen des Regensburger Herbstsymposions für Kunst, Geschichte und Denkmalpflege 2015 gehalten hat. Er hätte bereits im Tagungsband (Spolien – steinerne Zitate der Geschichte, Regensburg 2016) erscheinen sollen, was durch ein redaktionelles Versehen versäumt wurde.

1 Zur Stadtsanierung siehe unter anderem: Richard STROBEL (Hg.), Regensburg. Die Altstadt als Denkmal. Altstadtsanierung, Stadtgestaltung, Denkmalpflege, München 1978; STADT REGENSBURG, PLANUNGS- UND BAUREFERAT (Hg.), 40 Jahre Altstadtsanierung in Regensburg. Eine Zwischenbilanz, Regensburg 1995, 97–124; Markus HARZENETTER, Aspekte der Altstadtsanierung in Regensburg – Das Städtebauliche Seminar der Stiftung Regensburg, in: Martin DALLMEIER / Hermann REIDEL / Eugen TRAPP (Hg.), Denkmäler des Wandels. Produktion – Technik – Soziales, 1800 bis 2000 (Beiträge des Regensburger Herbstsymposions für Kunst, Geschichte und Denkmalpflege vom 24. bis 26. November 2000), Regensburg 2003, 26–35; Siegfried KÖRMER / Andrea RIEGER / Walter SCHULTHEISS, Die Donauwacht und der Beginn der Regensburger Altstadtsanierung, in: STADT REGENSBURG, PLANUNGS- UND BAUREFERAT (Hg.), Die Donauwacht in Regensburg. Der Beginn der Regensburger Altstadtsanierung, Regensburg 2004, 5–30; Wolfgang SCHÖLLER, Positionen in der Denkmalpflege der Sechzigerjahre: Boll, Döllgast, Schlienz, Stadtbau, in: ARBEITSKREIS REGENSBURGER HERBSTSYMPOSION (Hg.), „Zum Teufel mit den Baudenkmälern“. 200 Jahre Denkmalschutz in Regensburg (Beiträge des 25. Regensburger Herbstsymposions für Kunst, Geschichte und Denkmalpflege vom 19. bis 21. November 2010), Regensburg 2011, 55–60; Achim HUBEL, Die Regensburger Stadtsanierung der Nachkriegszeit und ihre methodischen Wurzeln, in: „Zum Teufel mit den Baudenkmälern“ (op. cit.), 41–54; Günter STÖBERL, Das Städtebauförderungsgesetz und die Arbeitsgemeinschaft Bamberg-Lübeck-Regensburg / Historische Städte – im Dialog zum Erfolg, in: STADT REGENSBURG PLANUNGS- UND BAUREFERAT, AMT FÜR STADTENTWICKLUNG (Hg.), 40 Jahre Städtebauförderung in Regensburg – eine Erfolgsgeschichte, Regensburg 2011, 15–18.

2 Das Sanierungsgebiet I erstreckte sich zwischen der Donau im Norden, der Ludwigstraße und der Neue-Waag-Gasse im Süden, dem Weißgerbergraben im Westen und dem Fischgässel sowie Am Wiedfang im Osten.

3 HARZENETTER (wie Anm. 1), 27.

4 Richard STROBEL, Altstadtsanierung und Bürgerhausforschung, in: STROBEL, Altstadt als Denkmal (wie Anm. 1), 49.

5 August GEBESSLER, Altstadt und Denkmalpflege, in: STROBEL, Altstadt als Denkmal (wie Anm. 1), 12; vgl. auch STROBEL 1978, 49.

6 BAP I, 69.

7 STROBEL, Altstadtsanierung (wie Anm. 4), 50.

8 STROBEL, Altstadtsanierung (wie Anm. 4), 56.

9 BAP II, 85.

10 BAP II, 85. Fünfzehn Jahre später wurde der Bau schon wieder als Schandfleck betrachtet; hierzu GEBESSLER (wie Anm. 5), 12; Wolfgang SCHÖLLER, Stadtplanung und Denkmalpflege in Regensburg. 1950–1975 (Regensburger Studien 15), Regensburg 2010, 344.

11 Hierzu SCHÖLLER (wie Anm. 10), 49–54.

12 Siehe STROBEL, Altstadtsanierung (wie Anm. 4), 56.

13 Eine Abbildung dieses Fensters an Originalposition bei Richard STROBEL, Das Bürgerhaus in Regensburg. Mittelalter, Tübingen 1976, T 48 b.

14 Vgl. Rudolf MANHART / Robert WENNINGER, Aus der Sanierungspraxis, in: STROBEL, Altstadt als Denkmal (wie Anm. 1), 96–106 (hier: 105).

15 BLfD an den Stadtrat von Regensburg v. 10.03.1954 (Az.: P 497 – 1234/2734.14); nach Harald GIESS, Vierzig Jahre Stadtsanierung in Regensburg. Versuch einer Bilanz aus der Sicht der Denkmalpflege, in: STADT REGENSBURG, PLANUNGS- UND BAUREFERAT, 40 Jahre Altstadtsanierung (wie Anm. 1), 97–122 (hier: 105).

16 MANHART / WENNINGER (wie Anm. 14), 102.

17 BAP IV, 95; Egon Johannes GREIPL (Hg.), Regensburg. Fenster zur Vergangenheit, Regensburg 2013, 116.

18 BAP IV, 95. Die Reste der einst prachtvollen Galerie-Konstruktion kann man heute bei einem Besuch des Lokals im Erdgeschoss der Weingasse 12 bewundern.

19 Peter MORSBACH, Regensburg als Denkmal deutschen Geistes im Dritten Reich, in: ARBEITSKREIS REGENSBURGER HERBSTSYMPOSION (Hg.), „Zum Teufel mit den Baudenkmälern" (wie Anm. 1), 25–40, 26.

20 Man denke an das Salzhaus in Frankfurt, um nur ein Beispiel von vielen zu nennen.

21 HUBEL (wie Anm. 1), 48.

22 STROBEL, Altstadtsanierung (wie Anm. 4), 52; siehe auch: STROBEL, Bürgerhaus in Regensburg (wie Anm. 13).

23 BAP I, 27 und 29.

24 Richard STROBEL, Die Bedeutung der Bürgerhausforschung für die Altstadtsanierung Regensburgs, in: Vereinigung der Landesdenkmalpfleger in der Bundesrepublik Deutschland (Hg.), Deutsche Kunst und Denkmalpflege, 26, München / Berlin 1968, 46.

25 STROBEL, Bedeutung der Bürgerhausforschung (wie Anm. 24), 46; HUBEL (wie Anm. 1), 53.

26 STROBEL, Bedeutung der Bürgerhausforschung (wie Anm. 24), 46.

27 STROBEL, Bedeutung der Bürgerhausforschung (wie Anm. 24), 29.

28 BAP I, 69.

29 BAP I, 71.

30 BAP I, 67. Ein Bild der freigelegten Südfassade in: STROBEL, Bürgerhaus in Regensburg (wie Anm. 13), T 30.

31 BAP I, 68.

32 STROBEL, Bedeutung der Bürgerhausforschung (wie Anm. 24), 45.

33 MORSBACH (wie Anm. 19), 32.

34 Karl BAUER, Regensburg. Kunst-, Kultur-, und Alltagsgeschichte, 6. Aufl., hg. von Peter BAUER, Regensburg 2014, 59.

35 BAP V, 66.

36 BAP V, 66; Eugen TRAPP, Regensburg und sein Mittelalter – zwischen Kontinuität und Rezeption, in: DERS., Regensburg und sein Mittelalter. Wege der Wiederentdeckung, Regensburg 1995, 9–43 (hier: 33 u. 43), Anm. 120.

37 BAP III, 26; Siegfried KÖRMER, 40 Jahre Altstadtsanierung Regensburg, in: STADT REGENSBURG, PLANUNGS- UND BAUREFERAT, 40 Jahre Altstadtsanierung (wie Anm. 1), 33–83 (hier: 33).

38 HUBEL (wie Anm. 1), 48.

39 MORSBACH (wie Anm. 19), 26. Vgl. Paul CLEMEN, Die deutsche Kunst und Denkmalpflege. Ein Bekenntnis, Berlin 1933, 32–35.

40 MORSBACH (wie Anm. 19), 28; Richard STROBEL, Die freie Verfügbarkeit des Originals, in: Martin DALLMEIER / Hermann REIDEL / Eugen TRAPP (Hg.), Wider die Vergänglichkeit. Theorie und Praxis von Restaurierung in Regensburg und der Oberpfalz. Beiträge des 19. Regensburger Herbstsymposions für Kunst, Geschichte und Denkmalpflege vom 19. Bis 21. November 2004, Regensburg 2005, 47–54 (hier: 50).

41 HUBEL (wie Anm. 1), 54.

42 STROBEL, Altstadtsanierung (wie Anm. 4), 56.

43 1934 gab es erste Sanierungsversuche zwischen Neue-Waag-Gasse und Keplerstraße mit großflächigen Abrissen; dazu: Siegfried KÖRMER, Altstadtsanierung Regensburg. Regensburg – Bauen in einer 2000 Jahre alten Stadt, Regensburg 2000, 17.

44 Dazu: SCHÖLLER (wie Anm. 10), 238–241; MORSBACH (wie Anm. 19), 33.

45 STROBEL, Altstadtsanierung (wie Anm. 4), 53; BAP X, 84.

46 BAP X, 84.

47 Heinrich WANDERWITZ, Regensburg – Altstadt und Geschichte, in: STADT REGENSBURG, PLANUNGS- UND BAUREFERAT, 40 Jahre Altstadtsanierung (wie Anm. 1), 19–31 (hier: 29).

48 Walter BOLL, Zur Baugeschichte des Runtingerhauses in Regensburg, in: Wiltrud EIKENBERG (Hg.), Das Handelshaus der Runtinger zu Regensburg (Veröffentlichungen des Max-Planck-Instituts für Geschichte 43), Göttingen 196), 325.

49 BAP X, 85.

50 BAP X, 85–86.

51 BOLL (wie Anm. 48), 328.

52 BAP X, 88. Ob das Spitzbogenfenster in der Ostfassade des Südgebäudes wirklich vom Haus Zieroldsplatz 2 stammt, wie in BAP X, 86 behauptet, vermag die Verfasserin nicht zu beurteilen.

53 Zwar wurde die Sanierung von einer Bestandsaufnahme der mittelalterlichen Gebäude im Maßstab 1:100 durch Schüler des Johannes-Kepler-Polytechnikums Regensburg (vgl. Richard STROBEL, Forschungsprobleme des mittelalterlichen Wohnbaus in Regensburg, in: VHVO 103 [1963], 351–374 (hier: 354) und ab 1964 von umfassenden Untersuchungen durch Studenten der TU München (vgl. STROBEL, Bürgerhaus [wie Anm. 4], 116) begleitet, doch erstens war die Qualität der Aufmaße sehr schwankend und zweitens konnten längst nicht alle Gebäude aufgenommen werden. Die Untersuchungen scheinen vielmehr von vielen Zufällen geprägt gewesen zu sein und unterlagen wohl keinerlei Systematik (vgl. STROBEL, Bedeutung der Bürgerhausforschung [wie Anm. 24], 45).

54 STROBEL, Bedeutung der Bürgerhausforschung (wie Anm. 24), 50.

55 STROBEL, Bedeutung der Bürgerhausforschung (wie Anm. 24), 51.

56 BAUER (wie Anm. 34), 73.

57 GEBESSLER (wie Anm. 5), 10.

58 STROBEL, Altstadtsanierung und Bürgerhausforschung (wie Anm. 4), 54.

59 In der Keplerstraße sind es nur noch die von Nr. 13 und Nr. 15.

60 STROBEL, Altstadtsanierung und Bürgerhausforschung (wie Anm. 4), 54.

61 BAP I, 78.

62 STROBEL, Altstadtsanierung und Bürgerhausforschung (wie Anm. 4), 54.

63 HUBEL (wie Anm. 1), 54.

64 Siehe SCHÖLLER (wie Anm. 10), 134.

65 STROBEL, Altstadtsanierung und Bürgerhausforschung (wie Anm. 4), 50.

66 BAP III, 58.

67 BAP III, 59.

68 HARZENETTER (wie Anm. 1), 33.

69 GEBESSLER (wie Anm. 5), 12.

70 STROBEL, Altstadtsanierung und Bürgerhausforschung (wie Anm. 4), 58.

71 STROBEL, Altstadtsanierung und Bürgerhausforschung (wie Anm. 4), 58.

72 Siehe hierzu: Michael SCHMIDT, Der Schlussstein des heiligen Kassian und die Baugeschichte der Stiftspfarrkirche „um 1300", in: Kollegiatstift Unserer Lieben Frau zur Alten Kapelle (Hg.), Die Stiftskirche St. Kassian. Regensburgs älteste Pfarrkirche, Regensburg 2015, 59–69.

Eugen Trapp

Das bewohnte Dach

oder: Nach oben wird die Luft dünn

Nei cieli bigi
guardo fumar dai mille
comignoli Parigi,
e penso a quel poltrone
d'un vecchio caminetto ingannatore
che vive in ozio come un gran signor.[1]

Durch die Musik Puccinis unsterblich gemacht, sind dies die Worte, mit denen der junge Dichter Rodolfo zu Beginn der Oper *La Bohème* die armselige Behausung beschreibt, die er sich mit drei Künstlerfreunden teilt. Es ist Weihnachten, und während er frierend beim Blick aus dem Fenster der Mansarde den Rauch sieht, der aus unzähligen Schornsteinen in den grauen Pariser Himmel aufsteigt, kommt ihm der alte Kanonenofen, der das Zimmer temperieren sollte, wie ein Faulpelz vor, der im Müßiggang lebt und so tut als wäre er ein großer Herr.

Als die Oper 1896 uraufgeführt wurde, galt das Leben im Dachgeschoss schon längst als Sinnbild einer ökonomisch und oft auch sozial ins Abseits geratenen menschlichen Existenz. Denn in den rasant wachsenden Städten des 19. und frühen 20. Jahrhunderts bot die Schaffung preiswerten Wohnraums direkt unter dem Dach die Möglichkeit zur Aufnahme jener, die sich die Miete in den Vollgeschossen nicht leisten konnten.

Heutzutage ist Wohnraum im Dachgeschoss begehrt, bisweilen sogar trendig, und Begriffe wie *roof garden*, *rooftop bar* oder *sky lounge* deuten im großstädtischen Gastronomie-Vokabular auf die Exklusivität der betreffenden *location* hin. Dieser Nutzungs- und Wahrnehmungswandel betrifft nicht zuletzt historische Stadtkerne. Er ist damit für die Denkmalpflege weit mehr als eine Marginalie des Zeitgeistes: Der ökonomische Druck, der mittlerweile auch in Regensburg auf den Dachgeschossen lastet, setzt diese einer zunehmenden Erosion aus. Davon betroffen sind sowohl die materielle und ästhetische Substanz der einzelnen Gebäude als auch die gesamte Textur der historischen Dächerlandschaft.

Selbst die Akteure der Denkmalpflege scheinen sich lange Zeit der Tragweite dieses Phänomens nicht wirklich bewusst gewesen zu sein. Der Dachausbau gehört seit vielen Jahren gleichsam zum Standardprogramm einer Gesamtsanierung, so dass sich meist nur die Frage nach dem Wie stellt. Die Option, in bisher nicht oder nur untergeordnet genutzten Dachgeschossen auch weiterhin keinen Wohnraum herzustellen, ist aus Investorensicht wirtschaftlich nicht darstellbar. Zudem bieten staatliche Förderprogramme, die auf die Schaffung von bezahlbarem Mietwohnraum abzielen, finanzielle Anreize für den Ausbau bisher nicht bewohnter Gebäudeteile.[2]

Angesichts dieser Rahmenbedingungen, die das Wohnen im Dach zur Selbstverständlichkeit werden ließen, erscheint es an der Zeit innezuhalten, sich die Geschichte unserer Wohnkultur zu vergegenwärtigen, die eigentliche Bedeutung von Dachtragwerken zu überdenken und nach Denkmalwerten im Dachbereich zu fragen.

I. 1. Die Regensburger Dächerlandschaft vom Mittelalter bis 1809

Die mittelalterliche Dächerlandschaft Regensburgs hatte, wie schon Richard Strobel betonte, eine stark orthogonale Prägung. Die zahlreichen Haustürme besaßen ursprünglich wohl ausnahmslos gerade Zinnenabschlüsse, und die Satteldächer der Wohnhäuser waren häufig mit Staffelgiebeln versehen.[3] Dieser Zustand blieb, nachdem die wirtschaftliche Blüte der Stadt bereits im 15. Jahrhundert vorüber war und Geld für Investitionen fehlte, lange Zeit weitgehend unverändert.

Die Stadtansichten, die Hans Georg Bahre im zweiten Viertel des 17. Jahrhunderts geschaffen hat, zeigen trotz zahlreicher punktueller Veränderungen im Grunde noch immer die mittelalterliche Situation: Zwar haben die meisten Haustürme inzwischen Zeltdächer und die Wehrtürme Zelt- oder Kegeldächer erhalten. Wohn- und Lagerhäuser aber besitzen noch immer Satteldächer, manchmal auch nur Pult-

Abb. 1: Hans Georg Bahre, Regensburg aus der Vogelschau von Norden, Ausschnitt des Bereichs zwischen Unterer Bachgasse und Haidplatz. Federzeichnung, 1645 (HMSR, G 1983/93)

dächer. Zur Belichtung der Dachgeschosse dienen Schleppgauben (Abb. 1).

Dem 1663 in Regensburg installierten Immerwährenden Reichstag verdankte die Stadt bekanntlich zahlreiche kulturelle und wirtschaftliche Impulse.[4] Auch in demografischer Hinsicht machte sich der bis 1806 tagende Kongress bemerkbar, denn die diplomatischen Vertretungen bestanden nicht nur aus den jeweiligen Gesandten, sondern auch aus deren Personal. Insgesamt umfasste diese Reichstagsgesellschaft etwa 500 Personen.[5] Die meisten davon mussten, da ihnen als Nicht-Bürgern der Erwerb von Immobilien verwehrt war, zur Miete wohnen.[6] Für so manchen Regensburger Hauseigentümer ergab sich daraus ein lukratives Geschäft.

Der auf Repräsentation ausgerichtete Lebensstil der Gesandten wiederum zog auswärtige Händler und Speditionsfirmen an, da die einheimischen Gewerbetreibenden die Nachfrage nach exklusiven Produkten nicht befriedigen konnten.[7] Auch dies steigerte den Bedarf an Wohnraum. Selbst Lagerflächen wurden wieder begehrt.

Es überrascht daher nicht, dass im 18. Jahrhundert zunächst die reichen Regensburger Handelsherren, etwas später dann auch der bürgerliche Mittelstand eine spürbare Baulust entwickelten. Dazu kam das Repräsentationsbedürfnis der katholischen Stifte und Klöster, die ihrerseits durch ehrgeizige Baumaßnahmen ihrer eigenen Bedeutung Ausdruck verleihen wollten.[8] All dies brachte Bewegung in die Regensburger Dachlandschaft.

Abb. 2: Johann Michael Prunner, Palais Löschenkohl, Neupfarrplatz 14, 1731–33. Frühes Beispiel eines Mansardwalmdachs in Regensburg. Foto: P. Ferstl, BSR, 2005

Für die ersten architektonischen Paukenschläge sorgte der mehrfach in Regensburg beschäftigte Linzer Stadtbaumeister Johann Michael Prunner. Nachdem er für den Handelsherrn Johann Jacob Pürkel um 1721 das sogenannte Gelbe Haus in der Westnerwacht und 1728 das Schloss Pürkelgut errichtet hatte, schuf er für den Bankier Hieronymus Löschenkohl von 1731 bis 1733 ein prächtiges Stadtpalais am Neupfarrplatz (Abb. 2) und etwa gleichzeitig ein ebenso qualitätvolles Gartenpalais in der Ostnerwacht.[9] Mit diesen Bauten brachte Prunner die Architektur des österreichischen Adels in die Reichsstadt.[10] Und er verhalf damit einer in Regensburg zuvor nicht angewandten Dachform, dem Mansarddach, zu einem großartigen Auftritt.

Um die Mitte des 17. Jahrhunderts in Frankreich entstanden und deshalb auch als „neufranzösisches“ oder „gebrochenes“ Dach bezeichnet, hat es seinen Namen von dem Pariser Architekten Jules Hardouin-Mansart. Er hat es besonders gern angewandt und populär gemacht, aber nicht erfunden.[11] Die Entwicklung dieser Dachform war vielmehr ein langer Prozess, ausgelöst durch die aristokratische Wohnkultur, die eine zunehmende Trennung der Lebensbereiche forderte und in Frankreich schon ab dem 16. Jahrhundert eine Vielzahl architektonischer Lösungen zur Adaption des Dachraums für Wohnzwecke hervorgebracht hatte.[12] Das Spektrum reicht von der Ausbildung eines regelrechten Mansardgeschosses wie bei Pierre Lescots Louvre-Flügel (Abb. 3) bis zur dezidiert spielerischen Durchdringung von Fassade und Dach wie sie, ebenfalls in Paris, am Hôtel d'Angoulême Lamoignon begegnet (Abb. 4).[13] Als später bürgerlicher Reflex solch manieristischer Adelsarchitektur kann in Regensburg das Haus Unter den Schwibbögen 1 gelten, das mit seiner eigenwilligen Dachkonstruktion aus der zweiten Hälfte des 18. Jahrhunderts die städtebaulich markante Ecksituation zur Weißen-Hahnen-Gasse prägt (Abb. 5).

Abb. 3: Paris, Louvre, Westflügel der Cour Carrée von Pierre Lescot, 1546–55. Kupferstich von Jacques Androuet Du Cerceau, 1576 (Privatsammlung)

In der zweiten Hälfte des 18. Jahrhunderts entwickelte sich die Herstellung eines Mansarddachs in Regensburg zu einer ausgesprochen beliebten Methode der Wohnraumgewinnung.[14] Im Vergleich zur herkömmlichen Aufstockung bot sie einen großen Vorteil: Trotz der komplizierteren Dachkonstruktion war sie unterm Strich relativ kostengünstig, denn durch ein – konstruktiv dem Dach zugehöriges – Mansardgeschoss ließ sich die von der reichsstädtischen Bauordnung festgelegte Höhenbegrenzung auf maximal vier Geschosse umgehen.[15] Außerdem konnte der Innenausbau zu einem beliebigen späteren Zeitpunkt nachgeholt werden.

Begrifflich lässt sich das Mansarddach in Regensburg übrigens erst 1755 nachweisen. Damals beantragte der Spezereihändler Emanuel Christoph Reger für sein *„am Eck des Cramgässlein gegen die Wahlenstrassen“* gelegenes Anwesen eine Veränderung des Dachstuhls *„à la mansarde“*. Die Nachricht bezieht sich auf das im Kern gotische Haus Wahlenstraße 3, das in den folgenden Jahren grundlegend modernisiert wurde (Abb. 6). Der Ausbau des Mansardgeschosses zu Wohnzwecken erfolgte allerdings erst 1873.[16] Damit ist dieser Fall auch insofern repräsentativ, als die Wahl eines Mansarddachs bis weit ins 19. Jahrhundert nicht zwangsläufig dem Bedarf an zusätzlicher Wohnfläche geschuldet war. Oft war sie lediglich Teil einer größeren stilistischen Überformung. Ein weiteres, prominenteres Beispiel für eine solche rein ästhetisch motivierte Anwendung der „modernen“ französischen Dachform ist die um 1800 vom Fürstlichen Baudirektor Joseph Sorg frühklassizistisch umgebaute Dompropstei (Abb. 7).

Eine andere, in Regensburg erst ab der Mitte des 18. Jahrhunderts häufiger angewandte Methode der Wohnraumgewinnung im Dach war die Errichtung eines Zwerchhauses. Vor allem dann, wenn ein Zwerchhaus mehrachsig angelegt und von stehenden Gauben flankiert ist, kann es eine beachtliche architektonische Wirkung entfalten und sich auf den Charakter eines Straßenbildes auswirken. Besonders augenfällig wird dies am Donauprospekt des Oberen Wöhrds. Dort erhielten das vorwiegend von der Reichstagsgesellschaft frequentierte Casino sowie drei weitere Häuser, die sich alle im Eigentum der Schiffsmeisterfamilie Naimer befanden, in der Zeitspanne von 1744 bis 1801 Dachausbauten mit Zwerchhäusern (Abb. 8).[17]

Abb. 4: Paris, Hôtel d'Angoulême Lamoignon. Durch den Einsatz von Kniestock und Lukarnen wirkt die Grenze zwischen Fassade und Dach fließend. Foto: E. Trapp, 2013

Abb. 5: Unter den Schwibbögen 1, Ecke Weiße-Hahnen-Gasse. Modernisierung und Dachausbau 2. Hälfte 18. Jahrhundert. Foto: P. Ferstl, BSR, 2006

Neben der fallweisen Erschließung der unteren Dachebene für Wohnzwecke blieb die traditionelle Speichernutzung der Dachgeschosse die Regel. Der ökonomische Aufwind und der im 18. Jahrhundert steigende Bedarf an Lagerflächen veranlassten nicht wenige Hauseigentümer zur Errichtung von Aufzugsgauben, die entweder nachträglich in bereits bestehende Satteldächer eingebaut oder von vornherein als Bestandteil neuer Dachkonstruktionen ausgeführt wurden. Wenn zwei Dachebenen für Lagerzwecke erschlossen werden sollten, kam es bisweilen sogar zur Ausbildung doppelgeschossiger Gauben (Abb. 9).

Nicht zu vergessen sind in diesem Zusammenhang auch jene Veränderungen, die der Regensburger Rat – teilweise unter Rückgriff auf die reichsstädtische Bauordnung von 1657 – aus Gründen des Brandschutzes veranlasste. So waren nach der Feuerordnung von 1781 *„die Schindeldächer, wo es nur immer möglich ist, und der Grund ein Ziegeldach ertragen kann, abzustellen"*. Ferner sollten *„hölzerne Wetterdächel"* beseitigt und *„lange hölzerne Dachrinnenschnäbel"* durch Blechrohre ersetzt werden.[18] Wenngleich sich diese Vorschriften nur sehr schleppend umsetzen ließen, verlieh der kontinuierlich fortschreitende Materialwechsel von Holzschindeln zu Tonziegeln den Dächern auch in ästhetischer Hinsicht eine neue Qualität. Die Ziegeldeckung wiederum hatte zur Folge, dass Gaubenwangen fortan häufig ziegelrot gestrichen wurden, um sie optisch besser in die Dachfläche integrieren zu können (Abb. 10).[19]

Abb. 6: Wahlenstraße 3. Mansardwalmdach von 1755. Foto: P. Ferstl, BSR, 2004

Abb. 7: Domplatz 6, ehemalige Dompropstei, um 1800. Dach von Osten. Foto: P. Ferstl, BSR, 2015

All dies machte die Regensburger Dachlandschaft in den letzten Jahrzehnten des Alten Reichs deutlich vielgestaltiger, ohne freilich ihre mittelalterliche Prägung grundlegend zu verändern. Denn zum einen waren von den zwischen 1750 und 1800 nachgewiesenen Dachveränderungen nur etwa 15 Prozent der Bürgerhäuser betroffen, und zum andern wurden viele der damals um- oder neugebauten Dächer auch weiterhin als Satteldächer ausgebildet.[20] Diese traditionelle Konstruktionsform engte zwar die Nutzungsmöglichkeiten ein, war dafür aber vergleichsweise kostengünstig.

Mit dem Übergang der Stadt an das 1803 für den Erzkanzler, Kurfürsten und Erzbischof Carl Theodor von Dalberg geschaffene Fürstentum hielt der Klassizismus Einzug in Regensburg. Nach Plänen des am 17. März 1804 zum Stadt- und Landbaumeister ernannten, in Paris und Wien ausgebildeten Architekten Emanuel Joseph von Herigoyen entstanden nun binnen weniger Jahre repräsentative, einer Residenzstadt angemessene öffentliche Gebäude, Bauten der sozialen Fürsorge und private Anwesen unterschiedlicher Dimension.[21] Viele von ihnen erhielten ein Walmdach (Abb. 11), so dass diese zuvor in Regensburg seltene Dachform eine plötzliche Blüte erlebte.

I. 2. Die Regensburger Dachlandschaft von 1809 bis zum Ersten Weltkrieg

Als die Soldaten Napoleons am 23. April 1809 die Stadt beschossen, wurden 135 Häuser ein Raub der Flammen. Zwischen dem heutigen Dachauplatz und dem Jesuitenplatz erstreckte sich ein einziges Ruinenfeld.[22] Dem Gebot der

Abb. 8: Badstraße 14, ehemaliges Schiffsmeisterhaus, Dachausbau mit Zwerchhaus um 1794/95. Foto: P. Ferstl, 2007

Abb. 9: Obere Bachgasse 7, Ostfassade mit zweigeschossiger Aufzugsgaube, wohl 2. Viertel 18. Jahrhundert. Foto: P. Ferstl, BSR, 2015

Stunde folgend verlieh Dalberg seinem kulturpolitischen Ansatz, wonach Städtebau, Architektur und Kunst einen positiven Einfluss auf die Bürger ausübten[23], eine neue Priorität und beauftragte Herigoyen mit dem Wiederaufbau des zerstörten Stadtteils. Obwohl bereits am 9. Juni ein erster von Dalberg genehmigter Plan vorlag, scheiterte dessen Umsetzung letztlich am Widerstand eines einzigen Hauseigentümers.[24]

Nach dem Übergang Regensburgs an das Königreich Bayern im Mai 1810 nützten Hofkommissar Joseph Maria von Weichs und seine Bauverwaltung die Chance, die noch immer in Trümmern liegende südliche Pauluserwacht einer radikalen städtebaulichen Neuordnung zu unterziehen. Der konzeptionelle Ansatz kommt in einer Idealansicht (Abb. 12) der Neuen Straße, der späteren Maximilianstraße, eindrucksvoll zum Ausdruck: Achsensymmetrisch angeordnete traufständige Gebäude sollten den Blick vom Alten Kornmarkt auf den wenige Jahre zuvor im landschaftsgärtnerisch erweiterten Alleengürtel errichteten Kepler-Monopteros lenken.[25]

Die flach geneigten Dächer (Abb. 13) waren, wie die wenigen Schleppgauben beweisen, nicht auf die Unterbringung zusätzlichen Wohnraums ausgelegt. Dafür gab es damals keinen Bedarf. Überhaupt zog sich die Bebauung dieser ersten „modernen" Straße Regensburgs mangels finanzkräftiger Investoren über viele Jahre hin.[26]

Beim Wiederaufbau der nunmehrigen bayerischen Schwesterstadt Stadtamhof, wo seit den Kriegstagen im April 1809 nicht weniger als 95 Wohnhäuser in Schutt und Asche lagen[27], ging die königliche Verwaltung nach einem anderen Konzept vor: Der historische Stadtgrundriss blieb im We-

Abb. 10: An der Hülling 6, Zwerchhauswange mit Resten ursprünglicher Rotfassung, 1845–ca. 1880. Foto: E. Trapp, 2017

sentlichen unverändert; lediglich der Gebäudetypus wurde vereinheitlicht. So entstanden an der zuvor überwiegend von traufständigen Häusern gesäumten Hauptstraße ab 1811 fast ausnahmslos giebelständige Bauten mit abgewalmten Mansarddächern (Abb. 14).[28] Offenbar wurde das im kurbayerischen Umland Regensburgs häufige Motiv der Halb- und Krüppelwalme gezielt als Traditionselement zitiert. Auch die nun das Stadtbild prägenden Mansarddächer waren in den Gemeinden nördlich der Donau bereits vor 1809 zur Anwendung gekommen.[29]

Da Stadtamhof und Steinweg erst 1924 nach Regensburg eingemeindet wurden, konzentrieren wir uns im Folgenden auf den Bereich der einstigen Reichsstadt. Diese blieb – naturgemäß – von dem allgemeinen Phänomen des seit dem Ende des 18. Jahrhunderts zu verzeichnenden Bevölkerungswachstums nicht verschont. Ihre Einwohnerzahl stieg von 18 933 im Jahre 1818 über 30 357 im Jahre 1867 auf 37 934 im Jahre 1890, um dann bis 1910 nochmals kräftig auf 52 624 Einwohner anzuwachsen.[30] Diese scheinbar hohe Steigerungsrate von 178 Prozent relativiert sich im Vergleich mit anderen bayerischen Städten beträchtlich. Während die Einwohnerzahl von München und Nürnberg zwischen 1810 und 1910 auf das Elf- bis Zwölffache und diejenige von Augsburg immerhin noch auf das Vierfache stieg, erreichte Regensburg nicht einmal eine Verdreifachung. Das war selbst im Vergleich mit einigen Umlandgemeinden wenig: Steinweg wuchs in gleichen Zeitraum ums Fünffache, Reinhausen gar ums Siebenfache.[31]

Die starke Bevölkerungszunahme von Steinweg und Reinhausen war hauptsächlich den dort ansässigen Gewerbebetrieben, namentlich den Steinweger Ziegeleien, geschuldet. Sie war aber auch eine Folge der Regensburger Wohnraummisere, die sich gegen Ende des 19. Jahrhunderts immer mehr zuspitzte und nicht wenige Geringverdiener veranlasste, sich außerhalb des damaligen Stadtgebietes ansässig zu machen.[32]

Das ungenügende Angebot an preiswertem Wohnraum und die vielfach marode Bausubstanz ließen den Magistrat bereits 1870 selbstkritisch Bilanz ziehen: „*In den verkehrsreicheren Straßen wachsen die Häuser mehr und mehr in die Höhe, jeder Fleck wird rentirlich gemacht; da darf es uns nicht wundern, die sogenannten kleinen Leute vom Speicher bis zum Keller in engen Räumen (...) wohnen zu sehen.*“ Man hoffe daher, dass sich „*auch hier Menschenfreunde zeigen, welche wenigstens versuchen, das Problem zu lösen, den Arbeitern luftige und gesunde Wohnungen zu verschaffen*“.[33]

Die in den folgenden Jahren von privaten Bauherren in den Erweiterungsgebieten außerhalb des Alleengürtels errichteten Mietshäuser boten ausschließlich Wohnungen für den Mittelstand und das gehobene Bürgertum. Für die Arbeiterschicht blieb die düstere Altstadt mit all ihren hygienischen Problemen. Wenn der Magistrat 1871 forderte, nicht „*die ohnehin spärlichen Gärten innerhalb der Stadt und die wenigen freien Räume zu überbauen*“, sondern Arbeiterwohnungen außerhalb der Altstadt zu errichten, war dies ein frommer, politisch nicht durchsetzbarer Wunsch. Die städtischen Gremien vertraten nämlich in erster Linie die Interessen der Hauseigentümer und lehnten gemeindlichen Wohnungsbau ab.[34]

Dies führte zwangsläufig zu einer immer stärkeren Belastung der Bestandsgebäude. Neben der häufig praktizierten Aufteilung von Räumen durch das Einziehen von Trennwänden erwies sich, wie schon in der zweiten Hälfte des 18. Jahrhunderts, der Dachausbau als probates Mittel zur Schaffung von Wohnraum. Dabei reichte das Spektrum von Umbauten,

Abb. 11: Ehemalige französische Gesandtschaft, später Präsidialpalais, jetzt „Haus der Musik", von Emanuel Joseph d'Herigoyen, 1804/05. Foto: P. Ferstl, BSR, 2015

die bei einer Veränderung der Dachgeometrie recht aufwendig sein konnten (Abb. 15), über den Innenausbau bereits vorhandener Mansardgeschosse (Abb. 16) bis zu der mit einfachsten Mitteln durchgeführten Herstellung spartanischer Schlafkammern für Dienstboten (Abb. 17). Obwohl in der Regel nicht heizbar und nur spärlich belichtet, sicherte diese letztgenannte Kategorie von Räumen dem Personal immerhin ein menschenwürdigeres Dasein als die ebenfalls weit verbreitete Unterbringung in Rumpelkammern, in Verschlägen unter der Treppe oder gar in den berüchtigten Hängeböden.[35]

Angesichts dieser Zustände ließ die Kgl. Bayerische Ostbahngesellschaft 1871 an der Straße nach Kumpfmühl 16 zweistöckige Arbeiterhäuser mit 32 Zweizimmerwohnungen errichten. Aufgrund der mäßigen Nachfrage blieben weitere Maßnahmen dieser Art zunächst aus. Denn viele ärmere Familien blieben trotz der ungesunden Wohnverhältnisse gern in der Altstadt, da sich dort die Gelegenheit bot, ein Zimmer oder auch nur einen Schlafplatz an einen Untermieter oder Schlafgänger abzugeben und so einen Teil der Mietkosten zu decken. Dass diese aus der Not geborene Praxis in sanitärer und moralischer Beziehung höchst problematisch war, liegt auf der Hand.[36]

Erst kurz vor der Jahrhundertwende kam es wieder zu konkreten Vorstößen zur Linderung der bestehenden Missstände: Im Juni 1894 verabschiedete der St. Josefsarbeiterverein eine Resolution zum Bau von Arbeiterwohnungen.[37] Am 19. April 1895 gründeten die beiden katholischen Unternehmer Josef Habbel und Friedrich Pustet den St. Wolfgangsbauverein, der im Stadtteil Kumpfmühl bis 1914 immerhin 19 Häuser mit 245 Wohnungen errichten ließ. Wegen der äußerst knapp bemessenen Raumgrößen wurde darauf geachtet, dass jede Wohnung über ein Keller- und ein Speicherabteil verfügte.[38] Damit waren die Dachgeschosse mit privaten Lagerflächen und gemeinschaftlichen Trockenböden belegt. Die Option, dort auch noch Wohnraum unterzubringen, war damit nahezu ausgeschlossen.

Unabhängig von der Wohnraumproblematik ließen sowohl die staatliche Bildungspolitik als auch die wirtschaftliche Blüte der Gründerzeit eine Reihe stattlicher Neubauten in der Altstadt entstehen. Die zwischen 1860 und dem Ersten Weltkrieg errichteten Schulgebäude, Hotels und Geschäftshäuser besitzen zum Teil eine erstaunliche Höhenentwicklung – fast so, als hätten die 1869 vollendeten neugotischen Maßwerkhelme der Domtürme einen neuen Maßstab eingeführt. So schmückte sich das 1904 in der Goliathstraße

Abb. 12: Johann Nepomuk Liebherr, Idealansicht der Neuen Straße (Maximilianstraße). Aquarellierte Federzeichnung (Ausschnitt), 13. Januar 1811 (HMSR, G 1984/64)

Abb. 13: Heinrich Klonke, Südliches Ende der Maximilianstraße und Maxtor. Aquarellierte Federzeichnung, 1829 (HMSR, G 1952/56)

Abb. 14: Blick über das ehemalige Augustinerchorherrenstift St. Andreas und St. Mang auf die Stadtamhofer Hauptstraße. Foto: © altrofoto, U. Moosburger, 2015

eröffnete Modehaus Schwarzhaupt an der Ecke zum Watmarkt mit einem repräsentativen Prunkerker in der Art des Innsbrucker Goldenen Dachls, der seinerseits von einem mächtigen achteckigen Turm (Abb. 18) überragt wurde. Da dieser die umliegenden frühgotischen Haustürme regelrecht in den Schatten stellte und durch seinen dreifach gestuften Glockenhelm geradezu sakralen Anspruch erhob, regte sich alsbald Kritik. 1954 veranlasste die Stadtverwaltung schließlich die Beseitigung der als verunstaltend bewerteten Kulissenarchitektur.[39]

Das Thema „Wohnen im Dach“ aber spielte, sicher auch bedingt durch die Bauaufgaben, so gut wie keine Rolle. Selbst die eigentlich für die Unterbringung von Wohnräumen bzw. Gästezimmern prädestinierten Dächer des 1888/89 erbauten Parkhotels Maximilian (vgl. Abb. 25) und des 1893/94 errichteten palastartigen Eckhauses Königsstraße 2 (Abb. 19) wurden erst viel später zu Wohnzwecken ausgebaut.[40]

I. 3. Die Dachlandschaft der Regensburger Altstadt in der Zwischenkriegszeit (mit einem Ausblick auf den Siedlungsbau)

Die am 31. Juli 1919 von der Nationalversammlung in Weimar beschlossene Reichsverfassung schrieb in Artikel 155 die staatliche Kontrolle über die Verteilung und Nutzung des Bodens fest. Ziel war es, *„jedem Deutschen eine gesunde Wohnung und allen deutschen Familien, besonders den kinderreichen, eine ihren Bedürfnissen entsprechende Wohn- und Wirtschaftsheimstätte zu sichern“*. Zu diesem Zweck konnte Grundbesitz notfalls auch enteignet werden.[41]

Die durch das Adjektiv „gesund“ bereits in der Verfassung grundgelegte Vorgabe, den dramatischen Wohnungsmangel nicht nur unter quantitativen, sondern auch unter qualitativen Aspekten zu beheben, erfuhr noch mehrere Präzisierungen. Zu nennen sind das Reichsheimstättengesetz von 1920 und vor allem die 1931 verabschiedeten *Reichs-*

Abb. 15: Weiße-Hahnen-Gasse 4, Südflügel zum Krauterermarkt mit Halbmansarddach von 1884. Foto: E. Trapp, 2017

grundsätze für den Kleinwohnungsbau.[42] Sie enthalten die Forderung, auf gute Belichtung der Wohn- und Schlafräume zu achten und *„Keller- und Bodenräume auf das notwendige Maß zu beschränken“*.[43] Als wissenschaftliche Grundlage hierfür diente unter anderem der bis 1940 in elf Auflagen erschienene *Grundriss der Hygiene* von Carl Flügge. Ein in dieses Standardwerk aufgenommener Beitrag von Walther Liese enthält konkrete Ratschläge für den Wohnungsbau. Speziell die Ausführungen über Lüftung, Heizung und Belichtung machen deutlich, dass Dachwohnungen kritisch gesehen wurden.[44]

Das Ziel, mit Blick auf Raumklima und Belichtung Wohnungen im Dachgeschoss möglichst zu vermeiden, lässt sich auf kommunaler Ebene in Regensburg zu Beginn der Zwanzigerjahre selbst innerhalb der Altstadt belegen: Als der St. Wolfgangsbauverein östlich von St. Leonhard – der Bereich wurde damals städtebaulich neu geordnet – zwei Doppelmietshäuser plante, war für das Dachgeschoss zunächst neben Speicherräumen jeweils auch eine untergeordnete Wohnnutzung vorgesehen. Die 1920 von dem damals in Regensburg vielbeschäftigten Architekten Carl Winkler gefertigten Pläne wurden jedoch nicht genehmigt. Die Stadt drängte auf eine insgesamt schlichtere Ausführung und den gänzlichen Verzicht auf Wohnungen im Dach.[45] Nach diesen Vorgaben entstanden 1921/22 das Doppelmietshaus Rühlgässel 3/3 a und 1923 das Doppelmietshaus Rühlgässel 6/8 (Abb. 20).[46]

Das konsequente Freihalten der Dächer von Wohnräumen und das Bemühen um eine schlichte, aber architektonisch ansprechende Gestaltung lässt die Häuser im Rühlgässel in der Nachfolge der seit dem Ende des 19. Jahrhunderts vielerorts von Baugesellschaften und Baugenossenschaften unter sozialen Aspekten errichteten Arbeitermietshäuser erscheinen. So verraten die Fassaden trotz ihrer sparsamen Instrumentierung den Anspruch, sich von dem älteren, ab den 1860er Jahren entstandenen Typus der großstädtischen Mietskasernen abzuheben und stattdessen die Anbindung an die Bauweise des bürgerlichen Mittelstandes zu suchen. Dazu gehörte es auch, Wohnungen im Dachgeschoss zu vermeiden. Bei den – in Regensburg unbekannten – Mietskasernen dagegen hatte sich die einfachste Wohnungskategorie infolge maximaler Gewinnoptimierung oft im Dach oder im Keller befunden.[47]

Dank ihrer traditionellen Architektursprache und aufgrund der malerischen Staffelung der Baukörper fügen sich die beiden Doppelmietshäuser im Rühlgässel harmonisch in die Dachlandschaft der Westnerwacht ein. Dies war allerdings kein besonderes planerisches Zugeständnis an die städtebauliche Umgebung. Auch außerhalb der Altstadt war der soziale Wohnungsbau der Zwanzigerjahre in Regensburg von einer traditionalistischen Grundhaltung geprägt. So findet man in den zahlreichen an der damaligen Peripherie entstandenen Wohnanlagen und Siedlungen fast ausnahmslos konventionelle Walm- oder Satteldächer. Diese enthalten bei größeren Mietshäusern Trockenböden und Speicherabteile, nur selten jedoch bauzeitliche Wohnungen.[48] Lediglich bei kleineren Haustypen kam es häufiger zu einer systematischen Nutzung des Daches für Wohnzwecke. Besonders bei den 1926/27 nach Plänen von Max Wittmann im Heimatschutzstil erbauten Mehrfamilienhäusern der städtischen Kleinsiedlung Schwabelweis bilden die durch große Zwerchhäuser gegliederten Mansarddächer ein wesentliches Gestaltungselement (Abb. 21).[49] Die mindere Wohnqualität im Dach wurde dort durch die Anlage großzügig dimensionierter Selbstversorgergärten aufgewogen.

Abb. 16: Herzog-Albrecht-Straße 7, Mansardgeschoss-Ausbau von ca. 1900. Foto: E. Trapp, 2017

Die wenigen Flachdächer, die im Regensburger Wohnungsbau der Zwanzigerjahre zur Anwendung kamen, liegen außerhalb der Altstadt. Sie fallen zahlenmäßig nicht ins Gewicht und beschränken sich auf einzelne Gebäudeteile, so bei dem 1922 bis 1928 an der Einmündung der Furtmayr- in die Landshuter Straße errichteten Staudingerhof und bei den 1929 an der Prüfeninger Straße erbauten Wohnblöcken für Bahnbeamte.[50]

Für die ehrgeizigen Wohnbauprojekte des Nationalsozialismus bot die Altstadt keinen Platz. Einen neuen Akzent in der historischen Dachlandschaft setzte die damalige Stadtverwaltung jedoch durch die – nur teilweise verwirklichte – Schaffung eines modernen Verwaltungszentrums. Dieses entstand unter Rückgriff auf ältere Planungsideen ab 1935 beiderseits des Minoritenwegs und umfasste neben dem sogenannten Technischen Rathaus (Abb. 22) Gebäude für die Polizeidirektion, das Arbeitsamt, die Sanitätskolonne und die Allgemeine Ortskrankenkasse.[51] Auch der 1933 bis 1936 vollzogene Ausbau des einstigen Minoritenklosters zum

Abb. 17: Augustinerplatz 4, südliches Pultdach von 1827 mit Resten von Kammereinbauten aus der 2. Hälfte des 19. Jahrhunderts. Foto: P. Ferstl, BSR, 2017

Ostmarkmuseum fügt sich in dieses städtebauliche Gesamtkonzept ein. Das seit 1922 bestehende Projekt eines Verwaltungshochhauses auf dem Moltkeplatz (heute Dachauplatz) wurde hingegen verworfen, da die kommunale Zweckbestimmung des Gebäudes einen derart monumentalen architektonischen Auftritt, wie er nur Bauten des Reiches zustand, nicht zuließ. Außerdem galt es in Regensburg, dessen mittelalterliches Stadtbild nun ideologisch instrumentalisiert wurde, sich ganz besonders auf nationale Traditionen zu besinnen. Bezogen auf die Dachlandschaft bedeutete dies ein Festhalten an Sattel- und Walmdächern.[52]

Die Zweckbestimmung der Neubauten am Minoritenweg ließ eine private Nutzung der Dachgeschosse von vornherein ausscheiden. Zur Lösung des infolge des Bevölkerungszuwachses nach wie vor akuten Wohnungsproblems – Anfang 1933 waren in Regensburg 3900 Wohnungssuchende registriert – bot die dicht bebaute Altstadt ohnehin kaum mehr Spielraum.[53] Diese Erkenntnis sowie die insbesondere in der Donauwacht ungesunden Lebensverhältnisse machten Oberbürgermeister Dr. Otto Schottenheim, von Beruf Arzt, zu einem überzeugten Verfechter des Siedlungsbaus. Sein Ziel war freilich nicht nur die Verbesserung der Lebensqualität durch mehr Licht, gute Luft und Bewirtschaftung des eigenen Gartens, sondern die Schaffung eines mit der Heimaterde verbundenen, von Kameradschaft und Treue zum „Führer“ geprägten Menschentyps.[54]

Sowohl bei der nach Schottenheim benannten Mustersiedlung, der späteren Konradsiedlung, als auch bei der Errichtung der anderen Regensburger Siedlungen zwangen die

Abb. 18: Blick über den Kohlenmarkt über die Goliathstraße, überragt vom (1954 abgebrochenen) Turm des 1903/04 errichteten Modehauses Schwarzhaupt. Foto: Metz, 1904

knappen Finanzen zu maximaler Raumausnutzung. So erhielten die verschiedenen Haustypen allesamt Steildächer, die den Einbau von Aufenthaltsräumen ermöglichten. Bei den 1936 von Stadtbaurat Albert Kerler geplanten Doppelhäusern der Schottenheimsiedlung etwa befand sich im Dachgeschoss außer einer Bodenkammer auch das knapp elf Quadratmeter große Kinderschlafzimmer (Abb. 23). Bei gestiegener Kinderzahl sollte die Bodenkammer in Eigenarbeit zu einem weiteren Schlafraum ausgebaut werden.[55]

In der ab 1936 für Werksangehörige der Messerschmitt GmbH errichteten Siedlung Göring-Heim, der späteren Ganghofersiedlung, erhielten die 152 Einfamilienhäuser im Dachgeschoss eine kleine Einliegerwohnung mit Balkon (Abb. 24). Bei den Vier- und Achtfamilienhäusern, von denen nur 58 verwirklicht werden konnten, war ein Dachausbau jedoch zunächst nicht gewollt, um sich vom verpönten „marxistischen" und „kapitalistischen" Massenwohnungsbau abzuheben. Erst unter dem Zwang zunehmender Wohnungsknappheit entschied sich das Stadtbauamt 1943 zum Einbau von Behelfswohnungen.[56]

I. 4. Die Dachlandschaft der Regensburger Altstadt seit 1945

Von einigen punktuellen Verlusten abgesehen, hat die Regensburger Altstadt den Zweiten Weltkrieg bekanntlich glimpflich überstanden. Das Thema „Wiederaufbau" spielte, anders als nach 1809, so gut wie keine Rolle. Wenn die Geschlossenheit der historischen Dachlandschaft ab den Fünfzigerjahren dennoch da und dort aufgebrochen wurde, dann war dies Ausdruck eines im Zeichen der erstarkenden Wirtschaft gewollten Neubeginns. Epizentrum dieser Aktivitäten war die Maximilianstraße, an der 1954/55 das Modehaus Sperb sowie Niederlassungen der Kaufhauskonzerne Bilka und Woolworth entstanden. Von 1958 bis 1960 folgte noch ein aus zwei Büro- und Geschäftshäusern bestehender Komplex des Versicherungskonzerns Deutscher Herold (Abb. 25). All diese dezidiert modernen Bauten erhielten konsequenterweise flache oder extrem flach geneigte Dächer, die formal und farblich mit ihrer Umgebung kontrastieren.[57]

Selbst in mittelalterlich geprägten Bereichen der Altstadt errichtete man damals einige Bauten, die durch Höhe, Dachform und Material als Fremdkörper ins Auge fallen. Genannt seien das 1954 in der Pfauengasse eröffnete Kaufhaus Merkur und der 1958/59 im Zwickel zwischen Gesandtenstraße und Roter-Hahnen-Gasse errichtete Pustet-Komplex (Abb. 26).[58]

Eine neue Dimension erhielt das Eindringen der Moderne in die Altstadt durch die fragwürdige städtische Entscheidung, 1966 am St.-Peters-Weg ein Parkhaus zu errichten.[59] Ein zweites folgte, nachdem sich ein Parkdeck auf dem Kaufhaus Horten (jetzt Galeria Kaufhof) nicht verwirklichen ließ, 1972/73 am Dachauplatz.[60] Damit begann sich die Problematik der Verkehrserschließung der Altstadt nun auch in der Dachlandschaft abzubilden und diese massiv zu stören (Abb. 27).

Gerade die Wirkung von Flachdächern leistete dem Bestreben der „Altstadtfreunde" Vorschub, den Stadtrat 1975 zum Beschluss einer Ortssatzung zum Schutz der Altstadt zu bewegen. Darauf werden wir noch ausführlicher zurückkommen.

Weniger augenfällig als die Störung der historischen Dachlandschaft durch Gebäude mit Flachdach, dafür aber in der Summe noch schwerwiegender ist der Wandel, der sich seit den Achtzigerjahren an den Bestandsdächern vollzieht. Deren Verwendung für die Schaffung zusätzlichen Wohnraums hat inzwischen den Beigeschmack des Minderwertigen verloren. Zu Wohnzwecken ausgebaute Dächer gelten mittlerweile sogar als attraktiv, denn sie versprechen sowohl Individualität als auch Behaglichkeit und lassen sich daher bestens vermarkten. Dabei muss es sich nicht unbedingt um eigenständige Wohneinheiten handeln. Gern wird Dachraum an eine darunter befindliche Wohneinheit angebunden, um diese zu erweitern und qualitativ über den Typus der konventionellen Etagenwohnung zu erheben. Für derartige Maisonette-Lösungen gelten überdies geringere Brandschutzanforderungen als für abgeschlossene Wohneinheiten im Dachgeschoss.

Die wohnbaugeschichtlichen Wurzeln der Maisonette-Wohnung liegen weit außerhalb der Altstädte. In Deutschland entwickelte sich der Typus, wie zuvor schon in Skandinavien und England, ab den frühen Siebzigerjahren als Reaktion auf die Uniformität der standardisierten Wohnformen in den damaligen Großsiedlungen. Oft in Terrassenhäusern angewandt, bot eine Maisonette-Wohnung die Möglichkeit, durch die Verteilung der Räume auf zwei Ebenen zum Beispiel die Schlaf- von der Wohnzone zu separieren und damit

Abb. 19: Königsstraße 2, ehemaliges Verlagshaus Habbel, 1893/94. Das Dachgeschoss war ursprünglich nicht für Wohnzwecke ausgebaut. Foto: P. Ferstl, BSR, 2011

die Vorzüge des Einfamilienhauses auf den Geschosswohnungsbau zu übertragen.[61]

Welches Ausmaß die Umnutzung von Trockenspeichern und sonstigen Dachräumen zu Wohnzwecken in Regensburg inzwischen erreicht hat, lässt sich exemplarisch am Beispiel der zentralen Wahlenwacht darstellen: Von 153 erfassten Wohngebäuden – die meisten davon sind Einzelbaudenkmäler – besitzen derzeit (September 2017) nur noch 26, also ganze 17 Prozent, ein nicht zu Wohnzwecken ausgebautes Dach. Besonders aufschlussreich ist ein Blick auf die Entstehungszeit dieser Ausbauten:

–1899: 13	1900–1909: 5	1910–1919: 4
1920–1929: 3	1930–1939: 0	1940–1949: 5
1950–1959: 6	1960–1969: 6	1970–1979: 8
1980–1989: 26	1990–1999: 35	2000–2009: 26
2010–2017: 14		

Abb. 20: Blick von Nordwesten auf die Doppelmietshäuser Rühlgässel 3 und 3 a (links; 1921/22) und Rühlgässel 6 und 8 (rechts; 1923). Foto: P. Ferstl, BSR, 2017

Abb. 21: St.-Rupert-Straße 2, 4, 6, 8. Städtische Kleinsiedlung Schwabelweis, 1926/27. Zustand vor der Sanierung. Foto: E. Trapp, 2010

Die Tatsache, dass die Zahl der dokumentierten Ausbaumaßnahmen (151) die der Gebäude mit ausgebauten Dächern (127) übersteigt, erklärt sich daraus, dass es sowohl Häuser gibt, deren Dach in zwei zeitlich getrennten Phasen für Wohnzwecke adaptiert wurde, als auch solche, bei denen ein historischer Ausbauzustand zu einem späteren Zeitpunkt verändert wurde.

Am augenfälligsten ist der sprunghafte Anstieg von Ausbaumaßnahmen in den 1980er Jahren. Dies nur als Folge der damals vom Gesetzgeber propagierten Dachgeschossausbauten zu erklären, wäre zu kurz gegriffen. Denn das plötzliche Interesse am Wohnen im Dach setzt einen umfassenden Paradigmenwechsel voraus, der über den schlichten marktwirtschaftlichen Zusammenhang von Angebot und Nachfrage hinausgeht. Offenbar hatte nach Jahrzehnten, in denen Wohnraum im Dach als minderwertig angesehen wurde, ein breit angelegtes Umdenken eingesetzt. Dessen geistes- und sozialgeschichtliche Wurzeln werden wir in Kapitel II und III zu analysieren versuchen.

Der seit der Jahrtausendwende in der Wahlenwacht zu verzeichnende Rückgang an Dachausbauten ist nicht für die gesamte Altstadt repräsentativ. Er erklärt sich vielmehr aus der in diesem zentralen Bereich inzwischen knapp gewordenen Anzahl an Dächern, die überhaupt noch für die Gewinnung von Wohnraum zur Verfügung stehen. Denn zum einen sind manche Dächer infolge zu geringer Neigung oder anderer konstruktiver Gegebenheiten schlicht nicht für einen Ausbau geeignet, und zum anderen möchten vor allem solche Denkmaleigentümer, die ihr Haus selbst bewohnen, diesem die Eingriffe und bauphysikalischen Konsequenzen eines dem zeitgemäßen Wohnstandard genügenden Dachausbaus ersparen.

In der Dachlandschaft bildet sich der Einbau von Aufenthaltsräumen vor allem in Gestalt zahlreicher neuer Gauben, Zwerchhäuser, Dachflächenfenster und Dachaustritte ab (Abb. 28). Während sich Gauben und Zwerchhäuser bei angemessener Gestaltung durchaus in den historischen Kontext einfügen können, sind liegende Dachfenster, Firstverglasungen oder aufgeglaste Giebel unschwer als Zutaten des 20./21. Jahrhunderts zu erkennen. Dank der im Europäischen Denkmalschutzjahr 1975 vom Regensburger Stadtrat beschlossenen Altstadtschutzsatzung liegt glücklicherweise ein Regelwerk vor, um städtischerseits sicherzustellen, dass Neubauten und bauliche Veränderungen in Übereinstimmung mit der lokalen Bautradition durchgeführt werden. Dem Schutz der Dachlandschaft als „fünfter Fassade" ist dabei besonderes Augenmerk gewidmet (vgl. dazu Kapitel IV).[62]

Nach Paragraph 4 (2) der Altstadtschutzsatzung sind Dächer mit gebrannten, nicht engobierten, naturroten Biberschwanz-Tonziegeln zu decken. Ausnahmsweise können Blecheindeckungen zugelassen werden. Auch diese Vorschrift zielt auf die Verwendung ortstypischer Materialien und die Bewahrung des überkommenen Erscheinungsbildes ab. Wenn die Dächer vieler, teilweise jahrhundertealter Bestandsbauten dennoch unnatürlich neu wirken (Abb. 29), liegt dies an der im deutschen Bauwesen weitgehend verlorenen Kultur des Reparierens. Wurden bis vor wenigen Jahrzehnten nur schadhafte Dachziegel ausgetauscht, erneuert man heute

Abb. 22: Neues (ursprünglich „Technisches“) Rathaus, Foto: BSR, 1939

Abb. 24: Ganghofersiedlung (ehemals Göring-Heim), Einfamilienhäuser mit Einliegerwohnungen im Dachgeschoss, 1936/37. Foto: C. Lang, BSR, 1941

Abb. 23: Kinderschlafzimmer im Musterhaus der Siedlung Schottenheim. Foto: Stadtbauamt, 1937

Abb. 25: Blick in die Maximilianstraße. Links angeschnitten das Parkhotel Maximilian, 1888/89, rechts Gebäudekomplex des Deutschen Herold, 1958–60. Foto: BSR, um 1963

meist die gesamte Dachhaut. Die Folge sind farblich homogene Flächen, naturrot zwar, aber zu perfekt, um im lebendigen Nuancenspiel einer historischen Dachlandschaft nicht als Fremdkörper zu erscheinen.

Zwar gab und gibt es in Einzelfällen, etwa 1991 beim reichsstädtischen Salzstadel und 2014 beim „Haus der Musik“ (Abb. 11), die denkmalfachliche Forderung nach einer farblichen Nuancierung der Dachziegel.[63] Aber auch den behördlich vorgegebenen Mischverhältnissen und Verlegungsmustern haftet der Makel des Artifiziellen an – ein Manko, das sich freilich angesichts des Mehrwertes für das Stadtbild relativiert.

II. Die Mansarde als Metapher für Armut

Die stadtbaugeschichtliche Analyse macht eines deutlich: Wohnen im Dach war bis ins letzte Viertel des 20. Jahrhunderts gleichbedeutend mit minderwertigem Wohnen. Nach Möglichkeit vermied man es.

Täuscht dieser Regensburger Befund oder bestätigt er vielmehr ein Faktum europäischer Wohnkultur? Zur Beantwortung dieser Frage kehren wir nochmals zurück zu Puccinis *La Bohème*: Um etwas Wärme in das schäbige Pariser Dachzimmer zu bringen, entschließt sich der Dichter Rodolfo zum Verbrennen eines seiner Manuskripte:

Abb. 26: Blick von Südwesten über die zentrale Altstadt. Unten rechts der helle Pustet-Komplex, 1958/59. Foto: Luftbild Bertram, 1960

Abb. 27: Blick über das Parkhaus Dachauplatz nach Norden. Foto: Luftbild Bertram, 2007

L'ardente mio dramma ci scaldi – *„Die Glut meines Dramas erwärme uns!"*[64]
Das tragische Motiv des Schriftstellers, der sein eigenes Werk opfert, um sich an einem Wintertag vor der Kälte zu retten, begegnet auch in einem der populärsten Bilder der deutschen Malerei. Spitzwegs *Armer Poet* (Abb. 30), der ebenfalls unter erbärmlichen Bedingungen in einer Dachkammer haust, hat zum Beheizen des Ofens Papier bereitgelegt. Der obere der beiden Stapel trägt die handschriftliche lateinische Aufschrift *operum meorum fasciculum III*, *„das dritte Bündel meiner Werke"*.[65]
Der vermutlich in einer Münchner Mansarde hausende Dichter ist kein zufälliger Leidensgenosse Rodolfos. Beide Kunstfiguren repräsentieren vielmehr den in den damals rasch wachsenden Großstädten verorteten Typus des Antihelden in der Dachstube. So wurde schon mehrfach darauf hingewiesen, dass Spitzwegs *Armer Poet* seinerseits in der ikonographischen Nachfolge einer Bilderfindung von William Hogarth stehe.[66] In der Tat zeigt dessen 1736 geschaffenes und ein Jahr später in Kupfer gestochenes Gemälde *The Distrest Poet* (Abb. 31) einen Dichter, der sich, in der Enge seiner Mansarde vielfachen Störungen ausgesetzt, mit dem Verseschmieden abquält.[67]
Eine andere Facette der Verwendung von Dachzimmern findet sich bei Goethe, und zwar in der 1811 verfassten autobiographischen Schilderung der Einquartierung des französischen Offiziers Graf Thoranc in das Frankfurter Elternhaus zu Beginn des Jahres 1759: *„Ihm wurde mein hübsches helles Giebelzimmer in der Mansarde eingeräumt und sogleich in ein Kabinett und Atelier umgewandelt."*[68] Wirklich gewohnt hat der ungebetene Gast allerdings im ersten Stock. Das Giebelzimmer nutzte er, um Künstler zu empfangen und selbst als Maler zu dilettieren.[69]
Die besondere Situation der Einquartierung und die Subjektivität der Kindheitserinnerung mögen den Zeugniswert dieser literarischen Quelle für die Nutzung von Dachzimmern um die Mitte des 18. Jahrhunderts relativieren. Dennoch klingt hier bereits ein wesentliches Merkmal der Mansarde im 19. Jahrhundert an: die Ambivalenz aus entrücktem Kunstraum und Notunterkunft. Als literarischer Beleg hier-

für seien die Worte zitiert, die Honoré de Balzac dem Ich-Erzähler seiner 1837 erschienenen Novelle *Facino Cane* in den Mund legte: *„Meine Liebe zur Wissenschaft zwang mich in eine Mansarde, wo ich nachts arbeitete, die Tage aber verbrachte ich in einer nahen Bibliothek. Ich lebte äußerst einfach, ja fast mönchisch, wie ein geistiger Arbeiter eben leben muss."*[70]

Wie schnell sich, zumal in der Metropole Paris, das Wohnen im Dach sowohl zur tristen Realität Zehntausender als auch zur populären Metapher romantischer Erhabenheit über den bürgerlichen Alltag entwickelte, kommt in einem Gedicht zum Ausdruck, das Théophile Gautier 1872 der Doppeldeutigkeit des Begriffs „Mansarde" widmete. Die Kernaussage findet sich in der siebten Strophe:

Pour la grisette et pour l'artiste,
Pour le veuf et pour le garçon,
Une mansarde est toujours triste:
Le grenier n'est beau qu'en chanson.[71]

(„Für die Grisette und für den Künstler,
für den Witwer und für den Junggesellen,
ist eine Mansarde immer traurig:
Schön ist die Dachkammer nur im Lied.")

Beim Regensburger Verlag Manz veröffentlichte der aus dem Rheinland stammende Pädagoge und Jugendschriftsteller Wilhelm Herchenbach 1867 die Erzählung *Aus der Mansarde*. Sie handelt von einem treuen Hausmädchen, das auch dann noch für seine Herrin sorgt, als diese ihren Reichtum längst durchgebracht hat und keinen Lohn mehr zahlen kann. Am Ende des sozialen Abstiegs stehen das Leben und der Tod in einem Dachzimmer: *„Draußen erhob sich jetzt der Wind; dichte Wolken von Schneeflocken schlugen gegen das kleine Fenster und verhüllten es gänzlich. Wenn ein besonders heftiger Windstoß über das Dach hinfegte, so erhoben sich die losen Ziegel und klapperten in schaurigen Tönen gegen die Latten, auf denen sie befestigt waren. Die Flamme der kleinen Lampe ... schwankte im Luftzuge hin und her."*[72]

In dieser angeblich wahren Geschichte, die bis 1918 ganze sieben Auflagen erlebte, ist die Mansarde ein Zwangsort, Metapher sozialen und ökonomischen Elends. Die gleichzeitig verbreitete Wahrnehmung des Dachzimmers als freiwillig gewählter Rückzugs- und Kraftort dagegen kommt im Titel der 1860 bis 1862 in Mainz erschienenen Zeitschrift *Aus der Mansarde* zum Ausdruck. Herausgeber und Autor

Abb. 28: Blick vom Goldenen Turm nach Südwesten auf die Untere Bachgasse. Die Nutzung der Dachgeschosse bildet sich nach außen hin ab. Foto: E. Trapp, 2017

war der als Erzieher Kaspar Hausers bekannte Religionsphilosoph Georg Friedrich Daumer.[73]

Im Regensburger Milieu waren es unter anderem die Künstlerfreunde Georg Britting und Josef Achmann, die dem Leben im Dach trotz aller Einschränkungen huldigten. Dazu Britting 1921: *„Wenn wir nachts um zwei oder auch um drei Uhr durch die brave, schlafende Stadt in unsere zwei Dachstuben am Königshof zurückkehren, setzt Achmann sich noch an den Tisch, raucht eine Zigarette und legt eine Holzplatte bereit. Dann knirscht auch schon der Stichel im Holz und fliegen schon die Späne. ... Die beiden Zimmer, in denen wir leben, sind klein und niedrig. O, wir beklagen uns nicht! Die Wände sind bedeckt mit Achmanns Bildern und Schnitten und Zeichnungen. ... Die zwei Zimmer sind sehr schön. Aber sie haben wenig Tageslicht. So muß Achmann seine Bilder beim Schein elektrischer Lampen malen."*[74]

Aufschlussreich sind auch die Worte des Malers Xaver Fuhr, der von 1950 bis zu seinem Tod 1973 im Haus Albertstraße 7 a lebte: *„Unmittelbar unter dem Dach sind kleine*

Abb. 29: Blick auf Brücktor und Goldene-Bären-Straße. Komplett erneuerte, sukzessiv reparierte und bewusst changierend verlegte Dachdeckungen stehen nebeneinander. Foto: S. Effenhauser, BSR, 2017

Räume, anspruchslos, aber vollauf genügend – uns, das bin ich, meine Frau und eine mokante Katze. Wohnen hier fern jeglichem Verkehr mit Menschen.“[75]

III. Die Entdeckung der Dachlandschaft

Die Häufigkeit, mit der Schriftsteller und bildende Künstler vom frühen 19. bis weit ins 20. Jahrhundert unter dem Dach eine ebenso billige wie – im doppelten Wortsinn – erhabene Bleibe fanden, ist eine naheliegende Erklärung für die Beliebtheit der literarischen und malerischen Auseinandersetzung mit dem Thema der Dachlandschaft. Als Regensburger Bildbeispiel mag eine Arbeit des jungen Günther Zacharias aus dem Jahr 1928 gelten (Abb. 32). Der Blick geht von einem Dachfenster seines Elternhauses, Obere Bachgasse 23, hinüber zum Haus Obermünsterplatz 10, das mit seinem 1891 errichteten Mansarddach das Areal der damaligen Obermünsterbrauerei dominiert.[76]

Auch für viele andere Maler, allen voran Willi Ulfig und Otto Baumann, war der Blick über die Dächer der Regensburger Altstadt häufige Inspirationsquelle. So besuchte Baumann, obwohl er von seiner Wohnung im zweiten Stock des Hauses St.-Kassians-Platz 5 eine schöne Aussicht hatte, gern seinen Künstlerfreund Walter Zacharias, der ein Atelier hoch oben im Löblturm besaß, um auch von dort aus den Ausblick im Bild festzuhalten.[77] Kaum jemals ging es dabei darum, ein bestimmtes Objekt in den Focus zu nehmen. Das Motiv war vielmehr zufällig, allein durch die Ausrichtung des Fensters vorgegeben.

Die Bildwürdigkeit derartiger Ausblicke war bereits im 19. Jahrhundert gereift, als sich – inhaltlich verdichtet in den Begriffen Panorama und Belvedere – eine Rundblickästhetik herausbildete, die bis heute wirksam ist.[78] Von den Fensterbildern der Romantik unterscheidet sie sich dadurch, dass die durch den Fensterrahmen erzielte Scheidung von Innen- und Außenwelt und damit der Bild-im-Bild-Effekt unterblei-

Abb. 30: Carl Spitzweg, Der arme Poet, 1839 (München, Bayerische Staatsgemäldesammlungen, Neue Pinakothek). Repro: bpk-Bildagentur

ben. Stattdessen fallen die Grenzen der gerahmten, nach thematischen oder ästhetischen Kriterien vom Künstler definierten Vedute.

Bayerische Schlüsselwerke dieser Entwicklung sind die vier monumentalen Rom-Ansichten, die der Landschaftsmaler Johann Christian Reinhart von 1829 bis 1835 im Auftrag König Ludwigs I. vom obersten Turmzimmer der Villa Malta aus angefertigt hat (München, Neue Pinakothek).[79] Zur gleichen Zeit, um 1831/32, beschäftigte sich in Regensburg der Maler Hans Kranzberger intensiv mit dem Ausblick, der sich vom Dach des Domes aus in verschiedene Himmelsrichtungen bietet. Wie es scheint, hat er leider nur den Blick nach Osten in Öl ausgeführt (Abb. 33); die Zeichnung, die den Blick nach Südwesten wiedergibt, wurde immerhin lithographisch vervielfältig.[80] Ein „echtes" 360°-Panorama von Regensburg zeichnete indes 1847 Johann Georg Scharf auf dem Turm des Goldenen Kreuzes (London, British Library).[81]

All diese Beispiele zeugen von einem für das 19. Jahrhundert symptomatischen doppelten Perspektivwechsel: Zum einen wanderte die Augenhöhe des Betrachters immer öfter gezielt nach oben, um das eigene Blickfeld zu erweitern und sich im wahrsten Sinne des Wortes Überblick zu verschaffen. Zum andern begannen speziell im Denkmalerlebnis Anblick und Ausblick zu einem ästhetischen Wechselspiel zu verschmelzen.

Was Kranzberger mit Hilfe der historisch gewandeten Rückenfigur, die vom Regensburger Dom auf die Stadt und ihre Umgebung hinabschaut, verbildlicht hat, konnte der reale

Abb. 31: William Hogarth, The Distrest Poet. Kupferstich (Ausschnitt), 1737 (Wikimedia Commons)

Besucher des Straßburger Münsters damals schon in geselliger Runde genießen. Karl Friedrich Schinkel notierte anlässlich seiner Besteigung des Münsterturms am 20. Juli 1824 in sein Tagebuch: *„Als wir wieder bis zur Plattform hinabgestiegen waren, die schon an 300 Fuß hoch über der Stadt liegt, stärkten wir uns mit Bier, welches hier oben ausgeschenkt wird. Dieser prächtige erhabene Steinplatz ist überhaupt nicht bloß den kirchlichen Zwecken gewidmet, er ist allgemeiner Vergnügungsort. Überall in den herausgebauten schönen Balkons sind steinerne Tische und steinerne Banken (sic) zu fröhlichen Gelagen mit eingebaut. Man gibt Abendfeste mit Tanz und anderen Lustbarkeiten hier oben."* Gedenke man dabei des Erwin von Steinbach, den Goethe als genialen Erbauer der Kathedrale gerühmt hat, dann

Abb. 32: Günther Zacharias, Blick vom Elternhaus des Malers, Obere Bachgasse 23, nach Osten. Gouache auf Papier, 1928 (Slg. Reichmann)

Abb. 33: Hans Kranzberger, Blick vom Regensburger Dom nach Osten. Öl auf Holz, 1832 (HMSR, K 1958/64)

werde das Münster *„ein wahres Monument"*.[82] Für Schinkel bedurften demnach Anblick und Ausblick des zeitlichen Rückblicks, um den Denkmalwert vollkommen zu erfassen.

Vor allem bei Denkmälern mit nationaler Sinngebung wie der Walhalla gehörte das weite, landschaftliche Bezugsfeld häufig zum inhaltlichen Programm. Frappierend konsequent darf dies seit 1850 der Besucher der Bayerischen Ruhmeshalle in München erleben, wenn er Schwanthalers *Bavaria* zuerst von außen betrachtet und dann den imaginären Blick der Kolossalstatue real nachvollzieht, indem er durch eines der über den Bronzeaugen ins Haar eingearbeiteten Gucklöcher schaut (Abb. 34).[83]

In der Folgezeit kam es, nicht zuletzt im Deutschen Kaiserreich, zu einer Fülle begehbarer Kolossaldenkmäler. Genannt seien stellvertretend die zahlreichen Bismarcktürme.[84] In der öffentlichen Wahrnehmung dieser Monumente überstrahlt die Attraktivität des Ausblicks nicht selten die politische Aussage.

Es war das ästhetische Erlebnis des Fernblicks, das im 19. Jahrhundert den damals noch jungen architektonischen Typus des Aussichtsturms zur populären bürgerlichen Bauaufgabe werden ließ – und den Fotografen Nadar ab 1855/56 zur Entwicklung eines Verfahrens animierte, um von einem Fesselballon aus Luftbilder aufzunehmen.[85]

Kein Bauwerk verkörpert die damals vollzogene ästhetische Eroberung der Höhe besser als der Eiffelturm. Von 1887 bis 1889 als Aussichtsturm und monumentales Eingangstor zur Pariser Weltausstellung errichtet, verknüpft er bis heute nationale Selbstdarstellung und touristische Anziehungskraft.[86] Von seiner Popularität zeugen unzählige mehr oder weniger freie Nachbildungen (Abb. 35).

So begann sich noch im 19. Jahrhundert das Junktim von großstädtischem Freizeitangebot und Dächerblick zu verfestigen. Mittel zum Zweck waren – und sind – freilich auch Aussichtsterrassen auf Hochbauten jeglicher Art, Riesenräder oder, wo es die natürlichen Gegebenheiten erlauben, auf in-

Abb. 34: München, Bayerische Ruhmeshalle, 1843–53. Blick aus der Besucherkanzel im Kopf der Bavaria. Foto: E. Trapp, 2017

nerstädtischen oder stadtnahen Hügeln angelegte Aussichtspunkte. Diese wurden vielfach ihrerseits mit architektonischen oder skulpturalen Mitteln historisch aufgeladen, um dem Panorama einen stadtgeschichtlichen oder auch nationalen Bezugsrahmen zu verleihen. Dies gilt, um prominente Beispiele zu nennen, für den Piazzale Michelangelo in Florenz ebenso wie für Sacré-Cœur in Paris. Während das ab 1865 angelegte und mit Kopien von Michelangelos Hauptwerken bestückte Belvedere (Abb. 36) den Blick auf die damalige Hauptstadt Italiens um die kunstgeschichtliche Bedeutungsdimension anreichert, erhebt die 1875 bis 1914 auf dem Montmartre errichtete Sühnekirche den Anspruch, das Gedenken an die französischen Opfer des Krieges von 1870/71 und an die Toten des Pariser Kommune-Aufstands wachzuhalten.[87]

Auf Regensburger Verhältnisse heruntergebrochen, lässt sich dasselbe Prinzip auf den Anhöhen nördlich der Stadt verfolgen. Durch die Nähe zur Dreifaltigkeitskirche, die an die Pest von 1713/14 erinnert, und vor allem durch das 1890 errichtete Österreicherdenkmal (Abb. 37), das die verheerende Beschießung Stadtamhofs 1809 ins Gedächtnis ruft, erhielt das ästhetische Erlebnis des Ausblicks auf Regensburg, Steinweg und Stadtamhof eine patriotische Prägung. Bezeichnenderweise geht das schlichte neugotische Denkmal auf eine gemeinsame Initiative von Historischem Verein und Verschönerungsverein zurück.[88]

Seit dem Ende des 19. Jahrhunderts gehört der Blick über die Dächer in vielen europäischen Großstädten zum touristi-

Abb. 35: Prag, Aussichtsturm auf dem Laurenziberg, eröffnet 1891. Foto: E. Trapp, 2014

schen Pflichtprogramm. So gab es in Venedig schon 1892 Überlegungen zum Einbau eines Aufzugs in den Campanile von San Marco. Nach dessen Einsturz im Jahre 1902 plante man den Wiederaufbau von vornherein mit einem Lift.[89]

Bei einem der jüngsten touristischen Magneten Europas, der zu Jahresbeginn 2017 eröffneten Hamburger Elbphilharmonie, ist eine öffentlich zugängliche Aussichtsplattform fester Bestandteil des architektonischen Konzepts. Bereits nach einem Jahr konnte diese sogenannte Plaza etwa 4,5 Millionen Besucher verbuchen, sechs Mal so viele wie die im Gebäude veranstalteten Konzerte.[90]

Dass für einen Rundblick über historische Dachlandschaften neben natürlichen Aussichtspunkten vor allem Kirchtürme genutzt werden, liegt in der Natur der Sache. In Regensburg steht für diesen Zweck seit einigen Jahren der Nordturm der Dreieinigkeitskirche zur Verfügung. In einen kleinen musealen Rundgang integriert, bietet die Turmbesteigung zumindest im Sommerhalbjahr der interessierten

Abb. 36: Florenz, Piazzale Michelangelo, 1865 bis 1875. Foto: E. Trapp, 2017

Abb. 37: Durch das Österreicherdenkmal von 1890 wurde das Panorama vom Dreifaltigkeitsberg patriotisch aufgeladen. Postkarte, gelaufen 1915 (BSR)

Öffentlichkeit die Möglichkeit, die Altstadt aus der Vogelperspektive zu betrachten und die über Jahrhunderte gewachsene Dachlandschaft auf sich wirken zu lassen. Da die Eintrittsgebühr vollständig dem Bauunterhalt zugutekommt[91], gehen hier Pflege und Vermittlung des Denkmälerbestandes vorbildlich Hand in Hand. Dies gilt es besonders zu betonen, denn vielerorts ist der Rundblick von Kirchtürmen oder Kathedraldächern längst zur sinnentleerten Facette touristischer Erlebniskultur geworden. So drängt sich angesichts der Volksmassen, die bei gutem Wetter die insgesamt 8000 Quadratmeter großen betretbaren Dachflächen des Mailänder Doms bevölkern, oder in Anbetracht der denkmalpflegerisch fragwürdigen Eingriffe, die in den letzten Jahren an spanischen Kathedralen vorgenommen wurden, um deren Dächer touristisch zu erschließen, die Frage auf, inwieweit dies alles mit der Würde des jeweiligen Sakralbaus vereinbar ist.[92]

IV. Dachausbau als Thema der Denkmalpflege

„Ludwig ging zum Fenster und schaute hinaus. Die Dächer hatten Ziegel; manche waren moosfleckig; nahebei wurde ein Dachgarten von einem gelben Kunststoffgeländer begrenzt.“[93] Dieses Zitat ist einer Erzählung von Hermann Lenz entnommen. Schauplatz ist die Regensburger Altstadt des Jahres 1971. Sie bietet dem Studenten Ludwig auf seiner schwierigen persönlichen Standortsuche Halt, weil sei ihm die Verwobenheit von Vergangenheit und Gegenwart anschaulich macht.[94] Die Skepsis des jungen Mannes gegenüber den Erscheinungen der Moderne spiegelt sich sogar in seiner Wahrnehmung der Dachlandschaft. Nicht nur das unpassende Plastikgeländer fiel ihm auf. Beim Blick aus einem anderen Fenster musste er feststellen, dass die Dächer *„alle mit Fernsehantennen bespickt“* waren, *„was stachelig aussah“*.[95]

Abb. 38: Dachausbau in der Regensburger Altstadt, 1995/96 unter Zurückstellung von Bedenken genehmigt, 2017 Herstellung eines zweiten baulichen Rettungswegs (Anbindung an Balkonanlage) angeordnet. Foto: Bauordnungsamt, 2017

Abb. 39: Auf Kosten des architektonischen Gesamtbildes gehende Belichtung der zweiten Dachebene. Beispiel aus dem Regensburger Westenviertel. Foto: E. Trapp, 2017

Hermann Lenz war kein Regensburger. Aber er kannte die Stadt gut, so dass es legitim erscheint, seine bildhafte Erzählung als literarischen Beleg für die ab den Sechzigerjahren gewachsene Sensibilität gegenüber den Bedrohungen des historischen Stadtbilds heranzuziehen.

Geleitet von der Erkenntnis, dass so manche Segnungen der Moderne den einzigartigen Charakter der alten Stadt störend verändern, hatte die Vereinigung Freunde der Altstadt Regensburg bereits 1967 der Stadtspitze den Entwurf einer entsprechenden Ortssatzung vorgelegt – im gleichen Jahr, in dem in Salzburg das sogenannte Altstadterhaltungsgesetz in Kraft getreten war.[96] In Regensburg bedurfte es dagegen noch langwieriger Verhandlungen, ehe der Stadtrat am 11. Dezember 1975 die *Satzung über örtliche Bauvorschriften zum Schutze der Altstadt von Regensburg*, kurz Altstadtschutzsatzung, beschloss. Eines ihrer zentralen Anliegen war von Anfang an der Schutz der Dachlandschaft. Oberbürgermeister Schlichtinger sah in ihm damals *„nicht nur eine Kernfrage des Denkmalschutzes, sondern auch des Städtebaus“*. So würde in Regensburg *„die hemmungslose Anordnung von Flachdächern ..., auf die Dauer gesehen, zu einer totalen Verödung dieser Dachlandschaft führen“*.[97]

Galt in den Sechziger- und Siebzigerjahren der Kampf gegen das Flachdach als Schlüssel zum Schutz der „fünften Fassade“, erfordert seit den Achtzigern vor allem der Ausbau von Bestandsdächern zu Wohnzwecken denkmalpflegerische Wachsamkeit. Denn ausgelöst durch die staatliche Propagierung von Wohnraumerweiterung und deren steuerliche Begünstigung, erhielten Speicher und Trockenböden in den Augen vieler nun plötzlich eine neue Qualität als potenzieller Wohnraum. Daran hat sich bis heute nichts geändert – im Gegenteil: Vor allem in den rapid wachsenden Ballungsräumen führt der immer knapper und teurer werdende Wohnraum zwangsläufig zu dem Bestreben, möglichst jeden Quadratmeter einer Immobilie wirtschaftlich rentierlich zu machen. In der öffentlichen Wahrnehmung geriet dabei die eigentliche Funktion von Dächern als Regenschutz in den Hintergrund, ebenso ihre bauphysikalische Wirkung als Klimapuffer und ihr praktischer Vorteil als Lagerraum.

Wie sehr historische Dachkonstruktionen, die in aller Regel nie für eine Wohnnutzung konzipiert waren, durch den Einbau von Aufenthaltsräumen in ihrer Substanz geschädigt und in ihrer Anschaulichkeit beeinträchtigt werden, zeigt sich vielfach erst dann, wenn die Konsequenzen der neuen Nutzung in vollem Umfang deutlich werden. Allein die Maßnahmen zur Wärmedämmung, die immer strengeren Anforderungen des Brandschutzes (Abb. 38), die Sicherstellung einer möglichst guten Belichtung (Abb. 39) und zunehmend auch das Ziel der barrierefreien Erschließung lösen unterschiedliche, in der Summe meist erhebliche Eingriffe in den Bestand aus.

Wer im Vollzug des Denkmalschutzgesetzes tätig ist, kann ein Lied davon singen, wie wenig Gehör man findet, wenn man Bauherren frühzeitig auf die Folgen eines scheinbar harmlosen Dachausbaus hinweist. Nicht selten wird daher

Abb. 40: Ehemaliger reichsstädtischer Weinstadel, 1527. Die 2004/05 in den Dachgeschossen eingebauten Wohneinheiten gehen auf Kosten der historischen Anschaulichkeit des einstigen Lagerhauses. Foto: P. Ferstl, BSR, 2005

Abb. 41: Maximale Dachgeschossverwertung am Stadtamhofer Franziskanerplatz. Foto: P. Ferstl, BSR, 2017

am Ende eines Planungsprozesses das für die fachliche Bewertung von Maßnahmen ausschlaggebende Kriterium der Denkmalverträglichkeit nicht mehr erfüllt. Die damit verbundenen Konflikte finden seit Beginn der Neunzigerjahre bundesweit in einer umfänglichen Rechtsprechung zugunsten des Denkmalschutzes ihren Niederschlag.[98]

Die Stadt Regensburg ist in der glücklichen Situation, mit ihrer Altstadtschutzsatzung auch über ein baurechtliches Instrument zu verfügen, das für die nach außen in Erscheinung tretenden Folgen von Dachausbauten klare Regeln vorgibt. So sind zum Beispiel Gauben in zweiter Reihe *„nur zulässig, wenn die Belichtung von Aufenthaltsräumen im zweiten Dachgeschoß dies erfordert und die Dachgauben sich in Format und Anzahl den darunterliegenden Dachgauben deutlich unterordnen"*.[99] Die Stadt München empfiehlt für die zweite Dachebene Dachflächenfenster.[100] In Köln werden entsprechend der Genehmigungspraxis des Rheinischen Amtes für Denkmalpflege übereinanderliegende Gauben abgelehnt.[101]

Viele weitere Beispiele für das Bemühen von Denkmalschutz und Bauaufsicht, die Außenwirkung von Dachausbauten – zumal in der zweiten Ebene – möglichst verträglich für die historische Dachlandschaft zu gestalten, ließen sich anführen. Aber dabei geht es nur um die Symptome. Die Ursachen des Problems liegen tiefer, unter der Dachhaut, genauer gesagt in der Genehmigung zum Dachausbau.

Bereits 1991 hat die Vereinigung der Landesdenkmalpfleger in der Bundesrepublik Deutschland (VdL) ein Informationsblatt zum Thema *Ausbau von Dachräumen in historischen Gebäuden* veröffentlicht. Am Ende heißt es resümierend, ein Dachausbau sei aus denkmalpflegerischer Sicht *„in den meisten Fällen nicht genehmigungsfähig, weil er mit gravierenden Verlusten an originaler Bausubstanz, mit einer langfristigen Gefährdung des verbleibenden Bestandes, mit erheblichen Beeinträchtigungen des Erscheinungsbildes und schwerwiegenden Minderungen der historischen Aussage verbunden ist"*.[102]

Dennoch – gemäß dem Leitsatz, Baudenkmäler nicht museal konservieren, sondern für die Zukunft mit Leben erfüllen zu wollen, lässt sich die Denkmalpflege gerade bei der Frage nach der Wohnnutzung von Dachräumen noch immer auf weitreichende Zugeständnisse ein. Um einen Ausbau zu rechtfertigen, werden gern Beispiele historischer Wohnnutzung von Dächern angeführt. Diese Bezugsfälle taugen jedoch nicht einmal als denkmalfachliches Feigenblatt. Denn zum einen gelten für das Wohnen im Dach heute bekanntlich andere Erwartungen und Anforderungen als vor hundert oder zweihundert Jahren, und zum andern werden zumindest in wirtschaftlich prosperierenden Regionen ungestörte historische Dachkonstruktionen immer seltener und damit umso schützenswerter.

Auch die im Steuerrecht grundgelegte Regelung, nach der die Kosten für den Ausbau bisher nicht zur Wohnzwecken genutzter Dachräume als Schaffung neuen Wirtschaftsgutes nicht zur Inanspruchnahme der sogenannten Denkmalabschreibung berechtigen[103], reduziert den auf den Dachgeschossen lastenden Ausbaudruck kaum. Vor allem in Städten wie Regensburg übersteigt der mit neuen Dachwohnungen zu erwirtschaftende Gewinn die steuerliche Einbuße bei weitem.

Im Rahmen der Leipziger Denkmalmesse fand 2016 eine Tagung zum Thema *Dachausbau im Kulturdenkmal* statt.[104] Obwohl die VdL Mitveranstalterin war, hat man den dramatischen Schwund an ungestörten historischen Dachtragwerken und Dachlandschaften nicht zum Anlass für die Propagierung konkreter Schutzstrategien genommen. Vielmehr ging es im wirtschaftsfreundlichen Milieu der Messe vor allem um neue Methoden, die es erlauben, die allfälligen Eingriffe in Dachkonstruktionen möglichst denkmalverträglich zu gestalten. Dass aber auch der schonendste Dachausbau die Aussage eines Baudenkmals grundlegend verändern kann, wäre zu ergänzen.

Ob ein Dach bewohnt ist oder nicht, ist von außen ablesbar. Die Botschaft, die sich dahinter verbirgt, ist für das Verständnis eines Gebäudes von größter Bedeutung. Wenn etwa ein historisches Lagerhaus anstelle traditioneller kleiner Schleppgauben, die zur Belichtung der Speicherböden ausreichten, plötzlich stattliche stehende Gauben erhält, die unschwer auf eine Wohnnutzung schließen lassen (Abb. 40), ist seine Erkennbarkeit als ehemaliges Speichergebäude nicht mehr gesichert. Die gern bemühte Argumentation, die neue Nutzung mache die Erhaltung des Baudenkmals wirtschaftlich erst möglich und eröffne ein neues Kapitel in der Geschichte des Gebäudes, mag im Einzelfall schlüssig sein und als Rechtfertigung dafür dienen, dass sich das Wohnen im Dach auch nach außen hin manifestiert. Wenn aber ein ganzes Straßen- oder Platzbild immer mehr von Häusern mit modern ausgebauten Dächern geprägt ist (Abb. 41), gehen außer ästhetischen Werten vor allem auch Aussagen zur Sozial- und Wirtschaftsgeschichte des betreffenden Stadtquartiers verloren.

Nicht umsonst findet sich im 2012 verabschiedeten Managementplan für das Welterbe „Altstadt Regensburg mit Stadtamhof" unter den Maßnahmen zum Erhalt des baulichen Erbes das *„Begrenzen des Dachgeschossausbaus von Dachstühlen mit hohem denkmalpflegerischem Wert"*.[105] Dieser Punkt, der übrigens dank Bürgerbeteiligung auf die Agenda gesetzt wurde, ist von elementarer Bedeutung für den Schutz noch ungestörter historischer Dachkonstruktionen. Er ist aber auch allgemein für die Vermittlung unseres Welterbes von großer Tragweite. Denn je selbstverständlicher das bewohnte – und entsprechend befensterte – Dach wird, desto schwieriger wird es, von außen die ursprüngliche

Abb. 42: Wien, Dachausbau im Welterbe (Führichgasse, Ecke Tegetthoffstraße). Foto: E. Trapp, 2017

Funktion und Nutzung von Dächern, mithin von ganzen Gebäuden, abzulesen.

Die wirtschaftliche und touristische Attraktivität einer Stadt verhält sich proportional zu dem auf den Dachgeschossen lastenden Investitionsdruck. Im historischen Zentrum Wiens etwa hat sich in den letzten Jahrzehnten eine von zahlreichen zeitgenössischen Eingriffen überformte Dachlandschaft entwickelt (Abb. 42), so dass der wertvolle Bestand an historischen Holzkonstruktionen bereits massiv reduziert ist. Um weiteren Verlusten vorzubeugen, ließ das österreichische Bundesdenkmalamt in den Jahren 2016 und 2017 die Dachwerke des Ersten Bezirks systematisch erfassen und bewerten.[106]

Auch für Regensburg wäre ein Dachkataster dringend erforderlich. Noch besteht die Chance, zumindest für das Welterbe-Areal einen verbindlichen Kriterienkatalog zu entwickeln, der es erlaubt, die Ausbaufähigkeit von Dächern objektiv zu bewerten.

1 Zit. nach dem Libretto, das Giuseppe Giacosa und Luigi Illica nach dem Roman *Scènes de la vie de bohème* (1847–49) von Henri Murget verfassten.

2 Vgl. Bekanntmachung des Bayerischen Staatsministeriums des Innern, für Bau und Verkehr über die Richtlinien für das kommunale Förderprogramm zur Schaffung von Mietwohnraum in Bayern (Kommunales Wohnraumförderungsprogramm – KommWFP) v. 22.12.2015 (Allgemeines Ministerialblatt 2016, 3), geändert durch Bekanntmachung v. 6.7.2016 (ebd. 2016, 1609).

3 Richard STROBEL, Das Bürgerhaus in Regensburg. Mittelalter (= Das deutsche Bürgerhaus XIII), Tübingen 1976, 86f.

4 Vgl. zuletzt Klemens UNGER (Hg.), Regensburg zur Zeit des Immerwährenden Reichstags. Kulturhistorische Aspekte einer Epoche der Stadtgeschichte, Regensburg 2013.

5 Dazu detailliert HAB Regensburg, 198.

6 Ebd., 200.

7 Dazu grundlegend Roland SCHÖNFELD, Studien zur Wirtschaftsgeschichte der Reichsstadt Regensburg im achtzehnten Jahrhundert, in: VHVO 100 (1959), 5–147.

8 Zur „Konkurrenz" der Stifte unter anderem Karl-Heinz BETZ, Das ikonologische Programm der Alten Kapelle in Regensburg, in: Werner SCHIEDERMAIR (Hg.), Die Alte Kapelle in Regensburg, Regensburg 2002, 135–149 (hier: 148f.).

9 Zum Gelben Haus, später Bürgerstift St. Michael, vgl. Helmut-Eberhard PAULUS, 150 Jahre Bürgerstift St. Michael in Regensburg: zur Geschichte des Katholischen Bruderhauses im ehemaligen Gartenpalast des Regensburger Kaufherrn Johann Jakob Pürkel, in: Die Oberpfalz 71 (1983), 302–306; BAP VI, 300f. – Zu Schloss Pürkelgut jetzt grundlegend Michael SCHMIDT, Barockes Pürkelgut – ein patrizisches Landschloss und seine historische Rückbindung. Assoziation, Projektion, Kontext, in: ARBEITSKREIS REGENSBURGER HERBSTSYMPOSION (Hg.), Burgen und Schlösser in und um Regensburg. Beiträge des 27. Regensburger Herbstsymposions für Kunst, Geschichte und Denkmalpflege vom 23. bis 25.11.2012, Regensburg 2013, 55–93. – Zu den beiden Löschenkohl-Palais vgl. Helmut-Eberhard PAULUS, Zwei Palais des Bankiers und Handelsmannes Hieronymus Löschenkohl in Regensburg, in: Jahrbuch der bayerischen Denkmalpflege 39 (1985), 176–196, sowie BAP III, 62–64 u. BAP VII, 137–141.

10 Dazu bereits Bruno GRIMSCHITZ, Johann Michael Prunner, Wien 1958, 64–67, 126; vgl. auch Hermann REIDEL, Die bürgerliche Architektur in Regensburg von 1650 bis 1918, in: Richard STROBEL (Hg.), Regensburg. Die Altstadt als Denkmal. Altstadtsanierung – Stadtgestaltung – Denkmalpflege, München 1978, 131–146 (hier: 131); PAULUS 1985 (wie Anm. 9), 179 u. 183.

11 Hans VOGTS, Art. ‚Dach', in: RDK III (1953), 911–968. – Zu den historischen Bezeichnungen vgl. Johann Karl Gottfried JACOBSSON, Technologisches Wörterbuch, Bd. 1, Berlin/Stettin 1781, 382; Deutsche Encyclopädie oder Allgemeines Real-Wörterbuch aller Künste, Bd. 6, Frankfurt a. M. 1782, 636.

12 Dazu VOGTS (wie Anm. 11).

13 Vgl. Dieter KIMPEL, Paris. Führer durch die Stadtbaugeschichte, München 1982, 181f.; zur Frage des (unbekannten) Architekten zuletzt Jean GUILLAUME, Philibert Delorme à l'hôtel d'Angoulême? Réflexions sur une attribution, in: Bulletin monumental 172 (2014), Heft 1, 47–52. – Zur Durchdringung der Trauflinie vgl. auch bereits A. E. BRINCKMANN, Die Baukunst des 17. und 18. Jahrhunderts, Teil I: Baukunst des 17. und 18. Jahrhunderts in den romanischen Ländern, Berlin 1915, 203 (mit zahlreichen Beispielen).

14 Vgl. REIDEL (wie Anm. 10), 131–134; Peter MORSBACH, Untersuchungen zur städtebaulichen Entwicklung Regensburgs in der 2. Hälfte des 18. Jahrhunderts, in: VHVO 131 (1991), 121–175 (hier: 156f.).

15 Zu diesem letzten Aspekt bereits MORSBACH (wie Anm. 14), 159.

16 BOAR, HA Wahlenstraße 3 (zum Wohnungseinbau); das Zitat nach Wachtprotokoll v. 9.5.1755 (StAR, Reichsstadt, Pol. IV, 77, p. 400). Vgl. hierzu bereits MORSBACH (wie Anm. 14), 165, allerdings ohne Jahresangabe. Die Identifizierung des Anwesens mit Haus Wahlenstraße 3 gesichert durch die Besitzerangaben in den Siegelprotokollen und im zeitgenössischen Plan der Wahlenwacht (HMSR, G 2006/11,389). Zum Haus allg. BAP IV, 161f.; Helmut-Eberhard PAULUS, Wahlenstraße 3, in: DR 3, 110; DB Stadt Regensburg, 603; Karl BAUER, Regensburg. Kunst-, Kultur- und Alltagsgeschichte, 6. Aufl., hg. von Peter BAUER, Regensburg 2014, 130, 132.

17 Zu Herkunft und Verbreitung des Zwerchhauses vgl. VOGTS (wie Anm. 11). Zu den Häusern an Oberen Wöhrd s. BAP VIII, 81 (Badstr. 14), 85 (Badstr. 16), 100 (Badstr. 34), 111–122 (Badstr. 54; Casino). Weitere Regensburger Beispiele bei MORSBACH (wie Anm. 14), 160f.

18 StAR, Dekrete 516; dazu ausführlich MORSBACH (wie Anm. 14), 150f. u. 167f.

19 Für den Hinweis sei Herrn Restaurator Andreas Richter, Regenstauf, herzlich gedankt.

20 Vgl. MORSBACH (wie Anm. 14), 165 u. 168.

21 Dazu grundlegend Hermann REIDEL, Emanuel Joseph von Herigoyen, München/Zürich 1982, 63–73, 101–103, 243–247; zusammenfassend DERS., Die Architektur der Dalbergzeit 1802/03–1810, in: Peter SCHMID (Hg.), Geschichte der Stadt Regensburg, 2 Bde., Regensburg 2000, Bd. 2, 1177–1190.

22 Verzeichnis der abgebrannten und zerstörten Gebäude bei Julius WACKENREITER, Die Erstürmung von Regensburg am 23. April 1809, 126–129.

23 Vgl. Charles de DALBERG, De l'influence des Beaux Arts sur la félicité publique, Ratisbonne 1806. Dazu zuletzt Eugen TRAPP, Fürstliches Erbe. Die grüne Umgrenzung der Regensburger Altstadt, in: DR 13 (2013), 251–307 (hier: 255f. u. 303, Anm. 27–29).

24 Vgl. REIDEL 1982 (wie Anm. 21), 72.

25 Zur Planungsidee Helmut-Eberhard PAULUS, Die Kriegszerstörungen von 1809 und ihre städtebaulichen Konsequenzen für Regensburg, in: Martin DALLMEIER u. a. (Hg.), Das Fürstentum Regensburg (= Beiträge des 17. Regensburger Herbstsymposions für Kunst, Geschichte und Denkmalpflege 2002), Regensburg 2003, 83-98; Eugen TRAPP, Beziehungs- und Grenzfragen. Regensburger Stadtbaugeschichte zwischen Aufklärung und Vormärz, in: Peter SCHMID / Klemens UNGER (Hg.), 1803 – Wende in Europas Mitte. Vom feudalen zum bürgerlichen Zeitalter, Regensburg 2003, 281–338 (hier: 321–324); DERS. 2013 (wie Anm. 23), 261–266.

26 Dazu TRAPP 2003 (wie Anm. 25), 323.

27 Ausführlicher zu den Zerstörungen in Stadtamhof Georg Michael WITTMANN, Nachricht vom Brande des erzbischöflichen Seminars in Regensburg, in: Albert WERFER, Leben des Georg Michael Wittmann, Bischofs von Regensburg, Regensburg 1837, Schaffhausen 1856, 37–56 (hier: 53).

28 Vgl. BAP IX, 25.

29 Vgl. u. a. das 1795 erbaute Schützenhaus in Steinweg (DB Stadt Regensburg, 576f.).

30 Die Zahlen nach Werner CHROBAK, Politische Parteien, Verbände und Vereine in Regensburg 1869–1914. Teil I, in: VHVO 119 (1979), 137–223 (hier: 222).

31 Dazu ausführlich CHROBAK (wie Anm. 30), 174–178; vgl. auch Dieter ALBRECHT, Regensburg im Wandel. Studien zur Geschichte der Stadt im 19. und 20. Jahrhundert (= Studien und Quellen zur Geschichte Regensburgs 2), Regensburg 1984, 9–14.

32 Vgl. Adolf SCHMETZER, Die Wohnungsfürsorge für Minderbemittelte in Regensburg. Ein sozialpolitisches Programm, Regensburg 1910, 6f.

33 Zit. nach VB 1870, 6; vgl. dazu ALBRECHT (wie Anm. 31), 195. Zu den – vor allem in norddeutschen Großstädten verbreiteten – Kellerwohnungen s. Clemens WISCHERMANN, Mythen, Macht und Mängel: Der deutsche Wohnungsmarkt im Urbanisierungsprozeß, in: Jürgen REULECKE (Hg.), Geschichte des Wohnens, Bd. 3: 1800–1918. Das bürgerliche Zeitalter, Stuttgart 1997, 333–504 (hier: 417–423).

34 Das Zitat nach VW 1871, 17; dazu Anke BORGMEYER, Die Regensburger Stadterweiterung 1860–1914. Stadtentwicklung und Wohnhausarchitektur, Regensburg 2003, 27–29; zum politischen Aspekt CHROBAK (wie Anm. 30), 216.

35 Vgl. Adelheid von SALDERN, Im Hause, zu Hause. Wohnen im Spannungsfeld von Gegebenheiten und Aneignungen, in: REULECKE (wie Anm. 33), 147–332, bes. 185.

36 Dazu ausführlich VB 1872, 5; vgl. auch ALBRECHT (wie Anm. 31), 201–203, und BORGMEYER (wie Anm. 34), 29.

37 Regensburger Anzeiger Nr. 153 v. 4.6.1894.

38 Dazu Mina HUMMEL, Die private und gemeindliche Tätigkeit in der Stadt Regensburg auf dem Gebiet der sozialen Fürsorge, Diss. Univ. Erlangen 1923, bes. 150; CHROBAK (wie Anm. 30), 216; Anke BORGMEYER, Der St. Wolfgangsbauverein und die Wohnanlage um das ehemalige Scala-Kino, in: DR 6 (1998), 58–68, bes. 58. Zum Verein vgl. auch Hansjörg BACH, Wohnungsbaugenossenschaften in der Oberpfalz (= Regensburger Studien, hg. vom Stadtarchiv Regensburg, Bd. 1), Regensburg 1999, 132–137; speziell zu seinen Kumpfmühler Bauten vgl. auch Karl WEISS, Aus der Geschichte des St. Wolfgangsbauvereins e.V., in: PFARREI ST. WOLFGANG U. A. (Hg.), Ein Stadtteil schreibt Geschichte. Regensburg-Kumpfmühl, Regensburg 2008, 469–475.

39 Zum ehemaligen Modehaus Schwarzhaupt ZDR, HA Watmarkt 1; BAP IV, 236. – Schulbauten: Schulhaus katholischer Mädchen Unterer Stadt („Ostenschule"), 1865/66; Schulhaus protestantischer Knaben und Mädchen Oberer Stadt, 1869; doppelkonfessionelles Schulhaus der Unteren Stadt („Klarenangerschule"), 1868/69; Schulhaus katholischer Knaben und Mädchen der Oberen Stadt („Kreuzschule"), 1869/70; Protestantische Schule der Unteren Stadt („Von-der-Tann-Schule"); 1898–1901; Städt. Mädchenlyzeum, 1903; Institut der Armen Schulschwestern („Niedermünster"), 1903. – Hotels: Karmeliten, ehemaliger Dachauplatz 1, 1872/73; Grüner Kranz, Obermünsterstraße 9, 1884; Parkhotel Maximilian, Maximilianstraße 28, 1888–90; National, ehemalige Maximilianstraße 26.

40 Vgl. BAP IV, 162f. (Königsstraße 2) u. 200–203 (Parkhotel).

41 Die Verfassung des Deutschen Reichs („Weimarer Reichsverfassung") vom 11. August 1919, Art. 155.

42 Reichsheimstättengesetz vom 10. Mai 1920 (Reichsgesetzblatt Nr. 108 v. 18.5.1920); Reichsgrundsätze für den Kleinwohnungsbau vom 10. Januar 1931 (Reichsgesetzblatt 1931, Teil I, 9f.).

43 Reichsgrundsätze (wie Anm. 42), Art. 6 (Belichtung) u. 7 (Keller- und Bodenräume).

44 Walther LIESE, Die gesundheitlichen Anforderungen an den Wohnungsbau einschließlich Lüftung Heizung und Beleuchtung, in: Carl FLÜGGE, Grundriß der Hygiene, 11. Aufl., Berlin 1940, 146 ff.

45 BOAR, HA Rühlgässel 3, 3a; ZDR, HA Rühlgässel 3, 3a. Vgl. auch BAP VI, 234f.

46 Zu den Häusern siehe BAP VI, 234f.; zum verkehrsplanerischen Hintergrund vgl. Otto LASNE, Erläuterungsbericht zum Generalbaulinienplan für Regensburg und seine Umgebung, München 1917, bes. 16, 22, 55, 57. – Zu Lasnes Planungen für die Altstadt vgl. auch Joachim BUCK, Neue Baulinien für die Altstadt: der Generalbaulinienplan für Regensburg von Otto Lasne, in: „Zum Teufel mit den Baudenkmälern" – 200 Jahre Denkmalschutz in Regensburg (= Beiträge des 25. Regensburger Herbstsymposions für Kunst, Geschichte und Denkmalpflege vom 19. bis 21. November 2010), hg. vom Arbeitskreis Regensburger Herbstsymposion, Regensburg 2011, 15–24.

47 Zu Keller- und Dachwohnungen in Mietskasernen vgl. James HOBRECHT, Über öffentliche Gesundheitspflege, Stettin 1868, 14f.; zum gemeinnützigen Wohnungsbau vgl. Heinrich ALBRECHT, Die Arbeitermiethäuser des Berliner Spar- und Bauvereins, in: Zeitschrift für Architektur und Ingenieurwesen, Jg. 44 (1898), Nr. 2 v. 14.1.1898.

48 Einen guten Überblick bietet Thekla SCHULZ, Architektur der zwanziger Jahre im Überblick, in: Es ist eine Lust zu leben! Die 20er Jahre in Regensburg, hg. vom Kunst- und Gewerbeverein Regensburg e.V., Regensburg 2009, 112–141; vgl. ferner Markus HARZENETTER, Die 20er Jahre, in: 75 Jahre Stadtbau GmbH Regensburg, Regensburg 1996, 18–22, und Anke BORGMEYER / Peter MORSBACH, Die Stadtentwicklung im 20. Jahrhundert, in: SCHMID (wie Anm. 21), II, 1221–1251. Aufschlussreich auch Anke BORGMEYER (wie Anm. 38).

49 Die Häuser St.-Rupert-Straße 2, 4, 6, 8 sind unter Nr. D-3-62-000-2139 u. 2140 in die Bayerische Denkmalliste eingetragen.

50 Zum Staudingerhof vgl. SCHULZ (wie Anm. 48), 128f.; zu den Häusern Prüfeninger Straße 47a, 47b, 49 und 51 ebd., 133.

51 Dazu ausführlich Helmut HALTER, Stadt unterm Hakenkreuz. Kommunalpolitik in Regensburg während der NS-Zeit (= Regensburger Studien und Quellen zur Kulturgeschichte 1), Regensburg 1994, 391–407. Vgl. auch bereits BAP VII, 72 (Südflügel Museum), 74 (Rathaus), 129–133 (Bauten am Minoritenweg); Wolfgang RUHL, Architektur in Regensburg 1933 bis 1945. Ein Überblick, in: Architektur in Regensburg 1933–1945, hg. vom Neuen Kunstverein Regensburg, Regensburg 1989, 57–77 (hier: 58–63).

52 Vgl. hierzu u. a. Joseph WULF, Die bildenden Künste im Dritten Reich. Eine Dokumentation, Frankfurt a.M. u. a. 1983, bes. 252. – Speziell zu Regensburg vgl. Maria STRATMANN, Zur Denkmalpflege der Nationalsozialisten in Regensburg, in: Architektur in Regensburg 1933–1945 (wie Anm. 51), 124–128, und Eugen TRAPP, Regensburg und sein Mittelalter – zwischen Kontinuität und Rezeption, in: DERS., Regensburg und sein Mittelalter, Regensburg 1995, 9–43 (hier: 32–34 u. 42f., Anm. 111–122).

53 Die Zahl nach Regensburger Anzeiger v. 23.2.1933.

54 Zur Person Schottenheims ALBRECHT (wie Anm. 31), 233f., und HALTER (wie Anm. 51), 79–87; zu seinen Siedlungsbau-Initiativen ebd., 423–450, und Stefan MAIER, Schottenheim. „Die neue Stadt bei Regensburg" als völkische Gemeinschaftssiedlung (= Regensburger Schriften zur Volkskunde 8), Bamberg 1992.

55 MAIER (wie Anm. 54), 125f.

56 HALTER (wie Anm. 51), 326, und ausführlich Markus HARZENETTER, Die Ganghofersiedlung. Ein denkmalwürdiges Beispiel nationalsozialistischer Siedlungspolitik, in: DR 5 (1994 [1997]), 5–13, bes. 8f.

57 BAP V, 181f. (Maximilianstr. 9, Bilka), 189 (Maximilianstr. 16, Woolworth), 196 (Maximilianstr, 24, Sperb), 199f. (Maximilianstr. 27, Herold), 202f. (Maximilianstr. 29, Herold). Vgl. dazu auch Harald GIESS, Bauen in den Fünfzigerjahren – (k)ein Sonderfall in der Regensburger Altstadt, in: Martin DALLMEIER / Hermann REIDEL / Eugen TRAPP (Hg.), Die Fünfzigerjahre in Regensburg. Architektur – Denkmalpflege – Geschichte – Kunst (= Beiträge des 18. Regensburger Herbstsymposions für Kunst, Geschichte und Denkmalpflege 2003), Regensburg 2004, 50–57, bes. 51f., und Reiner R. SCHMIDT, Bauten der Fünfzigerjahre in Regensburg, ebd., 79–87, bes. 81. Speziell zu den Heroldbauten vgl. bereits Richard STROBEL, Die Altstadtgrenzen Regensburgs und Stadtamhofs, in: STROBEL, Altstadt als Denkmal (wie Anm. 10), 147–161, 153–155.

58 Dazu GIESS (wie Anm. 57), 53–57; vgl. auch STADT REGENSBURG, AMT FÜR STADTENTWICKLUNG (Hg.), Regensburg im Focus. 70 Jahre Stadtentwicklung aus der Vogelperspektive, Regensburg ^{2}2010, 44 (Merkur), 52 (Erhardihaus).

59 Zur Planungsgeschichte (seit 1963) und den denkmalpflegerischen Einwänden Walter Bolls siehe Wolfgang SCHÖLLER, Stadtplanung und Denkmalpflege in Regensburg 1950–1975, hg. vom Archiv der Stadt Regensburg, Regensburger Studien 15, Regensburg 2010, 190, und Kartin EICHLER / Peter MORSBACH, Das Kloster im Keller. Auf den Spuren des ehemaligen Damenstifts und späteren Jesuitenkollegs Mittelmünster, in: DR 11 (2009), 59–82 (hier: 70–73).

60 Die Idee eines Parkdecks auf dem Kaufhaus bereits 1964 fassbar; dazu SCHÖLLER (wie Anm. 59), 258–271.

61 Dazu Tilman HARLANDER, Wohnen und Stadtentwicklung in der Bundesrepublik, in: Ingeborg FLAGGE (Hg.), Geschichte des Wohnens, Bd. 5. Von 1945 bis heute. Aufbau – Neubau- Umbau, Stuttgart 1999, 235–417 (hier: 325–328); vgl. auch Katrin ZAPF, Haushaltsstrukturen und Wohnverhältnisse, in: FLAGGE, 563–614 (hier: 580 u. 586). Zu den Vorläufern im Ausland Gert KÄHLER, Reisen bildet. Der Blick nach außen, in: FLAGGE, 949–1036 (hier: 960, 978, 981).

62 Zur Satzung über örtliche Bauvorschriften zum Schutze der Altstadt von Regensburg (Altstadtschutzsatzung) siehe Seite xx in diesem Beitrag. Zu den Anforderungen an Gauben vgl. § 5 (1–3), zu Dachliegefenstern § 5 (4), zu Zwerchhäusern § 5 (5).

63 Zum Salzstadel ZDR, HA Weiße-Lamm-Gasse 1; zum Präsidialpalais vgl. Lena STECKER, Farb- und Fassadenkonzept, in: STADT REGENSBURG (Hg.), Haus der Musik, Regensburg 2015, 46–60 (hier: 56).

64 Wie Anm. 1.

65 Zu dem Bild vgl. u. a. Siegfried WICHMANN, Der Arme Poet – ein Flohfänger, München 1982; Hans-Joachim RAUPP, Spitzwegs Armer Poet, in: Wallraf-Richartz-Jahrbuch 46/47 (1985/86), 253–271; Stefan KOLDEHOFF, Das Lieblingsbild der Deutschen, in: Die Zeit Nr. 3 v. 12.1.2012.

66 RAUPP (wie Anm. 65), 255; Alexander KOŠENINA, Der gelehrte Narr: Gelehrtensatire seit der Aufklärung, Göttingen 2003, 16–20.

67 Zum Gemälde und seinen möglichen literarischen Vorlagen (v. a. Alexander Pope, *The Dunciad*) vgl. Jenny UGLOW, Hogarth: A life and a world, New York 1997, 29f.; KOŠENINA (wie Anm. 66), 16–19; Mark HALLET / Christine RIDING, Hogarth, London 2006, 137.

68 Johann Wolfgang GOETHE, Aus meinem Leben. Dichtung und Wahrheit, Erster und zweiter Teil, Kap. 5 (Weimarer Ausgabe 26, 137).

69 Gerhard KÖLSCH, „Königsleutnant" Thoranc als Hausgast am Frankfurter Hirschgraben und als Auftraggeber Frankfurter Maler der Goethezeit. URL: <http://www.goethezeitportal.de/db/wiss/goethe/koelsch_thornac.pdf> (27.08.2017), bes. 14.

70 *L'amour de la science m'avait jeté dans une mansarde* ... (Honoré de BALZAC, Facino Cane, Paris 1837).

71 Théophile GAUTIER, Poésies complètes, Paris 1970, vol. 3, 113f. – Dazu in unserem Zusammenhang aufschlussreich L. Cassandra HAMRICK, Künstler, Dichter und der urbane Raum im Paris des 19. Jahrhunderts, in: Walburga HÜLK / Gregor SCHUHEN (Hg.), Hausmann und die Folgen. Vom Boulevard zur Boulevardisierung, Tübingen 2012, 29–52, bes. 41–43.

72 Wilhelm HERCHENBACH, Aus der Mansarde: eine wahre Geschichte, Regensburg ^{7}1918, 160.

73 Zu Daumer zusammenfassend Adalbert ELSCHENBROICH, Art. Daumer, Georg Friedrich, in: NDB 3 (1957), 527f.

74 Georg BRITTING, Der Maler und Graphiker Josef Achmann (1921); zit. nach <http://www.britting.de/saemtliche-werke/bd-23-nachlese-prosa/#a__Der_Maler_und_Graphiker_Josef_Achmann> (01.09.2017).

75 Das Fuhr-Zitat nach Helmut WANNER, Maler Xaver Fuhrs neue Perspektiven, in: MZ v. 30.12.2013.

76 Zu Günther Zacharias vgl. KUNST- UND GEWERBEVEREIN REGENSBURG E.V. (Hg.), Die Malerfamilie Zacharias, Regensburg 1987, o. P.; Stefan REICHMANN, Persönlichkeiten und Werk, in: KUNST- UND GEWERBEVEREIN REGENSBURG E.V. (Hg.), Es ist eine Lust zu leben! Die 20er Jahre in Regensburg, Regensburg 2009, 198f. – Die Datierung des Mansarddachs nach BOAR, HA Obermünsterplatz 10; nicht zutreffend die Jahresangabe 1884 in BAP III, 84. – Zur Brauerei siehe Helmut von SPERL, Hopfen und Malz, Gott erhalt's. Die Regensburger Brauereien im 19. Jahrhundert (= Regensburger Studien 20), Regensburg 2013, 89–103.

77 Werner TIMM u. a., Otto Baumann – Willi Ulfig – Kurt von Unruh, hg. von der Sparkasse Regensburg, Regensburg 1995, 15.

78 Zu Begriff und Phänomen der Rundblickästhetik vgl. Jörg TRAEGER, Der Weg nach Walhalla. Denkmallandschaft und Bildungsreise im 19. Jahrhundert, Regensburg 1987, 171–176.

79 Vgl. Herbert W. ROTT, Vier Ansichten von Rom vom Dach der Villa Malta 1829–1835, in: Herbert W. ROTT / Andreas STOLZENBURG (Hg.), Johann Christian Reinhart. Ein deutscher Landschaftsmaler in Rom, München 2012, 338–345.

80 Dazu Eugen TRAPP, Regensburg und sein Mittelalter, Regensburg 1995, 118.

81 Dazu Brigitte HUBER, Mainburg – London. Der Altbayer Johann Georg Scharf (1788–1860) als Bildchronist der englischen Hauptstadt, Regensburg 2012, 41–44.

82 Zit. nach Karl Friedrich SCHINKEL, Reisen nach Italien. Zweite Reise 1824, hg. von Gottfried RIEMANN, Berlin / Weimar 1994, 39. – Johann Wolfgang von GOETHE, Von deutscher Baukunst, in: Johann Gottfried HERDER, Von Deutscher Art und Kunst, Hamburg 1773 (Berliner Ausgabe, Bd. 19, Berlin 1973, 29–38).

83 Vgl. Frank OTTEN, Ludwig Michael Schwanthaler 1802–1848, München 1970, 60–64. Zum landschaftlich-stadträumlichen Bezugsfeld vgl. auch Denis A. CHEVALLEY, Die städtebauliche Entwicklung in den südlichen und westlichen Stadtbereichen links der Isar, in: DB Landeshauptstadt München. Südwest, Bd. I 2/2, München 2004, LXV-LXIX. – Zur Walhalla und ihrer Landschaft grundlegend TRAEGER (wie Anm. 78), bes. 105–108.

84 Guter Überblick bei Helmut SCHARF, Kleine Kunstgeschichte des deutschen Denkmals, Darmstadt 1984, 217–247.

85 Ausführlich dazu Eduard DOLEŽAL, Über photographische Ballonaufnahmen und ihre Verwendung, in: Schriften des Vereins zur Verbreitung naturwissenschaftlicher Kenntnisse Wien 50 (1910), 335–370 u.

Tf. I–X. – Friedemann SCHMOLL, Der Aussichtsturm: zur Ritualisierung touristischen Sehens im 19. Jahrhundert, in: Christoph KÖCK, Reisebilder. Produktion und Reproduktion touristischer Wahrnehmung (= Münchner Beiträge zur Volkskunde 29), Münster 2001, 183–198.

86 Zur nationalen Sinngebung insbesondere Hubertus KOHLE, Der Eiffelturm als Revolutionsdenkmal, in: Gudrun GERSMANN / Hubertus KOHLE (Hg.), Frankreich 1871–1914. Die Dritte Republik und die Französische Revolution, Stuttgart 2002, 119–132.

87 Zum Piazzale Michelangelo vgl. TRAEGER (wie Anm. 78), 180f.; ausführlicher: Carolina CAPITANIO, Giuseppe Poggi e la dimensione scenografica nel progetto urbano per Firenze capitale, in: Bollettino della Società di Studi Fiorentini 20 (2011), 34–39; Flavia TIBERI, Il paesaggio nell'opera di Giuseppe Poggi per Firenze capitale, Firenze 2014. – Zu Sacré-Cœur vgl. Miguel RODRIGUEZ, Du vœux royal au vœux nationale. Une histoire du XIXe siècle, in: Cahiers du Centre de Recherches Historiques 21 (1998), 1–18 (hier: 6f.).

88 Zum Österreicherdenkmal vgl. Elke MASA, Freiplastiken in Regensburg. Brunnen, Denkmäler, Freiplastiken und Installationen im öffentlichen Raum der Stadt, Neustadt a. d. Aisch 2005, 221f.; zum Zusammenwirken der beiden Vereine BAUER 2014 (wie Anm. 16), 770.

89 Dazu Ausst.-Kat. Il campanile di San Marco: il crollo e la ricostruzione, 14 lugio 1902 – 25 aprile 1912 (Venezia, Palazzo Ducale, 1992), Milano 1992; Marco BOSCOLO BIELO, Crollo e ricostruzione del campanile di San Marco, Roma 2012.

90 Vgl. u. a. Ingmar SCHMIDT, Bilanz nach einem Jahr Elbphilharmonie (https://www.ndr.de/nachrichten/hamburg/Elbphilharmonie-Plaza-Ueber-42-Millionen-Besucher,elbphilharmonie2596.html [Zugriff: 10.1.2018]).

91 So nach www.dreieinigkeitskirche.de/ (Zugriff: 23.09.2017).

92 Nach der Klassifizierung von TripAdviser nimmt der Blick vom Domdach Platz 5 von 867 erfassten Mailänder Sehenswürdigkeiten ein (Zugriff: 23.09.2017). – Zu Spanien vgl. besonders die Internet-Auftritte der Kathedralen von Barcelona, Málaga und Santiago de Compostela. Für ein Hintergrundgespräch am 23.3.2017 danke ich Herrn Prof. Victor López Cotelo herzlich.

93 Hermann LENZ, Der Tintenfisch in der Garage. Erzählung, Frankfurt am Main 1977, 58.

94 Vgl. hierzu Sabine KARGL, Die Stadt Regensburg und ihr Umgebung als Kulisse in der Erzählung „Der Tintenfisch in der Garage" von Hermann Lenz (Facharbeit aus dem Fach Deutsch, St.-Marien-Gymnasium der Diözese Regensburg) 1996, 12–18.

95 LENZ (wie Anm. 93), 57.

96 Dokumentation der Verhandlungen der Altstadtfreunde mit der Stadtverwaltung (ZDR 4140 00 13); zusammenfassend VEREINIGUNG FREUNDE DER ALTSTADT REGENSBURG E.V. (Hg.), Wir wollen Wächter sein. 50 Jahre Vereinigung Freunde der Altstadt Regensburg e.V., Regensburg 2016, 7. – Das Salzburger Altstadterhaltungsgesetz wurde am 10.5.1967 vom Salzburger Landtag beschlossen.

97 Zit. nach Maximilian RAAB, 30 Jahre Altstadtschutz-Satzung: Segen oder Hemmschuh?, in: DR 10 (2006), 8–17 (hier: 10).

98 Dazu zuletzt Wolfgang EBERL / Dieter MARTIN / Jörg SPENNEMANN (Bearb.), Bayerisches Denkmalschutzgesetz. Kommentar mit einer fachlichen Einführung von Michael Petzet, München ^{7}2016, 220f. Speziell zu Regensburg vgl. RAAB (wie Anm. 97), 13.

99 Paragraph 5 Absatz 2 Altstadtschutzsatzung.

100 LANDESHAUPTSTADT MÜNCHEN, REFERAT FÜR STADTPLANUNG UND BAUORDNUNG, LOKALBAUKOMMISSION (Hg.), Altstadtensemble München. Leitlinien zum Planen und Bauen, München 2015, 37.

101 Hille KUNCKEL-MÜHLSCHLEGEL, Dächer, in: Köln. Denkmalschutz und Denkmalpflege, hg. von der Stadt Köln, Merseburg ^{2}2002, 48f.

102 Vereinigung der Landesdenkmalpfleger in der Bundesrepublik Deutschland, Arbeitsblatt 7 (www.vdl-denkmalpflege.de/fileadmin/dateien/Arbeitsblätter/Nr07.pdf (13.9.2017).

103 Paragraphen 7i, 10f, 10f und 11b Einkommensteuergesetz. Vgl. http://www.blfd.bayern.de/medien/infoblatt-steuer_2017.pdf

104 Vgl. den Tagungsbericht von Dorothee HEINZELMANN, Nach oben ist immer noch Luft – Dachausbau im Kulturdenkmal. Tagung am 12. November 2016 auf der denkmal-Messe in Leipzig, in: Die Denkmalpflege 75 (2017), Heft 1, 39–41.

105 STADT REGENSBURG, PLANUNGS- UND BAUREFERAT, WELTERBEKOORDINATION (Hg.), Welterbe-Managementplan für die Altstadt Regensburg mit Stadtamhof, Regensburg 2012, 51.

106 Vgl. https://bda.gv.at/de/forschung/dachkataster-wien-innere-stadt/ (Zugriff: 31.05.2017).

Rosa Micus

Graffiti am Altar

Zur Rückseite des Altars in der evangelisch-lutherischen St.-Oswald-Kirche in Regensburg

Sie nerven, die vielen Kritzeleien, das dumpfe „ich war hier“, die sich an manchen vielbesuchten, an prominenten und an sonstigen Orten finden. Oft sind sie an unpassender Stelle, wo man sie fast als „unwürdig“ empfindet, wie beispielsweise an barockem Kirchengestühl. So finden sich Zahlreiche, eher jüngeren Datums, auf der Nordempore der Dreieinigkeitskirche (Abb. 1) nahe bei dem Oratorium von 1755, wohl weil es sich hier um einen etwas „stillen Winkel“ in der Kirche handelt, jedenfalls nach der reichsstädtischen Zeit. Da gab es den alten bösen Spruch „Narrenhände beschmieren Tisch und Wände“, den die Lehrer gegenüber den Schulkindern in den 1960er/70er Jahren noch selbstverständlich im Munde führten – und da ist das Erstaunen darüber, wie alt solche Ritzungen teilweise sein können, hatte man doch bereits im gymnasialen Lateinunterricht etwas von den Graffiti auf dem Forum Romanum oder in Pompeji gehört.

Es soll hier nicht um das leidige, ernsthafte Problem der Schmierereien an sozial unbeaufsichtigten Orten in der Stadt, an entweder abgelegenen oder in gewisser Weise besonders hoch frequentierten Plätzen im Stadtbild gehen,[1] nicht um großflächige Farbschmierereien, sondern um eingekratzte, eingeritzte *Inscriptionen* an der Innenausstattung einer Kirche, wo man sie nicht auf den ersten Blick erwartet. Die eingehende Besichtigung des Altars in St. Oswald (Abb. 2) im Hinblick auf eine Studie zu Entstehung, Meister und Interpretation[2] dieses zuvor in keiner Einzeldarstellung gewürdigten Werks führte auch eine Reihe von Graffiti an der Rückseite zutage, die sich dort in erreichbarer Höhe, mit älteren Einträgen tendenziell links beginnend bis zu den jüngsten vom Anfang des 21. Jahrhunderts rechts, erstrecken (Abb. 3). Diese eingeritzten Namen und Botschaften sind nach dem italienischen Verb graffiare für kratzen als Graffiti anzusprechen, im Gegensatz zu den, ebenfalls nach einem italienischen Wort als Sgraffiti bezeichneten Putzritzungen, die besonders in der Zeit der Renaissance in einigen Kulturräumen wie beispielsweise in Böhmen als Technik zur Fassadengestaltung gepflegt wurde.[3] Schnell war klar, dass es sich hier bei einigen der älteren Einträge um historisch relevante Überlieferungen handelt, auf die zunächst nur allgemein hatte hingewiesen werden können.[4]

Abb. 1: Graffiti an der Empore Nord in der Dreieinigkeitskirche Regensburg. Foto: U. Lauerer

Die Einträge stammen überwiegend aus dem späten 19. und dem frühen 20. Jahrhundert, weniges aus den 1940er und 1950er Jahren und aus dem 18. Jahrhundert. Ein Eintrag aus dem Jahr 2003 fällt in der Mutwilligkeit des mit grünem Kugelschreiber tief und mit kräftiger (!) Hand hinterlassenen Namenseintrags eines Mannes aus Maracibo in Venezuela ebenso in auffallender Weise heraus, wie die tief eingeschnittenen Initialen I H unterhalb, die offenbar mit einem Messer herausgeschnitzt worden sind; auch sie scheinen neueren Datums zu sein.

Die Einträge beginnen mit einem durchaus mit Überlegung angeordneten Namenszug mit Jahreszahl:

Johann Christoph
17 Engel 71

Abb. 2: Blick auf den Altar in St. Oswald. Foto: U. Lauerer

Abb. 3: Die Rückseite des Altars in St. Oswald. Foto: U. Lauerer

und einem Eintrag von 1745 (Abb. 4). Nicht weit davon findet sich ein Eintrag, der vielleicht in dem von 1771 ein Vorbild gesehen hat:

J. Müller
1850

Der Beginn der Einträge in der Mitte des 18. Jahrhunderts scheint mir mit der anhand der Anordnung des Gestühls im Chorraum ablesbaren Möglichkeit, den Altar liturgisch zu umschreiten, bzw. dies seit der Einrichtung des barocken Dreisitzes 1726 im Chorhaupt gleich neben dem Altar nicht mehr zu können,[5] zu korrelieren. Der nunmehr entlegene Ort lud dazu ein, sich zu verewigen, aber auch konkrete Einträge zu hinterlassen, wie (Abb. 5):

„Wegen Renovierung der Dreieinigkeitskirche
wird der Gottesdienst verlegt. Wiederbeginn
in der Dreieinigkeitskirche
Reformationsfest 4. November 06
Aerzinger"

Dieser Eintrag verweist auf eine Renovierung der Dreieinigkeitskirche zu Beginn des 20. Jahrhunderts. Dieser Kirche bzw. der Pfarre der Oberen Stadt war die St. Oswald-Kirche bei der Neuordnung des evangelischen Pfarrwesens 1814 als Nebenkirche beigegeben worden.

Sehr konkret auch ein Eintrag vom 11. März 1901, der das „Prinzregent Läuten ¼ Stunde" festhält. Tatsächlich bewahrt das evangelische Archiv die landesweit vorgeschriebene Gottesdienstordnung für den darauffolgenden Tag aus Anlass des 80. Geburtstags des Prinzregenten Luitpold auf, wie auch für 1901 und für andere Jahre überliefert ist, dass aus entsprechendem Anlass die Glocken aller Kirchen eine Viertelstunde zu läuten waren.[6]

Häufig findet sich der Familienname Albrecht: Andr. Albrecht, Jacob/Jakob Albrecht, einmal auch Georg Albrecht (Abb. 6). Dabei gibt sich Jakob Albrecht 1883 als Läuter an der St. Oswald-Kirche zu erkennen, wie auch in auffallender Nähe zum Namenseintrag von Andreas Albrecht – er „verewigt" sich rechts von dem Uhrenkasten, der sich seit den

Abb. 4: Das älteste Graffiti an der Rahmenarchitektur des Altars von St. Oswald. Foto: U. Lauerer

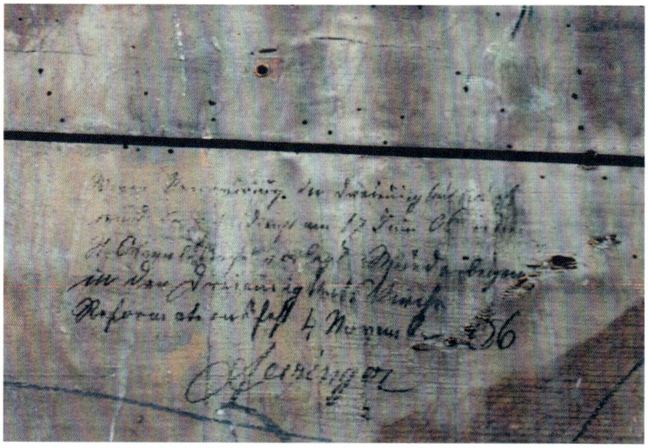

Abb. 5: Detail der Rückseite des Altars von St. Oswald mit Graffiti: eine sekundäre Quelle zur Renovierung der Dreieinigkeitskirche 1906. Foto: U. Lauerer

1720er Jahren an der Rückseite des Altars befindet, mehrfach im Jahr 1904 – eine schematisch gezeichnete Glocke anzutreffen ist. Die Namen Albrecht konnten jedoch mithilfe von drei „Qualifikationstabellen der niederen Kirchendiener" von 1895, 1901/1905 und 1906–1910[7] nicht identifiziert werden; auch nicht der Name des Eintrags zur Renovation von 1906 Aerzinger.

Albrecht jun. und Albrecht sen. – auch diese beiden Schreibweisen kommen vor – müssen offenbar dem niederen Kirchendienst der letzten Jahrhundertwende in Ergänzung zur schriftlichen Überlieferung zugeordnet werden.

Mit kleinem, fein säuberlich geschriebenem Namenszug verewigt sich 1908 ein gewisser Hans Stangl, den man, weil dies ein häufiger Name ist, wohl kaum mehr identifizieren kann. Man wird wohl alle Einträge, gewiss aber die ausschließlichen Namenseinträge, als schlichten Versuch, sich in Geschichte und Überlieferung einzugraben, verstehen müssen. So hat es wohl auch ein *„Georg Holzer/3. V. 1949./Regensburg"* gemeint, der seinen Namen möglichst weit oben, dick eingetragen und mit einem Kasten drum herum versehen hat. Von einer Erscheinung, wie im frühen Mittelalter auf einer Gruppe steinerner Altarplatten in Südfrankreich und in Reichenau-Niederzell, wo sich Namen von Klerikern und Konvent, aber auch im Sinne des Totengedächtnisses zu commemorierende Namen systematisch eingetragen finden,[8] ist man hier weit entfernt.

Auch der Name eines Schreiners aus „Taus … bei Marienbad", Josef Dierl, findet sich; dieser leider ohne Jahr oder Datum. Es lässt sich auch der Eintrag eines Freij Wädim vom 12.9.1945 (Abb. 7) entdecken, den man gerne im Lager der *Displaced Persons* vermuten möchte, das sich nach 1945 in Regensburg befand. Hier konnten jedoch weder der Kenner der Materie Roman Smolorz, noch der Suchdienst des Deutschen Roten Kreuzes weiterhelfen.[9] Wahrscheinlich, dass dies die einzige Kunde ist, die wir von diesem einen der vielen Opfer des 2. Weltkrieges besitzen.[10]

Von einem arg verwischten Eintrag von neun Zeilen, von dem jede Zeile mit „1891." endet, mit einer Art Überschrift von zwei oder drei Zeilen, die vergangen ist, wüsste man gerne mehr. Er ist nicht weit vom Prinzregentläuten, sowie von den Einträgen aus dem 18. Jahrhundert entfernt. – Auch gibt es Zahlenkolonnen, die sich, wenn es nicht mehrere, fortlaufende Datums-Einträge im Zusammenhang mit dem Läuten von 1890 sind, einer Deutung weitgehend entziehen.

Um noch einmal den Blick auf alte Ritzungen zu lenken, sei auf die Initialen H W mit der Jahreszahl 1660 in der Dreieinigkeitskirche hingewiesen, die sich in gestürzter Zeile an der dem Altarraum auf der Nordseite zugewandten Schmalseite des Wandgestühls befinden. Auch hier scheinen weitere Versuche nicht fern zu sein, fanden an dieser Stelle jedoch keine häufige Nachfolge: Wer sich hier zu schaffen macht, ist im ganzen Kirchenraum sichtbar.

Bekannt ist die längst zu einer Art „Inschrift" anvancierte Beschriftung an der Wand in der Südhalle der Neupfarrkirche. In diesem, wahrscheinlich als erstes neben dem Chorhaupt eingewölbtem Raum[11] fand die erste lutherische Abendmahlsfeier unter beiderlei Gestalt statt, wie die offizielle, in Stein gemeißelte Inschrift über der östlichen Türe angibt.[12]

Ihr etwa gegenüber findet sich, wahrscheinlich aus der Zeit des Interims, eine Röthel-Schrift:

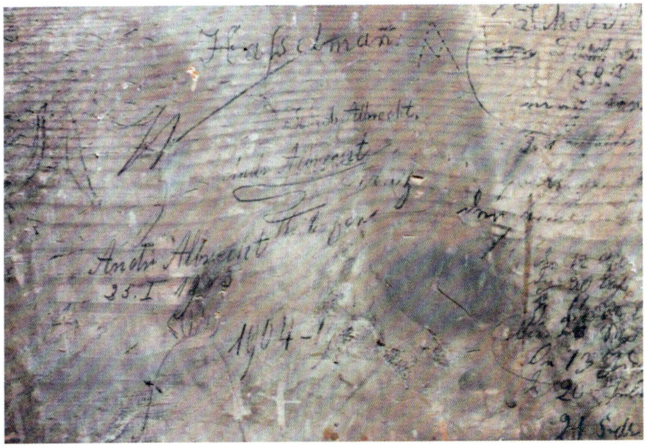

Abb. 6: Detail der Rückseite des Altars von St. Oswald mit Graffiti. Mehrere Mitglieder der Familie Albrecht waren als Läuter im niederen Kirchendienst an St. Oswald tätig. Foto: U. Lauerer

LVTHERVS CAPVT

VERITATIS 1548

PAPA AVTEN MENDAT[13]

Luther ist das Haupt der Wahrheit, der Papst aber lügt. Sie wurde zu Beginn des Augsburger Interims hierhin geschrieben, das als „Stillhalteabkommen" unstreitig der alten Kirche einen Vorteil, eine Ruhepause gegenüber den Strömungen insbesondere der lutherischen Reformation verschaffen sollte.[14]

Zur denkmalpflegerischen Diskussion

Graffiti wie sie hier behandelt werden, stellen zunächst einmal eine Verunzierung und, modern gesprochen, eine Sachbeschädigung dar. Sie können die Funktion eines Ventils haben. So sehe ich das Beispiel von 1548: Öffentlich hätte der Schreiber dieser Bemerkung sich nach dem „geharnischten Reichstag", als welcher der Augsburger Reichstag von 1547/48 in die Geschichte eingegangen ist, wohl kaum äußern können.

Sie können auch die (unpassende) Form für eine Erinnerung oder ein Gedächtnis, oder auch die Mitteilung eines Ereignisses, einer Situation sein, wie die die Pfarrgemeinde betreffende temporäre Schließung der Hauptkirche wegen Renovierung aus dem frühen 20. Jahrhundert.

Sind sie alt genug, stellt auch das bloße „ich war hier" ein historisches Zeugnis dar. So „verewigte" ein Begleiter von Karl Alexander Heideloff, von Herzog Ernst von Sachsen-Coburg und Gotha wegen der Neugestaltung von Schloss Ehrenburg, dem Stadtschloss in Coburg, berufen – am Lutherbett auf der Veste, wo Luther sich, den Reichstag in Augsburg und die öffentliche Verlesung der *Confessio* Augustana verfolgend, 1530 ein knappes halbes Jahr aufgehalten hatte: *J. M Mauch Architekt aus Ulm.* Er, der evangelische Architekt im Arbeitsstab des katholischen Heideloff fühlte sich *an diesem Ort* dazu bemüßigt, Heideloff nicht.[15]

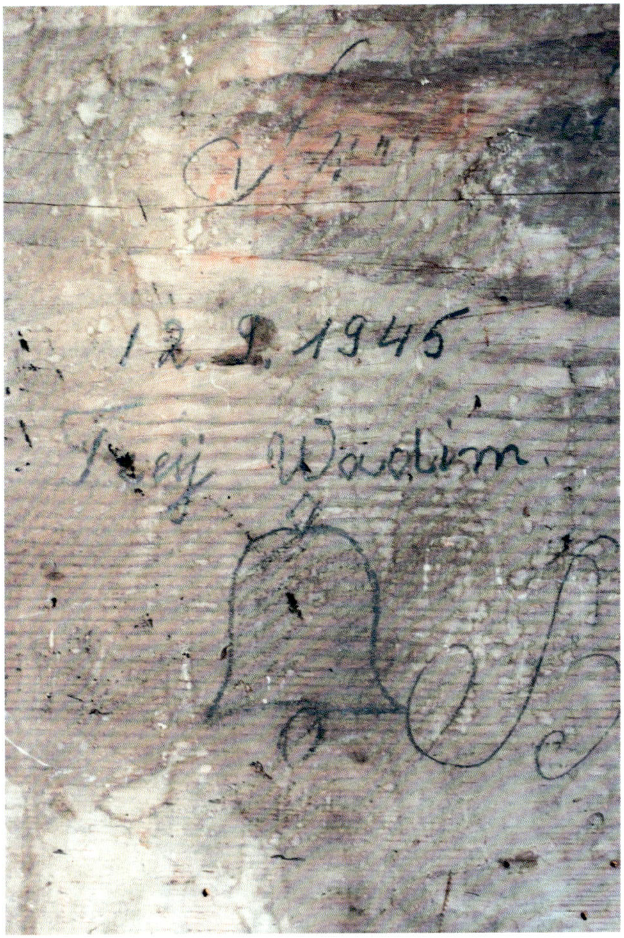

Abb. 7: Detail der Rückseite des Altars von St. Oswald mit Graffiti „12.9.1945/Freij Wädim". Unterhalb des Schriftzuges ist die Zeichnung einer Glocke zu erkennen, sie ist einem der zahlreichen Einträgen der Läuter an der St. Oswald-Kirche zuzuordnen. Foto: U. Lauerer

Historische Graffiti wird man erhalten; hierüber besteht Konsens.[16] Am Gestühl auf der Nordempore der Dreieinigkeitskirche hat man sie offenbar generell belassen, vielleicht auch, weil ein Eingriff zur Entfernung eine weitere, größere

Veränderung an der Originalsubstanz bedeutet hätte. Nur: Wie zieht man die Grenze? Graffiti, die ausschließlich bezeugen, wer da war, kann man angesichts des Alters eines Teils dieser Einträge oder angesichts des Werts als Zeitdokument wie im Falle der *Displaced Person* nicht generell entfernen. Da bietet sich schon eher eine zeitliche Begrenzung an, die aber auch von dem Aspekt einer zu schweren Beschädigung, einer Beschädigung um der Beschädigung willen – wie ich sie in dem tief mit einem Taschenmesser eingeritzten Buchstaben I H an der Rückseite des Altars erkenne – ergänzt sein sollte. Insbesondere werden junge Einträge auch deshalb weichen müssen, um kein falsches Vorbild zu geben. Denn um den Preis der Beschädigung sind sie alle auf der Rückseite des bedeutenden Altargemäldes sowie an anderen Orten versammelt. Die Denkmalpflege wird sich der Mühe unterziehen müssen, den Einzelfall zu bedenken, insbesondere dann, wenn, wie am Beispiel des Altars von St. Oswald offensichtlich, teilweise ein historischer wie auch ein gewisser Quellenwert gegeben ist.

Spannend, wenngleich nur im Falle ausgesprochener Hotspots und herausgehoben bedeutender Denkmale zu realisieren, erscheint mir die Idee, wie sie seit 2017 am Dom von Florenz realisiert wird: Hier können Touristen legal, gar an Orten, wo sie nicht hinkommen, Graffiti hinterlassen – virtuell am Bildschirm. Diese werden gespeichert und sollen langfristig auch in ausgedruckten Folianten erhalten bleiben.[17]

Nachsatz

Die im Jahr 2014 entstandene Dokumentation (in Abschrift und photographischen Aufnahmen in konventioneller Technik) liegt in der Zentralen Denkmalregistratur der Abteilung Denkmalpflege im Amt für Archiv und Denkmalpflege der Stadt Regensburg.

1 Thomas GÖTZ / Herbert E. BREKLE, „Graffiti" in der Altstadt. Phänomen, Problem, Abhilfe, in: Denkmalpflege in Regensburg (Hg.) Stadt Regensburg, Amt für Archiv und Denkmalpflege, Abteilung Denkmalpflege, Bd. 11, Regensburg 2009, 182–197.

2 Rosa MICUS, Der Altar in der Regensburger St. Oswald-Kirche, in: Das Münster 68. Jg. Heft 2 (2015), 109–117.

3 Zur Terminologie vgl. Detlev KRAACK / Peter LINGENS, Bibliographie zu historischen Graffiti zwischen Antike und Moderne. Krems 2001, 9.

4 MICUS (wie Anm. 2), 114.

5 MICUS (wie Anm. 2), 115.

6 ELKAR, 347, 555.

7 ELKAR, 613, „Niederes Kirchenpersonal ...".

8 Dieter GEUENICH u. a. (Hg.), Die Altarplatte von Reichenau – Niederzell. Hannover 1983 (= Monumenta Germaniae Historica Libri memoriales et necrologia SN Supplementum I).

9 Schriftliche Auskunft von Herrn Roman SMOLORZ vom 4. April 2017; vgl. DERS., Displaced Persons (Dps). Autoritäten und Anführer im angehenden Kalten Krieg im östlichen Bayern (2. Aufl.) Regensburg 2009 (= Regensburger Studien 11) – Schriftliche Auskunft von Frau Margit VOGT vom 6. April 2017.

10 Zur Einschätzung des Quellenwerts bloßer Namenseinträge vgl. KRAACK / LINGENS (wie Anm. 3), 26.

11 Rosa MICUS, Die Neupfarrkirche – der bestehende Bau, in: Zwischen Gotik und Barock. Spuren der Renaissance in Regensburg. Beiträge des 26. Regensburger Herbstsymposions für Kunst, Geschichte und Denkmalpflege 2011. Regensburg 2012, 37–48 (hier: 40).

12 Peter MORSBACH, Evangelische Kirchen in Regensburg. Regensburg 1991 (= Schnell & Steiner Großer Kunstführer 176), 5 (m. Abb.), u. ö.

13 Abbildung auf der Rückseite von: Zwischen Gotik und Barock. Spuren der Renaissance in Regensburg. Beiträge des 26. Regensburger Herbstsymposions für Kunst, Geschichte und Denkmalpflege 2011, Regensburg 2012.

14 Zur Einschätzung des Augsburger Interims zuletzt: Axel GOTTHARD, Das Augsburger Interim (= Objektartikel zu: 5. 53), in: Peter WOLF u. a. (Hg.), Ritter – Bauern – Lutheraner. Katalog zur Bayerischen Landesausstellung 2017 in Coburg. Augsburg 2017, 196

15 Klaus WESCHENFELDER, Die Lutherveste. Luthermemoria in Coburg zwischen Volk und Fürst, in: WOLF (wie Anm. 14), 98–107 (hier: 100), m. Abb.

16 Eingehendes Gespräch mit der Holzrestauratorin Frau Dr. Katharina von Miller, Ref AV/FB gefasste und ungefasste Raumausstattung am Bayerischen Landesamt für Denkmalpflege München; 5. Mai 2017.

17 Ausgeschmiert. Im Dom von Florenz dürfen Touristen jetzt legal ihre Graffiti hinterlassen – auf Bildschirmen ... zeigt bereits Wirkung bei potentiellen Vandalen. Süddeutsche Zeitung Nr. 87, 13./14. April 2017; ganzseitiger Beitrag von Elelyn Pschak (m. Abb.).

Maximilian Fritsch

D.-Martin-Luther-Straße 13, Lit. H 25

Ein Bauwerk und seine Geschichte

Die D.-Martin-Luther-Straße ist eine der belebtesten Straßen in der Regensburger Innenstadt. Die einstige Prägung als kleinteilig bebaute Vorstadtstraße zwischen dem Kloster St. Salvator und der Stadtmauer als sogenannter Klarenanger ist heute kaum noch ablesbar. Dies liegt zum einen an den Planungen des 19. Jahrhunderts, mit der die neuen Stadtteile an die Innenstadt angebunden werden sollten. Dieses Konzept wurde ab 1862 unter Stadtbaurat Eduard Pahl geplant und ab 1868 umgesetzt. Es sah als ein Leitmotiv die Überbauung des Stadtgrabens als *„Eingangszone"* vor.[1] Zum anderen wurde die einstmals kleinteilige, vorstädtische Bebauung durch massivere Strukturen mit vielen öffentlichen

Abb. 1: D.-Martin-Luther-Str. 13 von Norden, Foto: S. Effenhauser, BSR, 2018

Abb. 2: Zugangssituation außen von der D.-Martin-Luther Str. Foto: S. Effenhauser, BSR, 2018

Abb. 3: Zugangssituation von Innen, Blick nach Osten. Foto: S. Effenhauser, BSR, 2018

Abb. 4: Ehemalige Zugangssituation, ZDR HA, D.-Martin-Luther-Str. 13, 1990. Foto: H. Kolaczek

Abb. 5: Ehemalige Zugangssituation, ZDR, D.-Martin-Luther-Str. 13, 1990. Foto: H. Kolaczek

Abb. 6: Fotodokumentation während des Umbaus, ZDR HA, D.-Martin-Luther-Str. 13, 1990. Fotos: P. Ferstl, BSR

Nutzungen ersetzt. Dies begann in den 1930er Jahren mit dem Neuen Rathaus, setzte sich mit der Industrie- und Handelskammer fort und fand seinen wesentlichen Schlusspunkt mit der Errichtung des Parkhauses Dachauplatz (Abb. 1).
Umtost vom Verkehr und eher unauffällig steht am Übergang zur Allee das Geschäfts- und Wohngebäude D.-Martin-Luther-Str. 13, alt Lit. H 25. Der Eingang erscheint als der eines typischen, einst gründerzeitlichen Bürohauses, markiert durch eine festangebrachte Markise. Im Flur befinden sich links und rechts Vitrinen. Erst der Blick an die Decke erinnert an eine Entdeckung vor 27 Jahren (Abb. 2 und 3).

Ein Überraschungsfund im Jahre 1990

Im Jahre 1990 wurde bei Bauarbeiten eine Entdeckung gemacht, die den Blick auf das ursprüngliche prachtvolle Gestaltungskonzept des Bauherrn freigab. Bis zu diesem Zeitpunkt schien es sich um eine niedrige Zugangspassage zu handeln, die noch dazu für das Gebäude unterdimensioniert schien (Abb. 4 und 5).
Im Rahmen eines Antrages zur *„Neugestaltung des Eingangsbereiches und Markiseneinbau"* wurde durch Zufall die imposante Gestaltung des Eingangsbereiches in *„pom-*

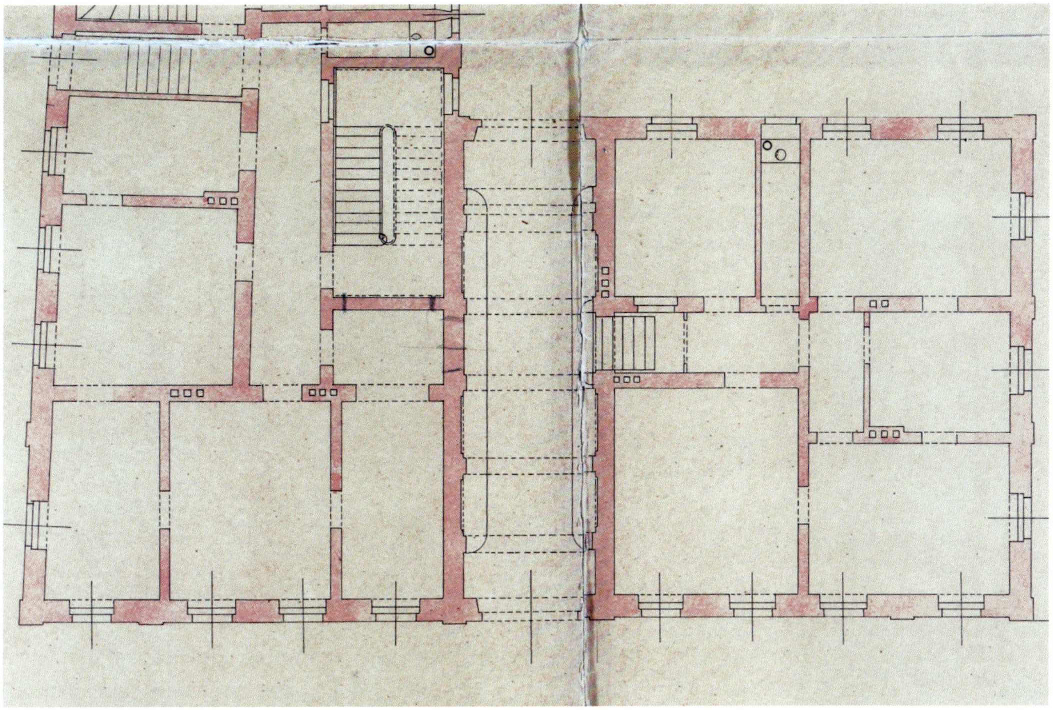

Abb. 7: Erdgeschossgrundriss (in West-Ost-Richtung), mittig die Durchfahrt, Detail aus dem Plan von 1876, BOAR, HA, D.-Martin-Luther-Str. 13

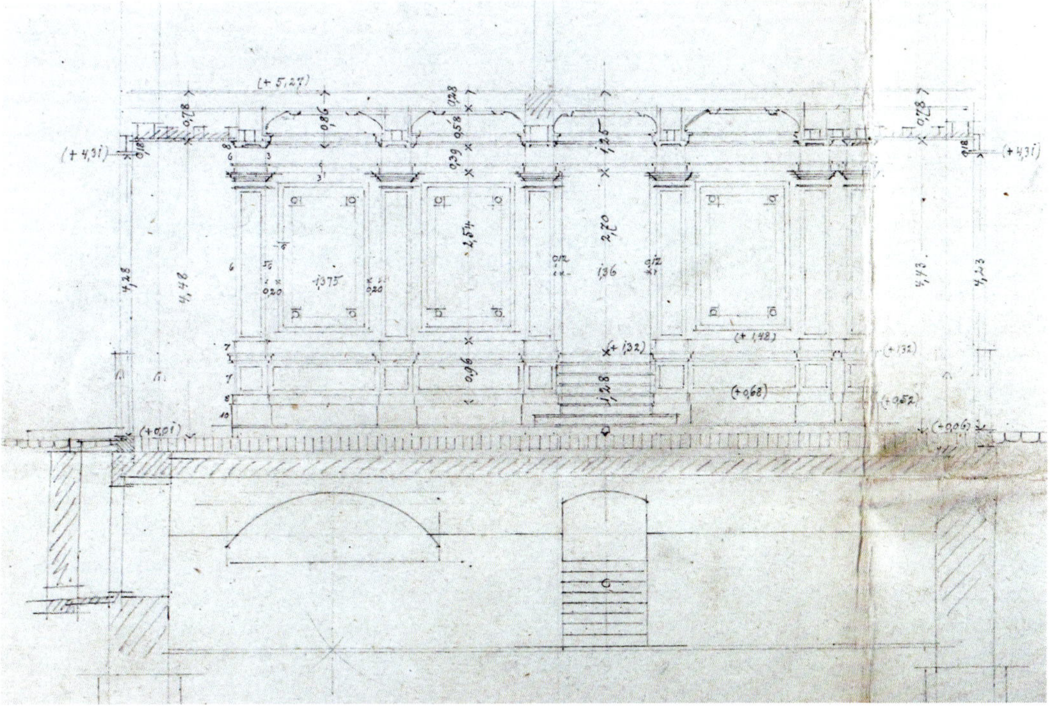

Abb. 8: Planausschnitt für die Durchfahrtsgestaltung von 1876, BOAR, HA, D.-Martin-Luther-Str. 13

Abb. 9: Planausschnitt eines Farbentwurfs der Durchfahrt, BOAR, HA, D.-Martin-Luther-Str. 13

Abb. 10: Putto Nordwand, ZDR, HA, D.-Martin-Luther-Str. 13, 1990. Foto: P. Ferstl, BSR

Abb. 11: Putto Südwand, ZDR, HA, D.-Martin-Luther-Str. 13, 1990. Foto: P. Ferstl, BSR

pejanischem Stil“[2] aus der Erbauungszeit entdeckt. Dies war möglich, nachdem eine Zwischendecke entfernt wurde (Abb. 6).

Wände und Decken waren durch Stuckpilaster gegliedert. Zwischen den Pilastern waren jeweils drei Wandfelder zu finden, umgeben von teils ornamentalen Rahmen. Das jeweils mittlere Wandfeld stach durch die rote Farbgebung hervor, darin war in einem Rahmen auf blauem Grund je eine antik anmutende Figur zu sehen. Der Wandschmuck war durch die für die Decke eingebauten Stahlträger teilweise gestört. Verstehen lässt sich diese Gestaltung mit einem Blick auf das ursprüngliche Planungskonzept. So war der heute als Eingang zur D.-Martin-Luther-Straße dienende Zugang damals als Durchfahrt zum Hof konzipiert (vgl. Abb. 7). Bereits aus den Vorstudien von Planfertiger Theodor Madler sind außerdem Pläne überliefert, die die Gestaltung der Hofdurchfahrt anlegen (vgl. Abb. 8).

Dass diese den Idealen der Antike nachempfundene Ausführung im Stil der Neorenaissance mit Pilastern und Wandfeldern auch bereits in einer bunten Farbgebung geplant wurde, beweist eine weitere Studie aus den Planunterlagen (vgl. Abb. 9). Jedoch sind in Vorstudien die beiden Figuren in den Wandfeldern nicht dargestellt, weshalb diese näher betrachtet werden sollen. Es handelt sich um Putten-Darstellungen. Der unbekleidete Putto an der Nordwand trägt einen Kranz auf dem Haupt. Der Körper formt ein leichtes, linksgewandtes „S“. Er steht auf einem steinernen Podest, einem Kapitell ähnlich. In der linken Hand führt er einen Stab, während er in der rechten Hand einen flachen Gegenstand hält, der anhand des Fotomaterials nicht eindeutig zu identifizieren ist. Die Augen scheinen nach unten auf diese Hand zu blicken (vgl. Abb. 10). Der unbekleidete Putto an der Südwand trägt einen Helm mit Helmzier. In der rechten Hand hält er ein Schwert, in der linken Hand einen Stab, ähnlich einer Lanze. Sein Blick ist nach unten gesenkt (vgl. Abb. 11). Entgegen der häufigen Verwendung von Putti als fröhliche Helfer, die Vorhänge oder Schleppen tragen, oder als Boten, die mit Hörnern, Harfen oder sonstigen Instrumenten auf Fresken die eigentlichen Hauptmotive rahmen (vgl. die Deckenfresken der Basilika St. Emmeram oder in der Stiftskirche Unserer Lieben Frau zur Alten Kapelle), sind diese beiden Figuren nördlich und südlich der ehemaligen Hausdurchfahrt wohl ganz bewusst einander gegenübergestellt. So ist wahrscheinlich von einer allegorischen Funktion auszugehen, nämlich der Darstellung von Krieg (der behelmte Putto) und Frieden (der Putto mit dem Lorbeerkranz).

Dem Schriftverkehr von 1990 lässt sich entnehmen, dass es der Wille aller Beteiligten war, den Fund zu sichern. So führt der damals zuständige Ingenieur in einem Schreiben vom 10. Mai 1990 hinsichtlich der Funde aus, dass *„sich der Bauherr kurzfristig für deren Freilegung entschieden“*[3] habe. In einem nachfolgenden Protokoll[4] ist festgehalten, dass der *„aufgefundene Ist-Zustand ohne Ergänzungen oder Retuschen erhalten“* werden soll. Es heißt weiter, durch die Ausführung der Schaufensterkästen mit einer Glasdecke würden die Malereien sichtbar gemacht. Außerdem sei der abgeschlagene Stuck durch die tätige Firma ergänzt worden. Diese Glasvitrinen wurden auch eingebaut. Heute ist das Sanierungskonzept allerdings räumlich nur noch bedingt erlebbar, da nur an der

Nordwand zwei Beispielsbefunde freigelegt, die restlichen Malereien aber wieder überdeckt wurden. Dies geschah im Laufe der Sanierung 1990, da letztendlich der Aufwand für eine vollflächige Freilegung zu hoch erschien (Abb. 12).[5]

Abb. 12: Nordwand der Durchfahrt. Foto: S. Effenhauser, BSR, 2018

„Feuer, Rauch, Kanonendampf“ – eine steinerne Urkunde an der Fassade

Der Eingangsbereich des Anwesens ist nicht die einzige bauliche Besonderheit. Das einstige Grundstück H 25, an dessen westlichen Ende heute das Gebäude steht, gehörte zum reichsstädtischen Zwinger.[6] Vor der Bebauung und vor der Nutzung als Garten war das Areal damit Teil des reichsstädtischen Verteidigungssystems. Nur ein Kleindenkmal am Gebäude erinnert noch daran. An der Westfassade des Anwesens zur D.-Martin-Luther-Straße hin befindet sich eine Tafel mit einer Kanonenkugel, von der folgende Inschrift überliefert ist: *„Zur Erinnerung/ an den 23ten April 1809, an welchem die vereinig-/ten französisch-bayerischen Truppen durch dieses/Häuschen Bresche schossen und stürmend in/die Stadt drangen./Der Hochwürdigste Erzbischof von Mecheln und Primas von Belgien/Franz Anton Fürst von Mean/ überließ hierauf bey seiner Abreise von Regens-/burg am 15.09.1817 den ganzen Zwinger/ dem katholischen Waisenhause,/ welches dies Häuschen reparieren ließ/ 1820.“*[7]

Sie ist in einem bedauerlichen Zustand. Das überlieferte Karl Bauer bereits für das Jahr 1997: *„(...) Grünsandsteintafel und Kanonenkugel sind noch vorhanden, die Inschrift zwischenzeitlich durch Verwitterung unlesbar geworden.“*[8] Dies gilt heute umso mehr. Die Inschrift ist vollständig verloren (Abb. 13).

Vor der gründerzeitlichen Bebauung befanden sich an dieser Stelle also neben der eigentlichen Stadtmauer die Mauertürme XX (heute Reste integriert in Von-der-Tann-Str. 6) und XXI (in Etwa an der Stelle von D.-Martin-Luther-Str. 13). Zivile Bauwerke existierten nur auf Höhe der Von-der-Tann-Straße 6, wo wohl bereits im 17./18. Jahrhundert ein Gebäude errichtet wurde (Abb. 14).[9]

Dies änderte sich erst Anfang des 19. Jahrhunderts. Das Areal gehörte in dieser Zeit dem Erzbischof von Mecheln und Lüttich, Franz Anton Fürst von Mean.[10] Auf den erwähnten Turm XXI und die angrenzende Stadtmauer konzentrierte sich am 23. April 1809 das Feuer der französischen Breschbatterien (...), wodurch *„der Mauerturm XXI in seinem Oberteil“* zusammenstürzte (...)[11] und die französischen Truppen in die Stadt gelangten. 1817 schenkte der Erzbischof den Zwinger dem katholischen Waisenhaus.[12] Die Anlage wandelte sich zum sogenannten Waisenhausgarten, einem Lustgarten mit Blumenbeeten und Spazierwegen.[13] Doch auch die Bezeichnung als *„Lüttich-Zwinger“* in Anlehnung an den früheren Eigentümer[14] blieb lebendig und findet sich noch in den Bauakten des späten 19. Jahrhunderts.[15] Die Reste des zusammengeschossenen Mauerturmes wurden zu einem Gartenhäuschen. Dort befand sich die erwähnte Tafel ursprünglich, bis sie an den heute bestehenden Neubau versetzt wurde.[16] Im Untergeschoss des Gartenhäuschens sei außerdem mit dem Schriftzug *„Lauriston 1809“* noch lange Zeit der Namen eines Adjutanten Napoleons in der Wand eingeritzt gewesen, angeblich durch einen Degen.[17] Da die Turmruine aber mit der Bebauung der Von-der-Tann-Straße vollständig abgetragen wurde, ist hiervon nichts mehr zu finden. Das Grundstück verblieb lange im Eigentum des katholischen Waisenhauses. Noch im Adressbuch von 1862 ist es unter Lit. H, Hausnummer 25, Krauterer-Weg, als Eigentümer verzeichnet[18] (Abb. 15).

„... jedoch nur in einer Entfernung von 15 Fuß zu den Anlagen“ – zur Baugeschichte des heutigen Anwesens

Nach 1862 gab es eine neue Entwicklung. Es erfolgte ein Zwischenerwerb des Areals durch die Stadt zum Zwecke der Aufteilung in gleichmäßige Baugründe.[19] Am 2. Juli

Abb. 13: Inschrifttafel heute, Foto: S. Effenhauser, BSR, 2018

1864 beantragte der Oberaufschlagsbeamte Johann Nepomuk Poli mit einem *„vom Maurermeister Madler in duplo gefertigten Bauplan samd sechs Grundrißplänen“*[20] eine Bebauung beim Stadtmagistrat. Er sah einen Baukörper zwischen Krauterer-Weg (heute Von-der-Tann-Straße) und ehemaliger Stadtmauer vor, letztere im Plan als Baulinie eingetragen. Zwar würde an den Stadtgraben bzw. Zwingerbereich herangerückt, diese würden jedoch nicht überbaut. Schon am 6. Juli haben die Mitglieder der Baukommission Bedenken dennoch hinsichtlich der Baulinien geäußert und das Vorhaben deshalb am 7. Juli zur Vorlage bei der Regierung der Oberpfalz und von Regensburg gebracht. Diese legte mit Entschließung vom 26. August 1864 fest, dass die Bauausführung unter der Bedingung genehmigt werden könne, dass die südliche Hauptmauer nicht über die obere Kante der Grabenmauer hinausgerückt wird und diese nur als Fundament dienen darf, wenn sie tragfähig sei[21] (Abb. 16).

Das Vorhaben wurde jedoch nicht ausgeführt. Erst ab 1876 kam es zur Bebauung durch Herrn Alois Kroen aus Stadtamhof. Dieser ist, nachdem durchgehend Poli („Polli“) als Eigentümer in den Adressbüchern geführt war, im Adressbuch 1876 als Eigentümer mit dem Wortlaut *„Alois Krenn“* und dem Vermerk *„(Bauplatz)“* nachgewiesen.[22] Wie aus den Bauamtsprotokollen hervorgeht, hat er es mit Kaufbrief vom 18. Mai 1864 direkt von Poli erworben. Er stellte zu-

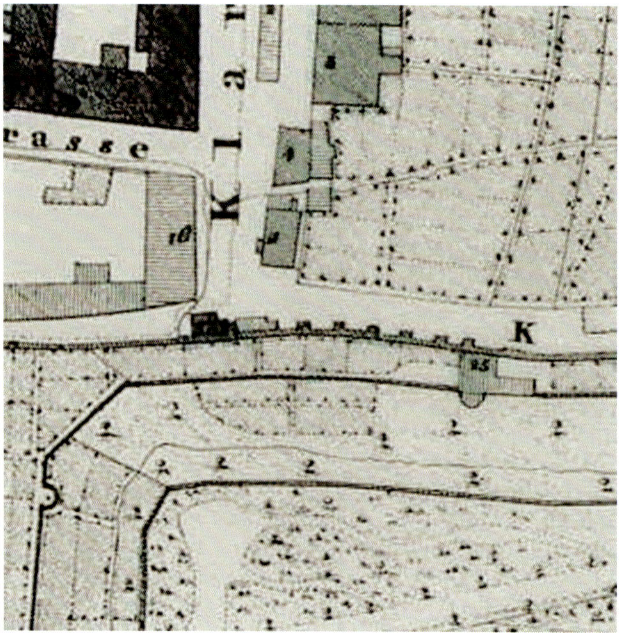

Abb. 14: Stadtplanausschnitt aus dem Jahre 1812, ZDR, HA, D.-Martin-Luther-Str. 13

Abb. 15: Stadtplanausschnitt aus dem Jahr 1865, ZDR, HA, D.-Martin-Luther-Str. 13

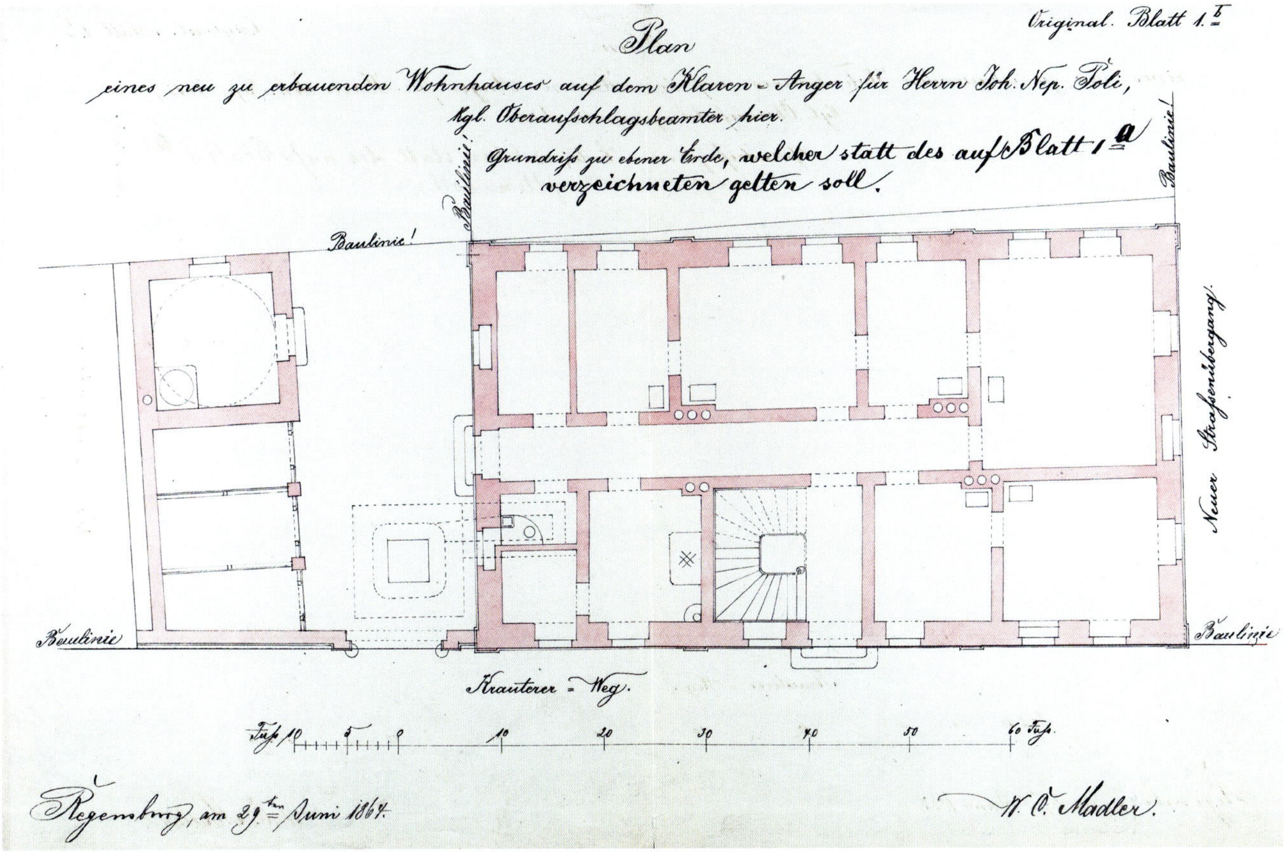

Abb. 16: Nach Süden ausgerichteter Grundriss 1:500 zwischen Krauterer-Weg und Stadtmauer, BOAR, HA, D.-Martin-Luther-Str. 13

nächst mit Datum vom 13. August 1875 mit folgenden Wortlaut Bauantrag: *„Ich beehre mich, die Pläne vom 22. Juli 1875 über ein zu erbauendes Wohnhaus Hausnummer 2 in sechs Blättern zur gefälligen Erinnerung mitzuteilen“*[23]. Geplant hat er nicht mehr nur eine Bebauung entlang des Krauterer-Weges, sondern eine Fortsetzung in L-Form nach Süden in Richtung Stadtgraben. Am 3. September beantragt er ergänzend bei einer Vorsprache, dass benannte Grabenmauer *„wegen ihrer Schadhaftigkait“* nicht mehr benützbar sei und er *„an deren Stelle eine neue Mauer aufführen müsse“* und dass er mit dem Baukörper *„gegen die Allee“*, also nach Süden *„vorrücken möchte“*. Er würde aber den Mindestabstand von drei Werkschuhen, den die Regensburger Wachtgerichtsordnung von 1657 (!) vorsieht, einhalten.[24] Die königliche Promenadenkommission der Regierung, die als Beratungsgremium zur Verschönerung des Regensburger Stadtbildes fungierte,[25] äußerte sich hierzu am 12. Februar 1876 mit dem Inhalt, dass *„eine Erinnerung nicht besteht“*, also keine Einwände vorliegen, nachdem *„ausweislich der*

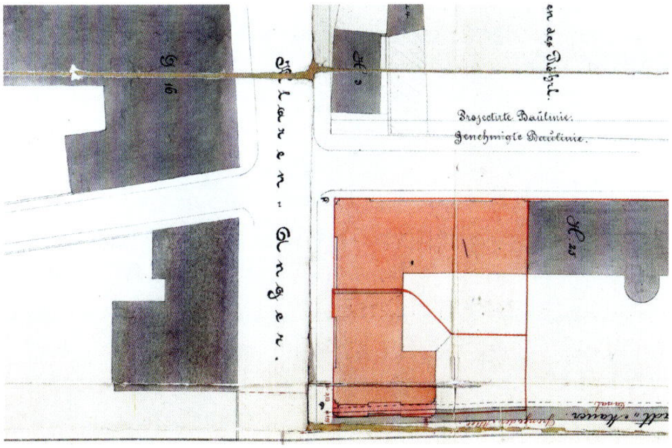

Abb. 17: Lageplan der Situation von Süden, BOAR, HA, D.-Martin-Luther-Str. 13

vorgelegten Pläne mit der Minimaldistanz von 0,88 Metern“ die von Kroen angeführten Vorgaben von drei Werkschuhen der Regensburger Wachtgerichtsordnung von 1657 eingehalten seien (Abb. 17 und 18).

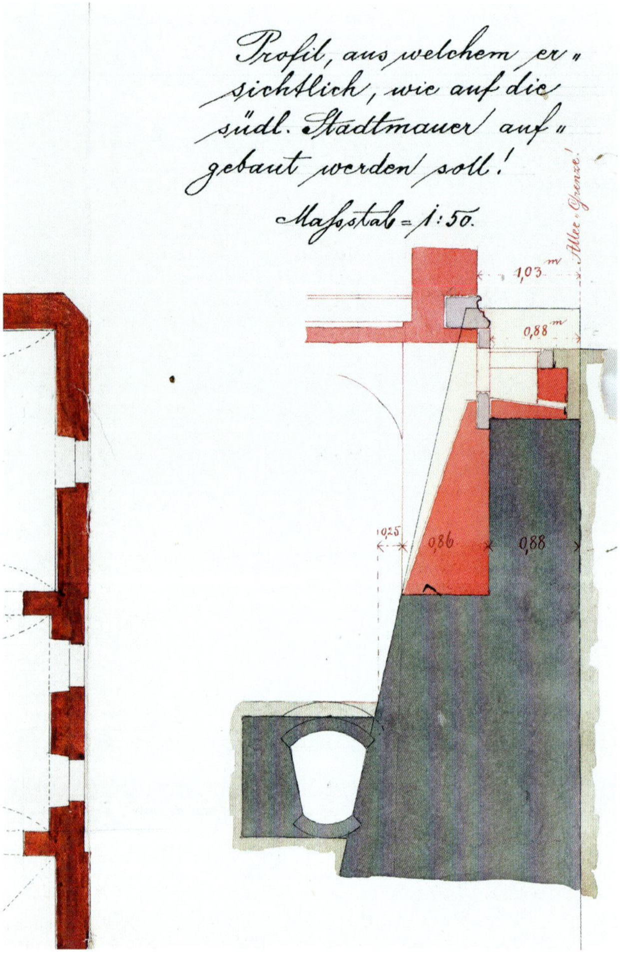

Abb. 18: Schnitt 1:500 mit dem Abstand von 0,88 Metern zur Allee, BOAR, HA, D.-Martin-Luther-Str. 13

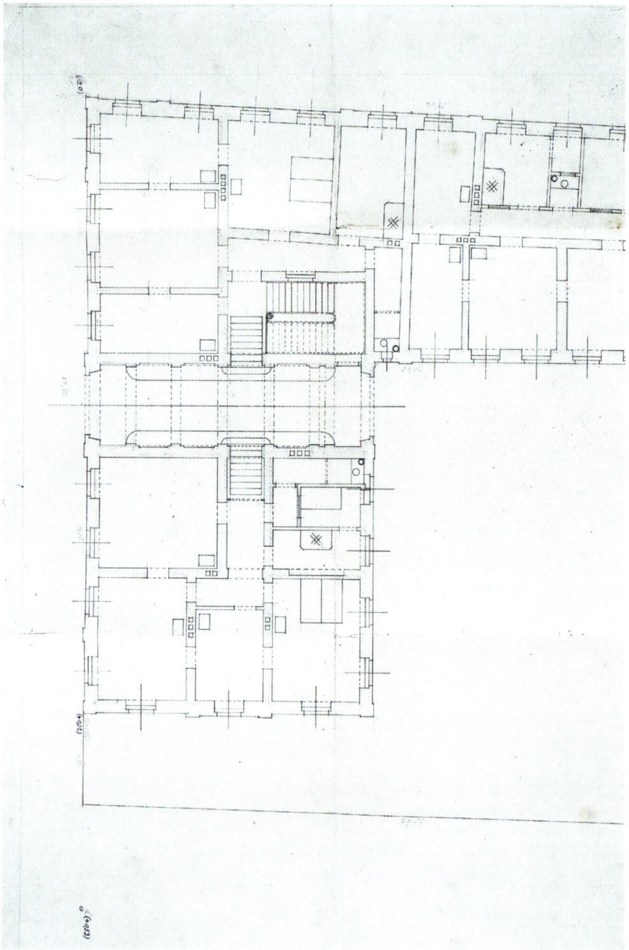

Abb. 19: Grundriss 1:100 mit dem Abstand von vier Metern zur Allee an der unteren Seite, BOAR, HA, D.-Martin-Luther-Str. 13

Der Stadtmagistrat jedoch bestellte den Bauherrn am 18. Februar 1876 um 9.00 Uhr vor, um ihm den abschlägigen Bescheid bekanntzugeben. Das Wohnhausprojekt verstoße gegen den damals aktuellen, am 2. April 1862 von der Regierung genehmigten Baulinienplan, der entlang der Straße vom Klarenanger für eine Bebauung einen Mindestabstand von 15 Fuß, also ca. 4,5 Meter von den südlichen Alleeanlagen gestatte. Das Projekt Kroens lag demnach viel zu nahe an der Allee, hierfür müsse die Stadt den Baulinienplan ändern. Andere Projekte wie ein Gebäude des Seifenfabrikanten Gschwendner, heute Von-der-Tann-Str. 4, hätten die je geltenden Vorgaben auch eingehalten.[26]

Hiergegen kündigte Kroen bei einer Gegenvorstellung am darauffolgenden 19. Februar 1876 an, bei der Regierung der Oberpfalz und von Regensburg als Aufsichtsbehörde Beschwerde einzulegen, was er auch tat. Er verwies darauf, dass der Plan von 1862 aufgrund neuer Rechtsvorschriften *„schon hinfällig“* sei. Auch sei mit dem Plan nur die Baulinie von der äußeren Grabenmauer auf die innere Grabenmauer verlegt worden, jedoch der Abstand von 15 Fuß nicht ausdrücklich zu entnehmen.[27] Seine Argumente sprechen dafür, dass Kroen sich hatte gut beraten lassen oder selbst über gute Fachkenntnisse verfügte.

Die Kammer des Innern an der Regierung der Oberpfalz half der Beschwerde Kroens mit Schreiben vom 8. März 1876 unter einer interessanten und in Teilen fast belustigenden Begründung ab. Neben der lösbaren Thematik, dass ein Teil der Baulinienplandokumente durch die Stadt nicht mehr im Original, sondern nur in Kopie vorgelegt werden konnte, griff sie das von Kroen vorgetragene, vorrangige

Problem der Rechtswirksamkeit des Baulinienplanes auf. Der städtische Baulinienplan stammte vom April 1862. Im Juni 1864 jedoch war die neue königliche Bauordnung in Kraft getreten. Diese legte ausdrücklich in § 90 Abs. 2 fest, dass alle bis dahin geltenden *„gesetzes- und verordnungsmäßigen Bestimmungen"* mit den neuen baurechtlichen Regelungsinhalten 60 Tage nach Bekanntmachung erlöschen.[28] Die Regierung erörterte deshalb, ob es sich bei dem Abstand von 15 Fuß um eine bestehende Baulinie im Sinne von § 1 der neuen Bauordnung handelte. Sie kam zu einem negativen Ergebnis, weil der Bauplatz allseitig von Wildwuchs umgeben sei und auch die Wege auf der Allee nur Trampelpfade und keine Anlagen seien. Baulinien seien nach Bauordnung aber nur zu öffentlichen Plätzen, Straßen oder Anlagen möglich, nicht zu *„Wildwuchs"* hin. Die Regierung verwies noch auf den Privatrechtsweg, da im Kaufvertrag die Einhaltung der Gebäudesituierung gesichert war, bezüglich des Streitgegenstandes hob sie jedoch den städtischen Beschluss auf.

Hiergegen erhob die Stadt Beschwerde zum Königlichen Staatsministerium des Innern mit einer ausführlichen Begründung, unter anderem dass die Bauordnung nicht unterscheide, ob *„Fuß- oder Fahrweg"*, dass Baulinien auch rückwärtige Grundstücksteile umfassen können, *„was allenthalben geschieht"*, dass man die negativen Folgewirkungen für ein Heranrücken von Bebauung an die Allee bedenken müsse und dass in jedem Fall ein Aufhebungs- oder Änderungsakt der zuständigen Stelle notwendig sei, und dies sei nicht die Regierung, sondern die Stadt.[29] Am 4. Mai 1876 übermittelte die Regierung unter Aktenrückgabe die recht prägnante Antwort des Innenministeriums vom 24. Mai 1876. Der Entfall der Baulinie aus § 90 i. V. m. § 1 Bauordnung *„entbehre der rechtlichen Begründung"*, da nur die Inhalte dieser Bestimmungen, nicht aber aufgrund dieser Bestimmungen erlassene, formelle Rechtssätze wie ein städtischer Baulinienplan ihre Geltung verlieren. Die Baulinie gemäß des Planes bilde daher die *„Richtschnur"* und die Regierung werde veranlasst, unter diesem Gesichtspunkt erneut über die Beschwerde des Kroen zu entscheiden. Nach Übermittlung dieses Ministerialschreibens durch die Regierung an die Stadt zur weiteren Bearbeitung erfolgt eine mehrmonatige Überlieferungslücke. Erst im Februar 1877 legt Kroen einen geänderten Grundriss bei der Stadt vor, mit der er ca. vier Meter Abstand, also in etwa die nötigen 15 Fuß zur Allee, einhält (Abb. 19).

Am 9. März 1877 wird die Planung daher unter der Bedingung, die Vorgaben der königlichen Bauordnung von 1864 einzuhalten, positiv von der Stadt verbeschieden (Abb. 20). Das Anwesen wurde daraufhin auf dem westlichsten Teil des ehemaligen Grundstückes Lit. H 25 errichtet (vgl. Abb. 21); auf dem Restgrundstück wurden nach Osten die Von-der-Tann-Straße 2, 4, 6 und 8 ausgeführt. Die Errichtung im Jahre 1878 wurde 1879 bei der Stadt angezeigt. Nachrichten über Erwägungen zur Baugestaltung sind im gesamten Verfahren nicht überliefert.

Entscheidendes Wendejahr für die Beseitigung der Ursprungsgestaltung des Hauses war erst 1954. In diesem Jahr wurde ein Bauantrag zur Fassadenänderung und dem Einbau von Schaukästen in die Durchfahrt gestellt. Die Durchfahrt selbst wurde an der Ostseite vermauert und ein Abstellraum geschaffen. Der Eingang wurde zum Flur. Bemerkenswert ist auch die Verzeichnung im Änderungsbauplan vom 21. Juni 1954, dem auf der Innenhofseite durch den Architekten der Vermerk *„Gesimse abschlagen"* zu entnehmen ist (Abb. 22 und 23). Durch diese umfassende Purifizierung ist der ursprüngliche Gestaltungsansatz nicht mehr erkennbar (Abb. 24 und 25).

„Ein Zimmermeister mit Präsentationswillen" – zum Bauherrn und zur Nutzung

Den Plänen sind keine ausdrücklichen Nutzungen zu entnehmen. Sie wurden nur allgemein mit dem Projektnamen *„Wohnhaus"* versehen. Erst viel später, in einem am 26. April 1961 geprüften Umbauplan, sind in den Parterreräumen an der Nordostecke des Anwesens erstmals Büros eingetragen. Dass es immer wieder Unklarheiten zur Nutzung gab, zeigt beispielhaft ein Schriftverkehr der Stadt aus dem Sommer 1980, bei dem die Stadt einen damaligen Nutzer anschrieb, ob die Wohnnutzung fortbestehe. Zwar ist damit anhand der Pläne die Nutzung als Wohnhaus recht sicher anzunehmen. Dennoch sollen ergänzend die Hintergründe anhand der Person des Bauherrn erforscht werden.

Das Adressbuch von 1881, das erste nach Errichtung des Gebäudes, führt unter der Hausnummer Klarenanger 25 ½ a immer noch Kroen, im Wortlaut *„Krenn"* als Eigentümer, mit der Berufsbezeichnung *„Zimmermeister"* auf.[30] Damit ist gesichert, dass Alois Kroen nicht nur die Pläne für den Bau erstellt, sondern den Bau auch umgesetzt hat und er das Zimmererhandwerk ausübte. Jedoch war dies nicht das einzige Standbein, da Kroen auch als Sägewerksbesitzer[31] in Stadtamhof überliefert ist. Über die Tätigkeit Kroens geben die Baualterspläne Auskunft, jedoch finden sich nur wenige Hinweise. So ist Kroen 1866 Eingabeplaner für eine Holzlege im Spital, 1882 gibt er Bauvorlagen für ein Salettl ein.[32]

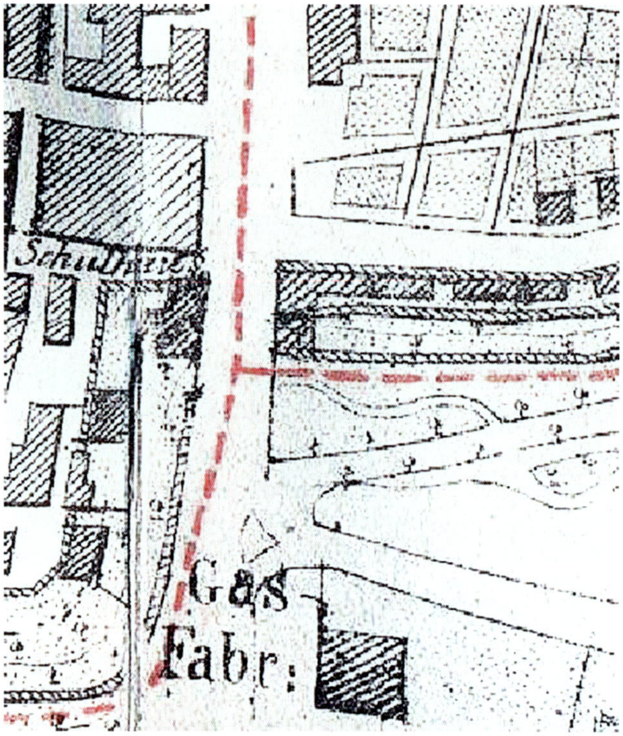

Abb. 20: Stadtplanausschnitt von 1881, ZDR, HA, D.-Martin-Luther-Str. 13

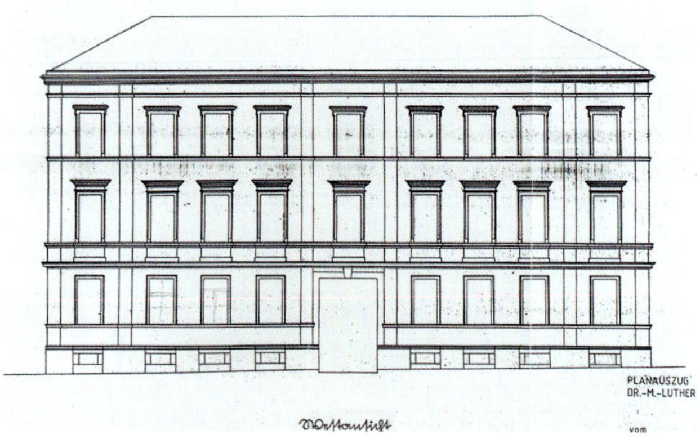

Abb. 21: Fassadengestaltung 1876 von Westen, BOAR, HA, D.-Martin-Luther-Str. 13

1883 ist er Planersteller für eine Aufstockung in der Seifensiedergasse 2. Im Verhältnis zu anderen Handwerkern, zum Beispiel dem Maurermeister Zitt in Stadtamhof, ist er jedoch nur selten erfasst, so dass sein Arbeitsschwerpunkt in anderen Bereichen gelegen haben dürfte.

Ausgeschlossen ist jedoch der zunächst naheliegende Gedanke, dass das Handwerk in dem neuen Haus in Regensburg angesiedelt war, zum Beispiel im Rahmen einer Umsie-

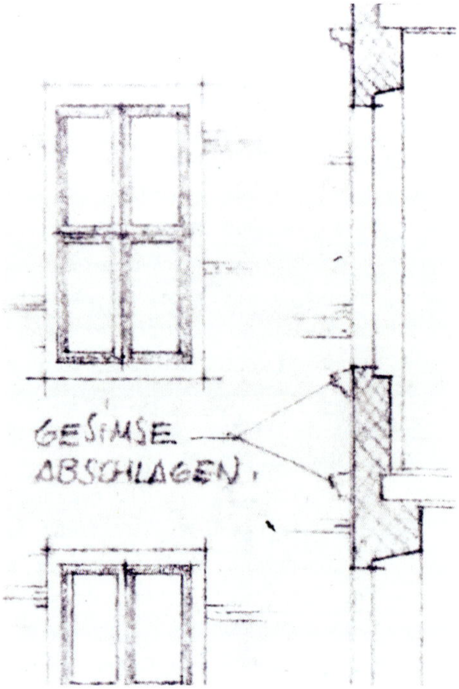

Abb. 22: Bauplanauszug Detail 1954, BOAR, HA, D.-Martin-Luther-Str. 13

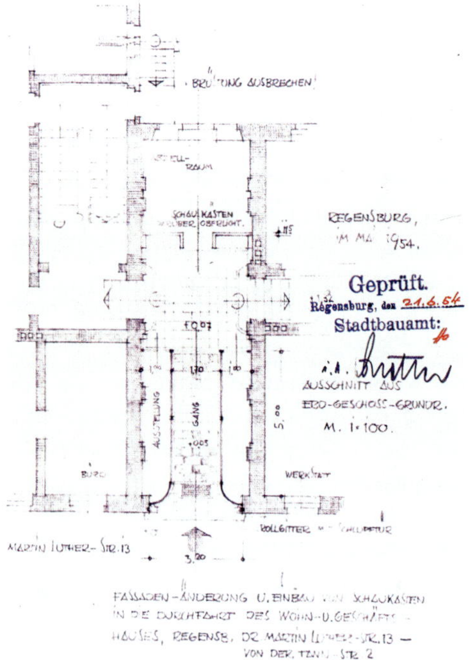

Abb. 23: Bauplanauszug Grundriss EG Durchfahrt 1954, BOAR, HA, D.-Martin-Luther-Str. 13

Abb. 24: Fassadengestaltung 1954 von Westen, BOAR, HA, D.-Martin-Luther-Str. 13

Abb. 25: Fassadengestaltung heute (Westseite). Foto: S. Effenhauser, BSR, 2018

delung. Kroen ist nämlich auch nach Errichtung des Gebäudes als Handwerker nur in Stadtamhof erfasst und zwar auf Hausnummer 50, heute Andreasstraße 17.[33] Der Betrieb war noch bis in die 1960er Jahre auf dem Gelände nördlich der Gerhardingerschule zu lokalisieren.[34] 1886 wird er auch als Eigentümer dieses Anwesens geführt, während zuvor bis 1881 eine Theres Ruidisch als Zimmermeisterswitwe des Johann Ruidisch, der als Eigentümer im Adressbuch letztmals um 1858 auftaucht, Eigentümerin war. Da Kroen als Zimmerermeister in Stadtamhof erstmals im Adressverzeichnis von 1868 genannt wurde, damals noch als *„Alois Krän"*, muss er diese Zimmerei von der Witwe im Laufe der 1860er Jahre übernommen haben. Im Adressbuch von 1891 wird Kroen immer noch als Zimmermeister in Stadtamhof bezeichnet.[35] Erst im Adressbuch von 1893 heißt es: *„Kroen, Al., Privatier, Klarenangerstr. H 12"*[36]. Im Stadtamhofer Handwerksverzeichnis des Adressbuches ist er nicht mehr zu finden. In den Baualtersplänen findet sich später als Zimmerer in Stadtamhof ein Ludwig Krön, wohl der Betriebserbe. Viel mehr findet sich nicht.

Zusammenfassend kann man also davon ausgehen, dass Kroen sich das Wohnhaus in Regensburg wohl als Ruhesitz erbaute und sicher auch über die vermieteten Wohneinheiten gegenfinanzierte. Es ist dabei interessant, dass es sich zum einen wohl um einen Handwerker und Unternehmer handelte, den man heute als Mittelstand bezeichnen würde. Zum anderen aber stattete er das von ihm errichtete Gebäude mit einem Anspruch aus, die einem öffentlichen Bauherrn gleichkam. Auch seine Streitbarkeit hinsichtlich der Baulinien spricht für ein starkes Selbstbewusstsein. Es ist deshalb anzuregen, diese Hintergründe näher und gesondert zu untersuchen, weil sie diesen Beitrag sprengen würden.

Schluss

Die Kulturschätze der Stadt Regensburg finden sich nicht nur in den Baudenkmälern, sondern in der gesamten Innenstadt mit ihren städtebaulichen Strukturen und Gestaltungselementen, die nicht umsonst als Ensemble „Altstadt Regensburg mit Stadtamhof" denkmalrechtlich geschützt ist und den Status eines UNESCO-Welterbes besitzt. Es sind oft Denkmale, die sich erst auf den zweiten Blick erschließen.

Auch das Anwesen D.-Martin-Luther-Straße ist mit seiner prägenden Stellung an der Einfahrt in die Innenstadt ein Baustein in diesem Mosaik. Über die Ursprünge des Gebäudes sind neben den Plangrundlagen leider nur wenige Details bekannt. Umso interessanter für weitere Untersuchungen zur Entstehungsgeschichte wäre deshalb eine tiefere Auseinandersetzung mit der Person des Bauherrn, die weitere Erkenntnisse für die ursprüngliche Gestaltung des Hauses offenlegen könnten.

Die Ursprungskonzeption als Gründerzeitgebäude, das den Stadteingang markieren sollte und eine repräsentativ gestaltete Durchfahrt besaß, gehört zum geschützten äußeren Erscheinungsbild des genannten Ensemble-Bereichs. Die starke Purifizierung ändert daran nichts; sie wurde bereits durch die Maßnahme 1990 wieder abgemildert. Bauzeitliche Details, insbesondere die Malereien, dürften durchaus noch erhalten sein, wenn auch verdeckt. Gerade bezüglich der erhaltenen Gestaltungselemente stellt sich nach wie vor die Frage nach der denkmalrechtlichen Schutzwürdigkeit, die bereits 1990 diskutiert wurde. Das Anwesen mag auf den ersten Blick unspektakulär sein. Auf den zweiten Blick ist es aber nur eines – unterschätzt.

1 Vgl. Anke BORGMEYER, Die Regensburger Stadterweiterung 1860–1914 – Stadtentwicklung und Wohnhausarchitektur, Regensburg 2003, 51.

2 Vgl. Aktennotiz vom 8.6.1990, ZDR, HA, D.-Martin-Luther-Str. 13, 1990.

3 Vgl. Aktennotiz vom 8.6.1990, ZDR, HA, D.-Martin-Luther-Str. 13.

4 Protokoll vom 8.6.1990 über einen Ortstermin vom 21.5.1990, ZDR, HA, D.-Martin-Luther-Str. 13.

5 So die Erinnerung des damals begleitenden Architekten laut einem Telefonat am 17.7.2017.

6 Vgl. Karl BAUER, Regensburg – aus Kunst-, Kultur- und Sittengeschichte, 5. Auflage, Regensburg, 1997, 36, 37.

7 Vgl. Helmut-Eberhard PAULUS, BAP VII, München 1986, 76.

8 Vgl. BAUER (wie Anm. 6), 338.

9 Vgl. PAULUS (wie Anm. 7), 273.

10 Dies ist aus der nicht mehr lesbaren Inschrifttafel herzuleiten, deren Inhalt bei PAULUS (wie Anm. 7), 76, wiedergegeben wird.

11 Karl BAUER, Regensburg – aus Kunst-, Kultur- und Sittengeschichte, 2. Auflage, Regensburg 1970, 189,190.

12 Ebd.

13 BAUER (wie Anm. 11), 189.

14 Vgl. BORGMEYER (wie Anm. 1), 49.

15 Vgl. Schreiben der Regierung vom 8.3.1876, BOAR, HA, D.-Martin-Luther-Str. 13.

16 Vgl. BAUER (wie Anm. 6), 338.

17 Ebd.

18 Vgl. Jakob HABINGER, Adreß-Buch von Regensburg für das Jahr 1862, Regensburg 1862, 921.

19 Vgl. BORGMEYER (wie Anm. 1), 49.

20 Vgl. Protokoll vom 2.7.1864, BOAR, HA, D.-Martin-Luther-Str. 13.

21 Vgl. Protokoll vom 6.7.1864, BOAR, HA, D.-Martin-Luther-Str. 13.

22 Vgl. J. M. DEDEL, Adressbuch der Kreishauptstadt Regensburg, Regensburg 1876, 76.

23 BOAR, HA, D.-Martin-Luther-Str. 13.

24 Vgl. den Wortlaut der Wachtgerichtsordnung: *„Wer von newen bawen/ und hinter sich Liecht oder Tachtropff haben / oder behalten will / derselbig soll nicht weniger / dann drey Werckschuch gegen seinen nachbarn zu einer Rinnen lassen.“*, unter https://books.google.de/books?id=3ZBEAAAAcAAJ&printsec=frontcover&hl=it&source=gbs_ge_summary_r&cad=0#v=twopage&q&f=false, abgerufen am 28.6.2017.

25 Vgl. Eugen TRAPP, Fürstliches Erbe – Die grüne Umgrenzung der Regensburger Altstadt, in: Denkmalpflege in Regensburg, Bd. 13, 283.

26 Vgl. Begründungen aus der Entschließung vom 18.2.1876, BOAR, HA, D.-Martin-Luther-Str. 13.

27 Vgl. Begründungen aus dem Vorspracheprotokoll vom 19.2.1876, BOAR, HA, D.-Martin-Luther-Str. 13.

28 Vgl. Text der Bauordnung unter http://reader.digitale-sammlungen.de/de/fs1/object/display/bsb11157537_00041.html, abgerufen am 28.6.2017.

29 Vgl. Beschwerde der Stadt vom 22.3.1876, BOAR, HA, D.-Martin-Luther-Str. 13.

30 Vgl. August LINDSTÄTTER / Friedrich FREYTAG, Adressbuch der Kreishauptstadt Regensburg und deren Nachbarstadt Stadtamhof, Regensburg 1881, 162.

31 So die freundlichen Hinweise laut Email vom 15.3.2017 vom Archivar der Katharinenspitalstiftung, Dr. Artur Dirmeier.

32 Vgl. Artur DIRMEIER, Das St. Katharinenspital an der Steinernen Brücke, Regensburg 2002.

33 Vgl. LINDSTÄTTER/FREYTAG (wie Anm. 30), 357.

34 So die freundlichen Hinweise laut Email vom 15.3.2017 vom Archivar der Katharinenspitalstiftung, Dr. Artur Dirmeier.

35 Josef KAINZ, Adressbuch der Kreishauptstadt Regensburg und deren Nachbarstadt Stadtamhof, Regensburg 1891, 119.

36 Josef KAINZ, Adressbuch der Kreishauptstadt Regensburg und deren Nachbarstadt Stadtamhof, Regensburg 1893, 284.

Maximilian Fritsch

Denkmäler scheibchenweise?

Die Denkmaleigenschaft von Gebäudeteilen an Beispielen der Regensburger Nachkriegsarchitektur

Eine landläufige Definition des Begriffes Denkmal ist weder einfach noch eindeutig. Was gemeinhin als optisch ansprechend erscheint, mag auch den Definitionen guter Gestaltung und guter Architektur entsprechen. Es muss sich jedoch deshalb um kein Denkmal handeln. Auf der anderen Seite können auch rein technisch-funktionale Anlagen Aussagekraft für eine Epoche entwickeln und zum Denkmal werden. Bei ganzen Bauwerken ist dieser Schutzwert meist noch relativ offenkundig. Schwieriger wird es bei der Frage, wie mit Denkmälern umzugehen ist, die nicht zugleich als vollständiges „Bauwerk" fassbar sind. Am nachvollziehbarsten ist hier noch die Schutzwürdigkeit von Ruinen oder Spolien. Regelmäßig streitig wird es bei Fassadengestaltungen und architektonischer Ausstattung, wie Gesimsen, Mosaiken- und Malereien, Uhrenschmuck und, generell, Kunst am Bau[1]. Diese Frage erlangt zunehmend Wichtigkeit, auch im Baubestand in Regensburg. Es existieren zahlreiche Anlagen in der Stadt mit den genannten Gestaltungsformen. Die Anlagen selbst besitzen als Ganzes jedoch meist keine Eigenschaft als Baudenkmal. Sie liegen auch nicht unbedingt in einem der acht Denkmalensembles. Wie ist mit ihnen umzugehen? Dies soll nachfolgend an Beispielen der Baugestaltung aus der Regensburger Nachkriegszeit betrachtet werden.

Gebäudeteile aus dem Baubestand der 1950er Jahre in Regensburg

Zunächst soll sich der Blick auf Kunst an der Wohnbauarchitektur richten. Aus der Zeit um 1957 soll eine Komposition an der Hauptansichtsseite im Westen einer Wohnanlage an der Isarstraße 1 näher beleuchtet werden, entworfen von Rudolf Böttger[2]. Durch Alois Peithner wurde das Motiv einer fahrenden Postkutsche und eines Telegrafenmastes ausgeführt, die aus applizierten Metallteilen aufgebaut ist.[3] Das Gebäude wurde von der Postgenossenschaft errichtet, womit der Motivbezug geklärt ist.[4] Die Fachliteratur sieht in dieser Darstellung Bezüge auf den Futurismus des frühen 20. Jahrhunderts hergestellt, da die „zersplitterte" Formsprache eine Dynamik aus Bewegung suggeriere.[5] Auch dem erstmaligen Betrachter eröffnet sich die kräftige Formsprache, die sehr lebendig und ungestüm wirkt – nichts ist zurückhaltend, ein starker Farbkontrast in schwarz vor weißer Wand unterstreicht dies. Im unteren Teil des Kunstwerkes scheint die Kutsche voranzuhasten, während der Telegraphenmast, einem zuckenden Blitz ähnlich, in den Himmel strebt (Abb. 1).

Ein anderes Motiv findet sich an einem Wohnungsbau in der Georg-Herbst-Straße 17. Die Darstellung zweier Ballonflieger von Fritz Wurmdobler ziert über drei Geschosse

Abb. 1: Isarstraße 1, Schmiedekonstruktion. Foto: P. Ferstl, BSR, 2003

Abb. 2: Fassade Georg-Herbst-Straße 17. Foto: P. Ferstl, BSR, 2018

die Nordseite des Mehrfamilienhauses. In Form einer „unbeschwerten" Kunst am Bau soll hier inhaltlich an Jules Vernes Romanhelden Phileas Fogg und Passepartout angeknüpft werden, die in 80 Tagen die Welt umrundeten.[6] Die Darstellung ist von einer geschwungenen Linienführung geprägt. Die bläulichen Felder hinter dem Ballon stellen eine Wolke dar, die die beiden Fahrer leichtfüßig nach vorne treibt, begleitet von tänzelnden Vögeln (Abb. 2).

In den 1950er Jahren wurde jedoch nicht nur der Wohnungsbau, sondern auch der öffentliche Bau mit Kunstwerken gestaltet.[7] In Bayern wurde die Oberste Baubehörde im Januar 1950 tätig und erließ eigene Richtlinien zum Kunst am Bau.[8] Dem folgte im April 1950 der Deutsche Bundestag, der die Beteiligung von Künstlern an Bauvorhaben des Bundes beschloss.[9] Bei Baumaßnahmen sind demnach, wenn Zweck und Bedeutung des Gebäudes es rechtfertigen, Werke bildender Künstler zu integrieren, in Bayern dürfen diese Werke bis zu zwei Prozent der Baukosten ausmachen.[10] Diese Vorgabe wird aus dem Selbstverständnis der öffentlichen Bauträger hergeleitet, Vorbildfunktion für die Baukultur zu besitzen und mit entsprechenden Maßnahmen zum Erhalt dieser Baukultur beizutragen.[11] Dabei sollen sich Bauaufgabe und die künstlerische Idee ergänzen.[12]

Ein interessantes Beispiel für solche Maßnahmen findet sich im städtischen Hallenbad an der Ostenallee. Die Bauarbeiten für das Projekt wurden im August 1954 begonnen.[13] Im Spätherbst 1955 wurde der Bau eröffnet.[14] Die Anlage sollte ganz bewusst in Stadtnähe und in der Nähe von Schulen errichtet und durch die Lage auf der Allee eine Verbindung von Grün und frischer Luft erreicht werden.[15] Das Gebäude hat Gestaltungselemente, die für seine Entstehungszeit typisch sind. Gerade in den 1950er Jahren wurden Wände mit farbigen Fliesen und Säulen ausgestattet, ganze Fassaden mit Kleinmosaiken ausgeschmückt.[16] So auch im Regensburger Hallenbad. In der Schwimmhalle befindet sich an der Südwand eine Uhr. Sie wurde in Mosaiktechnik gestaltet. Im roten Kern befindet sich das eigentliche Ziffernblatt, das von einem Kreis in gelblich-grauer Färbung und einem weiteren äußeren Kreis mit gelblich-rötlicher Farbgebung gerahmt wird. In diesem äußeren Farbfeld sind tanzende Vögel erkennbar. Das Motiv scheint also eine Sonne darzustellen, vor der am Himmel die Vögel kreisen. Dieses leichtfüßige Motiv soll einen klaren Kontrast zur Kunst am Bau des Dritten Reiches darstellen, es hat keine politische Botschaft, sondern dient der Erheiterung[17] (Abb. 3).

Als letztes Beispiel soll die großflächige Wanddarstellung an der Ostseite des Kolpinghauses erwähnt werden. Das Werk des Malers, Grafikers und Bühnenbildners Jo Lindinger von 1954[18] stellt den Heiligen Erhard dar. Die Darstellung wirkt auch in den Verlauf der Ostengasse hinein und dient als abschließender Blickpunkt von Osten. Sie reicht über zweieinhalb Geschosse und stellt den Bischof sitzend dar, im Schoß das Buch mit den Augen der Heiligen Odilia.[19] Er hält den Bischofsstab in der linken Hand, trägt Bischofornat und Mitra.[20] Das Gemälde ist in dezenter, klarer Linienführung mit pastelligen Farben gehalten. Die Figur wird durch geometrische Formen, Dreiecke und Halbkreise für den Heiligenschein, geprägt (Abb. 4).

Wandschmuck und Malerei als Gebäudeteil – oder „nur" Kunstwerke am Gebäude?

Dazu ist es erforderlich, zu klären, ob ein Schutzstatus vorliegt. Das Denkmalrecht liegt in Deutschland nach Art. 30, 70 Grundgesetz weitgehend in landesrechtlicher Zuständig-

keit. Der Freistaat Bayern hat die Denkmalanforderungen im Gesetz zum Schutz und zur Pflege der Denkmäler vom 25. Juni 1973 (BayDSchG) allgemeinverbindlich für sein Hoheitsgebiet geregelt.
Das Gesetz bestimmt selbst denkmalrechtliche Begriffe und ordnet diese ein.[21] Für die thematisierten Wandmalereien an privaten und öffentlichen Gebäuden, ebenso für die Uhr ist die Abgrenzung vorzunehmen, ob es sich um Denkmäler oder spezieller um Baudenkmäler handelt.[22] Unter den Schutz von Baudenkmälern fallen als bewegliche Sachen auch historische Ausstattungsstücke, die für die Anlage oder deren Teile bestimmt sind. Nach dem Grundsatz des Vorrangs der spezielleren Rechtsnorm ist daher zunächst darauf einzugehen, ob ein Baudenkmal vorliegt. Es ist also zu prüfen, ob die genannten Kunstwerke selbst bauliche Anlagen oder nur Teile sind. Dazu ist dieser Begriff auszulegen. Auslegungsmaßstab ist das ebenfalls in Landeshoheit liegende Bauordnungsrecht.[23] Demnach sind bauliche Anlagen mit dem Erdboden verbundene, aus Bauprodukten hergestellte Anlagen.[24] Das ist bei den Kunstwerken zwar der Fall, sie sind jedoch funktionell unselbstständige Teile der jeweiligen Gebäude. Dass diese Gebäude nach vorgenannter Definition bauliche Anlagen sind, ist unstrittig gegeben. In der Literatur wird zur Definition von Gebäudeteilen in Abgrenzung zur Ausstattung die Auffassung vertreten, dass Stukkaturen an den Fassaden oder im Gebäudeinneren, Fresken, die auf den Putz aufgetragen sind, Türen bereits als Teile eines Gebäudes gewertet werden,[25] aber auch Erker und Portale[26]. Entsprechend dem eindeutigen Wortlaut des BayDschG ist es dabei nicht so, dass alle Teile einer Anlage zwangsläufig Denkmalqualität besitzen müssen.[27] Hierzu hat sich die Rechtsprechung bereits geäußert: „*Eine denkmalrechtliche Abtrennbarkeit kann außerdem bei kleineren Teilen eines Gebäudes, die – anders als die komplette Fassade – keinen wesentlichen Aussagewert für das gesamte Gebäude haben – wie etwa ein einzelnes Portal –, in Betracht zu ziehen sein.*“[28]
Demnach kann bei den genannten Fällen von Gebäudeteilen ausgegangen werden, da sie aus künstlichen Produkten hergestellt und ortsfest, also nicht beweglich sind, wie die Schmiedekonstruktion oder die Uhr. Auch die Wandmalerei ist als Fassung auf einem Putz, der dort dauerhaft und ortsfest aufgebracht ist, als Gebäudeteil zu bewerten. Die weiteren Denkmalvoraussetzungen können demnach geprüft werden.

Schutzwürdigkeit von Gebäudeteilen?

Art. 1 Abs. 2 BayDSchG folgend sind bauliche Anlagen, aber wie erörtert auch Teile davon, nur dann Baudenkmäler, wenn Sie zum einen aus vergangener Zeit stammen, soweit sie nicht unter Absatz 4 fallen. Absatz 4 bezieht sich auf Bodendenkmäler, die gesondert geregelt sind und damit an dieser Stelle keine Relevanz besitzen. Zum anderen muss eine spezifische Bedeutung vorliegen. Die Erhaltung muss also wegen ihrer geschichtlichen, künstlerischen, städtebaulichen, wissenschaftlichen oder volkskundlichen Bedeutung im Interesse der Allgemeinheit liegen.
Damit ist zu klären, ob die genannten Gebäudeteile aus vergangener Zeit, also einer abgeschlossenen Epoche[29] stammen. Die Wiederaufbauzeit der 1950er Jahre zählt inzwischen weitgehend unstrittig hierzu.[30] Mit dem Begriff der „Fünziger Jahre“ bezeichnet man dabei die Architektur der unmittelbaren Nachkriegszeit bzw. des Wiederaufbaus von 1945 bis Anfang der 1960er Jahre,[31] die sich durch eher lichtdurchflutete Bauten auszeichnet, die rhythmische und asymmetrische Elemente wie dünne, auskragende Dächer, Rasterbau und verglaste Aufdachungen und Fassaden-Ornamentierungen mit Fertigteilen aus Holz oder Beton nutzte.[32]
Zum anderen müssen die spezifischen Bedeutungsdimensionen bei einzelnen Kunstwerken erfüllt sein. Die genannten Bedeutungsarten dürfen sich auch überschneiden,[33] so dass die Bedeutung auch an mehreren Dimensionen gemessen werden kann. Dies liegt hier zum Teil vor.

Handwerkliche Bedeutung

Die Metallarbeit von Peithner in der Isarstraße ist hinsichtlich der technischen Ausführung als Metallkunstwerk auf der Wand von handwerklicher Bedeutung.[34] Es handelt sich dabei nicht nur um eine Plastik aus einem Stück, sondern um eine aus mehreren Teilen zusammengefügte Darstellung, die ein vollständiges Bildprogramm ergibt und in das Straßenbild wirkt. Insbesondere ist diese Ausführungsform im Stadtgebiet alleinstehend.
Den Ballonfahrern Wurmdoblers kommt in der Ausführung, die von Leichtigkeit und Bewegung geprägt ist, eine bedeutende Qualität zu. Schwere, Materialkult und Bodenständigkeit der 1930er Jahre werden hinter sich gelassen.[35] Vor allem aber ist die Pfiffigkeit des Motives zu berücksichtigen, die in dieser Ausführung wohl eine ziemliche Alleinstellung haben dürfte.

Abb. 3: Gabelsberger Straße 14, Städtisches Hallenbad, Wandmosaik von 1955. Foto: P. Ferstl, BSR, 2003

Ähnliches gilt für die sehr zeittypische Darstellung des Heiligen Erhards. Neben der Leichtigkeit und Pastelligkeit spielt das Wandgemälde mit abstrahierenden Formen,[36] die die Grundlage für die konkrete Heiligendarstellung ist.
Beim Uhrenmosaik wiederum konkurriert die lockere Darstellung der flatternden Vögel mit dem kräftigen farblichen Akzent der Mosaikkacheln. Die Gestaltungsform des Mosaikes passt wiederum zu den gekachelten Oberflächen des Bades, so dass die Kunst sich der Nutzung andient.

Geschichtliche Bedeutung

Die geschichtliche Dimension kommt bei dem Kunstwerk Peithners zum Tragen, da die Gegenüberstellung von „historischer" Postkutsche und damals „moderner" Telegrafie (die heute bereits wieder als „historisch" bezeichnet werden muss) ein Stück Zeitgeschichte abbildet.
Auch die Leichtigkeit der Ballonfahrer ist als Gegenentwurf zur nationalsozialistischen, heroischen Fassadengestaltung aus ihrer Zeit zu verstehen und kann in den Kontext eines inhaltlichen und formalen Doppelbruches mit der NS-Kunst gestellt werden.[37]
Ebenso die Mosaikarbeit des Hallenbades. Mit ihrer Darstellung in kräftigen Farben wird auf eine neue Leichtigkeit Bezug genommen, die mit jeder Art „völkischer" Tradition bricht[38] und vielmehr Bezug nimmt auf die neue Bauweise des Hallenbades, das sich nach Außen durch große Fensterflächen öffnet.
Auch die stadtbildprägende Großfigur des Heiligen Erhard mit Wirkung in die Ostengasse kann als Gegenstück zur nationalsozialistischen Erfahrung gedeutet werden. Großmächtig wird nach dem absoluten menschlichen Niedergang ein erneutes Berufen auf christliche Werte in das Stadtbild gesetzt. Ein geistiger Neuanfang, der sich in Stadtgestaltung manifestieren soll.

Städtebauliche Bedeutung

Sie ist zum einen bei den Kunstwerken an den Wohnungsbauten gegeben. Die Fassadenbilder dienten den Bewohnern unter anderem zur Orientierung innerhalb der sehr ähnlichen Bauten, wie zur Identifikation und Hervorhebung gegenüber den Nachbarn.[39] Eine Unterscheidung von Wohnblöcken durch farbige Putze wurde zur Entstehungszeit noch seltener praktiziert als heute, vielmehr stand dies häufig dem damaligen Verständnis eines einheitlichen architektonischen Grundcharakters von sozialem Wohnungsbau entgegen.[40]
Sie ist zum anderen aber ebenfalls an der Darstellung des Heiligen Erhards erkennbar. Die Ostengasse ist eine der Ausfallstraßen der Innenstadt. Über die Straße „wacht" die

Figur des Heiligen Erhards als einer der Bistumsheiligen gleichsam. Die Literatur setzt diese Gestaltung mit mittelalterlichen Christophorus-Darstellungen gleich, die als Schutz vor dem Unfalltod groß und gut erkennbar an Kirchen und Häusern Regensburgs angebracht waren.[41] Es wird neben der Wirkung auf die Straße auch ein Bezug zum mittelalterlichen Stadtbild hergestellt.

Erhaltung im Interesse der Allgemeinheit?

Schließlich muss ein Allgemeininteresse am Erhalt bestehen, also ein öffentliches Interesse, das sich aber weniger auf der für Denkmalfragen offenen Durchschnittsbürger, sondern vor allem am Maßstab von sachverständigen Personen konzentriert.[42] Die Kunst am Bau müsste also der Bewahrung des Bewusstseins der eigenen Geschichte, der kulturellen Identität der Gemeinschaft und des einzelnen in der Gemeinschaft sowie dem Erhalt der Zeugnisse der Vergangenheit in möglichster Vielfalt dienen. Diese Anforderungen sind letztlich an die untersuchten Bedeutungsdimensionen rückzukoppeln.[43] Da die Kunstwerke zum Teil in mehrfacher Hinsicht, sowohl handwerklich, als auch geschichtlich, Bedeutung besitzen, liegt deren Erhaltung im Allgemeininteresse. Die Frage der Art der Erhaltung ist dabei erst zu erörtern, wenn festgestellt wurde, dass generell der Erhalt zu fordern ist. Dies ist bei den genannten Kunstwerken gegeben.

Rechtliche Folgen

Die behandelten Kunstwerke dürften für sich dem denkmalrechtlichen Schutz als Gebäudeteil unterliegen und könnten somit in die Denkmalliste nachgetragen werden. Dies wäre nicht nur verfahrensrechtlich relevant. Denkbar wären auch Zuwendungsmöglichkeiten für den Erhalt solcher Kunstwerke.

Entgegen der manchmal geäußerten Auffassung, dass nur der Schutz des Gesamtanwesens denkmalrechtlich Sinn ergebe, ist dies gar nicht notwendig, um den Schutz des Gebäudeteiles zu gewährleisten. Das Gesetz sieht hierfür eine Lösung vor.

Jede geplante Änderung von nicht geschützten Gebäudeteilen ist ein Nähefall im Sinne des Art. 6 Abs. 1 Satz 2 BayDSchG. Diese Auffassung wird durch Rechtsprechung immer wieder unterstützt. So wurde in Nordrhein-Westfalen bei weitgehend inhaltsgleicher Regelung entschieden, dass bei einer isolierten Unterschutzstellung einer Fassade zahlreiche Veränderungen der nicht unter Schutz gestellten Teile

Abb. 4: Adolph-Kolping-Straße 1, Kolpinghaus, Fassadenmalerei von Jo Lindinger, 1954. Foto: P. Ferstl, BSR, 2018

der baulichen Anlage – etwa insbesondere des Daches – ohnehin gemäß der Vorschrift über den Schutz der Umgebung von Baudenkmälern genehmigungspflichtig wären.[44] Anders wäre der vom Gesetz vorgesehene Schutz von Gebäudeteilen auch rechtlich kaum zu bewältigen. Anzeichen hingegen, dass ein Gebäude nur als Ganzes geschützt werden solle, finden sich im bayerischen Denkmalrecht nicht.

Bei Überplanung eines nicht geschützten Gebäudes mit geschützten Bestandteilen ist also nicht, wie häufig, von dem neuen Projekt aus, sondern von den geschützten Bestandteilen zu planen. Im Rahmen der Nähefallprüfung muss untersucht werden, ob für den geschützten Bestandteil eine Erlaubnis der Änderung oder Beseitigung nicht geschützter Gebäudeteile vorgenommen werden kann oder ob so gewichtige Gründe vorliegen, dass eine Versagung sachgerecht und verhältnismäßig wäre. Die Frage von Art und Weise der Erhaltung unterliegen damit einer ermessensgerechten Abwägung, die erneut auf die Bedeutung des Denkmals abzustellen ist. So kann mit den fest mit der Wand verbundenen Malereien ein anderer Umgang gefordert sein, als mit den montierbaren Metallelementen an den Wohnungsbauten.

Schluss

In zunehmendem Maße steht die Denkmaleigenschaft von Gebäudeteilen im Streit, häufig werden nur Baudenkmäler als Gesamtobjekte in den Blick genommen. Im Rahmen einer rechtlichen Einzelfallbeurteilung wird dies jedoch der Sache nicht gerecht. Sicher ist nicht jede Form des „Kunst am Baus“ der Nachkriegszeit als Denkmal zu werten. Handwerkliche oder religiöse Symbolik werden als häufige Motive dieser Zeit in ihrer künstlerischen Ausführung bzw. geschichtlichen Bedeutung oft nicht eine Bedeutungsschwelle überschreiten, die eine Denkmalwürdigkeit für sich rechtfertigen. In den vorgenannten, untersuchten Fällen lässt sich dies jedoch nicht feststellen, da sie sich in Motiv, Aussage oder Kunstfertigkeit abheben. Die Forderung nach dem Fortbestand der Kunst ist damit nicht nur allein fachlich, sondern auch rechtlich begründbar.

1 Kunst am Bau steht inhaltlich für die Beteiligung von Künstlern bei Bauprojekten nach bundes- und landesrechtlichen Richtlinien. Als Kunst am Bau selbst werden bundesrechtlich *„Kunstwerke in und an Gebäuden, für die Ausstattung einzelner Diensträume sowie in gärtnerischen Anlagen“* definiert, vgl. http://www.bbsr.bund.de/BBSR/DE/Veroeffentlichungen/BMVBS/Online/2011/DL_ON052011.pdf?__blob=publicationFile&v=2, abgerufen am 09.06.2017.

2 Vgl. Eugen TRAPP, Wider das Pathos. Die Regensburger Kunst am Bau der Nachkriegszeit im kunsthistorischen Kontext, in: Martin DALLMEIER / Herrmann REIDEL / Eugen TRAPP (Hg.), Die Fünfzigerjahre in Regensburg, Regensburg 2004, 93.

3 Vgl. ebd.

4 Vgl. Peter MORSBACH, Kunst am Bau in der Nachkriegszeit. Vieles ist bereits zerstört – nur weiniges ist noch erhalten, in: „Die Regensburger Komödie ist vortrefflich“ – Regensburger Almanach 2002, hg. von Konrad Maria Färber, Regensburg 2002, 142.

5 Vgl. TRAPP (wie Anm. 2), 93 und 94.

6 Vgl. ebd., 92.

7 Für einen Überblick zur Geschichte der Kunst am Bau vgl. ebd., 88.

8 Vgl. BUNDESMINISTERIUM FÜR VERKEHR, BAU UND STADTENTWICKLUNG (Hg.), Kommentierte Synopse zur Kunst am Bau bei Bund und Ländern. BMVBS-Online-Publikation 05/2011, 6.

9 Vgl. ebd., 9.

10 Vgl. Anlage zur Gemeinsamen Bekanntmachung des Bayerischen Staatsministeriums des Innern und des Bayerischen Staatsministeriums der Finanzen vom 25. Mai 2011, 16.

11 Vgl. Leitfaden zum Kunst am Bau des Bundesministeriums für Verkehr, Bau und Stadtentwicklung, 3. Auflage 2012, 4.

12 Vgl. ebd.

13 Vgl. Bruno LITWIN, in: Das Hallenbad der Stadt Regensburg, Regensburg (Festschrift) 1955.

14 Vgl. ebd.

15 Vgl. Siegfried FALB, in: Das Hallenbad der Stadt Regensburg, Regensburg (Festschrift) 1955.

16 Vgl. Renate STAUDINGER, Zur Schutzwürdigkeit der Bauten der 50er Jahre. Oder: „Weg mit dem spießigem Kram“, in: Denkmalpflege in Regensburg 1991/1992, 25.

17 Vgl. TRAPP (wie Anm. 2), 91.

18 Vgl. ebd., 99.

19 Vgl. MORSBACH (wie Anm. 4), 141.

20 Vgl. Joseph DOLHOFER, Typoskript in der Abteilung Untere Denkmalschutzbehörde.

21 Vgl. Art. 1 BayDSchG.

22 Vgl. Art. 1 Abs. 1 bzw. Abs. 2 BayDSchG.

23 Vgl. Wolfgang EBERL, in: Wolfgang EBERL / Dieter MARTIN / Johannes GREIPL, Bayerisches Denkmalschutzgesetz, 6. Auflage, Stuttgart 2007, 104, Rn. 26.

24 Vgl. Art. 2 Abs. 1 Satz 1 BayBO.

25 Vgl. Wolfgang Eberl zur Abgrenzung von Ausstattung zu Gebäudeteil, in: EBERL (wie Anm. 23), 109, Rn. 40.

26 Vgl. Dieter MARTIN, in: Dieter MARTIN / Michael KRAUTZBERGER, Handbuch Denkmalschutz und Denkmalpflege, 3. Auflage, München 2010, 199, Rn. 36.

27 Ebd., 199, Rn. 36.

28 OVG Münster, Urteil vom 02-11-1988 – 7 A 2826/86.

29 Vgl. EBERL (wie Anm. 23), 90, Rn. 6.

30 Vgl. ebd.

31 Vgl. DEUTSCHES NATIONALKOMITEE FÜR DENKMALSCHUTZ (Hg.), Architektur und Städtebau der 50er Jahre, Bonn 1990, 7.

32 Vgl. STAUDINGER (wie Anm. 16), 25.

33 Vgl. EBERL (wie Anm. 23), 102, Rn. 22.

34 Vgl. Jan Nikolaus VIEBROCK zu künstlerischen Gründen bei Bedeutungsfeldern des Denkmalbegriffs, in MARTIN / KRAUTZBERGER (wie Anm. 26), 185, Rn. 7.

35 Vgl. STAUDINGER (wie Anm. 16), 24.

36 Vgl. STAUDINGER (wie Anm. 16), 26.

37 Vgl. TRAPP (wie Anm. 2), 92.

38 Vgl. ebd., 91.

39 Vgl. Anke BORGMEYER, Zum sozialen Wohnungsbau der Fünfzigerjahre, in: DALLMEIER / REIDEL / TRAPP (wie Anm. 2), 71.

40 Vgl. ebd.

41 Vgl. MORSBACH (wie Anm. 4), 141.

42 Vgl. EBERL (wie Anm. 23), 94, Rn. 11.

43 Vgl. ebd., 97, Rn. 15.

44 Vgl. OVG Münster, Urteil vom 02-11-1988 – 7 A 2826/86.

Werner Chrobak

Aus der Arbeit des Stadtheimatpflegers 2015–2016

Man glaubt es kaum, wie die Zeit vergeht: Im Juni 1998 berief mich der Stadtrat Regensburg zum ersten Mal für eine sechsjährige Periode zum ehrenamtlichen Stadtheimatpfleger; Oberbürgermeister Hans Schaidinger führte mich in mein Amt ein.[1] Inzwischen wurde ich nach drei Amtsperioden mit Beschluss des Stadtrats vom 15. März 2016 für eine weitere, vierte Periode zum Heimatpfleger bestellt, die sich voraussichtlich bis Juni 2022 erstrecken wird.

Über die zurückliegende Arbeit und die Schwerpunktsetzungen als Stadtheimatpfleger konnte dankenswerterweise periodisch alle zwei bis drei Jahre in der Schriftenreihe „Denkmalpflege in Regenburg", einsetzend mit Band 7 (2000), berichtet werden.[2] Nunmehr stehen die Jahre 2015 und 2016 zur Berichterstattung an. Verwiesen sei in diesem Zusammenhang auch auf Berichte über die zehn- und fünfzehnjährige Tätigkeit des Stadtheimatpflegers in den „Verhandlungen des historischen Vereins für Oberpfalz und Regensburg" [3] und im Regensburger Almanach 2013.[4]

Es darf daran erinnert werden, dass die Heimatpfleger auf der Grundlage von Artikel 13 des Bayerischen Denkmalschutzes vom 25. Juni 1973 berufen werden. Neben der Denkmalpflege gehören zum Aufgabenbereich der Heimatpfleger die Pflege des Heimatgedankens, des Brauchtums, der Trachten, des Volkslieds, der Volksmusik, des Volkstanzes, der Mundart, des Wissens über die Geschichte und Kunstgeschichte, des Naturschutzes, die Mitwirkung bei der Bauplanung der Kommunen und vieles mehr. Jeder Heimatpfleger setzt zwangsläufig seine eigenen Akzente, so natürlich auch der ehrenamtliche Heimatpfleger von Regensburg. Auf Anfrage der Katholischen Erwachsenenbildung in der

Abb. 1. Stadtheimatpfleger Dr. Werner Chrobak führt seine Gruppe durch die Dominikanerinnenkirche auf dem Adlersberg. Foto: Archiv des Autors

Stadt Regensburg/Elternschule hielt der Stadtheimatpfleger innerhalb der Reihe „Rengschburg: Meine Wurzeln – mei Stadt – mei Heimat“ am 14. November 2016 im Bischofshof Regensburg den Vortrag „Was kann und was soll ein Regensburger Stadtheimatpfleger?“
Um einen Überblick über die – im Lauf von zwei Jahren anfallende – Vielfalt der Veranstaltungsangebote zu ermöglichen, wird nach den bereits in den früheren Jahren eingeführten Kategorien „Geschichtspflege“, „Denkmalpflege“ und „Kulturpflege“ berichtet.

Geschichtspflege

Geschichtswissen ist eine der Grundlagen, auf denen Heimatpflege beruht. Geschichtswissen an Mitglieder der heutigen Gesellschaft zu vermitteln, die von den Schulen her vergleichsweise wenig Vorwissen mitbringen und die vielfach ahistorisch eingestellt sind, ist eine große Herausforderung an Heimatpfleger. Geschichtliches Hintergrundwissen aber führt zur „Beheimatung“. Sich eingebunden zu fühlen in einen historischen Ablauf an einem Ort, der Generationen übersteigt, vermittelt andere Wertmaßstäbe und eine andere Lebenseinstellung. Dann wird nicht mehr nur aus dem Augenblick gehandelt und agiert, sondern – hoffentlich – in Verantwortungsbewusstsein über den Tag hinaus.
Historisches Wissen setzt an am Lokalen, an der Orts- und Stadtgeschichte, greift aber im gleichen Augenblick darüber hinaus auf die Landes- und Reichsgeschichte, überschreitet dann auch Stammesgrenzen und Nationalstaatsgrenzen.
In dieser Richtung war das vom Kulturreferat der Stadt Regensburg als Jahresthema 2015 ausgegebene Motto „Kulturhauptstadt Pilsen“ ein Anstoß für den Stadtheimatpfleger, den Blick über den „Zaun“, sprich den „Grenzzaun“ zu richten. Mit Unterstützung von Bürgermeister a. D. Walter Annuß, der in seiner aktiven Zeit die Kontakte nach Tschechien von Amts wegen zur Patenstadt Pilsen sehr erfolgreich aufgebaut hatte, wurde am 27. Juni 2015 eine Busfahrt nach Pilsen organisiert: Mit der Besichtigung der berühmten romanischen Rotunde in Alt-Pilsen wurde die Geschichte der Stadt bereits seit dem 10. Jahrhundert augenscheinlich. Beeindruckend die Zeugnisse erfolgreicher Industrialisierung (Pilsener Brauerei, Skoda-Werke) vom 19. Jahrhundert bis heute. Der Besuch der Alten und Neuen Synagoge, letztere eine der größten in Europa, erinnerte an die einstige bedeutende Rolle der jüdischen Einwohnerschaft. Den Stellenwert der katholischen Kirche für die Stadt, insbesondere seit der Errichtung des Bistums Pilsen 1993, erläuterte Monsignore Emil Soukoup, der es sich nicht nehmen ließ, den Gästen aus Regensburg persönlich eine Führung im St. Bartholomäus-Dom zu bieten. Ein Abstecher nach Kladrau und in die dortige ehemalige Benediktinerklosterkirche ergänzte die Fahrt, insbesondere im Hinblick auf die besondere Stilrichtung der „böhmischen Barockgotik“ und das künstlerische Wirken der Gebrüder Asam in Westböhmen. Wegen des starken Interesses wurde die Fahrt am 25. September 2015 wiederholt.
Der nach Böhmen eingeschlagene Weg wurde im darauffolgenden Jahr fortgesetzt: Am 21. Mai 2016 fand eine Busfahrt nach Eger/Cheb statt, wiederum mit Bürgermeister a. D. Walter Annuß als sach- und sprachkundigem Reiseleiter. Besonders thematisiert wurden dabei die jahrhundertelangen Beziehungen zum Bistum Regensburg, die unter anderem durch die Präsenz von Regensburger Bischöfen und Weihbischöfen bei Weihen von Klosterkirchen in Eger bezeugt sind. Ein Schwerpunkt war der Besuch der staufischen Kaiserpfalz und der großartigen doppelgeschossigen Pfalzkapelle. Beim Stadtrundgang wurden die gotischen Kirchen St. Bartholomäus und St. Nikolaus aufgesucht. Auch Wallensteins Tod 1634 in Eger in einem Gebäude am Stadtplatz (Pachelbelhaus, heute Regionalmuseum) wurde vor Ort gedacht. Die Besichtigung der Abteilung gotischer Skulpturen im ehemaligen Rathaus wurde unserer Gruppe dank der guten Beziehungen von Bürgermeister a.D. Annuß als freundschaftliche Geste kostenlos ermöglicht. Auf dem Heimweg konnte die wieder aufgebaute Wallfahrtskirche Maria Loretto in Altkinsberg/Hroznatov bestaunt werden. Auch diese Fahrt wurde wegen starker Nachfrage am 17. September 2016 wiederholt.
Bezüge zu Böhmen fanden sich in diesem Zweijahreszeitraum 2015/16 in drei weiteren Angeboten: Am 10. Februar 2015 stand eine Würdigung des böhmischen Reformators Jan Hus aus Anlass seines Todes vor 600 Jahren durch Prof. Dr. Franz Machilek (Erlangen) auf dem Programm; wegen Erkrankung des Referenten wurde dessen ausgearbeitetes Referat durch den Stadtheimatpfleger vorgetragen. Das Gedenken an „600 Jahre Konzil von Konstanz und den Tod von Jan Hus“ (1415/2015) bildete auch das Leitmotiv für eine Viertages-Busfahrt nach Konstanz vom 4. bis 7. Juni 2015 mit Besuch des Münsters, der Konzilshalle und des Hus-Hauses in Konstanz. Auf dem Weg zum Bodensee wurden Kirchen, Klöster und Schlösser in Kaisheim, Salem, Überlingen, Meersburg, Landsberg am Lech und Buxheim besichtigt. Das Gedenken an den vor 700 Jahren in Prag geborenen Kaiser Karl IV. (1316–1378) hatte eine Bayerisch-

Tschechische Landesausstellung zur Folge, die am 29. Oktober 2016 von Regensburg aus mit einer Busfahrt aufgesucht wurde und die bei den Teilnehmern ein vertieftes Verständnis für den böhmischen Herrscher, den Konkurrenten und Nachfolger Ludwigs des Bayern (Anknüpfung an das Jahresthema 2014), vermittelte.
Auch die Bayerische Landesausstellung 2015 „Napoleon und Bayern" im Neuen Schloss (Bayerisches Armeemuseum) war am 9. Mai Ziel einer Busexkursion, in der der politische Abstieg Napoleons vor 200 Jahren thematisiert wurde. Die Ausstellung „Im Schutz des Engels" richtete die Aufmerksamkeit der Fahrtteilnehmer am 11. September 2015 auf die Begründung des Klosters Michaelsberg in Bamberg vor tausend Jahren (1015).
Bis ins Mittelalter reichte der Vortrag von Stadtrat Dr. Klaus Rappert (Regensburg) „Die Testamentserrichtung in der Reichsstadt Regensburg" zurück, der am 13. Januar 2015 rund 500 Jahre Rechtsentwicklung und Rechtsgeschichte, illustriert an praktischen Beispielen, Revue passieren ließ. Demgegenüber behandelte der Stadtheimatpfleger ein für die Regensburger denkwürdiges Kapitel der Zeitgeschichte: Im Gedenken an den 70. Todestag würdigte er am 21. April 2015 den von den Nationalsozialisten wegen seines Einsatzes zur kampflosen Übergabe der Stadt am 24. April 1945 hingerichteten Domprediger Dr. Johann Maier.
Angesichts der prosperierenden wirtschaftlichen Entwicklung Regensburgs in den letzten Jahren bot der Stadtheimatpfleger am 8. Dezember 2015 den Vortrag „Von der Handelsmetropole des Mittelalters zur Boomtown des 21. Jahrhunderts – Die Wirtschaft Regensburgs im Überblick" an. Unter den Zuhörern konnte der Referent auch Oberbürgermeister a.D. Hans Schaidinger begrüßen.

Denkmalpflege

Aktuelle Fragen der Stadtplanung und Stadtentwicklung „unters Volk zu bringen", dabei auch denkmalpflegerische Aspekte und Fragestellungen ins Bewusstsein der Öffentlichkeit zu heben, das versucht der Heimatpfleger in mancherlei Veranstaltungen zu erreichen. So wurde am 24. März 2015 ein Abend „Zukunftsthemen der Stadtplanung in Regensburg. Regensburger Kultur- und Kongresszentrum am Ernst-Reuter-Platz und Mobilitätsdrehscheibe am Bahnhof" mit Unterstützung der Planungs- und Baureferentin der Stadt Regensburg, Christine Schimpfermann, und der Leiterin des Stadtplanungsamtes, Ute Hick-Weber, geplant und durchgeführt. Der Abend stieß ob der Aktualität und kontroverser

Abb. 2: Begrüßung des Künstlers Peter Androsch durch den Stadtheimatpfleger im Historischen Museum zum „Gespräch zur Akustik". Foto: Archiv des Autors

Meinungen im Auditorium auf lebhaftes Interesse. Ähnlich war es bei einer Veranstaltung rund ein Jahr später mit dem Titel: „Alte Fußgängerzonen – neue Gestaltung und mehr Aufenthaltsqualität. Planungen für den Innenstadtbereich (Drei-Helm-Gasse, Pfauengasse, Weiße-Lilien-Gasse, Viereimergasse, Schwarze-Bären-Straße, Frauenbergl, Salzburger-Gasse, südlicher Teil der Kapellengasse)". Dazu referierte Sara Yamani, stellvertretende Amtsleiterin des Stadtplanungsamtes der Stadt Regensburg. Fragen der Verträglichkeit der Maßnahmen mit dem Altstadt-Stadtbild wurden durchaus auch aufgeworfen.
Beim „Tag des offenen Denkmals" am 13. September 2015 zum Thema „Handwerk, Technik, Industrie" übernahm der Stadtheimatpfleger die Führung „Die reichsstädtischen Brunnen – Technik und Zierde". Er wies dabei auch auf die Problematik des Funktionswegfalls der jahrhundertelangen Wasserversorgung durch die Brunnen, die trotzdem bestehende Verpflichtung zur Erhaltung dieser Kunst- und Tech-

nikdenkmäler, die Problematik der Versetzung von Brunnen und die neuerdings zu beobachtende Abschaltung des Wasserzulaufs zu den Brunnen hin.
Die denkmalpflegerische Rettung eines römischen Inschriftensteins beim Bau des damaligen Kaufhauses Horten am Neupfarrplatz 1972 durch die Aufmerksamkeit eines geschichtsinteressierten Regensburgers beleuchtete Dr. Wilhelm Pfaffel am 16. Februar 2016: Der Stein war schon auf der Deponie gelandet, konnte aber von dort gerettet und dem Historischen Museum der Stadt Regensburg übergeben werden. Vor allem aber widmete sich Dr. Pfaffel an diesem Abend der Entzifferung des rätselhaften Textes der sogenannten „Larunda-Inschrift".
Die Regensburger Herbstsymposien für Kunst, Geschichte und Denkmalpflege bereitet der Regensburger Stadtheimatpfleger als Mitveranstalter regelmäßig mit vor und engagiert sich jeweils als Moderator bei der Durchführung des Programms. Beim Herbstsymposion 2016 über „Regensburger Plätze. Geschichte und Funktion städtischer Räume" übernahm er einen Vortrag mit dem Titel „Plätze als Orte des urbanen Freizeitverhaltens" und machte dabei vor allem auch auf die Problematik der Vereinbarkeit von gastronomischen Freisitzen und den Anforderungen eines mittelalterlichen Stadtbilds und einer Welterbestadt aufmerksam.[5]
Der Jugendbauhütte der Deutschen Stiftung Denkmalschutz und ihrem Engagement in Regensburg beim Projekt Burgfriedenssäulen – deren Erfassung und denkmalpflegerischer Erhaltung – widmete sich ein Abend am 22. Oktober 2015. Als Referent war aus Bonn sogar Dr. Wolfgang Illert, der Vorstand der Deutschen Stiftung Denkmalsschutz angereist.

Kulturpflege

Unter dem Begriff „Kulturpflege" seien hier einige weitere Veranstaltungen aus dem Programm des Stadtheimatpflegers aufgelistet, die sich dem Komplex „Bildende Künste" und der Förderung von „Heimatverbundenheit" zuordnen lassen:
Die seit 1997 laufende Führungsreihe „Kirche und Wirtshaus" in und um Regensburg erschließt vor allem den kunstgeschichtlichen Wert von Sakralbauten. Auch wird den – möglichst im gewachsenen Ensemble – zugeordneten Wirtshäusern historische Aufmerksamkeit geschenkt und ihr Bezug zu Kirchen hinterfragt. 2015 standen in drei aufeinanderfolgenden Wochen vom 2. bis 17. Juli, jeweils donnerstags und freitags, die Katholische Expositurkirche St. Michael in Hofdorf und St. Jakobus in Kiefenholz mit dem Gasthaus Peutl in Kiefenholz, dann die Katholische Pfarrkirche St. Jakobus in Regenstauf und die Expositurkirche St. Peter und Paul in Bubach am Forst mit dem Gasthaus Schlehuber in Bubach am Forst, ferner die Katholische Pfarrkirche Mariä Opferung in Duggendorf, die Filialkirche St. Sebastian in Hochdorf sowie die Hofmarkskirche St. Philippus und Jakobus zu Wischenhofen mit dem Gasthaus Hummel in Wischenhofen auf dem Programm. Im Jahr 2016 wurden mit Blick auf das vom Kulturreferat der Stadt Regensburg ausgegebene Jahresthema „Stadtgestaltung" – „800 Jahre Dominikanerorden" die Dominikanerkirchen der Stadt und des Umlandes ins Programm genommen, so die Dominikanerkirche St. Blasius in Regensburg mit der Augustinergaststätte, die Dominikanerinnenkirche Heiligkreuz in Regensburg mit der Kreuzschänke und die ehemalige Dominikanerinnenkirche Adlersberg (Abb. 1) mit dem Brauereigasthof Prössl in Adlersberg.
Mit „Domvergleichsfahrten" soll der kunstgeschichtliche Wert des Regensburger Doms St. Peter besser eingeschätzt werden können. Deshalb werden seit 1998 entsprechende Fahrten angeboten, die zu einem „Renner" im Programmangebot des Regensburger Stadtheimatpflegers geworden sind. Vom 28. Juni bis 3. Juli 2016 wurde eine Fünftagesfahrt nach Polen unternommen. Aufgesucht wurden die Dome in Gnesen/Gniezno, Posen/Poznań, Thorn/Toruń und Breslau/Wrocław. Breslau als europäischer Kulturhauptstadt 2016 wurde mit einem besonderen Besuchsprogramm Tribut gezollt. Ein Abstecher wurde auch zum Grab der hl. Hedwig von Andechs im Kloster Trebnitz/Trzebnica unternommen, auf der Heimfahrt auch der Dom in Meißen besichtigt.
Die Bayerische Landesausstellung 2016 „Bier in Bayern" im Kloster Aldersbach war natürlich ein „Muss", zu der auch der Regensburger Stadtheimatpfleger am 30. April bereits eine Busfahrt unternahm, die voll ausgebucht war. Im Kontext dieses Themas zum Gedenken an „500 Jahre Bayerisches Reinheitsgebot (1516/2016)" bot der Stadtheimatpfleger vorweg am 23. Februar 2016 in Kooperation mit der Katholischen Erwachsenenbildung Regensburg-Land e.V. das Spezialthema „Bier in der Bibel – und die starke Konkurrenz des Weins" an.
Im Blick auf die Vorbereitung einer Ausstellung im Historischen Museum der Stadt Regensburg (Laufzeit 18. September 2016 bis 2. April 2017) bot der Stadtheimatpfleger dem 1. Vorsitzenden des Geschichts- und Kulturvereins Regensburg-Kumpfmühl e.V., Hubert H. Wartner – einem Verwandten des Künstlers und Mitinitiator der Ausstellung – am 26. Januar 2016 die Gelegenheit, einführend über „Prof. Rudolf Maison

Abb. 3: Die Führung durch den Skulpturenpark an der Frankenstraße fand großen Anklang. Foto: Archiv des Autors

(1854–1904) – einen in Vergessenheit geratenen Bildhauer aus Regensburg-Steinweg" zu referieren. Am 3. Dezember 2016 führte Hubert H. Wartner dann im Rahmen des Stadtheimatpflegerprogramms durch diese Ausstellung unter dem Motto „Prof. Rudolf Maison (1854–1904) – Bildhauer für König, Kaiser und andere ‚kunstliebhabende Laien'".

Im Rahmen des vom Kulturreferat 2017 ausgegebenen Jahresthemas „Stadtgestaltung" übernahm der Stadtheimatpfleger in Vertretung von Kulturreferent Klemens Unger am 16. September 2016 die Begleitung des österreichischen Komponisten und Aktionskünstlers Peter Androsch bei einem „Hörspaziergang durch die Regensburger Altstadt". Am Abend desselben Tages moderierte er im Historischen Museum ein „Gespräch zur Akustik" mit diesem Künstler (Abb. 2).[6]

Ebenfalls im Rahmen des vom Kulturreferat 2016 ausgegebenen Jahresthemas „Stadtgestaltung" führte der Stadtheimatpfleger am 24. September 2016 im Stadtteil Nord unter der Ankündigung „Eine rätselhafte Kuriosität am Straßenrand" durch den Skulpturenpark des ehemaligen Gärtners Max Buchhauser (1924–2015) in der Frankenstraße, westlich der Oberpfalzbrücke. Das Interesse an der Führung war überwältigend, es fanden sich über 150 Teilnehmer ein (Abb. 3).

Auf Anregung von Erika Eichenseer wurde am 10. Dezember 2016 ein musikalisch-literarischer Abend zum 100. Geburtstag von Felix Hoerburger ins Programm genommen, an dem neben Erika Eichenseer, Beate Himmelstoß, Dr. Thomas Emmerig und das Gitarrenduo „Verzupft" auftraten. Diese Veranstaltung wurde übrigens – wie die meisten Veranstaltungen – in Kooperation mit dem Historischen Verein für Oberpfalz und Regensburg und – wie vielfach auch – in Zusammenarbeit mit dem Kulturreferat der Stadt Regensburg durchgeführt. Beiden genannten Institutionen sei an dieser Stelle für die harmonische und hilfreiche Zusammenarbeit gedankt!

1 Werner CHROBAK, Stadt als Heimat. Gedankensplitter eines neuberufenen Heimatpflegers der Stadt Regensburg, in: Denkmalpflege in Regensburg 7 (2000), 6–9.

2 Werner CHROBAK, Aus der Arbeit des Stadtheimatpflegers – der Einstieg, in: Denkmalpflege in Regenburg 8 (1999/2000), 6–9; DERS., Aus der Arbeit des Stadtheimatpflegers. Vom „Runden Tisch", dem Rettungsversuch für das Schloss Pürkelgut und anderen Sachen, in: Denkmalpflege in Regensburg 9 (2001/2002), 5–8; DERS., Aus der Arbeit des Stadtheimatpflegers 2003–2005, in: Denkmalpflege in Regensburg 10 (2003–2005), 168–173; DERS., Aus der Arbeit des Stadtheimatpflegers 2006–2008, in: Denkmalpflege in Regensburg 11 (2006–2008), 214–219; DERS., Aus der Arbeit des Stadtheimatpflegers 2009–2010, in: Denkmalpflege in Regensburg 12 (2009–2010), 149–154; DERS., Aus der Arbeit des Stadtheimatpflegers 2011–2012, in: Denkmalpflege in Regensburg 13 (2011–2012), 308–311; DERS., Aus der Arbeit des Stadtheimatpflegers 2013–2014, in: Denkmalpflege in Regensburg 14 (2013–2014), 179–182.

3 Werner CHROBAK, 10 Jahre Tätigkeit und historische Verantwortung für die Stadt (1998–2008), in: VHVO 147 (2007), 413–424.

4 Werner CHROBAK, 15 Jahre Stadtheimatpfleger in Regensburg. Der „Bürgeranwalt für Kultur" zieht Bilanz, in: Regensburger Almanach 2013, Regensburg 2013, 142–149.

5 Werner CHROBAK, Plätze als Orte des urbanen Freizeitverhaltens, in: Regensburger Plätze. Geschichte und Funktion städtischer Räume (Beiträge des 31. Regensburger Herbstsymposions für Kunst, Geschichte und Denkmalpflege vom 18. Bis 20. November 2016), Regensburg 2016, 80–93.

6 „Regensburger spitzen die Ohren", in: Mittelbayerische Zeitung vom 16.09.2016, 34.

DENKMÄLER IN WORT UND BILD

Bäckergasse 15

Sanierung eines alten Steinweger Hauses

Die Bäckergasse liegt am Ostrand des – 1924 nach Regensburg eingemeindeten – einstigen Marktes Steinweg (Abb. 1). Sie bildete die nördliche Fortsetzung der Stadtamhofer Seifensiedergasse, ehe 1938 durch die Trassierung der „Reichsstraße 8" (heute Frankenstraße) und vor allem durch den Bau des Europakanals in den 1970er Jahren die jahrhundertealten Wegeverbindungen zwischen Steinweg und Stadtamhof gekappt wurden.

Von Süden aus gesehen, beginnt mit dem Haus Nr. 15 die historische Bebauung am Steinweger Regenufer. Nicht zufällig trug das Gebäude, unter dessen Nordteil ein mittelalterlicher Keller liegt, bis zur Eingemeindung die Hausnummer 1.[1] Obwohl es in den 1970er Jahren durch den Bau der Bayerwaldstraße seinen Bezug zum Regenufer verloren hat, bildet das Anwesen, zu dem auch das westlich angrenzende Haus Nr. 15 a gehört, noch immer eine geradezu idyllische Gebäudegruppe (Abb. 2).

Ausweislich der Jahreszahlen, die sowohl am Türsturz des Eingangs als auch an den Wendlungspfosten der Treppe zu lesen sind, wurde der zweigeschossige Halbwalmdachbau 1783/84 errichtet. Die Identität des Erbauers verbirgt sich hinter den Monogrammen *IAW* bzw. *IIW*, die den Jahreszahlen beigegeben sind.[2] Vermutlich handelte es sich dabei um ein und dieselbe Person.

Die im Anschluss an einen Eigentümerwechsel 2013 durchgeführte restauratorische Befunduntersuchung brachte die erfreuliche Erkenntnis, dass die zahlreichen im 20. Jahrhundert vorgenommenen Einbauten das ursprüngliche Raumgefüge zwar verunklärt, substanziell aber weitgehend respektiert hatten.[3] Sowohl die Treppenanlage mit ihren schönen Sägebalustern (Abb. 3) als auch der gut erhaltene Dachstuhl stammen noch aus der Erbauungszeit. Im Obergeschoss und im Dachgeschoss kam unter den jüngeren Bodenbelägen die bauzeitliche Dielung zum Vorschein. Lediglich die Fenster und Türen hatte man durchwegs im 20. Jahrhundert ausgetauscht.

Das Dachgeschoss diente zunächst, ablesbar durch die Aufzugsgaube, zum Großteil als Speicher. Nach Süden zu befand sich allerdings von Anfang an eine über die beiden Giebelfenster belichtete Kammer, die mittels ausgeziegelter Holzständerwände vom übrigen Dachraum abgetrennt war. Die relativ aufwändigen Wandfassungen belegen eine Nutzung als regulärer Wohn- bzw. Aufenthaltsraum. Im Norden des Dachgeschosses wurden um 1900 zwei weitere, schlichtere Kammern eingebaut, ehe dann ab der Mitte des 20. Jahrhunderts die gesamte erste Dachebene als Wohnung genutzt wurde.

Um die zweite Dachebene durchgängig begehbar zu machen, hatte man die Zerrbalken bereits frühzeitig mit sekun-

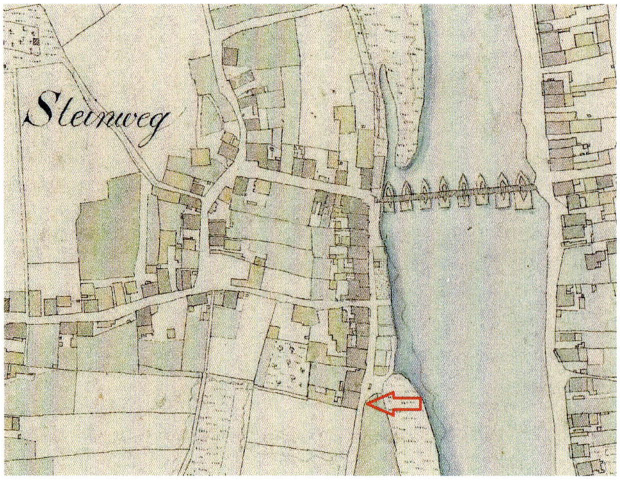

Abb. 1: Kataster-Uraufnahme von Steinweg, 1811. Ausschnitt aus Ortsblatt NO 04317. Rot markiert das Haus Bäckergasse 15. Foto: Bayerische Vermessungsverwaltung München

Abb. 2: Blick von Südosten auf das Baudenkmal Bäckergasse 15 (rechts) und das Haus 15 a (links). Foto: © altrofoto, 2016

Abb. 3: Bäckergasse 15, Treppe zwischen Ober- und Dachgeschoss. Zustand nach Sanierung. Foto: © altrofoto, 2016

Abb. 4: Bäckergasse 15, Obergeschoss, containerartiger Einbau zur Unterbringung von Bad, WC und Abstellraum. Foto: © altrofoto, 2016

där verwendeten Brettern belegt, die Reste von floralen Malereien und Inschriften zeigen. Ob sie aus dem Haus stammen oder von einem anderen Gebäude hierher verbracht wurden, ist unklar.

Das Sanierungskonzept[4] zielte darauf ab, die Grundrisse der Wohneinheiten aus der historischen Raumstruktur zu entwickeln. So konnte im Erdgeschoss durch einen Rückbau der im 20. Jahrhundert eingefügten Trennwände der zum Treppenraum sich öffnende Hausgang wieder erlebbar gemacht werden. Seitlich davon liegt jeweils eine Wohneinheit, deren Raumgliederung sich im Wesentlichen aus dem bauzeitlichen Bestand ergibt, denn auch hier wurden die nachträglich eingezogenen Trennwände wieder entfernt. Im Obergeschoss ließ sich die Herstellung von zwei Wohneinheiten ebenfalls ohne nennenswerte Eingriffe in den Altbestand durch den Rückbau jüngerer Trennwände verwirklichen. Ein dadurch in der südlichen Wohnung entstandener, über 50 Quadratmeter großer Raum wurde durch Einstellung eines „Sanitär-Containers" (Abb. 4) in eine flurartige Eingangszone und einen Wohn-/Essbereich gegliedert.
Größere denkmalpflegerische Zugeständnisse erforderte indes – wieder einmal – die Schaffung einer attraktiven Wohneinheit im Dach. Um eine ausreichende Belichtung sicherzustellen und den energetischen Anforderungen zu genügen, mussten unter anderem die bauzeitlichen Schleppgauben grundlegend ertüchtigt und um neue baugleiche Gauben ergänzt werden. Verbunden mit der Beseitigung der beiden unpassenden, im 20. Jahrhundert errichteten Satteldachgauben (Abb. 5) hat dadurch die Ostansicht des Daches in ge-

Abb. 5: Bäckergasse 15 von Südosten. Foto: P. Ferstl, BSR, 1993

stalterischer Hinsicht durchaus eine Aufwertung erfahren. Dass jedoch im Inneren das bauzeitliche Südzimmer, ein kulturgeschichtlich interessantes Dokument früher Wohnnutzung von Dachräumen, aufgegeben wurde, ist bedauerlich. Das Argument, dadurch die Dachkonstruktion besser erlebbar machen zu können, vermag zumindest aus denkmalpflegerischer Sicht nicht zu überzeugen, hatte doch das Dachtragwerk eine rein statisch-konstruktive Funktion. Trotz dieses Wermutstropfens war die Maßnahme in der Gesamtbilanz von einem respektvollen planerischen Umgang mit dem bauzeitlichen Bestand und den auf uns gekommenen historischen Oberflächen geprägt. Erforderliche neue Elemente wurden stilsicher angepasst. So erhielten die Kastenfenster Außenflügel mit Einscheibenverglasung und filigraner Profilierung, während die Innenflügel eine sprossenlose Isolierverglasung besitzen.

Nach außen hin präsentiert sich das Haus nun wieder entsprechend seiner Erstfassung in Kalkweiß mit steinsichtigen Fenster- und Türgewänden (vgl. Abb. 2).[5] Allein schon aus ästhetischen Gründen hätte man dem Anwesen den Erhalt des südlich anschließenden Obstgartens gewünscht. Aber solche Gedanken passen nicht mehr in unsere Zeit. Durch die für 2018 vorgesehene Bebauung des Gartens wird die bisher gut ablesbare Südostecke des einstigen Marktes Steinweg (vgl. Abb. 1) im Stadtbild nicht mehr wahrnehmbar sein.

Eugen Trapp

1 Entsprechend bis heute die Flurstücknummer 1 der Gemarkung Steinweg. – Bei dem Keller handelt es sich um eine zweiphasig erbaute ost-west-gerichtete Anlage, seit 1784 in voller Breite des Hauses, die Osthälfte noch mittelalterlich. Vgl. Befunduntersuchung durch Kirchenmaler- und Restaurierungswerkstatt Andreas Richter, Februar 2013 (ZDR), Befund-Nr. KG 0.1–0.20.

2 *IAW* am Treppengeländer, *HW* am Hauseingang.

3 Befunduntersuchung (wie Anm. 1). – Zum Eigentümerwechsel siehe Daniel STEFFEN, Wenn ein Abschied zur Feier wird, in: MZ v. 14.1.2013.

4 Gesamtplanung: Architekturbüro Michael Feil, Regensburg.

5 Vgl. Befunduntersuchung (wie Anm. 1), 13 u. Befund-Nr. F 4–6, 11–14.

Donaulände[1]

Neue archäologische Befunde an der alten Stadtmauer

Es liegt in der Natur großer Bauprojekte, dass sie nie allein stehen, sondern weitere Baumaßnahmen nach sich ziehen. Dies ist auch in Regensburg der Fall, wo nach Abschluss der Grabungen für das zukünftige Museum der Bayerischen Geschichte die Archäologen 2015 erneut anrücken mussten[2] – diesmal um die Uferbereiche der Donau zu untersuchen, wo seit 2015 eine neue Promenadenmauer mit einer großzügigen Treppenanlage errichtet wurde. Außerdem musste um den historischen Ostenstadel eine Ringdrainage angelegt werden, um das zukünftige Museumsdepot hochwassersicher zu machen.

Bereits zu Beginn der Planungen war klar, dass man bei den Baumaßnahmen auf die historische donaubegleitende Stadtmauer treffen würde. Jene wurde als letzter Befestigungsabschnitt der Westen- und Ostenvorstadt Regensburgs zwischen 1320 und 1330 erbaut. Erst mit der Entwicklung weitreichender Feuerwaffen verlor die Stadtmauer im 18. Jahrhundert ihre militärische Bedeutung. Im 19. Jahrhundert erfolgte, beginnend mit der donauseitigen Befestigung, der mehr oder weniger systematische Abbruch.[3]

Wie erwartet konnten die Reste dieser Stadtmauer auf beinahe 200 Metern Länge verfolgt und auf maximal 1,20 Meter Mauerhöhe freigelegt werden, ohne deren Unterkante zu erreichen (Abb. 1). Anhand verschiedener Baufugen war erkennbar, dass die Wehrmauer in mehreren Abschnitten errichtet worden war, wobei stellenweise Reste älterer Gebäude, die in der Flucht der Befestigungsmauer lagen, überbaut wurden. Die einzelnen Mauerabschnitte waren einheitlich als Schalenmauerwerk aufgeführt, wobei die Außenschalen überwiegend in unregelmäßigen, teils abreißenden Lagen, teilweise auch in regellosem Steinverband gesetzt waren. Die Mauerstärken variierten insgesamt beträchtlich zwischen 1,40 und 2,80 Metern. Stellenweise hatten sich Reste groben Wandputzes erhalten.

Abb. 1: Blick auf das Donauufer mit der freigelegten Stadtmauer, Blick nach Westen, rechts die Donau. Foto: Fa. Archaios

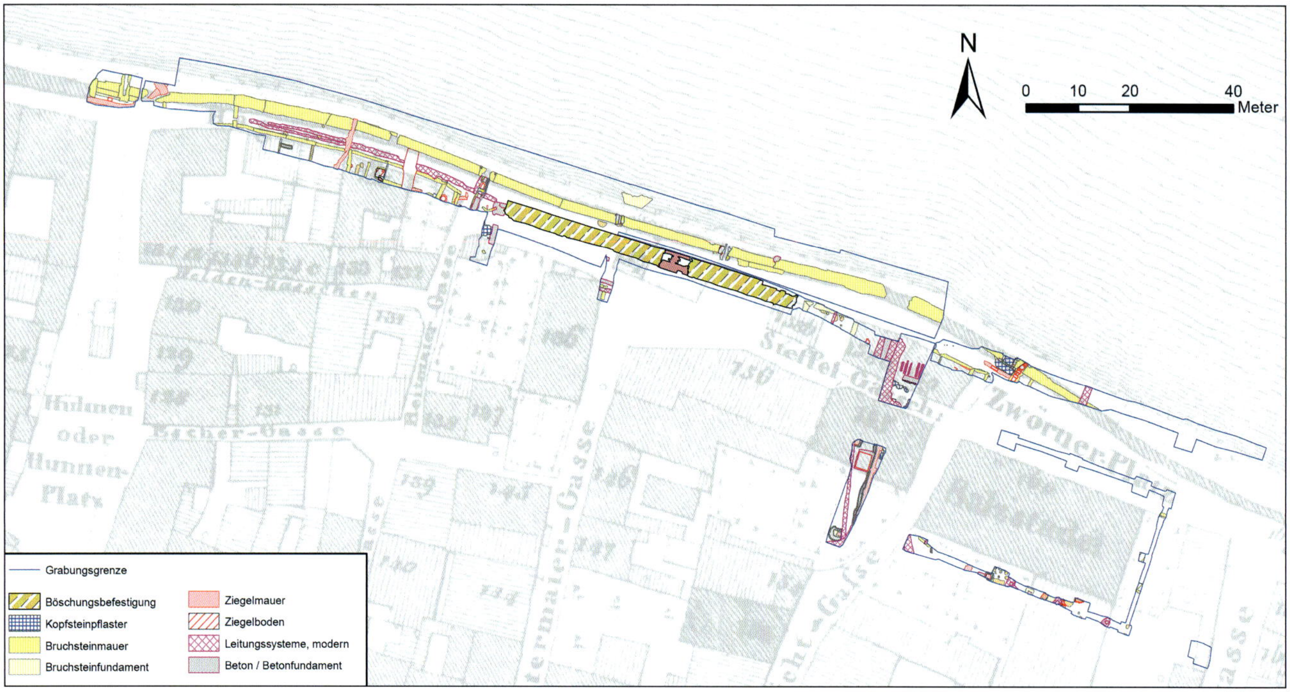

Abb. 2: Gesamtplan der Ausgrabung am Donauufer auf der Grundlage des Urkatasters. Grafik: Fa. Archaios

Für das Jahr 1610 ist überliefert, dass die entlang der Donau verlaufende Stadtmauer zwischen Ostentor und Wiedfang ausgebessert und verstärkt wurde. In diesem Zusammenhang wurde wohl ein bloß 1,80 Meter starker Mauerabschnitt mit einer an der Innenseite angesetzten, etwa 0,85 Meter dicken Vormauerung versehen und weiter östlich ein Teil der Mauer durch eine 1,20 Meter starke Vormauerung an der Südseite stabilisiert.

Von besonderem Interesse ist jedoch, dass im erfassten Abschnitt der donauseitigen Befestigung insgesamt sechs nutzungszeitliche Maueröffnungen nachzuweisen waren, darunter mindestens vier Tore, die mit einer Ausnahme weder durch alte Ansichten noch anhand historischer Stadtpläne bekannt waren (Abb. 2). Während zwei dieser Öffnungen nur zum Abführen von Abwasser bzw. als Schlupftürl dienten, lag in Flucht der ehemaligen Reitmaiergasse ein mit Kalksteingewänden ausgestattetes Tor, dessen komfortable Durchgangsbreite von 2,70 Metern auch ein Befahren mit Wagen und Karren ermöglichte. Mit einem massiven Mauerblock wurde dieser Durchlass später geschlossen.

Von einem weiteren, gut 27 Metern östlich liegenden Tor, das durch Kanäle weitgehend gestört war, hatten sich ansatzweise die Laibungen mit einer Durchgangsbreite von 1,40 Metern erhalten. Ein drittes lag 21 Meter weiter. In seinem 1,95 Meter breiten Tordurchgang waren Reste eines nachlässig verlegten Ziegelpflasters bewahrt, das gestuft aus der Stadt hinaus führte.

Das am besten erhaltene und vermutlich einst auch am aufwändigsten ausgebaute Tor befand sich am westlichen Ende des ehemaligen Zwörnerplatzes, in Verlängerung der Gichtlgasse (Abb. 3). Die dokumentierten Architekturreste vermitteln eine relativ genaue Vorstellung vom Aussehen der ehemaligen Toranlage: Sorgfältig bearbeitete Sockel aus Grünsandstein trugen ursprünglich die Gewände des Innen- und Außentors von jeweils 1,80 Metern Breite. Eine Schwelle aus Kalksteinquadern am inneren Torbogen bildete eine Stufe von der gepflasterten Gasse zum ebenfalls kopfsteingepflasterten Torhof. Seitlich wies dieser zwei 1,40 x 0,50 Meter große Tor-Nischen mit Kalksteinplattenboden auf. Wahrscheinlich handelt es sich bei dieser Toranlage um das sogenannte „Pulverthürl", das im Stadtplan von 1808 verortet ist und zur am Donauufer gelegenen Pulvermühle hinausführte.

Neben Resten bekannter Häuser, die erst im späten 19. Jahrhundert abgerissen wurden, kamen bei der Grabung mehrfach Baustrukturen zum Vorschein, die bislang unbekannt waren und älter als die Stadtmauer sind. Bemerkenswert ist dabei ein großer Hallenbau. Seine im Aufgehenden 0,90 Me-

Abb. 3: Blick auf das freigelegte „Pulverthürl". Foto: Fa. Archaios

Abb. 4: Blick in den römischen Keller. Foto: Fa. Archaios

ter starken Außenmauern begrenzten einen Innenraum von mehr als 20 Meter West-Ost-Ausdehnung. Drei Punktfundamente trugen einst die Stützen der Decken- und/oder Dachkonstruktion dieses Gebäudes. Vom ehemaligen Boden des Hauses hatte sich keine Spur erhalten, aber das Niveau ist erschließbar und dürfte bei ca. 329,50 m NN gelegen haben, also etwa dort, wo anderenorts hochmittelalterliche Schichten angetroffen wurden.[4] Auch wenn seine Nordausdehnung unbekannt ist, dürfte das freigelegte Gebäude als zur Donau wohl offene Halle rekonstruiert werden, als ein Hafengebäude, das als Warenspeicher oder Bootshaus genutzt wurde. Der nur allgemein romanisch zu datierende Bau wurde spätestens bei der Errichtung der donauseitigen Stadtmauer am Anfang des 14. Jahrhunderts abgebrochen. Dieses Schicksal erlitten auch weitere Gebäude, die bei der Grabung allerdings nur bruchstückhaft erfasst wurden, unter anderem ein wohl zu Wohnzwecken dienendes Haus mit sorgfältig geglättetem Kalkmörtel-Estrich. Dass ein derartig ausgestattetes Gebäude unmittelbar am Donauufer lag, überrascht – und belegt zugleich wie weit sich die Bebauung der Ostenvorstadt vor der Errichtung der Stadtmauer in Richtung Donau vorgeschoben hatte.

Eine weitere Überraschung kam bei der Anlage der Ringdrainage um den Ostenstadel zutage, denn keiner hatte damit gerechnet, dort auf steinerne Architekturreste der Canabae legionis zu treffen. Diese ließen sich bislang erst ab der hochwassergeschützten Niederterrassenkante nachweisen.[5]

Südlich des Ostenstadels stieß man auf Kellermauern eines römischen Gebäudes, die wohl die Zugangssituation zu einem westlich gelegenen Kellerraum darstellten (Abb. 4). Zwei trocken gegen Erdreich gesetzte, nur 0,30 Meter starke Bruchsteinmauern bildeten die Wangen des von Norden aus nach unten führenden Treppenabgangs. Die geringe Mauerstärke ist ein Indiz dafür, dass der Zugang wohl von außerhalb des Hauses, möglicherweise von einem Hof aus erfolgte. Spuren verkohlter Bretter zeugen von den hölzernen Treppenstufen, die direkt auf den anstehenden Lehmboden verlegt wurden. Über eine schmale Schwelle betrat man den westlich gelegenen, mit einem Mörtel-Estrich ausgestatteten Kellerraum. Offensichtlich wurde der Keller zu einem späteren Zeitpunkt umgebaut und das Niveau – diesmal als einfacher Lehmboden – um 30 Zentimeter auf 329,50 Meter NN erhöht.

Der Treppenabgang war verfüllt mit Abbruchschutt des zugehörigen Wohnhauses. Seine Zusammensetzung lässt auf eine hölzerne Fachwerkkonstruktion mit überdurchschnittli-

Abb. 5: Bemalte Wandputzfragmente aus dem Bauschutt des römischen Kellers. Foto: M. Rademacher, BLfD

cher Ausstattungsqualität schließen: Neben Fragmenten von Tegulae und Tubuli und zahlreichen Eisennägeln fanden sich größere Fragmente von Lehmverputz mit Abdrücken von Bauhölzern und Rohrmatten, teilweise auch mit kurvolinearen Einritzungen, die eine bessere Haftung des Putzes gewährleisten sollten. Große Mengen an bis zu handtellergroßen bemalten Wandputzfragmenten geben einen lebendigen Eindruck der einstigen farbigen Ausstattung dieses Wohnhauses (Abb. 5). Neben geometrisch angelegten Mustern in verschiedenen Farben zeigen einige Fragmente florale Verzierungen. Ein Großteil der Fragmente weist zudem mehrere Putzschichten auf, was auf eine längere Nutzungszeit des Gebäudes schließen lässt. Schon jetzt lässt der Grabungsbefund erkennen, dass hier einst das Haus eines reichen Römers stand, der es verstand zu repräsentieren und auch in der Provinz nicht auf die römische Lebensart verzichten wollte. Ob dessen Besitzer wegen der Nähe zur Donau im weitesten Sinne mit dem Fluss zu tun hatte, als Händler, Schiffseigentümer oder desgleichen, oder ob es sich um ein Gasthaus oder öffentliches Gebäude handelte, wird wohl nicht mehr zu klären sein.

Silvia Codreanu-Windauer und Uta Kirpal

1 Dieser Artikel ist fast gleichlautend erschienen: Silvia CODREANU-WINDAUER / Uta KIRPAL, Schlupflöcher zum Ufer – Regensburgs mittelalterliche Stadtmauer an der Donaulände, in: AJB 2015 (Stuttgart 2016), 125–127.

2 Silvia CODREANU-WINDAUER / Lutz-Michael DALLMEIER, Archäologie am Regensburger Donaumarkt, in: DR 14 (Regensburg 2015) 7ff. (mit älterer Lit.).

3 Lutz-Michael DALLMEIER, Das Hallertor, in: DR 13 (Regensburg 2014), 7, Anm. 6.

4 Lutz-Michael. DALLMEIER / Uta KIRPAL, Neue Forschungen am Regensburger Donauufer, in: AJB 2010 (Stuttgart 2011), 132–134; bes. Abb. 206.

5 Roland LINCK / Stefan REUTER, Reginum geht baden – Geophysikalische Prospektion in den Canabae von Regensburg, in: AJB 2010 (Stuttgart 2011), 90ff.

Goldene-Bären-Straße 7

Sanierungsmotto „minimal invasiv"

Das stattliche, nahe der Auffahrt zur Steinernen Brücke gelegene Anwesen gehört zu den beliebtesten Bildmotiven der Regensburger Altstadt. Maler der Romantik wie Hans Kranzberger und Johann Georg Ostermayr (Abb. 1) nahmen es ebenso in den Blick wie spätere Bildchronisten, Fotografen und Postkartenverleger (Abb. 2).[1] Der Grund für dieses besondere Interesse lag, wie die übereinstimmenden Perspektiven beweisen, in dem pittoresken halbrunden Türmchen, das lange Zeit an der östlichen Giebelfassade des Hauses emporragte.

Unabhängig von dieser ästhetisch motivierten Rezeption rückte das Gebäude im Januar 1905 plötzlich auch in den Blickpunkt der stadt- und baugeschichtlichen Forschung. Damals nämlich kam durch den Abbruch des baufälligen östlichen Nachbarhauses der untere Teil des erwähnten Türmchens zum Vorschein. Er entpuppte sich zur Überraschung aller als Apsis eines romanischen Sakralbaus. Schnell war klar, dass es sich dabei um die Kapelle St. Georg am Wiedfang handeln musste, deren Existenz aus den historischen Quellen längst bekannt, deren genaue Lage aber in Vergessenheit geraten war.[2]

Die Freude über die Wiederentdeckung fand ihren unmittelbaren Ausdruck in der Freilegung und Ausbesserung des Mauerwerks (Abb. 3).[3] Dieses ließ man nun steinsichtig, um den Alterswert des Denkmals noch anschaulicher zu machen. Ganz in diesem Sinne bezeichnet die damals angebrachte Inschrift den Ort altertümlich als *Witfent*.[4] Ergänzend dazu wurde auf der Abbruchfläche *„durch Schaffung einer kleinen gärtnerischen Anlage ein malerisches Bild geschaffen, das mit dem … Wiedfangbrunnen ein glückliches Ganzes bildet"*.[5] Dieses Bemühen um eine stadträumliche Inszenierung der romanischen Apsis führte, gleichsam in einer Kettenreaktion, 1906 zu einer weitgehenden Erneuerung des manieristischen Schöpfbrunnens.[6]

Durch die Freilegung der Apsis war nun ein Zustand wieder hergestellt, den Johann Georg Gölgl 1724 in seiner Beschreibung Regensburger Kapellen festgehalten hatte: Das frühere Kirchlein sei *„zwar verbaut worden, doch siehet man annoch gar eigentlich das halbe Rundell, worinnen … der Altar gestanden"*.[7]

Nach den Stadtansichten Bahres, die den Gebäudebestand der Jahre 1614 und 1645 wiedergeben, war die zweigeschossige und mit einem Kegeldach versehene Apsis auch damals gut im Stadtbild zu erkennen (Abb. 4).

Infolge der pflanzlichen Einfassung der Apsis waren am unverputzten Mauerwerk bald erste Schäden festzustellen. Das Bayerische Landesamt für Denkmalpflege forderte schließlich 1934 die unverzügliche Entfernung der *„Grünzeugüberwucherung"*.[8]

Zu einer weiteren Veränderung des pittoresken Ensembles kam es keine zehn Jahre später durch den Rückbau des eigentümlichen Turmaufsatzes. Auf den kulturgeschichtlichen Wert dieser hölzernen Konstruktion hatte schon 1918 Karl

Abb. 1: Johann Georg Ostermayr, Blick durch die Goldene-Bären-Straße von Osten. Aquarell, um 1830 (HMSR, AB 298/12)

Abb. 2: Johann Graf, Blick auf die Ecke Goldene-Bären-Straße/Brückstraße. Bleistift, um 1900 (HMSR, HV 1055)

Theodor Pohlig hingewiesen. Ihm zufolge handelte es sich dabei um eine von Färbern genutzte Anlage zum Trocknen der Garne und Stoffe.[9] Für diese Deutung spricht, dass die fensterartigen Öffnungen mit waagrecht angeordneten Lamellen versehen waren, die eine gute Belüftung gewährleisteten und gleichzeitig vor Sonne und Regen schützten. Wenngleich sich die gewerbliche Nutzung des hoch gelegenen Raumes bisher nicht archivalisch belegen ließ[10], kann seine Verwendung als Belvedere so gut wie ausgeschlossen werden, da die Lamellen die Aussicht extrem einschränkten. Spätestens ab 1932 war der Turmaufsatz der Stadtverwaltung ein Dorn im Auge, da die längst nicht mehr genutzte Konstruktion als störende Zutat empfunden wurde.[11] Allerdings scheint erst die 1941 von den Nationalsozialisten im ganzen Reich propagierte Bewegung zur „*Entschandelung und Gestaltung im Stadt- und Dorfbild*“ zum Rückbau geführt zu haben. Damals jedenfalls wurde die Situation letztmals vom städtischen Fotografen dokumentiert (Abb. 5).[12]

Abgesehen von dem erwähnten Hinweis Pohligs beschäftigte sich die Forschung nach der Wiederentdeckung der Georgskapelle nicht mehr mit dem Turmaufsatz. Sie konzentrierte sich verständlicherweise auf die viel drängenderen Fragen zu Funktion und Form des mittelalterlichen Sakralbaus. Denn bei diesem handelte es sich, wie Walderdorff vermutet und Pohlig nachgewiesen hat, um eine zweigeschossige Anlage (Abb. 6).[13]
Der am östlichen Außenbau freigelegte Rundbogenfries mit profilierten Konsolen über Lisenen und die – allerdings stark fragmentierte – Portalplastik erlauben es, die 1302 erstmals urkundlich erwähnte Kapelle stilkritisch um die Mitte des 12. Jahrhunderts zu datieren.[14] Als prominenter Regensburger Vergleichsbau bietet sich hinsichtlich der Fassadenzier die um 1160 von Bauleuten aus der Diözese Como errichtete Allerheiligenkapelle im Domkreuzgang an.[15]
Die Zweigeschossigkeit jedoch verweist nicht auf lombardisch-italienische, sondern auf deutsche Traditionen, zumal mindestens bis 1533 eine Gewölbeöffnung im Mitteljoch des dreischiffigen unteren Raumes eine direkte Verbindung zum Obergeschoss herstellte.[16] Die nachträgliche Schließung dieser Öffnung ist noch heute an der im Mitteljoch abweichenden, geringeren Scheitelüberhöhung des Gewölbes ablesbar.[17] Der Bau entsprach somit dem Typus der romanischen Doppelkapelle, der sich dadurch auszeichnet, dass in beiden Geschossen übereinander Altäre stehen und Ober- und Unterraum durch eine Öffnung verbunden sind.[18] Die einstige Existenz eines Altars im Obergeschoss lässt sich aus der dortigen Apsis erschließen (vgl. Abb. 6).

Abb. 3: Abbruch des Hauses Lit.-Nr. F 55 und Freilegung des romanischen Mauerwerks der ehemaligen Georgskapelle. Unbekannter Fotograf, 1905 (BSR)

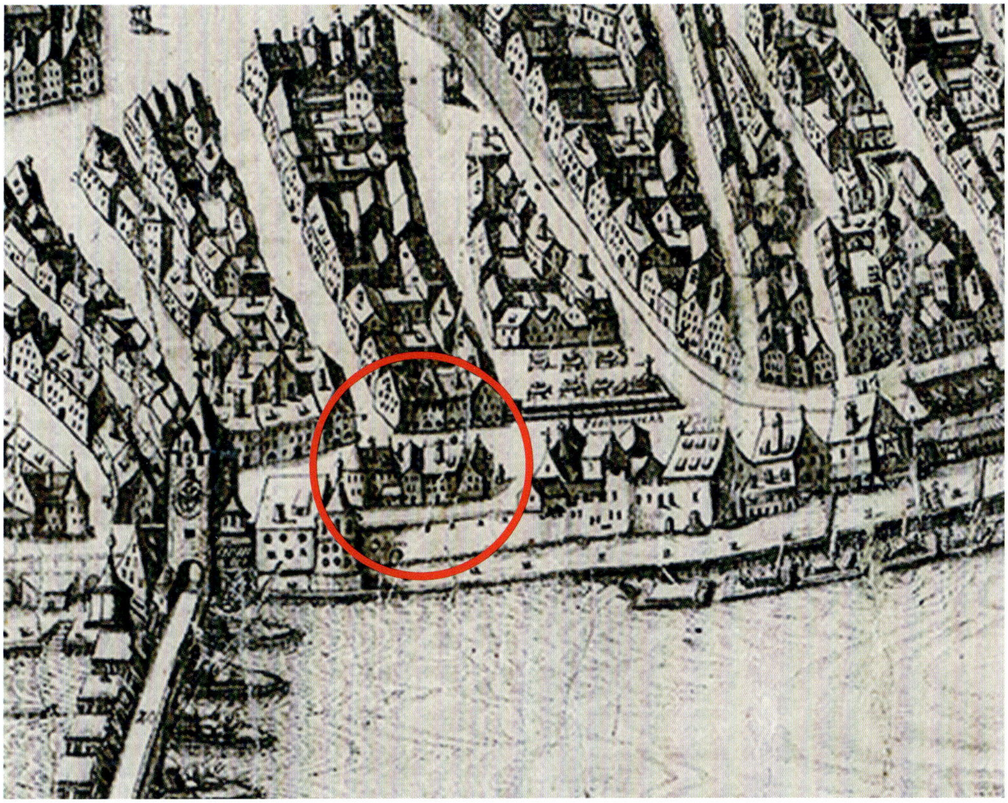

Abb. 4: Hans Georg Bahre, Regensburg aus der Vogelschau von Norden mit dem Gebäudebestand von 1614. Federzeichnung, 1644 (HMSR, HV 1258), Ausschnitt mit dem Bereich um den Wiedfang

Da bei Doppelkapellen die beiden Kulträume verschiedenen Personenkreisen zugedacht waren[19], stellt sich die Frage nach der ursprünglichen Funktion von St. Georg. Aufgrund der Lage am mittelalterlichen Hafenkanal kam es zu der gängigen Forschungsmeinung, die Kapelle habe Kaufleuten und Reisenden gedient, um Segen für ihre Fahrten auf der Donau zu erbitten.[20] Dies klingt plausibel, lässt aber die Doppelgeschossigkeit außer Acht. Auch der Vorschlag, St. Georg im Kontext der hochmittelalterlichen „Kaufmannskirchen“ zu sehen und das Obergeschoss als Speicherraum zu interpretieren, kann aufgrund des architektonischen Befundes (Apsis auch im Obergeschoss, Mittelöffnung zwischen den Geschossen) nicht überzeugen.[21] Denn zum einen waren die sogenannten Kaufmannskirchen viel weiter im Norden, speziell im Ostseeraum, verbreitet und zum andern zeichneten sie sich dadurch aus, dass die Lagerung von Waren und Dokumenten in der Regel im Sakralraum erfolgte und eben nicht in einem eigens dafür vorgesehenen Speicher.[22]

Einen Lösungsansatz könnte die räumliche und zeitliche Nähe zur 1146 vollendeten Steinernen Brücke bieten. Zwar ist St. Georg weder als Brückenkapelle im engeren Sinn anzusprechen – diese Funktion hatte am südlichen Brückenkopf die 1829 abgebrochene Margarethenkapelle und am nördlichen die Johanneskapelle des Dom- bzw. St. Katharinenspitals[23] – noch wurde sie bisher von der Forschung zu den Liegenschaften des *opus pontis*, der mittelalterlichen Institution „Brücke“, gezählt.[24] Dass es dennoch eine enge Bindung der Kapelle an das *opus pontis* gegeben haben dürfte, lässt sich aus einer nach St. Georg gemachten Messstiftung des Bürgers Albrecht Oberhofer vom 2. Oktober 1355 schließen: Die Gebühren für die darin festgelegten gottesdienstlichen und karitativen Leistungen gingen im Falle der Nichterfüllung durch den Kaplan an die Brücke.[25]
Da St. Georg vermutlich also doch in einem institutionellen Zusammenhang mit der Brücke stand, erscheint die Wahl des ungewöhnlichen architektonischen Typus in einem neuen Licht. Die Errichtung einer auf zwei getrennte soziale Nutzer-

Abb. 5: Goldene-Bären-Straße 7, Ansicht von Südosten. Foto: C. Lang, BSR, 1941

Abb. 7: Goldene-Bären-Straße 7, Ansicht von Südwesten vor der Sanierung. Foto: P. Ferstl, BSR, 2013

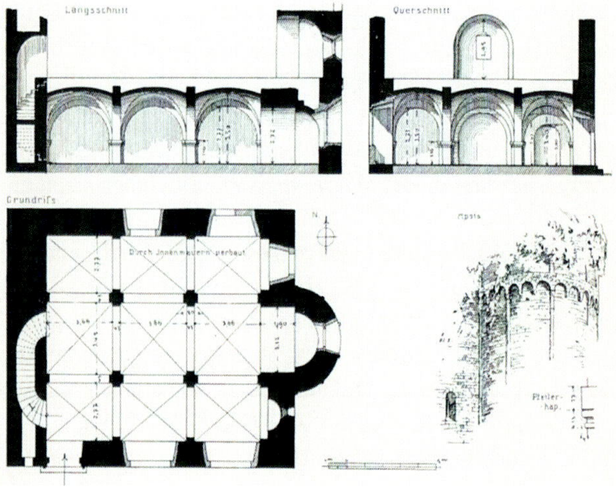

Abb. 6: Goldene-Bären-Straße 7, Schnitte, Erdgeschoss-Grundriss und Zeichnung der Apsis nach KDB Stadt Regensburg III, 47

Abb. 8: Goldene-Bären-Straße 7, Erdgeschoss, Blick durch Mittel- und südliches Seitenschiff. Das nördliche Seitenschiff ist durch Ladeneinbauten abgetrennt. Zustand vor der Sanierung. Foto: P. Ferstl, BSR, 2013

Abb. 9: Goldene-Bären-Straße 7, zweites Obergeschoss, Impression vom Zustand vor der Sanierung. Foto: P. Ferstl, BSR, 2013

gruppen ausgerichteten Doppelkapelle ließe sich nämlich aus dem – mit Sicherheit gewichtigen – landesherrlichen Anteil am Bau der Brücke[26] erklären. Folgt man diesem Gedanken, wäre St. Georg dem Herzog oder Burggrafen beim Besuch der Brücke tatsächlich und in seiner Abwesenheit symbolhaft zur Verfügung gestanden. Auch die Wahl des Patroziniums stützt diesen Deutungsvorschlag, erfreute sich doch der hl. Georg als Idealbild des christlichen Ritters gerade in der Zeit der Kreuzzüge besonderer Verehrung beim Adel.[27]

Spätestens im 14. Jahrhundert kam es zu einer sekundären Nutzung des Obergeschosses als Klause. Der erste Hinweis darauf findet sich in einer zwischen 1515 und 1518 verfassten Lebensbeschreibung[28] des 1329 verstorbenen seligen Friedrich von Regensburg. Darin heißt es, der fromme Friedrich, Laienbruder bei den Augustinereremiten, habe den Todeszeitpunkt einer Klausnerin vorhergesagt, die *„auf dem gewelb pei der steinen Pruck"* lebte. Die lateinische Textfassung beschreibt die Lage der Klause als *„haud longe a ponte lapideo ecclesiae s. Georgii contiguum"*, also nicht weit von der Steinernen Brücke an der Georgskirche. Das Adjektiv *contiguum* impliziert einen unmittelbaren baulichen Zusammenhang, so dass sich aus der Zusammenschau der beiden Fassungen die Lokalisierung der Klause im Obergeschoss von St. Georg ergibt.[29] Bestätigt wird diese Schlussfolgerung durch die oben erwähnte Messstiftung aus dem Jahr 1355. Danach sollten *„der chlosnerinne zu sand Jorigen"* jedes Mal am Jahrtag zwölf Regensburger Pfennige gegeben werden.[30]

Ab 1407 hatte der Rat der Stadt die Lehenschaft über die Kapelle inne.[31] Wohl unter dem Einfluss der Reformation gestattete er 1533 dem Bürger Georg Gusterl die lebenslängliche Nutzung der *„parkirchen uff sand Georgen capelln"*. Allerdings sollte er *„den spunt uff solher parkirchen mit ziegelstainen zuemachen und pflastern"* sowie *„die thür, die von angeregter parkirchen hinab in die kirchen geet, vermauren lassen"*.[32] Mit der offiziellen Annahme der lutherischen Lehre durch die Reichsstadt im Jahre 1542 wurde auch die liturgische Nutzung des Erdgeschosses obsolet.

Der nun ganz für Gewerbe- und Wohnzwecke genutzte Bau dürfte bis um 1570 durch Aufstockung seine heutige Größe erreicht haben. Dies jedenfalls legen die im Sommer 1569 geschlagenen Hölzer des Dachwerks nahe.[33] Damals entstand auch die charakteristische Halbgiebelgaube (Abb. 7) – ein Motiv, das man unter der volkstümlichen Bezeichnung *Ohrwaschl* vor allem von Münchner Bürgerhäusern kennt.

Abb. 10: Goldene-Bären-Straße 7, Erdgeschoss, romanisches Malereifragment als Primärdokument. Foto: P. Ferstl, BSR, 2017

Abb. 11: Goldene-Bären-Straße 7, zweites Dachgeschoss, Westwand des Turmzimmers mit illusionistischer Malerei aus dem 18. oder frühen 19. Jahrhundert: Über einer gemalten Brüstung öffnet sich zwischen Gitterstäben der Blick auf einen Wolkenhimmel. Foto: K. Heide, 2013

Lediglich die funktionslos gewordene Apsis wurde erst einige Jahrzehnte später erhöht, so dass auch das zweite Obergeschoss und das erste Dachgeschoss im Osten jeweils einen halbkreisförmigen Raum erhielten.[34] Da die Apsis auf den Stadtansichten Bahres noch zweigeschossig dargestellt ist (vgl. Abb. 4), dürfte ihr Ausbau nach 1645 geschehen sein. Die interne Erschließung erfolgt zwischen Erdgeschoss und erstem Obergeschoss noch immer über den ursprünglichen, in die 2,25 Meter starke Westwand eingebauten Treppenlauf (vgl. Abb. 6), darüber über die gleichfalls im Westen situierte Treppe der Ausbauphase des 16. Jahrhunderts. Lediglich die Stufen wurden mehrfach erneuert.

Vor Sanierungsbeginn präsentierten sich die einzelnen Geschosse mit vielfältigen Zeugnissen jüngerer Nutzung. Der ehemalige Kapellenraum war durch Ladeneinbauten und infolge der Anhebung des Laufniveaus um bis zu 1,4 Meter[35] nur noch stark eingeschränkt erlebbar (Abb. 8); in den Obergeschossen hatten die letzten Bewohner schrille, aber glücklicherweise nur oberflächliche Spuren hinterlassen (Abb. 9).

Gleichsam auf den zweiten Blick überraschte die immer noch sehr hohe Dichte historischer Ausstattungsteile und Wandfassungen. Da auch die Raumstruktur – barockzeitlich im ersten und zweiten Obergeschoss, aus der Mitte des 19. Jahrhunderts im ersten Dachgeschoss – weitgehend unverändert erhalten war, ergab sich das eng am Bestand orientierte Sanierungskonzept gewissermaßen von selbst. Und dies nicht nur für die Denkmalbehörden, sondern auch für die Bauherrschaft. Von Beruf Mediziner, entschied sich der Eigentümer für die minimal invasive Behandlungsmethode. Lediglich im Erdgeschoss sollte durch eine Bodenabsenkung sowie durch den Rückbau der Überformungen und Provisorien der letzten Jahrhunderte die architektonische Qualität des romanischen Vierstützenraums wieder besser zur Geltung kommen.[36] Diesem Wunsch kamen die Denkmalbehörden unter der Voraussetzung archäologischer und bauforscherischer Begleitung nach.

Nach der behutsam und ihrerseits minimal invasiv durchgeführten statischen Sicherung des Gesamtgebäudes wurde das Sanierungskonzept verfeinert. Neben dem primären Ziel, möglichst wenig in Böden, Decken und Wände einzugreifen, formulierten Bauherr und Planer von sich aus den Anspruch, durch das Zeigen von Befunden die handwerkliche Qualität der einzelnen Ausstattungsphasen am Original zu demonstrieren und dadurch die historische Tiefe des Gebäudes erlebbar zu machen. Nicht möglich war dies lediglich im Fall der 1913 im Chorbereich der einstigen Kapelle „*unter einer fingerdicken Kruste von Tünche*“ entdeckten Wandmalereien. Es handelt sich dabei um – nach Pohlig im frühen 16. Jahrhundert entstandene – Medaillons mit typologisch aufeinander bezogenen Figuren und Szenen aus dem Alten und Neuen Testament, die im Zuge der damaligen unsachgemäßen Freilegung teilweise zerstört und daher wenig später wieder übermalt wurden.[37] Als Primärdokument konserviert und sichtbar belassen wurden jedoch die Reste einer wohl noch romanischen Bemalung der Gurtbögen mit einem Schachbrettmuster (Abb. 10).[38]

Um die Idee, möglichst wenig in den überlieferten Bestand einzugreifen, konsequent umsetzen zu können, entwickelten Bauherr und Planer das Konzept für eine Nutzung des Anwesens als Hotel.

Dem Wunsch, auch in die beiden Dachebenen Gästezimmer einzubauen, konnten die Denkmalbehörden aufgrund der speziellen Nutzungsgeschichte nachkommen: Das erste Dachgeschoss wurde bereits im 19. Jahrhundert, wohl um 1860/65, vollständig zu Wohnzwecken ausgebaut, und in der zweiten Dachebene lieferte die illusionistische Wandmalerei im Turmzimmer (Abb. 11) den Beleg dafür, dass dieser Raum im 18./19. Jahrhundert vorübergehend als besonderer Aufenthaltsort gedient haben muss.

Um die Belichtung der Gästezimmer sicherzustellen, wurden die bestehenden Satteldachgauben repariert und sowohl stadt- als auch donauseitig im Sinne eines Lückenschlusses um jeweils eine neue, gleichartige Gaube ergänzt. Die Zimmer der zweiten Dachebene erhalten ihr Licht über Schleppgauben, wie sie vorübergehend bereits einmal vorhanden waren (vgl. Abb. 2 und 5). Die bittere Pille zusätzlicher Öffnungen zur Entrauchung der Treppenräume war als Nutzungskonsequenz zu schlucken.

Nicht genehmigungsfähig war hingegen die vom Bauherrn anfangs gewünschte Wiederherstellung des Turmaufsatzes. Abgesehen von bauordnungsrechtlichen Einwänden fehlten die nötigen Grundlagen, um den denkmalpflegerischen Ausnahmefall der Rekonstruktion hier fachlich legitimieren zu können. Denn trotz der historischen Ansichten, die das Äußere der Konstruktion zeigen, hätte man sich bei allfälligen Fragen zu Material und Technik, zur Detailausbildung und zur Innengestaltung unweigerlich auf das gefährliche Terrain der Spekulation begeben. Obendrein sind, wie bereits erwähnt, weder Funktion noch genaue Zeitstellung dieses temporär vorhandenen Aufbaus bekannt.

Abb. 12: Goldene-Bären-Straße 7, zweites Obergeschoss, Gästezimmer mit eingebautem Bad. Die Ziegel der neu eingezogenen Wand stammen aus dem Haus. Foto: P. Ferstl, BSR, 2016

Die im Sanierungskonzept formulierte minimal invasive Methode wurde bei der Umsetzung der Maßnahme mit beispielhafter Konsequenz verfolgt. Möglich war dies durch das konstruktive Miteinander aller Beteiligten.[39] Als unumgänglich erwies sich lediglich der Rückbau der Kniestockmauern, da diese der Sanierung des Dachtragwerks buchstäblich im Weg standen. Die dabei ausgebauten Ziegel wurden zur Herstellung erforderlicher neuer Zwischenwände verwendet (Abb. 12).

Am augenfälligsten wird der Respekt vor dem historischen Bestand im Bekenntnis zum nicht Perfekten, zu abgetretenen Dielen ebenso wie zu fragmentarischen Wandoberflächen, auf denen Fassungen unterschiedlicher Zeitstellungen aufeinandertreffen (Abb. 13). Angesichts dieser Gleichzeitigkeit des Ungleichzeitigen könnte man fast von einem positiven „Chronochaos“ sprechen, hätte nicht Stararchitekt Rem Koolhaas dieser Wortschöpfung schon eine ganz andere Bedeutung gegeben.[40]

Abb. 13: Goldene-Bären-Straße 7, erstes Obergeschoss, Gästezimmer mit Resten unterschiedlicher Wandfassungen. Foto: P. Ferstl, BSR, 2016

Abb. 14: Goldene-Bären-Straße 7, Erdgeschoss, Blick durch das Mittelschiff der ehemaligen Kapelle nach Osten. Rechts Abgang in den unter dem südlichen Seitenschiff liegenden barockzeitlichen Keller. Foto: P. Ferstl, BSR, 2017

Da das 19-Zimmer-Haus als Dependance eines nahe gelegenen Hotels betrieben wird, erübrigte sich der Einbau einer eigenen Rezeption. Dies kommt der Raumwirkung des romanischen Erdgeschosses zugute, das allein schon durch die Entfernung der Ladeneinbauten und die Teilabsenkung des Fußbodens (33 bis 35 Zentimeter im Mittel- und Nordschiff) so viel an architektonischer Anschaulichkeit zurückgewonnen hat, dass die sakrale Aura der einstigen Kapelle wieder spürbar ist (Abb. 14).

Bleibt zu hoffen, dass die Gäste des Hotels den Wert des Originals erkennen und den Charme des Authentischen schätzen.

Eugen Trapp

1 Zur Ansicht Kranzbergers vgl. Wiltrud MUNACK, Der Regensburger Maler Hans Kranzberger (1804–1850). Monographie und Werkverzeichnis (= Regensburger Studien und Quellen zur Kulturgeschichte 15), Regensburg 2005, 159f. (Beschreibung) u. 176 (Abb.).

2 Hugo von WALDERDORFF, Über die Kapellen St. Georgii an der Halleruhr und im Witfend in Regensburg, in: VHVO 56 (1904), Regensburg 1905, 183–192, bes. 189; Karl Theodor POHLIG, Die wiederaufgefundene Doppelkapelle St. Georgii am Wiedfang in Regensburg, in: VHVO 57 (1905), 109–126, bes. 111f.; Regensburger Anzeiger v. 16.3.1905.

3 POHLIG 1905 (wie Anm. 2), 126.

4 Seit Mitte der 1880er Jahre ist in den offiziellen Straßenverzeichnissen die Form *Am Wiedfang* gebräuchlich; vgl. AB 1886, 107. Da WALDERDORFF jedoch weiterhin die mittelalterliche Schreibweise favorisierte (vgl. Anm. 2), könnte er der Verfasser der Inschrift sein.

5 Zit. nach VB 1903–1905, 154.

6 Zum Brunnen vgl. Helmut-Eberhard PAULUS, Regensburger Brunnen und Plätze. Geschichte, Funktion und Ikonographie (Schnell & Steiner, Großer Kunstführer Nr. 203), Regensburg 1998, 47f.; Karl BAUER, Regensburg. Kunst-, Kultur- und Alltagsgeschichte, 6. Aufl., hg. von Peter BAUER, Regensburg 2014, 227.

7 HV, MSR 98/1, 121. Demnach gehörte das Anwesen damals dem Kramhändler und Hansgerichtsassessor Johann Georg Förster.

8 Zit. nach: BLfD, Notizen für ein Beisammensein mit Dr. Boll, 28.2.1934 (ZDR, 4141 80).

9 Karl Theodor POHLIG, Kulturgeschichtliches aus Alt-Regensburg, in: VHVO 68 (1918), 155–170 (hier: 157).

10 Ausweislich der reichsstädtischen Siegelprotokolle (StAR) befand sich das Anwesen spätestens ab 1733 im Besitz der Kaufmannsfamilie von Röthen, von der es durch Heirat auf die Kaufmannsfamilie Mirus überging. Nach dem Tod der Charlotte Mirus 1829 (vgl. Regensburger Wochenblatt v. 27.5.1829) gelangte das Haus zunächst an einen Siebmacher, dann an einen Spengler.

11 Absicht zum Abbau dokumentiert durch Planeintrag des Stadtbauamtes (?) v. April 1932 (BOAR, HA Goldene-Bären-Straße 7).

12 Allgemein zur „Entschandelungsaktion" ZDR, 4141 80 Denkmalpflege Regensburg vor 1970; zum historischen Kontext vgl. Helmut HALTER, Stadt unterm Hakenkreuz. Kommunalpolitik in Regensburg während der NS-Zeit (= Regensburger Studien und Quellen zur Kulturgeschichte 1), Regensburg 1994, 411f.

13 WALDERDORFF (wie Anm. 2), 189f.; POHLIG 1905 (wie Anm. 2), 116–124.

14 Hinweis auf die Erstnennung (RUB I, Nr. 206) bereits bei Adolf SCHMETZER, Der Wiedfang bei der Steinernen Brücke zu Regensburg, in: VHVO 75 (1925), 75–88 (hier: 75).

15 So schon WALDERDORFF (wie Anm. 2), 189; zur jüngeren Literatur vgl. DEHIO, 595 (2. Aufl., 647f.).

16 Dazu bereits POHLIG (wie Anm. 2), 116. Siehe die Ausführungen weiter unten.

17 So schon POHLIG (wie Anm. 2), 124; ausführlicher Karl BUSCH, Regensburger Kirchenbaukunst 1160–1260, in: VHVO 82 (1932), 1–191 (hier: 69). Vgl. auch KDB Stadt Regensburg III, 46 u. 48; DEHIO, 595f. (2. Aufl., 648). Im Detail bestätigt durch das Büro für Denkmalpflege und Architektur Monika Dietrich, Denkmalpflegerische Voruntersuchung durch Kathrin HEIDE, Juni 2013 (ZDR), Bef, E09-02/03.

18 So nach der Definition durch Günter BANDMANN, Art. „Doppelkapelle, -kirche", in: RDK IV, Sp. 196–215 (hier: 204); vgl. auch bereits Oskar SCHÜRER, Romanische Doppelkapellen. Eine typengeschichtliche Untersuchung, in: Marburger Jahrbuch für Kunstwissenschaft 5 (1929), 99–192.

19 Vgl. u. a. BANDMANN (wie Anm. 18), Sp. 204; Hans KOEPF, Bildwörterbuch der Architektur, Stuttgart ^{2}1974, 119.

20 So schon Carl Theodor GEMEINER, Regensburgische Chronik, 4 Bde., Bd. 3, Regensburg 1821, 783; zur jüngeren Literatur vgl. BAP IV, 96; DEHIO 2008, 646.

21 So Martin HOERNES, Romanische Kapellen in Regensburg, in: Helmut-Eberhard PAULUS / Hermann REIDEL / Paul W. WINKLER (Hg.), Romanik in Regensburg. Kunst – Geschichte – Denkmalpflege (= Beiträge des Regensburger Herbstsymposions zur Kunstgeschichte und Denkmalpflege 1994), Regensburg 1996, 32–39 (hier: 39, Anm. 78).

22 Dazu grundlegend Paul JOHANSEN, Die Kaufmannskirche im Ostseegebiet, in: Studien zu den Anfängen des europäischen Städtewesens. Reichenau-Vorträge 1955–56, Sigmaringen 1976, 499–525. – Anders HOERNES (wie Anm. 21), der Speichergewölbe als Kennzeichen der „Kaufmannskirchen" postuliert.

23 Artur DIRMEIER, St.-Katharinenspital und Steinerne Brücke. Spital und Brücke als rechtliche, architektonische und symbolische Einheit, in: Helmut-Eberhard PAULUS / Hermann REIDEL / Paul WINKLER (Hg.), Regensburger Spitäler und Stiftungen (= Beiträge des Regensburger Herbstsymposions zur Kunstgeschichte und Denkmalpflege 1993), Regensburg 1995, 17–30, bes. 19 (Margarethenkapelle fälschlich als Magdalenenkapelle bezeichnet); speziell zur Margarethenkapelle jetzt grundlegend Lutz-Michael DALLMEIER / Mathias HENSCH, Geheimnisse der Steinernen Brücke. Neue archäologische Aufschlüsse zur mittelalterlichen Bebauung des südlichen Brückenkopfes, in: DR 12 (2011), 6–33 (hier: 7–9 u. 31–33, Anm. 10–27).

24 Zum eigentumsrechtlichen Umgriff der Brücke bzw. des *opus pontis* s. Wilhelm VOLKERT, Die Brücke von Regensburg, ihr Siegel und ihr Wappen, in: Architectura 24 (1994), 259–279 (hier: 271–275); DERS., Die Steinerne Brücke in Regensburg. Beiträge zu ihrer Geschichte im Mittelalter, in: Die Oberpfalz 85 (1997), Heft 2, 65–91 (hier: 77–82); DERS., Die Steinerne Brücke in der mittelalterlichen Geschichte Regensburgs, in: Edith FEISTNER (Hg.), Die Steinerne Brücke in Regensburg (= Forum Mittelalter 1), Regensburg 2005, 9–29, bes. 24.

25 RUB II, 68 Nr. 168; vgl. dazu VOLKERT 1994 (wie Anm. 24), 273.

26 Zur Frage der Bauherrschaft der Brücke vor allem VOLKERT 1994 (wie Anm. 24), 266f.; DERS. 1997 (wie Anm. 24), bes. 68f.; DERS. 2005 (wie Anm. 24), 9–29 (hier: 20–24), sowie DIRMEIER (wie Anm. 23), 19, und DERS., Die Steinerne Brücke in Regensburg, in: Edith FEISTNER (Hg.), Das mittelalterliche Regensburg im Zentrum Europas (= Forum Mittelalter Studien 1), Regensburg 2006, 25–41 (hier: 34).

27 Zum Georgspatrozinium vgl. Johann Bapt. LEHNER, Die mittelalterlichen Kirchen-Patrozinien des Bistums Regensburg – Teil 1, in: VHVO 94 (1953), 5–81 (hier: 30f.); Marinus MAIER, Früher Georgskult im altbayerischen Raum (= Abhandlungen der Bayerischen Benediktinerakademie 9), München 1965, 25–32.

28 Antonín PODLAHA, Zwei Legenden über das Leben des Laienbruders Friedrich von Regensburg (= Editiones archivii et bibliothecae s. f. metropolitani capituli Pragensis III), Prag 1905; Wilhelm RÜGAMER, Der Augustinereremit Hieronymus Streitel und seine literarische Tätigkeit: eine historisch-kritische Studien, Würzburg 1911, 19–22.

29 So schon Josef Anton ENDRES, Die Klause von St. Georg am Wiedfang in Regensburg, in: DERS., Beiträge zur Kunst- und Kulturgeschichte des mittelalterlichen Regensburgs, Regensburg 1924, 41–43.c – Das lat. Neutrum *contiguum* erklärt sich aus dem Bezug auf *inclusium*. – Zur Überlieferung vgl. Emmi BÖCK, Regensburger Stadtsagen, Legenden und Mirakel, Regensburg 1982, 162, 486 u. Anm. 141.

30 RUB II, 68 Nr. 168.

31 BUSCH (wie Anm. 17), 71; KDB Stadt Regensburg III, 46.

32 BayHStA, RRU 1533 III 3; zit. nach HOERNES (wie Anm. 21), 39, Anm. 75.

33 Dendrochronologische Untersuchung durch Büro Otto Gschwind, Planegg, April 2013 (ZDR).

34 Büro für Denkmalpflege und Architektur Monika Dietrich, Kathrin HEIDE, Goldene-Bären-Straße 7. Bauhistorische Beschreibung, Juni 2013 (ZDR), 6.

35 Stephanie ZUBER, Goldene-Bären-Str. 7. Bericht zur archäologischen Baubegleitung, 2014 (ZDR), 28.

36 Baugeschichtliche Würdigung zuletzt bei DEHIO 2008, 647.

37 Karl Theodor POHLIG, Aufgedeckte Wandmalereien in der ehemaligen St. Georgskapelle am Wiedfang in Regensburg, in: VHVO 65 (1915), 21–29; danach (23) das Zitat. Vgl. auch KDB Stadt Regensburg III, 49. Zum aktuellen Zustand HEIDE (wie Anm. 34), Bef. E06-01.

38 Andreas RICHTER, Restaurierungsbericht Historisches Altstadtgebäude Goldene-Bären-Straße 7 (ZDR), 10.

39 Gesamtplanung: Architekturbüro Andreas Schubert, Regensburg; Statik: Kugler + Kerschbaum – Partnerschaft beratender Ingenieure, Kelheim; Befunduntersuchung und restauratorische Betreuung: Kirchenmaler- und Restaurierungswerkstätte Andreas Richter, Regenstauf; archäologische Begleitung: Stephanie Zuber, Regensburg.

40 Vgl. Koolhaas' Ausstellungen mit dem Titel „cronocaos" im Rahmen der Biennale (Venedig, 2010) und im New Museum (New York, 2011).

Trothengasse 3

Eine spätkaiserzeitliche Grabgruppe vor den Mauern von Castra Regina

Nach den Großgrabungen der letzten zehn Jahre am Donaumarkt und auf dem ehemaligen Ostermeiergelände[1] wurden auch kleinere Bauprojekte in der östlichen Regensburger Altstadt in Angriff genommen, darunter eine Wohnanlage in der Ostengasse 8.[2] Die archäologischen Untersuchungen des Jahres 2016 boten die Gelegenheit, den Lückenschluss zwischen den beiderseits der Ostengasse stattgefundenen Grabungen sowie der östlich angrenzenden Untersuchungen Trothengasse 7[3] herzustellen. Ein direkter Anschluss an diese Flächen war jedoch nicht möglich, da leider größere Lücken zwischen den Einzeluntersuchungen klafften. Das archäologisch 2016 untersuchte Areal[4] nördlich des Gebäudes Trothengasse 5 war unbebaut und auch im Urkataster als Gartenfläche ausgewiesen. Das Gelände fällt dort von der Trothengasse her nach Osten zum Hof hin um gut einen Meter ab. Daher verwunderte es auch nicht, als 1,5 Meter unter Straßenniveau ein offenbar neuzeitliches Hofpflaster auftauchte. Ein älteres Hofniveau lag dann wieder etwa einen Meter tiefer. Die Hoffnung auf ungestörte römische Baustrukturen zu stoßen, wie das weiter östlich in der Grabung Trothengasse 7 der Fall war, schien anfangs durchaus berechtigt. Umso größer war die Enttäuschung, als zunächst nur meterhohe frühneuzeitliche Auffüllungen zutage kamen.
Erst drei Meter unter Straßenniveau tauchten die ersten älteren Befunde auf, hoch- bis spätmittelalterliche Öfen unterschiedlichster Größe und Ausrichtung, wie sie aus dem wei-

Abb. 1: Blick von Süden auf die Grabungsfläche mit mittelalterlichem Brunnen und Ofenanlage. Im Bildvordergrund Freilegung des kaiserzeitlichen Grabes. Foto: Fa. Adilo

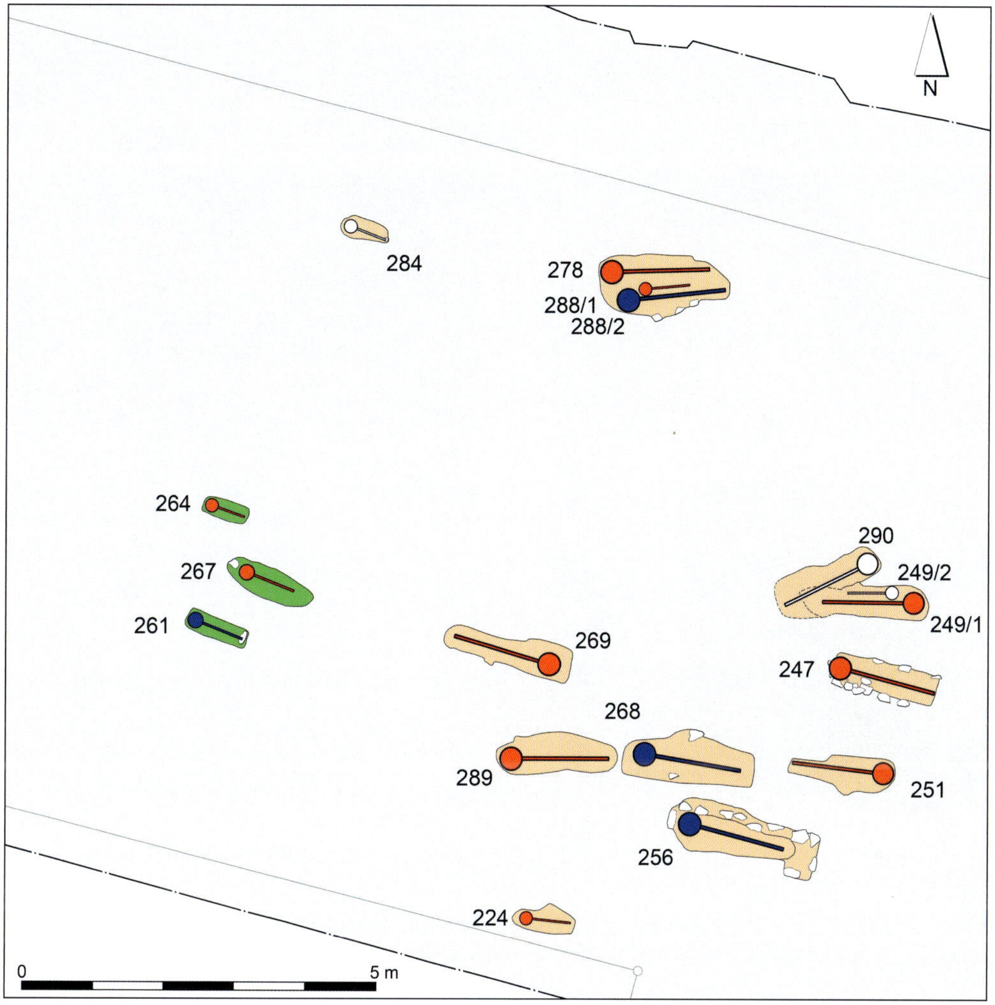

Abb. 2: Schematischer Plan des Gräberfeldes. ocker: spätkaiserzeitliche Gräber; grün: karolingische Gräber. Geschlechtsbestimmung: rot – weiblich; blau – männlich; weiß: unbestimmt. Plan: R. Röhrl, BLfD

teren Umfeld von Regensburg, unter anderem auch vom Donaumarkt, in großer Zahl bekannt geworden sind. Zusammen mit einem Brunnen aus Kalkbruchsteinen und einer wohl hochmittelalterlichen gemauerten Ofenanlage belegen sie, dass dieses Areal schon früh ein Hinterhof gewesen ist, der für handwerkliche Zwecke genutzt wurde (Abb. 1).

Die erwarteten römischen Baubefunde kamen nicht zutage, sondern nur großflächige tiefreichende Gruben, in deren Verfüllung zum Teil römisches Fundmaterial lag. Sie belegen, dass man auf diesem Areal während der Kaiserzeit Sand abbaute.[5]

In den zum Teil verfüllten Gruben stieß man erstaunlicherweise auf 15 Gräber. In zwei davon fanden sich Knochen von weiteren Individuen – ein Indiz dafür, dass wohl einige Bestattungen durch spätere Eingriffe zerstört wurden (Abb. 2). Daher sind sowohl die Anzahl der Individuen als auch die Ausdehnung der Sepultur unklar.

Die meisten Gräber waren beigabenlos, allerdings lag in einem Frauengrab ein zweizeiliger Dreilagenkamm mit einschwingenden Enden, der offensichtlich an einem Gürtelgehänge getragen wurde (Abb. 3). Nach Keller[6] kommen diese Kämme in der Raetia II meist an militärisch befestigten Plätzen vor und gehören in der Masse dem letzten Drittel des 4. Jahrhunderts an. Aus einem zweiten Frauengrab kam ein dreilagiger Beinkamm mit randlich verzierter dreieckiger Griffplatte ans Tageslicht. Diese Kämme mit im Scheitelpunkt der Griffplatte gerundetem Rücken sind im kaiserzeitlich germanischen Fundstoff weit verbreitet – genannt seien

Abb. 3: Beinkämme aus zwei Frauengräbern. Foto: A. Weinzierl, BLfD

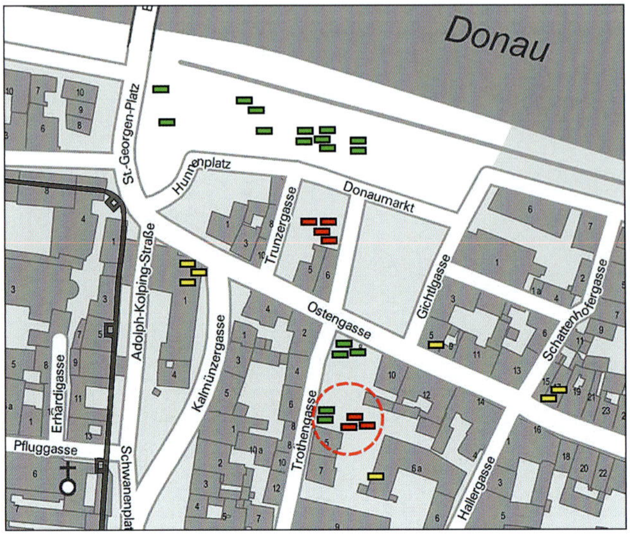

Abb. 4: Regensburg – Areal östlich des Legionslagers mit Eintragung der Grabfunde: rot: 4. Jahrhundert; grün: 8. bis 10. Jahrhundert; weiß: undatiert; rot umrandet die Grabungsfläche 2016. Plan: R. Röhrl, BLfD

zum Beispiel Vergleichsstücke aus Neuburg a.d. Donau[7] oder Eggolsheim/Oberfranken.[8] Sie werden in die zweite Hälfte des 3. Jahrhunderts und die ersten Jahrzehnte des 4. Jahrhunderts datiert (Abb. 3). Diese und eine weitere Frauenbestattung besaßen einfachen Perlenschmuck aus meist ringförmigen, gelblichen und dunkelblauen Glasperlen.

Um die Zeitstellung der meist beigabenlosen Bestattungen zu bestimmen wurde eine größere Serie ^{14}C-beprobt.[9] Das Ergebnis war überraschend, denn während zehn dieser Gräber fast einheitliche Kurven fürs späte 3. bis zum Ende des 4./Anfang des 5. Jahrhunderts aufwiesen, entpuppten sich zwei etwas abseits liegende Kindergräber als Bestattungen des späten 8. bis 9. Jahrhunderts. Zu ihnen gehört wohl ein weiteres dazwischen liegendes Grab eines Neugeborenen. Es handelt sich demnach um zwei zeitlich unterschiedliche und auch räumlich abgesetzte Grabgruppen.

Eine weitere Überraschung bot die anthropologische Untersuchung der insgesamt 17 Individuen.[10] Nur acht waren erwachsene Personen, darunter jedoch nur zwei Männer. Einer davon verstarb im maturen Alter, der andere dürfte 70 bis 80 Jahre alt geworden sein. Auch die Damen wiesen in der Regel ein hohes Lebensalter auf, drei davon zwischen 50 bis 70 Jahre. Fast alle erwachsenen Individuen hatten einen robusten Körperbau mit ausgeprägten Muskelmarken. Körperliche Arbeit scheint demnach den Alltag dieser Menschen geprägt zu haben. Abgesehen von den karolingisch datierten Kindergräbern gehören zur Grabgruppe des 4. Jahrhunderts fünf Kinderbestattungen, darunter zwei Neugeborene und drei Mädchen.

Dass die Alters- und Geschlechtsverteilung dieser spätantiken Grabgruppe weit entfernt von der normalen biologischen Zusammensetzung einer kleinen Siedlungsgemeinschaft ist, liegt auf der Hand. Nur den mittelalterlichen Störungen den Grund dafür zuzuschreiben, scheint zu kurz gegriffen, zumal auffällige Geschlechtsverteilungen in kaiser- und völkerwanderungszeitlichen Grabgruppen auch anderswo zu beobachten sind. Solch ein auffälliger Überhang an weiblichen Bestattungen, aber auch das Fehlen der spätjuvenilen bis adulten Erwachsenen, also der produktivsten Gruppe, lässt einige Fragen aufkommen. Ähnlich verhielt es sich im kaiserzeitlichen Gräberfeld von Kahl am Main.[11] Dort wird gemutmaßt, dass die Männer „in den besten Jahren“ beim römischen Militär anheuerten und nach ihrer Entlassung in die alte Heimat ins Barbaricum zurückkehrten. Der entscheidende Unterschied zur Gräbergruppe in der Trothengasse liegt darin, dass diese Gemeinschaft auf römischem Reichsgebiet lebte. Die inzwischen durchgeführten Strontium-Isotopen-Analysen[12] deuten darauf hin, dass ein Großteil der spätantiken Erwachsenen dieser Nekropole nicht im Regensburger Umland südlich der Donau aufgewachsen ist, sondern hierher als Einwanderer kam. Die Funde könnten darauf hindeuten, dass es sich um eine kleine Gruppe von Germanen handelt.

Viele Fragen bleiben jedoch offen: War der 100 Meter östlich der Mauern des Legionslagers Castra Regina liegende Begräbnisplatz eine Separatgrablege einer kleinen germanischen Siedlergruppe des 4./frühen 5. Jahrhunderts oder Teil eines größeren spätantiken Friedhofes entlang der östlichen Ausfallstraße – der heutigen Ostengasse – auf den einige Grabfunde nördlich der Straße (Abb. 4) hinweisen?

Weitere beigabenlose und daher bislang undatierte Gräber aus dem östlichen Vorfeld des Legionslagers könnten auch aus karolingisch/ottonischer Zeit stammen. Über 30 Bestattungen dieser Zeitstellung lagen verstreut im Areal der Donaumarktgrabung und auch unmittelbar südlich der Ostengasse. In diesem Kontext sind auch die zwei ^{14}C-datierten und wohl auch ein drittes dazwischenliegendes Kindergrab zu sehen. Sie belegen, dass trotz des damals etablierten Christentums die zu erwartende Verbindung von Kirche und Friedhof noch lange nicht bindend war.

Silvia Codreanu-Windauer

1 Silvia CODREANU-WINDAUER / Lutz-Michael DALLMEIER, Archäologie am Regensburger Donaumarkt, in: DR 13, Regensburg 2015, 7–25. – Jochen SCHERBAUM / Stefan REUTER, Römische Wohnkultur zwischen mittelalterlichen Latrinen: Neue Untersuchungen in den Canabae von Regensburg, AJB 2005, Stuttgart 2006, 88–90.

2 Jochen SCHERBAUM / Marcus DUMLER, Römisch und romanisch: neue Befunde zu den canabae legionis und zur Ostenvorstadt in Regensburg, AJB 2014, Stuttgart 2015, 108–111.

3 Silvia CODREANU-WINDAUER, Trothengasse 7, DR 10, Regensburg 2006, 222f. – DIES., Im Osten viel Neues! Neue Ergebnisse zur römischen Zivilbebauung in Regensburg, Oberpfalz, in: AJB 2004, Stuttgart 2005, 91–93.

4 Örtliche Grabungsleitung und Grabungsdokumentation: Friedel Loré, Adilo Parsberg.

5 Ähnliche Sand- und Kiesgruben wurden auch am Donaumarkt festgestellt (vgl. Anm. 1).

6 Erwin KELLER, Das spätrömische Gräberfeld von Neuburg an der Donau, in: Materialheft zur Bayerischen Vorgeschichte 40, Kallmünz/Opf. 1979, 47; Taf. 50,6.

7 Ebd. Taf. 4,16; 19,2.

8 Jochen HABERSTROH, Germanische Funde der Kaiser- und Völkerwanderungszeit aus Oberfranken, in: Materialheft zur Bayerischen Vorgeschichte 82, Kallmünz/Opf. 2000, 82f., Taf. 44,1.2.

9 CEZ Archäometrie gGmbH Mannheim.

10 Anthropologische Bestimmung Steve Zäuner, Fa. Anthropol, Hechingen.

11 Felix TEICHNER, Gentes foederatae am Untermain?, in: Thomas FISCHER / Gundolf PRECHT / Jaroslav TEJRAL, Germanen beiderseits des spätantiken Limes. Materialien X. intern. Symposiums „Grundprobleme der frühgeschichtlichen Entwicklung im nördlichen Mitteldonaugebiet", Xanten 2. bis 6. Dez. 1997, Köln/Brno 1999, 145–162.

12 Isotopenanalytik Dipl. Biologin Karin Heck.

Prüfeninger Schloßstraße 73 b

Klosterkirche St. Georg

Zu der umfangreichen Sanierung der ehemaligen Klosterkirche durch das Staatliche Bauamt gehörten auch Drainagearbeiten und die Verlegung von neuen Leitungen, welche archäologisch begleitet werden mussten. Dabei war von Anfang an klar, dass nur geringe Flächen von insgesamt ca. 150 Quadratmetern geöffnet werden sollten, und das in Bereichen, die bereits durch ältere Baumaßnahmen weitgehend gestört sind. Der Drainagegraben wurde, vom Südosteck der Kirche beginnend, um die Chorpartie und entlang der Nordwand der Klosterkirche aufgegraben. Nordwestlich der Kirche erfolgten die erforderlichen Bodeneingriffe zur Verlegung des Kanals.

Die 1119 vom Bamberger Bischof Otto I. geweihte Klosterkirche ist weitgehend noch in ihrer ursprünglichen Form erhalten und stellt zusammen mit der Brunnstube und der 1125 geweihten Pfarrkirche St. Andreas einen einzigartigen romanischen Klosterkomplex dar, selbst wenn der Konvent im Rahmen des neuzeitlichen Schlossbaus stark verändert wurde. Während die Klostergebäude 1803 säkularisiert und an Privatleute veräußert wurden, blieb St. Georg als Pfarrkirche im Besitz des Freistaates Bayern. Ab 1897 begannen dort umfangreiche Restaurierungsarbeiten, im Zuge derer neben der Entdeckung der berühmten Wandgemälde auch Ausgrabungen stattfanden: 1912 legte man im Chorbereich die romanische Hauptapsis frei sowie an der Ostseite des nördlichen Querhausarmes die ursprüngliche Apsis. Begleitenden archäologischen Untersuchungen der Jahre 2001/02 ist es zu verdanken, dass bei den diversen Aufgrabungen für Leitungsverlegungen die Reste des romanischen Paradieses gefunden wurden. Der nahezu 20 Meter breite Innenhof lag im Westen der Kirche. Durch eine Türe in der Nordwand konnte man einen Nebenraum betreten, der nach Ausweis einer dort im Boden eingelassenen Grabplatte als Kapelle zu deuten war.

Auch bei den aktuellen Ausgrabungen kamen weitere bauliche Details an Tageslicht: An der Ostecke des nördlichen Sei-

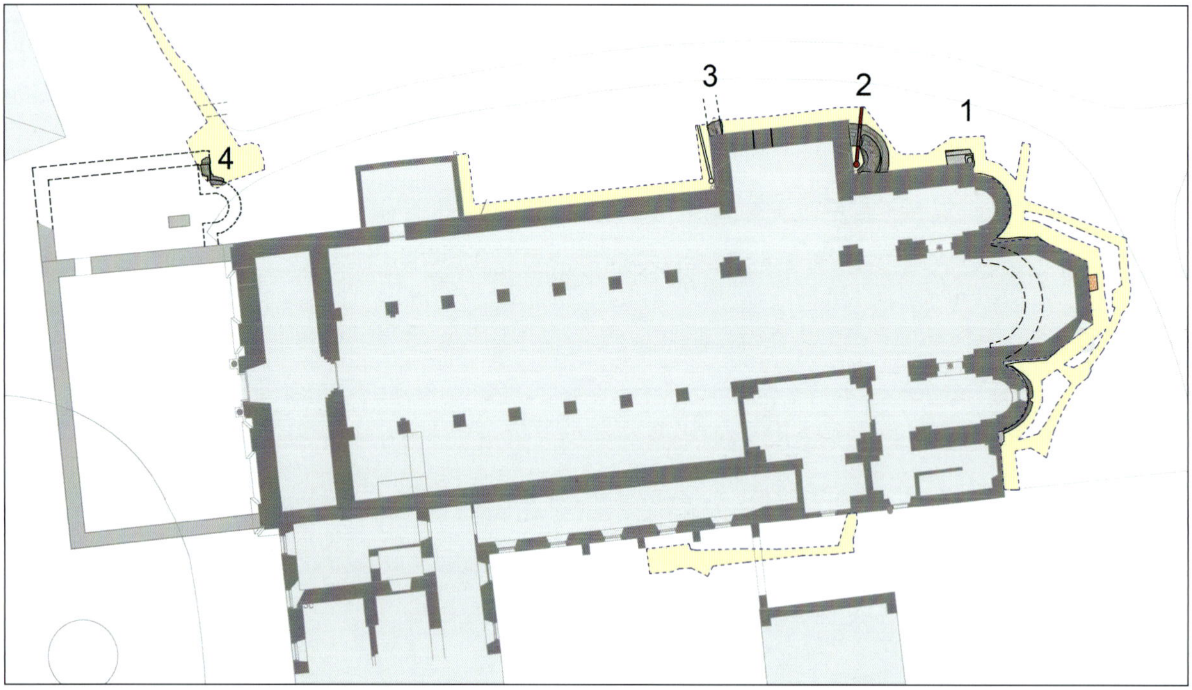

Abb. 1: Grundriss der Klosterkirche mit Eintragung der Grabungsschnitte (gelb) und der wichtigsten Befunde (1–4) sowie der Rekonstruktion des romanischen Paradieses (hellgrau) mit nördlich angrenzender Kapelle. Plangrundlage: Fa. ARCTEAM, Grafik: R. Röhrl, BLfD

Abb. 2: Freigelegte Apside vor dem nördlichen Querhausarm. Foto: ARCTEAM

Abb. 3: Blick von Norden auf den Rest einer Apsis (links) mit einbindender Ostwand (rechts). Foto: ARCTEAM

tenchors traf man auf einen etwa zwei Meter langen Mauerblock aus akkurat zugerichteten Kalksandsteinquadern, dessen unterste Lage entlang der Nordkante eine Sockelschräge aufwies (Abb. 1, siehe Nr. 1). Die Apsis des Nebenchors schließt mit glatter Fuge an diese Mauer an. Möglich erscheint, dass dieser Mauerblock ursprünglich für einen Stützpfeiler geplant war, denn an der Nordseite der Kirche fällt das Gelände kräftig ab. Andererseits ist nicht auszuschließen, dass die nördliche Seitenkapelle ursprünglich breiter angelegt war und im Laufe des Baus eine Planänderung bzw. eine Reduzierung der Mauerstärke stattgefunden hat.

Nur wenige Meter weiter stießen die Archäologen auf die bereits 1912 freigelegte Apsis am nördlichen Querhausarm (Abb. 1, siehe Nr. 2). Sie war von einer Regenrinne durchbrochen, aber sonst bis zu fünf Lagen hoch erhalten (Abb. 2). Auf einer Ausgleichsschicht aus Kalkplatten saß das Quadermauerwerk aus Grünsandstein, wobei die unterste Lage eine etwas konvexe Rundung zeigt, die dann ab der zweiten Quaderlage mit schrägem Sockel korrigiert wurde. Darauf sind partiell noch drei Lagen Sandsteinquader erhalten. Das Apsismauerwerk bindet in die Nordwand des Nebenchores ein. Im Innenraum der Apsis waren schräg verlegte Bruchsteine einer Estrich-Stickung erhalten. Da diese Apsis in einem Stich aus der Mitte des 18. Jahrhunderts nicht mehr dargestellt wird, dürfte sie im Zuge der massiven Umbaumaßnahmen des 17. Jahrhunderts abgerissen worden sein.

An der Westecke der nördlichen Querhauswand traf man auf eine romanische Mauer (Abb. 1, siehe Nr. 3): Stumpf stößt das sauber gesetzte Kalksandstein-Quadermauerwerk an das Querhaus. Während dessen Außenseite glatt ist, zeigte sich an der Innenseite (Ostseite) ein kleiner Mauervorsprung, wohl als Auflager für einen Fußboden. Dessen Niveau passt zur Schwellhöhe einer zugesetzten rundbogigen Türe, die sich etwa zwei Meter östlich befindet und einen Zugang vom Querhaus in diesen Anbau gewährleistete. Von der Ostwand dieses Anbaus war nichts erhalten und seine Nordwand lag außerhalb des Grabungsschnittes. Zu einem späteren Zeitpunkt setzte man auf die abgebrochene romanische Wand eine neue in nachlässiger Bauweise. Es dürfte sich um die neuzeitliche Friedhofsmauer handeln, die die letzte Ruhestätte der Mönche einfasste und im Lageplan des Klosters um 1803 eingezeichnet ist. Nach der Säkularisation wurde dieser aufgelassen, denn auf dem kurz darauf entstandenen Urkataster ist der Friedhof nicht mehr eingezeichnet.

Die wichtigste archäologische Entdeckung lag nordwestlich der Kirche. Inmitten großräumig gestörter Bereiche kam ein Apsisfragment mit angrenzender Ostmauer ans Tageslicht (Abb. 3). Durch Zufall ist es beim Bau eines älteren Kanals nicht zerstört worden, denn das Rohr führte unter den Mauerresten hindurch. Die Apsis stand auf einem Fundament aus Fischgrätmauerwerk. Darauf bildete eine Ausgleichslage aus flachen Kalksteinen die Basis für das Aufgehende aus exakt gearbeiteten Grünsandsteinquadern. Nördlich der Apsis bindet das Quadermauerwerk der Ostwand ein.

Mithilfe dieses – wenn auch rudimentär erhaltenen – Baubefundes kann man die bereits 2001/02 angeschnittene Kapelle rekonstruieren (Abb. 1, siehe Nr. 4), die aufgrund der baulichen Qualität zweifelsfrei der romanischen Anlage des 12. Jahrhundert zuzurechnen ist. Jetzt wissen wir, dass die

vor 15 Jahren entdeckte steinerne Grabplatte eines Priesters aus der Diözese Prag, der im Kloster Prüfening 1434 verstarb, in der Nähe des Altares lag, also in prominenter Lage innerhalb der Kapelle.
Die nun möglich gewordene Rekonstruktion der Kapelle am Paradies ist umso wichtiger angesichts einer schriftlichen Überlieferung, die besagt, dass 1132 eine „basilica" zu Ehren der hl. Maria Magdalena geweiht wurde, welche späteren Nachrichten zufolge südlich des Paradieses gelegen haben soll. Ob diese eine ähnliche Größe bzw. Grundrissgestaltung wie die nun erschlossene Kapelle besaß, ist unklar, denn bei den Grabungen 2001/02 wurde südlich des Paradieses zwar ein spätmittelalterliches Wasserbecken und eine barocke Wasserleitung erfasst, aber keine baulichen Reste aus der Romanik. Da die Maria Magdalena-Kapelle bis 1676 dort gestanden haben soll, hätten archäologische Befunde dieses Sakralbaus zum Vorschein kommen müssen. Daher ist fraglich, ob sie überhaupt an der Südseite des Paradieses verortet werden kann. Vielleicht wurden in der Überlieferung die Seiten verwechselt und sie lag auf der Nordseite des Paradieses. Ferner könnte es sich auch um die 1129 geweihte und nicht lokalisierbare Arbogast-Kapelle handeln, die *„innerhalb der Klostergebäude"* gelegen haben soll. Die Frage, ob damit nicht auch das größere Kloster*areal* gemeint sein kann, zu dem auch der Bereich nördlich des Paradieses gehört, lässt sich ausgehend dieser archäologischen Untersuchungen allerdings nicht beantworten.

Silvia Codreanu-Windauer

Literatur

Hans KARLINGER / Georg HAGER / Georg LILL, Die Kunstdenkmäler des Königreichs Bayern, Oberpfalz und Regensburg, XX Bezirksamt Stadtamhof, München 1914, 162–234.

Anke BORGMEYER / Achim HUBEL / Andreas TILLMANN / Angelika WELLNHOFER, Stadt Regensburg. Denkmäler in Bayern III. 37, Regensburg 1997, 464ff., 761.

Jochen SCHERBAUM, Prüfeninger Schloßstraße 73 b–c, in: DR 9, Regensburg 2004, 249–251.

Silvia CODREANU-WINDAUER, Regensburg – Kloster Prüfening, in: Jahrbuch Bayerischer Denkmalpflege 56/57, 2002/2003, 254f.

Verzeichnis der Autoren

Dr. Werner Chrobak
Stadtheimatpfleger Regensburg
Haidplatz 8
93047 Regensburg

Dr. Silvia Codreanu-Windauer
Bayerisches Landesamt für
Denkmalpflege
Dienststelle Regensburg
Adolf-Schmetzer-Straße 1
93055 Regensburg

Dr. Lutz-Michael Dallmeier
Stadt Regensburg,
Amt für Archiv und Denkmalpflege,
Abt. Untere Denkmalschutzbehörde
Keplerstraße 1
93047 Regensburg

Peter Ferstl und Stefan Effenhauser
(Bildautoren)
Stadt Regensburg,
Presse- und Informationsstelle,
Bilddokumentation
Baumhackergasse 7
93047 Regensburg

Maximilian Fritsch M. A.
Stadt Regensburg,
Amt für Archiv und Denkmalpflege,
Abt. Untere Denkmalschutzbehörde
Keplerstraße 1
93047 Regensburg

Uta Kirpal M. A.
Fa. Archaios
Bruckdorfer Straße 14
93161 Sinzing

Michael Hümmer M. A.
Fa. KANT Archäologie
Am Pfahlfeld 4
85114 Buxheim

Dr. Rosa Micus M. A.
Dornierstraße 12
93049 Regenburg

Prof. Dr. Peter Morsbach
Zum Theresienhain 3
Karlstein
93128 Regenstauf

Dr. Michael Schmidt
Bayerisches Landesamt für
Denkmalpflege
Hofgraben 4
80539 München

Sophie Schlosser M. A.
Ostbayerische Technische Hochschule
Regensburg
Fakultät Architektur
Prüfeninger Straße 58
93049 Regensburg

Dr. des. Johannes Sebrich
Stadt Regensburg,
Amt für Archiv und Denkmalpflege,
Abt. Untere Denkmalschutzbehörde
Keplerstraße 1
93047 Regensburg

Dr. Eugen Trapp
Stadt Regensburg,
Amt für Archiv und Denkmalpflege,
Abt. Untere Denkmalschutzbehörde
Keplerstraße 1
93047 Regensburg

Klemens Unger
Stadt Regensburg
Kulturreferent
Haidplatz 8
93047 Regensburg

Steve Zäuner M. A.
Fa. anthropol!
Schadenweilerstraße 80
72379 Hechingen

Abkürzungsverzeichnis

AJB	Das Achäologische Jahr in Bayern
BAP	Baualterspläne zur Altstadtsanierung
Bf.	Brief
BayHStA	Bayerisches Hauptstaatsarchiv München
BayDSchG	Bayerisches Denkmalschutzgesetz
BayBO	Bayerische Bauordnung
BLfD	Bayerisches Landesamt für Denkmalpflege
BMVBS	Bundesministerium für Verkehr, Bau und Stadtentwicklung
BOAR	Registratur der Bauordnungsamtes der Stadt Regensburg
BSB	Bayerische Staatsbibliothek München
BSR	Presse- und Dokumentationsstelle, Bilddokumentation der Stadt Regensburg
DR	Denkmalpflege in Regensburg. Berichte – Projekte – Aufgaben, hg. von der Stadt Regensburg, Amt für Archiv und Denkmalpflege, Abt. Denkmalpflege
HA	Hausakte
HMSR	Historisches Museum Regensburg
HV	Historischer Verein für Oberpfalz und Regensburg
KDB	Die Kunstdenkmäler des Königreichs Bayern / Die Kunstdenkmäler von Bayern
MSR	Museen der Stadt Regensburg
M	Maßstab
MZ	Mittelbayerische Zeitung
OVG	Oberverwaltungsgericht
ÖNB	Österreichische Nationalbibliothek, Wien
RDK	Reallexikon zur Deutschen Kunstgeschichte
Rn.	Randnummer
RUB	Regensburger Urkundenbuch
SBR	Staatliche Bibliothek Regensburg
StAAm	Staatsarchiv Amberg
StAR	Stadtarchiv Regensburg
Taf.	Tafel
TBAR	Registratur des Tiefbauamts der Stadt Regensburg
VHVO	Verhandlungen des Historischen Vereins für Oberpfalz und Regensburg
WWA	Wasser- und Wirtschaftsamt Regensburg
ZDR	Zentrale Denkmalregistratur im Amt für Archiv und Denkmalpflege der Stadt Regensburg

Semmel Mühl